DROIT DES GENS

LA NATIONALITÉ

AU POINT DE VUE

DES

RAPPORTS INTERNATIONAUX

PAR

M. GEORGE COGORDAN

DOCTEUR EN DROIT
MINISTRE PLÉNIPOTENTIAIRE

DEUXIÈME ÉDITION

MISE AU COURANT DU DERNIER ÉTAT DE LA LÉGISLATION
EN FRANCE ET A L'ÉTRANGER

PARIS

L. LAROSE ET FORCEL

Libraires-Éditeurs

22, RUE SOUFFLOT, 22

1890

DROIT DES GENS

—

LA NATIONALITÉ

AU POINT DE VUE

DES RAPPORTS INTERNATIONAUX

IMPRIMERIE
CONTANT-LAGUERRE

LVX VITAM

BAR LE-DUC

DROIT DES GENS

LA NATIONALITÉ

AU POINT DE VUE

DES

RAPPORTS INTERNATIONAUX

PAR

M. George COGORDAN

DOCTEUR EN DROIT
MINISTRE PLÉNIPOTENTIAIRE

DEUXIÈME ÉDITION

MISE AU COURANT DU DERNIER ÉTAT DE LA LÉGISLATION
EN FRANCE ET A L'ÉTRANGER

PARIS

L. LAROSE ET FORCEL

Libraires-Éditeurs

22, RUE SOUFFLOT, 22

1890

CHAPITRE PREMIER.

CONSIDÉRATIONS PRÉLIMINAIRES.

§ 1. — Définition de la nationalité.

Quel que soit le point du globe, quelle que soit l'époque de l'histoire où on les observe, les hommes apparaissent toujours vivant en société et formant des groupes sociaux plus ou moins analogues à ceux qui existent autour de nous. En bas est la famille, groupe primordial imposé par les nécessités mêmes de la nature physique; en haut l'État, association fondée sur une conception politique et ayant ce double caractère de posséder au dedans un pouvoir destiné à assurer le bon ordre par l'exécution des lois, et au dehors d'être théoriquement sur un pied d'égalité ou au moins d'indépendance avec les autres États. Entre ces deux extrêmes se placent des associations intermédiaires : les unes comme les *gentes* romaines, les *phratries* de la Grèce, les *clans* de l'Écosse sont des survivances d'un état social antérieur; les autres, comme autrefois par exemple les centaines et les dizaines des peuples saxons et scandinaves, comme aujourd'hui les municipalités, les provinces ou les départements, sont des créations postérieures qui ont pour objet de faciliter le rôle du pouvoir central en divisant l'administration.

L'individu est lié à chacun de ces groupes sociaux par des attaches particulières qui lui imposent des devoirs et lui confèrent des droits. Il a, en effet, des droits et des devoirs spéciaux à remplir comme membre d'une famille, il en a comme bourgeois d'une cité, comme habitant d'une commune; il en a d'autres enfin comme appartenant à l'État. Le lien qui unit l'individu à l'État, c'est-à-dire au groupe social suprême et indépendant, est ce que l'on appelle la nationalité.

Ce mot, aujourd'hui d'un emploi si fréquent, n'est pas en usage depuis bien longtemps dans notre langue[1]. Son apparition coïncide avec le grand changement opéré par le renversement de la monarchie traditionnelle de la France et l'entrée en scène de la démocratie. Sous l'ancien régime, la patrie n'était certes pas un vain mot. Dès l'âge héroïque dont la chanson de Roland est comme l'Iliade, le sentiment patriotique existe, et c'est pour la *France dulce* que Roland tombe avec ses compagnons sous les coups des Sarrasins d'Espagne. A l'époque de la guerre de Cent-Ans, ce sentiment est déjà plus nettement dessiné, et, jusqu'à la Révolution, il va toujours s'accentuant à mesure que l'union de nos provinces est plus fortement cimentée sous le sceptre de nos rois. Mais alors la France et le roi qui la personnifiait se confondaient en quelque sorte dans les esprits : l'amour du roi occupait dans le patriotisme au moins autant de place que l'amour du pays. Ce sentiment de fidélité et d'attachement chevaleresque à la personne du souverain est un legs du régime féodal qui dura jusqu'à la veille de 1789. Lorsque le renversement de la royauté eut détruit l'ancienne personnification vivante du pays, on la remplaça par une personnification d'ordre moral, la nation. C'est à la nation désormais qu'on voue l'amour et la fidélité jadis voués au prince : on va jusqu'à lui rendre une sorte de culte. Les événements tragiques et glorieux de la Révolution et de l'Empire, en développant l'idée de la cohésion et de la solidarité entre les membres de la patrie française, contribuèrent pour une large part à exalter le sentiment national.

Nos doctrines se propagèrent hors de la frontière française et envahirent l'Europe. Les vaincus, les opprimés

---

[1] C'est dans l'édition de 1835 que le mot *nationalité* a figuré pour la première fois au *Dict. de l'Académie française.*

s'en emparèrent; les races écrasées ou divisées par le caprice des traités, par le hasard des guerres, commencèrent à avoir conscience d'elles-mêmes. Les peuples en vinrent à penser que les États qui se divisent le monde ne doivent pas être le résultat de la force brutale, et qu'à l'ordre de choses fondé par le sort des armes, devait succéder une organisation nouvelle, où il serait tenu compte de leurs aspirations. Une nation, en effet, dans le vrai sens du mot, n'est pas une agglomération d'hommes courbés sous un même sceptre par la chance de la victoire : c'est un groupe d'individus unis par la similitude des goûts, des usages, des intérêts, des sympathies, si bien qu'il règne entre eux une cohésion intime, une puissante solidarité qui leur fait souhaiter de vivre sous les mêmes lois, et de marcher ensemble aux mêmes destinées. L'identité de la race et de la langue et plus encore le souvenir d'un long passé commun contribuent grandement à créer une telle union, qui, lorsqu'elle existe, confère une sorte de droit naturel à former un État. Ainsi comprise, la nationalité est indépendante des divisions factices que les guerres et les traités ont pu tracer sur la carte du monde. Et le principe des nationalités, qui est si souvent invoqué de nos jours, a précisément pour but de faire coïncider les frontières des États avec celle des nations. Il a pris une si haute importance et jouit d'une telle popularité que les États sont obligés de l'invoquer, même lorsqu'ils le respectent le moins.

Voilà ce qu'est devenue la nationalité dans la politique. Il en est tout autrement dans les sphères tranquilles du droit, et c'est dans ce domaine seulement que nous aurons à l'envisager. Ici, il importe d'écarter tout d'abord ce qui est affaire de sentiment, de race et de sympathie, et de regarder les choses non pas comme elles devraient être, mais comme elles sont. Il est indifférent que les États soient légitimes ou non, qu'ils aient été créés conformément au principe des nationalités ou de toute autre manière. Dès qu'un État existe, c'est-à-dire qu'il est reconnu par ses

6

sujets et par les autres puissances, il imprime une marque particulière à chacun de ceux qui le composent et chacun d'eux se rattache à lui par le lien juridique de la nationalité.

Du reste, la nationalité, dans ce sens spécial, n'a pas été sans subir aussi l'influence de la Révolution. Autrefois elle n'était que le lien d'allégeance, de sujétion à la personne du souverain. Elle a pris aujourd'hui un caractère nouveau, qui est de reposer davantage sur le peuple et la race : elle est devenue l'expression de la solidarité nationale. Aussi a-t-elle dans le droit moderne une importance considérable qu'elle n'avait pas dans le droit ancien. Il y a un siècle, il n'y avait aucune partie de la législation qui fût plus négligée. Ce n'est guère qu'à propos du droit d'aubaine que nos anciens auteurs parlent des modes d'acquérir et de perdre la qualité de Français. Aujourd'hui, en France et dans presque toute l'Europe, la législation, sur le point qui nous occupe, s'est peu à peu complétée, et cela grâce à des causes, inconnues sous l'ancien régime, qui en ont rendu les applications singulièrement plus fréquentes. Nous voulons parler des grands mouvements de circulation qui entraînent des milliers d'habitants de chaque pays à chercher fortune au dehors et les mettent ainsi dans le cas d'avoir à justifier de leur statut personnel : nous voulons parler aussi du service militaire obligatoire, dont l'usage tend à s'implanter de plus en plus dans le monde et qui donne un intérêt capital à la connaissance de la nationalité de chaque individu.

§ 2. — Théorie de la nationalité des individus au point de vue international.

I

La nationalité établit une sorte de contrat entre l'État et ses ressortissants. A ceux qui sont unis à lui par ce *vinculum juris*, l'État impose l'obligation non seulement de se soumettre à ses lois, ainsi qu'à ses volontés légales, mais encore de lui rendre certains services déterminés. Tout dépend ici de l'organisation intérieure et de la constitution. On conçoit qu'entre le despotisme des souverains de l'Orient qui disposent *ad nutum* de la vie de leurs sujets, et le régime slave du *liberum veto,* où une loi n'était obligatoire que si elle avait été approuvée par l'unanimité des députés, il y a place pour une variété infinie de systèmes gouvernementaux. Inversement, l'État accorde à ses nationaux certains avantages particuliers, soit vis-à-vis des puissances étrangères, comme la protection diplomatique, soit à l'intérieur, comme par exemple en France le droit de ne pas être expulsé, sauf en cas de bannissement, et de ne pas être livré à un État étranger à la suite d'une demande d'extradition, etc., etc. Ils possèdent en outre l'aptitude à jouir des droits civils et politiques établis par les lois nationales. Nous disons aptitude, parce qu'en effet le national d'un État n'a pas, comme tel, l'exercice, ni même toujours la jouissance des droits privés et publics. Pour avoir plus que cette aptitude, il faut qu'il remplisse les autres conditions requises par les lois particulières. On appelle en général citoyen le national investi de la plénitude des droits. Il ne faut pas confondre, comme on le fait trop souvent, ces deux termes. Tout national, en effet, n'est pas citoyen, si tout citoyen est national[1]. En France, par exemple, les mineurs, les femmes mariées, les interdits ne sont pas citoyens, mais sont pourtant de nationalité française : ils sont privés des droits politiques et n'ont que la jouissance des droits civils. Les Algériens n'ont pas même la jouissance des droits civils : ils suivent la loi musulmane en matière privée, et cependant ils ont été solennellement déclarés Français par le *sénatus-consulte* de 1865, et la jurisprudence leur avait déjà auparavant reconnu cette qualité à plusieurs reprises.

Il ne sera question, bien entendu, ici, que de la nationalité nue, et non des droits qui en sont ordinairement la conséquence, mais qui, on le voit, n'ont pas avec elle un lien essentiel et nécessaire.

II.

Cette sorte de contrat existant entre l'État et les sujets doit être librement consentie pour être valable en droit pur. La volonté est, en effet, le fondement indispensable de tout contrat, et elle doit être aussi celui de la nationalité.

La volonté est tacitement manifestée par l'individu qui, sujet d'un pays dès sa naissance, ne fait rien pour secouer cette sujétion. Son silence vaut adhésion et acquiescement à la nationalité qui lui est conférée soit par la *lex originis,* d'après laquelle le fils suit la condition de ses parents, soit par la *lex soli,* d'après laquelle l'enfant naît sujet du pays sur lequel il a vu le jour, même si ses parents sont étrangers. Toutefois, cette adhésion tacite n'a de valeur qu'autant qu'il peut rompre l'allégeance naturelle, si ses goûts, ses intérêts, ses besoins le poussent à se rattacher à une

---

[1] Voir Bluntschli, *Théorie de l'État*, trad. de Riedmatten, page 183 et s.

nouvelle patrie. Il serait choquant et contraire à la liberté humaine qu'un individu fût indéfiniment enchaîné dans l'allégeance que sa naissance lui a attribuée, ce serait comme une sorte de servage, à laquelle répugnent tous les esprits libéraux. Dans l'antiquité on ne connaît guère que Sparte, État bizarrement constitué qui a le privilège de montrer la réalisation de théories plus singulières que celles des rêveurs comme Platon ou Thomas Morus, où un citoyen ne puisse pas se dépouiller de sa nationalité. A Rome, le *ne quis invitus in civitate maneat* de Cicéron était le droit commun. Il est vrai qu'en Angleterre la doctrine de l'allégeance perpétuelle a été admise jusqu'en ces derniers temps; mais le bill du 12 mai 1870 [1] a fait cesser cette anomalie, qu'un ministre américain qualifiait brutalement de « reste des temps de barbarie. » Les États-Unis qui avaient tout naturellement hérité de la législation anglaise au moment de leur séparation d'avec la métropole, ont commencé aussi à répudier cette doctrine rigoureuse. Les attorneys généraux Cushing et Black l'ont combattue avec un grand acharnement en la représentant comme à la fois tyrannique et contraire à la loi naturelle, et le bill de 1868, sur la protection des Américains à l'étranger, a rendu le droit d'expatriation indiscutable en théorie, en le déclarant « un droit naturel et inné de tous les hommes, « qui peut seul leur permettre de jouir de leur droit à la « vie, à la liberté, et à la recherche du bonheur [2] ». Le principe n'est pas encore entré absolument dans la pratique, faute d'une loi en réglant l'application, mais il ne tardera pas sans doute à passer dans la jurisprudence de tous les tribunaux de l'Union [3].

On ne pourrait soutenir les avantages de l'allégeance perpétuelle qu'en se plaçant au point de vue de l'attachement à la patrie, qui a pour cause principale le milieu

---

[1] Annexe H.
[2] Lawrence, *Comment. sur Wheaton*, t. III, p. 239 et s.
[3] *American Law Review*, vol. XL, n° 2, p. 447 et s.

dans lequel on a été élevé. L'homme conserve au fond de l'âme l'amour de son pays d'origine, comme il porte sur ses traits l'empreinte de la race à laquelle il appartient; on peut douter qu'il apporte autant de dévouement et de fidélité à servir une nouvelle patrie. Mais, comme le pensaient les publicistes américains, il y aurait une tyrannie, peu conforme aux idées de liberté qui ont cours dans la société moderne, à retenir de force dans les liens d'une sujétion devenue odieuse une personne chez qui des circonstances particulières et des aspirations légitimes ont pu faire naître le juste désir de rompre les liens qui l'unissaient à sa patrie d'origine, pour se rattacher à une autre nation. Un homme, retenu contre son gré, ne sera-t-il pas un plus mauvais citoyen dans le pays qui l'enchaîne, malgré lui, que dans le pays qu'il s'est librement choisi? Enfin, une pareille règle est peu conforme à l'intérêt des individus et des États : or l'intérêt, en ces matières, n'est-il pas le premier but à poursuivre? Un État a souvent besoin d'attirer les étrangers pour propager des arts ou des connaissances utiles, et d'autre part un individu pauvre et malheureux dans son pays, qui émigre parce qu'il se sent capable de gagner plus facilement sa vie dans un autre, n'obéit-il pas à un sentiment honorable et légitime, s'il veut unir dorénavant son sort à celui de la contrée où il réside?

La France n'a admis à aucune époque la pérennité du lien de sujétion. Cependant elle n'admet pas non plus qu'on puisse perdre la nationalité par une simple renonciation. L'union qui existe entre le citoyen et l'État ne doit pas se rompre par un caprice, sous peine de ne plus être qu'une association passagère et instable. La dénationalisation ne doit pouvoir s'effectuer que sous des conditions déterminées. Il faut entourer de certaines formalités et de certaines précautions l'abandon de la nationalité. On verra plus loin les dangers qui peuvent résulter, soit de la déchéance de la qualité de sujet prononcée par beaucoup de législations, la nôtre en particulier, comme une sorte d'excommunication, soit du droit d'abdication pur et simple, permettant de rompre le lien d'allégeance par une simple manifestation de volonté. La perte de la nationalité doit, suivant nous, être nécessairement liée avec l'acquisition d'une nationalité nouvelle.

III.

En effet, au principe que tout homme doit pouvoir changer de nationalité, il faut ajouter immédiatement cette seconde règle que nul ne peut rester sans nationalité.

L'humanité s'est groupée, dès l'origine, en un certain nombre d'États. La société étant aussi indispensable à l'homme que la famille, le droit des gens ne peut admettre qu'un homme vive en dehors de tout État. Chacun de nous a besoin pour son éducation, pour la formation intellectuelle et physique de son être, du concours de ses semblables; il leur doit en revanche de se soumettre aux mêmes charges publiques. En fait, il y a un assez grand nombre d'individus qui n'appartiennent à aucune nationalité. Ils profitent des immunités qui, dans les États civilisés, sont accordées aux étrangers à titre de réciprocité, et au nom du vague principe de la *comitas gentium,* la politesse internationale. Ils se perpétuent dans le pays qui leur donne l'hospitalité, et ne subissent nulle part les charges nationales. S'ils sont indigents, ils reçoivent des secours (c'est du moins ce qui a lieu en France); s'ils sont malades, ils sont admis dans les hôpitaux. Arrive une guerre, ils ne prennent point les armes et pendant que les indigènes exposent leur vie pour la défense commune, ils continuent leur paisible existence, sans être atteints par les plus grands désastres. On comprend que des étrangers jouissent de certaines immunités quand, dans leur propre pays, les nationaux du pays qui les accueille trouvent des avantages de

même ordre, mais pour les individus sans patrie, les mêmes raisons n'existent plus et l'injustice est flagrante.

Ce sont surtout les États confédérés, comme l'Allemagne
et la Suisse, qui ont eu à s'occuper de cette catégorie de
gens qui, par la force des choses, se multipliaient chez eux
plus qu'ailleurs. En Suisse, le *heimathlosat*, s'est déve-
loppé extraordinairement pendant le dernier siècle. Chaque canton était encombré d'un nombre considérable d'individus qui se disaient Suisses, et qui ne possédaient ni
la bourgeoisie dans une commune, ni le droit de cité
dans le canton, deux éléments indispensables de la nationalité helvétique. Les concordats passés entre les cantons avaient été impuissants : en 1848, la constitution
déclara[1] que le *heimathlosat* était chose fédérale, et une
loi fédérale ne tarda pas à être rendue[2], d'après laquelle
les *heimathlos* devaient être répartis entre les cantons par
le Gouvernement fédéral, et *incorporés* dans les communes
par les gouvernements cantonaux, travail qui est aujour-
d'hui achevé. En Allemagne, une convention du 15 juin
1851, entre tous les États de la confédération germanique,
stipule que chaque Gouvernement doit accorder la naturalisation à toute personne dont la nationalité étrangère
ne peut être établie, qui demeure sur son territoire depuis
cinq ans après sa majorité, ou depuis six semaines après
son mariage, ou qui est née sur le territoire.

En France, où depuis longtemps les étrangers affluent,
leur tendance à se fixer chez nous et à s'y multiplier sous
la protection de nos lois, sans partager nos charges, ne
pouvait manquer d'attirer l'attention. Frappé de la situation des *heimathlos*, Proud'hon avait proposé d'en faire
une classe d'individus à part, intermédiaire entre les nationaux et les étrangers pouvant prouver de quel pays ils
relèvent : l'*incolat* aurait été l'objet de lois particulières.
Mais cette proposition n'a jamais abouti. Cependant l'As-

---

[1] Art. 56, confirmé par l'art. 83 de la constitution de 1874.
[2] Loi du 3 décembre 1850.

semblée nationale a compris, en 1850, qu'il était nécessaire de prendre des mesures préventives contre la multiplication indéfinie des gens sans patrie : la loi du 7 février 1851 a décidé qu'à la deuxième génération, la naissance en France entraînerait *ipso facto* la qualité de Français, sauf une clause résolutoire. Plus tard, la loi du 16 décembre 1874 a fait un pas de plus dans la même voie en imposant à l'enfant né en France d'un père étranger, qui lui-même y est né, l'obligation de prouver, s'il veut rester étranger, qu'il est reconnu comme sujet de l'État dont sa famille est originaire. Cette mesure n'a pas encore paru suffisante, et l'article 8 du Code civil, modifié par la loi du 27 juin 1889 porte que l'individu né en France de parents étrangers qui eux-mêmes y sont nés, sera dorénavant considéré *ipso facto* comme Français, sans qu'il puisse renoncer à cette qualité et sans qu'il puisse la perdre autrement que par les modes ordinaires de dénationalisation. C'est, croyons-nous, aller trop loin. En même temps, l'individu né en France de parents étrangers, même nés à l'étranger, est déclaré Français, s'il est domicilié en France à l'époque de sa majorité, à moins qu'il ne décline cette qualité suivant certaines formes. C'est là un retour à une idée qui avait été condamnée au commencement de notre siècle, l'idée de faire défendre la nationalité du lieu de la naissance et non seulement de la filiation. Toutefois, les avantages politiques de cette disposition nous paraissent si sérieux, que nous n'hésitons pas à l'approuver. La réserve qui l'accompagne est une garantie suffisante contre l'accusation de vouloir naturaliser les étrangers malgré eux, et au point de vue qui nous occupe, la disposition nouvelle aura le réel avantage d'arrêter la multiplication des gens sans patrie qui encombrent d'une façon inquiétante certains de nos départements.

Il conviendrait également, pour supprimer le *heimathlosat*, d'interdire la dénationalisation à toute personne qui n'acquiert pas une nationalité nouvelle à la place de celle dont elle s'est dépouillée. A cet égard, la plupart des législations auraient besoin d'être réformées. Nous regrettons, pour notre part, que la nouvelle loi française sur la matière ait maintenu des causes de déchéance de la nationalité qui ne correspondent pas nécessairement à l'acquisition d'une nationalité étrangère. Il est peu conforme à l'esprit du droit des gens moderne qu'un État déclare se désintéresser d'un individu qui n'a pas passé dans l'allégeance d'un autre État.

IV.

Cette mesure devrait, en outre, être complétée par une autre règle, aux termes de laquelle nul n'obtiendrait la naturalisation sans être dégagé de tout lien envers son ancienne patrie. De la sorte, on éviterait en même temps le manque et le cumul de nationalité. Les individus qui ont deux patries sont en droit pur une anomalie, comme ceux qui n'en ont aucune, et un danger. Invoquant leurs patries l'une contre l'autre, ils risquent d'apporter le trouble dans les relations d'État à État.

Cependant, certains pays et certaines législations ne prohibent point le cumul de deux nationalités chez la même personne. Sans parler des nombreux gentilshommes allemands qui ont des terres dans plusieurs des pays fédérés et sont membres tout à la fois des Chambres hautes de Munich, de Dresde, de Berlin, — on peut citer le Danemark. Le ministre des affaires étrangères à Copenhague écrivait, le 28 mai 1863, au ministre d'Angleterre, à propos d'un Anglais qui avait prêté le serment de bourgeoisie dans une ville de la Zélande[1] : « notre législation « ne s'oppose pas à ce que la coexistence de deux nationali-

---

[1] Voir le *Report of royal commissionners on naturalization and allegiance,* remarquable enquête parlementaire anglaise de 1869, page 66.

« tés puisse être admise dans la personne du même indi-
« vidu, seulement, en principe, sa qualité d'étranger ne
« doit porter aucune atteinte à l'accomplissement des
« devoirs auxquels il est astreint, comme sujet danois ».
Une doctrine absolument différente a prévalu en France.
Une curieuse correspondance échangée en 1848 entre lord
Brougham, qui demandait à se faire naturaliser français,
et M. Crémieux, ministre de la justice, montre bien
l'esprit de la jurisprudence française. « Je dois vous aver-
« tir des conséquences qu'entraînera, si vous l'obtenez, la
« naturalisation que vous demandez, disait M. Crémieux.
« Si la France vous adopte pour l'un de ses fils, vous
« cesserez d'être Anglais. Vous n'êtes plus lord Brougham,
« vous devenez le citoyen Brougham. Vous perdez à l'ins-
« tant tous privilèges, tous avantages de quelque nature
« qu'ils soient, que vous tenez, soit de votre qualité
« d'Anglais, soit des droits que vous confèrent jusqu'à
« ce jour les lois ou les coutumes anglaises, qui ne peu-
« vent se concilier avec notre loi d'égalité entre tous les
« citoyens ». Lord Brougham ayant répondu qu'il garde-
rait ses privilèges en Angleterre seulement et qu'en France
il ne les invoquerait pas, M. Crémieux répliqua en ces
termes : « La France n'admet pas de partage, elle n'admet
« pas qu'un citoyen Français soit en même temps citoyen
« d'un autre pays. Pour devenir Français il faut que vous
« cessiez d'être Anglais. Vous ne pouvez être Anglais en
« Angleterre, Français en France : nos lois s'y opposent et
« il faut nécessairement opter ».

Cette manière de voir est aujourd'hui partagée par
tous les théoriciens. L'idée même de patrie, qui suppose
la fidélité et l'attachement, est incompatible avec la coexistence de plusieurs nationalités chez le même individu.
Mais, en pratique, les conflits positifs de nationalité, où
deux pays réclament le même individu comme national,
sont une cause fréquente de difficultés entre les États. On
en verra de nombreux exemples dans la suite.

Ici encore, c'est d'un État fédératif, de l'Allemagne, que vient l'exemple de la manière de procéder, qu'il conviendrait d'appliquer entre tous les États. A la suite du cartel de 1831, relatif à l'extradition de déserteurs entre tous les États de la confédération germanique, l'usage fut adopté par les gouvernements confédérés de ne pas recevoir parmi leurs nationaux un national d'un État allemand, sans qu'il fût en règle vis-à-vis de son pays [1] d'origine et qu'il y eût obtenu un permis d'émigration. La Russie procède à peu près de même à l'égard des nationaux des pays avec lesquels elle est liée par des conventions de cartel du même genre [2]. Enfin la Suisse [3] et le Luxembourg [4] ont inséré dans leurs lois sur la naturalisation des dispositions analogues. Lors des discussions de la loi française sur la nationalité, au conseil d'État, en 1882, l'idée avait été émise qu'il serait juste d'exiger des candidats à la naturalisation la preuve de leur dénaturalisation ; mais ce système n'a pas prévalu, sans que nous nous rendions bien compte des motifs pour lesquels il a été écarté.

§ 3. — Objet du présent ouvrage.

Chaque État, étant indépendant des autres, est libre de régler à sa guise les formalités et conditions d'où il fait dépendre l'acquisition et la perte de la qualité de national. Aussi existe-t-il une grande variété dans les différentes législations sur la question qui nous occupe. Ici, la naissance sur le sol suffit à conférer la nationalité ; là, elle

---

[1] Renseignements consignés dans l'exposé des motifs de la loi luxembourgeoise du 27 janvier 1878, sur la naturalisation.

[2] De ce nombre sont l'Autriche (convention des 12-24 mai 1815 et 14-26 juillet 1822) et la Prusse (convention des 25 juillet-10 août 1857). Voir ci-après, ch. III, § 8, *Russie* et annexe DD, art. 7.

[3] [4] Voir ci-après ch. III, § 8, *Suisse, Luxembourg.*

n'appartient qu'aux enfants des nationaux, sans égard pour le lieu où ils ont vu le jour. Ici, la naturalisation est une simple formalité, et s'accorde facilement à qui en fait la demande, ou quelquefois même s'impose à l'étranger domicilié ; là, elle n'est concédée qu'après un long stage, ou par un acte du pouvoir législatif lui-même. Ici, la qualité de sujet est indélébile, et rien ne peut la faire disparaître ; là, au contraire, l'expatriation est facile et ne dépend que de la volonté de l'intéressé.

Si chaque État pouvait faire abstraction des autres, ces différentes règles seraient d'une application facile, et nul ne pourrait se plaindre de leur variété. Mais, indépendants en droit, les États ont en fait des obligations réciproques résultant des nombreux rapports qui s'établissent nécessairement entre eux. Et il n'est aucune branche de la législation où la non-concordance des dispositions légales donne lieu à plus de conflits. En effet, dans le monde tel qu'il est organisé aujourd'hui, et avec le perpétuel va-et-vient des individus à travers les frontières des contrées les plus lointaines, un nombre toujours croissant de personnes sont intéressées à ce que leur nationalité soit reconnue, non pas seulement par un État, mais par tous. Il importe, par exemple, que lorsqu'un Anglais se fait naturaliser Allemand, il soit sûr que sa nouvelle nationalité lui sera reconnue non seulement par sa nouvelle patrie, mais aussi par l'Angleterre.

Nous partirons, en général, de l'étude des lois françaises, et, en les interprétant, nous serons naturellement amenés à étudier les lois étrangères, pour rechercher dans quelle mesure elles sont en harmonie ou en opposition avec les nôtres. Pour cela, nous parcourrons successivement les hypothèses diverses où un individu est considéré comme Français ou comme étranger par la France, en examinant la situation qui lui est faite en même temps par les législations étrangères qui peuvent prétendre à connaître de son statut personnel. Ce n'est donc pas un traité de

droit civil que nous nous proposons d'écrire, mais de droit
international. Aussi serons-nous bref sur les controverses
d'école qu'on trouve chez tous les commentateurs du Code
civil, pour nous étendre particulièrement sur les questions
et les recherches d'ordre international et diplomatique. Et
nous essayerons de mettre en lumière les mesures qui, suivant nous, seraient les plus propres à assurer l'application
universelle de la triple règle à laquelle nous avons été conduit par l'étude de la nationalité au point de vue du droit
des gens, savoir :

1° Tout homme doit posséder une nationalité ;
2° N'en avoir qu'une ;
3° Pouvoir la changer.

CHAPITRE II.

ACQUISITION DE LA NATIONALITÉ
PAR LA NAISSANCE.

§ 1. — Aperçu historique.

Tout homme devant appartenir à un État, il est nécessaire qu'une nationalité lui soit attribuée dès sa naissance.
Quelle sera cette nationalité? Si ses parents sont nationaux du pays où il est né, il n'y a pas de doute possible;
mais, dans le cas contraire, si ses parents sont étrangers,
l'enfant suivra-t-il leur nationalité, ou tombera-t-il dans
l'allégeance du souverain territorial? — L'un et l'autre
système ont été successivement adoptés dans l'histoire.

I.

Le premier fut celui de toute l'antiquité classique. Chez
les Grecs et les Romains, la nationalité avait un fondement
dans la religion. Transmis de génération en génération, le
culte de la famille ne pouvait être célébré que par les membres de la famille. De même, les dieux de la cité, qui
n'est qu'une famille plus étendue, ne pouvaient avoir d'autres adorateurs que ceux à qui la religion était transmise
avec le sang. Aussi le barbare, le pérégrin, tout homme
né dans une autre contrée, restait-il absolument en dehors
de l'église nationale; il pouvait avoir ses dieux domesti-
ques particuliers, au culte desquels ses enfants lui succé-
daient, mais il ne pouvait prendre part au culte de la cité,
et ses enfants pas plus que lui. De même que le mariage

avec un étranger a été longtemps interdit, de même l'introduction dans la cité du descendant d'un étranger était impossible, à moins de formalités particulières, comme une sorte d'adoption.

En Grèce, comme à Rome, la qualité de citoyen appartenait aux descendants des citoyens, et la naissance sur le sol de l'État ne pouvait conférer aucun droit au fils d'un étranger. Il en fut du moins ainsi aux âges classiques, et on sait que, dans toutes les villes, des populations d'origine étrangère vivaient pendant de longues générations côte à côte avec les citoyens sans jamais pouvoir s'élever à leur niveau. Qu'étaient les *métèques* d'Athènes, les *pérégrins,* si nombreux à Rome qu'un préteur avait été institué spécialement pour eux, sinon des étrangers tenus à l'écart, en dehors de la cité et admis seulement à une sorte de cohabitation? Quand, dans la suite, tous les citoyens de l'Empire reçurent le droit de cité, sous Caracalla, on ne peut pas même dire que le principe changea, car ceux-là seuls parmi les pérégrins qui vivaient au moment où l'édit fut rendu furent investis du *jus civitatis,* et le transmirent à leurs enfants. Et plus tard, quand l'Empire fut envahi par les barbares, jamais ceux-ci, même légalement établis sur les terres impériales, ne songèrent à se réclamer de la législation de Caracalla pour revendiquer la cité romaine. Ces peuplades barbares du Nord qui se jetaient sur l'Empire, avaient des statuts auxquels elles étaient attachées, et même au milieu des provinces romaines où il leur fut souvent permis d'élire domicile, elles conservaient leurs lois comme leurs mœurs. Les populations se pénétrant les unes les autres, mais sans se confondre, vécurent ainsi côte à côte pendant plusieurs siècles. Agobard, évêque de Lyon au VIIIᵉ siècle, raconte que de son temps, lorsque plusieurs hommes étaient réunis, il était rare que deux d'entre eux obéissent aux mêmes lois. Chacun conservait le statut personnel de sa race. On sait à quelles difficultés ces diversités dans la législation donnaient lieu pour l'administration de la justice. Avant de commencer à instruire un procès, le juge devait demander aux parties sous quelle loi elles vivaient : *qua lege vivis?* On appelait la *professio legis* l'acte que le plaideur devait fournir au juge pour constater sa nationalité.

Cette confusion, d'ailleurs, n'est pas pour nous étonner. Un fait analogue se produit de nos jours dans les pays de capitations, où les chrétiens jouissent de leurs droits et de leurs lois nationales sous la protection des consuls, malgré la domination turque sur le sol. En Algérie, il n'y a que peu d'années, les Juifs vivaient mêlés aux colons français et sujets de la France sans être régis par les lois françaises. Encore aujourd'hui, les Arabes soumis à la France ne sont pas citoyens Français, et leur statut personnel reste réglé par la loi musulmane.

II.

Ce régime bizarre, où la personnalité de la loi était poussée à ces dernières limites, ne pouvait durer long-temps. Une fusion devait par la force des choses s'opérer entre les peuples. La vigueur que montra pendant quelques années la royauté carlovingienne fut pour beaucoup dans ce résultat. Les langues barbares disparurent peu à peu pour faire place à des idiomes d'origine latine, d'où devait sortir le français et qui, malgré leurs divergences, établissaient pourtant, par leur origine même, une sorte de communauté entre ceux qui les parlaient. Quand la royauté carlovingienne tomba pour laisser la France dans l'anarchie de trois siècles, pendant laquelle s'élabora le régime féodal, les individus se trouvaient plus disposés à se rapprocher et à s'entendre, et peu à peu, quelquefois de force, plus souvent de plein gré pour leur sécurité, ils furent amenés à se grouper autour des demeures fortifiées des seigneurs qui, devenus souverains depuis que leurs fiefs leur avaient été laissés à titre héréditaire, couvrirent le pays de forteresses et formèrent d'innombrables États dans l'État. Dans ce groupement, il ne fut plus question de race : il n'y avait que des sujets autour d'un maître. Les coutumes, qui jusque-là avaient été purement personnelles, cessèrent de distinguer entre Romains, Germains, Burgundes, ou Visigoths. Elles s'appliquèrent à tous les ressortissants d'un même fief, et en même temps que les coutumes devenaient réelles, la nationalité devint territoriale. C'est, d'ailleurs, un caractère bien remarquable du régime féodal qu'une union plus intime que le lien créé par le droit actuel de propriété existait entre l'homme et la terre. Au bas de l'échelle était le serf, esclave du sol où il était né ; au sommet était le gentilhomme qui devait à sa terre son nom, ses droits, ses privilèges. L'aubain n'avait aucun droit sur le territoire d'un seigneur féodal ; mais il sembla naturel d'accorder la qualité de sujet et les charges et avantages y attachés à ses enfants nés dans le pays. C'était une vraie faveur pour ces derniers, étant donnée la situation précaire de l'étranger d'après l'ancien droit français ; c'était en même temps un avantage pour le seigneur terrien, qui gagnait à cela d'augmenter le nombre de ses ressortissants.

C'est ainsi qu'on en vint à ne plus s'occuper de la nationalité du père pour apprécier celle du fils, et il fut admis en principe, en France, que tout homme né sur les terres du roi était sujet français. Cependant, vers la fin de l'ancien régime, on cumula les deux systèmes ; on décida que non seulement tout enfant né en France de parents français ou étrangers serait Français, mais aussi que l'enfant né à l'étranger de parents français relèverait du roi de France. C'est la théorie de Pothier : elle demeura en vigueur jusqu'au Code civil.

Il ne paraît pas utile de revenir sur les détails connus de l'élaboration du Code civil, en ce qui concerne la nationalité. Le système qui faisait dépendre la nationalité du lieu de naissance parut devoir être abandonné comme ne répondant plus à la nouvelle idée que l'on se faisait de la patrie française. Il était logique, en effet, sous l'ancien régime, d'attribuer la qualité de Français à quiconque était né sur le sol de France, puisque la nationalité n'était que la soumission au roi; mais, quand parut le sentiment de la race, l'idée de la patrie française existant en elle-même, abstraction faite du roi et résidant dans l'ensemble des Français, il était juste de revenir à la filiation, puisque c'est par la famille qu'on acquiert les qualités physiques et morales qui rattachent l'homme à une race et à une patrie. D'ailleurs, au moment où le Code civil a été rédigé, on était imbu des idées du XVIIIᵉ siècle sur le *Contrat social*, qui ne furent peut-être pas ici sans influence.

III.

De nos jours, des considérations d'ordre tout pratique que nous avons déjà indiquées sommairement ci-dessus, ont déterminé le législateur à revenir à un système mixte. Quand la nouvelle loi sur la nationalité, dont M. Balbie a pris l'initiative en 1882, a été élaborée au Conseil d'État, puis discutée pour la première fois par le Sénat en 1887, il n'était pas question d'une modification si grave au système du Code de 1804. Le Sénat paraissait attaché aux anciennes idées, d'après lesquelles il faut considérer la qualité de Français comme un bienfait et par conséquent en mesurer parcimonieusement la concession. D'autre part, un mouvement d'opinion défavorable aux étrangers se manifestait dans notre pays et donnait lieu à des propositions de loi tendant à leur imposer des taxes et à favoriser les travailleurs nationaux dans la concurrence que leur font les étrangers. Dans un remarquable article du

Journal des Débats[1], M. Paul Leroy-Beaulieu relevait combien ce sentiment est contraire aux traditions françaises, combien il peut mener à de dangereuses conséquences, et indiquait la meilleure solution que comporte dans un pays comme la France le problème des étrangers.

« Les étrangers qui se trouvent chez nous, écrivait-il, y sont-ils oisifs, se conduisent-ils en frelons? Non certes. Ceux qui sont riches viennent consommer leurs revenus et donner de l'essor à nos industries. Ceux qui sont pauvres travaillent. On ne leur reproche que de travailler trop et de ne se pas faire assez payer.

« Supposez qu'il fût en notre puissance de bannir de notre sol les 1,115,214 étrangers dont le recensement de 1886 constatait la présence en France, serait-ce là pour notre pays un avantage? Qu'on réfléchisse aux conséquences de cet exode. La population spécifique de la France, qui n'est déjà que de 72 habitants par kilomètre carré, tomberait au-dessous de 70 et serait à peine équivalente à celle de la Suisse qui est un pays tout de montagne.

« Le département de la Seine perdrait du coup 213,000 âmes; l'animation de notre capitale, déjà un peu morne depuis quelque temps, en baisserait singulièrement. Le département du Nord verrait lui échapper 305,524 âmes... il perdrait presque un habitant sur cinq; dans certains districts même, un habitant sur deux ou trois. On frémit à la pensée de ces vides. L'exode de cette sorte d'armée laborieuse de 1,115,000 ouvriers porterait un coup terrible à l'industrie de la France. Les pays qui prospèrent ont montré plus de souci d'attirer chez eux des ouvriers, quels qu'ils soient, que de les en chasser.

« Non, certes; ce ne sont pas des frelons que ces 1,115,214 hôtes. Ils se livrent à des besognes que les Français souvent ne veulent pas faire. La vieille aisance, le sentiment démocratique, l'éducation un peu émolliente ont fait des

_____
[1] 1er juillet 1887.

Français de beaucoup de départements des délicats qui répugnent aux tâches grossières. C'est un avantage, si vous
le voulez, mais à la condition que quelqu'un veuille bien
se charger de ces travaux peu attrayants : les étrangers
sont là qui consentent à le faire. A Paris tous les métiers
infimes de nettoyage contiennent dans leurs cadres beaucoup d'Allemands. Ce sont les ouvriers belges qui font
presque tous les ouvrages de démolition. Dans les Bouches-
du-Rhône les 77,512 étrangers, presque tous Italiens font,
dans les raffineries, les huileries et dans le port, les besognes les plus pénibles.

« Les bandes roulantes qui couvrent la France de tron-
çons de voies ferrées sont en grande partie composées d'I-
taliens. Puisque le Français est devenu un être si noble et
si supérieur qu'il dédaigne un foule de travaux indispensables, il devrait se féliciter d'avoir des étrangers pour les
exécuter.

« Que deviendraient les prix de revient de beaucoup de
nos fabriques, si nous réussissions à proscrire ces utiles
auxiliaires? Nos produits, renchéris, perdraient une partie
de leurs débouchés; nous éprouverions bientôt cette vérité
qu'il ne suffit pas d'invectiver des hommes laborieux, mais
qu'il faut encore les remplacer.

« Tant que la France sera une nation riche, tant que la
population croîtra chez nous plus lentement que dans tous
les pays environnants, notre territoire attirera l'immigration. Il faut donc faire ce que font tous les pays où affluent
les immigrants : il faut absorber ceux-ci et les naturaliser.

« Oui, certes, il n'est pas naturel, à un certain point de
vue, qu'il y ait en France 1,115,000 étrangers, parce que,
sur ce chiffre d'habitants d'origine exotique, un tiers,
sinon la moitié, aurait dû déjà recevoir la nationalité française.

« Il y a des mesures préservatrices à prendre; ces mesures sont très simples : elles consistent à déclarer Français tout individu qui est né sur notre territoire et qui l'a

habité et l'habite encore à sa majorité. L'inégalité des
charges est choquante entre les vieux Français et ces
hommes, nés sur notre sol, y vivant et en vivant, mais ne
subissant pas le service militaire et les autres obligations
personnelles qui s'imposent aux Français.

« On ne comprend pas que, dans la loi militaire en discussion, on n'ait pas accompli cette réforme. Tout individu
né en France et continuant d'y habiter doit être considéré
et traité comme Français. Nous espérons que la Chambre
modifiera dans ce sens le projet de loi sur la naturalisation
très incomplet et très restrictif qui lui arrive du Sénat.

« A cette condition, l'infiltration des étrangers en
France n'aura plus que des avantages, puisque dès la seconde génération ils se seront transformés en Français.
Ce sera pour nous un accroissement de forces. N'allons
donc pas mettre des taxes sur les étrangers ; prenons soin
seulement de nous les assimiler. C'est une œuvre pour laquelle nous avons des aptitudes héréditaires ; notre génie
national s'y prête merveilleusement. Nous avons manqué à
notre vocation naturelle en cessant de le faire. Revenons-
y ; et, puisque le chiffre de nos naissances est insuffisant,
enrichissons-nous, chaque année, d'un bon nombre d'enfants adoptifs ».

Quelques mois après, la loi votée par le Sénat arrivait à
la Chambre des députés, et la commission entrait dans
les vues exposées par M. Leroy-Beaulieu. La Chambre se
rangeait à la même opinion et entraînait le Sénat, de telle
sorte que la loi du 27 juin 1889 consacre, à côté des principes romains, le principe féodal, sauf certaines réserves
que nous étudierons ci-après.

§ 2. — **Détermination de la nationalité par la filiation.**

Le Code civil, édition de 1804, ne contenait aucune disposition portant en termes exprès que les enfants suivent la nationalité de leurs parents. La rédaction du titre *de la jouissance et de la privation des droits civils* était peu logique et assez confuse. C'est de l'article 9, spécifiant que l'enfant né en France de parents étrangers n'était pas Français de plein droit, et de l'article 10, d'après lequel l'enfant né en pays étranger d'un Français était lui-même Français, que ressortait indirectement la règle générale ; et il était permis de dire, en combinant les dispositions des deux articles, que l'enfant né de parents français était toujours Français, quel que fût le lieu où il avait vu le jour. Mais la loi ne renfermait aucune prescription de nature à faciliter la solution des nombreuses difficultés qui surgissent, dès qu'on veut examiner les différentes hypothèses où un enfant peut naître d'un Français. L'enfant, en effet, peut être soit légitime, soit naturel, reconnu ou non, il peut avoir été légitimé, il peut enfin avoir été l'objet d'une adoption. De là des questions fort complexes dont quelques-unes ont été résolues par le nouvel article 8 du Code civil, lequel pose formellement la règle qui résultait de la combinaison des anciens articles 9 et 10, à savoir que la qualité de Français est acquise à tout « individu né d'un Français en France ou à l'étranger ».

Nous examinerons les principales hypothèses qui peuvent se présenter.

I.

S'agit-il d'enfants légitimes, aucune difficulté possible : mais la question se complique quand il s'agit d'enfant naturel. L'enfant peut n'avoir été reconnu par personne. Il rentre alors dans la classe des enfants de parents inconnus qui feront ci-après l'objet d'un paragraphe spécial. Il peut avoir été reconnu par un seul de ses auteurs, ou par les deux, soit par le même acte, soit successivement.

Dans l'hypothèse la plus simple, quand l'enfant est reconnu seulement soit par la mère, soit par le père, la solution s'impose d'elle-même. Par cela même que l'enfant se rattache à l'un d'eux, il se trouve, en vertu du principe de la filiation, être investi de sa nationalité. En fait, il est rare qu'un enfant ne soit pas reconnu par sa mère, ou du moins que son acte de naissance ne porte pas le nom de la mère : cette insertion, faite par les officiers de l'état civil, n'est pas strictement une reconnaissance légale, puisqu'un acte de cette nature ne peut être fait que par la personne intéressée, et qu'en général ce n'est pas la mère qui peut présenter son enfant à la mairie[1]. Mais en pratique la mention du nom de la mère vaut comme reconnaissance, et, tant qu'elle n'est pas attaquée, l'enfant est considéré comme fils de la femme désignée comme lui ayant donné le jour : il suivra donc la nationalité de cette femme.

Il peut arriver que l'acte de naissance ne porte pas la mention du nom de la mère, mais que l'enfant soit reconnu par son père ou tout autre individu se disant tel.

---

[1] Depuis le 1er janvier 1881, les diverses municipalités de Paris ont mis en pratique une série de formules nouvelles pour la rédaction des actes de l'état civil. Jusqu'alors, chaque municipalité, tout en s'inspirant de l'esprit de la loi et des instructions antérieurement données par le parquet, avait pris l'habitude de modifier, sous prétexte de les rendre plus claires, les formules légales. Cette demi-latitude laissée aux officiers de l'état civil avait à la longue engendré de véritables abus.

Il est stipulé dans les instructions nouvelles : 1° que les père et mère doivent être dénommés dans l'acte de naissance d'un enfant naturel lorsqu'ils reconnaissent l'enfant, soit par eux-mêmes, soit par un fondé de pouvoir; 2° que le père naturel ne doit jamais être désigné lorsqu'il n'est pas lui-même déclarant, ou n'a pas donné une procuration authentique à fin de reconnaissance.

Cette formalité n'est pas applicable à la mère dont le nom peut être ins-

Cette reconnaissance est sujette, et bien plus que celle de la mère, à être attaquée par l'enfant. On ne peut admettre, en effet, qu'un homme soit tenu de considérer comme son père le premier individu qui prendrait la fantaisie de le reconnaître. La jurisprudence a si bien compris cette considération qu'elle n'attribue à un enfant naturel la nationalité du père qui l'a reconnu, qu'autant que cette reconnaissance a été acceptée. S'il est prouvé que l'enfant a connu la reconnaissance et n'a pas protesté, qu'il a accepté la succession de celui qui l'avait reconnu, ou mieux encore qu'il a possession d'état de fils naturel de cet individu, alors les tribunaux décident que la nationalité du fils doit être celle du père. C'est une question de fait et d'appréciation. Peut-être serait-il préférable que la loi fût précise sur ce point, qu'un délai fût laissé à l'enfant, après qu'il a connu la reconnaissance, pour protester. S'il laissait passer un an, par exemple, après le moment où il l'a connue, ou après sa majorité, si la reconnaissance a été faite pendant qu'il était mineur, il serait juste de lui attribuer la nationalité de l'homme qui se serait déclaré son père et qu'il aurait accepté pour tel. — Il devrait en être de même pour la reconnaissance faite par la mère, quoiqu'elle présente un plus grand caractère de certitude.

La difficulté se présente quand l'enfant naturel est re-

crit dans l'acte, même sans son aveu. Nous regrettons que les nouvelles instructions n'aient pas apporté de modifications à cette prescription que de bons esprits ont toujours regardée comme excessive. Ne serait-il pas conforme à la stricte justice de mettre sur le même pied l'homme et la femme? Pourquoi accorder à l'un ce qu'on refuse à l'autre? Pourquoi ne pas demander une autorisation formelle de la femme pour faire figurer son nom dans l'acte de naissance d'un enfant né hors mariage? Il est vrai que la loi permet la recherche de la maternité, tandis que la recherche de la paternité est interdite; mais il ne s'agit pas ici de la recherche de la maternité, qui est une action réservée à l'enfant : il s'agit de la rédaction de l'acte de naissance, et il n'est pas juste que cette rédaction comprenne le nom de la mère, si elle n'a pas manifesté le désir d'être nommée. Elle pourra, si elle le veut, reconnaître l'enfant : on n'a pas le droit de préjuger sa volonté et de la compromettre sans son aveu.

connu à la fois par son père et sa mère. Si, par exemple, le père est Français et la mère Italienne, sera-t-il Français ou Italien? Le Code civil était muet à l'origine et en l'absence de toute disposition légale, on ne pouvait que raisonner par analogie et invoquer des arguments tirés du droit romain.

Les anciens commentateurs, Duranton en tête, avaient adopté la théorie romaine, d'après laquelle l'enfant naturel suit la condition de sa mère. Quoi de plus de juste, en l'absence de toute disposition du Code civil, que de remonter à l'ancien droit et au droit romain, qui sont absolument d'accord pour appliquer à la nationalité de l'enfant naturel la règle *partus ventrem sequitur?*

Il est vrai que la reconnaissance des enfants naturels n'existait pas à Rome, du moins dans le sens moderne du mot; mais quels sont les enfants naturels, dont parle Ulpien, quand il dit : *Connubio interveniente liberi semper patrem sequuntur, non interveniente connubio matris conditioni accedunt?* ce sont les enfants nés du concubinat légal. Il y a précisément une ressemblance frappante entre les enfants nés de ce concubinat légal et ceux qui, nés hors mariage, sont reconnus par leur père et leur mère. Les uns et les autres sont tenus à certains devoirs envers leur père, et il existe entre eux et lui des droits successoraux restreints. Et cependant il est certain qu'à Rome les enfants nés du concubinat suivaient la qualité de leur mère. L'application, aux enfants naturels reconnus, de la même règle, est donc une simple continuation du principe romain. Au surplus la règle *non interveniente connubio matris conditioni accedunt* n'a pas seulement les avantages que donne à une théorie la faiblesse des arguments de la thèse inverse : elle vaut même par elle-même, et par les avantages pratiques qui en découlent. La maternité est un fait facile à prouver, et dont le Code admet la recherche, tandis qu'il interdit la recherche de la paternité, si ce n'est dans le cas bien rare de l'article 340. La paternité, en outre, est toujours entourée de mystère, et par suite d'incertitude, dès que cessent les effets de la présomption *pater is est*. Enfin, ainsi qu'on l'a vu ci-dessus, un enfant a presque toujours une mère connue, d'après son acte de naissance. Il a, en conséquence, une nationalité dont, suivant notre système, il ne sera pas exposé à changer parce qu'il plairait à quelqu'un de le reconnaître pour son fils. Ajoutons que la reconnaissance du père a beaucoup plus de chance d'être contestée que celle de la mère : il peut même arriver que plusieurs personnes se déclarent pères du même enfant. Quelle sera alors, dans le système adverse, la nationalité de ce dernier? Pourra-t-il choisir, comme le veulent quelques auteurs? Gardera-t-il la nationalité du premier qui l'aura reconnu? — Si, au contraire, on se réfère à la nationalité de la mère, des difficultés de ce genre seront bien rares, puisqu'il ne peut guère arriver en pratique que plusieurs femmes reconnaissent le même enfant. Si par impossible le fait se présentait, la vérité aurait beaucoup de chance d'être facilement établie.

La valeur de ces considérations est telle que la plupart des législations étrangères ont adopté la règle romaine, notamment l'Allemagne, l'Autriche, la Suisse, la Norwège.

En France, au contraire, cette théorie traditionnelle n'a prévalu ni chez les auteurs, ni dans la jurisprudence. La Cour de cassation, dans un arrêt du 22 décembre 1874, a adopté l'opinion contraire, se fondant sur ce que le père exerce la puissance paternelle de préférence à la mère et donne son nom à son fils. La Cour de cassation de Belgique a statué dans le même sens par arrêt du 8 mars 1880.

Aujourd'hui, ce débat n'a qu'un intérêt rétrospectif, car, pour l'avenir, elle est réglée en France par le § 1er du nouvel article 8 du Code civil. Ce paragraphe établit une distinction fort judicieuse, suivant que la reconnaissance, faite par le père et par la mère, est faite dans le même acte ou par actes successifs (peu importe, d'ailleurs, qu'il s'agisse d'un jugement ou d'un acte de reconnaissance). Dans le premier cas, la préférence est donnée au père. Il donne à l'enfant sa nationalité comme il lui donne son nom. Dans le second cas, l'enfant suit la nationalité de celui de ses père et mère qui le premier l'a reconnu. Il a paru équitable d'attribuer une préférence à celui des père et mère qui a le premier reconnu l'enfant et, d'autre part, on a voulu éviter à ce dernier un changement éventuel de nationalité.

Notre article prend soin de spécifier qu'il ne dispose que pour le cas où l'enfant reconnu est mineur au moment de la reconnaissance. On a rendu par là impossible le changement de nationalité d'un majeur, qui est déjà entré dans la vie pratique, qui a entrepris une carrière et qui a une véritable possession d'état dont il serait inique de le dépouiller. Français, comme né de parents inconnus en vertu du paragraphe 2 du même article 8, il est certain de rester Français quand il a atteint l'âge de vingt et un ans.

La reconnaissance d'un enfant naturel est, au point de vue de la nationalité de l'enfant, purement déclarative. C'est une règle de notre droit que la naturalisation d'un Français à l'étranger ne porte pas atteinte au statut personnel de ses enfants mineurs. Si donc un enfant mineur est reconnu par un père qui, Français au moment où il est né, est devenu Allemand dans l'intervalle, l'enfant devra être regardé comme Français.

Dans le cas inverse, c'est-à-dire si le père, étranger au moment de la naissance, est devenu Français avant la reconnaissance, l'enfant sera Français, mais par application de l'article 12 du Code civil, modifié par la loi du 27 juin 1889[1].

La même solution paraît devoir être donnée au cas

---

[1] Voir ci-après, annexe A, II°.

où un enfant est légitimé : dans quelques pays, la légitimation est un mode de changement de nationalité : il en est ainsi, par exemple, en Allemagne[1]. Mais en France, on ne peut, dans le silence de la loi, créer un mode nouveau de perdre ou d'acquérir la nationalité française. On doit donc regarder la légitimation comme une simple reconnaissance[2].

Les enfants adultérins ou incestueux sont, en général, sous le rapport de la nationalité, traités comme les enfants de parents inconnus. Il y a cependant des cas où, sans qu'il y ait une véritable reconnaissance, leur filiation est judiciairement établie : telle est l'hypothèse de l'enfant adultérin, quand il y a un désaveu de la part du père, ou qu'une action en contestation de légitimité a été intentée. Dans ces circonstances, les enfants adultérins sont assimilés aux enfants naturels reconnus.

II.

Dans le cas où l'enfant prend la condition de son père, et où celui-ci a changé de nationalité entre le moment de la conception et celui de la naissance, auquel de ces deux moments faut-il se placer pour apprécier la nationalité de l'enfant? Il semble que, toutes les fois qu'il s'agit du père dans ses rapports avec ses enfants, c'est à la conception qu'on doit se référer. On peut dire, en effet, qu'après cette époque l'œuvre du père est terminée. Nous ne croyons pas pourtant qu'on puisse adopter cette manière de voir, en présence des termes catégoriques du nouvel article 8 du Code civil. D'ailleurs, un enfant conçu n'existe pas pour son pays : qu'on l'habilite à être investi de certains droits

---

[1] Loi du 1er juin 1870, art. 2 et 4, annexe G.

[2] Elle en diffère toutefois en ce que l'enfant ne peut pas refuser la légitimation, tandis qu'il peut refuser la reconnaissance.

de famille, rien de plus juste ; mais, il serait bizarre qu'on lui attribuât une nationalité avant qu'il fût entré dans la société. Nous admettrons donc que l'enfant prend la nationalité qui, au moment de sa naissance, appartenait à son père.

Il est pourtant une circonstance où la nationalité de l'enfant légitime ne pourra pas être déterminée suivant cette règle : c'est le cas du posthume. Il y aura alors transmission de la nationalité que le père possédait au moment de sa mort. Il serait absurde, en effet, que le père ne laissât pas sa nationalité à son fils posthume comme il lui laisse sa fortune et son nom. Il en sera de même aussi, quand l'enfant, né plus de trois cents jours après la mort du mari de sa mère, est inscrit comme légitime. L'article 315 du Code civil, en admettant que la légitimité de cet enfant pourra être contestée, reconnaît par cela même qu'il sera réputé légitime, tant qu'il n'y aura pas eu une instance judiciaire. Mais si une action en contestation de légitimité vient à être intentée, l'enfant déclaré naturel ne pourra en aucune façon se rattacher au mari de sa mère. Il sera traité pour la nationalité comme les autres enfants naturels.

Nous venons de dire que, pour fixer le statut personnel d'un enfant légitime, il faut se placer au moment de sa naissance et chercher la nationalité qu'avait alors son père. Si le père a perdu la nationalité française entre le moment de la conception et celui de la naissance de l'enfant, ce dernier ne pourrait-il pas du moins invoquer la règle *infans conceptus pro nato habetur quoties de commodis ejus agitur,* s'il avait intérêt à se rattacher à la nationalité que son père possédait au moment de la conception. Plusieurs commentateurs du Code civil ont soutenu cette opinion, qui est assurément fort spécieuse. Il nous semble pourtant que c'est là un abus de la maxime *infans conceptus.* Faite pour certains cas particuliers, cette règle ne doit pas, pensons-nous, être étendue arbitrairement à ceux pour lesquels elle n'a pas été établie. Enfin, il y aurait un grave inconvénient à permettre à l'enfant de réclamer ainsi contre sa nationalité : ce droit laisserait planer sur son statut personnel des doutes qui pourraient, dans bien des circonstances, être préjudiciables. Il importe non seulement aux particuliers, mais encore à l'État, que la nationalité soit déterminée, et ne reste pas en suspens pendant de longues années. Il est aujourd'hui facile de changer de nationalité, quand on y a intérêt; mais il ne faut pas qu'on puisse tenir en réserve toute sa vie un moyen de renoncer avec effet rétroactif au statut personnel que l'on possède en fait depuis sa naissance.

III.

L'enfant adoptif conserve en France la nationalité que la filiation naturelle lui a conférée. La question a été tranchée dans ce sens par la Cour de cassation[1].

§ 3. — Enfants nés hors de France de parents français.

En se plaçant uniquement au regard de la loi française, il n'est pas douteux que l'enfant né à l'étranger de parents français ne naisse Français. L'article 8-1° du Code civil le dit en termes formels; mais cette qualité lui sera-t-elle également reconnue par l'État sur le territoire duquel il est né? Pour répondre à cette question, il faut rechercher la situation faite dans les différents pays aux enfants qui y naissent de parents étrangers. Sous ce rapport, les États peuvent se diviser en trois classes : — ceux qui, poussant

[1] Arrêt du 22 mai 1825.

à ses dernières limites le système de la filiation, regardent l'étranger né sur leur sol du même œil que tout autre étranger et ne lui facilitent en aucune façon la naturalisation, — ceux qui attribuent la nationalité locale à tout enfant qui a vu le jour sur leur territoire, ainsi que cela avait lieu en France avant la promulgation du Code civil, — ceux enfin qui font un compromis entre les deux systèmes, soit en ne reconnaissant la nationalité au natif que sous certaines réserves, soit en le regardant comme étranger, mais en lui donnant un moyen de devenir sujet à l'aide de formalités plus simples que celles auxquelles les autres étrangers sont tenus de se conformer.

I.

En Allemagne, en Autriche-Hongrie, en Suède, en Suisse, l'enfant de parents étrangers naît et demeure étranger, sans que le fait de sa naissance puisse être invoqué par lui pour obtenir plus facilement la nationalité suisse, suédoise, autrichienne, hongroise ou allemande. Un Français, né dans un de ces États, pourra donc toujours faire reconnaître sa qualité par le Gouvernement local, et il n'y aura jamais de conflit possible avec la France.

On remarquera que l'adoption de ce régime n'est guère compatible qu'avec des législations qui, comme celles des pays que nous venons de citer, n'exigent pas un long stage des personnes qui demandent la naturalisation. Il serait trop rigoureux d'imposer plusieurs années d'attente à un individu qui est né sur le sol et y a vécu pendant toute sa jeunesse[1].

---

[1] Voir pour l'Allemagne, annexe G, pour la Suisse, annexe FF. On remarquera que les deux ans de domicile exigés par la loi fédérale suisse peuvent être comptés pendant la minorité. Le natif devenu majeur n'a plus à attendre dans ce cas.

II.

Plus nombreux sont les États qui confèrent la nationalité à quiconque naît sur leur territoire. De ce nombre sont l'Angleterre, le Portugal et la plupart des États de l'Amérique.

Angleterre. — L'Angleterre reconnaît la nationalité britannique aux enfants nés de parents étrangers dans les Trois-Royaumes. Un enfant né de parents Français en Angleterre est donc Anglais au delà de la Manche et Français en deçà. Toutefois le bill du 12 mai 1870, article 4, lui permet de choisir à sa majorité entre les deux nationalités ou plus exactement de renoncer à la nationalité anglaise pour garder exclusivement l'autre.

Dans beaucoup de cas cette option évite des conflits : mais si l'intéressé refuse de se dépouiller de la qualité de sujet britannique, il pourra se trouver soumis en France aux lois françaises. De là un litige possible entre les législations des deux pays et entre les deux Gouvernements. Les réclamations se sont parfois présentées de la part d'individus invoquant en France la qualité d'Anglais pour se soustraire au service militaire obligatoire. L'esprit éminemment pratique du gouvernement anglais a inspiré une sage solution. Une dépêche écrite par lord Malmesbury à lord Cowley, ambassadeur de S. M. Britannique à Paris, le 13 mars 1858, expose nettement que, si l'Angleterre reconnaît comme Anglais les enfants nés dans les îles Britanniques de parents étrangers, elle ne prétend nullement les protéger comme tels contre les autorités du pays d'où relèvent leurs parents, et qui les réclament légalement, cela surtout quand ils sont volontairement retournés dans ce pays. Le Français né en Angleterre serait protégé par l'Angleterre en Allemagne, en Italie, partout, excepté en France[1], où il pourra légalement être appelé au service militaire, et où son extradition serait réfusée même à l'Angleterre.

Portugal. — Le Code civil portugais, dans son article 18, considère comme Portugais tous les individus nés dans le pays, à moins qu'ils n'expriment le désir de garder la nationalité de leurs parents. Ils peuvent donc, émancipés, ou devenus majeurs, opter pour la nationalité de leur famille. Leur père peut même opter pour eux quand ils sont mineurs : à leur majorité, ils pourront réclamer contre la nationalité qui leur aurait été donnée de la sorte.

C'est à peu près le système introduit en Angleterre par le bill sus-mentionné de 1870.

Il est fait une exception formelle pour les fils d'étrangers demeurant en Portugal pour le service de leur pays d'origine.

Le traité hispano-portugais du 21 avril 1866 donne aux enfants nés en Portugal de parents espagnols, une situation privilégiée : ils restent Espagnols jusqu'à leur majorité ou leur émancipation, et ne deviennent Portugais que s'ils continuent de demeurer en Portugal après cette époque. Ce simple fait est considéré comme présumant l'intention de l'intéressé qui reste, d'ailleurs, libre de conserver la qualité d'Espagnol en faisant une déclaration spéciale devant les autorités portugaises. Si le père du jeune Espagnol était au service de l'Espagne, son fils ne pourrait devenir Portugais qu'en réclamant expressément cette qualité[2].

États-Unis d'Amérique. — La jurisprudence n'est pas d'accord aux États-Unis sur cette question, si simple,

---

[1] *Report of royal com.*, p. 67. — Annexe H ci-après
[2] Voir annexe BB et Janer, *Tratados de España*.

semble-t-il, de savoir si l'individu né de parents étrangers
sur le territoire de l'Union est lui-même étranger. Certains magistrats inclinent à ne reconnaître la qualité d'é-
tranger qu'aux enfants d'agents diplomatiques, tous les
autres étant investis de plein droit de la nationalité locale, suivant la règle anglaise, transmise aux États-Unis
par la tradition. Mais la Cour suprême tend à se ranger à un système différent : elle semble admettre que tout
enfant né aux États-Unis de parents qui appartiennent à
une nationalité étrangère et n'ont pas obtenu la qualité de
citoyen des États-Unis, est lui-même étranger [1]. — Cette
confusion provient du dispositif peu clair du XIVᵉ amendement à la constitution et de l'acte du 9 avril 1866 (section 1992). L'amendement porte que « toute personne née
ou naturalisée aux États-Unis et soumise à leur juridiction, a la qualité de citoyen des États-Unis... ». D'après la
section 1992, sont déclarés sujets des États-Unis « tous les
individus nés aux États et qui ne sont sujets d'aucune puissance étrangère ». Il nous semble que le texte de l'amendement est en faveur de l'ancien système anglais et que la
restriction qu'il contient ne saurait guère porter en effet
que sur les enfants des agents diplomatiques; mais la section 1992 va plus loin et implique évidemment que les
enfants nés aux États-Unis de sujets étrangers et sujets
eux-mêmes de leur pays d'origine, seront tenus pour
étrangers. Nous pensons donc qu'un Français né aux
États-Unis de parents ayant conservé leur qualité de Français, et la lui ayant normalement transmise, ne devrait
pas être protégé comme citoyen américain par le Gouvernement de Washington. En fait, il est probable que cette
protection lui serait accordée, du moins s'il était fixé aux
États-Unis. En effet, dans une dépêche du 15 février 1888
adressée à M. Mac-Lane, ministre des États-Unis à Paris, M. Bayard, secrétaire d'État, écrivait : « La règle

---

[1] Voir sur cette question l'étude de M. Porter Morse, *Journ. du dr. int.
privé,* 1887, pag. 32 et suiv., et ci-après l'annexe Q.

est que les personnes nées de parents Français aux États-Unis sont citoyens des États-Unis, tant qu'elles restent aux États-Unis et que si, arrivées à l'âge de vingt et un ans, elles choisissent la nationalité française, elles perdent tout droit à la protection des États-Unis[1] ». La pratique suivie par le Gouvernement de Washington est donc conforme à la tradition et ne semble pas avoir été modifiée par le XIVe amendement ni par l'acte du 9 avril 1866.

Amérique latine. — L'histoire de nos relations avec les républiques de l'Amérique du Sud abonde en réclamations de Français, revendiqués comme citoyens par les autorités locales, et qui invoquent l'appui diplomatique de la France, en se fondant sur nos traités d'amitié.

Longtemps le Gouvernement français avait espéré que le principe de notre Code civil de 1804 triompherait en Amérique. Plusieurs États de l'Europe ont insisté avec nous dans ce sens auprès des Républiques latines du nouveau monde. Mais une demande de cette nature était une assez lourde exigence envers les États de l'Amérique du Sud. La prospérité des républiques américaines ne peut avoir d'autre source que l'immigration, et si la plupart des immigrants conservaient, pendant plusieurs générations, leur statut personnel d'origine, la plus grande partie des habitants se trouverait en dehors de l'allégeance territoriale, et exemptée des charges locales. Comment, dans ces conditions, les gouvernements pourraient-ils lever des troupes? Ils craindraient, en outre, qu'en présence de si nombreux immigrants vivant sous la protection diplomatique de leur pays d'origine, leurs républiques ne devinssent bientôt comparables aux pays de l'Orient, dans lesquels les étrangers groupés en nations forment un État dans l'État. Ces considérations étaient trop puissantes dans l'esprit des Américains pour qu'ils consentissent à se rallier à notre

---

[1] *Journ. du dr. int. privé,* 1889, pag. 267.

jurisprudence. Nous ne connaissons que le Mexique et les États de Costa-Rica et de Salvador, qui reconnaissent la qualité d'étranger à l'enfant né d'un étranger sur leur territoire, sauf un droit d'option. Au Mexique, l'individu né de père étranger, ou de mère étrangère et de père inconnu, reste étranger tant qu'il est soumis à la puissance paternelle. A sa majorité, il doit déclarer dans le délai d'un an l'intention de rester étranger, sinon il est naturalisé Mexicain par l'effet de la loi [1]. Dans l'État de Costa-Rica, la situation est meilleure encore : une loi du 20 juillet 1861 a déclaré que les fils d'étrangers nés sur le territoire national seraient réputés étrangers, sauf le droit d'opter à leur majorité pour la nationalité costaricaine. Dans la république du Salvador, l'article 5 de la loi constitutionnelle déclare citoyens par droit de naissance : 1° tous ceux qui sont nés sur le territoire du Salvador, excepté les fils d'étrangers non naturalisés ; 2° les fils d'un étranger marié avec une Salvadorienne ou d'un Salvadorien avec une étrangère, nés sur le territoire de la République et y résidant.

Dans la république Argentine, une loi de 1857 avait émis le principe de l'option, mais elle a été abrogée quelques années plus tard : la loi du 1er octobre 1869, qui l'a remplacée, déclare Argentins tous les natifs du territoire de la République, excepté les fils d'agents diplomatiques et consulaires. La même règle, en général avec la même exception, est en vigueur dans les autres États de l'Amérique latine : Uruguay, Vénézuéla, Haïti, Colombie, Chili, Pérou, Équateur, Bolivie, Guatémala, Brésil, république Dominicaine [2]. Dans quelques-uns pourtant, on reconnaît au fils d'étranger une sorte de droit de recouvrer plus tard la nationalité de son auteur. Ainsi l'enfant né dans la république de Guatémala de parents étrangers perd la nationalité guaté-

---

[1] Voir Aspiroz, *Codigo de la Estrangeria en los Estados Mexicanos*, art. 46. — Voir aussi annexe V, la nouvelle loi mexicaine du 7 juin 1886.

[2] Voir aux annexes les lois de ces divers pays.

maltèque, au moins dans l'interprétation donnée par le
Gouvernement à la constitution, s'il retourne dans le pays
d'où sa famille est originaire. Dans l'empire du Brésil,
une loi du 10 septembre 1860 a décidé que l'état civil
étranger serait appliqué aux fils d'étranger pendant leur
minorité. On avait espéré pouvoir profiter de cette loi pour
régler la situation des fils de Français : mais, par cela
même que la loi déclare elle-même qu'elle ne fait nullement échec à la nationalité brésilienne, elle n'a pas pu être
invoquée [1].

En somme, la situation des fils de Français nés en Amérique est assez précaire en droit ; ils sont plus ou moins
favorablement traités en pratique suivant les circonstances
politiques et les dispositions des autorités locales. C'est
ainsi qu'au Vénézuéla le principe est appliqué dans toute
rigueur, s'il faut en croire les termes d'une note envoyée
en 1874 par le Gouvernement de cette République au
représentant de l'Italie. « Ce qui précède suffira pour
« convaincre V. E., disait le ministre des Affaires étran-
« gères de Caracas, que la constitution du Vénézuéla,
« ayant posé en principe que tout individu né sur le terri-
« toire de la République est Vénézuélien, quelle que soit
« la nationalité de ses parents, les fils d'Italien nés au Vé-
« nézuéla sont Vénézuéliens, quelles que soient les dispo-
« sitions du Code italien... Cette loi étrangère n'a aucune
« force sur le territoire de la République. En conséquence,
« le Gouvernement tiendra pour Vénézuéliens, de droit et
« de fait, les fils nés au Vénézuéla de parents Italiens,
« sans aucune exception, et les regardera comme investis
« des droits et soumis aux obligations que la constitution
« et les lois de la République accordent ou imposent aux
« autres citoyens ». Une note semblable aurait été passée
à la légation de France [2]. — En Brésil, au contraire, un

[1] *Annuaire de lég. étrang.*, 1878, pag. 837.
[2] Voir les *Estudios sobre nacionalidad, naturalizacion y ciudadania
por un primer secretario de Legacion*, Madrid, 1878, pag. 252 et 253.

tempérament est apporté à la rigueur du principe : les fils
nés de Français dans l'Empire, sans être officiellement
exemptés du service militaire, sont en fait omis volontairement par l'autorité locale sur les listes de la conscription.
Dans beaucoup d'autres pays, il en a été de même à de
certains moments, sans que théoriquement la question eût
encore été résolue. On a recours à la production de certificats d'immatriculation, on évite de faire inscrire la
naissance des enfants ailleurs qu'au consulat. Mais, si
quelquefois les bonnes dispositions des Gouvernements hispano-américains établissent en fait et momentanément un
modus vivendi, le conflit n'est pas moins absolu au fond, et
souvent il a pris une tournure aiguë.

L'Angleterre et l'Espagne ont essayé, comme nous, de
faire prévaloir leurs vues en Amérique. L'Angleterre admet à la fois que le lieu de naissance et la filiation donnent
la qualité de sujet britannique. Mais, par cela même qu'elle
reconnaît comme ses nationaux les fils d'étranger nés sur
son sol, elle ne pouvait réclamer avec beaucoup de force
une exemption dont elle n'offrait pas la réciprocité. Contre
la France, les Hispano-Américains devaient se borner à
invoquer la différence des situations; à l'Angleterre, ils
pouvaient objecter les lois mêmes de l'Angleterre. Aussi
cette puissance ne crut-elle pas devoir persévérer dans ses
prétentions. Elle adopta de bonne heure une règle fort sage
à l'égard des fils nés à l'étranger de parents anglais. Les
instructions envoyées le 20 décembre 1842 au consul d'Angleterre à Montevideo, sur l'avis conforme de l'avocat général de la reine, portaient : « Les enfants, nés hors des
« possessions britanniques de père ou même de grand-père
« anglais né, sont Anglais en Angleterre, mais ils ne peu-
« vent pas invoquer cette qualité contre le gouvernement
« du pays où ils sont nés, du moins tant qu'ils y demeu-
« rent. Par la commune loi anglaise, les enfants nés en
« Angleterre de parents anglais ou étrangers sont Anglais,
« et, si la loi d'un État étranger est conçue de la même

« manière, cet État a le droit de considérer comme sujets
« les enfants nés sur son sol ». Donc, d'après la dépêche
anglaise, les Anglais nés hors de Montevideo de parents
anglais seront protégés contre la République de l'Uruguay; mais il n'en sera pas de même de ceux qui seront
nés à Montevideo[1]. C'est la réciproque des instructions
envoyées à lord Cowley, ambassadeur à Paris, et que l'on
a vues ci-dessus[2].

Les Anglais évitèrent, grâce à une jurisprudence si libérale, la plupart des difficultés que la France a eues trop
souvent avec les républiques américaines sur cette question. Ils faisaient une application de cette idée fort logique,
qu'un pays ne doit pas refuser de reconnaître chez lui les
effets d'une loi étrangère identique à la sienne. Quand on
a la prétention de regarder comme Anglais les fils d'étranger nés en Angleterre, on serait mal venu à refuser la
qualité de Chiliens ou d'Argentins aux enfants nés de parents Anglais au Chili ou à Buenos-Ayres, qui invoquent
une loi calquée sur la loi britannique. Cette jurisprudence
a été, d'ailleurs, en quelque sorte, consacrée par l'article 4
du bill du 12 mai 1870, qui permet à l'Anglais, qui se
trouve investi en même temps d'une autre nationalité, de
cesser d'être Anglais.

L'Espagne, qui envoie de nombreux colons dans ses anciennes possessions américaines, a cherché aussi à établir
une règle commune de nature à satisfaire les intérêts opposés en cas de conflit concernant la nationalité des enfants
nés de parents espagnols. Dans la plupart des traités conclus avec les Républiques hispano-américaines, elle a dû
renoncer à faire reconnaître à ses enfants la qualité d'Espagnol. On lit, par exemple, dans le traité de 1840 avec
l'Équateur[3] : « Sont tenus et considérés dans la Répu-

---

[1] *Report of royal commissionners on naturalization*, etc.

[2] Page 39.

[3] Voir la brochure de M. Garcia intitulée : *Repuesta al folleto intitulado*

« blique de l'Équateur comme sujets Espagnols les indi-
« vidus nés dans les territoires actuellement soumis à l'Es-
« pagne, et leurs enfants, à condition que ces derniers ne
« soient pas natifs du territoire équatorien ».

Cette clause se retrouve exactement reproduite dans le
traité du 25 avril 1844 avec le Chili. La plupart des autres
conventions, celles par exemple du ·30 mars 1845 avec le
Vénézuéla, du 21 juin 1847 avec la Bolivie, du 10 mai
1850 avec Costa-Rica, du 25 juillet suivant avec le Nicara-
gua, contiennent, en outre, une disposition pour régler
le passé. Elles permettent aux Espagnols et à leurs enfants mineurs qui avaient dû acquérir la nationalité
dans le pays de l'Amérique où ils étaient fixés, de recouvrer la qualité d'Espagnol par une déclaration d'option[1] ; mais pour l'avenir elles reviennent à la règle ordinaire et décident que les natifs des pays contractants seront
tenus de part et d'autre pour nationaux du pays où ils
sont nés.

Avec la Plata, à cause de l'émigration basque, la question a plus d'importance encore. Le traité hispano-argentin de 1859 admit l'Espagne à bénéficier de la loi argentine
de 1857, citée ci-dessus, qui établissait un droit d'option
analogue à celui de l'article 9 du Code civil français. L'article 7 de la convention portait que, pour déterminer respectivement la nationalité d'individus dont le statut personnel était l'objet de contestation, on se conformerait à
l'article 1ᵉʳ de la constitution espagnole et à la loi argentine du 9 octobre 1857 ; mais par la convention du 21 sep-

---

Diplomacia de Buenos-Ayres, etc., Madrid, 1864. Voir aussi les *Estudios
sobre Nacionalidad, naturalisacion y Ciudadania por un primer secretario de Legacion,* Madrid, 1878.

[1] Cette option se faisait dans un délai d'un an pour les individus résidant
dans le pays. Pour les autres, le délai était de deux ans. Les mineurs suivaient la nationalité de leurs parents ; les enfants majeurs pouvaient opter
pour leur propre compte. — Toutes ces clauses sont suivies de dispositions
réciproques pour les citoyens des Républiques américaines se trouvant en
Espagne. — Voir Janer, *Tratados de España,* Madrid, 1869.

tembre 1863, l'article a été modifié comme il suit : « Afin
« d'établir et consolider l'union qui doit régner entre les
« deux peuples, les deux H. P. C. conviennent que, pour
« régler la nationalité des Espagnols et des Argentins, on
« observera respectivement dans chaque pays les disposi-
« tions de la constitution et des lois de ce pays ». Ainsi
quand un individu réclame la nationalité argentine ou
espagnole, s'il se trouve en Espagne, on statue d'après la
loi espagnole, s'il se trouve dans la Plata, on suit la loi
argentine. C'est là une intéressante application d'une
théorie importante à qui, peut-être, appartient l'avenir du
droit international : la théorie de la territorialité de la
loi. Il importe de noter dès à présent cet article comme
une apparition dans le domaine de la pratique d'une idée
féconde et appelée peut-être à supplanter la vieille
théorie classique des statuts, bizarre règle coutumière
importée, on ne sait pourquoi, dans le droit international.

Mais ce traité avec la République Argentine constitue
une exception dans le droit public espagnol. Obligé par la
force des choses de céder presque toujours, et, malgré sa
législation qui attribue la nationalité espagnole à tout
enfant d'Espagnol en quelque endroit qu'il soit né, forcé
trop souvent de reconnaître une nationalité étrangère aux
enfants nés en Amérique de parents espagnols, le Gouvernement de Madrid voulut du moins régulariser leur situation. Tel fut l'objet de la loi du 20 juin 1864. Cet acte
pose en principe que le Gouvernement doit toujours s'ef-
forcer de faire reconnaître la qualité d'Espagnol aux enfants nés à l'étranger de parents espagnols, et qui, d'a-
près la constitution, possèdent cette nationalité. Mais quand
la législation étrangère, comme c'est le cas dans les Républiques américaines, est en opposition absolue avec
cette règle, quand, par conséquent, il serait impossible
d'en faire admettre les conséquences par un traité, le
Gouvernement doit faciliter le retour à la nationalité es-

pagnole à ceux qui l'auraient perdue dans ces circonstances[1].

On voit que l'Espagne, comme l'Angleterre, a dû céder. Il y eut un moment où la France, renonçant à l'espoir de voir le principe du Code civil admis dans l'Amérique latine, et voyant les autres puissances chercher des transactions, songea aussi à résoudre la difficulté en réformant sa propre législation. Le Gouvernement impérial fut, en 1857, sur le point de prendre l'initiative d'une modification de l'article 10 du Code civil, qui déclare Français les fils de Français nés à l'étranger. M. Walewski, ministre des Affaires étrangères, dans une conversation avec l'ambassadeur anglais[2], parla d'une apparente *antinomie* entre les articles 10 et 17, qu'il fallait résoudre législativement. On pensa à obliger les enfants nés à l'étranger de parents français à réclamer la qualité de Français comme au cas de l'article 9. D'autres voulaient modifier les règles de l'article 17 de manière à permettre aux Français nés à l'étranger de se dénationaliser plus facilement. Il fut même question, mais plus vaguement, d'appliquer le principe que nous avons signalé dans le traité hispano-argentin de 1863.

En 1858, une commission fut réunie à Paris, au ministère des Affaires étrangères, pour examiner ces diverses propositions. Mais le rapporteur présenta une solution mixte, qui fut acceptée par les commissaires, et qui offrait l'avantage considérable de ne rien innover dans les lois qui régissent la nationalité française, et de ne pas toucher au Code civil, lequel évidemment ne doit être amendé qu'en cas de nécessité absolue.

Il s'agissait de rappeler d'abord aux agents diplomatiques et consulaires que, si l'*immatriculation* sur les registres des chancelleries est obligatoire à la fois pour le Français, qui doit la requérir, et pour le consul, qui ne

[1] La loi du 20 juin 1864 est citée par Janer, *Tratados de España.*
[2] Voir le *Report of royal commissionners on naturalisation,* etc.

G. C.   4

peut pas se refuser à l'ordonner, il en est tout autrement
de la *protection*, faveur purement administrative, que l'a-
gent est libre d'accorder ou de refuser, suivant qu'il le
juge convenable. Les représentants de la France à l'étranger seraient invités à ne pas protéger ceux de leurs nationaux qui ne se seraient pas fait immatriculer; et on leur
indiquerait certaines règles à suivre pour apprécier l'op-
portunité de l'intervention diplomatique en faveur des
particuliers. Pour l'Amérique du Sud spécialement, les
agents français devraient rejeter les demandes de protection formées par des Français refusant de se rendre sous
les drapeaux en France, se livrant au commerce des esclaves, ayant épousé une femme américaine ou possédant
des immeubles. On pensait pouvoir, par ce moyen, éviter
le plus grand nombre des conflits de nationalité, et on n'a-
vait pas besoin pour cela d'introduire aucune innovation
dans la législation existante; en effet, le commerce des
esclaves entraîne, d'après nos lois, la perte de la qualité de
Français, et le mariage avec une femme étrangère, ainsi
que l'acquisition de biens-fonds, laisse supposer l'établissement sans esprit de retour, qui est une cause de dénationalisation, d'après l'ancien article 17 du Code civil.
Quant au refus d'obéir à un ordre de route envoyé par
le ministre de la Guerre, c'est au moins une preuve que
l'on est singulièrement détaché de sa patrie, puisqu'on
n'en veut plus accepter que les avantages, et, dans ces conditions, n'est-on pas indigne de la protection, lors même
qu'aux termes du droit strict, on conserve encore la qualité
de Français?

Le rapport qu'on vient d'analyser sommairement donna
lieu à un projet de circulaire aux agents diplomatiques
et consulaires français dans l'Amérique du Sud, qui demeura toujours à l'état de projet. La question resterait
donc entière aujourd'hui, n'étaient les instructions envoyées en 1873 aux représentants de la France à l'étranger
pour assurer l'application de la loi militaire du 27 juillet

1872 aux Français demeurant hors de France. Tel a été
l'objet de la circulaire ministérielle du 16 juin 1873. Après
avoir indiqué les pénalités auxquelles sont exposés les
insoumis en France, le ministre termine en ces termes :
« Enfin, je n'hésite pas à vous autoriser à refuser votre
« protection aux Français qui, à dater de cette année, ne
« se soumettraient pas aux obligations militaires ». Ainsi
nos nationaux ne peuvent plus invoquer l'appui des consuls, quand ils ont échappé au service militaire. Quant aux
Français nés dans l'Amérique du Sud, les consuls doivent
les inviter d'abord à répondre à l'appel sous nos drapeaux.
Ceux-là seuls qui obéiront jouiront de la protection française, qui s'exercera avec autant plus de force qu'elle aura
pour objet des individus la méritant mieux [1].

Il n'est pas douteux que cette règle, si on l'applique,
aura pour effet d'écarter, dans un grand nombre de cas,
les difficultés qui naissent entre la France et les gouvernements de l'Amérique du Sud, mais elle ne supprime
pas le conflit de lois latent qui, en mainte occasion, se
manifestera dans toute son intensité. On se trouve, en
effet, en présence non seulement d'une question de protection qu'on peut toujours facilement trancher en aban-
donnant l'intéressé, mais d'une divergence de lois civiles
entre lesquelles il n'y a pas d'accord possible. Il nous
semble que la solution la plus légitime serait de concéder
aux jeunes gens qui sont nés en Amérique de parents français, un droit d'option, pendant l'année qui suit leur
majorité. Ce serait de toute justice puisqu'ils se trouvent
dans une impasse dont aucun moyen légal ne peut aujourd'hui leur permettre de sortir. Il faudrait pour cela
une disposition légale permettant aux Français d'abdiquer

[1] Voir le *Livre jaune de 1873*. — M. Calvo dans la dernière édition de son
bel ouvrage sur le *Droit international* loue beaucoup cette disposition et en
encourage l'observation, en vue de réduire les occasions de conflit. — Elle aura
moins d'application, dans l'avenir, avec l'article 49 de la nouvelle loi militaire,
qui accorde une exemption aux jeunes gens qui s'expatrient. Voir annexe F.

leur nationalité, quand ils en ont acquis une autre *jure soli*. L'Angleterre, dans le bill du 12 mai 1870, nous donne l'exemple de cette manière de procéder, en autorisant les enfants nés de parents anglais en pays étranger, à renoncer à la qualité d'Anglais, s'ils sont citoyens du pays où ils sont nés. Les jeunes Français restant en Amérique auraient ainsi, à partir de vingt et un ans, une situation normale et régulière. Et il ne serait peut-être pas bien difficile d'obtenir des Gouvernements locaux qu'ils cessassent de considérer comme leurs nationaux ceux qui reviendraient habiter la France, comme le Gouvernement des États-Unis est disposé à le faire[1]. Ajoutons que cette mesure serait d'autant plus équitable de la part de la France qu'elle vient d'adopter en matière de nationalité des règles qui sont voisines de celles contre lesquelles elle a protesté en Amérique.

Sans doute, cette combinaison n'est pas absolument satisfaisante : il y aura toujours conflit pendant la minorité des intéressés. Et s'il s'agit d'organiser leur tutelle, de liquider leur succession, et dans beaucoup d'autres cas, des difficultés pourront surgir ; mais ces difficultés sont inhérentes à la divergence même des lois, et il faut en prendre son parti, puisqu'elles dureront tant qu'un des deux systèmes opposés n'aura pas prévalu sur l'autre. Le droit d'abdication aurait du moins toujours l'avantage de régulariser, à partir de la majorité, une situation qu'il est impossible aujourd'hui de rendre régulière. Il faudrait du reste compléter la réforme en retardant de deux ans l'appel des intéressés sous nos drapeaux, pour leur laisser le temps de choisir librement, dans l'année qui suit leur majorité, entre le statut qu'ils tiennent du *jus originis* et celui que le *jus soli* leur a conféré. Pour cela, un article devrait être inséré dans la loi militaire afin d'ajourner jusqu'après leur vingt-deuxième année l'appel des jeunes

---

[1] Voir ci-dessus, p. 42.

gens qui se trouvent dans cette catégorie, comme on ajourne, suivant le principe admis dans la loi militaire de 1889, les jeunes gens nés en France de parents étrangers et ayant un droit d'option à leur majorité. L'innovation ne serait pas bien grave, puisque nombre de ces derniers sont des Français tout aussi bien que les jeunes gens nés de parents français en Amérique, et, dans l'un et l'autre cas, l'ajournement aurait le même motif : la nécessité de tenir compte des effets de la loi étrangère, et de laisser pleine et entière liberté à l'intéressé de manifester librement sa volonté.

III.

Les autres législations ont fait des compromis entre les deux systèmes opposés qui viennent d'être étudiés. Nous en parcourrons quelques-uns :

Belgique. — En Belgique[1], le Code civil français de 1804 est en vigueur. Le fils d'étranger est donc étranger et peut seulement opter pour la Belgique dans l'année qui suit l'époque de sa majorité. La naturalisation ainsi acquise est la *grande* naturalisation, qui lui confère, par conséquent, la plénitude du droit de cité. — Une loi du 1er avril 1879 a ouvert un délai exceptionnel d'un an pour permettre l'option aux natifs qui ont omis de faire en temps utile la déclaration de l'article 9, ainsi qu'à d'autres catégories d'étrangers.

Ce système est en vigueur depuis 1830 : auparavant, la naissance sur le sol belge, aux termes de l'article 8 de la constitution du royaume des Pays-Bas, suffisait pour conférer la nationalité.

---

[1] Voir annexe J.

Il est intéressant d'observer que cette législation belge, identique à celle de la France, avant la réforme de 1889, a occasionné entre la France et la Belgique des difficultés nombreuses. Les mêmes dispositions légales, appliquées dans des pays différents, ont donné lieu à des inconvénients particulièrement regrettables en pratique à cause du nombre considérable de nationaux de chaque pays qui naissent dans l'autre. Une interpellation qui a eu lieu au parlement belge, dans la séance du 5 décembre 1877, montre quelle importance on attache à Bruxelles à l'établissement d'un accord entre les deux législations. « Les contradictions qui existent entre les lois des deux pays, disait M. Visart, membre de la Chambre des représentants[1], donnent lieu à des inconvénients si graves, qu'il devient tout à fait urgent d'y porter remède par une convention internationale.

« Le texte et l'interprétation actuelles des lois existantes en France et en Belgique mettent une foule de familles dans la situation la plus pénible et la plus difficile et provoquent même entre les deux pays des conflits extrêmement fâcheux.

« Vous savez tous, Messieurs, qu'il y a aujourd'hui un grand nombre de Français établis et résidant en Belgique et un nombre beaucoup plus grand encore de Belges résidant en France.

« La situation de ceux qui sont nés dans le pays auquel ils appartiennent est très simple, ils doivent le service à leur pays d'origine. Mais les Belges nés en France et les Français nés en Belgique se trouvent dans une position tout à fait différente, qui donne lieu à des réclamations incessantes.

« L'article 9 du Code civil, qui est en vigueur dans les deux pays, leur donne le droit d'opter, dans l'année de leur majorité, entre les deux nationalités. La Belgique,

---

[1] Voir le compte rendu officiel des séances de la Chambre des représentants de Belgique.

comme la France, accorde cette faculté à l'étranger né sur
le territoire, et néanmoins chacun des deux pays en refuse
l'exercice aux nationaux nés en pays étranger, de telle
sorte que l'article 9 du Code civil est lettre morte pour
tous les Belges nés en France et tous les Français nés en
Belgique. En effet, les deux gouvernements considèrent,
chacun pour ce qui concerne ses sujets, la nationalité
comme résultant nécessairement de la filiation. Tout fils
de Belge, quel que soit le lieu de sa naissance ou de sa
résidence, doit le service militaire en Belgique, et tout fils
de Français doit le service militaire en France. C'est en
vain qu'un Belge né en France ou un Français né en Belgique veut faire usage de l'article 9 du Code civil; son
pays d'origine lui dit : Avant votre majorité vous me
deviez le service militaire; un fait postérieur ne peut vous
décharger de cette obligation, et du reste vous n'avez pas
le droit de renoncer à votre nationalité.

« Cette jurisprudence étant appliquée en Belgique comme
en France, il en résulte qu'il y a aujourd'hui des milliers
d'individus devenus Français ou Belges qui sont réfractaires aux yeux de leur pays originaire, ils ne peuvent
passer la frontière sans s'exposer à être saisis et incorporés
dans l'armée d'un pays qui leur est devenu étranger.

« Je suppose, Messieurs, qu'il suffit de dépeindre une
telle situation, pour convaincre Monsieur le Ministre des
Affaires qu'il est désirable au plus haut point d'y porter
remède par des négociations internationales. Chacune des
deux nations doit vouloir que ses lois, sur son territoire,
puissent être librement exécutées et que la naturalisation
puisse être acquise chez elle sous les conditions que le Gouvernement a déterminées. Cette prétention est légitime
surtout vis-à-vis d'une nation qui a une législation identique et à laquelle on offre une parfaite réciprocité.....

« Il me semble que des négociations entamées sur cette
question auraient d'autant plus de chance d'aboutir heureusement que la solution en est tout indiquée et s'impose

pour ainsi dire. Il n'y a pas d'autre moyen de concilier l'article 9 du Code civil et le droit qu'a la Belgique, comme la France, de faire acquérir la naturalisation à des étrangers, avec les lois militaires des deux pays, que de retarder pour tous les Belges nés en France et pour tous les Français nés en Belgique l'inscription militaire jusqu'à leur majorité.

« Il serait juste et rationnel d'en agir ainsi, puisqu'on veut leur laisser jusqu'à vingt et un ans accomplis le choix de leur nationalité et qu'en principe c'est à sa patrie seulement qu'on doit l'impôt du sang.

« Il est probable que le Gouvernement français accepterait sans difficulté un tempérament de ce genre, car il en a pris l'initiative dans un cas analogue. Aujourd'hui déjà, tous ceux qui sont nés en France de parents qui eux-mêmes y sont nés ne participent au tirage au sort que dans l'année qui suit leur vingt et unième année accomplie. Ils sont Français en principe, mais le Gouvernement français veut respecter le droit qu'ils ont encore d'opter pour une autre nationalité et dans ce but consent à abréger de deux ans la durée effective de leur service militaire ».

Directement mis en cause par M. Visart, M. d'Aspremont Lynden, ministre des Affaires étrangères, a fait la déclaration suivante :

« La situation dont l'honorable M. Visart vient d'entretenir la Chambre est réelle. Les Belges nés en France de même que les Français nés en Belgique sont soumis au service militaire dans leur pays d'origine et cela à un âge où ils ne sont pas à même de bénéficier de l'option que leur accorde l'article 9 du Code civil. Mais, Messieurs, ce n'est pas la seule difficulté que nous rencontrions dans l'application des lois de milice. Plusieurs réclamations nous ont été adressées par divers gouvernements en nous faisant observer que certains articles de la loi du 3 juin 1870[1] don-

---

[1] Il s'agit ici des individus dits de nationalité indéterminée qui sont appelés sous les drapeaux belges.

nent lieu à des difficultés au moins égales à celles soulevées par l'honorable membre.

« Nous avons cru qu'il était opportun d'y chercher un
remède au moyen d'arrangements internationaux, et de
faire cesser ainsi tous les inconvénients qui nous sont signalés.

« Pour arriver à ce résultat, un travail préporatoire était
nécessaire, une commission comprenant des fonctionnaires
des départements de la Justice, de l'Intérieur et des Affaires
étrangères, a été chargée d'arrêter les bases d'un arrangement préliminaire à intervenir entre les gouvernements
intéressés dans la question. Cette commission n'a pas
perdu de temps; elle a eu déjà plusieurs réunions; en ce
moment elle siège encore, et j'ai tout lieu d'espérer que,
dans un délai très bref, son travail sera terminé et que
nous pourrons commencer les négociations ».

Des négociations ont été effectivement engagées par le
Gouvernement belge et elles ont abouti à une convention
qui a été conclue le 5 juillet 1879 à Paris [1].

Il était convenu notamment que « les individus nés en
Belgique de parents français ou en France de parents belges et, qui ont, d'après l'article 9 du Code civil en vigueur
dans les deux pays, le droit de réclamer, dans l'année qui
suivra l'époque de leur majorité, la nationalité du pays
où ils sont nés... ne seront pas inscrits d'office, avant l'âge
de vingt-deux ans accomplis, sur les listes de recrutement
militaire dressées en France et en Belgique ». — Ce premier point posé, il en découlait naturellement que les
intéressés ne seraient appelés à servir que le pays qu'ils se
seraient choisi. Toutefois, comme il pouvait être avantageux aux jeunes gens atteints par la convention de prendre
un parti plus tôt, on leur permettait, moyennant certaines
formalités, d'entrer volontairement avant leur majorité dans
l'armée de l'un des deux pays.

---

[1] Voir annexe JJ.

Si cette convention, dans sa partie essentielle au moins, était entrée en vigueur, un grand nombre d'individus qui ont souffert de l'état de choses actuel auraient pu régulariser leur situation. Mais le Gouvernement belge a rencontré, en 1879, une opposition imprévue, quand il a voulu demander au Parlement de ratifier un acte dont il n'avait cependant poursuivi la préparation que sous la pression du même Parlement. Les motifs d'ordre juridique, présentés par des théoriciens, entraînèrent la décision de l'Assemblée. Mais on ne tarda pas à regretter une résolution qui perpétuait les inconvénients et les difficultés auxquels les deux gouvernements avaient voulu mettre fin et, en 1888, à la suite de pétitions nombreuses adressées aux Chambres belges, l'arrangement de 1879 a été repris et approuvé par le Sénat et par la Chambre des représentants à l'unanimité. En France, le Gouvernement s'est volontiers prêté sur la demande de la Belgique à le présenter aux Chambres en 1889, mais si le vote d'une nouvelle loi sur la nationalité était imminente et il n'était guère admissible de mettre en vigueur des dispositions destinées à corriger les conséquences d'une législation condamnée, au moment même où cette législation allait subir des modifications importantes. L'arrangement de 1879 est donc resté à l'état de lettre morte. On ne peut s'empêcher de le regretter au point de vue de l'équité. Encore aujourd'hui, il rendrait certainement des services, — ne serait-ce qu'aux jeunes gens nés en Belgique de parents français — qui sont actuellement appelés simultanément dans les armées des deux pays et nous ne pouvons que souhaiter la reprise des négociations pour le mettre en harmonie avec la loi nouvelle

L'ancien article 17 du Code civil français exigeant, pour la perte de la nationalité française, la naturalisation à l'étranger, il était permis de se demander si une option faite en vertu d'une loi étrangère identique ou analogue à l'article 9 du Code de 1804 avait pour effet d'entraîner la dénaturalisation de l'optant. Le nouvel article 17 fait cesser cette controverse en stipulant que le Français qui acquiert une nationalité étrangère sur sa demande, par l'effet de la loi, perd la qualité de Français.

Espagne. — La constitution du 30 juin 1876, qui régit aujourd'hui l'Espagne, porte, dans son article 1ᵉʳ, la disposition suivante : « Sont Espagnols : 1° ceux qui sont nés « sur le territoire espagnol [1]... ». Il semble qu'on doit conclure de cette disposition que la naissance sur le sol national suffit en Espagne, comme en Angleterre, pour conférer la qualité de sujet, quel que soit le statut personnel des parents. Il n'en est rien pourtant, et en fait, c'est le système de la filiation et non le système anglais qui est en vigueur dans la Péninsule.

L'article 1ᵉʳ-1° de la constitution de 1876 a été reproduit dans toutes les constitutions qui se sont succédé en Espagne depuis celle de 1812, où il figure pour la première fois. Insérée dans le projet de constitution soumis aux Cortès de 1837, par le Gouvernement de la Reine-Régente, cette disposition attira l'attention du Gouvernement français qui avait eu l'occasion d'en reconnaître plusieurs fois les inconvénients. Sur les représentations de l'Ambassadeur du Roi des Français, le ministère Calatrava se détermina, tout en gardant l'article, à faire aux Cortès une déclaration de nature à en limiter la portée. Dans la séance du 11 mai 1837, M. Olozaga, président de la commission chargée d'élaborer le projet, exposa solennellement l'interprétation à donner au texte constitutionnel :

« Quelques députés ont cru, a-t-il dit, et il paraît qu'on « a cru aussi en dehors de cette enceinte, que concéder « la qualité d'Espagnol aux étrangers nés fortuitement « en Espagne était la même chose que leur imposer l'obli- « gation d'être Espagnols. Ceux qui parlent ainsi n'ont pas

---

[1] Voir Dareste, *Les constitutions modernes*, t. II, p. 3.

« compris le laconisme et la précision avec lesquels il con-
« vient de rédiger des lois fondamentales comme celle-ci.
« On a pensé qu'il fallait ne placer dans la constitution
« que les principes essentiels du droit public, et laisser
« aux lois particulières le soin de les expliquer ».

Et M. Olozaga continuait en déclarant que l'individu
né en Espagne de parents étrangers pourrait seulement
choisir entre la nationalité de sa famille et celle que lui
confère la constitution espagnole, qu'en tout cas, jamais
cette dernière nationalité ne lui serait imposée. M. Calatrava, président du conseil des ministres, prenant acte de
la déclaration du président de la commission, ajoutait que
le Gouvernement se trouverait souvent dans un grand
embarras, si les Cortès n'acceptaient pas l'interprétation
demandée, et l'accord fut établi entre le pouvoir exécutif
et l'assemblée pour maintenir le texte intact, tout en
admettant qu'en fait les intéressés pourraient toujours conserver la nationalité de leurs parents.

C'est donc à vrai dire, dans cette singulière interprétation de la constitution, une simple offre de la nationalité
espagnole qui est faite aux fils d'étranger. Les Français
seront d'autant plus aptes à réclamer l'application de cette
jurisprudence que la déclaration du 11 mai 1837 a fait
l'objet d'une communication spéciale du Gouvernement
royal à l'Ambassadeur français, — communication qui
peut être considérée comme constituant un véritable
arrangement diplomatique[1].

Deux lois postérieures, venant à l'appui de la déclaration de 1837, ont établi dans la Péninsule un régime à peu
près identique à celui de l'article 9 du Code civil. Le
texte constitutionnel n'a donc plus qu'une signification
tout à fait vague, et veut dire seulement que le droit d'être
Espagnol appartient *virtuellement* à tout natif du territoire

---

[1] Voir le *Diario de las Sesiones de Cortès*. Année 1837, et les *Estudios sobre nacionalidad naturalizacion, y ciudadania..... por un primer se- cretario de Légacion*. Madrid, 1878.

péninsulaire. Ces deux lois sont : 1° le décret du 17 novembre 1852 sur les étrangers dont l'article 1er-3° déclare étrangers les individus nés en Espagne de parents étrangers ou même de père étranger et de mère espagnole, s'ils n'ont pas réclamé la qualité de sujet espagnol ; — 2° la loi de 1870 sur l'enregistrement des actes de l'état civil, dont l'article 103 prévoit la forme et la procédure de l'option exigée des fils d'étranger qui désirent devenir sujets du roi d'Espagne. Il n'est pas sans intérêt de signaler, d'ailleurs, que, dès 1860, la jurisprudence du tribunal supérieur de Madrid avait pris parti pour le décret de 1852 et contre le sens apparent de la constitution [1].

Les autorités ayant la mission de recevoir l'option de l'étranger né en Espagne qui désire devenir Espagnol sont : 1° la municipalité du lieu où l'intéressé réside en Espagne ; 2° la direction générale de l'état civil à Madrid, si l'intéressé n'a pas encore choisi une résidence dans une commune de la Péninsule ; 3° les représentants diplomatique ou consulaire de S. M. C., s'il demeure à l'étranger. L'option doit être effectuée, si l'intéressé a été émancipé, dans l'année qui suit sa majorité, c'est-à-dire sa vingt-cinquième année, s'il ne l'a pas été, au moment de son émancipation [2]. On remarquera ici que, quoique non véritablement Espagnol, puisqu'il doit opter pour le devenir, le fils d'étranger est déjà soumis à la loi espagnole pour l'appréciation de sa capacité.

La situation des individus nés en Espagne de parents français et en France de parents espagnols a fait l'objet d'un arrangement diplomatique entre les deux pays, au

---

[1] Arrêt du 16 juillet 1860. Voir la *jurispr. civil de España*, par Zuniga, Madrid, 1869.

[2] Voir Montalban, *Elementos de derecho, etc., de España*, T. I, pag. 328 et ss. et 650 et ss. — La puissance paternelle en Espagne ne cesse pas par la majorité du fils : elle cesse seulement par la mort ou la disparition du père, l'élévation du fils à un emploi public, l'émancipation. L'émancipation se fait par une déclaration devant le juge municipal ; elle est la conséquence forcée du mariage, et le juge peut l'imposer au père qui abuse de ses droits.

point de vue du service militaire. Préoccupés d'empêcher que personne ne pût échapper au service, les négociateurs de la convention consulaire franco-espagnole de 1862 convinrent (art. 5) que les Français nés en Espagne et appelés au service militaire en Espagne pourraient s'exempter en produisant un certificat attestant qu'ils ont tiré au sort en France. Réciproquement, il fut stipulé que les Espagnols nés en France ne seraient pas enrôlés dans notre armée, s'ils produisaient la preuve qu'ils ont satisfait à leurs obligations militaires en Espagne. Cette double clause a été souvent attaquée comme conduisant à des conséquences absurdes. En Espagne, elle pourrait se concevoir, si la règle insérée à l'article 1er de la constitution avait une valeur pratique : mais les explications données ci-dessus ont montré que l'Espagne, en permettant à nos nationaux, nés au delà des Pyrénées, de se soustraire au service dans son armée, nous faisait une concession plus apparente que réelle. En ce qui concerne l'Espagnol né en France, l'arrangement est tout à fait admissible. En effet, un enfant né en France de parents espagnols est Espagnol, et, comme tel, il ne peut être appelé au service que par erreur, et il n'a qu'à invoquer sa nationalité devant le conseil de révision, ou contre le préfet devant le tribunal, pour être immédiatement rendu à la vie civile. La convention a abouti en pratique à ce résultat singulier, qu'on a refusé de libérer des Espagnols, parce qu'ils ne pouvaient prouver qu'ils avaient servi en Espagne; comme si jamais un étranger pouvait faire partie de l'armée française! Et, d'autre part, pouvait-on prétendre que la convention eût établi un nouveau mode de devenir Français, particulier aux Espagnols nés en France? C'est insoutenable. Il faut, croyons-nous, suivre la convention seulement en ce qu'elle contient relativement aux Français nés en Espagne, mais on ne saurait hésiter à libérer des Espagnols, qui faisaient partie de notre armée, par la raison qu'ils n'auraient pas tiré au sort dans leur pays.

C'est d'un tout autre principe qu'il importerait de partir dans les conventions que nous voudrions voir signer avec d'autres puissances voisines. L'arrangement franco-espagnol soumet la loi civile à la loi militaire. Il conviendrait, au contraire, de mettre la loi militaire en harmonie avec la loi civile. Il n'est pas bien difficile de trouver une combinaison qui concilie tous les intérêts. Il s'agirait seulement de retarder l'appel sous les drapeaux jusqu'après le moment où l'option de nationalité a pu être effectuée, ainsi que le portait le traité franco-belge de 1879 non ratifié, dont nous avons parlé ci-dessus.

Grèce. — La Grèce a adopté la disposition du Code civil français de 1804. L'individu né en Grèce de parents étrangers naît donc étranger ; seulement il peut devenir sujet grec à trois conditions :

1° Déclarer, lorsqu'il réside en Grèce, que son intention est d'y fixer son domicile, et l'y établir dans l'année à compter de l'acte de sa soumission ;

2° Faire cette déclaration et cette soumission dans l'année qui suit sa majorité ;

3° Prêter le serment de sujet hellène devant le nomarque compétent [1].

Italie. — Le Code italien admet exactement la disposition de notre ancien article 9 pour les enfants nés dans le royaume de parents étrangers, à la condition toutefois que ces derniers résident dans le pays depuis moins de dix ans. L'enfant, dans ce cas, naît étranger et peut devenir Italien en optant dans l'année qui suit sa majorité. Si ses parents demeurent depuis plus de dix ans dans le royaume au moment de sa naissance, il naît Italien, et peut opter dans l'année qui suit sa majorité pour la nationalité de ses parents [2].

---

[1] Voir annexe R.
[2] Voir annexe T.

Il serait facile ici encore de couper court à toutes difficultés possibles sur la question des enfants nés de parents
français en Italie, en retardant par traité leur appel sous
les drapeaux. Pour les jeunes gens nés en Italie de parents
fixés depuis dix ans dans le royaume, la non option pour
la nationalité française, jointe à la production d'un certificat attestant que l'intéressé a répondu à l'appel sous les
drapeaux italiens, suffirait à assurer leur radiation des traités de recrutement en France et la reconnaissance par nous
de leur extranéité.

Luxembourg. — Le Luxembourg, comme la Belgique et
la Grèce, a adopté notre ancien article 9. Le natif du
Grand-Duché, dont les parents sont étrangers, peut donc
réclamer à sa majorité la qualité de sujet luxembourgeois.
Il n'y a d'exception que celle introduite par une loi du 12
novembre 1859, d'après laquelle l'enfant né dans le
Luxembourg d'un étranger militaire ou même simple
fonctionnaire civil attaché au service de la forteresse de
Luxembourg et de la garnison fédérale, ne peut pas user
du bénéfice de l'ancien article 9 du Code civil. Les étrangers au service de la Diète germanique étaient censés se
trouver non dans le Grand-Duché, mais sur le territoire
de la Confédération. C'est le même principe qui régit la
situation des représentants diplomatiques. Les enfants des
militaires anciennement attachés au service de la forteresse
de Luxembourg sont donc réputés n'être pas nés dans le
Grand-Duché.

Une loi du 27 janvier 1878 a apporté un tempérament
dans un sens opposé au système du Code civil. La loi du
12 novembre 1859 a pour objet d'empêcher que certaines
personnes n'abusent des facilités légales pour devenir
Luxembourgeoises. Celle du 27 janvier 1878 se propose,
au contraire, d'empêcher d'autres personnes de profiter
des mêmes dispositions légales pour rester indéfiniment
étrangères : elle a adopté, à cet effet, une règle imitée de la

législation française [1]. Le Gouvernement grand-ducal avait
été frappé des inconvénients du régime du Code civil, qui
permet à des familles étrangères de vivre indéfiniment sous
la loi de leur pays d'origine et de se soustraire aux charges
qui frappent les nationaux du pays de leur résidence.
Par le système de l'ancien article 9, écrivait le directeur général de la justice dans l'Exposé des motifs soumis
au Parlement, « la condition d'étranger peut se perpétuer
durant plusieurs générations, jusqu'à ce que le souvenir
de l'origine étrangère se soit effacé. Si un pareil étranger
est appelé comme témoin d'un testament, l'acte est nul.
Pour prévenir entre autres ces embarras, les lois françaises
des 7 février 1851 et 16 décembre 1874 ont réglé la condition des étrangers établis hors de leur patrie sans esprit
de retour. Aux termes de cette nouvelle législation, les
enfants nés en France d'un étranger qui lui-même y est
né, naissent Français et le restent, à moins que dans l'année de leur majorité ils ne réclament la qualité d'étranger
et ne prouvent qu'ils la possèdent encore.

« Je pense qu'il convient d'adopter ce système dans notre
législation.

« Le principe de cette disposition ne nous est pas étranger. La loi fondamentale de la Hollande (art. 8) et l'ancien
droit français attachaient, comme la loi anglaise, la nationalité à la simple naissance sur le sol du pays. La nouvelle
loi française revient en partie à ce principe, toutefois avec
cette modification que l'étranger peut, s'il le veut, réclamer sa nationalité d'origine pour autant qu'il l'ait encore
conservée.

« En introduisant cette modification dans notre Code,
nous remplirons un devoir international en diminuant,
dans la mesure du possible, le nombre de ceux que l'on a
qualifiés à bon droit du nom de « vagabonds internationaux » et qui sont un embarras constant pour leur patrie

[1] Voir ci-après, chap. II, § 6.

d'origine comme pour les pays qu'ils habitent. Nous pouvons le faire d'autant plus facilement que, au point de
vue du domicile de secours, nous n'avons guère l'espoir
de voir entretenir par un État étranger des personnes nées
dans notre pays de parents qui y sont également nés, et
que, d'autre part, on doit admettre que, par le séjour prolongé dans notre pays, ces personnes sont devenues luxembourgeoises de fait et d'intention, par leur éducation, leurs
affections, leurs mœurs et leurs habitudes ».

Conformément à ces vues, le Gouvernement a proposé
d'adopter la disposition de l'article 1er de la loi française
du 16 décembre 1874[1]; mais le Conseil d'État du Grand-
Duché, appelé à donner son avis, se prononça nettement
« contre toute disposition ayant pour but de conférer la
nationalité de Luxembourgeois à l'individu né dans le
Grand-Duché d'un étranger qui lui-même y est né, et at-
tribuant cette qualité au seul fait de la naissance sur le sol
grand-ducal, fait qui peut être le résultat d'un cas fortuit,
d'une visite, d'un voyage à travers le pays ».

« On comprend qu'en France, ajoutait-il, on ait pu introduire une pareille disposition à cause des charges publiques, militaires et autres, auxquelles échappent les étrangers. Mais ce motif n'a pas la même valeur chez nous, dans
l'état de notre législation internationale et constitutionnelle.

« Pour donner la qualité de Luxembourgeois à un étranger, il faut que ce dernier présente des garanties suffisantes de moralité; il faut que, par son éducation et par
l'étude qu'il a pu faire des affaires du pays, il ait pris à
celles-ci un intérêt particulier. C'est ce que l'on obtient
par une résidence d'une certaine durée. On ne doit pas
forcer un étranger de devenir Luxembourgeois par simple
inadvertance et omission de faire une déclaration. Il faut
priser plus haut la qualité de Luxembourgeois et les droits
qui en découlent.

[1] Voir annexe A 8°.

« Il semble, d'ailleurs, qu'il ne convient pas qu'un étranger devienne Luxembourgeois sans qu'un acte authentique constate ce changement de qualité. Les principes et les dispositions du Code civil suffisent à toutes les situations concernant les étrangers nés sur le sol luxembourgeois ».

En présence de cette opposition du Conseil d'État, M. Eyschen, directeur général de la Justice, proposa de modifier la rédaction de la loi, en ce sens que le simple fait de la naissance du fils et du père sur le sol luxembourgeois ne serait pas suffisant, mais que l'un et l'autre devraient avoir leur domicile dans le Grand-Duché pour que la nationalité fût acquise de plein droit à l'enfant. L'article fut donc libellé et présenté à la Chambre des députés sous la forme suivante :

« Est Luxembourgeois tout individu ayant son domicile « dans le Grand-Duché et né dans le pays d'un étranger « qui y est né lui-même et y a eu son *domicile* jusqu'à la « naissance de cet enfant, à moins que dans l'année qui « suivra l'époque de sa majorité, telle qu'elle est fixée par « la loi luxembourgeoise, cet enfant ne réclame la qualité « d'étranger. A cet effet, il devra en faire la déclaration « devant l'autorité communale du lieu de sa dernière rési- « dence, et justifier d'avoir conservé sa nationalité d'ori- « gine par une attestation en due forme de son Gouverne- « ment, laquelle restera annexée à la déclaration.

« Est également Luxembourgeois celui qui, lors de la « promulgation de la présente loi, jouit des conditions énu- « mérées à l'alinéa précédent, mais a déjà atteint l'âge de « la majorité d'après la loi luxembourgeoise, à moins que « dans l'année qui suivra la publication de la loi, il ne « remplisse les devoirs imposés par ledit alinéa à ceux qui « veulent conserver la qualité d'étranger ».

Adoptée par la Chambre avec cette seule modification que la *résidence* du père de l'intéressé sera suffisante, sans qu'il ait son *domicile* légal dans le Grand-Duché, cette disposition fait partie de la loi du 27 janvier 1878 sur la naturalisation [1].

On voit que le Luxembourg a pris des précautions pour qu'on ne puisse prétendre qu'il impose la nationalité aux étrangers malgré eux. Cependant un jeune homme né de parents à Luxembourg dans le cas prévu par l'article ci-dessus serait appelé au service militaire en France dès l'âge de 20 ans, alors qu'il n'a pas eu encore le temps de faire son option. Ce n'est que par un arrangement analogue à l'arrangement franco-belge mentionné ci-dessus, qu'on pourrait remédier à ce conflit.

Monaco. — La législation de Monaco, divise en trois catégories les enfants nés sur le territoire princier de parents étrangers :

1° Ceux dont les parents sont nés hors de la principauté peuvent opter pour la nationalité monégasque à leur majorité conformément à l'article 9 du Code civil ;

2° Ceux dont les parents sont eux-mêmes nés dans les États du Prince sont déclarés sujets du Prince, à moins que, dans l'année qui suit leur majorité, ils ne réclament la qualité d'étranger par une déclaration faite devant l'autorité municipale. Cette disposition, établie par l'ordonnance princière du 8 juillet 1877, a été textuellement empruntée à la loi française de 1851, mais le Gouvernement de Monaco n'a pas adopté la modification apportée à cet acte par notre loi du 16 décembre 1874 ;

3° Enfin les enfants des individus de la 2ᵉ catégorie sont nécessairement sujets du Prince. C'est la seule disposition originale de l'article 1ᵉʳ de l'ordonnance du 8 juillet 1877. Elle empêche que les familles étrangères ne se perpétuent pendant plus de deux générations sur le sol de la principauté.

[1] Voir annexe U.

Pays-Bas. — Il faut distinguer, pour apprécier la situation du fils de l'étranger, si ce dernier est ou non regnicole établi. Sont regnicoles établis les individus qui résident depuis trois ans sur le territoire néerlandais, et ceux qui y demeurent depuis dix-huit mois, s'ils ont déclaré à la municipalité du lieu de leur résidence l'intention de continuer d'y demeurer. — Les enfants nés de regnicoles établis sont, de plein droit et dès leur naissance, sujets néerlandais. Les enfants nés d'autres étrangers sont étrangers, mais ils peuvent acquérir la nationalité néerlandaise en déclarant à la municipalité l'intention de demeurer dans le pays, et cela dans l'année qui suit le moment où ils ont accompli leur vingt-troisième année[1].

Ici se reproduiront pour les fils de regnicoles les conflits que nous avons étudiés pour l'Amérique du Sud. Un droit d'option serait de toute justice.

Russie. — La loi russe ne reconnaît dans aucun cas au fait de la naissance sur le territoire de l'empire le pouvoir de conférer la nationalité russe; mais un enfant né dans l'empire de parents étrangers, et qui a été élevé en Russie, peut réclamer dans l'année qui suit sa majorité, la qualité de sujet du czar[2].

Turquie. — La loi ottomane donne au fils d'étranger le droit d'opter pour la nationalité turque : le délai de l'option commence à courir au jour où l'intéressé a atteint sa vingt et unième année et dure trois ans[3].

Il faut se rappeler toutefois qu'en Turquie les étrangers sont placés par le régime des capitulations dans une situation particulière, qui leur interdit, comme nous le verrons ci-après, de faire un libre usage du droit d'option que leur offre la loi turque.

[1] Voir annexe AA.
[2] Voir annexe DD.
[3] Annexe GG.

§ 4. — Enfants nés de parents ayant perdu la qualité de Français.

I.

L'ancien article 10 du Code civil décidait que : « tout enfant né d'un Français en pays étranger est Français ». Dans sa seconde partie, il donnait une nouvelle application de la règle que la filiation détermine la nationalité. Supposant un enfant né à l'étranger de parents ayant perdu la qualité de Français, il édictait que cet enfant « pourra tou-« jours recouvrer cette qualité en remplissant les formali-« tés prescrites par l'article 9 ». Ainsi, le législateur avait voulu que l'enfant d'un individu qui a été amené à se faire naturaliser étranger, ou qui est déchu de sa nationalité, mais qui est de race française, pût, par simple déclaration, obtenir la qualité de Français. Il disait même *recouvrer*, quoique jamais cet enfant n'eut perdu une qualité qu'il n'avait jamais eue, parce qu'on le rendait pour ainsi dire solidaire de sa famille. C'était donc une extension au principe de la filiation que sanctionnait cet article.

On peut s'étonner des mots *nés en pays étranger*, que renferme la deuxième disposition de l'ancien article 10. C'est une trace, qui eût dû être effacée de la première rédaction du Code, qui rattachait la nationalité à la naissance sur le territoire français. Il était naturel alors qu'on parlât des enfants nés à l'étranger, ceux qui naissaient en France étant tous Français. Il faut admettre, *à fortiori,* que l'enfant né en France d'un ci-devant Français pourra invoquer l'article 10. Il aura donc sur l'enfant d'un simple étranger l'avantage de pouvoir opter à tout âge.

Ces vices de forme ont heureusement été corrigés par la loi sur la nationalité de 1889, d'après laquelle l'article 10 du Code civil est libellé comme il suit :

« Tout individu né en France ou à l'étranger, de parents dont l'un a perdu la qualité de Français, pourra réclamer cette qualité à tout âge, aux conditions fixées par l'article 9, à moins que, domicilié en France et appelé sous les drapeaux, lors de sa majorité, il n'ait revendiqué la qualité d'étranger ».

On remarquera que ce nouveau texte confère en outre à la disposition de l'ancien article 10 une portée plus grande en spécifiant qu'elle s'applique à l'individu dont l'un des parents a perdu la qualité de Français. La controverse qui s'était élevée sur ce point est ainsi résolue dans l'esprit le plus large. Au surplus, la majorité des auteurs avait déjà pensé qu'il y a lieu d'accorder le bénéfice de l'article 10 à l'enfant d'une femme qui a perdu sa nationalité par le mariage. C'est à cause du sang français, qui coule dans ses veines, qu'on permet à l'enfant de l'article 10 de devenir si facilement Français : le fils de la femme française mariée à un étranger a donc autant de droit que celui de l'ex-Français à réclamer cette faveur [1].

Cette considération du droit du sang a été bien certainement le motif déterminant de la règle de l'article 10. Mais il ne faudrait pas pourtant aller jusqu'à en refuser l'application aux personnes qui tiennent seulement à la France parce que leur père a été sujet français momentanément sans que, d'ailleurs, il fût un Français de race. On s'est demandé, par exemple, si le bénéfice de l'article 10 peut être invoqué par l'enfant de celui qui est devenu temporairement Français par la réunion de son pays à la France, et qui a cessé de l'être par la séparation de ce pays du territoire français. La négative est soutenue par M. Demangeat [2] et par les annotateurs de Zachariæ; l'affirmative a été défendue par M. Mourlon, dans une savante disser-

---

[1] Cette solution, qui paraît adoptée en France par la Chancellerie, a été repoussée par la Cour de cassation de Belgique, le 23 février 1874.

[2] Demangeat et Fœlix, *Droit international*, t. I, p. 214, note 12. — Aubry et Rau, 4e édition, t. I, § 70, p. 240, note 12.

tation publiée en 1858 dans la *Revue pratique*[1]. La question s'était posée à l'occasion du fils d'un Piémontais qui s'était fixé en France pendant le premier Empire, et qui, en 1814, avait omis de remplir les formalités requises pour conserver la nationalité française. L'intéressé pouvait-il, en 1857, faire valoir que son père avait été quelques années Français pour réclamer l'application de l'article 10 du Code? Nous ne voyons aucune raison sérieuse de ne pas répondre affirmativement. Les tribunaux ont tranché la question différemment, en invoquant un soi-disant principe de droit des gens, d'après lequel les habitants d'un pays cédé seraient supposés avoir toujours été sous l'allégeance de leur dernier maître. Rien n'est plus contestable que ce prétendu principe, qui n'a jamais existé ailleurs que dans l'imagination des théoriciens.

Quoique partisan d'appliquer largement la règle de l'article 10, nous croyons pourtant qu'il faut se borner à la première génération et ne pas accorder la même faculté aux descendants d'un autre degré. Seule, une loi d'exception, la loi des 9-15 décembre 1790, a permis à une catégorie d'individus descendants de familles françaises, quelle que fût la distance qui les séparât de leur auteur français, de réclamer la qualité de Français[2].

---

[1] *Revue pratique*, correspondance par M. Mourlon, année 1858, t. V, p. 245 et suiv.

[2] La disposition de l'article 10 est l'une des dispositions légales qui occasionnent des difficultés avec la Belgique au point de vue du service militaire. D'après la convention franco-belge de 1879, on devait ajourner aussi, jusqu'à la vingt-deuxième année, l'appel des jeunes gens nés de parents ayant perdu l'une des deux nationalités pour acquérir l'autre, et à qui l'article 10 du Code civil commun aux deux pays reconnait le droit d'opter à leur majorité pour la première nationalité de leur famille. Voir Annexes.

II.

Loi des 9-15 *décembre* 1790. — La disposition capitale de la loi est la suivante : « Toutes personnes qui, nées en « pays étranger, descendent en quelque degré que ce soit « d'un Français ou d'une Française expatriés pour cause « de religion sont déclarés naturels Français et jouiront « des droits attachés à cette qualité, si elles reviennent en « France, y fixent leur domicile et y prêtent le serment « civique ». Il s'agissait de faire disparaître les conséquences de la révocation de l'Édit de Nantes, et de marquer toute la réprobation que l'on ressentait contre les mesures qui avaient obligé tant de malheureux à chercher un asile hors de leur pays.

Le rapporteur de la loi considérait qu'en droit naturel les religionnaires fugitifs n'avaient jamais cessé d'être Français, puisque leur départ avait eu lieu en vertu d'ordonnances tyranniques ayant méconnu les premiers droits de l'humanité. Mais, en droit positif, il fallait effacer l'effet de nombreuses ordonnances qui, depuis 1669, avaient déclaré aubain tout Français sortant de France sans une autorisation du roi. En vertu de la loi de 1790, la qualité de Français était virtuellement reconnue à tous les descendants des fugitifs, qui n'avaient à remplir qu'une facile condition de retour et prêter serment pour devenir citoyens. La loi ne distingue pas entre les descendants des hommes et les descendants des femmes : il suffit qu'ils aient dans les veines du sang français pour qu'ils puissent en invoquer les effets.

La loi sur la nationalité du 27 juin 1889 a expressément maintenu la faveur accordée par la loi de 1790 aux descendants des réfugiés, en prenant soin seulement d'exiger un décret spécial pour chaque personne qui en réclame

l'application. C'est une mesure fort sage, destinée à éviter
certains abus, en remettant au gouvernement central le
soin de faire des vérifications délicates qui, auparavant,
étaient faites par les maires. On spécifie, en outre, que le
décret n'aura d'effet que pour l'avenir.

Quelques controverses se sont élevées au sujet de cette
loi de 1790, qui reçoit encore de nos jours d'assez fréquentes applications. Et d'abord, la loi se borne-t-elle aux
individus nés au moment où elle a été promulguée? L'affirmative a été quelquefois soutenue : on la trouve même
dans une circulaire ministérielle du 22 décembre 1842.
Mais, dans la jurisprudence, elle n'a pas prévalu : un arrêt
de la Cour royale de Paris du 29 septembre 1847 a attribué
le bénéfice de la loi à des individus qui n'étaient pas encore nés en 1790. Plusieurs autres sentences ont été ren-
dues dans le même sens. Elles sont confirmées par la loi
de 1889, puisque l'on ne peut supposer que cette dernière
loi ait voulu limiter la faveur de la loi de 1790 aux personnes nées avant la Révolution.

Faut-il du moins que, depuis le 15 décembre 1790, les
personnes qui invoquent la loi ou leurs descendants n'aient
pas commis d'actes qui, en droit commun, leur eussent
fait perdre leur qualité de Français? On soutient l'affirmative en disant que les religionnaires, ayant été déclarés
véritablement Français par la loi de 1790, ont pu perdre
cette qualité par tous modes prévus par le Code civil,
comme les autres Français. C'est l'opinion soutenue par
la Cour de cassation dans un arrêt du 13 juin 1811; mais
un arrêt de la Cour d'Aix[1] a rompu avec la jurisprudence de la Cour suprème et s'est rangé à un système
beaucoup plus large. Il s'agissait de statuer sur la nationalité d'un avocat près la Cour d'Aix qui avait exercé en
Suisse des fonctions publiques, et qui, postérieurement,
avait réclamé la qualité de Français en vertu de la loi de

---

[1] Arrêt du 15 mars 1865.

1790. La Cour pensa que « si aux termes de l'article 17 du
« Code civil, l'acceptation de fonctions publiques à l'étran-
« ger, sans autorisation du Gouvernement, entraîne la
« perte de la qualité de Français, il ne saurait être qu'en
« exerçant ces fonctions publiques en Suisse où il vivait, le
« demandeur eût perdu l'aptitude spéciale qu'il puisait
« dans la loi de 1790 et qui ne pouvait sortir à effet que le
« jour où il reviendrait en France ».

Ce raisonnement paraît juste : malgré les termes de la
loi, ce n'est pas une véritable naturalisation qu'on accorde,
mais une facilité pour devenir effectivement Français.
Cette manière de voir offre d'ailleurs l'avantage d'être plus
conforme au droit des gens. Il serait en effet inadmissible
qu'un individu tenu pour Italien ou Suédois par son Gouvernement pût tout à coup, sans être jamais venu en
France, se dire Français et être déclaré tel par une loi
française.

§ 5. — Individus nés en France de parents étrangers nés hors de France.

PREMIÈRE SECTION.

Législation antérieure à 1889.

D'après le Code de 1804, l'enfant né en France d'un
étranger est étranger. Il ne faut pas oublier que c'était une
innovation : sous l'ancien régime, l'individu né sur le sol
français tombait par cela même sous l'allégeance du roi
de France, et rien ne fut changé à cette règle par les lois
de la période révolutionnaire. Les personnes nées en
France avant le 8 mars 1803, date de la promulgation du
titre Ier du Code, sont donc de plein droit françaises, lors
même que leurs parents seraient d'origine étrangère. C'est
seulement aux personnes nées postérieurement à cette date

qu'il faut appliquer la nouvelle règle. — Cette règle, nous l'avons déjà sommairement indiquée ci-dessus, n'est plus intégralement en vigueur aujourd'hui. L'article 9 du Code civil, modifié d'ailleurs dans le détail, ne s'applique qu'aux individus qui, nés en France de parents étrangers, ne sont pas domiciliés en France au moment de leur majorité. Cependant nous croyons devoir donner un commentaire complet de l'article 9 ancien, parce que l'immense majorité des Français nés de parents étrangers, dont la nationalité sera contestée, devront, pendant bien des années encore, être jugés conformément au Code de 1804, et que, du reste, la plupart des explications que nous donnerons devront garder leur application dans la législation nouvelle.

Il eût paru bien rigoureux aux rédacteurs du Code civil de n'attacher absolument aucun effet au lieu de la naissance : la transition eût été trop brusque et, comme, d'autre part, le système de l'ancien régime comptait beaucoup de partisans, on tempéra dans l'application la rigueur du principe nouveau. Sans cesser d'admettre que la nationalité provient de la filiation, on inséra une disposition qui facilite la naturalisation aux enfants nés en France de parents étrangers. On fit une sorte de compromis entre le système du Tribunat, qui demandait l'assimilation pure et simple des étrangers nés en France aux autres étrangers, et le système du Premier Consul, qui réclamait le maintien de l'ancienne règle, sans doute pour avoir le droit d'appeler à la conscription tous les natifs du sol français. De là sortit l'article 9, rédigé dans les termes suivants : « Tout indi- « vidu né en France d'un étranger pourra, dans l'année « qui suivra l'époque de sa majorité, réclamer la qualité « de Français, pourvu que, dans le cas où il résiderait en « France, il déclare que son intention est d'y fixer son « domicile, et que, dans le cas où il résiderait en pays « étranger, il fasse sa soumission d'établir son domicile en « France, et l'y établisse dans l'année, à compter de l'acte

« de soumission ». C'était donc une sorte de naturalisation privilégiée, mais qui se distinguait de l'autre en cela surtout qu'elle constituait un droit, tandis que la vraie naturalisation est une faveur.

Tout enfant né sur le sol français était donc apte à faire la déclaration de l'article 9. Il faut entendre le mot *sol* dans son sens le plus large. Un navire français serait certainement considéré comme territoire français, en pleine mer. Mais dans les eaux territoriales d'une puissance étrangère, le navire de guerre seul, ou le paquebot qui jouit des immunités des vaisseaux de guerre, est regardé comme prolongement du territoire. Quant aux ambassades et légations, elles ne sont exterritorialisées que pour la sûreté de l'ambassadeur, la garde et la sécurité de ses archives, et elles ne peuvent pas être considérées comme consacrant une véritable aliénation de territoire. Un étranger né à Paris dans l'hôtel d'une ambassade étrangère serait certainement admis à invoquer l'article 9. Inversement un étranger né à l'étranger dans l'hôtel d'une ambassade française, ne pourrait pas réclamer à vingt et un ans l'application de notre article. — On a quelquefois admis à bénéficier de cette faveur les enfants nés de parents étrangers sur le sol d'un pays cédé à la France, après la naissance de l'intéressé. Cette décision, qui repose sur un prétendu principe juridique d'après lequel un pays cédé serait supposé avoir toujours appartenu à l'État cessionnaire, ne nous paraît pas admissible [1].

L'article 9 exigeant positivement que l'étranger soit né en France, il n'y a pas lieu d'assimiler à l'enfant né celui qui a seulement été conçu en France. Il pourrait arriver, par exemple, qu'un étranger qui demeurait en France étant mort, sa femme enceinte allât accoucher à l'étran-

[1] C'est pourtant la doctrine de la Chancellerie, suivant une lettre du garde des sceaux au préfet de la Gironde, du 17 novembre 1876, relative à un Suisse né avant 1860 en Savoie. Voir le *Journal du droit international privé*, année 1877, pag. 101.

ger : la maxime *infans conceptus* n'est pas applicable, suivant nous[1].

La déclaration prévue par l'article 9 doit avoir été faite devant la municipalité de la commune où réside le déclarant, et dans l'année qui suit l'époque de sa majorité. De quelle majorité s'agit-il? Quelques jurisconsultes ont soutenu qu'il s'agissait de la majorité française, c'est-à-dire de l'âge de vingt et un ans[2]. Si le droit des gens actuel admettait la théorie de la territorialité de la loi à laquelle il a été déjà fait allusion ci-dessus, il serait possible de s'arrêter à cette opinion; mais, ou la règle des statuts est une absurdité qu'il faut rejeter dans tous les cas, ou il faut la suivre dans la circonstance où elle s'applique le plus justement. Si la majorité n'est pas du statut personnel, qu'est-ce qui pourrait en faire partie? Le fils d'étranger, naissant étranger, n'est majeur qu'au jour où la loi étrangère lui attribue la pleine et entière capacité. D'ailleurs, la France n'admet pas qu'un Français puisse se dépouiller de sa nationalité avant sa majorité : comment pourrait-elle soutenir contre un pays étranger la nationalité française d'un individu qui aurait fait à vingt et un ans la déclaration de l'article 9, tandis que, d'après sa loi d'origine, il n'était capable qu'à vingt-trois ans. Avec les Pays-Bas, par exemple, un pareil conflit pourrait se présenter, et nous n'aurions assurément pas la bonne cause. Il faut pourtant apporter à cette solution une restriction imposée par la logique : si la loi étrangère fixe la majorité à un âge moins avancé que la loi française — ce qui a lieu dans quelques cantons suisses, — il serait difficile d'admettre que l'intéressé dût encourir la déchéance du bénéfice de l'article 9, s'il ne l'a pas réclamé dans l'année qui suit sa majorité.

---

[1] Voir ci-dessus, page 35, les motifs que nous avons donnés pour écarter, en matière de nationalité, l'application d'une fiction qui doit être limitée aux questions de succession.

[2] La jurisprudence de la Cour de cassation de Belgique, est fixée dans ce sens. Voir le *Journal du dr. int. privé*, année 1881, pag. 89.

L'option faite ainsi avant l'âge de vingt et un ans, quoi-qu'il fût capable d'après sa loi personnelle, n'aurait pu lui profiter, puisque, le lendemain même, il serait redevenu mineur. Il faut donc, en résumé, que l'étranger ait été majeur d'après sa loi d'origine, mais à la condition que, d'après cette loi, la majorité ne soit pas fixée au-dessous de vingt et un ans[1]. — On verra du reste ci-après que la loi du 27 juin 1889 a mis fin à cette contro-

---

[1] Je trouve les arguments dans ce sens très clairement copiés dans les considérants suivants d'un jugement du Trib. de Paris du 1er décembre 1883 (*Journal du dr. int. privé*, 1884, p. 395).

« Attendu que l'art. 9 du Code civil accorde à tout individu, né en France d'un étranger, la faculté de réclamer la qualité de Français dans l'année qui suivra l'époque de sa majorité, pourvu que, s'il réside en France, il déclare que son intention est d'y fixer son domicile, — Attendu que, d'après le sens grammatical de cette disposition, la majorité qu'elle vise est celle qui est fixée par la loi personnelle du réclamant, la seule qui lui soit propice, et non pas celle qui est déterminée par la loi française, laquelle ne pourra régir son état et sa capacité que quand il sera devenu définitivement Français; — Qu'il n'y a lieu d'interpréter l'art. 9 du Code civil par l'art. 3 de la constitution du 22 frimaire an XIII, qui était en vigueur lors de sa rédaction, et qui attribuait la qualité de Français à tout étranger lorsqu'après avoir atteint l'âge de vingt et un ans accomplis, il avait déclaré l'intention de se fixer en France, et y avait résidé pendant dix années consécutives; — Que si les ré-dacteurs du Code civil avaient entendu appliquer cette disposition au cas spécial que prévoit l'art. 9, ils l'auraient reproduite expressément, en impo-sant à l'étranger l'obligation de faire la déclaration dans l'année qui suivrait l'époque où il aurait atteint l'âge de vingt et un ans; — Attendu d'autre part, qu'au moment où il réclame la qualité de Français, l'individu né en France d'un étranger est lui-même étranger, et soumis à la loi étrangère qui régit seule son état et sa capacité; — Que la déclaration qui lui est imposée par l'art. 9, et le changement de nationalité qui s'ensuivra tiennent à son statut personnel, et ne peuvent intervenir qu'autant que, d'après ce statut même, il a capacité pour modifier sa condition antérieure; — Que la fiction juridi-que qui attribue un effet rétroactif à l'acquisition de la nationalité française, dans le cas particulier prévu par l'art. 9 du Code civil est ici sans applica-tion, puisqu'il s'agit non pas de déterminer une conséquence de la déclaration pour le temps qui l'a précédée, mais d'apprécier si elle a été faite en confor-mité de la loi, de manière à produire les effets qui y sont attachés, ou si, au contraire, elle est nulle et inopérante; — Attendu enfin qu'aucune loi postérieure à la promulgation du Code civil, n'a modifié expressément ou ta-citement la disposition de l'art. 9 sur le point spécial qui est en litige ». Ajou-tons que la Cour de cassation s'est prononcée dans le sens contraire par ar-rêt du 20 juin 1888.

verse en fixant l'âge où la déclaration doit être faite.

La déclaration prescrite par l'article 9, de même que les autres déclarations analogues prévues par nos lois sur la nationalité, était autrefois reçue dans les mairies et restait enfouie dans les archives municipales, de sorte que les intéressés pouvaient bien la produire quand ils y avaient avantage; mais on ne pouvait pas la leur opposer. Pour remédier à cet état de choses, le ministère de la Justice a prescrit aux maires, par une circulaire du 20 octobre 1888, de transmettre toutes ces déclarations à Paris pour y être classées et tenues à la connaissance du Gouvernement.

Reste à examiner la question si souvent débattue de sa voir si la déclaration de notre article avait un effet rétroactif, c'est-à-dire si l'étranger qui l'a faite doit être considéré comme ayant toujours été Français depuis le jour de sa naissance. La rétroactivité est une anomalie : comme telle, il ne faut l'admettre qu'à bon escient et en présence d'un texte impérieux. Or, l'article 9 n'est nullement explicite. En vain dira-t-on que, la naturalisation privilégiée et instantanée qu'il établit se fondant sur la naissance, il faut en faire remonter les effets jusqu'au moment de la naissance. En vain ajoutera-t-on que l'article 20 qui règle la non-rétroactivité de la naturalisation ne vise point l'article 9. Ce ne sont que des considérations secondaires qui tombent absolument devant une explication rationnelle de notre texte. — Lors de l'élaboration du Code civil, le Premier Consul proposait, comme on l'a dit, de le rédiger, conformément aux anciens principes, en ces termes : « *Tout individu né en France est Français* ». Sur les observations du Tribunat, on adopta la rédaction actuelle ; mais l'article 20 avait déjà été accepté et ne fut pas mis en harmonie avec cette modification. Ainsi s'explique qu'il ne vise pas l'article 9. D'ailleurs, il semblerait illogique de faire remonter la nationalité au jour de la naissance, puisque l'article est fondé précisément sur le principe que les enfants suivent le statut personnel de leurs parents.

La Cour de cassation de France s'est cependant rangée au système de la rétroactivité. Notre système a été admis, au contraire, par la Cour suprême de Belgique. Aujourd'hui, d'ailleurs, la controverse n'a qu'un intérêt rétrospectif, car nous verrons plus loin que la loi de 1889 l'a tranchée dans le sens de la non-rétroactivité. Cela résulte du dernier paragraphe du nouvel article 9 et du nouvel article 20[1].

DEUXIÈME SECTION.

Législation de 1889. — Nouvel article 9 du Code civil.

La loi de 27 juin 1889 a apporté une modification importante dans notre législation, en ce qui concerne les enfants nés en France de parents étrangers. Elle distingue ceux qui sont domiciliés en France au moment de leur majorité et ceux qui n'y sont pas domiciliés. Aux premiers, elle attribue de plein droit la qualité de Français, sous réserve d'un droit d'option. Nous examinerons dans la section suivante leur situation. Aux seconds, elle attribue la qualité d'étranger, en leur laissant le droit de faire une déclaration. Le premier alinéa du nouvel article 9 est ainsi conçu :

« Tout individu né en France d'un étranger, et qui n'y « est pas domicilié à l'époque de sa majorité, pourra, jus- « qu'à l'âge de 22 ans accomplis, faire sa soumission de « fixer en France son domicile, et s'il l'y établit dans l'an- « née à compter de l'acte de soumission, réclamer la qua- « lité de Français par une déclaration qui sera enregistrée « au ministère de la Justice ».

On voit tout de suite en quoi le nouveau texte diffère de l'ancien, outre qu'il ne s'applique qu'à une catégorie de ceux à qui s'appliquait le texte de 1804.

1° Il tranche la question controversée ci-dessus de l'âge

---

[1] Voir l'arrêt de la Cour de cassation de Belgique du 8 janvier 1872, Dalloz, 1872.2.13. Les arguments de la thèse soutenue par la Cour de cassation de France sont bien résumés par M. Stoïcesco (*De la naturalisation*).

auquel doit être faite la déclaration, en spécifiant qu'il entend par majorité l'âge de vingt et un ans, puisqu'il fixe un délai d'un an qui prend fin au moment où l'intéressé a fini sa vingt-deuxième année. C'est une application du principe de la territorialité de la loi, de la *lex domicilii*, comme disent les jurisconsultes anglais. Le législateur a certainement été entraîné et déterminé par la considération de l'avantage pratique qui résulte de l'uniformité au point de vue administratif.

2° La déclaration se fait aujourd'hui en deux parties : elle comporte d'abord la soumission d'établir le domicile en France, puis, après que le domicile est transféré, une déclaration pour réclamer la qualité de Français. D'après l'ancien texte de notre article, cette réclamation était inutile, la naturalisation était la conséquence forcée de la soumission d'établir le domicile, suivie de l'établissement effectif du domicile.

La double formalité imposée par notre article et qui peut prolonger la période de l'option pendant deux ans, jusqu'au jour où l'intéressé accomplit sa vingt-troisième année, aura pour conséquence de retarder le moment où il sera définitivement consolidé dans sa nationalité. Mais elle a un grand avantage. D'après le texte ancien, on ne pouvait savoir si une déclaration faite par un étranger avec soumission d'établir son domicile en France sortait ses effets juridiques, avant d'avoir vérifié si le domicile avait vraiment été transféré. Aujourd'hui la déclaration n'est reçue qu'après le transfert du domicile : elle a donc un caractère irrévocable.

La loi ne précise rien, en ce qui concerne les autorités chargées de recevoir la déclaration prévue par notre article. Elle prescrit que la déclaration sera enregistrée au ministère de la Justice, et cela pour les motifs qui ont inspiré à la Chancellerie la circulaire, mentionnée ci-dessus, du 20 octobre 1888[1]. Mais un règlement d'administration

---

[1] Page 89.

publique rendu en exécution de l'article 5 de la loi, décide qu'à l'avenir toutes les déclarations prescrites pour acquérir ou pour répudier la qualité de Français seront reçues par le juge de paix du canton où réside l'intéressé, s'il est en France, et par les agents diplomatiques ou consulaires français, s'il réside à l'étranger. La substitution du juge de paix au maire est une garantie précieuse d'exactitude dans la tenue des registres où seront consignées les déclarations de nationalité, en même temps qu'une garantie de régularité dans l'envoi desdites déclarations à la Chancellerie. Nous ne pouvons donc qu'approuver cette innovation[1].

3° La nouvelle loi tranche dans le sens de la non-rétroactivité la controverse que nous avons signalée plus haut sur les effets de la déclaration de l'article 9. Cela résulte du texte même du dernier paragraphe de l'article lui-même. Il y est spécifié que l'individu né de parents étrangers, qui prend part sans protester aux opérations du recrutement devient également Français. Puisqu'il devient Français, c'est qu'il ne l'était pas auparavant. Cela résulte plus clairement encore du nouvel article 20, qui prend soin de dire que les individus qui acquièrent la nationalité française en vertu de l'article 9 ne pourront s'en prévaloir que pour les droits ouverts à leur profit depuis cette époque.

TROISIÈME SECTION.

Législation de 1889. — Nouvel article 8-4° du Code civil.

I

Le nouvel article 8-4° du Code civil fait rentrer dans nos lois un principe abandonné depuis plus de quatre-vingts ans. Il confère la qualité de Français à :

---

[1] Nous donnons ci-après le texte de ce règlement (Annexe A, 12°). Il ne contient sur les autres points que des prescriptions de détail qui s'expliquent d'elles-mêmes.

« Tout individu né en France d'un étranger et qui, à
« l'époque de sa majorité, est domicilié en France, à moins
« que, dans l'année qui suit sa majorité telle qu'elle est ré-
« glée par la loi française, il n'ait décliné la qualité de
« Français et prouvé qu'il a conservé la nationalité de ses
« parents par une attestation en due forme de son Gouver-
« nement, laquelle demeurera annexée à la déclaration,
« et qu'il n'ait en outre produit, s'il y a lieu, un certificat
« constatant qu'il a répondu à l'appel sous les drapeaux
« conformément à la loi militaire de son pays, sauf les
« exceptions prévues aux traités ».

Nous avons déjà indiqué sommairement la genèse de la
réapparition dans nos lois de cette concession au *jus soli*
par opposition au *jus sanguinis*. C'est en 1887 que la
Chambre des députés a eu la pensée de modifier dans cet
ordre d'idées le projet de loi élaboré par le Sénat et qui
lui était transmis. Le projet sénatorial s'en tenait aux
règles antérieurement suivies, et n'accordait de plein droit
à l'enfant d'étranger la nationalité française qu'autant qu'il
était né en France de parents qui eux-mêmes y étaient nés,
sauf un droit d'option pour la nationalité étrangère. C'é-
tait la loi de 1874 qu'on proposait d'incorporer dans le
Code civil, en en faisant le n° 3 de l'article 8.

« Le dissentiment entre notre commission et le Sénat,
écrivait M. Dubost dans son rapport à la Chambre des
députés annexé au procès-verbal du 7 novembre 1867,
commence avec le paragraphe 3.

« Est Français, dit le Sénat, *tout individu né en France
d'un étranger qui lui-même y est né*, à moins qu'au moment de l'appel sous les drapeaux ou dans l'année qui suit
sa majorité, il n'ait décliné cette qualité et prouvé qu'il a
conservé la nationalité d'origine de ses parents aux conditions et suivant les formes déterminées par la loi et les règlements, s'il y a lieu, qu'il a satisfait à la loi militaire
de son pays, sauf les exceptions prévues par les traités.

« C'est la reproduction pure et simple de l'article 1er de

la loi de 1874, modifié seulement dans sa partie finale. Le Sénat paraît penser qu'il n'y a rien de plus et rien de mieux à faire, et qu'alors même que la loi de 1874 serait insuffisante, la saine doctrine ne permettrait pas d'aller plus loin.

« Votre commission, au contraire, vous propose une extension considérable de la loi de 1874. Elle vous demande de substituer à la proposition du Sénat deux dispositions réglant successivement le cas de : 1° l'individu né en France d'un étranger qui lui-même y est né ; 2° de l'individu né en France d'un étranger qui n'y est pas né lui-même mais qui, au moment de l'appel sous les drapeaux ou de la majorité de son enfant y est établi depuis vingt ans au moins. — Le premier serait Français de plein droit, sans pouvoir en décliner la qualité sous aucun prétexte. Le second serait Français aussi, mais aurait la faculté de renoncer à cette qualité en prouvant, toutefois, qu'il a conservé sa nationalité d'origine.

« C'est en cela que consiste la différence essentielle, fondamentale, entre la proposition de loi adoptée par le Sénat et celle de votre commission. A nos yeux, c'est toute la loi qui vous est soumise. Elle sera pleinement utile et pleinement efficace, ou elle ne sera qu'une loi d'un ordre secondaire, présentant, il est vrai, les avantages d'une meilleure coordination et de quelques améliorations accessoires, mais ne remédiant en rien à la situation périlleuse que nous avons signalée, suivant qu'on adoptera ou qu'on repoussera les deux dispositions que nous venons d'énumérer.

« Ce n'est pas la première fois, comme nous l'avons vu, que ces dispositions ou d'autres analogues, ont été soumises à l'examen des parlements. En 1831, en 1849, en 1851, en 1872, en 1874 et même devant le Sénat, en 1887, elles ne furent repoussées que parce qu'on pensa qu'elles n'étaient point indispensables pour atteindre le but qu'on se proposait. Mais l'expérience faite est concluante : la loi de 1874 n'a produit aucun résultat appréciable. C'est pourquoi nous vous proposons d'en appeler au Sénat de sa propre décision.

« Nous pensons que les dispositions que nous vous proposons sont indispensables, et en même temps qu'elles sont sans danger. Elles sont indispensables, car c'est le seul moyen d'obliger des individus, qui trouvent leur intérêt à ne se rattacher à aucune collectivité déterminée, afin d'en éviter les charges, à remplir leurs devoirs d'homme et de citoyen, et à cesser, ainsi, à la fois, de vivre dans une situation privilégiée au point de vue matériel, et de pouvoir devenir, en certains cas, une menace pour l'ordre public. Elles sont sans danger, car elles ne feront partir de France ou d'Algérie ni un étranger ni un colon. Ils échappent, sans doute, avec satisfaction aux charges sociales, quand ils le peuvent. Mais si ces charges leur sont imposées, ils les subiront sans rien dire, parce qu'elles sont sans comparaison avec les avantages qu'ils retirent de leur résidence ou de leur établissement sur notre territoire ou dans nos possessions. D'ailleurs, pourquoi partiraient-ils? N'est-il pas évident que l'individu qui est né en France d'un étranger qui lui-même y est né, est un Français au point de vue de l'esprit, des tendances, des habitudes, des mœurs, et qu'on a le droit de lui supposer un véritable attachement pour le pays où son père et lui-même sont nés, où il a été élevé, où il a ses intérêts, ses relations, ses amitiés? Est-ce qu'il continuerait depuis si longtemps à résider en France, s'il ne ressentait pas tout cela à un haut degré?

« Quant à celui qui est né en France d'un étranger, qui n'y est pas lui-même né, mais qui y est établi depuis vingt ans au moins, sans doute il peut se trouver dans une situation différente d'esprit et d'intérêt, et assurément il serait dangereux d'en faire un Français malgré lui, car la famille d'un individu placé dans cette situation, ayant à choisir, pourrait bien opter pour une résidence dans un autre pays. Mais notre disposition ne peut rien faire redouter de pareil, puisque cette qualité de Français qui lui appartient de par sa naissance sur notre sol, il peut y renoncer par une simple déclaration, et qu'y renonçant, rien ne l'incite à transporter ailleurs son domicile, qu'il peut le conserver en France, sans même avoir à subir les charges du citoyen Francais ».

Comme il arrive quand un projet est très mûr et préparé par un mouvement d'opinion, le système de la commission fut approuvé presque sans discussion par la Chambre des députés, et quand le projet de loi, ainsi amendé, revint au Sénat, la commission l'accueillit favorablement.

« Un paragraphe entier, écrivait M. Delsol dans son rapport du 3 juin 1889, a été ajouté au texte voté par le Sénat. Il contient une innovation dont la portée est sérieuse.

« Aux termes de cette disposition, est Français tout individu né en France d'un étranger et qui, à l'époque de sa majorité, est domicilié en France. Toutefois, il a le droit de décliner cette qualité dans l'année qui suit sa majorité telle qu'elle est réglée par la loi française.

« Une telle extension du *jus soli* est-elle légitime? Est-elle désirable dans l'intérêt national?

« On a fait valoir, pour la soutenir, diverses raisons ou considérations que nous allons résumer rapidement.

« On dit d'abord que l'enfant qui réunit cette double condition d'être né en France et d'y être domicilié à l'époque de sa majorité, qui, par conséquent, doit être présumé l'avoir habitée pendant sa majorité, peut à juste titre être considéré comme lui étant attaché par des liens puissants. La France est son pays natal, il y a été élevé, il ne connaît point d'autre patrie. Pourquoi, dès lors, ne serait-il pas considéré comme un Français d'adoption?

« Cette présomption ne peut, d'ailleurs, lui causer aucun préjudice, car, arrivé à l'époque de sa majorité, il aura la faculté d'opter pour la nationalité étrangère et de demander qu'on lui applique le *jus sanguinis*.

« Le droit d'option, que le projet du Sénat accordait à l'enfant né en France d'un étranger qui lui-même y était né, se trouve ainsi transporté et rendu applicable uniquement à l'enfant né en France d'un étranger qui lui-même n'y est pas né, quand cet enfant réside en France à l'époque de sa majorité et est, par suite, considéré par la loi comme Français.

« En second lieu, l'individu ainsi déclaré Français, se trouvant porté sur les tableaux de recensement, sera obligé, s'il veut échapper au service militaire, de décliner la qualité de Français dans l'année qui suivra sa majorité et de prouver qu'il a conservé la nationalité de ses parents. Comme cette preuve sera rarement fournie, on fera disparaître, dans le plus grand nombre des cas, un abus déplorable qui se produit fréquemment dans les départements voisins de la frontière et contre lequel la conscience publique n'a pas cessé de protester. Avec la législation actuelle, les jeunes étrangers résidant en France se soustraient à notre loi militaire en invoquant leur extranéité, et comme ils ne quittent pas le territoire, ils échappent aussi à la loi militaire de leur pays. Or, en agissant ainsi, ils n'éludent pas seulement une charge qui serait l'équivalent bien naturel et bien légitime des avantages qu'ils ont trouvés en France, ils font en outre à nos nationaux une concurrence déloyale. Pendant que nos jeunes soldats sont à la caserne, ces étrangers continuent l'exercice de leur industrie ou de leur profession. Ils deviennent contre-maîtres, ils obtiennent des emplois lucratifs et partout ils s'emparent des postes avantageux. Lorsque le soldat français revient du service, il trouve les bonnes positions occupées par eux et doit subir l'avance notable qu'ont prise sur lui ces concurrents privilégiés.

« En troisième lieu, on invoque un fait social qui prend une importance de jour en jour plus grande. Le nombre des étrangers qui viennent se fixer parmi nous est considérable. D'après le dénombrement de la population fait en 1886, il y a en France 1,115,214 étrangers. Le seul département du Nord en compte 305,524, nous ne pouvons pas les rejeter tous hors de nos frontières et cependant il y aurait péril à laisser se former ainsi sur notre territoire ces agglomérations d'étrangers dont beaucoup peuvent être amenés à servir dans les armées ennemies, qui, dans aucun cas, ne serviraient dans les nôtres et qui, dans les circonstances graves, seraient probablement pour nous un redoutable embarras? ne vaut-il pas mieux absorber ces étrangers dans la nationalité française, qui est si forte et si vivante, toutes les fois du moins que les circonstances de leur naissance ou de leur séjour permettent d'espérer qu'ils deviendront des citoyens dévoués à leur nouvelle patrie?

« A cet état social nouveau, ne faut-il pas une législation nouvelle?

« Enfin, on fait valoir, pour l'Algérie particulièrement la progression rapide et presque inquiétante de la population étrangère comparativement à la population française.

« En 1865, il y avait en Algérie 122,119 Français et 98,871 étrangers.

« En 1886, d'après le nouveau dénombrement, il y a 219,627 Français et 202,212 étrangers.

« Cette population étrangère comprend pour les quatre cinquièmes d'Espagnols et d'Italiens, augmente chaque année, et par l'immigration et par l'excédant des naissances, elle sera bientôt plus nombreuse que la population française.

« Déjà, dans la province d'Oran, on compte 95,522 étrangers contre 64,717 Français.

« Quoi de plus légitime que de déclarer Français les enfants qui naissent de ces étrangers en Algérie et qui y résident à l'époque de leur majorité? Dans de telles circonstances, le *jus soli* ne s'impose-t-il pas et ne devient-il même pas l'unique moyen d'assurer pour l'avenir la prédominance de l'élément français sur l'élément étranger?

« Votre commission a été frappée de toutes ces considérations empruntées à la fois aux idées de justice, à l'intérêt français et à la sécurité nationale, et elle vous propose de voter le paragraphe 4 de l'article 8 ».

Cette opinion a été partagée par le Sénat, qui n'a pas hésité à voter la disposition nouvelle présentée par la Chambre.

II.

Aujourd'hui, en conséquence, le principe est posé que la naissance en France confère la nationalité française aux enfants dont les parents sont fixés dans notre pays. Cette nationalité est acquise à condition : 1° que l'intéressé ait son domicile en France quand il atteindra sa majorité; 2° qu'il ne décline pas la qualité de Français, suivant les formes prescrites par la loi.

Sur le premier point, quelques explications sont nécessaires. La commission de la Chambre avait d'abord proposé une formule qui répondait mieux, ce nous semble, à l'esprit qui a inspiré la réforme. Elle pensait ne conférer la nationalité française qu'à l'individu né en France d'un étranger qui, au moment de l'appel sous les drapeaux ou dans l'année qui suit la majorité de son enfant, y est établi depuis vingt ans au moins, — à moins que, etc. Ce projet indique clairement que le législateur français n'entend pas faire dépendre la nationalité d'une circonstance fortuite, mais bien du fait que les parents de l'enfant né en France sont vraiment établis dans notre pays. Au cours des discussions auxquelles le projet de loi a été soumis, cette formule a été modifiée : on demande seulement aujourd'hui que l'enfant né en France y soit domicilié au moment où il atteint sa vingt et unième année. Il est certain que, dans ces conditions, il sera plus facile d'apprécier si tel individu est, oui ou non, dans le cas prévu par la loi. Au lieu de faire des recherches sur la résidence de ses parents pendant vingt années écoulées, il suffira de rechercher si l'intéressé a en France son principal établissement à un moment donné. Mais il pourra arriver qu'un individu soit déclaré Français, alors que ses liens avec la France résultent du fait de sa naissance vingt ans auparavant dans une commune française et d'un établissement tout récent sur notre territoire, ce qui n'était certainement pas le vœu du législateur. La jurisprudence se chargera sans doute de corriger ce qu'il y aurait d'excessif dans certaines conséquences imprévues de notre article. — Au surplus, le droit d'option pourra, dans la plupart des cas, permettre à l'intéressé d'échapper à une nationalité qui ne serait que le résultat de coïncidences qui se présenteront rarement.

Les formalités par lesquelles l'individu qui nous occupe peut réclamer son extranéité ont été empruntées, dans l'ensemble, à la loi de 1874. Comme le remarquait M. Delsol dans le rapport cité ci-dessus, on a placé le natif de famille étrangère, quand il est domicilié, dans la situation où la loi du 16 décembre 1874 plaçait seulement l'individu né en France de parents étrangers qui, eux-mêmes, y sont nés. La formule a été sensiblement améliorée. La loi de 1874 habilitait l'étranger à « réclamer la qualité d'étranger » devant les autorités françaises. Aujourd'hui, on dit qu'il devra « décliner la qualité de Français », ce qui est plus juste, puisqu'il n'appartient pas aux autorités françaises de décider si un individu est ou non étranger, mais seulement de décider s'il est ou n'est pas Français. La nouvelle loi indique les justifications que devra fournir l'intéressé, en formulant sa déclaration devant le juge de paix du canton où il demeure. Ces justifications sont :

1° Une attestation en due forme de son Gouvernement établissant qu'il a conservé la nationalité de ses parents. La loi ne veut pas, et avec raison, que l'on puisse décliner la nationalité française sans justifier d'une autre nationalité. C'est une mesure fort sage en elle-même. Quant à cette attestation, elle pourra consister, croyons-nous, en un certificat d'immatriculation au consulat du pays d'origine du déclarant. Nous serions mal venus, d'ailleurs, à réclamer une autre pièce, car, dans le cas inverse, nous serions hors d'état de produire un véritable certificat de nationalité. En effet, quelle serait chez nous l'autorité compétente pour délivrer une pareille attestation? Ce ne saurait être l'administration, puisqu'en France elle n'est pas juge des questions de nationalité. Ce ne saurait être non plus la justice, puisqu'elle ne peut être saisie que s'il existe une contestation.

2° Un certificat constatant qu'il a répondu à l'appel sous les drapeaux, conformément à la loi militaire de son pays, sauf les exceptions prévues aux traités. Cette exigence toute nouvelle est imposée seulement à ceux qui se prétendent ressortissants d'une puissance où le service militaire est obligatoire. On peut trouver peut-être étrange, *à priori*, que nous revendiquions, comme Français, les déserteurs et insoumis des armées étrangères, et que, de cette insoumission ou désertion, qui est un délit qui ne nous regarde pas, nous fassions dépendre la qualité de Français, comme une peine. Mais ce n'est pas à ce point de vue qu'il faut envisager la question. C'est à un point de vue tout pratique, que s'est placé le Parlement, et il faut reconnaître qu'il a pris le meilleur moyen de supprimer l'abus toujours croissant que certains individus faisaient de leur extranéité.

Quant aux mots « sauf les exceptions prévues aux traités » qui terminent le § 4 de l'article 8 du Code, nous avouons ne pas en comprendre la portée. S'il s'agissait d'une loi militaire ordonnant l'incorporation des individus nés en France dans telle ou telle condition, à moins qu'ils ne constatent qu'ils ont obéi à la loi militaire dans leur pays d'origine, on comprendrait cette réserve. En effet, ils seraient étrangers, et nous sommes liés avec un assez grand nombre de pays par des traités qui nous interdisent d'appeler sous les drapeaux et de frapper d'aucune

charge militaire les ressortissants de ces pays. Mais il s'a-
git ici, non d'une loi militaire, mais d'une loi sur la nationalité. Les jeunes gens auxquels s'applique notre article
sont déclarés Français, en vertu du droit qui appartient à
chaque État de statuer en pleine liberté sur les conditions
dans lesquelles s'acquiert ou se perd la qualité de sujet, et
en vertu d'une règle qui ne peut choquer personne, car
elle existe dans maint autre État sous une forme parfois
plus rigoureuse, et qu'aucun traité à notre connaissance
ne nous interdit d'appliquer aux fils nés en France des sujets d'aucune puissance étrangère. Peut-être faut-il voir
dans ces mots l'expression de la pensée que, dans l'avenir,
notre article pourrait faire l'objet des stipulations conventionnelles avec les puissances étrangères, à l'effet d'en
préciser les dispositions ou d'en faciliter l'application dans
un intérêt commun? C'est une supposition un peu hasar-
dée, mais nous admettrions volontiers, nous l'avons déjà
dit, qu'on entrât dans cette voie. On verra ci-après qu'à
la suite de la loi du 16 décembre 1874, un arrangement
officieux a été conclu avec l'Angleterre pour la collation de
certificats de nationalité aux enfants nés en France de parents anglais, afin de prévenir les erreurs dans l'établissement des tableaux de recrutement. On pourrait, peut-être
par des négociations avec les puissances voisines, avec celles surtout dont les ressortissants sont les plus nombreux
en France, soit s'entendre sur la teneur des attestations à
fournir par les intéressés, soit admettre le principe de l'arrangement franco-belge de 1879 pour faciliter l'option des
individus nés dans chacun des pays contractants de parents
originaires de l'autre, en stipulant qu'ils ne seront appelés
sous les drapeaux qu'après leur vingt-deuxième année accomplie, et seulement dans le pays pour lequel ils auront
opté.

QUATRIÈME SECTION.

Service militaire.

I.

Sous le régime de la loi militaire de 1872, les fils d'étranger nés en France, dans le cas où ils étaient déclarés Français, étaient appelés au service militaire après leur option et étaient versés dans la classe à laquelle ils appartenaient par leur âge. Étant dans une situation incertaine au point de vue de la nationalité à l'époque où les jeunes gens de leur âge étaient inscrits sur les tableaux de recrutement, ils ne pouvaient être appelés en même temps et, d'autre part, il eût été inique de les retenir plus tard que leurs contemporains, puisqu'en somme ils n'étaient pas en faute, et qu'ils auraient pu, s'ils l'avaient voulu, garder la qualité d'étranger qui les aurait libérés de toute obligation militaire.

La loi militaire du 15 juillet 1889 a reproduit le même système. Le fils né en France de parents étrangers est inscrit sur les tableaux de recensement de la classe dont la formation suit l'époque de sa majorité[1]. Il peut réclamer, s'il se croit en droit de le faire, contre son inscription lors de l'examen des tableaux de recrutement fait au chef-lieu du canton, en même temps que le tirage au sort et en séance publique, sous la présidence du sous-préfet[2]. S'il n'obtient pas gain de cause, il portera sa réclamation devant le conseil de révision[3]. Si l'extranéité est admise par

---

[1] Cette loi du 15 juillet 1889, par un oubli qui sera sans doute prochainement réparé, n'a pas été mise en harmonie avec la loi sur la nationalité du 27 juin précédent, et présuppose le maintien de nos anciennes lois par l'acquisition de la qualité de Français. Nous tenons pour non-avenu, dans le présent ouvrage, le singulier article 11 de cette loi militaire, qui, si l'on en devait tenir compte, détruirait la loi du 27 juin dans sa disposition la plus importante, — ce qui n'a certainement pas été l'intention du législateur.

[2] Art. 16 de la loi du 15 juillet 1889. Annexe F.

[3] Art. 18 de la même loi.

le conseil, l'inscrit est rayé des tableaux ; si la divergence persiste, le jeune homme a le droit d'intenter une action contre le préfet devant le tribunal civil : le conseil de révision surseoit pour statuer jusqu'au prononcé du jugement dudit tribunal ou de la cour en cas d'appel[1].

Mais il peut arriver ou bien qu'un fils d'étranger ait intérêt à entrer dans l'armée avant sa majorité, ou bien qu'il y soit admis parce qu'on le supposait Français, ou parce qu'il n'a pas réclamé contre son enrôlement. L'une et l'autre hypothèse ont été prévues par le législateur de 1889, dans les alinéas 2 et 3 de l'article 9, dont voici le texte :

« S'il (le fils d'étranger) est âgé de moins de 21 ans ac-
« complis, la déclaration sera faite en son nom par son père ;
« en cas de décès par sa mère ; en cas de décès du père et de
« la mère ou de leur exclusion de la tutelle ou dans les cas
« prévus par les articles 141, 142 et 443 du Code civil, par le
« tuteur autorisé par délibération du conseil de famille[2].

« Il devient également Français si, ayant été porté sur le
« tableau de recensement, il prend part aux opérations de
« recrutement sans opposer son extranéité ».

II.

Il arrive souvent dans la pratique qu'un fils d'étranger, par cela seul qu'il est né en France, est inscrit sur le même tableau que les jeunes Français du même âge. Dans la législation antérieure à la loi de 1889, si le fils né en France de parents étrangers n'avait pas réclamé sa radiation, ou s'il s'était engagé dans l'armée française, il pouvait faire la déclaration de l'article 9, non seulement dans l'année suivant

---

[1] Voir ci-après, chapitre viii.

[2] Cette disposition s'applique, bien entendu, dans tous les cas où le fils d'étranger a intérêt à se déclarer Français avant sa majorité; mais, comme cet intérêt se manifestera presque toujours à l'occasion du service militaire ou de l'entrée dans les écoles du Gouvernement, nous avons cru devoir la commenter à cette place à propos du service militaire.

sa majorité, mais en tout temps. L'article avait été, en effet
modifié sur ce point par une loi des 22-25 mars 1849, qui
autorisait à réclamer à tout âge la nationalité française l'é-
tranger né en France qui remplit l'une des deux conditions
suivantes : « 1° s'il sert ou a servi dans les armées fran-
« çaises de terre ou de mer ; 2° s'il a satisfait à la loi du
« recrutement sans exciper de son extranéité[1] ». La loi
supposait que le fils d'étranger avait été appelé par suite
de l'ignorance où se trouvaient les autorités locales de sa
nationalité, ou admis par erreur à contracter un engagement dans l'armée ; car, dans la légion étrangère seule, il
aurait pu s'engager en faisant connaître sa véritable qualité. Le service dans les corps d'ouvriers dispensés du service militaire proprement dit par leur emploi dans les
ports, les arsenaux, les manufactures nationales d'armes,
etc., était assimilé dans la pratique au service dans l'armée,
pour l'application de la loi des 22-25 mars 1849[2]. La Chancellerie avait même tiré profit de cette loi pour donner un
moyen de devenir postérieurement Français aux fils d'é-
tranger qui avaient omis de faire leur déclaration dans le
délai fatal de l'article 9. On les autorisait à se faire inscrire,
comme omis, sur les listes de recrutement, ce qui peut
être fait jusqu'à l'âge de trente ans, puis on leur appliquait
la loi de 1849. C'était évidemment un mode inadmissible
d'éluder une disposition du Code civil. Un étranger qui se
déclare omis ne doit pas être écouté, car il n'est nullement
omis, n'ayant jamais été dans le cas d'être appelé au service militaire. Aussi approuvons-nous complètement la
Cour de cassation, qui s'est déclarée absolument opposée
à cette singulière application de l'article 9 du Code, com-
biné avec la loi dont il s'agit[3].

---

[1] Un arrêt de la Cour de cassation du 29 novembre 1885 (*Gaz. des trib.*
du 6 janvier 1886) admet la rétroactivité dans cette hypothèse comme dans
le cas ordinaire de l'article 9.

[2] Voir annexe A, 4°.

[3] Arrêt du 27 janvier 1869.

La loi du 27 juin 1889 a abrogé cette dernière loi, et fidèle à son programme, qui est d'accroître le plus possible le nombre des Français, elle l'a remplacée par le troisième paragraphe du nouvel article 9, aux termes duquel, à l'avenir, le fils d'étranger deviendra Français, par cela même qu'il aura pris part sans protestation aux opérations du recrutement. C'est une modification qui nous paraît peu justifiable de la loi de 1849. D'après cette loi, le fils d'étranger qui s'était laissé enrôler dans l'armée française avait seulement le droit de faire à tout âge la déclaration d'option que l'article 9 du Code civil n'autorisait que dans l'année qui suit la majorité. On pouvait donc, grâce à cette formalité, connaître exactement la date du changement de nationalité. Dans le système de 1889, quand s'opérera le changement d'allégeance? Est-ce le jour où le jeune homme comparaîtra devant le conseil de révision, ou le jour où il atteindra sa majorité? Il faut écarter cette dernière solution, car elle impliquerait que l'intéressé pourrait être soldat français, tout en étant étranger, ce qui est contraire à notre législation. C'est donc au moment de l'appel que s'opérera la naturalisation : mais alors voilà un mineur qui, sans autorisation, se fera naturaliser, et dont même les parents ne pourraient pas empêcher la naturalisation. Ce sont des conséquences bizarres, que le législateur ne paraît pas avoir prévues.

La disposition qui nous occupe s'applique à des jeunes gens qui sont considérés comme étrangers jusqu'au jour où il leur aura convenu d'opter pour la France. Une fois incorporés sous les drapeaux, ils ne pourront plus réclamer leur extranéité pour se faire libérer. — Mais la loi nouvelle, dans l'article 8, § 4 du Code civil, déclare Français toute une catégorie de natifs, d'origine étrangère, tous ceux qui sont domiciliés en France au moment de leur majorité. Ces jeunes gens, s'ils se sont laissés enrôler à l'âge ordinaire de l'appel sous les drapeaux perdront-ils aussi la faculté de réclamer plus tard la qualité d'étranger? Cela

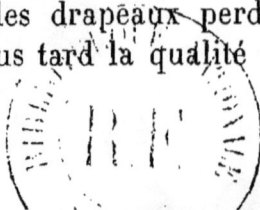

n'est pas douteux, bien que la loi ne le dise pas formellement. La disposition qui déclare Français le fils d'étranger qui n'a pas protesté contre son enrôlement ne peut en effet faire de différence entre les jeunes gens qui, à 21 ans, seront domiciliés en France et ceux qui ne le seront pas, — puisqu'elle s'applique à des jeunes gens de vingt ans seulement, — âge de l'appel sous les drapeaux. Au surplus si l'on voulait distinguer, on arriverait à une conséquence absurde : ce serait de permettre de se libérer du service à des jeunes gens qui sont placés par le Code dans une situation plus voisine de la nationalité française, que ceux à qui l'on refuserait cette libération. — Il est fâcheux seulement que le § 3 de l'article 9 n'ait pas été inséré dans un article ayant une portée plus générale.

III.

Sous le régime du Code civil de 1804 et de la loi militaire de 1872, la règle était, comme on vient de le voir, d'appeler les étrangers nés en France après la déclaration faite conformément à l'article 9. Ils n'étaient soumis qu'aux obligations de la classe dans laquelle ils eussent été versés plus tôt, s'ils étaient nés Français, avantage bien légitime, puisque rien ne les forçait à accepter les charges de la patrie française. Ces jeunes gens pouvaient, en outre, bénéficier des avantages du volontariat d'un an[1]. Il est un point seulement sur lequel ils étaient

---

[1] La circulaire du ministre de la Guerre du 14 juin 1878, relativement à l'engagement conditionnel d'un an, contient les dispositions suivantes :

L'instruction du 1er décembre 1872 (§ numéroté 2°) reconnaît aux étrangers nés en France, qui réclament la nationalité française, dans l'année de leur majorité, par application de l'article 9 du Code civil, la faculté de contracter l'engagement conditionnel d'un an, après avoir signé leur déclaration, pourvu qu'ils n'aient pas encore participé au tirage au sort.

J'invite les préfets à recommander aux maires de prévenir les jeunes gens qu'ils ont, pour faire cette déclaration, toute l'année qui s'écoule depuis le

dans une situation moins favorable que les Français de naissance : ils ne pouvaient pas entrer dans les écoles du Gouvernement, où l'on n'admet que des candidats non encore majeurs. Cependant les écoles Polytechnique et de Saint-Cyr ne leur étaient pas absolument fermées. Les instructions ministérielles pour l'admission à l'École Polytechnique en 1877, après avoir indiqué comme conditions générales d'admission la qualité de Français et l'âge de seize à vingt et un ans avant le 1ᵉʳ janvier de l'année du concours, contiennent une disposition qui permet aux étrangers, devenus Français après vingt et un ans, d'entrer à l'École, à condition d'avoir servi deux ans dans l'armée et d'être âgé de moins de vingt-cinq ans au 1ᵉʳ juillet de l'année du concours auquel ils veulent prendre part[1]. Une règle analogue avait été établie pour l'École militaire de Saint-Cyr.

Il n'y avait qu'une solution possible de la difficulté; c'était d'admettre les intéressés à faire par anticipation une option, comme les lois de 1882 et 1883 l'ont permis à certaines catégories de mineurs, aptes à réclamer la nationalité française à l'âge de vingt et un ans[2] et se trouvant dans une situation analogue aux individus pouvant invoquer l'article 9 du Code civil. C'est ce qu'a fait la loi du 27 juin 1889. Le nouvel article 9 accorde à l'enfant le droit d'opter pour la France avec l'autorisation de ses représentants légaux, sans attendre sa majorité. Cette faveur est accordée moyennant des formalités qui avaient

---

jour où ils atteignent l'âge de vingt et un ans jusqu'au jour où ils complètent leur vingt-deuxième année, et que, par conséquent, il leur importe, s'ils veulent bénéficier du volontariat d'un an, de faire coïncider la date de leur déclaration avec la seule époque à laquelle les demandes d'inscription pour le volontariat puissent être reçues, c'est-à-dire du 1ᵉʳ juillet au 31 août.

Jouissent également de la faculté de souscrire l'engagement conditionnel d'un an avant le tirage au sort, les Français, ayant perdu cette qualité, qui la recouvrent en vertu de l'article 18 du Code civil.

[1] *Journal officiel* du 5 avril 1877, § 3.

[2] Annexe A, 9° et 10°.

été instituées pour la renonciation à l'extranéité des enfants nés en France de parents qu'eux-mêmes y sont nés, par l'article 2 de la loi du 16 décembre 1874. Nous ferons remarquer seulement que l'enfant dont il s'agit ici est étranger, tandis que l'enfant dont s'occupe la loi de 1874 est Français. Les dispositions concernant l'autorisation pouvaient donc être prises en toute liberté par la législation de 1874. Au contraire, c'est conformément à la loi étrangère que devrait, en bonne logique, être organisée la représentation légale d'un enfant étranger né en France. Il est permis de se demander si, en l'absence du père et de la mère, l'autorisation à donner par le tuteur autorisé par le conseil de famille pourra être obtenue. Les législations étrangères ne sont pas toutes conformes à la nôtre sur ce point, quelques-unes remplacent le conseil de famille par l'autorité judiciaire. Il eût fallu, ce nous semble, s'en référer à l'organisation tutélaire du pays d'où relève le mineur, ou peut-être prévoir le cas et l'organisation éventuelle d'un conseil de famille en France.

Quoi qu'il en soit, le but principal est atteint, et il était équitable de l'atteindre.

Cette option anticipée pour la France, imitée, comme on le voit, de la consolidation de la qualité de Français instituée par l'article 2 de la loi du 16 décembre 1874 en faveur d'une catégorie de natifs déclarés Français dès leur naissance, aurait dû, ce semble, être formellement permise aux jeunes gens visés par l'article 8, § 4 du Code civil. Mais il n'est pas douteux que ces derniers ne soient en mesure d'invoquer le § 2 du nouvel article 9, par les raisons que nous avons exposées ci-dessus à l'occasion du § 3 du même article. Jusqu'à l'âge de vingt et un ans, les jeunes gens visés par l'article 8, § 4 et ceux que vise l'article 9 ne forment qu'une même catégorie, rien ne permet de les distinguer. Donc, ils peuvent bénéficier des mêmes avantages.

IV.

Afin de faciliter les opérations du recrutement, nous croyons qu'il serait utile de prévoir d'avance les documents que devront produire les ressortissants des pays étrangers pour obtenir soit un ajournement d'inscription jusqu'après leur majorité, s'il ont été inscrits à tort par anticipation, soit leur radiation définitive. Quand un fils d'étranger est appelé par erreur avec les jeunes gens de son âge, s'il entend réserver sa situation, il doit demander un ajournement jusqu'après sa majorité. La preuve de son extranéité se fera le plus souvent par la constatation que son père est étranger, et cette constatation pourra résulter d'une simple immatriculation dans un consulat du pays dont ce dernier relève. Plus tard, après la vingt et unième année de l'intéressé, quand il s'agit de la radiation définitive, interviennent d'autres considérations. Si l'intéressé n'est pas domicilié, et s'il en fournit la preuve, son extranéité est reconnue. Est-il domicilié, il doit produire les pièces prévues par l'article 8, § 4, que nous avons indiquées ci-dessus. Il faut distinguer s'il appartient à un pays où le service obligatoire est en vigueur. Dans le cas de l'affirmative, il doit établir qu'il est en règle avec la loi militaire de son pays. Dans le cas contraire, il lui suffira de produire la preuve qu'il est reconnu comme national par l'État dont il se réclame : un certificat du consul suffira sans doute.

Dans cette dernière catégorie se trouvent les Anglais nés en France. Ils font l'objet d'un arrangement entre les deux Gouvernements intéressés, qui est consacré par un échange de correspondance sans avoir la forme d'une convention officielle. On a arrêté d'une manière définitive la forme d'un certificat à délivrer par le Gouvernement britannique à ses sujets qui sont nés en France. Le certificat émane du ministère anglais : il doit être légalisé par le ministre des Affaires étrangères de Londres, dont la signature est légalisée par le consul anglais en France dans le ressort de qui se trouve l'intéressé. La pièce est remise au maire de la commune avec la déclaration que le porteur entend conserver la nationalité britannique.

Cet arrangement avait été fait à propos de l'application de la loi du 16 décembre 1874 et pour les Anglais nés en France de parents anglais qui eux-mêmes y sont nés; mais le ministre de la Guerre, en présence des grandes facilités qu'offre pour le recrutement ce mode de constater l'extranéité, a été plus loin, et s'est décidé à imposer à tous les Anglais nés en France, la production d'un certificat, s'ils ne veulent pas être enrôlés. « MM. les « préfets, lit-on dans les instructions du ministre de la « Guerre du 13 décembre 1876, concernant l'appel de « classe, rappelleront aux maires qu'ils doivent s'abstenir « de porter sur les tableaux du recrutement les jeunes « gens nés en France de père anglais, *quel que soit le lieu* « *de la naissance de ce dernier,* lorsqu'ils produiront le cer- « tificat dont le modèle est donné, etc. ».

Cet avis a été complété par une circulaire du 26 décembre 1877[1]; qui porte à la connaissance des maires le modèle de deux certificats que les jeunes Anglais devront produire selon le cas. L'un s'applique aux jeunes gens dont le grand-père est né en Angleterre et le père en France ou dans tout autre pays non soumis à la domination britannique. L'autre à ceux dont le père est né en pays anglais. Il y a donc trois classes de jeunes Anglais nés en France qui pouvaient bénéficier de l'arrangement conclu entre les deux gouvernements : 1° ceux dont le grand-père est né en Angleterre et le père en France; 2° ceux dont le grand-père est né en Angleterre et le père en un pays tiers; 3° ceux dont le père est né en Angleterre. Remarquons tout

---

[1] Annexe II.

de suite que le premier cas seul s'applique à la loi du 16 décembre 1874 aujourd'hui abrogée et qu'à l'avenir il n'y aura plus lieu de demander des certificats à des individus que la loi de 1889, comme nous le verrons ci-après, déclare purement et simplement Français, sans aucun droit d'option.

Quant aux jeunes gens de deux autres catégories, l'arrangement n'est pas atteint par la loi de 1889. Remarquons seulement une différence considérable, au point de vue juridique, entre le cas de l'article 9 et celui de l'article 8-4° du Code civil réformé. Dans la première hypothèse, le certificat anglais n'a qu'une valeur relative : il permet la radiation de celui qui l'obtient sur les contrôles militaires, mais il ne peut pas avoir d'effets civils, car l'article 9 ne confère pas à l'autorité étrangère un droit particulier et c'est uniquement au point de vue de la loi française que doit être jugée la nationalité de l'individu qui, né en France, argue de son extranéité. Dans l'hypothèse, au contraire, de l'article 8-4° du Code civil, comme dans celle de la loi de 1874, la loi française confère au certificat étranger une vraie valeur juridique, en déclarant que de sa production dépendra la reconnaissance de l'extranéité de l'intéressé.

En pratique, l'arrangement pourra entraîner certaines conséquences bizarres : c'est ainsi que, si l'on n'y prend garde, certains jeunes gens réellement Français, ceux, par exemple, dont le père est né à Londres de parents français, obtiendront le certificat de nationalité anglaise et, dans le conflit entre les deux lois anglaise et française, nous aurons donné l'avantage à la loi anglaise, faute d'avoir fait une réserve spéciale.

On voit avec quelle attention il importe de procéder dans les arrangements de cette nature; nous croyons néanmoins qu'ils sont utiles et qu'il sera de bonne administration d'en conclure avec les pays dont les ressortissants sont les plus nombreux sur notre territoire.

§ 6. — Enfants nés en France de parents étrangers qui, eux-mêmes, y sont nés.

PREMIÈRE SECTION.

Lois de 1851 et de 1874.

On a vu que dans la pure doctrine du Code de 1804, un individu d'extraction étrangère né sur le territoire français, demeure étranger, et que l'article 9 lui donne seulement le moyen de se faire plus facilement naturaliser Français. On a vu aussi que ce système ne tarda pas à donner lieu à des abus. Outre la difficulté pour un Français de prouver sa nationalité autrement qu'en attestant qu'un de ses ascendants était né en France avant la promulgation du Code civil, inconvénient qui devenait plus grave, à mesure que l'on s'éloignait de cette époque, il se forma une classe de gens qui, conservant la qualité d'étranger, étaient en fait installés définitivement sur notre territoire, jouissaient des avantages que nos lois accordent si libéralement à tous les individus qui les invoquent sans s'inquiéter de leur origine, et n'excipaient de leur extranéité que lorsqu'il s'agissait de refuser le service militaire. Beaucoup d'entre eux passaient même hors de France pour Français. Les départements frontières, surtout celui du Nord étaient de plus en plus envahis par cette population interlope, contre laquelle on sentit vers 1850 la nécessité de prendre des mesures. A cet effet, fut proposé à l'Assemblée législative un projet de loi qui fut adopté le 12 février 1851 sous la forme suivante : « Est « Français tout individu né en France d'un étranger qui « lui-même y est né, à moins que, dans l'année qui suivra « l'époque de sa majorité, telle qu'elle est fixée par la loi

« française, il ne réclame la qualité d'étranger par une
« déclaration faite soit devant l'autorité municipale du
« lieu de sa résidence, soit devant les agents diplomatiques
« ou consulaires accrédités en France par le gouvernement
« étranger. »

A partir de ce moment, les fils d'étrangers nés en
France, après deux générations, devenaient de plein droit
Français : on leur permettait seulement de réclamer à
vingt et un ans la nationalité étrangère, en le déclarant
explicitement. Mais la déclaration pouvant être faite devant
un maire français, rien ne prouvait que le déclarant eût
réellement conservé la nationalité étrangère qu'il invoquait
et qu'il fût compté comme sujet par l'État auquel il prétendait ressortir. Les inconvénients du *heimathlosat,* que
le législateur avait voulu éviter, subsistèrent donc, du
moins en grande partie. Les statistiques montrent, d'ailleurs, que la population étrangère n'a fait qu'augmenter en
France dans les vingt-cinq dernières années. Cette situation attira l'attention d'un certain nombre d'hommes politiques, parmi lesquels M. des Rotours, représentant, dans
le Corps législatif de l'Empire et dans l'Assemblée nationale de 1871, du département le plus intéressé, celui du
Nord. Il sembla qu'on ne devait pas seulement demander
aux fils d'étrangers nés en France une attestation de leur
intention de rester étrangers, mais une preuve qu'ils étaient
reconnus par le Gouvernement de leur pays d'origine. Et
comme c'était surtout au point de vue du service militaire
que la question se posait, une proposition fut faite en 1868
au Corps législatif, pour appeler au service militaire les
jeunes gens nés en France de parents étrangers qui y
étaient nés eux-mêmes, à moins qu'ils ne pussent établir
qu'ils avaient satisfait à la loi du recrutement dans le pays
étranger dont ils se réclamaient.

Il ne fut pas donné suite à ce premier projet, mais après
la guerre de 1870-71 la question fut de nouveau agitée et
l'Assemblée nationale fut appelée à se prononcer sur un

projet de loi qui fut accepté le 16 décembre 1874, et dont l'article 1 est conçu en ces termes :

« L'article 1er de la loi du 12 février 1851 est ainsi modifié :

« Est Français tout individu né en France d'un étranger « qui, lui-même, y est né, à moins que, dans l'année qui « suivra l'époque de sa majorité, telle qu'elle est fixée par « la loi française, il ne réclame la qualité d'étranger par « une déclaration faite, soit devant l'autorité municipale « du lieu de sa résidence, soit devant les agents diploma- « tiques ou consulaires de la France à l'étranger, et qu'il « ne justifie avoir conservé sa nationalité d'origine par « une attestion en due forme de son gouvernement, la- « quelle demeurera annexée à la déclaration ».

« Cette déclaration pourra être faite par procuration « spéciale et authentique ».

Bien que cette loi soit abrogée par celle du 27 juin 1889, nous ne pouvons la passer sous silence, eu égard à l'intérêt qu'elle présente encore pour un grand nombre de personnes dont elle a réglé le statut.

La loi de 1874 a été l'objet de bien des reproches de la part des jurisconsultes.

On a objecté qu'elle aurait dû tout au moins décider — et ce reproche s'applique aussi à la loi de 1851 — que l'enfant né en France d'un étranger né lui-même en France, ne sera Français qu'au moment de sa majorité, si, dans le délai voulu, il n'a pas produit le certificat attestant qu'il est resté sous l'allégeance d'un gouvernement étranger. D'après notre texte, au contraire, cet enfant est Français dès sa naissance, et il lui est seulement loisible de devenir étranger après sa vingt et unième année, de renoncer par conséquent à la qualité qui lui a été conférée de plein droit par la naissance. On a voulu prétendre, il est vrai, qu'il en est de l'article 1er de notre loi comme de l'article 9 du Code civil, qui laisse au fils d'étranger la qualité d'étranger pendant sa minorité, avec la différence que, dans le premier cas, la qualité de Français s'acquiert par le fait négatif de ne pas faire de déclaration, tandis que dans le second on l'obtient par le fait positif de la déclaration à la mairie. Ce système n'est pas soutenable devant l'affirmation du texte, et devant l'opinion bien connue des législateurs de 1851, y compris M. le professeur Valette, qui lui a même proposé, pour plus de clarté, de substituer les mots *est Français,* à ceux *sera Français,* que portait une première rédaction du projet de loi. Force est donc de reconnaître que l'enfant d'un étranger né en France y naît de plein droit Français depuis 1851.

Un avis du Conseil d'État, antérieur à la promulgation de la loi de 1874 et les explications présentées à la tribune de l'Assemblée nationale par M. Desjardin, sous-secrétaire d'État, confirment, d'ailleurs, l'interprétation que nous avons donnée, quoique la question n'y soit qu'incidemment traitée. C'est un abandon partiel de la doctrine du Code civil, qui fait dépendre la nationalité de la filiation, et les dangers en sont manifestes au point de vue international. L'enfant, déclaré Français par la loi du 16 décembre 1874, sera en effet dans beaucoup de cas sujet d'un pays étranger : la loi française sanctionne ainsi une situation fausse, irrégulière et pouvant entraîner des difficultés pour l'application des lois sur la tutelle, la succession, la capacité, l'extradition même. Si au contraire la loi du 16 décembre avait déclaré que l'enfant devient Français quand, dans le cours de sa vingt-deuxième année, il n'a pu établir qu'il appartient à un État reconnu, le but qu'elle poursuit eût été tout aussi sûrement atteint, et les principes eussent été respectés.

L'article 2 de la loi du 16 décembre 1874 contient une disposition aux termes de laquelle les jeunes gens se trouvant dans le cas de l'article 1er ne sont pas appelés au service avant leur vingt-deuxième année, afin qu'ils aient le temps de choisir leur nationalité; mais ils peuvent avoir un intérêt sérieux à faire leur choix avant leur majorité.

On leur permet de renoncer, par anticipation, au droit que leur donne l'article 1er de réclamer la qualité d'étranger dans l'année de leur majorité; seulement cette faculté est limitée à trois cas spéciaux que la loi a pris soin d'énumérer et qui sont les suivants :

1° L'engagement volontaire dans les armées de terre et de mer ;

2° L'engagement conditionnel d'un an, conformément à la loi du 27 juillet 1872 ;

3° L'entrée dans les écoles du Gouvernement à l'âge fixé par les lois et règlements.

La renonciation prévue par l'article 2 de notre loi était reçue par les officiers de l'état civil. Elle ne pouvait « être « faite qu'avec le consentement exprès ou spécial du père « ou à défaut du père, de la mère, ou à défaut de père et « de mère, qu'avec l'autorisation du conseil de famille. » C'était une dérogation à la règle que les mineurs ne peuvent résoudre les questions relatives à leur nationalité, même avec le consentement de leurs représentants légaux. Jusqu'alors, il n'avait été fait d'exception à cette règle, hors le cas des annexions ou cessions de territoire, que pour les descendants des religionnaires fugitifs, à qui la loi de 1790 restituait la nationalité de leur famille. — On comprend, du reste, l'utilité de la disposition de l'article 2 de la loi du 16 décembre 1874 : il était, en effet, difficile de ne pas recevoir les jeunes gens de l'article 1er dans les écoles du Gouvernement ou dans l'armée, puisqu'ils sont Français, et on ne pouvait pas non plus les autoriser à opter pour une nationalité étrangère, après qu'on les avait admis à l'École Polytechnique ou dans les rangs de l'armée.

DEUXIÈME SECTION.

Législation de 1889.

Le principe de la loi de 1874 est maintenu, mais l'option est supprimée. On a voulu procéder par gradation : le fils d'étranger non domicilié est étranger sauf un droit d'option pour la France; le fils d'étranger domicilié est Français; sauf un droit d'option pour la nationalité étrangère. Le fils né en France de parents étrangers qui eux-mêmes y sont nés est Français de plein droit et tout aussi Français que s'il était né de parents Français, c'est-à-dire qu'il ne peut renoncer à la nationalité qui lui est imposée que par les modes ordinaires offerts par le Code pour la dénationalisation. — C'est là l'innovation la plus grave de notre loi de 1889. Il n'est pas douteux que le Gouvernement français soit pleinement en droit de statuer en toute liberté touchant les conditions dont il entend faire défendre la nationalité française. A cet égard, le droit des gens n'apporte pas de restriction à la liberté, mais il est fâcheux d'édicter des règles qui ont pour conséquence nécessaire de créer des conflits de nationalité. L'individu né en France de parents étrangers qui eux-mêmes y sont nés est souvent, le plus souvent peut-être, dans une situation irrégulière et indéterminée au point de vue de la nationalité. Dans cette hypothèse, rien de plus juste que de lui conférer de plein droit les qualités de ressortissant du pays où il vit : mais il peut se présenter aussi que cet individu soit régulièrement soumis à une allégeance étrangère. Il se trouvera investi alors d'une double nationalité, d'où résulteront pour lui des devoirs et des droits contradictoires.

De nombreux conflits sont inévitables, si les pays d'où relèvent les intéressés par la filiation cherchent à faire prévaloir leur loi contre la nôtre. Remarquons toutefois que les lois de certains États, qui prévoient la dénationalisation pour cause d'émigration fournissent dans bien des cas une base d'entente, en ce sens que souvent l'individu né en France d'un pays étranger qui, lui-même y sera né, sera dénationalisé par le fait même de l'établissement de sa famille en France. D'autre part, la jurisprudence anglaise, dont nous avons déjà rendu compte et qui consiste à ne pas protéger les fils d'un Anglais né à l'étranger contre le pays où ils sont nés si la naissance leur y confère la nationalité, nous favorisera dans beaucoup de cas. La France se trouvera pour une classe de natifs, dans le cas où se trouvent vis-à-vis de nous les Républiques de l'Amérique, dans lesquelles se sont produits les conflits que nous avons déjà étudiés. Il est probable que les pays étrangers adopteront, à l'égard de la France, l'attitude que nous leur avons vu suivre à l'égard de ces pays. En ce qui concerne les États-Unis d'Amérique, la section 1992 des statuts révisés concorde dans une certaine mesure à notre nouvel article 8, § 4[1]. Cette disposition déclare sujets des États-Unis les enfants nés à l'étranger de parents citoyens; mais elle ajoute que le droit de cité ne descend pas aux enfants dont le père a jamais résidé aux États-Unis. Ce sera dans beaucoup de cas la situation des jeunes gens nés en France de parents américains qui y sont nés eux-mêmes, et dès lors il n'y aura pas de litige. Il est vrai qu'il en serait peut-être autrement si le père avait résidé aux États-Unis. A cet égard, il paraît y avoir quelque incertitude dans la conduite que tiendrait le Gouvernement de Washington. En effet, il a, en 1885, modifié dans un sens favorable à l'extension du droit de protection, les instructions qu'il avait données, auparavant à cet égard à ses agents diplomatiques et consulaires[2].

L'hypothèse la plus délicate et pouvant donner lieu aux plus sérieuses difficultés, si la jurisprudence n'intervient pas et si l'administration n'apporte pas dans la pratique un

---

[1] Annexe A.
[2] Voir Calvo, *Droit international,* tom. II, pag. 40

grand esprit de conciliation, est celle des fils nés en France d'agents diplomatiques qui eux-mêmes y sont nés. Le cas n'est pas improbable et se rencontrera certainement dans la pratique. Il eût fallu, croyons-nous, le régler dans la loi elle-même, en édictant une exception. C'était l'intention du Gouvernement, qui a présenté des observations dans ce sens au Sénat, lors de la discussion de la loi sur la nationalité. La commission n'a pas pensé qu'il y ait lieu d'admettre la proposition, sous le prétexte que la chose allait de soi. Cependant nous ne savons comment s'y prendrait un tribunal pour exclure un fils d'agent diplomatique de la rigueur de la loi. Quand il s'agit de l'application de l'article 8-4°, on peut toujours soutenir que les diplomates n'ont pas leur vrai domicile en France, mais pour notre § 3, on devrait arguer du bénéfice de l'exterritorialité et soutenir que le fils d'un agent diplomatique, bien que né en France, doit être considéré comme né à l'étranger, — ce qui serait contraire à la doctrine admise jusqu'à présent[1]. — L'administration, il est vrai, aura encore une ressource qui lui est fournie par l'article 17 réformé du Code civil. Cet article décide que nul Français, tenu au service militaire dans l'armée active, ne pourra se faire naturaliser étranger sans avoir obtenu une autorisation spéciale du Gouvernement français. On pourrait, ce nous semble, donner cette autorisation aux fils d'agents diplomatiques et consulaires. Leur extranéité serait ainsi reconnue et leur situation serait *ipso facto* régularisée. Peu importe, en effet, pour la validité de cette autorisation, que la nationalité étrangère de l'impétrant lui soit conférée par une naturalisation effective ou par l'effet de sa loi nationale.

Nous voudrions même qu'on allât plus loin et que par ce moyen on réglât aussi la situation de jeunes gens nés en France de parents nés eux-mêmes en France, mais

---

[1] Voir ci-dessus, pag. 77.

dont la naissance, ou celle de leurs parents, sur notre territoire, a pu être le résultat de circonstances fortuites et non d'un établissement de la famille dans le pays. Il serait tout à fait inique de réclamer comme Français et d'appeler au service militaire des jeunes gens se trouvant dans une pareille situation. La discussion de la loi prouve que le législateur n'a entendu atteindre que les familles étrangères installées en France, et il serait juste de réaliser le plus possible ses intentions dans la pratique.

Il peut se présenter inversement que le Gouvernement français ait à faire valoir à l'encontre des pays étrangers la nationalité de l'individu déclaré Français par notre article 8-4°. Dans les conflits qui pourront se présenter à ce point de vue, c'est à l'Angleterre qu'il faudra, pensons-nous, emprunter la règle à suivre. Nous avons déjà dit que lorsqu'un individu est Anglais comme natif d'Angleterre, et en même temps sujet par filiation d'un autre pays, le Gouvernement britannique ne le protège pas contre ce pays, quand il y réside. C'est ainsi qu'il faudra procéder en France, si l'on veut éviter des conflits inutiles. L'individu en question sera considéré comme absolument Français : on déclarera seulement que la protection diplomatique, qui lui sera accordée partout ailleurs, lui sera refusée contre son pays d'origine, quand il croira devoir s'y rendre. La protection diplomatique est une mesure gracieuse et d'ordre administratif. Elle peut être refusée, sans que l'intéressé puisse arguer de sa nationalité pour l'obtenir.

§ 7. — **Enfants nés en France de parents inconnus.**

Les enfants de cette catégorie, de même que les enfants naturels, ont été omis par le Code civil. La lacune vient d'être comblée par la loi du 27 juin 1889. Le nouvel article 8 du Code civil confirme, en effet, la qualité de Français à tout individu né en France de parents inconnus. Ainsi tombent d'anciennes controverses qui avaient divisé les commentateurs du Code. La majeure partie des auteurs reconnaissent aux enfants de parents inconnus la nationalité française. D'autres cependant voulaient les assimiler aux enfants d'étranger et leur accorder seulement le droit d'invoquer le bénéfice de l'article 9 du Code de 1804. Telle est la doctrine enseignée en Belgique par M. Laurent et consacrée par un arrêt longuement motivé de la Cour de cassation de ce royaume en date du 20 juin 1880. Le danger de cette doctrine a frappé le Gouvernement royal, qui a prescrit et fait adopter par le Parlement une loi spéciale qui tranche le différend dans le même sens que la nouvelle législation française.

Aux enfants de parents inconnus, le nouvel article 8 assimile avec raison les enfants nés en France de parents dont la nationalité est inconnue.

CHAPITRE III.

DE LA NATURALISATION.

PREMIÈRE PARTIE.

NATURALISATION D'UN ÉTRANGER EN FRANCE.

———

§ 1. — Notions générales sur la naturalisation.

La naturalisation est l'admission d'un étranger au nombre des nationaux d'un État. Elle est donc l'acte par lequel se réalise le principe théorique que nous avons posé et d'après lequel tout homme doit pouvoir changer de nationalité. Ajoutons que dans le monde moderne l'usage en est universellement admis. Tous les pays ont intérêt à recevoir parmi leurs ressortissants les étrangers dont l'industrie et les talents peuvent leur être utiles.

Les règles pratiques de la naturalisation sont variables. Cependant il y a une tendance générale à la faire reposer aujourd'hui sur la libre volonté. Autrefois, il suffisait souvent d'un séjour plus ou moins prolongé dans un pays pour que l'étranger devînt sujet même malgré lui. Au bout de dix ans, un Français habitant l'Autriche devenait sujet de l'Empire. A Monaco, antérieurement à l'ordonnance du 8 juillet 1877, l'étranger domicilié depuis dix ans était de plein droit naturalisé. La France elle-même, sous le droit intermédiaire, a été régie par des règles analogues. — La naturalisation n'est presque jamais imposée de notre temps, et elle prend de plus en plus la forme d'un contrat entre l'étranger et l'État auquel il veut s'associer. Il faut, par suite, pour qu'elle soit accordée, le concours des deux volontés. L'État est libre de refuser la naturalisation, et les conditions qu'il impose à la concession de cette faveur sont des conditions nécessaires, mais non suffisantes. De même que l'individu ne peut pas forcer la main à l'État, ce dernier ne peut pas davantage imposer la nationalité à l'étranger qui ne la réclame pas. — On verra que ces principes, s'ils ne sont pas encore universellement admis, tendent pourtant à prévaloir dans presque tous les pays du monde. Ils forment comme une sorte de point commun entre les règles variées des différentes législations.

Au point de vue du droit civil de chaque nation, il suffit d'examiner quelles sont ces règles, et comment les intéressés peuvent en obtenir l'application. Mais, si l'on se place au point de vue du droit international, il devient indispensable d'examiner quelle sera, vis-à-vis de l'État auquel il appartient jusque-là, la situation de l'individu qui réclame la naturalisation dans un autre pays. Un grand nombre de pays admettent que l'acquisition par un de leurs sujets d'une nationalité étrangère entraîne la perte de l'indigénat. C'est la règle la plus simple et la plus conforme à la théorie générale que nous avons donnée[1]; mais tous les États n'ont pas adopté cette règle, et d'ailleurs, là même où elle existe, elle n'est pas sans présenter en pratique certaines difficultés. Il importe donc de chercher la concordance entre les lois françaises et étrangères; et de voir, à propos de la naturalisation d'un étranger en France, comment cet étranger peut se dégager de son ancienne nationalité, et à propos de la naturalisation d'un Français à l'étranger, quelle sera sa situation vis-à-vis de la France. Tel est l'objet du présent chapitre.

---

[1] M. Martitz, dans une intéressante étude intitulée : *Das Staatsangehoerigkeit srecht im internationalen Verkehr* (Voir *Annalen des Deutschen Reichs für Gesetzgebung*, année 1874), considère cette règle comme la seule logique, et en fait honneur à la France, qui, en effet, l'a proclamée pour la première fois dans le Code civil de 1804.

§ 2. — De la naturalisation en France.

I.

Historique.

Nous avons eu l'occasion de remarquer plus haut que dans l'antiquité l'influence de la race était prédominante. Aussi la naturalisation était-elle impossible dans les sociétés primitives, ou du moins entourée de formalités qui la rendaient en pratique excessivement rare. A Sparte, durant bien des siècles aucun étranger ne fut admis à l'*isopoliteia,* si ce n'est le devin Tisamène à qui la Pythie avait prédit qu'il serait vainqueur dans cinq batailles : les Spartiates, pour s'attacher un auxiliaire si précieux, le reçurent dans leur communauté. A Athènes, d'après Solon, il fallait, pour obtenir le droit de cité, avoir rendu de grands services au pays, y établir sa résidence, être admis par le peuple qui devait voter deux fois sur cette grave question, enfin être accepté par le Sénat. De plus, l'étranger naturalisé à Athènes devait avoir rompu les liens qui le reliaient à sa patrie d'origine. Mais plus tard, la valeur du titre de citoyen diminua : on commença à l'accorder à des étrangers non résidant pour leur faire honneur, puis il arriva un temps où l'acquisition de ce titre, jadis envié, ne fut plus qu'une formalité. Cette facilité coïncida avec la décadence des croyances nationales d'Athènes, à la chute desquelles la grandeur de la patrie de Solon et de Thémistocle n'a pas survécu[1].

Si de la Grèce, on passe à Rome, un spectacle analogue

---

[1] Voir Hermann, *Griechische Alterthuemer,* — Schœmann, *Griechische Alterthuemer,* — Philippi, *Beitrage zu einer Geschichte des attischen Bürgerrechtes.*

se présente. La cité romaine, hautement prisée dans les premiers temps n'était accordée que tout à fait exceptionnellement aux étrangers. Plus tard, on naturalisa des catégories nombreuses d'individus et le droit romain multiplia les moyens d'acquérir la *civitas*. Le jour arriva où Caracalla, rompant avec toutes les traditions des sociétés antiques, accorda le droit de cité à tous les habitants de l'Empire, dans un intérêt fiscal probablement[1].

Les Barbares qui envahirent l'empire romain avaient gardé l'orgueil de race et l'esprit d'exclusion qui caractérisaient Rome et la Grèce dans les époques primitives. Dans les sociétés germaniques, sortes de *clans* sur lesquels nous n'avons malheureusement que peu de détails, l'étranger n'était admis que sur l'avis de l'unanimité des membres. S'il restait étranger, il ne jouissait d'aucun droit, et était véritablement *outlaw*, hors la loi[2]. Nous avons déjà montré comment chaque peuple garda ses lois et sa nationalité au milieu de ce va-et-vient de races qui marque les derniers siècles de l'Empire d'Occident. Le mode de se faire naturaliser Romain était d'entrer dans les ordres[3]. Mais, en général, chacun restait fidèle à sa race et à ses lois.

Au moyen âge, quand la fusion se fut faite par la force des choses entre les différents peuples, Burgondes, Francs, Visigoths, Romains, Gaulois, un nouveau principe entra en vigueur : la contiguïté géographique remplaça l'esprit de race dans la formation des groupes sociaux. Divisée en un nombre infini de petits États, la France était régie par autant de lois distinctes qu'elle comptait de châtellenies. On donnait le nom d'*aubains* aussi bien à ceux qui demeuraient sur le territoire d'un autre seigneur, qu'aux véritables étrangers nés hors des terres du roi de France. Ces

---

[1] Voir Mainz, Puchta, Demangeat, etc.

[2] Stoicesco, *De la naturalisation,* pag. 168 et suiv.

[3] Il est intéressant de remarquer que la loi romaine est encore aujourd'hui la loi des *clercs*, puisque le droit canonique n'est que le droit romain, complété, amendé, et continué, si l'on peut ainsi parler, par les pontifes de Rome.

derniers pouvaient être, par la volonté du roi, relevés des nombreuses déchéances qu'ils encouraient, parmi lesquelles la plus grave était le droit d'aubaine [1]. Ainsi une ordonnance de Louis X, en 1315, en avait exempté les étudiants étrangers. La même faveur a été accordée plus tard par divers décrets royaux aux marchands, aux marins, etc. Mais cette remise de diverses charges, accordée aux aubains, ne veut pas dire qu'ils étaient tenus pour Français. Pour cela, ils devaient avoir obtenu des lettres royaux, appelées *lettres de naturalité,* et dont l'effet était de les assimiler, au moins en grande partie, aux Français de naissance [2].

Il paraît inutile d'entrer dans plus de détails sur ce qu'était la naturalisation de l'ancienne France. Elle avait pour caractère principal d'être accordée à titre gracieux par le roi, sans que jamais le gouvernement fût tenu de la conférer. C'est encore aujourd'hui le caractère de la naturalisation en France. Il faut remplir certaines conditions particulières pour la demander, mais on n'est jamais dans le cas de l'obtenir de plein droit. L'administration est souveraine.

Ce n'est que pendant la période révolutionnaire que cette règle a été modifiée. Il y a eu alors une époque où la qualité de Français fut acquise de plein droit, sans avoir été demandée, à des personnes se trouvant dans des conditions déterminées. Cette innovation apparaît dans la loi du 2 mai 1790, qui contient la disposition suivante : « Tous « ceux qui, nés hors de France de parents étrangers, sont « établis en France, sont réputés Français et admis, en

---

[1] Ils devaient payer une sorte de capitulation appelée le *chevage* et une taxe pour le mariage, connue sous le nom de *formariage.* Voir Stoïcesco, *op. cit.*

[2] Les réserves portaient d'abord sur les hautes fonctions de l'Église de France. — Le naturalisé ne pouvait être pourvu ni d'un archevêché ou évêché, ni d'une abbaye (ord. de Blois, de 1579, art. 4). — De plus, le naturalisé continuait de payer certaines taxes commerciales — et il ne succédait qu'après ses parents nés en France. V. Stoïcesco, *op. cit.*, pag. 206 et ss., et pag. 199 (la formule des lettres de naturalité d'après Bacquet).

« prêtant le serment civique, à l'exercice des droits de
« citoyen actif, après cinq ans de domicile continu dans le
« royaume, s'ils ont en outre acquis des immeubles, ou
« épousé une Française, ou formé un établissement de
« commerce, ou reçu dans quelque ville des lettres de
« bourgeoisie[1] ». On remarquera qu'une distinction est
faite entre la qualité de Français, et celle de citoyen français : il faut le serment civique pour faire du Français un
citoyen. Mais, tandis que pour devenir citoyen on exige
un acte d'initiative, pour devenir Français, il suffit de certaines conditions dont l'effet est de naturaliser, même malgré lui, celui qui les remplit[2].

La même règle se trouve reproduite dans la constitution
du 14 septembre 1791, article 3 : « Ceux qui, nés hors du
« royaume de parents étrangers, résidant en France, de-
« viennent citoyens français, s'ils y ont en outre acquis des
« immeubles, ou épousé une Française, ou formé un
« établissement d'agriculture ou de commerce et s'ils ont
« prêté le serment civique ». Il ne paraît pas douteux que
cet article ne maintienne la distinction de la loi du 2 mai
1790, puisqu'il parle seulement des citoyens français, titre
pour l'obtention duquel il exige le serment civique, acte
purement politique. La constitution de 1791 ne s'occupe
pas de la qualité de simple national Français, mais de
celle de citoyen et elle n'a nullement abrogé la loi de
1790. Ajoutons que, dans les idées du temps, il fallait,
pour jouir des droits d'électorat et d'éligibilité, que tout
homme, même l'indigène, prêtât le serment civique : la
distinction entre le naturel et le citoyen était donc complète, comme le montre Merlin[3].

---

[1] Certains jurisconsultes ont soutenu que cette loi ne s'appliquait qu'aux
étrangers venus en France après qu'elle a été promulguée. Ce n'est pas admissible. V. Aubry et Rau, t. I, pag. 247, note 6.

[2] C'est le système de la jurisprudence. Cass., 27 avril 1819. — 28 avril
1855, etc., etc.

[3] V° *Divorce*, section IV, § 18.

La même constitution prévoyait que le pouvoir législatif pourrait, pour des motifs importants, « donner un acte de « naturalisation, sans autres conditions que de fixer son « domicile en France, et d'y prêter le serment civique [1] ». Ainsi plus de naturalisation administrative comme sous l'ancien régime : l'étranger devient Français par certaines conditions, dont tout intéressé peut invoquer l'effet, et dont le pouvoir législatif seul peut le dispenser.

La constitution du 24 juin 1793 est plus large encore, elle porte à l'article 4 : « Tout étranger âgé de vingt et un « ans accomplis, qui, domicilié en France depuis une an- « née, y vit de son travail, ou acquiert une propriété, ou « épouse une Française, ou adopte un enfant, ou nourrit « un vieillard, tout étranger enfin qui sera jugé par le « Corps législatif avoir bien mérité de l'humanité est ad- « mis à l'exercice des droits de citoyen français ». Ici plus de serment civique, même pour la qualité de citoyen. Comme cette théorie a paru peu raisonnable à certaines cours, il y a des arrêts en sens inverse : mais il suffit de lire le texte de la loi pour voir clairement, que malgré l'opinion des magistrats d'Orléans et de Nîmes [2], il n'est pas possible de nier qu'à cette époque la qualité de Fran- çais et de citoyen ne fût une conséquence forcée et même involontaire du simple fait que l'on avait rempli les condi- tions prévues par la loi. Du reste, un arrêt de la cour de Lyon [3] l'a reconnu formellement. Toutefois, le domicile exigé par la constitution de 1793 doit être un domicile réel d'où résulte l'intention sérieuse de rester en France; on a jugé en conséquence que la résidence, pour faire le commerce serait insuffisante. En outre, il faut satisfaire consciencieusement à la condition de vivre de son travail;

---

[1] C'est en vertu de cette disposition que des étrangers célèbres à divers titres furent naturalisés le 26 août 1792 : Bentham, Anacharsis Clootz, Klop- stock.

[2] Arrêts des 25 juin 1840, et 13 août 1841.

[3] Arrêt du 10 novembre 1827.

c'est l'accomplissement de cette condition qui établit un lien avec la France. La cour de Bordeaux a fait l'application de cette disposition en 1846; elle a décidé, qu'un étranger ayant rempli les fonctions de secrétaire particulier ou de chancelier du consul d'une puissance étrangère, ne pouvait prétendre à la qualité de Français, vu qu'il n'avait eu qu'une résidence accidentelle et précaire en France, et que ses fonctions n'établissaient aucun rapprochement entre lui et la société française [1].

Ce système, même appliqué avec des réserves, ne pouvait durer plus longtemps. Sa propre exagération devait lui être fatale. Parce qu'un Allemand ou un Américain avait adopté un enfant ou nourri un vieillard, il était absurde de le déclarer Français : il pouvait mériter le prix Monthyon, mais nullement la qualité de citoyen, à laquelle il tenait peut-être fort peu. Cependant, on ne revint pas directement à l'ancien système. Les constitutions de l'an III et de l'an VIII imposent seulement des délais précédés d'une déclaration de se fixer en France.

La constitution du 5 fructidor an III [2] porte : « L'étran- « ger devient citoyen français lorsqu'après avoir atteint « l'âge de vingt et un ans accomplis et avoir déclaré l'in- « tention de se fixer en France, il y a résidé pendant sept « années consécutives, pourvu qu'il y paye une contribu- « tion directe, et qu'en outre il y possède une propriété « foncière, ou un établissement d'agriculture ou de com- « merce, ou qu'il ait épousé une Française ». Nous trouvons ici un élément nouveau, une contribution directe. Il importe de ne pas se méprendre sur ce point. La constitution de l'an III s'occupe uniquement des citoyens, comme membres du corps électoral, et prenant part au gouvernement de la République. Elle supprime le suffrage universel en n'acceptant pour citoyen que des censitaires,

---

[1] Voir Stoïcesco, *op. cit.*, pag. 229. L'arrêt de Bordeaux est du 17 juin 1847.

[2] Art. 10.

si faible que soit le cens. Mais il ne pouvait entrer dans la pensée des législateurs d'exiger un cens pour la simple qualité de *national* français : l'article 8 y répugne, puisqu'il porte que les hommes nés et résidant en France — évidemment des Français — ne seront citoyens que s'ils payent une contribution. Il est donc à croire que l'individu qui, sous le régime de la constitution de l'an III, déclarait son intention de fixer son domicile en France, et remplissait les autres conditions (épouser une Française, par exemple, ce qui ne suppose aucune contribution) était Français, *ipso facto,* sept ans plus tard, mais non citoyen [1]. La déclaration se faisait à la municipalité.

L'article 3 de la constitution de l'an VIII accorde la naturalisation à la seule condition de la déclaration, suivie de dix ans de séjour : c'est au fond le même système, avec un délai prolongé. Dans tous les cas, les constitutions de l'an III et de l'an VIII ont fait cesser l'abus de la naturalisation qui, en 1793 surtout, avait atteint ses dernières limites. Avec elles, reparut l'idée fort sage d'obliger au moins à une demande l'individu qu'on naturalise, afin qu'il ne soit pas francisé contre son gré.

Un décret impérial du 17 mars 1809 a rétabli l'ancien régime des lettres de naturalisation qui est demeuré en vigueur jusqu'à présent. Les conditions de la constitution de l'an VIII restent exigées, seulement elles n'opèrent plus de plein droit le changement de nationalité. La naturalisation est prononcée par l'Empereur. L'article 2 décide : « que la demande en naturalisation et les pièces à l'appui « seront transmises par le maire du domicile du pétition- « naire au préfet, qui les adressera, avec son avis, à notre « grand-juge, ministre de la justice ».

Ce décret, modifié par un certain nombre de lois et décrets postérieurs, forme le fondement de notre droit actuel en matière de naturalisation. C'est ainsi qu'en cette

[1] Cour de cass., 26 janvier 1835.

matière comme en beaucoup d'autres, après les essais de
la période révolutionnaire, on revint à l'ancien système.
Aujourd'hui la naturalisation par un simple séjour est
morte ; et il est impossible à un étranger de se faire naturaliser autrement que par obtention de lettres délivrées
par le Gouvernement, qui est libre de les refuser.

La période de dix ans avait, dès l'Empire, paru longue
au Gouvernement, qui voulait pouvoir dispenser de ce
stage les personnes capables de rendre des services au pays.
Avant même le décret du 17 mars 1809, les sénatus-consultes du 26 vendémiaire an XI et du 19 février 1808
avaient donné au pouvoir exécutif la faculté d'abréger les
délais quand il le jugerait convenable. C'était une disposition imitée des premières constitutions révolutionnaires,
avec cette différence que ce qui relevait du législatif tomba
dans le domaine de l'exécutif. Le sénatus-consulte du 26
vendémiaire an XI est ainsi conçu : « Pendant cinq ans à
« compter de la publication du présent sénatus-consulte
« organique, les étrangers qui rendront ou qui auront
« rendu des services importants à la République, qui appor-
« teront dans son sein une invention, des talents, ou une in-
« dustrie utile, ou qui formeront de grands établissements,
« pourront, après un an de domicile, être admis à jouir
« des droits de citoyen français. — Ce droit leur sera con-
« féré par un arrêté du Gouvernement pris sur le rapport
« du ministre de l'Intérieur, le Conseil d'État entendu ».
L'acte du 19 février 1808 supprime toute condition de
délai.

On remarquera que le sénatus-consulte de vendémiaire
parle du *domicile*. Il s'agit du domicile en France, autorisé
suivant l'article 13 du Code civil. En était-il de même dans
la constitution de l'an VIII? Nous ne le pensons pas; les
termes de cet acte prouvent à l'évidence qu'il prévoit une
déclaration spéciale; d'ailleurs, des circulaires ministérielles ont subséquemment réglé la forme dans laquelle
elle devait être faite. Cependant le Conseil d'État, par un

avis assez obscur, a paru adopter la règle inverse, et croire que, depuis le Code, la déclaration exigée par la constitution de l'an VIII a dû être remplacée par la demande d'admission à domicile. La pratique ne s'est nullement conformée à cette opinion, et, tant que l'article de la constitution de l'an VIII a été en vigueur, on a adressé la simple déclaration.

Cette législation fondée sur la constitution de l'an VIII et modifiée par les sénatus-consultes de l'an XI, de 1808 et de 1809, s'est perpétuée jusqu'en 18 8. Nous ne parlons pas ici de l'ordonnance du 4 juin 1814, ni de la loi du 14 octobre de la même année, dont il sera traité séparément.

Le Gouvernement provisoire de 1848, un mois après son arrivée au pouvoir, rendit le décret du 28 mars, qui donnait au ministre de la Justice le droit de délivrer des letttres de naturalisation à quiconque pourrait justifier d'une résidence de cinq ans en France, à condition qu'il produisît des attestations des autorités compétentes, établissant qu'il est, sous tous les rapports, digne d'être admis au rang de citoyen.

La facilité avec laquelle on accorda alors la naturalisation donna lieu à des abus. En moins de trois mois, *deux mille quatre cent cinquante-neuf* naturalisations furent accordées. Il fallait mettre une limite à cette pratique qui menaçait de devenir dangereuse; M. Bethmont, alors ministre de la Justice, suspendit, par un arrêté en date du 28 juin 1848, l'exercice du droit provisoire que le décret du 28 mars lui conférait. On rentrait donc de nouveau sous l'empire de la législation antérieure; néanmoins, jusqu'à la fin de l'année suivante, on accorda plus de huit cents naturalisations[1]. La naturalisation ainsi concédée avait un effet général et emportait la collation des droits civils et politiques. Toutefois, la nécessité de régler définitivement la matière se faisait sentir; dans cette vue, un

---

[1] Stoïcesco, *op. cit.*, p. 252.

projet de loi fut présenté à l'Assemblée nationale, le 1er août 1849.

Lors de la discussion de cette loi, on eut à résoudre la grave question de savoir à qui on devait confier le droit de conférer la qualité de Français. Était-ce au pouvoir exécutif, ou au pouvoir législatif ? Les deux opinions étaient soutenues et les arguments ne manquaient pas. Le projet de loi tenait pour le pouvoir exécutif : la nature même de l'acte, ses applications fréquentes, la nécessité de faire une enquête sur l'impétrant, semblaient de sérieux motifs pour donner à la naturalisation le caractère d'un acte administratif. Le pouvoir législatif devrait fixer seulement les conditions nécessaires pour obtenir la naturalisation, mais le pouvoir exécutif seul l'accorderait ; les paroles de M. Vatimesnil étaient catégoriques sur ce point : «... C'est au pouvoir exécutif, disait-il, qu'il appartient de dire, après vérification des titres : l'individu qui demande la naturalisation se trouve ou ne se trouve pas dans ces conditions ».

Les partisans du système opposé répondaient que le droit d'accorder la naturalisation doit appartenir au pouvoir législatif, parce que c'est un acte de souveraineté par excellence. D'ailleurs, d'après le projet, l'étranger naturalisé devait acquérir l'exercice des droits politiques et devenir apte à siéger à l'Assemblée nationale ; par la naturalisation, on donnerait des législateurs à la nation, par elle, les étrangers entreraient dans la famille politique de la France. N'était-il pas logique, dès lors, d'en attribuer la connaissance au pouvoir législatif ?

La difficulté fut tranchée par un amendement de M. Manguin en faveur de l'exécutif, sauf pour le droit d'éligibilité à l'Assemblée nationale qui serait conféré par une loi, et que nous étudierons séparément. La naturalisation, d'après la loi de 1849, ne pouvait être accordée qu'à l'étranger ayant obtenu depuis dix ans son admission à domicile.

II.

Législation actuelle.

La législation actuelle repose pour une grande part sur la loi du 29 juin 1867, qui a été incorporée en partie dans le Code civil par la loi du 27 juin 1889, avec quelques modifications de forme et de fond [1]. Un étranger, qui veut se faire naturaliser Français, doit d'abord demander l'autorisation de résider en France, conformément à l'article 13 du Code civil. Pour demander l'*admission à domicile,* l'étranger doit adresser une demande sur papier timbré au ministre de la Justice, en envoyant son acte de naissance, traduit et légalisé. En même temps, il doit prendre l'engagement de payer les droits de sceau, qui s'élèvent à 175 fr. 25. Une fois l'autorisation accordée, l'étranger, sans être encore Français, est en possession des droits civils [2].

Le délai imposé pour la naturalisation est de trois ans à dater du jour où la demande d'admission à domicile a été enregistrée au ministère de la Justice. Il peut être abrégé exceptionnellement en faveur d'un étranger qui a rendu d'importants services à la France, qui y a introduit soit une industrie, soit des inventions utiles, apporté des talents distingués, formé de grands établissements de

[1] Ci-après, annexe A, 7º et 11º.

[2] L'admission à domicile confère les droits qui dérivent du *jus civile,* par opposition aux droits naturels dont l'étranger a, dans tous les cas, la jouissance. L'étranger admis peut notamment : réclamer l'application de l'art. 2121 du Code civil, sur l'hypothèque légale, — obtenir le bénéfice de cession de biens (art. 905 du Code de procédure), — actionner les étrangers sans fournir la caution *judicatum solvi,* — adopter et être adopté, — en cas d'expulsion, rentrer au bout de deux mois, si, pendant ce temps, l'autorisation d'avoir son domicile en France n'a pas été rapportée, — diriger une école primaire et secondaire libre dans les mêmes conditions que le Français (décret du 18 janvier 1887, art. 81), — faire des versements à la caisse des retraites pour la vieillesse (loi du 28 mai 1858); — sa succession est toujours dévolue d'après la loi française, même pour les immeubles sis à l'étranger.

commerce, ou créé des exploitations agricoles ou, depuis 1889, qui a épousé une Française. Dans ces divers cas, la demande en naturalisation pourra être faite après un an de séjour, tandis que, s'il n'y a pas de circonstance de cette nature, elle ne peut être formée qu'après trois ans.

Pendant la guerre franco-allemande, un décret a été rendu, le 26 octobre 1870, pour supprimer momentanément le stage de trois ans en faveur des étrangers qui avaient pris part à la guerre contre l'Allemagne, et qui voulaient obtenir la naturalisation pour devenir citoyens français. « Le délai d'un an, dit l'article 1er de ce décret, exigé par l'article 2 de la loi du 3 décembre 1849, modifiée par la loi du 29 juin 1867, pour la naturalisation *exceptionnelle,* ne sera pas imposé aux *étrangers qui auront pris part à la guerre actuelle pour la défense de la France.* En conséquence, ces étrangers pourront être naturalisés *aussitôt* après leur admission à domicile, sauf l'enquête prescrite par la loi ». Mais cette faveur, qui se justifiait par des circonstances exceptionnelles, ne pouvait être que temporaire. Aussi lisons-nous, dans le dernier article du décret du 26 octobre, que la dispense de stage pour la naturalisation ne pourra profiter qu'aux étrangers qui auront fait leur demande de naturalisation avant l'expiration des deux mois qui suivront la cessation de la guerre.

Dans le même ordre d'idées, la loi de 1889 a accordé une faveur à l'étranger attaché à un titre quelconque au service militaire, dans les colonies et les protectorats français. Elle lui permet de réclamer la naturalisation après un an de domicile seulement, disposition dont pourront profiter les nombreux étrangers faisant partie des deux régiments spécialement créés pour eux en Algérie.

A côté de la naturalisation accordée après trois ans de stage, à la suite de l'admission à domicile, la loi de 1889 a ouvert un mode plus simple de naturalisation aux étrangers. Ceux qui sont fixés en France depuis dix ans et sont en mesure de justifier de cette résidence ininterrompue, peuvent obtenir la naturalisation sans avoir passé par le stage ordinaire de l'admission à domicile. C'est une disposition fort équitable.

La loi ajoute que les services rendus à la France à l'étranger, dans l'exercice d'une fonction publique, équivalent à la résidence en France. Ainsi, un commis de chancellerie dans un consulat ou une légation de France, ou un agent consulaire français de nationalité étrangère, peuvent faire compter le temps de leur service comme stage pour obtenir la naturalisation. La loi dit *résidence*, mais nous ne doutons pas qu'il faille entendre aussi cette équivalence pour le *domicile* prévu par notre loi afin d'obtenir la naturalisation après trois ans de stage. Il n'est pas admissible que la loi de 1889, qui est plus large que la loi de 1867, ait voulu sur ce point introduire une disposition restrictive.

La demande en naturalisation, faite après l'expiration du délai requis, doit être présentée sur papier timbré, en double exemplaire, et contenir l'engagement d'acquitter un nouveau droit de sceau de 175 fr. 25. Dans la discussion de la loi de 1889, le Sénat avait voté la suppression de cette taxe, mais la Chambre a cru devoir supprimer cette disposition dans un intérêt purement budgétaire. Le Gouvernement a pris soin de déclarer, d'ailleurs, que des exemptions ou diminutions de la taxe seraient largement accordées en pratique aux personnes qui paraîtraient dignes de cette faveur.

La demande en naturalisation donne lieu à l'ouverture d'une enquête sur la moralité du requérant, et, si le résultat en est satisfaisant, il est rendu par le chef de l'État, sur la proposition du Garde des Sceaux, un décret de naturalisation, qui est inséré au *Bulletin des lois*. Du jour de cette insertion, la naturalisation est acquise à l'intéressé. — Le Conseil d'État devait être entendu, d'après la loi de 1867. La loi de 1889 a supprimé son intervention, la Chancellerie seule est chargée de l'enquête.

Si, dans un délai de cinq ans après l'admission à domicile, la naturalisation n'est pas accordée, cette admission est caduque. Il en est de même si la demande en naturalisation est rejetée. En cas de décès de l'étranger avant la naturalisation, la femme et les enfants mineurs du défunt profiteront du temps de stage déjà acquis.

Les formalités de la naturalisation supposent que l'étranger est capable. Il serait logique de demander qu'il eût sa capacité d'après les lois de son pays d'origine; la loi de 1867, copiant en cela celle de 1849, a exigé simplement du pétitionnaire qu'il fût âgé de vingt et un ans. La loi allemande du 1er juin 1870, sur la naturalisation, contient à ce sujet une disposition bien plus rationnelle. « La naturalisa- « tion, dit l'article 8, ne pourra être conférée aux étrangers « que lorsque, d'après la loi de leur pays d'origine, ils se- « ront aptes à contracter ». C'est là la véritable doctrine. Il faudrait du moins qu'on la suivît en France pour les jeunes gens âgés de vingt et un ans, mais encore mineurs suivant leur statut personnel, qui sollicitent la naturalisation dans notre pays. En effet, il arrivera fatalement que l'État é anger, si ses lois fixent la majorité à l'âge de vingt-trois ou de vingt-cinq ans, ne reconnaîtra pas l'admission à la nationalité française d'un individu incapable à ses yeux. Il pourra en résulter un conflit. Aussi pensons-nous que, la loi de 1867 étant formellement abrogée par celle de 1889, laquelle est muette sur ce point, la jurisprudence exigera que le requérant ait atteint l'âge de la majorité dans son pays d'origine.

L'incapacité, qui frappe l'étranger n'ayant pas atteint sa majorité, subsiste-t-elle même s'il est autorisé par des représentants légaux? C'est un principe de notre droit que le mineur est dans l'impossibilité de changer de son chef le statut personnel qu'il tient de sa naissance. Cette règle reçoit, il est vrai, dans le nouvel article 9 du Code civil, une importante exception, puisque, aujourd'hui, l'enfant né en France de parents étrangers est autorisé à opter pour la

France avant sa majorité. Cette exception ne saurait toutefois permettre au mineur de disposer de son statut personnel, ni entamer une jurisprudence fondée sur l'esprit du
Code civil [1], d'après laquelle le mineur doit rester jusqu'au
jour de sa majorité fidèle à la nationalité qu'il a reçue de
ses parents. Le législateur n'a pas voulu que, pour un acte
aussi grave, la volonté pût être suppléée ou complétée par
des représentants légaux, parents, tuteurs, curateurs, ou
conseil de famille, qui peuvent avoir des intérêts opposés
ou différents de ceux de l'incapable. D'ailleurs, le mineur
n'est incapable que pour un temps; c'est ce qui a permis
à son égard l'adoption de cette règle, qu'il serait impossible
d'accepter pour tous les autres incapables.

La femme mariée, par exemple, n'a pas comme le mineur une incapacité purement provisoire : elle est en tutelle pour toute sa vie. On ne saurait sans injustice lui
défendre de demander la nationalité française, quand elle
est dûment autorisée par son mari. La même autorisation
devra être exigée de la femme étrangère séparée de corps,
si du moins elle appartient à un pays où la séparation de
corps est régie par des lois analogues aux nôtres. Mais il
peut se faire que la séparation de corps, d'après la loi nationale de la femme, lui accorde une liberté plus large;
c'est une question dont l'appréciation appartient à la Chancellerie. Nous pensons, par exemple, qu'une femme allemande séparée *à mensâ et toro* par la loi canonique devrait
être admise, sans autorisation maritale, à demander la
naturalisation française. En effet, d'après la loi civile
allemande, la séparation de corps du droit canonique est
tenue comme équivalant au divorce. Inutile de dire que la
femme divorcée serait, tout comme la femme veuve ou
non mariée, admise dans les conditions ordinaires de capacité.

Un interdit dûment autorisé, devrait-il être admis à sol-

[1] Et sur la loi de février 1851, outre la loi de 1867 que nous avons citée.
Voir annexe A, 6°.

liciter la nationalité française par l'intermédiaire de son tuteur ou avec l'assistance de ce dernier? L'interdiction est une incapacité perpétuelle, ou du moins dont on ne peut prévoir la fin; et, si des intérêts majeurs exigent la naturalisation française, il pourra paraître bien rigoureux de ne pas l'accorder. Nous pensons cependant que la naturalisation a quelque chose de trop personnel pour pouvoir être conférée autrement que dans un intervalle lucide.

Ajoutons, en terminant, que les formalités requises par nos lois ne peuvent être suppléées en aucune manière. Certains jurisconsultes ont soutenu que la nationalité française était tacitement concédée à l'étranger qui, sans exciper de son extranéité, participe à toutes les charges de la patrie française [1]. Rien ne nous permet d'adopter cette opinion qui mène directement à une violation de la loi. La nationalité, nous l'avons dit, est une sorte de contrat entre l'État et ses nationaux; mais, par cela même que la loi a déterminé les règles par lesquelles ce contrat doit être effectué, elle entend exclure tout autre mode. D'ailleurs, la Cour de cassation a reconnu que l'acquiescement tacite résultant d'un séjour en France, si prolongé qu'on le suppose, ne peut avoir pour effet de conférer la qualité de Français. Et il n'est pas besoin de faire ressortir les inconvénients qui, dans la pratique, résulteraient de l'incertitude qu'un pareil système apporterait dans les questions de statut personnel [2].

III.

La naturalisation dans les colonies françaises.

Le sénatus-consulte du 3 mai 1854, article 18, porte que « les colonies autres que la Martinique, la Guadeloupe et

---

[1] M. Marcadé.

[2] Arrêt du 24 avril 1827. — Voir aussi un arrêt de la Cour de Nîmes du 22 déc. 1825.

la Réunion seront régies par décrets de l'Empereur, jusqu'à ce qu'il ait été statué à leur égard par un sénatus-consulte ». De là vient que le régime des décrets est admis dans les colonies françaises, sauf les trois désignées ci-dessus. La loi de 1889 prévoit seulement qu'un décret d'administration publique y déterminera les formes et les conditions de la naturalisation.

Martinique, Guadeloupe, Réunion. — Les lois de 1849 et de 1867 que nous avons analysées ci-dessus sont devenues applicables dans ces îles en vertu d'une loi spéciale du 10 juin 1874. La loi du 27 juin 1889 y déclare applicables les règles qu'elle institue pour la métropole.

Algérie. — Elle jouit d'un régime spécial établi par le sénatus-consulte du 14 juillet 1865, et les décrets des 21 avril 1866 et 24 octobre 1870[1].

Il faut distinguer en Algérie deux classes d'individus pouvant obtenir la naturalisation : les Musulmans, déclarés par le sénatus-consulte de 1865 Français, mais non citoyens, et les étrangers.

Sans devenir citoyen français et tout en restant soumis, au point de vue civil comme au point de vue religieux, aux lois musulmanes, le Musulman, né en Algérie, peut faire partie, sous certaines conditions et certaines réserves, de l'armée française de terre et de mer. Il peut, en outre, être admis à certaines fonctions civiles, dont on trouve l'énumération dans un tableau annexé au décret du 21 avril 1866. On y remarque la possibilité d'être conseiller municipal et général, notaire, greffier, etc.

Le sénatus-consulte prévoit l'admission des indigènes dans l'exercice des droits de citoyen français et organise pour eux une sorte de naturalisation.

Le requérant doit se présenter en personne devant le

---

[1] En ce qui concerne l'acquisition de la nationalité par la naissance, la loi de 1889 y est en vigueur.

maire ou le chef du bureau arabe, et y déclarer qu'il
entend être régi par les lois civiles et politiques de la
France. Le maire fait une enquête, et la transmet avec
la demande au gouverneur général. D'après le décret de
1866, celui-ci devait transmettre la demande au Garde
des Sceaux à Paris. L'Empereur statuait, le Conseil d'État
entendu. Le décret du 24 octobre 1870 habilite le Gouverneur à prononcer lui-même sur la demande en naturalisation, après avoir pris l'avis du comité consultatif[1].

L'étranger résidant en Algérie, qui veut se faire naturaliser, suit les mêmes formalités, mais il doit en outre
justifier de trois ans de résidence. Le sénatus-consulte
est moins exigeant sur ce point que la loi de 1867, qui a
abaissé à la même durée le stage préliminaire de la naturalisation en France. On remarquera en effet qu'on n'exige
pas des étrangers une première demande pour obtenir leur
admission à domicile. Ils doivent seulement établir que
depuis trois années ils résident en Algérie. C'est une différence assez importante avec la France européenne.

Une autre différence avec la France consiste dans le
droit de sceau. En Algérie, on paye en tout et pour tout
un droit de 1 fr. au lieu des deux droits de 175 fr. 25 chacun,
qu'on acquitte à Paris.

Malgré ces différences, il n'est pas douteux que l'étranger naturalisé en Algérie puisse venir exercer en France
les droits de citoyen français. Le but du Gouvernement
était de faciliter les naturalisations en Algérie pour diminuer le nombre des colons étrangers, mais quelle que soit
la forme de l'acte, les conséquences en sont les mêmes
des deux côtés de la Méditerranée.

Les indigènes Israélites étaient assimilés aux Musulmans
sous le régime du sénatus-consulte de 1865. Ils étaient
donc Français, mais soumis aux lois civiles israélites. Un
décret du Gouvernement de la Défense nationale du 24

---

[1] Art. 14 du décret de 1870, qui remplace l'art. 13 de celui de 1866, abrogé.

octobre 1870 les a déclarés citoyens français, jouissant de tous les droits attachés à cette qualité. Aux termes de ce décret, « les Israélites indigènes des départements de l'Al- « gérie sont déclarés citoyens français : en conséquence, « leur statut réel et leur statut personnel seront réglés par « la loi française, tous droits acquis jusqu'à ce jour restant « inviolables ». Le 21 juillet de l'année suivante, le Gou- vernement de M. Thiers présenta à l'Assemblée nationale un projet de loi pour abroger ce décret. L'Exposé des motifs faisait valoir cette considération, que la population mu- sulmane ne comprendrait pas qu'on accordât aux Juifs une faveur qu'on lui refusait, et aussi que les Juifs algériens, qui forment une sorte de caste, auraient plus à perdre qu'à gagner à adopter la loi française en échange de leur statut civil, si intimement lié à leur statut religieux. Une com- mission nommée par l'Assemblée nationale, et dont M. de Fourtou a été le rapporteur, proposa de remplacer l'abro- gation pure et simple demandée par le Gouvernement par un projet de loi ainsi conçu :

« Art. 1er. Le décret rendu le 24 octobre 1870 par la Dé- « légation de Tours, à l'effet de déclarer citoyens fran- « çais les Israélites indigènes des départements de l'Algé- « rie, est et demeure abrogé.

« Art. 2. Néanmoins les Israélites indigènes de ces dé- « partements pourront, par une simple déclaration de « volonté, rester soumis, quant au statut personnel, à la « loi civile française.

« Art. 3. La déclaration dont il s'agit à l'article précé- « dent devra être faite avant le 1er mars 1872, par le décla- « rant en personne, devant le maire de la commune de son « domicile. Elle devra être inscrite sur un registre spécial.

« Le déclarant devra être âgé de vingt et un ans, et « justifier de sa naissance dans le département, soit par un « extrait des actes de l'état civil, soit par un acte de noto- « riété dûment établi.

« Art. 4. Les Israélites indigènes des départements de

« l'Algérie pourront réclamer, jusqu'au 1ᵉʳ mars 1872, la
« conservation des droits attachés à la qualité de citoyen
« français.

« Art. 5. Leurs demandes seront adressées au préfet du
« département dans lequel ils résident. Ce magistrat pro-
« cédera d'office à une enquête sur les antécédents et la
« moralité des réclamants. Il vérifiera si les conditions d'in-
« digénat sont remplies, et réclamera l'avis du conseil
« général ou de sa délégation.

« Le préfet transmettra dans le plus bref délai possible,
« avec son avis, la demande et les pièces de l'instruction
« au gouverneur général civil de l'Algérie, qui statuera en
« son conseil.

« Art. 6. Jusqu'à l'élection des conseils généraux et la
« constitution du conseil de gouvernement, les préfets et
« le gouverneur général pourront procéder seuls.

« Art. 7. Après le 1ᵉʳ mars 1872, l'admission des indi-
« gènes israélites aux droits de citoyen français sera réglée
« conformément aux lois et décrets antérieurs ».

Pendant que la question était à l'étude, la nécessité de
pourvoir à la confection des listes électorales obligea le
Gouvernement à prendre des mesures provisoires pour les
Israélites algériens. Tel fut l'objet du décret du 7 octobre
1871, dont l'article 1ᵉʳ a pour but de préciser ce qu'il faut
entendre par l'indigénat. Cet article est ainsi conçu :

« Provisoirement et jusqu'à ce qu'il ait été statué par
« l'Assemblée nationale sur le maintien ou l'abrogation du
« décret du 24 octobre 1870, seront considérés comme in-
« digènes, et, à ce titre, demeureront inscrits sur les listes
« électorales, s'ils remplissent d'ailleurs les autres condi-
« tions de capacité civile, les Israélites nés en Algérie
« avant l'occupation française ou nés, depuis cette époque,
« de parents établis en Algérie à l'époque où elle s'est
« produite. »

Le rapport dont ce décret est la conclusion motivait ainsi
cette disposition :

« Si l'indigénat, dans notre législation, se conserve par le sang, il ne s'est acquis à l'origine que par la naissance sur la terre française; il semble donc que les Israélites qui voudront obtenir ou faire maintenir leur inscription sur les listes électorales devront établir soit qu'ils sont nés en Algérie, avant la conquête, soit qu'ils sont nés, depuis la conquête, de parents établis en Algérie au moment où l'occupation militaire a fait de la terre d'Afrique un sol français. »

Plus tard le projet de loi du Gouvernement, amendé par la commission est venu en discussion; mais, par suite de l'intervention de M. Crémieux, député d'Alger, il a été repoussé par l'Assemblée nationale. Le décret provisoire du 7 octobre 1871 est donc devenu définitif, il est aujourd'hui encore en vigueur, ainsi que celui du 24 octobre 1870, dont il est le commentaire. Il n'y a plus de nationalité juive en Algérie. On admet même à la protection française les Juifs nés en Algérie, mais non domiciliés au moment où a été rendu le décret du 24 octobre 1870 [1].

Cochinchine française. — Un régime qui présente beaucoup d'analogie avec celui que nous venons d'exposer pour l'Algérie a été institué dans la Cochinchine française par un décret du 25 mai 1881 [2].

L'indigène annamite est déclaré Français, mais il reste soumis aux lois annamites. S'il veut vivre sous la loi française, il faut qu'il en fasse la demande. Il doit alors établir qu'il a atteint sa vingt et unième année, et qu'il parle la langue française (sauf s'il est décoré de la Légion d'honneur ou d'une médaille militaire). La demande instruite sur place est, s'il y a lieu, transmise à Paris, et il est statué par le Président de la République, le Conseil d'État entendu. La naturalisation ainsi obtenue par un chef de famille s'étend à sa femme et à ses enfants mineurs.

---

[1] Voir Ménerville, *Dict. de législation algérienne*, au mot *Naturalisation*.
[2] Voir annexe B, 2°.

De même qu'en Algérie, une naturalisation plus facile est instituée pour les étrangers établis en Cochinchine. Ils pourront obtenir la qualité de Français s'ils demeurent depuis trois ans dans le pays, et s'ils parlent la langue française. La demande suivra la même filière que pour les indigènes.

Le délai de la naturalisation pour les natifs des pays placés dans l'Extrême-Orient sous le protectorat de la France, est réduit à un an, et même tout stage peut être supprimé, si l'intéressé a rendu certains services à la France.

Les étrangers paieront un droit de sceau de 100 francs. La naturalisation est gratuite pour les indigènes.

Nouvelle-Calédonie. — Les étrangers fixés en Nouvelle-Calédonie peuvent solliciter la naturalisation, s'ils sont majeurs et s'ils justifient de trois ans de séjour dans la colonie. Ces règles ont été établies par un décret du 10 novembre 1882[1].

Taïti. — Depuis la réunion de Taïti à la France, les étrangers peuvent demander la naturalisation lorsqu'ils sont nés dans l'ancien royaume de Taïti ou qu'ils y demeurent depuis un an. Ainsi l'a décidé la loi du 30 décembre 1880, par laquelle cet archipel est déclaré colonie française[2].

Inde française. — Cette colonie présente ce fait bizarre que les indigènes, Français comme dépendant de la France, jouissent des droits politiques français, même s'ils ne jouissent pas des droits civils et restent soumis aux lois hindoues. Le droit de suffrage leur avait été reconnu en 1849, et après 1870, quand on a admis les colonies à

---

[1] Annexe B, 3º.
[2] Annexe B, 1º.

envoyer des députés au Parlement de la métropole, il leur
a été rendu.

IV.

Naturalisation dans les pays protégés.

Deux décrets du 29 juillet 1887 ont réglé simultanément
et dans des conditions analogues la naturalisation française
des étrangers fixés dans les protectorats français de Tunisie
et de l'Indo-Chine.

« Les autorités françaises en Tunisie, lisons-nous dans le
rapport au Président de la République qui précède le premier de ces décrets, ont, à plusieurs reprises, appelé l'attention du Gouvernement sur l'avantage qu'offrirait la
naturalisation des étrangers établis dans le pays. Le département de la Justice est d'accord avec le département des
Affaires étrangères sur l'utilité d'un décret qui permettrait
d'admettre à la jouissance des droits de citoyen français les
étrangers fixés en Tunisie, dont l'honorabilité et la sympathie pour nos institutions seraient démontrées.

« Il a paru que cette mesure pouvait être étendue, à titre
exceptionnel, à ceux des sujets du Bey qui rempliraient
ces conditions spéciales et auraient rendu des services à la
France ».

Les étrangers, après trente ans de séjour en Tunisie ou
en Indo-Chine, les sujets du Bey ou du roi d'Annam, après
avoir passé le même temps au service de la France, peuvent obtenir la naturalisation. Le stage peut être diminué
de deux ans pour des services exceptionnels. Les sujets des
souverains protégés pourront aussi, pour services exceptionnels, être naturalisés sans avoir été attachés à l'armée ni
à l'administration[1].

---

[1] Voir annexe B, 4° et 5°.

§ 3. — Effets de la naturalisation.

En principe, on peut dire que l'étranger, du jour où les lettres de naturalisation ont été publiées au *Bulletin des lois,* est assimilé au Français d'origine. L'un et l'autre jouissent des droits civils et politiques, ils ne peuvent pas être expulsés, ils peuvent invoquer au même titre l'appui et la protection de la France, etc..... Il y a pourtant certains points sur lesquels il existe entre eux quelques différences.

I.

Dans l'ancien droit, nous avons vu que ces différences étaient considérables[1]. Plus tard, de 1814 à 1852 encore, les naturalisés ne pouvaient pas aspirer de plein droit aux plus hautes fonctions de l'État. L'ordonnance du 4 juin 1814 leur avait fermé la porte des assemblées représentatives ; cet acte décidait que la *plénitude des droits* de Français ne serait accordée qu'aux étrangers ayant obtenu, outre les lettres ordinaires, des lettres de grande naturalisation vérifiées dans les deux Chambres. Par un étrange abus de pouvoir, le principe de la non-rétroactivité des lois fut mis de côté, et l'ordonnance fut déclarée applicable aux étrangers naturalisés en vertu des lois antérieures, même des annexions de territoire, et qui avaient des droits acquis, dont ils furent brusquement dépouillés. Le maréchal Masséna fut le premier qui obtint des lettres de grande naturalisation : on n'en délivra, du reste, pendant la Restauration et le Gouvernement de Juillet qu'à vingt et une personnes, parmi lesquelles figure le prince

---

[1] Voir ci-dessus, p. 121, note 2.

de Hohenlohe-Bartenstein, maréchal de France, nommé pair de France en 1827.

Hâtons-nous d'ajouter que, si l'ordonnance du 4 juin est choquante, quand elle impose à Masséna de se faire *renaturaliser*, elle répond, quant au fond, à une idée assez juste. On conçoit bien que les hautes fonctions de sénateur, député, ministre et, plus encore, président d'une République, restent le privilège des nationaux, et soient interdites à des étrangers pour qui la naturalisation n'est trop souvent qu'un moyen de chercher au dehors une situation sociale qu'ils n'auraient peut-être pu trouver au milieu de ceux qui les connaissaient mieux. Il est naturel qu'on demande plus de garanties, quand il s'agit d'admettre quelqu'un à prendre part au gouvernement de l'État, que lorsqu'il est simplement question de lui conférer le droit d'électorat, et de supprimer en sa faveur la nécessité de la caution *judicatum solvi*. D'ailleurs, exiger des lettres patentes vérifiées dans les deux Chambres du Parlement pour admettre un étranger dans ce même Parlement, était une mesure fort logique.

Un grand nombre de contrées de l'Europe, la Belgique, l'Espagne, etc., admettent encore dans leur loi le système de la grande naturalisation. La France, on ne comprend pas bien pourquoi, s'empressa de l'abolir dès le lendemain de la Révolution de 1848. Le décret du 28 mars, rendu par le Gouvernement provisoire, déclara investies de la plénitude des droits civils et politiques, non seulement les personnes qui obtiendraient à l'avenir la naturalisation ordinaire, mais même celles qui l'avaient obtenue depuis la Restauration.

La loi du 3 décembre 1849 revint au système de l'ordonnance du 4 juin 1814 : « L'étranger naturalisé, dit « l'article premier, ne jouira du droit d'éligibilité à l'Assem- « blée nationale qu'en vertu d'une loi ». Du reste, le droit acquis des personnes déjà admises à jouir de la qualité de Français était formellement reconnu.

En 1852, nouvelle fluctuation dans notre législation sur la matière. Le décret organique du 2 février 1852 déclara électeurs tous les Français âgés de 21 ans et éligibles tous les électeurs âgés de 25 ans. Quoique la question ait été longuement controversée par les jurisconsultes, nous croyons qu'il est impossible de soutenir que la grande naturalisation ait survécu à la promulgation de cet acte. En pratique, du reste, on ne la concéda plus. Le prince Poniatowski, par exemple, qui n'avait obtenu que la naturalisation ordinaire, fut nommé sénateur, et accueilli par le Sénat sans protestation. En 1863, la même question fut posée devant le Corps législatif à propos de l'élection de M. Welles de la Valette, d'origine américaine, qui avait été naturalisé le 16 mai 1863. La Chambre, sur l'avis du Bureau, l'admit à siéger.

Cependant, comme la question était encore discutée doctrinalement, malgré la pratique contraire, les rédacteurs de la loi de 1867, sur la naturalisation, jugèrent utile d'abroger ce qui s'y rapportait dans la loi du 3 décembre 1849. Une erreur s'est glissée dans la rédaction ; mais il ne peut néanmoins subsister aucun doute sur les véritables intentions du législateur.

Aujourd'hui, d'après la loi du 27 juin 1889, le droit de siéger au Parlement n'appartient au naturalisé que dix ans après sa naturalisation, à moins que ce stage supplémentaire n'ait été abrégé par une loi spéciale.

D'autre part, la loi militaire du 15 juillet 1889 a fait cesser une anomalie dont bénéficiaient les naturalisés. Ils n'étaient point soumis au service militaire. C'était certainement un oubli de la loi de 1872. Aujourd'hui, les naturalisés sont appelés avec la classe dont ils feraient partie s'ils étaient nés Français, et sont soumis au service que doivent encore les Français de naissance appartenant à cette classe [1].

[1] Voir annexe F.

II.

Mais si les naturalisés sont assimilés aux nationaux, cette assimilation ne prend naissance qu'au moment de l'obtention des lettres de naturalisation. De ce jour seulement l'étranger échange son statut personnel d'origine contre la loi française. Les effets de ce changement sont nettement établis par Blondeau, dans les termes suivants : « L'indi-« vidu que la naturalisation soumet à une loi différente de « celle qui régit la nation qu'il quitte est, vis-à-vis des in-« dividus qui ont eu avec lui avant sa naturalisation des « relations légales, dans la même position où se trouvent, « les uns à l'égard des autres, les individus qui ont eu des « relations légales sous l'empire d'une loi qui vient à être « changée ».

Ainsi la naturalisation ne touche pas aux droits acquis. Elle laisse même subsister intactes les *attentes* ou *espérances légales,* lesquelles n'ont, du reste, de valeur que si elles sont sérieuses et fondées, sauf bien entendu ce qui est contraire en France à l'ordre public et aux bonnes mœurs. Quelques exemples aideront à mieux comprendre la portée de la règle.

Un contrat, passé par le naturalisé avant sa naturalisation, conserve toute sa valeur, et, à moins qu'il n'ait un objet illicite en France, il sera invoqué utilement devant nos tribunaux, quand il aura été fait suivant les formes du pays dont le nouveau Français reconnaissait auparavant la souveraineté.

Pour un testament, il faut distinguer entre la confection même du testament et le moment où le *de cujus* décède. Le testament sera toujours valable quand il aura été fait suivant la loi à laquelle obéissait le testateur au moment de la confection. Si, ultérieurement, le testateur devient

Français et meurt comme tel, il faudra pour l'exécution s'en tenir à la loi française. Ainsi le testateur avait-il légué *ultra modum* à un enfant naturel, cette disposition pourra être attaquée par des héritiers français, quoiqu'elle soit valable suivant la loi étrangère; mais, en tout ce qui ne viole pas la loi française, les dispositions testamentaires devront être exécutées.

Les successions mobilières *ab intestat* seront toujours réglées et liquidées conformément aux lois du pays auquel le défunt appartenait en dernier lieu.

Les lois qui régissent l'état et la capacité des personnes changent l'état du naturalisé : mais sans rétroactivité. Si, par exemple, le naturalisé était mineur jusqu'à vingt-cinq ans, suivant son statut d'origine, les engagements contractés par lui à l'âge de vingt-deux ans pourront être déclarés nuls, si, devenu postérieurement Français, il les attaque devant les tribunaux, bien qu'il eût été capable suivant la loi française. Inversement, s'il a contracté à l'âge de vingt ans, sous une loi qui le reconnaît *sui juris* à dix-huit ans, il ne pourra pas attaquer l'engagement devant les tribunaux français.

Des difficultés se sont assez souvent présentées à l'occasion du divorce, avant qu'il fût rétabli dans la loi française : un individu ayant légalement divorcé, alors qu'il était étranger, était certainement considéré en France comme n'étant pas marié. Mais il n'y avait, croyons-nous, aucune raison pour refuser de marier en France un étranger naturalisé Français qui, avant sa naturalisation, avait obtenu le divorce à l'étranger. La jurisprudence avait cependant voulu le faire, en prétendant qu'un Français, qui demande à se marier en France, doit prouver qu'il est veuf ou qu'il ne s'est jamais marié. Il s'est même trouvé une cour d'appel pour dénier à l'étranger légalement divorcé le droit de se marier en France [1]; mais cette jurispru-

---

[1] Douai, 8 février 1877. Voir aussi Cassation, 28 février 1860.

dence inacceptable n'a pas été suivie. Au reste, ces questions n'ont plus la même portée depuis que le divorce a
été de nouveau inscrit dans nos lois. Cependant, elles
pourront encore se poser à cause de la facilité plus grande
que telle législation étrangère peut offrir aux époux français désireux de recouvrer leur liberté.

En résumé, la règle que les droits acquis et les attentes
légales subsistent après la naturalisation doit être tempérée
par les considérations de morale et d'ordre public. C'est
par ce motif que nous ne reconnaîtrions pas pour valables
en France les mariages qu'un Musulman naturalisé aurait
contractés simultanément avec plusieurs femmes, alors que
son statut personnel était régi par le Coran. — C'est au
juge qu'il appartient d'apprécier, dans chaque cas déterminé, jusqu'où doit s'étendre le principe de la non-rétroactivité du changement de statut personnel.

Quant aux engagements dont le naturalisé pouvait être
tenu, antérieurement à son admission dans la nationalité française, il n'est pas douteux qu'ils subsistent. On
pourra même appliquer l'article 15 du Code civil, d'après
lequel un Français peut être actionné en France pour les
obligations par lui contractées en pays étranger, même
avec un étranger. En effet, la loi ne distingue pas si le
Français a été ou non naturalisé, et *ubi lex non distinguit
nec nos distinguere debemus*. C'est d'ailleurs l'opinion adoptée par la Cour de cassation dans un arrêt du 16 janvier
1867.

III.

Terminons en disant quelques mots des délits. Il est évident que le naturalisé reste tenu, tant que la prescription
n'est pas acquise, des délits de toute nature, y compris
l'insoumission et la désertion, dont il s'est rendu coupable
dans son pays d'origine, de même que des obligations qu'il

pouvait y avoir contractées. Si donc le naturalisé revient
dans son pays d'origine, il pourra être arrêté, poursuivi et
jugé, sans que sa nouvelle patrie puisse intervenir en sa
faveur. Mais pourra-t-il être extradé pour crime commis
avant la naturalisation? Sur ce point délicat quelques explications sont nécessaires. L'usage de ne pas livrer ses nationaux est admis chez la plupart des peuples en matière
d'extradition[1]. Il n'y a que les États-Unis d'Amérique et
l'Angleterre qui, entourant de garanties minutieuses la remise des malfaiteurs fugitifs, n'ont pas cru devoir faire
toujours cette distinction. — Que se passera-t-il, dans un
pays suivant la règle générale, si le criminel qui s'y est
réfugié y a obtenu la naturalisation après le crime? Y aura-
t-il lieu à l'extradition. La question s'est posée, il y a quelques années, à propos d'une demande adressée dans ces conditions à la Prusse par le Gouvernement français. La Prusse
crut devoir refuser. Aujourd'hui la règle inverse paraît
prévaloir : le traité anglo-français, conclu le 14 août 1876
pour la remise réciproque des malfaiteurs, prévoit que, si
le malfaiteur a obtenu la naturalisation dans le pays de re-
fuge postérieurement à la perpétration du crime, il sera
néanmoins livré. Est-ce un premier pas dans la voie de
l'extradition des nationaux, jusqu'ici rigoureusement proscrite en France? Nous ne le pensons pas. Il semble plutôt
que c'est une application de notre règle de la non-rétroactivité de la naturalisation. Il y a un droit acquis au Gouvernement réclamant d'obtenir l'extradition de son ressortissant qui s'est mis dans un cas prévu par les conventions
internationales. La naturalisation ne peut pas plus porter
atteinte aux droits acquis contre le naturalisé qu'aux droits
acquis en sa faveur. Aussi n'hésitons-nous pas à approuver
les termes de l'article 2 de la convention franco-anglaise
précitée. Il serait juste que cet usage s'établît dans la pratique, à titre de réciprocité, sinon par traités.

---

[1] Voir Billot, *Traité de l'extradition*, passim.

§ 4. — Reconnaissance de la naturalisation dans le pays d'origine du naturalisé.

Au point de vue du droit civil, ce que l'on vient de dire est suffisant, et il est certain que tout étranger ayant accompli régulièrement les formalités sus-mentionnées sera Français au regard de la loi française. Mais il importe, au point de vue du droit international, de savoir quelle sera la situation du naturalisé à l'égard de son pays d'origine. Le Gouvernement, auquel il ressortissait, reconnaîtra-t-il le changement d'allégeance, et cessera-t-il de revendiquer son ancien sujet?

Nous avons indiqué ci-dessus la règle qui, suivant nous, devrait prévaloir en pareil cas. Il faudrait que la naturalisation dans un pays entraînant la dénationalisation dans la première patrie du naturalisé, ou du moins que nul ne pût être naturalisé sans prouver qu'il est ou sera délié par le fait de toute allégeance antérieure. Il s'en faut malheureusement de beaucoup que ce principe ait complètement passé dans la pratique.

Le plus grand nombre des États reconnaissent, à la vérité, que l'admission d'un de leurs sujets dans une nouvelle patrie a pour conséquence de lui faire perdre sa nationalité. Mais il en est d'autres qui refusent à leurs ressortissants la faculté d'abandonner leur nationalité d'origine. D'autres enfin permettent l'expatriation, mais moyennant l'observation de formalités particulières et indépendantes de la nationalité nouvelle à acquérir. Il importe d'examiner successivement ces diverses législations, et de rechercher la situation dans laquelle elles placent l'individu, vivant sous leur empire, qui se fait naturaliser français.

I.

Le cas le plus simple est celui où l'étranger qui sollicite la naturalisation française appartient à un pays admettant la règle du Code civil, d'après laquelle l'acquisition d'une nationalité nouvelle entraîne la perte de l'ancienne. Le nombre de ces pays va toujours croissant en Europe et en Amérique. Nous citerons parmi eux la Belgique, le Luxembourg, la principauté de Monaco, l'Italie, les Pays-Bas, dont les lois sont une copie ou une imitation des nôtres, la Suède, l'Espagne, la Norwège [1], la Colombie, le Brésil, l'Uruguay, etc., enfin l'Angleterre, longtemps fidèle à la doctrine de l'allégeance perpétuelle, qui, par la loi du 12 mai 1870, s'est rangée au système français [2].

Quand un individu appartenant à l'un de ces pays se fait naturaliser français, il n'y a pas de cumul possible entre les deux nationalités : on ne saurait donc, à ce point de vue redouter un conflit.

II.

Inversement, il y a des pays admettant que le lien d'allégeance est indélébile. Le nombre en diminue tous les jours, et, depuis que l'Angleterre n'en fait plus partie, on n'y compte que quelques rares États, comme la République Argentine et le Vénézuéla.

La Russie et les États-Unis ont encore gardé le principe dans leurs lois civiles, mais avec des exceptions et pas pour bien longtemps sans doute. Les cantons de Genève, de Neuchâtel et quelques autres l'ont récemment abandonné pour

[1] Depuis la loi du 21 avril 1888.
[2] Voir les lois de ces divers pays.

se mettre d'accord avec la loi fédérale suisse sur la nationalité.

République Argentine. — D'après l'article 4 de la loi du 1er octobre 1869, les nationaux naturalisés à l'étranger perdent seulement les droits politiques, mais non la nationalité [1].

Vénézuéla. — L'article 7 de la constitution déclare en termes formels que l'acquisition d'une nationalité étrangère laisse subsister la nationalité vénézuélienne [2].

Russie. — L'ancien droit russe ne reconnaissait qu'une seule manière de perdre la nationalité, c'était pour les femmes le mariage avec un étranger [3]. L'ukase de 1864 sur la naturalisation [4] permet la dénationalisation aux étrangers naturalisés, mais pas aux natifs. Toutefois cette règle semble avoir été modifiée par la loi sur le recrutement du 1er janvier 1874 qui porte que « tout homme au-dessus « de quinze ans ne peut cesser d'être sujet russe, à moins « d'avoir satisfait complètement aux obligations militaires « ou d'en être exempté [5] ». Ce texte, le seul qui permet aux Russes d'abandonner leur nationalité, ne paraît pas avoir été jusqu'ici bien fréquemment appliqué : l'allégeance perpétuelle semble être encore en fait la règle dans l'Empire Russe. Ainsi la naturalisation ou l'acceptation de services publics à l'étranger, l'émigration, le séjour à l'étranger prolongé après l'expiration des passeports ou permissions quinquennales délivrés en Russie, et renouvelables par les agents diplomatiques ou consulaires du Tsar [6], toutes circonstances auxquelles on attribue fréquemment la conséquence de faire perdre la nationalité russe, n'ont

---

[1] Annexe I.
[2] Annexe HH.
[3] *Corps des lois russes*, éd. de 1855, art. 102, Xe vol., 1re partie.
[4] Annexe DD.
[5] *Annuaire de lég. étr.*, 1875, pag. 606.
[6] *Corps des lois russes*, XIVe vol., art. 442.

d'autre effet que d'attirer des peines sévères sur les ab-
sents. « Quiconque, dit le Code pénal russe, s'absentant de
« la patrie entre au service étranger sans la permission du
« Gouvernement, et se fait sujet d'une puissance étrangère,
« est condamné pour cette violation du devoir et du ser-
« ment de fidèle sujet, à la privation de tous les droits ci-
« vils et au bannissement perpétuel de l'Empire, ou, s'il
« revient par la suite volontairement en Russie, à la dé-
« portation en Sibérie[1] ». « Quiconque s'absentant de la
« patrie n'y retourne pas sur l'appel du Gouvernement
« est également condamné à la perte de tous les droits ci-
« vils et au bannissement perpétuel[2]..... ». Cette privation
des droits civils entraîne une véritable mort civile, mais,
de même que la mort civile en France, quand cette insti-
tution existait dans notre pays, elle laisse subsister la qualité de sujet de l'Empire. Le Russe ne pourra donc pas,
dans le cas sus-mentionné, invoquer sa nationalité, mais il
ne pourra pas non plus invoquer en Russie la qualité
d'étranger pour se protéger contre les effets des lois impériales : c'est, d'ailleurs, une disposition beaucoup plus
rationnelle que celle de l'article 17 du Code civil, qui,
déclarant étranger le Français qui a pris du service à l'é-
tranger, lui permet par cela même de réclamer utilement
cette qualité contre la loi française. On a voulu le punir,
on n'a pas songé que c'était parfois un avantage qu'on lui
accordait.

L'incertitude qui règne actuellement sur ce point de la
législation russe paraît avoir frappé le Gouvernement impérial. Il a reconnu que le moment était venu de supprimer l'allégeance perpétuelle dans la loi civile, comme elle
l'est déjà dans la loi militaire. Un projet de loi a été présenté dans cette vue au Conseil d'État de l'Empire en
1887[3]. Il est encore en préparation.

[1] Code pénal russe, art. 225.
[2] Ibid., art. 326.
[3] Voir Journal du dr. int. pr., 1887, pag. 297.

États-Unis. — Ainsi qu'on l'a dit plus haut[1], les États-Unis ont condamné en principe la pérennité du lien de sujétion, comme contraire au droit naturel. C'est ce qui ressort du bill de 1868 sur la protection des Américains à l'étranger. Mais cette condamnation doctrinale n'a pas été suivie d'une loi, comme la loi britannique du 12 mai 1870. Aussi est-ce une grande question de savoir si elle a une valeur pratique. Les attorneys généraux, d'accord avec leur prédécesseur Cushing, qui manifestait déjà cette opinion en 1859, semblent adopter l'affirmative[2] : pour eux l'Américain naturalisé à l'étranger devrait dès à présent être tenu pour un étranger. Mais telle n'est pas l'opinion qui paraît l'emporter en Amérique. Le Gouvernement américain, dans un message au Congrès du 7 décembre 1875, conviait cette assemblée à s'occuper de « déterminer par « des conditions légales de quelle manière l'expatriation « peut s'accomplir et le changement de nationalité se « réaliser[3] ». N'est-ce pas la preuve que, pour le moment encore, le citoyen américain ne peut pas cesser de l'être, et qu'il faut conserver, jusqu'à l'adoption d'une nouvelle loi, la jurisprudence qui a prévalu depuis la fondation de l'Union[4]? Nous devons ajouter qu'il y a, dès à présent, des exceptions à cette règle, exceptions tirées du droit conventionnel et non du droit civil. Différents traités de naturalisation, signés par les États-Unis à la suite du bill de 1868, confèrent en effet aux citoyens des États contractants le droit de changer de nationalité, et d'être reconnu en leur nouvelle qualité par leur ancienne patrie[5].

---

[1] Ci-dessus, page 9.

[2] Voir les opinions de Cushing et Black dans le *Report of royal commissioners,* etc. — Voir aussi le *Digest of publisted opinions of the attorneys général,* Washington, 1877, pag. 100 et 101.

[3] Voir l'*Américain Law Review,* vol. XL, n° 3, pag. 447.

[4] Voir *Kent's commentaries* 49, et *Story,* sect. 1104 de son commentaire sur la constitution. — Voir aussi le *Journal du droit international privé* de M. Clunet, 1877, p. 388.

[5] Voir annexe OO et PP.

Mais la France n'est liée avec les États-Unis par aucun traité de ce genre, et il faut, en ce qui concerne les Américains naturalisés Français, s'en tenir à la règle générale.

— Quand un étranger, appartenant à un pays dont on ne peut pas rompre l'allégeance, sollicite la naturalisation en France, le meilleur parti à prendre serait peut-être de repousser sa demande. Cette manière de procéder était en vigueur dans les Pays-Bas. Dans un débat qui eut lieu en 1860 au Parlement néerlandais, le Gouvernement, interrogé à ce sujet, répondit que la loi lui donnait la faculté de n'accorder la qualité de sujet néerlandais qu'après enquête, et qu'il ne pouvait admettre à cette faveur que des étrangers devenant pleinement Néerlandais. Il s'agissait d'Anglais qui, à cette époque, étaient soumis au régime de l'allégeance perpétuelle. — Si cette exclusion paraissait trop rigoureuse, du moins faudrait-il adopter le tempérament dont plusieurs législations nous offrent l'exemple et qui consiste à refuser au naturalisé de le protéger contre son pays d'origine, quand ce pays persiste à le considérer comme un de ses ressortissants. La Suède, l'Espagne, l'Angleterre ont plusieurs fois déclaré qu'elles ne protégeraient pas un étranger à qui elles ont légalement accordé la naturalisation contre le Gouvernement du pays d'où cet étranger est originaire, quand il en est encore sujet. « A foreigner, écrivait lord Russel, en « juin 1863, who has become a naturalized British citizen « cannot claim british protection against the operation of « the law of his native country[1]. »

C'est du reste ce que la France a dû faire déjà à l'occasion de Tunisiens naturalisés en Algérie, qui retournaient ensuite dans la Régence et invoquaient l'appui de leur nouvelle patrie contre l'ancienne, dont ils n'avaient pas régulièrement secoué la sujétion.

---

[1] *Report of royal commissioners on natur. and alleg.*

III.

En adoptant l'un de ces deux modes de procéder, la France éviterait toute occasion de conflit avec les pays où existe l'allégeance perpétuelle. Il reste à examiner les législations qui, tout en reconnaissant que la nationalité n'est pas indélébile, n'admettent pas cependant qu'elle se perde par la naturalisation obtenue à l'étranger. Comment convient-il d'agir à l'égard des étrangers soumis à des lois de cette nature, quand ils demandent à devenir Français? S'assurer s'ils ont rempli les formalités requises par la loi de leur pays d'origine pour se libérer de tout lien de sujétion. Pour cela, il suffirait qu'une enquête fût ouverte sur chaque cas particulier; et de la sorte, sans changer un mot à nos lois sur la matière, sans signer la moindre convention avec les États voisins, la France éviterait les conflits qui souvent résultent de ce que la nationalité est conférée trop légèrement. Le ministère de la Justice pourrait faciliter son rôle en se renseignant exactement sur les règles de l'expatriation dans les pays étrangers, et sur les modes de la constater. On se bornerait alors à demander à l'intéressé, suivant sa nationalité, certaines pièces prévues d'avance, et dûment légalisées.

Le Gouvernement suisse, dans la loi fédérale du 3 juillet 1876, a sanctionné ce mode de procéder, et le Conseil fédéral a communiqué aux autorités chargées de recevoir les demandes en naturalisation une note contenant l'indication des pièces que doivent produire les pétitionnaires pour établir leur libération de toute sujétion antérieure. La loi même avait, en effet, déclaré (art. 2, chiffre 2), qu'on ne devait accorder la naturalisation qu'aux étrangers « dont les rapports avec l'État auquel ils ressortissent sont tels qu'il est à prévoir que leur admission à la nationalité suisse n'entraînera pour la Confédération aucun préjudice [1] ». Or, n'est-ce pas un préjudice pour la Confédération que des conflits avec les nations étrangères, conflits qu'il est souvent bien difficile de régler quand on les a laissé naître? Le même système a été adopté dans la loi luxembourgeoise du 27 janvier 1878, qui ne faisait que se conformer en cela à un usage suivi depuis longtemps dans le Grand-Duché [2]. La France aurait tout intérêt à prendre exemple sur ces deux États. Nous indiquerons sommairement les formalités dont elle devrait exiger l'accomplissement préalable des individus qui sollicitent la qualité de Français, quand leur pays d'origine est un des suivants :

Allemagne. — Les Allemands, suivant la loi du 5 juin 1870 [3], promulguée pour la confédération de l'Allemagne du Nord, puis étendue à tout l'Empire, les Allemands peuvent perdre leur nationalité en obtenant un certificat d'expatriation, ou *Entlassungschein.* Cette pièce ne peut pas être refusée aux personnes âgées de moins de dix-sept ans ou de plus de vingt-cinq ans. Les jeunes gens se trouvant entre ces deux âges peuvent même, dans certains cas, l'obtenir, en prouvant qu'ils ne revendiquent pas leur *manumission* dans la seule vue d'échapper au service militaire. La délivrance de l'*Entlassungschein* entraînant rupture immédiate de tout lien de nationalité, on pourrait naturaliser sans hésitation le porteur d'une pièce de cette nature. Cependant le Gouvernement impérial se réserve de déclarer l'*Entlassung* non avenue, si celui qui l'a obtenue revient dans l'Empire sans avoir acquis une nationalité nouvelle, ou, dans le cas où il rentre avec la qualité de national d'un État étranger, de l'expulser, s'il y a quelque motif de le faire [4].

---

[1] Annexe FF.

[2] Annexe O.

[3] Annexe G, 1° et 3°.

[4] Cette faculté d'expulsion a été expressément réservée par l'Allemagne

Il importe de noter encore, comme modes de perdre la nationalité allemande, un séjour de dix ans à l'étranger sans passeport, ni immatriculation dans un consulat allemand, et l'exclusion de la nationalité allemande prononcée contre l'individu résidant à l'étranger qui, en temps de guerre, ne répond pas à l'appel sous les drapeaux, ou contre celui qui, exerçant une fonction publique à l'étranger sans autorisation du Gouvernement impérial, ne se démet pas de cette fonction sur l'ordre de la Chancellerie de l'Empire, ou enfin contre celui qui exerce illégalement des fonctions ecclésiastiques.

Autriche et Hongrie. — Les sujets de la Couronne impériale, c'est-à-dire des pays représentés au Reichsrath de Vienne ou Parlement cisleithan peuvent obtenir un permis d'émigration.

dans le traité d'établissement qu'elle a signé avec la Suisse le 27 avril 1876 :

« Les deux parties, dit l'article 8 de cet acte, se réservent le droit d'inter-« dire à ceux de leurs ressortissants qui se sont fait naturaliser dans l'autre « avant de s'être acquittés du service militaire, le séjour permanent ou l'éta-« blissement dans leur ancienne patrie ».

Cette disposition ne fait que consacrer ce qui est de droit commun chez nous, c'est-à-dire la faculté d'expulser les étrangers ; mais, en présence des autres clauses de la convention, l'article paraissait trop restrictif aux Suisses, et le Conseil fédéral, dans le message par lequel il demande au Parlement de ratifier le traité avec l'Empire d'Allemagne, s'excuse longuement d'avoir été obligé de l'accepter. — Et pourtant un protocole additionnel en limite encore l'application. « Pour écarter tout doute à l'égard de la portée de l'ar « ticle 8 du traité... les plénipotentiaires soussignés sont, avec l'autorisation « de leurs gouvernements, convenus, par le présent protocole, de la disposi-« tion suivante :

« Les deux États contractants s'engagent réciproquement à ne provoquer « le renvoi d'une personne, prévu à l'article 8, qu'après un examen préalable « et minutieux des circonstances qui s'y rapportent : ils ne le provoqueront « pas s'il résulte de cet examen que le changement de nationalité a eu lieu « *bona fide* et que la personne dont il s'agit n'a pas voulu, par cela, se sous-« traire au service militaire ». Les scrupules de la Suisse montrent, soit dit en passant, que le droit d'expulser les étrangers par mesure administrative, passé chez nous à l'état de dogme, ne parait pas aussi incontestable aux peuples voisins.

Ce permis n'est pas à proprement parler un acte de dé-nationalisation. Il n'entraîne pas de plein droit la perte de la nationalité autrichienne : c'est simplement une attestation de l'intention d'émigrer, avec la déclaration par l'autorité que, d'après la loi autrichienne, il n'y a pas d'obstacle à l'émigration.

La demande d'un permis d'émigration, suivie du transfert du domicile à l'étranger, ne laisse aucun doute sur l'intention de l'émigrant d'abdiquer la nationalité autrichienne. Mais, en l'absence de cette demande et en supposant le transfert du domicile à l'étranger, des doutes peuvent naître sur l'intention du sujet autrichien d'abdiquer sa nationalité. L'ordonnance de 1832 a alors posé plusieurs présomptions; elle a indiqué certaines circonstances de nature à constater la dénationalisation. Ces circonstances sont les suivantes :

1° L'acquisition d'une nationalité étrangère, l'acceptation à l'étranger de fonctions publiques civiles ou militaires, sans l'autorisation du Gouvernement autrichien ;

2° L'entrée dans un ordre religieux étranger ou dans une société étrangère quelconque qui exige la présence personnelle de ses membres;

3° Le séjour continu de cinq ans à l'étranger, même quand l'émigrant n'y a pas toute sa fortune, ni son établissement industriel ou commercial, si toutefois il a emmené sa famille avec lui et s'il a vendu ou mis en vente tout ou partie de ses biens pour en emporter le prix;

4° L'absence pendant dix ans, même quand les circonstances prévues dans le paragraphe précédent ne se rencontrent pas;

5° L'inobservation d'une convocation publiée par édit individuel ou collectif [1].

Les personnes soumises aux lois militaires doivent, pour

---

[1] Voir l'*Étude sur la nationalité autrichienne* de M. Beauchet. *Journal du dr. int. privé*, 1884, p. 372.

se dénationaliser, obtenir en outre un permis spécial dé-
livré, pour l'armée active, par le ministère commun de la
Guerre, pour la réserve, par le ministère cisleithan de la
Défense du pays.

La situation des Hongrois, sous le rapport de la dénationalisation, est clairement régie par la loi du 24 décembre
1879. Contrairement à ce qui a lieu en Autriche, la naturalisation à l'étranger n'est pas suffisante pour entraîner
la perte de la nationalité hongroise. Il faut obtenir un
Entlassungschein, à peu près dans les conditions prévues
par la loi allemande de 1870. On en verra les détails en se
référant au texte même de la loi [1]. L'absence pendant dix
ans entraîne *ipso facto* la dénationalisation.

Les Hongrois soumis au service militaire doivent obtenir
une autorisation spéciale, dans les mêmes conditions que
les Cisleithans, c'est-à-dire en se pourvoyant pour l'armée
active auprès du ministère commun de la Guerre, pour les
Honveds auprès du ministère hongrois de la Défense.

Danemark. — Sauf les dispositions des lois militaires,
le Danois perd sa nationalité en s'établissant sans esprit de
retour à l'étranger. Si donc il est prouvé en fait que le
Danois qui demande la nationalité française est domicilié
réellement et uniquement en France depuis longtemps, il
serait possible d'accueillir favorablement sa demande en
naturalisation sans redouter un conflit. Du reste, le gouvernement de Copenhague a quelquefois délivré des certificats de dénationalisation sur la demande de gouvernements étrangers : on pourrait y recourir au besoin.

Le Danois émigré conserve seulement le droit d'indigénat, qui lui permet de réclamer des secours dans le cas
où, de retour dans son pays, il tomberait dans la misère.
Cet indigénat ne nous paraît pas incompatible avec la qualité de Français.

---

[1] Annexe S.

Suisse. — La loi fédérale du 3 juillet 1876 permet au Suisse de renoncer à sa nationalité[1]. Il doit à cet effet :

1° Ne plus avoir de domicile en Suisse ;

2° Jouir de sa capacité civile d'après les lois du pays dans lequel il réside ;

3° Avoir une nationalité acquise ou assurée pour lui, sa femme et ses enfants mineurs.

La première des trois conditions s'explique d'elle-même. Il serait absurde de permettre à un individu qui veut changer de nationalité de continuer de résider dans son pays d'origine. Il ne pourrait y rester que dans l'intention de frauder les lois locales et d'invoquer la protection étrangère. Sur ce point nous pourrions faire un emprunt utile à la Suisse.

La seconde condition peut prêter aux controverses. Il serait assurément plus naturel, d'exiger d'un Suisse qui veut renoncer à sa nationalité, d'avoir la capacité suivant la loi suisse. Mais le parlement de Berne avait surtout eu soin d'éviter toute espèce de conflit possible, et c'est pourquoi il a adopté une règle qui n'est pas soutenable au point de vue théorique. Remarquons que dans le cas spécial du Suisse qui sollicite la naturalisation française, il y avait coïncidence complète avec notre loi de 1867 qui, par une anomalie du même genre, exigeait de l'étranger l'âge de vingt et un ans, quel que fût l'âge de la majorité dans son ancienne patrie.

Enfin, la loi suisse veut que le Suisse prouve qu'il a acquis ou qu'il a la certitude d'acquérir une nationalité étrangère. La France pourrait délivrer aux Suisses qui sollicitent leur admission à l'indigénat français un certificat attestant que la nationalité française leur sera conférée dès qu'ils auront produit l'acte de renonciation. De la sorte, les deux législations coïncideront exactement.

La renonciation doit être déclarée au Gouvernement du

---

[1] Voir le commentaire que nous avons donné de cette loi dans le *Bull. de la Soc. de lég. comp.*, mai 1878.

canton, où l'intéressé avait le droit de cité. « Celui-ci, dit
« l'article 7 de la loi, en donne connaissance aux autorités
« de la commune (tout Suisse a, comme on sait, une com-
« mune d'attache) et fixe un délai d'opposition de quatre
« semaines au plus pour la commune comme pour tous
« autres intéressés ». Nous ne saurions trop approuver
cette disposition et les explications données ci-après en
feront comprendre tous les avantages. Il ne faut pas, en
effet, qu'en changeant de nationalité un individu cherche
seulement à éluder la loi nationale, ou à se soustraire à la
compétence des tribunaux de son pays, au détriment des
tiers. La faculté d'opposition à l'expatriation, accordée à
ces derniers par la loi fédérale, leur permet de défendre
utilement leurs droits, tandis que, en pareil cas, ils sont
désarmés dans beaucoup d'autres pays, en France, par
exemple. S'il y a opposition, il sera sursis à la délivrance
du certificat d'expatriation, jusqu'au jour où les opposants
auront obtenu la satisfaction qu'ils réclament. Il n'est pas
à craindre, d'ailleurs, que les communes ou les particuliers n'abusent de l'arme que la loi met entre leurs mains
pour entraver l'exercice légitime du droit d'expatriation :
le tribunal fédéral, dont l'impartialité est d'autant plus
certaine qu'il est placé au sommet de la magistrature
suisse, pourra toujours ordonner la mainlevée des opposi-
tions qui ne seraient pas fondées.

On remarque que le Gouvernement fédéral ne joue aucun rôle dans la dénationalisation. Les cantons sont seuls
compétents et le certificat délivré par les pouvoirs cantonaux entraîne la rupture du lien d'allégeance fédérale. Le
pouvoir central de la Confédération n'est représenté ici que
par l'action éventuelle du tribunal fédéral.

Certains cantons qui ne possédaient pas de loi permettant l'expatriation et qui admettaient l'allégeance personnelle ont mis leurs lois en harmonie avec la loi fédérale.
De ce nombre est le canton de Genève, qui a déclaré, dans
l'article 35 de la loi du 21 octobre 1885, qu'un citoyen ge-

névois ne peut perdre sa nationalité que moyennant l'accomplissement des formalités de renonciation prises aux
articles 6, 7 et 8 de la loi fédérale du 3 juillet 1876 [1].

Turquie. — Les Ottomans doivent, pour être légalement
déliés du lien d'allégeance vis-à-vis du sultan, obtenir une
autorisation spéciale constatée par iradé impérial, à défaut
de laquelle ils continuent, quoique naturalisés à l'étranger, à être considérés par la Porte comme soumis aux lois
ottomanes. La S. P. peut cependant déclarer déchus de
leur nationalité les Ottomans qui se font naturaliser sans
permission, mais cette déchéance, étant facultative et entraînant l'expulsion du territoire turc, ne saurait permettre
aux Gouvernements étrangers d'accorder la qualité de citoyen à un Turc non autorisé. La France a d'ailleurs, ainsi
qu'on le verra plus loin, fait examiner la loi turque de
1869, sur la nationalité, et l'a déclarée non contraire aux
capitulations : nous sommes donc liés en quelque sorte par
cette loi, et il semble que nous ne pourrions point, dès à
présent, protéger en Orient un Ottoman naturalisé français sans autorisation. Cependant un consul ne pourrait
pas se refuser à l'immatriculer [2].

En *Égypte,* la loi turque est applicable. La dénationalisation d'un Égyptien est autorisée après entente entre la
Porte et le Gouvernement Khédivial.

Maroc. — La protection assurée par les légations étrangères à certains Marocains dans leur propre pays a donné
lieu à de graves abus et une conférence s'est réunie, en
1880, à Madrid, pour traiter cette question et plusieurs
questions connexes, entre autres, celle de la naturalisation
des Marocains à l'étranger. Celle-ci est, pour la France,
d'une grande importance, vu le nombre considérable de

---

[1] Annexe FF, nos 1 et 3.
[2] Annexes GG et MM.

sujets du Chérif qui se rendent en Algérie et y demandent la qualité de Français avec l'arrière-pensée de retourner au Maroc pour y jouir de la protection française.

Nous donnons plus loin[1] le texte du protocole de la séance où les plénipotentiaires des puissances maritimes ont arrêté à ce sujet la disposition suivante, qui forme l'article 15, ainsi conçu, du traité du 3 juillet 1880 :

« Tout sujet marocain naturalisé à l'étranger qui reviendra au Maroc, devra, après un temps de séjour égal à celui qui lui aura été régulièrement nécessaire pour obtenir la naturalisation, opter entre sa soumission entière aux lois de l'empire et l'obligation de quitter le Maroc, à moins qu'il ne soit constaté que la naturalisation étrangère a été obtenue avec l'assentiment du Gouvernement marocain. La naturalisation étrangère acquise jusqu'à ce jour par des sujets marocains, suivant les règles établies par les lois de chaque pays, leur est maintenue par tous ses effets, sans restriction aucune. »

Chine. — La naturalisation de sujets chinois en Indo-Chine, a donné lieu à des difficultés vis-à-vis de la Chine, qui ne paraît pas disposée à reconnaître leur extranéité, quand ils retournent sur le territoire chinois. Il serait convenable, croyons-nous, de déclarer d'avance aux intéressés que nous ne leur assurerons pas la protection française, à l'encontre des autorités de leur pays d'origine, s'ils ne se sont pas mis en règle avec elles. On pourrait s'inspirer de la *notification* par laquelle le ministre d'Angleterre en Chine, à la date du 6 octobre 1868, décidait que tous les sujets britanniques d'origine chinoise qui rentreront en Chine y jouiront de la protection britannique, à la condition qu'ils portent un costume qui les distingue de la population locale, et que, s'ils portent le costume chinois, ils ne pourront pas invoquer la protection des

[1] Annexe NN.

consuls de S. M. Britannique. Le même document invite
les sujets britanniques de race chinoise à observer les plus
grands égards envers les autorités chinoises et à se soumettre aux usages locaux en tant qu'ils n'impliquent pas
soumission à l'empereur de Chine.

IV.

Si la France n'admettait à la naturalisation les nationaux
des États dont on vient d'examiner les lois sur l'expatriation, qu'après qu'ils ont justifié de l'accomplissement de
ces lois, il est manifeste que la presque totalité des conflits
serait écartée. Les cas donnant lieu à des difficultés d'ordre
civil, ou à des interventions diplomatiques deviendraient
de plus en plus rares. Il ne faut pas perdre de vue, d'ailleurs, la non-rétroactivité de la naturalisation. Rien n'est
plus équitable que de voir le naturalisé tenu envers son
pays d'origine des obligations qui y avaient pris naissance
avant son départ. Par suite, s'il y retourne, il pourra être
poursuivi pour délits politiques, militaires ou civils, même
s'il a dans l'intervalle acquis la qualité de Français. Mais
cela n'est pas contraire au droit des gens et ne porte nullement atteinte à la dignité de la France. Ce qui importe,
c'est que le nouveau Français, un Italien, par exemple,
devenu Français, soit reconnu comme tel, en Italie, s'il lui
plaît d'y retourner, et que son statut personnel y soit appliqué dans tous les cas où il serait appliqué envers un Français
d'origine ; mais, on ne saurait trop insister sur ce point,
s'il est poursuivi pour crimes antérieurs, la France aurait
tort de s'en formaliser, de même que, dans le cas inverse,
elle n'admettrait pas qu'un Gouvernement étranger lui
demandât de suspendre des poursuites dirigées contre un
ex-Français, qui était insoumis ou déserteur au moment
où il a été naturalisé étranger.

On remarquera de plus, qu'il serait toujours facile de mettre fin aux conflits résultant de l'inobservation des lois militaires dans le pays d'origine, en exigeant des étrangers la preuve qu'ils ont rempli les obligations militaires dans leur patrie. C'est ainsi que procèdent certains États, l'Italie par exemple; mais nous verrions un inconvénient à cet usage : c'est de ne pouvoir accepter à la naturalisation les insoumis et les déserteurs, lesquels resteraient sans patrie. Or, les insoumis et les déserteurs étrangers ne sauraient être considérés comme beaucoup moins dignes d'intérêt en France que ceux qui ont régulièrement accompli le devoir militaire : la désertion et l'insoumission ne sont pas des délits contre la société, mais contre un État seulement; les pays civilisés le reconnaissent si bien, qu'ils ne les rangent jamais parmi les méfaits donnant lieu à extradition. Mieux vaudrait donc ne pas s'inquiéter du service militaire des étrangers qui demandent à devenir Français, quand il est acquis qu'ils ont rompu l'allégeance de leur patrie. C'est aux autres États qu'il appartient de ne pas permettre la dénationalisation aux hommes soumis au service militaire, comme fait l'Allemagne, qui ne délivre pas d'*entlassungschein* aux hommes entre dix-sept et vingt-cinq ans, sauf exception.

§ 5. — Condition de la famille de l'étranger naturalisé français.

On vient de voir quelles sont les conditions auxquelles la loi soumet l'admission d'un étranger au nombre des Français. Supposons que le naturalisé soit père de famille. Quelle sera la situation de sa femme et de ses enfants? Resteront-ils étrangers? suivront-ils la condition du chef de la famille?

1.

Dans la plupart des pays, on considère la famille, en tant qu'elle comprend la femme et les enfants mineurs, comme formant un tout indivisible au point de vue de la nationalité. Le père de famille est libre de changer de nationalité, et ce changement entraîne celui de ses enfants mineurs et de sa femme. Ce système est en vigueur en Allemagne, par exemple. En ce qui concerne les enfants mineurs, le système opposé a longtemps prévalu en France : jusqu'à la loi de 1889, on admettait que le père de famille ne peut changer leur nationalité, pas plus qu'ils ne la peuvent changer eux-mêmes. La loi du 7 février 1852 permettait seulement à ces derniers de devenir Français, plus tard, quand ils avaient atteint leur majorité, en faisant la déclaration prévue par l'article 9 du Code civil.

Cette disposition avait été complétée par une loi du 14 février 1882, habilitant les enfants mineurs d'un père naturalisé après leur naissance à ne pas attendre leur majorité pour se déclarer Français, dans les hypothèses où ils ont un intérêt majeur à devenir Français plus tôt, c'est-à-dire s'ils veulent entrer dans les écoles du Gouvernement, ou s'engager dans les armées de terre ou de mer. Le législateur s'était inspiré de la loi du 16 décembre 1874, mais, tandis que cette loi autorisait le mineur, moyennant l'autorisation de ses représentants légaux, à consolider sa qualité de Français, la loi de 1882 lui permettait de l'acquérir en renonçant à la nationalité étrangère [1].

Aujourd'hui, les lois de 1851 et de 1882 sont abrogées. La loi de 1889 a adopté, pour le cas où un étranger se fait naturaliser Français, le système allemand, et nous verrons

---

[1] Voir annexe A, 9°.

qu'elle reste fidèle au système français traditionnel pour
le cas du Français qui perd sa nationalité par la naturalisation à l'étranger. Ce n'est pas, du reste, une inconséquence du législateur. C'est un corollaire du principe
général dont il s'est inspiré et qui consiste à ouvrir de plus
en plus largement la cité française aux étrangers.

Les enfants mineurs du naturalisé sont déclarés Français de plein droit par le nouvel article 12 du Code civil.
On leur accorde seulement la faculté d'opter à leur majorité pour la nationalité à laquelle ils se rattachaient
antérieurement. Cette option s'effectue dans les mêmes
conditions que dans le cas où un individu, né de parents
étrangers et domicilié en France au moment de sa majorité, entend décliner la qualité de Français.

La question de savoir ce qui advient de la femme étrangère dont le mari se fait naturaliser Français était très
discutée dans notre droit jusqu'à la loi nouvelle de 1889.
Était-elle naturalisée par le fait de la naturalisation du
mari? Restait-elle étrangère?

Nous ne nous égarerons pas dans les dissertations fan-
taisistes de Blondeau et autres inventeurs de systèmes arbi-
traires [1] : suivant nous, la solution est dans le texte même
du Code civil. « L'étrangère, dit l'article 12, qui aura
épousé un Français suivra la condition de son mari. »
Placé comme il l'est, cet article vise uniquement l'acquisition de la nationalité française par le mariage, et il suppose une femme étrangère épousant un Français; mais
cela veut-il dire que si le mari étranger de cette femme se
fait après le mariage naturaliser Français, la femme deviendra Française? Évidemment non, car la loi suppose le
mari Français au moment du mariage. D'autre part, l'article 19, qui prévoit l'hypothèse inverse où une femme française épouserait un étranger, est conçu en des termes qui
suppriment absolument les doutes que les mots *aura épouse*

---

[1] Dalloz, Répertoire, *Droits civils,* tit. II, ch. II, sect. 2, § 2.

pourraient faire naître dans l'esprit. « Une femme française, disons-nous, qui épouse un étranger suivra la condition de son mari. » Rien ne peut faire supposer que, dans
la pensée du législateur, la femme, après son mariage,
suive les changements de nationalité du mari. — Enfin, il
y a un motif du bon sens plus fort que les arguments de
texte. La femme qui épouse un Français sait à quoi elle
s'expose; elle peut éviter la nationalité française en ne se
mariant pas; tandis que la femme déjà mariée qui deviendrait française par la naturalisation de son mari serait l'objet d'une naturalisation forcée et involontaire qui répugne
aux principes français.

C'est dans ce sens que la controverse a été tranchée par
la loi de 1889. Elle admet que la femme mariée reste
étrangère, mais elle lui donne un droit nouveau : celui
de demander la nationalité française sans condition de
stage, soit dans le décret qui la confère à son mari, soit par
une déclaration dans les conditions de l'article 9. Ainsi
le mari ne peut pas entraîner, malgré elle, sa femme dans
la nationalité française, mais il ne peut pas non plus la
laisser dans son statut personnel antérieur, si elle désire
être naturalisée en même temps que lui.

Le même droit est donné par le même article de notre
Code aux enfants majeurs du naturalisé. Eux aussi, comme
la femme, peuvent demander à être portés sur le même
décret que le père de famille, en effectuant la déclaration
de l'article 9. Ce dernier droit leur était déjà reconnu par
la loi de 1851; mais cette loi limitait l'exercice de l'option
à une année après la naturalisation du père. Il n'y a plus
de limitation aujourd'hui.

II.

Quelques États, la Belgique, par exemple, l'Espagne, la Turquie sont fidèles à l'ancien système français : mais le plus grand nombre des pays tendent aujourd'hui à attribuer à la femme et aux enfants mineurs la nationalité du père de famille.

Il est vrai que la plupart des lois étrangères, tout en décidant en principe que les enfants et la femme suivent la qualité du père de famille, apportent quelque tempérament à la règle. L'Italie[1], par exemple, admet qu'il n'en est ainsi qu'autant que la famille vit ensemble. L'Angleterre reconnaît aux enfants la nouvelle nationalité du père, à condition qu'ils demeurent dans le pays où celui-ci s'est fixé et y ait obtenu la naturalisation[2]. Ce sont là des règles fort sages, car il est absurde qu'une femme et des enfants soient déchus de leur nationalité, parce qu'il a plu au chef de la famille de les abandonner en émigrant. La même règle existe en Allemagne : la dénationalisation n'est acquise aux enfants mineurs et à la femme qu'autant qu'ils vivent avec le chef de la famille.

En Suisse, une disposition analogue a été insérée dans la loi du 3 juillet 1876 sur l'acquisition et la perte de la qualité de sujet suisse. Elle fait l'objet de l'article 8, n° 3, qui est conçu dans les termes suivants : « La libération « (c'est-à-dire la dénationalisation) s'applique à la femme et « aux enfants mineurs quand ils vivent en un ménage et « s'il n'est pas fait d'exception formelle à leur égard[3] ». Dans le projet présenté à la Diète, on proposait une distinction entre la femme et les enfants. La femme devait

[1] Voir Catanao et Borda, *Codice Italiano annotato,* art. 10 et 11.
[2] Annexe NN.
[3] Annexe FF.

suivre forcément la nationalité de son mari et la réserve ne s'appliquait qu'aux enfants mineurs. Il a paru préférable à l'assemblée fédérale d'adopter la rédaction que nous venons de donner, en considération des pays qui, comme la France, n'attribuent pas forcément à la femme l'indigénat de son mari.

Enfin, en Suède, les enfants d'un sujet suédois qui se fait naturaliser à l'étranger, perdent leur nationalité sauf le droit, quand ils auront atteint leur majorité, s'ils rentrent dans le royaume dans *l'an et nuit,* de recouvrer de plein droit la qualité de Suédois.

Il y a, comme on le voit, une facile concordance entre ces lois et la nouvelle règle adoptée en France en 1889.

DEUXIÈME PARTIE.

NATURALISATION D'UN FRANÇAIS A L'ÉTRANGER.

---

§ 6. — L'expatriation.

I.

On a posé ci-dessus le principe que tout homme devait pouvoir changer de nationalité, et l'on a montré que la plupart des États s'étaient rangés à cette manière de voir. Comme, d'autre part, il est nécessaire que tout individu se rattache à une nation, il serait à désirer que nul ne pût perdre sa nationalité sans en avoir acquis une nouvelle, de même que nous avons demandé que nul ne pût acquérir une nationalité sans prouver qu'il est libéré des liens de l'ancienne. Malheureusement, dans l'état actuel du droit des gens, il s'en faut de beaucoup que ce *desideratum* soit atteint. En France, particulièrement, nos lois reconnaissent des causes d'expatriation qui ont le grave inconvénient de placer un nombre considérable d'individus en dehors de toute patrie. Ainsi le Code civil, à côté de la dénationalisation pour cause de naturalisation dans un autre pays, prononce encore la perte de la qualité de Français contre les Français qui refusent de résigner une fonction publique à l'étranger ou qui ont contracté, sans la permission du Gouvernement, un engagement dans une armée étrangère. Le législateur n'a pas songé que ces Français n'auront peut-être pas obtenu la naturalisation dans le pays où ils demeurent et se trouveront de la sorte sans nationalité : il a statué uniquement pour la France sans se préoccuper des autres pays, sans considération du droit international. Enfin il a eu le tort de partir de cette idée produite par un patriotisme aveugle que la nationalité française est toujours un avantage, et que par conséquent en être privé est une peine. Il faut distinguer dans la nationalité les avantages et les charges; les avantages, c'est la protection de la France et l'usage des lois françaises, quand elles sont sur un point donné plus favorables à l'intéressé que les lois étrangères; les charges, c'est le service militaire, et c'est enfin l'obligation d'obéir aux lois françaises, quand elles sont moins favorables que celles des autres pays. Toute question de patriotisme et de sentiment doit être écartée quand il s'agit de droit.

II.

Nous étudierons, dans un chapitre spécial, les causes de déchéance de la nationalité française, à titre de peine. Nous ne nous occuperons ici que de la dénationalisation résultant de l'acquisition d'une nationalité étrangère.

Peu de parties de notre législation étaient plus obscures et avaient plus besoin d'être réformées que la question qui nous occupe. Le Code civil de 1804 portait une disposition fort sage; mais elle avait été complétée par des dispositions ultérieures entourant de pénalités draconiennes la naturalisation à l'étranger acquise sans autorisation du Gouvernement français. C'est quatre ans après la promulgation du Code civil que le Gouvernement du premier Empire s'est engagé dans la voie qui le conduisit aux malencontreux décrets de 1809 et de 1811 [1].

Nombre de Français avaient été entraînés par la passion politique à prendre du service civil ou militaire dans les

---

[1] Voir annexe A, 2°.

pays en guerre avec l'Empire français, ou à s'y faire naturaliser. Il sembla à l'Empereur que les déclarer simplement déchus de leurs droits de Français n'était point une peine suffisante. Les décrets des 6 avril 1809 et 26 août 1811 les frappèrent avec une dureté haineuse, — sans préjudice de la peine de mort décrétée contre les ex-Français portant les armes contre la France.

« Aucun Français, aux termes de l'article 1er du décret « du 26 août 1811, ne peut être naturalisé en pays étran« ger sans notre autorisation. » Il semble que, dès lors, le Français qui s'est fait naturaliser sans cette autorisation ne dût pas être reconnu comme étranger par la loi française, et dût en conséquence être traité en France comme Français. Mais telle n'avait pas été la pensée des rédacteurs du décret. Dans la suite, on parle d'individus naturalisés étrangers sans autorisation, et il est facile de voir qu'autorisé ou non, le Français était toujours dénationalisé, comme sous le régime du Code civil; mais celui qui n'a pas reçu l'autorisation de l'Empereur est frappé de graves déchéances. Ses biens sont immédiatement confisqués, les successions qui s'ouvrent en sa faveur sont dévolues au degré subséquent, les titres qui lui ont été conférés en France sont perdus, le grade qu'il peut avoir obtenu dans les ordres nationaux lui est enlevé, sa femme est, au point de vue pécuniaire, considérée comme veuve. S'il revient sur le territoire français, il est expulsé; s'il y reparaît de nouveau, il encourt une condamnation d'un à dix ans de détention.

Ces décrets, œuvre de passion, inexplicables à une époque normale, sont pourtant restés en vigueur jusqu'à la loi de 1889, qui prend soin de les abroger, et donne ainsi raison aux jurisconsultes et aux tribunaux qui les regardaient comme ayant encore force de loi [1]. — Actuellement,

---

[1] La confiscation, ayant été exclue de nos lois, n'aurait pu être ordonnée; mais les autres peines de déchéance existaient encore, surtout à l'état d'épouvantail, il est vrai.

il n'est plus nécessaire qu'un Français sollicite, pour se
faire naturaliser étranger, l'autorisation du Gouvernement,
à moins qu'il ne fasse partie de l'armée active. Dans ce cas,
il doit demander une autorisation, et si cette autorisation
ne lui est pas accordée, il n'est pas dénationalisé, et bien
qu'il ait été investi d'une nationalité étrangère, il sera tenu
en France pour Français.

§ 7. — Reconnaissance par la France de la naturalisation obtenue par un Français à l'étranger.

Il importe de remarquer tout d'abord que la naturalisation obtenue à l'étranger ne portera ses effets en France
que si c'est une véritable naturalisation, c'est-à-dire telle
qu'elle assimile — du moins en général — le Français, à
qui elle est conférée, aux nationaux de sa nouvelle patrie.
Cela résulte de l'esprit même du Code civil : c'est ainsi
que l'admission à domicile en Belgique, la *denization* en
Angleterre, sorte de demi-naturalisation qui attribue aux
étrangers certains droits réservés aux indigènes, ne peuvent être envisagées en aucune manière comme entraînant
la perte de la qualité de Français. La Cour de cassation a
eu plusieurs fois à se prononcer sur des cas de *denization,*
et elle a toujours été fidèle à cette jurisprudence[1] : « La
« naturalisation, disait-elle avant le bill de 1870, n'est
« acquise en Angleterre que par acte du Parlement, la de-
« nization, au contraire, qui s'y accorde par simples lettres
« royales, n'y est considérée que comme une concession de
« l'exercice de certains droits ou libertés interdits aux
« étrangers, qui commence la naturalisation, mais ne l'ac-
« complit point : d'où il suit qu'elle n'est pas suffisante
« pour opérer la perte de la qualité de Français et des

[1] 19 janvier 1819.

« droits y adhérents ». Ces explications s'appliquent exactement à l'admission à domicile en Belgique.

Il a été jugé également qu'un Français ne cessait pas de l'être parce qu'il avait obtenu des lettres de grande bourgeoisie à Hambourg. Le Gouvernement hambourgeois avait cependant déclaré à plusieurs reprises qu'il ne faisait aucune différence entre ses citoyens natifs ou adoptifs. Mais, en considérant le but purement spécial que les Français poursuivaient en demandant la bourgeoisie, c'est-à-dire le droit de faire le commerce, la jurisprudence a pensé qu'il n'y avait pas lieu de considérer cette bourgeoisie comme emportant l'exclusion de l'intention de rester Français. D'ailleurs, la bourgeoisie hambourgeoise était d'une obtention facile, et il suffisait pour en être investi d'avoir prêté serment devant une commission du Sénat, et cela sans aucune des garanties qui entourent la naturalisation chez la plupart des États civilisés [1]. Depuis que les villes hanséatiques font partie de l'Empire allemand, cette question a perdu beaucoup de son importance.

Il en serait de même, à plus forte raison, de la bourgeoisie honoraire conférée à un Français dans une ville ou un État étranger, en Suisse par exemple, où cet usage est fréquemment suivi. En un mot, la jurisprudence française entend, pour déclarer un Français déchu de sa nationalité, qu'il ait acquis une naturalisation complète et effective qui l'assimile aux nationaux d'un État indépendant.

Cependant il n'est pas nécessaire que le Français soit naturalisé conformément aux règles ordinaires de la naturalisation. Le Code réformé par la loi de 1889 prend soin de spécifier que la qualité de Français est perdue par l'individu naturalisé à l'étranger et aussi par celui qui a acquis, sur sa demande, une nationalité étrangère par l'effet de la loi. Ainsi le Français né en Belgique, où le

---

[1] Arrêté du conseil d'État du 18 nov. 1842. Voir en outre, Massé, *Droit commercial.*

Code civil de 1804 est en vigueur et qui fait devant le maire
de la commune où il réside une déclaration, conformément à l'article 9 dudit Code, pour devenir belge, — est
incontestablement dégagé des liens d'allégeance vis-à-vis
de la France, comme s'il avait obtenu la naturalisation
en Belgique conformément aux règles ordinaires. En un
mot, une option pour une nationalité étrangère suffit;
mais à condition que cette option résulte d'une demande
formelle et non d'une omission.

II.

Mais si nous supposons remplies ces conditions, ainsi
que les formalités exigées par la loi étrangère, s'ensuit-il
nécessairement que l'article 17 doive toujours s'appliquer,
et que le Français perde dans tous les cas sa nationalité?
S'il en était ainsi, on attribuerait à la loi étrangère un effet
singulièrement puissant, et on ferait dépendre du caprice
d'un législateur inconnu des conséquences d'une importance considérable pour la France. Il faut, croyons-nous,
distinguer deux faits dans le changement de nationalité
prévu par l'article 17 : l'acquisition d'une nationalité
nouvelle, la perte de l'ancienne. Le premier de ces deux
faits dépend évidemment de la façon la plus absolue des
dispositions de la loi étrangère, mais il n'en est pas de
même du second; la dénationalisation d'un Français n'est
pas une chose dont la loi française puisse se désintéresser,
les tribunaux seront donc compétents pour apprécier
si, en se faisant naturaliser à l'étranger, le Français
a pu valablement se dénationaliser, et si cette naturalisation a été obtenue dans des conditions qui répondent
à l'esprit de nos lois et qui, par suite, sortent l'effet prévu
par l'article 17. Si les tribunaux jugent que l'intéressé n'a
pas perdu la qualité de Français, le pays étranger n'aura

pas de raison de s'en plaindre ; car on ne contestera nullement la validité de la naturalisation acquise : c'est seulement l'effet de cette naturalisation sur la nationalité française qui sera contesté. La cour de Lyon [1] a fort nettement
exposé la situation en disant : « Si l'acquisition d'une
« nationalité nouvelle est régie par la loi du pays où elle
« est obtenue, la perte de la nationalité l'est par celle du
« pays auquel appartenait l'individu naturalisé ».

Quelles sont donc les conditions dont l'accomplissement
assurera l'application de l'article 17, sauf, bien entendu,
l'autorisation du Gouvernement si l'intéressé fait partie de
l'armée active? — Il faut d'abord que la naturalisation ait
été acquise par un acte de libre et pleine volonté.

Cette condition est tout à fait conforme aux principes
généraux que nous avons donnés sur la matière. La nationalité est une sorte de contrat, librement conclu, et à la
validité duquel la libre expression de la volonté est indispensable. D'ailleurs, la perte de la qualité de Français
par la naturalisation à l'étranger est considérée par le
Code comme une sorte de pénalité. La France repousse
ceux qui l'abandonnent et témoignent en s'attachant à un
État étranger qu'ils n'ont pas conservé dans le cœur l'a-
mour de la patrie. Cette présomption ne saurait résulter
que d'un acte volontaire et libre. Elle ne pourrait pas
exister à la suite d'une naturalisation obtenue par un fait
involontaire et sans avoir été sollicitée ; en pareil cas, il
est possible que le Français soit devenu étranger aux yeux
de la loi étrangère : il ne reste pas moins Français aux
yeux de notre loi. La jurisprudence paraît aujourd'hui
avec raison fixée dans ce sens, depuis un intéressant arrêt
de la cour de Paris du 3 mai 1834. Il s'agissait d'un Français établi à Cadix pour y faire le commerce et qui s'y
était marié avec une femme du pays. D'après la loi alors

---

[1] Arrêt du 19 mars 1875. La Cour de cassation de Florence, dans un arrêt
du 26 avril 1881, a exprimé la même pensée presque dans les mêmes termes
(Sirey, 1884.4.21).

en vigueur en Espagne, il suffisait d'avoir épousé une femme espagnole ou fondé un établissement de commerce pour être de plein droit sujet espagnol, et l'intéressé était, en effet, tenu pour tel à Cadix[1]. La cour de Paris a néanmoins déclaré qu'il était Français, et reconnu la même nationalité à sa veuve, par la seule raison qu'il n'avait jamais *demandé* la naturalisation dans la péninsule. — Certains auteurs ont voulu soutenir l'opinion contraire; M. Alauzet, qui est de ce nombre, rappelle que, pendant le droit intermédiaire, il y eut des étrangers Français malgré eux, par le simple effet de leur résidence. C'est vrai, et nous l'avons nous-même constaté plus haut, mais ce n'est pas un motif pour admettre qu'un Français peut perdre la qualité de Français dans les mêmes conditions. D'ailleurs, il n'y a pas de réciprocité à faire valoir en pareille matière. L'opinion soutenue par la cour de Paris en 1834, ne paraît pas pouvoir être contestée aujourd'hui.

Comme corollaire de cette règle, nous dirons que le Français qui se fait naturaliser à l'étranger doit être en possession de sa capacité civile, puisque seulement, dans ce cas, il pourra manifester valablement sa volonté. Il est vrai que, lorsqu'un étranger né en France veut devenir Français, on lui demande seulement d'avoir vingt et un ans accomplis quand il fait la déclaration prévue par le Code; mais c'est une inconséquence législative qui ne doit pas empêcher de rentrer dans la rigueur des principes, quand nous ne sommes liés par aucun texte[2]. D'ailleurs, plusieurs lois étrangères nous donnent l'exemple de ce qui devrait être la règle universelle sur ce point. Telle est, par exemple, la loi allemande du 1er juin 1870[3], qui exige de l'étranger sollicitant la naturalisation dans l'Empire la preuve qu'il est capable suivant son statut personnel.

1 Voir ci-après § 8, *Espagne*, l'acquisition de la nationalité par la *Vecindad*.
2 Cassation, arrêt du 19 août 1871.
3 Voir l'article 8, annexe G, 2°.

Le Français mineur, même émancipé, est incapable de changer de nationalité suivant la loi française : aucune autorisation ne peut suppléer cette incapacité. Le motif de cette règle, nous l'avons dit, est que le mineur, n'étant incapable que pour un temps, pourra toujours attendre sa majorité pour se prononcer en connaissance de cause. Si donc un mineur se faisait naturaliser en Suisse ou en Allemagne, avec l'autorisation de ses représentants légaux [1], sa naturalisation ne saurait être reconnue par nous, et il serait régulièrement appelé sous les drapeaux français. Le mineur ne peut même pas suivre la nationalité de son père qui se fait naturaliser à l'étranger. On aura l'occasion de revenir sur cette règle, qui donne lieu à de nombreux conflits et qui est peu logique aujourd'hui, puisque le mineur étranger devient Français par la naturalisation de son père.

L'interdit est dans une situation différente de celle du mineur, en ce sens qu'on ne peut pas prévoir quand il recouvrera sa capacité et s'il la recouvrera jamais : cependant la dénationalisation est chose trop personnelle pour qu'on puisse la lui permettre autrement que dans un intervalle lucide.

La femme mariée ne peut évidemment pas changer de nationalité sans autorisation, mais, dûment autorisée, rien ne l'empêche de se faire naturaliser étrangère, même si son mari reste Français, et la France lui reconnaîtra certainement sa nouvelle nationalité. Nous ajoutons sans hésiter que la femme séparée de corps devra également être pourvue de l'autorisation. Seul, le jurisconsulte Blondeau, qui portait apparemment de l'idée préconçue d'assimiler la séparation de corps au divorce, avait fait entendre un avis opposé à celui que la doctrine et la jurisprudence partageaient unanimement. « Réduire le pouvoir de l'homme « séparé de corps à une sorte de veto, écrivait-il [2], c'est-à-

---

[1] Voir pour la Suisse, annexe FF.
[2] *Revue du droit fr. et étr.*, 1844.

« dire déclarer que le droit de demander la naturalisation
« appartient à la femme avec le concours de cet homme, ce
« ne serait pas assez faire. Et qu'on n'objecte pas que les
« intérêts du mari peuvent être froissés par le changement
« de nationalité opéré par sa femme; au contraire, la
« femme choisira sans doute, pour y obtenir la naturalisa-
« tion, le pays où elle peut augmenter sa fortune (qu'elle
« transmettra à ses enfants), et où elle pourra obtenir le
« plus de considération. La nécessité d'un concours de
« volonté de la part du mari ne serait donc qu'une fâcheuse
« entrave ». A ces raisons de sentiment, il suffira d'opposer
les principes sur lesquels est fondée la séparation de corps
en France. Si la femme séparée acquiert le droit d'avoir un
domicile propre, et de jouir de sa fortune, elle ne reste
pas moins tenue envers son mari des devoirs de fidélité,
aide et assistance, elle ne reste pas moins incapable de disposer de ses biens. Comment admettre dès lors qu'elle
pourrait disposer de sa nationalité? C'est ce qui a été excel-
lemment mis en lumière par un jugement du tribunal de
la Seine, du 10 mars 1876, conforme à l'opinion des plus
éminents jurisconsultes français [1].

L'autorisation nécessaire à la femme sera en général
celle du mari. Cependant l'article 219 du Code civil permet
à la femme mariée de solliciter de la justice une autorisation de passer tous les actes que son mari refuserait de lui
permettre. Devant les termes de la loi, il est manifeste que
la femme qui a intérêt à obtenir la naturalisation à l'étranger pourra, s'il y a lieu, obtenir de la justice la capacité
nécessaire. Il est vrai de dire que le plus souvent la femme

---

[1] Affaire Bauffremont. Voir aussi la très remarquable dissertation publiée
par M. Labbé à l'occasion de cette affaire. C'est une réponse au mémoire fait
par M. Holzendorff, de Munich. Ce savant jurisconsulte allemand, qui soutient
que la femme française séparée de corps peut se faire naturaliser dans l'Empire germanique, oublie que la loi fédérale du 1er juin 1870 (v. annexe G, 2°)
exige précisément que le demandeur en naturalisation soit capable d'après sa
loi d'origine. Je ne m'explique pas qu'on puisse discuter sur le sens d'une
disposition aussi claire.

mariée *integri status* sera dans l'impossibilité de profiter de cette faculté, parce que, pour se faire naturaliser à l'étranger, il faut en général quitter la France, et qu'elle gardera toujours son domicile chez son mari. Il en serait autrement de la femme séparée de corps qui, ayant son domicile propre, pourra émigrer à sa guise [1].

III.

En somme, la naturalisation acquise à l'étranger n'entraîne la perte de qualité de Français, que si elle a été acquise volontairement par une personne jouissant d'une entière capacité civile. Cette condition, indispensable, à n'en pas douter, est-elle suffisante? Certaines décisions de nos tribunaux semblent exiger comme seconde condition que l'indigénat étranger n'ait point été acquis dans l'intention de frauder la loi française. Quelques explications sont ici nécessaires. Les rédacteurs du Code civil étaient pénétrés de cette idée que la qualité de Français est un avantage et la perte de cette qualité une peine. Ils ne paraissent pas avoir compris que la qualité de Français est quelquefois une charge et qu'il fallait prévoir le cas où l'on voudrait recourir à la dénationalisation dans le but d'échapper aux prescriptions des lois nationales. C'est pourtant un point qui méritait d'être examiné. Nous avons soutenu la légitimité du droit d'expatriation et nous le soutenons encore dans l'exercice légitime qu'on en peut faire, mais non dans ses abus. Qu'un Français appelé par des intérêts sérieux à l'étranger recherche la naturalisation dans l'État sur le territoire duquel il s'est fixé, rien de plus légitime. Il a besoin de ne pas rester dans un état d'infé-

---

[1] Voir Marcel Michel, *De la capacité requise pour l'acquisition et la perte de la qualité de Français.* Aix, 1878.

riorité parmi les nationaux du pays qu'il habite et il prend
pour cela le seul moyen qui soit à sa disposition, — parfaitement décidé, d'ailleurs, à exercer les droits que lui
confère la nouvelle allégeance sous laquelle il se place, et
à se soumettre en même temps aux charges qu'elle impose.
Mais si un Français ne cherche dans un changement de
statut personnel qu'un subterfuge pour se soustraire à l'o-
bligation d'obéir aux lois de son pays, si, surtout, profitant
des facilités avec lesquelles certains Gouvernements accordent le droit de cité, il n'a en vue, en brisant les liens
qui le rattachent à la France, que de se prévaloir de la
protection d'un État étranger contre sa patrie d'origine,
tout en continuant d'y demeurer, — ne donne-t-il pas un
véritable scandale? et n'est-ce pas de toute justice que ses
calculs soient déjoués? Malheureusement le Code civil ne
contient pas de disposition pouvant s'appliquer en pareil
cas, et, si l'on s'en tient à la lettre de l'article 17, il n'est
pas douteux que l'obtention de lettres de naturalisation à
l'étranger n'entraîne dans tous les cas la perte de la qualité
de Français, sauf, depuis 1889, si l'intéressé, appartenant
à l'armée active, n'a pas obtenu une autorisation spéciale.
Cette réserve ne sera pas toujours suffisante surtout pour
la réparation des torts causés aux tiers par la naturalisation.

Pénétrée de la nécessité de combler cette lacune législative, la jurisprudence a cru pouvoir le faire, au nom des
principes généraux de l'équité, en déclarant que le Français d'origine, naturalisé étranger, ne pourrait invoquer
sa nationalité nouvelle à l'encontre des droits privés ou
publics, en violation desquels il l'aurait acquise. La loi
ne saurait, dans la pensée des juges, fournir un moyen
d'éluder la loi. Le point faible de cette doctrine est la
difficulté de prouver l'intention frauduleuse. Le *consilium
fraudis* est d'une appréciation difficile dans tous les cas,
dans celui-ci particulièrement. On ne peut l'établir que
par une interprétation toujours un peu arbitraire des cir-

constances de la cause, et spécialement du fait que l'intéressé a conservé en France sa fortune, ses occupations, en
un mot, son principal établissement, ou qu'il n'a fait aucun séjour ou qu'un séjour de courte durée dans le pays
où il a été naturalisé. La question s'est posée plusieurs fois,
avant le rétablissement du divorce en France, à l'occasion
de Français cherchant à éluder la règle de l'indissolubilité
du mariage. Deux conjoints, mariés suivant les lois françaises, obtenaient la naturalisation en Suisse, sans quitter
la France, et dans l'intention évidente de divorcer pour se
remarier ensuite : il a été jugé que le conjoint qui s'était
remarié après un divorce obtenu de cette manière, ne pouvait pas se prévaloir de ce mariage en France, ce mariage
étant entaché de la plus radicale des nullités, la bigamie.
Cette doctrine a été très habilement exposée dans deux
jugements du tribunal de la Seine, des 10 mars 1876 et
31 janvier 1877. « La naturalisation poursuivie exclusivement en vue de faire fraude à la loi française », ont dit
les juges de Paris, « ne saurait être invoquée à l'encontre
« des intérêts d'ordre public et d'ordre privé que cette
« même loi a pour but de protéger ». La Cour de cassation avait, en 1875, donné à cette théorie la haute consécration de son autorité, dans une affaire particulièrement
intéressante. Il s'agissait, à l'origine, d'une demande en
séparation de corps formée par Mme de R., devant les magistrats de Toulouse, contre son mari. Ce dernier venait
d'acquérir, en l'espace de quelques jours, la qualité de
citoyen suisse, en achetant successivement le droit de bourgeoisie à Hemmenthal et le droit de cité à Schaffouse. A
la demande de sa femme, M. de R. répondit en présentant
un déclinatoire pour incompétence : il prétendait qu'il ne
pouvait être traduit que devant les magistrats d'Hemmenthal, son nouveau domicile. Le tribunal de Toulouse re-
jeta le déclinatoire [1], en se fondant sur ce que la natura-

---

[1] Jugement du 1er juin 1874.

lisation avait été acquise dans une intention frauduleuse.
La cour d'appel ayant confirmé cette sentence[1], M. de
R. se pourvut près de la Cour de cassation qui repoussa
définitivement ses prétentions, « attendu, disait l'arrêt du
« 19 juillet 1875, qu'il est constaté en fait par l'arrêt at-
« taqué, que, par cette naturalisation, M. de R. n'a d'autre
« but que de se soustraire à la juridiction des tribunaux
« français, d'enlever à sa femme les garanties que lui
« offrait cette juridiction, et d'obtenir en Suisse un divorce
« prohibé par la loi française; qu'enfin, cette naturali-
« sation obtenue en quelques jours et son départ du domi-
« cile conjugal à la veille des discussions judiciaires qui
« allaient éclater entre lui et sa femme, constituent des
« manœuvres frauduleuses destinées à paralyser les droits
« de la dame de R. ». En jugeant « que dans ces circons-
« tances, la naturalisation obtenue par M. de R., non
« seulement en fraude des droits de sa femme, mais en
« fraude de la loi française, ne pouvait être opposée à la
« dame de R. », les premiers juges avaient, dans l'opinion
de la Cour suprême, fait une sage application de nos principes juridiques.

Cette citation fait bien comprendre la pensée des juges :
il n'est pas question d'une annulation de la naturalisation
obtenue; aussi la souveraineté étrangère est-elle absolument respectée. Les tribunaux se bornent à dire à celui
qui a obtenu frauduleusement la naturalisation qu'ils ne
lui reconnaissent pas le droit de se prévaloir de cette
qualité d'étranger vis-à-vis du tiers qu'il a eu en vue de
léser, ou des lois qu'il avait en vue d'éluder. Nous croyons
que, sous tous les autres rapports, la jurisprudence ne
ferait pas difficulté pour reconnaître à l'intéressé la qualité d'étranger, soit qu'il l'invoque plus tard dans un cas
non prévu à l'époque où il l'a acquise, soit surtout qu'on la
lui oppose. On ne peut donc pas dire à proprement parler

[1] Arrêt du 27 juillet 1874.

que la dénationalisation soit méconnue ; les tribunaux se
refusent seulement à en reconnaître certaines conséquences.

IV.

Ainsi restreinte, cette jurisprudence ne laisse pas que de
prêter encore à la critique. Il vaudrait mieux laisser aux
seuls tribunaux criminels l'appréciation si délicate de l'intention frauduleuse. On ne saurait blâmer toutefois les
sentences qui nous occupent, car les juges ont pris le
seul moyen qui s'offrait à eux pour sauvegarder des droits
privés ou publiques dignes d'être protégés. Il serait préférable d'entourer la dénationalisation de certaines formalités
protectrices. A cet égard, les pays étrangers nous fournissent l'exemple de plusieurs manières de procéder : la plus
simple consiste à tenir la dénationalisation pour non avenue, si l'intéressé n'a pas obtenu un permis d'expatriation.
Le système des permis d'expatriation est en vigueur dans
plusieurs pays, en Allemagne, par exemple, et en Suisse.
On a vu plus haut comment la renonciation à la nationalité
a été réglementée par la loi suisse du 3 juillet 1876. C'est
un système ingénieux et fort savant qui évitera presque
toujours les occasions de fraude ; mais le droit d'opposition
accordé par la Suisse aux intéressés n'est pratique que dans
un pays où chaque individu tient à la fois à un canton et à
une commune, où, par conséquent, on a des facilités particulières pour porter à la connaissance des intéressés l'ouverture de leur droit. Dans un pays centralisé, comme est
la France, la difficulté serait plus grande, et d'ailleurs
nous croyons que le système des permis d'expatriation ou
de renonciation est peu en harmonie avec les règles si libérales qui ont prévalu en France pour l'expatriation.

Les traités signés en 1868 et dans les années suivantes,
entre les États-Unis, d'une part, et d'un certain nombre

d'États de l'Europe[1], d'autre part, pour régler les questions
de naturalisation de leurs sujets respectifs, contiennent une
clause qui sauvegarde également les intérêts des particuliers et ceux de l'État, sans porter atteinte à la liberté
d'émigration. Nous voulons parler du délai avant l'expiration duquel chaque État déclare qu'il ne reconnaîtra pas
la naturalisation acquise dans l'autre par un de ses nationaux. Si, par exemple, un Prussien obtient la qualité de
citoyen américan et revient en Prusse, il ne sera traité
comme Américain que s'il a quitté son pays depuis cinq
ans. S'il revient plus tôt, il tombe à tous égards sous le
coup des lois allemandes. C'est certainement le système qui
serait le plus propre à éviter les inconvénients de l'état
de choses actuel, sans donner lieu à des difficultés d'ap
préciation et à des recherches difficiles. Toutefois, un laps
de trois ans, coïncidant avec le stage imposé au demandeur
en naturalisation par notre loi, serait peut-être suffisant
et aurait l'avantage d'établir, entre la perte et l'acquisition de la qualité de Français, une sorte d'équilibre qui
satisfait mieux l'esprit. Ce délai serait une garantie des intentions sérieuses du naturalisé : il est douteux, en effet,
qu'on s'impose un pareil exil uniquement en vue d'échapper
aux lois de son pays. Après quelques années, le retour sous
une protection étrangère n'est plus aussi choquant. D'ailleurs, le Gouvernement a toujours le droit d'expulser
comme étrangers les ci-devant Français dont la présence
est un scandale ou un danger pour l'ordre public.

§ 8. — Revue des principales législations étrangères en matière de naturalisation.

Après avoir vu les conditions requises du côté de la
France pour opérer la dénationalisation, on lira peut-être

---

[1] Voir ci-après § 8, *États-Unis,* et annexes OO et PP.

avec intérêt celles qui sont prescrites dans les principaux pays d'Europe et d'Amérique pour accorder la naturalisation aux étrangers. Nous nous placerons surtout au point de vue des Français et nous montrerons en quoi les lois étrangères coïncident ou non avec les règles que nous avons exposées sur l'expatriation.

I. — EUROPE.

Allemagne. — La naturalisation est réglée en Allemagne par une loi du 1er juin 1870, faite pour la confédération de l'Allemagne du Nord, étendue ensuite à l'Empire allemand (avril 1871) et à l'Alsace-Lorraine (8 janvier 1873)[1]. Il n'y a plus lieu dorénavant de s'occuper des lois sur la matière en vigueur autrefois dans les différents pays fédérés. Toutefois, ce n'est pas seulement à Berlin qu'on demande la naturalisation, c'est à l'autorité administrative supérieure de chaque État : le pétitionnaire, s'il obtient la naturalisation dans un des États de l'Empire, devient, par cela même, sujet de l'Empire et sujet d'un des États particuliers; ces deux qualités sont d'ailleurs inséparables[2]. On peut dire pourtant que la nationalité en Allemagne est une affaire d'ordre fédéral, car c'est le pouvoir fédéral qui en a fixé les règles, bien que les autorités des États fédérés soient compétentes pour les appliquer.

Aucune condition de séjour n'est exigée de l'étranger qui sollicite d'être admis à la nationalité allemande. Il doit seulement établir :

1° Qu'il est capable suivant les lois de son pays d'origine ou qu'il est dûment autorisé par son père ou son tuteur. — On remarquera que cette dernière disposition ne s'appli-

[1] Voir annexe G, 2°.
[2] Il en est de même en Suisse. (Voir ci-après.) Aux États-Unis, au contraire, on peut être citoyen de l'Union sans appartenir en propre à un des pays confédérés.

quera jamais à un Français, puisqu'il est nécessaire qu'un
Français soit capable par lui-même pour changer de nationalité, sans que jamais aucune autorisation puisse couvrir
l'incapacité résultant de son âge;

2° Qu'il mène une vie honorable;

3° Qu'il est domicilié en Allemagne, soit qu'il y ait un
domicile propre, soit qu'il y demeure chez des personnes
qui y sont domiciliées;

4° Qu'il peut subvenir à ses besoins.

Malgré la preuve que ces quatre conditions ont été remplies, l'étranger n'est pas sûr d'obtenir la naturalisation.
La question reste soumise au bon vouloir de l'autorité
administrative supérieure.

Telles sont les règles en vigueur pour la naturalisation
d'un étranger : la loi s'occupe aussi du cas où un citoyen
d'un État allemand veut passer dans un autre. Il semble
qu'au moins, pour ce cas, les États eussent dû conserver
leurs lois particulières : il n'en est rien. L'Allemand qui
veut passer d'un des États de l'Empire dans un autre doit
prouver qu'il a son principal établissement dans ce dernier. Et dès lors, à moins qu'il n'existe contre lui des
motifs d'expulsion tirés des lois sur le libre établissement,
l'autorité ne peut pas lui refuser son *admission* (*aufnahme*).
En cela, cette *admission* diffère de la *naturalisation* proprement dite, que l'autorité peut toujours refuser.

Les fonctions administratives, scolaires, ecclésiastiques
ou même communales, entraînent pour l'Allemand qui les
accepte la qualité de citoyen de l'État allemand où il les
accepte. De même, la nomination d'un étranger au service
de l'Empire allemand lui vaut, à moins de réserve spéciale, la collation de la qualité de sujet allemand. Par cela
même, un Français prenant du service en Allemagne,
même avec l'autorisation du Gouvernement français, perdrait la qualité de Français. Aucune autorisation ne saurait
en effet permettre à un Français de rester Français tout
en acceptant une nationalité étrangère.

La loi allemande reconnaît, en outre, la légitimation par un père allemand comme une cause de naturalisation pour un enfant naturel né d'une mère non allemande et par conséquent étranger comme celle-ci.

Angleterre. — Il y a en Angleterre deux sortes de naturalisation : la naturalisation proprement dite et la *denization*. La première était accordée très rarement et seulement par mesure législative jusqu'à l'année 1870 [1]. Le bill du 12 mai 1870 a introduit de larges innovations dans un sens libéral [2]. Il permet à l'étranger, domicilié pendant cinq ans dans les Iles Britanniques (cela sur un espace de huit ans), ou employé pendant le même temps au service de l'Angleterre à l'étranger, de demander la naturalisation. Le secrétaire d'État est compétent sans appel pour statuer sur la requête. S'il répond favorablement, il ne reste plus que la formalité du serment d'allégeance pour assimiler l'étranger à un Anglais de naissance.

Le sujet britannique par naturalisation ne sera protégé vis-à-vis de son ancienne patrie qu'autant qu'il y aura été dénationalisé. C'est ce qui arrivera si un Français a obtenu la naturalisation en Angleterre.

La *denization* est une sorte de demi-naturalisation qui était surtout utile avant les facilités accordées à la véritable naturalisation par le bill sus-mentionné. Elle est moins en usage aujourd'hui, et a l'avantage de permettre à l'étranger la jouissance de certains droits (de posséder des immeubles par exemple). Il a été jugé à plusieurs reprises que le Français ayant obtenu la denization n'avait pas pour cela perdu la qualité de Français [3].

L'article 16 de l'acte de 1870 prévoit, en termes exprès,

[1] Voir dans le *Report of royal comm. on nat. and alleg.*, page 93, l'acte du 6 août 1844, qui faisait loi jusqu'en 1870.

[2] Voir annexe H.

[3] Le Gouvernement britannique a publié, le 8 mai 1878, une liste des individus ayant obtenu un certificat de naturalisation depuis 1875. Cette liste comprend, en outre, le nom de trois personnes ayant obtenu la naturalisa_

que les colonies conserveront le droit de statuer librement
en matière de nationalité ; le nouveau régime ne s'applique
donc pas en dehors des Royaumes-Unis aux possessions
de la couronne britannique, chez lesquelles les questions
d'allégeance sont régies par des actes spéciaux. On peut,
à ce point de vue, diviser en trois classes les colonies anglaises[1] :

1° Les colonies qui suivent la loi anglaise du 6 août 1844,
en vigueur jusqu'en 1870, ou qui possèdent des lois imi-
tées de près de cet acte. — Ce sont l'Inde, la Nouvelle-Galle
du Sud, le Queensland, la Nouvelle-Zélande, la Jamaïque,
les Bermudes, etc. Il n'y a pas de stage fixe imposé au
postulant, et le certificat de naturalisation est conféré par
le Gouvernement avec les restrictions qu'il lui plaît d'y
insérer. D'après l'acte anglais de 1844, la naturalisation ne
comprend pas le droit de faire partie du Parlement, ni de
siéger au Conseil privé.

2° Les colonies qui n'ont pas de loi générale sur la matière. — Dans les Antilles anglaises, la plupart du moins,
dans la Guyane britannique, à la Trinité, il faut un bill
spécial pour accorder à l'étranger le droit de cité.

3° Les colonies qui ont des lois spéciales et différentes
de celles de la métropole. — On peut citer, dans cette
catégorie, le Canada, où cette matière a fait l'objet d'une
loi récente[2]. Un stage préalable de cinq ans est exigé au
cap de Bonne-Espérance, de sept ans dans la terre du
Prince Édouard, etc., etc.

Les personnes naturalisées dans les colonies anglaises
peuvent obtenir du gouvernement de la colonie un passeport dans lequel elles sont qualifiées *naturalized as British
subject of X...* Le passeport peut être échangé contre un

---

tion, non du ministre de l'Intérieur, mais du Parlement, avec mention du
droit de siéger au Parlement et au Conseil privé. C'est une preuve que l'acte
n'est pas considéré comme ayant aboli l'ancienne naturalisation législative.

[1] Voir le *Report on naturalization*, etc.

[2] Voir annexe M.

autre au *Foreign office* à Londres, sur la recommandation du secrétaire d'État pour les colonies. Jamais ce passeport ne pourra permettre au porteur de réclamer la protection anglaise contre le pays où il est né. — En général, la nationalité conférée dans une colonie anglaise n'a pas d'effet dans les autres.

Notre ancienne colonie de l'Ile de France, aujourd'hui Maurice, possède, depuis le 8 septembre 1871, une loi imitée de l'acte anglais du 12 mai 1870. Toutefois, on ne décerne le droit de cité aux étrangers qu'à condition qu'ils produisent un certificat signé de deux propriétaires respectables de l'île et du consul de leur nation. Avant l'acte de 1871, le gouverneur de l'île Maurice était libre d'enlever aux naturalisés le droit de cité : aujourd'hui ce pouvoir ne lui appartient plus.

Autriche-Hongrie. — Depuis l'établissement du dualisme, en 1867, il y a deux nationalités dans l'empire austro-hongrois : la nationalité autrichienne appartenant aux ressortissants des royaumes et pays représentés au Reichsrath, à Vienne, et la nationalité hongroise, appartenant aux sujets de la couronne de Hongrie. Cette distinction résulte de l'article 1er de la constitution du 21 décembre 1867.

1° *Autriche.* — Avant 1833, la seule expiration du délai de dix ans de séjour (*decennium*) faisait acquérir *ipso facto* la nationalité autrichienne, à moins que l'étranger n'eût une qualité diplomatique, qu'il ne fût au service d'un ambassadeur, étudiant, officier pensionné, qu'il ne se fût rendu coupable d'un délit, ou qu'il fût couvert par un traité international. Cette législation présentait de graves inconvénients pour les étrangers, à qui elle imposait une nationalité qu'ils n'avaient peut-être pas l'intention d'acquérir. Aussi, sur les réclamations des étrangers et des gouvernements étrangers, on rendit, en 1833, l'acquisition de la nationa-

lité facultative pour l'étranger qui se trouvait dans les conditions voulues pour l'obtenir. On autorisait en même
temps les étrangers qui avaient déjà, en 1833, dix ans de
séjour en Autriche, à se soustraire aux conséquences de
la législation antérieure en déclarant, dans un délai de
six mois à partir de la publication du décret, qu'ils n'a-
vaient pas voulu devenir Autrichiens.

Aux termes de ce décret du 1ᵉʳ mars 1833, « la nationalité autrichienne s'acquiert par un séjour ininterrompu de
dix ans en Autriche, lorsque l'étranger fait la preuve de
ce séjour auprès des autorités de son dernier domicile,
prête le serment d'allégeance et obtient un titre de naturalisation. »

La naturalisation peut aussi être obtenue avant l'expiration des dix ans. L'article 30 du Code civil permet en
effet à l'étranger qui exerce une industrie ou un métier
de se pourvoir, sans attendre l'expiration du délai, auprès
des autorités politiques pour obtenir la naturalisation, et à
ces autorités de l'accorder s'il y a lieu suivant l'état de fortune, la capacité industrielle et la moralité du demandeur.
C'est quelque chose d'analogue à notre naturalisation
extraordinaire.

L'étranger qui veut se faire naturaliser doit prouver en
outre de son séjour : 1° qu'il a mené une vie honorable;
2° qu'il peut subvenir à ses besoins sans qu'il soit nécessaire qu'il possède une fortune propre (décret du 12 avril
1816); 3° qu'il a une commune d'attache en Autriche;
c'est la conséquence du principe admis en Autriche que
tout Autrichien doit appartenir à une commune déterminée (loi du 5 mars 1862).

L'étranger n'a pas besoin d'apporter la preuve de sa
dénationalisation (décret du 28 août 1817), à moins qu'il
n'y ait à ce sujet des dispositions formelles dans des traités
internationaux.

Il doit, devant les autorités locales, prêter le serment
d'allégeance, dont la formule est la suivante : « Je jure

devant Dieu tout-puissant,'sur mon honneur et ma conscience, en ma qualité de sujet autrichien, fidélité et obéissance au Souverain… Je jure d'observer les lois et de remplir exactement tous les devoirs et obligations des sujets
autrichiens » (décret du 30 janvier 1824).

Si l'étranger est mineur, il doit apporter le consentement de son tuteur; sa minorité s'oppose à la prestation
du serment, mais celui-ci n'est pas indispensable pour
l'obtention de la naturalisation. Les femmes sont également dispensées du serment d'allégeance.

Lorsque les conditions requises sont remplies, la naturalisation n'est pas de droit; en d'autres termes, la naturalisation n'est pas un mode d'acquérir la qualité d'Autrichien qui résulte du bienfait de la loi; c'est, comme dans
notre législation, une faveur que le Gouvernement accorde
ou refuse, suivant qu'il le juge à propos, aux étrangers
qui la réclament[1].

La naturalisation s'étend à la femme et aux enfants mineurs.

2° *Hongrie.* — Au lieu qu'en Autriche les questions de
nationalité sont régies par des lois et des ordonnances diverses, difficiles à réunir, en Hongrie, la matière a été
récemment codifiée par une loi déjà citée du 24 décembre
1879.

La naturalisation ne peut être accordée qu'aux personnes qui réunissent les conditions suivantes :

1° Capacité juridique, ou consentement des représentants légaux;

2° Admission parmi les ressortissants d'une commune
hongroise, à moins qu'il n'y ait promesse d'admission ul-
térieure;

3° Établissement en Hongrie depuis cinq ans sans interruption;

---

[1] Passage emprunté à une étude de M. Beauchet, professeur à la Faculté
de droit de Nancy. *Journal du dr. int. privé,* 1884, p. 362.

4° Antécédents irréprochables;

5° Fortune ou profession permettant de vivre;

6° Inscription depuis cinq ans sur la liste des contribuables.

Si, après enquête, la naturalisation paraît devoir être accordée au pétitionnaire, il est admis à prêter serment et reçoit un titre officiel de citoyen hongrois.

Le roi peut accorder la naturalisation extraordinaire, sans délais ni conditions d'aucune sorte, aux étrangers ayant rendu de grands services à l'État hongrois. Ces derniers seraient admis à siéger au Parlement, tandis que les autres naturalisés ne pourraient y entrer que dix ans plus tard [1].

Belgique. — Dans le royaume de Belgique, il existe deux sortes de naturalisation : la petite naturalisation qui attribue les droits civils, et la grande naturalisation, qui seule, assimile réellement celui qui l'a obtenue aux citoyens de naissance, en lui octroyant les droits d'électorat et d'éligibilité politiques. L'une comme l'autre est une mesure législative, prise par les Chambres sous forme de loi et n'a d'effet qu'après qu'elle a été enregistrée par le bourgmestre de la commune où demeure le naturalisé, et cela dans les deux mois après la signature par le roi de la loi de naturalisation.

La matière a été réglée d'abord par une loi du 27 septembre 1835, qui a été remplacée par une loi du 6 août 1881. Les conditions requises pour la naturalisation ordinaire n'ont pas été modifiées. Il faut, pour l'obtenir, justifier d'une résidence de cinq ans dans le royaume, et avoir atteint l'âge de vingt et un ans. C'est en ce qui concerne la grande naturalisation qu'innove la loi de 1881. D'après la loi de 1835, la grande naturalisation ne pouvait être accordée que *pour services éminents rendus au pays* (art. 2).

---

[1] Voir annexe S.

C'était la rendre peu accessible aux étrangers, et l'Exposé des motifs, constate que onze étrangers seulement l'ont obtenue de 1835 à 1881. « Il suffit de faire appel à nos souvenirs et de jeter un regard autour de nous, écrivait le rapporteur de la section centrale, pour voir combien d'étrangers établis dans notre pays eussent été dignes à tous égards d'obtenir la qualité de Belges dans son extension la plus complète, s'ils n'eussent été arrêtés, au détriment même des vrais intérêts du pays, par les termes rigoureux de l'article 2 et par l'acception plus rigoureuse encore dans laquelle il a toujours été interprété ».

Le Gouvernement a considéré que cette partie de la législation n'était en harmonie, ni avec le Code civil, ni avec les idées modernes, ni avec les lois étrangères. Le Code civil, en effet, accorde le droit d'opter pour la nationalité belge à tout étranger, par cela seul qu'il est né en Belgique (art. 9); si l'on peut présumer l'attachement de l'homme pour le pays où il est né, à plus forte raison peut-on l'admettre pour le sol où il s'est fixé de son plein gré, où il a fondé un établissement, où il s'est marié, où il a résidé un certain nombre d'années. Il s'agissait donc seulement d'exiger des conditions démontrant un attachement sérieux à la patrie belge. Déjà l'étranger, investi de la naturalisation ordinaire, pouvait exercer certains droits politiques, être électeur et éligible aux conseils communaux et provinciaux, remplir la plupart des fonctions publiques, faire partie de l'armée et y obtenir des grades. Jamais aucun inconvénient n'avait été signalé comme résultant de cet état de choses. Pourquoi craindre dès lors d'étendre ces droits au profit de personnes dont la situation dénote, plus encore que celle des naturalisés ordinaires, la ferme intention d'être et de rester Belges?

C'est par ces motifs que le législateur belge a décidé que la grande naturalisation pourrait être accordée non seulement pour services éminents rendus à l'État, mais aussi à des étrangers âgés de vingt-cinq ans au moins, mariés,

ayant des enfants, et résidant depuis dix ans en Belgique.
Le délai est réduit de moitié pour celui qui a épousé une
femme belge; il est porté à quinze [ans pour le célibataire
ou le veuf sans enfants, lequel doit, en outre, avoir l'âge
de cinquante ans.

La naturalisation grande ou petite est personnelle. Les
enfants mineurs du naturalisé peuvent en réclamer le bénéfice dans l'année qui suit leur majorité, par une simple
déclaration.

On s'est demandé si les enfants des étrangers ayant obtenu la petite naturalisation, nés postérieurement, ont de
plein droit à leur majorité la faculté de voter et de siéger
au Parlement. M. Laurent voudrait la leur refuser et ce
serait rigoureusement logique; mais dans la pratique, il
se perpétuerait une classe de citoyens incomplets, de *cives
sine suffragio,* qui serait peu en harmonie avec les idées
égalitaires qui ont cours de notre temps. Ce serait, en
outre, une source de difficultés et de réclamations innombrables. La jurisprudence a sagement adopté l'opinion
contraire [1].

La loi permet encore d'accorder la grande naturalisation
aux enfants majeurs des personnes qui l'ont obtenue, et
aux étrangers nés sur le sol qui ont omis de faire la déclaration de l'article 9 du Code civil. — Quant à ces derniers,
une loi du 1er avril 1879 leur a ouvert un nouveau délai
d'un an pour remplir la formalité omise. La même loi s'appliquait aussi aux individus à qui l'article 2 de la loi du 4
juin 1839, relative à la nationalité des habitants des parties du Limbourg et du Luxembourg abandonnées aux
Pays-Bas, accordait un droit d'option dont ils n'avaient pas
profité, ainsi qu'aux originires de l'ancien royaume des
Pays-Bas, demeurant en Belgique avant la formation du
royaume et ayant négligé de faire une déclaration en
temps utile. Ces mesures avaient, comme on le voit, un

---

[1] Cour de cassation de Bruxelles. Arrêt du 29 juillet 1861.

caractère exceptionnel : elles étaient motivées par ce fait que les partis politiques, en faisant des recherches pour diminuer le nombre des voix adverses, avaient mis en lumière qu'un grand nombre d'individus, tenus en fait pour Belges, étaient étrangers. Il a paru utile de leur donner un moyen d'obtenir promptement la qualité de sujet du roi[1].

Les droits de sceau sont fixés par une loi du 7 août 1881.

Danemark. — L'ancien système en vigueur en Danemark, relativement à la nationalité, consiste à regarder tous les habitants comme sujets. Par cela même qu'un étranger établit son domicile dans le royaume, il est soumis aux lois locales, et jouit des droits de sujet. Le serment d'allégeance, exigé pendant quelque temps des étrangers, dans le cours du xviiie siècle, ne tarda pas à tomber en désuétude. A côté de la qualité de sujet (*undersaatret*), il y a l'indigénat (*indfodsret*) qui donne le droit de remplir les fonctions publiques, et qui appartient à ceux qui sont nés de parents indigènes, ou dans le royaume de parents étrangers, et aux étrangers à qui il a été conféré.

C'est l'*animus commorandi* qui confère la qualité de sujet. Après deux ans, on ne peut plus être expulsé[2] et on a droit aux secours publics. Les simples domiciliés en Danemark peuvent donc, en qualité de sujets, réclamer l'application des lois locales, obtenir des lettres de bourgeoisie dans les villes, ce qui leur donne le droit de faire le commerce, et exercer les droits d'électeurs municipaux. Pour le même motif, ils sont soumis aux lois locales, quant au statut personnel et aux obligations militaires.

On comprend que la pratique de l'extradition pénètre difficilement dans les mœurs d'un pays ayant des lois de cette nature. En principe, le Danemark devrait refuser

[1] Annexe J.
[2] Voir l'article 7 de la loi du 5 mai 1875, *Annuaire de lég. étr.* de 1876, page 801.

de livrer le criminel domicilié sur son territoire. En fait,
il accorde l'extradition quand le malfaiteur y est réfugié
depuis moins de deux ans et, par conséquent, peut encore
être expulsé[1].

Les fonctions publiques, les droits d'électorat et d'éligibilité politique, de jouir des bourses universitaires et
secours donnés aux étudiants, etc., appartiennent exclusivement aux indigènes. Pour obtenir le droit d'indigénat,
un étranger doit, en vertu de l'article 54 de la constitution
du 5 juin 1849, avoir été l'objet d'une loi spéciale, votée
par les deux Chambres du Rigsdag.

L'animus commorandi nécessaire pour devenir sujet du
roi de Danemark est précisément le contraire de l'esprit
de retour, exigé par le Code civil avant les réformes de
1889 pour conserver à l'étranger la qualité de Français.
La jurisprudence danoise est d'accord avec la nôtre sur
la plupart des points : le mariage dans le pays, l'achat
d'immeubles, le fait de vendre ses propriétés dans son
pays d'origine, d'amener sa famille avec soi, sont considérés comme les manifestations les plus naturelles de
l'*animus commorandi*. On pourra aussi consulter l'individu lui-même ; son témoignage confirmera ou infirmera la
présomption, mais sans jamais suffire à lui seul : autrement on ferait l'intéressé juge de sa nationalité. Mais, en
cas d'établissement de commerce, les jurisprudences sont
contradictoires : le Français, qui a une maison de commerce à Copenhague ou à Elseneur, y sera tenu pour
Danois, tandis qu'en France on l'aurait considéré comme
ayant conservé la qualité de Français, du moins si l'établissement de commerce seul paraissait le retenir hors de
France. Depuis la suppression de la dénationalisation par
émigration sans esprit de retour, il n'y a plus la même concordance entre nos lois et celles du Danemark. Toutefois, il

---

[1] La convention d'extradition actuellement en vigueur entre la France et
le Danemark stipule en faveur du Danemark la faculté de ne pas extrader
le malfaiteur réfugié depuis deux ans au moins.

est probable qu'il n'y aurait pas de conflits, car une lettre de chancellerie danoise du 11 novembre 1817 dit que la naturalisation n'est pas opposable aux pays étrangers.

Espagne. — L'article 1ᵉʳ de la constitution espagnole du 30 juin 1876 reconnaît deux sortes de naturalisation : « Sont espagnols, dit-il : ... 3° les étrangers qui ont obtenu des lettres de naturalisation; — 4° ceux qui ont acquis le droit de cité (la *vecindad*) dans une ville de la monarchie[1]. »

La naturalisation proprement dite, que vise le § 3, est encore aujourd'hui réglée par d'anciennes lois. Le Gouvernement de la reine Isabelle avait présenté au Cortès de 1847 un projet de loi destiné à mettre la législation espagnole en harmonie avec les idées et les institutions modernes[2]; mais ce projet n'a pas été admis et c'est encore dans la *Novisima Recopilacion*, vaste digeste des lois de la Péninsule, publié en 1805, qu'il faut chercher les règles en vigueur aujourd'hui.

La *Novisima Recopilacion* reconnaît quatre sortes de naturalisation : la première, qu'on appelle universelle, donne la jouissance de tous les droits ecclésiastiques et séculiers, sans la moindre restriction; la seconde, dont les privilèges n'ont trait qu'aux questions de l'ordre séculier, ne comprend aucune prérogative ecclésiastique; la troisième ne sert qu'à obtenir certains revenus ecclésiastiques, à titre de prébende, soit simplement une dignité ou pension quelconque; la quatrième ne se rapporte qu'aux droits séculiers et exclusivement à la jouissance des charges et des honneurs, telle qu'elle est établie pour les nationaux, « excepto todo lo que esta prohibido por las condiciones de « millones[3]. »

---

[1] *Annuaire de lég. étr.*, 1877.
[2] Voir *Estudios sobre nacionalidad, naturalizacion y ciudadania.*, por *un primer secretario de legacion.* Madrid, 1878. Annexe 2.
[3] Voir les *Principios de derecho civil y penal de España, por Montalban,* pages 308 et s.

D'après une instruction de 1588, complétée en 1716, les trois premières classes de naturalisation ne pouvaient être conférées qu'avec une intervention du pouvoir législatif. La quatrième seule était accordée par le roi. La jurisprudence moderne admet que, depuis l'établissement du gouvernement constitutionnel, les trois premières classes de naturalisation peuvent être octroyées seulement par le Parlement, tandis que pour la dernière il suffit que le Conseil d'État soit consulté. Avant la révolution de 1868, la demande de celui qui sollicitait la naturalisation devait être accompagnée d'une copie de l'acte de baptême et d'un certificat constatant que le réclamant appartenait à la religion catholique. Aujourd'hui, la liberté religieuse existant en Espagne, ces formalités sont naturellement hors d'usage. La naturalisation, d'après la loi sur l'état civil de 1870, ne reçoit plein et entier effet qu'après l'inscription des lettres sur les registres de la commune que le naturalisé habite ou à la direction générale de l'état civil à Madrid. En même temps, il prête serment de fidélité au roi et à la constitution, et l'accomplissement de cette formalité est mentionnée sur le registre, ainsi que la classe de la naturalisation qui a été accordée.

La constitution espagnole reconnaît, à côté de cette naturalisation expresse, une naturalisation particulière résultant du fait qu'un étranger a obtenu la *vecindad* dans une ville espagnole. Ici encore, nous sommes en présence d'antiques règles que le projet de loi de 1847 avait pour objet de rajeunir et d'abroger en partie. La *vecindad* est une sorte de *civitas* qui, aux termes de la loi du 6 mars 1716, est acquise *ipso facto* à tout étranger — qui a obtenu le privilège de naturalité (*naturaleza*), — qui est né en Espagne, — s'y est converti à la foi catholique, — y a établi son domicile, — y a expressément demandé et obtenu la *vecindad,* — qui a épousé une femme espagnole et demeure dans le royaume avec elle, — qui possède des biens-fonds en Espagne, — y exerce une profession, — y tient boutique, y demeure

depuis dix ans *en casa poblada,* etc... — D'après les anciens
usages espagnols, ces *avecindados* étaient considérés comme
sujets : on les opposait aux étrangers purement de passage
transeuntes, qui étaient seuls de véritables étrangers et
soumis à la juridiction particulière appelée *fuero de estran-
jeria,* qui rappelle celle du *pretor peregrinus* de l'ancienne
Rome.

En 1791, une loi imposa aux *avecindados* de prêter serment de fidélité au roi d'Espagne [1]. Cette loi, si elle eût été
rigoureusement appliquée, eût eu pour conséquence d'empêcher tous les étrangers de résider en Espagne, à moins
d'y être à l'état de *transeuntes;* mais elle paraît être tombée
promptement en désuétude, et, aujourd'hui, le serment
qu'elle avait prescrit n'est plus imposé. Seulement la
vecindad ne produit son entier effet, c'est-à-dire ne confère
la qualité de sujet, qu'autant que l'étranger *avecindado* l'a
prêté [2]. Il faut, en outre aujourd'hui, pour qu'un étranger
avecindado devienne sujet du roi d'Espagne, qu'il se fasse
inscrire comme *vecino* sur le registre de l'état civil de sa
commune, en déclarant qu'il renonce à toute nationalité
étrangère. « Les étrangers, dit l'article 103 de la loi de
« 1870 sur l'état civil, qui ont obtenu la *vecindad* dans
« une commune quelconque de la monarchie jouiront de
« la qualité et des droits d'Espagnol dès l'instant que l'ins-
« cription aura été faite sur le registre civil. A cet effet,
« ils devront présenter, devant le juge municipal de leur
« domicile...., justification suffisante des faits qui leur ont
« valu la *vecindad,* en renonçant à la nationalité qu'ils
« avaient auparavant [3] ». On voit qu'ici encore la règle de
la constitution espagnole a reçu en pratique un sage tempérament. Autrefois, la *vecindad* entraînait la naturalisation
même sans la volonté de l'étranger. C'était une cause de
conflit, et nous avons vu plus haut que la cour de Paris

[1] Voir Salinas, *Droits des Français en Espagne.*
[2] Montalban, *op. cit.,* I, page 330.
[3] *Estudios sobre nacionalidad,* etc., pages 237 et 238.

avait refusé de tenir pour Espagnol un Français qui avait
acquis malgré lui la naturalisation espagnole comme conséquence forcée de la *vecindad*[1]. Il n'en est plus ainsi
maintenant, et pour qu'un étranger *avecindado* devienne
sujet espagnol, il faut, de sa part, une manifestation de volonté qui suffira pour sauvegarder sa liberté. La *vecindad*
pourra donc fournir une manière indirecte, et souvent
plus simple, d'acquérir la nationalité espagnole; mais on
aurait tort de conclure des termes généraux de la constitution qu'il suffit d'être *avecindado* en Espagne, pour devenir malgré soi sujet de S. M. Catholique.

Le décret du 17 novembre 1852 contient une règle qui
suffirait, d'ailleurs, à montrer que l'Espagne n'entend imposer sa nationalité à personne. L'article 45 de cet acte déclare, en effet, que l'étranger qui a obtenu la naturalisation
en Espagne sans la connaissance et la permission de son
gouvernement n'est pas libéré des obligations qui dépen-
daient de sa première nationalité. A plus forte raison peut-
on croire que le Gouvernement espagnol ne voudrait pas
soutenir, par la voie diplomatique, contre leur pays, les
individus qui n'auraient pas été dégagés des liens de leur
nationalité antérieure, tout en ayant acquis la qualité de
sujet espagnol.

Grèce. — Il faut distinguer, d'après le Code civil de
1857, si l'étranger est ou non de race hellénique. Dans le
premier cas, il lui suffit d'un séjour de deux ans; dans
le second, il faut qu'il soit resté trois ans sur le territoire du royaume pour qu'il puisse former une demande
en naturalisation. Il est admis au rang de citoyen après enquête faite par les autorités administratives sur la moralité; puis il prête serment devant le nomarque[2].

Malgré cela, la naturalisation grecque a été souvent
donnée par faveur spéciale à des Grecs de l'Empire otto-

[1] Ci-dessus, page 177.
[2] Voir annexe R.

man, qui n'avaient jamais résidé dans le royaume. En 1875, la Grèce dut renoncer à cette pratique et fit un arrangement d'après lequel la Sublime-Porte reconnut la qualité de sujet hellène à ceux seulement qui avaient été naturalisés avant l'année 1858 [1].

Une loi du 3 mars 1881 permet au roi, dans certains cas exceptionnels, d'accorder la naturalisation par simple décret, et sans attendre les délais ordinaires.

Italie. — Le nouveau Code civil italien n'impose aucune nécessité de séjour pour obtenir la qualité de sujet. Il y a, comme en Belgique, la grande et la petite nationalisation, mais la première seule est conférée par une loi, la seconde l'est par décret royal.

La première produit ses effets du jour où la loi a été légalement promulguée dans les formes ordinaires; la seconde, quand le décret a été enregistré dans la commune où le naturalisé est établi, par les soins de l'officier d'état civil, et après que le naturalisé a prêté le serment de fidélité au roi ou aux lois du royaume. Cet enregistrement doit avoir lieu dans les six mois de la date du décret royal, à peine de déchéance [2].

La petite naturalisation confère l'incolat, c'est-à-dire le droit de n'être pas expulsé, et elle soumet celui qui l'a obtenue à la loi italienne, en ce qui touche l'état et la capacité personnelle. Elle ne saurait, du reste, accorder la jouissance des droits civils, laquelle, aux termes de l'article 3 du Code civil du royaume, appartient à l'étranger comme à l'indigène.

La grande naturalisation seule confère les droits politiques. Toutefois, une loi du 17 décembre 1860 a admis à la jouissance de ces droits, à la suite de la simple naturalisation par décret, les personnes natives des parties de la péninsule non rattachées encore à cette époque au royaume

---

[1] *Journal des Débats* du 12 septembre 1875.
[2] Voir annexe T.

d'Italie. Cette disposition pourrait sans doute être invoquée aujourd'hui par les originaires du canton du Tessin. La loi de 1860 s'applique à l'électorat politique seulement, et non au droit d'élire les conseils administratifs des départements et des communes[1].

Luxembourg. — La naturalisation est réglée, dans le grand-duché de Luxembourg, par une loi de 1848, modifiée et complétée par la loi du 27 janvier 1878[2].

Les conditions sont : vingt-cinq ans d'âge, cinq ans de résidence, et un droit de sceau de 300 à 1,000 francs, fixé par arrêté grand-ducal. La résidence n'est pas obligatoire pour les natifs de Luxembourg ayant omis de faire la déclaration de l'article 9 du Code civil; pour ceux qui, ayant perdu la qualité de Luxembourgeois, désirent la recouvrer; pour les individus ayant rendu des services à l'État; enfin, pour les enfants majeurs des étrangers naturalisés pour services rendus. En cas de naturalisation pour services rendus à l'État, il y a exemption du droit de sceau : ce droit peut aussi être abaissé à 50 francs pour les natifs et les ex-Luxembourgeois, déjà dispensés du stage de cinq ans.

On trouvera, en se reportant au texte de la loi, l'indication des pièces que doit fournir le pétitionnaire. « Toute demande en naturalisation, lisons-nous dans l'article 5, ainsi que toute proposition du Gouvernement ayant le même objet, sera produite à la Chambre, et, si elle est prise en considération, renvoyée aux sections. Sur le rapport de la section centrale, la Chambre décide, après discussion, s'il y a lieu, et à huis-clos, si elle adopte ou si elle n'adopte pas la demande ou la proposition en naturalisation ».

Le naturalisé doit, dans les trois mois de la promulgation de la loi qui lui confère le droit de cité, déclarer devant le bourgmestre de la commune où il réside qu'il

[1] *Journal du dr. int. privé*, 1879, page 336.
[2] Annexe U.

accepte la nationalité luxembourgeoise, et cela à peine de déchéance.

La disposition la plus intéressante de la loi du 27 janvier 1878 est celle de l'article 2, d'après lequel « la naturalisation ne pourra être conférée à des étrangers, lorsqu'elle ne se concilie pas avec les obligations qu'ils ont à remplir envers l'État auquel ils appartiennent, ou qu'il pourrait en naître des conflits ».

Dans l'Exposé des motifs de la loi, M. Eyschen, directeur général de la justice, fait ressortir les inconvénients qui résultent des doubles patries. Il reconnaît que les traités internationaux sont la vraie manière d'empêcher le cumul de deux nationalités sur la même personne. « Nous devons pourtant, ajoute-t-il, éviter d'augmenter encore ces anomalies par des naturalisations accordées à ceux qui continuent de conserver leur nationalité d'origine.

« L'Allemagne, la Suisse et les États-Unis, entre autres, ne reconnaissent point le principe que leurs nationaux sont dégagés de tout lien envers l'ancienne patrie par la naturalisation obtenue dans un autre pays. Les individus appartenant à ces pays, quoique naturalisés ailleurs, ont souvent été réclamés, saisis et retenus par leur pays d'origine, pour être astreints par la force à remplir leurs obligations militaires ou autres envers leur ancienne patrie.

« Malgré ces dispositions, la loi anglaise de 1870 permet de naturaliser les étrangers de ces pays, mais en ajoutant qu'elle ne leur accordera pas de protection vis-à-vis du pays auquel ils ont appartenu. Ce mode de procéder serait contraire chez nous au principe de l'égalité des citoyens devant la loi et à celui qui confère la plénitude des droits civils et politiques aux naturalisés.

« La Prusse et les États-Unis ont eu, pendant vingt-cinq ans, des négociations diplomatiques des plus pénibles au sujet de l'effet des naturalisations conférées par l'Amérique à des sujets prussiens, jusqu'à ce que cette « vexed question », devenue proverbiale, fut transigée (sic) par un traité du 22 février 1868. Depuis lors, les États-Unis ont conclu, avec la plupart des autres États de l'Europe, des traités analogues, par lesquels ces derniers reconnaissent, sous diverses conditions, la validité de la naturalisation conférée par ce pays.

« Le Grand-Duché ne possède ni traités ni dispositions spéciales à cet égard.

« Tant que le pays faisait partie de la Confédération germanique, la matière était réglée vis-à-vis des autres pays de l'Union par le cartel du 10 février 1831. D'après cette convention, aucune naturalisation n'était accordée dans un État confédéré à un sujet d'un autre État de l'Union, sans que ce dernier État lui eût délivré un permis d'émigration.

« Par la dissolution de la Confédération, cette obligation est venue à tomber. Mais il semble que, malgré le défaut de réciprocité à cet égard et à cause surtout de la neutralité du pays, il conviendrait de ne jamais conférer la nationalité luxembourgeoise à des étrangers qui ont encore des obligations à remplir vis-à-vis de leur pays d'origine.

« La manière de procéder, usitée sous l'empire du cartel de 1831, a d'ailleurs été maintenue dans la pratique vis-à-vis des sujets allemands qui, depuis 1866, ont réclamé chez nous le bénéfice de la naturalisation.

« Il n'y a donc pas d'inconvénient à généraliser ce principe vis-à-vis de tous les États.

« Quant à la forme à suivre, il semble cependant impossible de demander à tout étranger, comme on le fait généralement vis-à-vis des Allemands, un permis d'émigration émanant de son pays d'origine. Les pays soumis aux législations française ou anglaise ne connaissent pas cette manière de rompre les liens entre l'État et le citoyen et ne délivrent pas de certificats de ce genre ».

Ces considérations ont déterminé le Gouvernement à proposer la rédaction adoptée par la Chambre, qui est une imitation du projet de loi présenté au Conseil fédéral en 1876, lequel est devenu la loi suisse du 3 juillet 1876 [1].

Le Luxembourg a adopté, comme on le voit, le régime que nous avons recommandé plus haut comme étant de nature à éviter le plus grand nombre des difficultés auxquelles donne lieu la naturalisation. C'est un système qui tendra, nous en avons la conviction, à se généraliser dans la pratique internationale et dans le droit.

Monaco. — Autrefois, il suffisait d'avoir été domicilié pendant dix ans dans la Principauté pour être investi de plein droit du droit de cité. Le nouveau Code monégasque [2] décide que dorénavant la nationalité ne sera accordée qu'à ceux qui la demanderont, après avoir séjourné le même temps dans le pays, et par ordonnance du Prince.

Norvège. — D'après la législation en vigueur jusqu'en 1888, l'étranger devenait sujet par cela seulement qu'il avait prouvé qu'il avait établi son domicile dans le royaume avec l'intention d'y demeurer. Après deux ans de séjour, il avait droit aux secours publics; après trois ans, il ne pouvait plus être expulsé; après cinq ans, il devenait électeur; après dix ans, il était considéré comme un véritable indigène et était admissible aux fonctions publiques. Aujourd'hui, la question qui nous occupe est réglée par une loi du 21 avril 1888. Cet acte admet encore l'acquisition du droit de cité par simple établissement de domicile, mais seulement en faveur des indigènes, c'est-à-dire des individus nés en Norvège ou nés hors de Norvège de parents norvégiens ou en faveur de personnes ayant obtenu du Storting par une loi spéciale le droit d'indigénat. Les non indigènes peuvent devenir Norvégiens, en acceptant des fonctions publiques en Norvège ou en obtenant des lettres de naturalisation qui peuvent être conférées aux conditions suivantes :

[1] Voir ci-après au mot *Suisse.*
[2] Voir annexe X.

1° Que l'intéressé ait demeuré trois ans en Norvège ;

2° Qu'il ait acquis, dans un district, le droit aux secours publics ou qu'il établisse qu'il a des ressources suffisantes pour ne pas tomber à la charge de l'assistance publique avant le moment où il aurait ce droit ;

3° Qu'il soit majeur ;

4° Qu'il n'ait pas encouru certaines condamnations infamantes, ni certaines déchéances au point de vue de la capacité.

L'impétrant doit, en outre, renoncer à la nationalité antérieure et, s'il y a lieu, produire un certificat du Gouvernement dont il relevait constatant cette renonciation [1].

Pays-Bas. — La loi du 29 juillet 1850 dispose (art. 5) que la naturalisation est accordée par une loi, et seulement aux étrangers qui en font la demande, après avoir atteint leur vingt et unième année, avoir été domiciliés pendant six ans consécutifs sur le territoire néerlandais, et avoir manifesté l'intention de continuer d'y résider. La qualité de citoyen n'est acquise à l'intéressé que du jour où il a fait enregistrer à la mairie de sa commune les lettres de naturalisation qui lui ont été délivrées, en exécution de la loi rendue à cet effet, et déclaré en même temps son intention d'accepter l'allégeance néerlandaise.

Dans certains cas, pour récompenser des services exceptionnels, on n'exige pas les six ans de domicile [2].

Portugal. — Aux termes de l'article 19 du Code civil portugais, la naturalisation peut être accordée aux étrangers à la condition :

1° Qu'ils soient majeurs, conformément à la loi de leur pays d'origine et à la loi portugaise ;

---

[1] Voir *Norges Statsforfatningen,* remarquable traité de droit constitutionnel norvégien, par le Pr. Aschehoug, — et ci-après l'annexe Y.

[2] Annexe AA.

2° Qu'ils aient des moyens d'existence, ou soient capables de subvenir à leurs besoins par leur travail;

3° Qu'ils aient résidé au moins un an sur le territoire portugais.

Le Gouvernement se réserve de dispenser de tout ou partie du stage d'un an les étrangers se rattachant au Portugal par des liens de famille, c'est-à-dire descendant de parents portugais en ligne paternelle ou maternelle. Même dispense peut aussi être accordée à l'étranger qui a épousé une femme portugaise ou qui a rendu au pays un service important.

Les lettres de naturalisation doivent être enregistrées à la municipalité du domicile de l'impétrant; c'est du jour de cette formalité que date leur entrée en vigueur [1].

Roumanie. — L'article 16 du Code civil et la constitution de 1866, modifiée sur ce point par la loi du 23 octobre 1879 sont les principaux actes relatifs à la nationalité en Roumanie [2].

D'après l'article 16 du Code, « l'étranger qui voudra « obtenir la naturalisation devra la demander par requête « adressée au Prince, en indiquant la fortune qu'il pos- « sède, ou la profession ou le métier qu'il exerce, et en « manifestant l'intention d'établir sa résidence sur le « territoire roumain. Si, à la suite de cette demande, « l'étranger réside pendant dix ans en Roumanie et si sa « conduite et ses actes prouvent qu'il est utile au pays, « l'assemblée législative, sur l'initiative du Prince, et le « conseil d'État entendu, pourra lui accorder des lettres « de naturalisation, qui seront sanctionnées et promul- « guées par le Prince. — Pourra être dispensé du stage « de dix ans l'étranger qui aura rendu au pays des services

---

[1] La naturalisation en Portugal était régie jusqu'au nouveau Code civil par une ordonnance de 1836, dont les principales dispositions ont été maintenues. Le délai a été toutefois réduit de la moitié. — Voir annexe BB.

[2] Voir annexe CC.

« importants, qui y aura introduit soit une industrie soit
« des inventions utiles, qui y aura apporté des talents dis-
« tingués, qui aura formé en Roumanie de grands établis-
« sements de commerce ou d'industrie ». A ces motifs de
dispense du stage, la constitution en a ajouté un nouveau,
d'un caractère purement politique, tiré de considérations
ethnographiques que l'on n'est guère habitué à rencontrer
en pareille matière. L'article 9 de la constitution permet
au Parlement d'accorder sans aucun délai la naturalisation
aux personnes de race roumaine appartenant à un État
étranger, pourvu qu'elles établissent qu'elles sont dégagées
de tout lien d'allégeance envers cet État. Les personnes
auxquelles il est fait allusion ici peuvent être originaires
de la Servie, de la Bukovine, de la Transylvanie, de la
Bessarabie, et même de certains districts de la Macédoine
où se trouvent des populations de race roumaine. —
Cette même constitution, si large pour les individus de
race moldo-valaque, contenait des dispositions singulièrement restrictives en matière religieuse. Déjà le Code civil
renfermait une restriction de ce genre : l'article 8, prévoyant
le cas d'étrangers nés et élevés en Roumanie leur permet,
s'ils appartiennent à un rite chrétien, de réclamer la qualité de Roumain à leur majorité, comme d'après le Code
français, à la condition seulement qu'ils établissent qu'ils
ne dépendent d'aucun gouvernement étranger. Si, au contraire, ils ne sont pas chrétiens, ils ne peuvent aux termes
de l'article suivant, que solliciter la naturalisation dans
les formes ordinaires. Toutefois si on rendait moins facile
aux non-chrétiens l'acquisition de la nationalité roumaine,
du moins on ne les en excluait pas. Ce régime n'a paru suffisamment restrictif aux rédacteurs de la constitution de
1866, qui ont fait adopter une disposition rigoureuse et déclarer, en termes exprès, que « les étrangers du rite chrétien peuvent seuls obtenir la naturalisation » (article 7).

L'état d'infériorité où se sont ainsi trouvés placés, dans
la Principauté, les étrangers non chrétiens, date de la

création même des Principautés-Unies, et de leur organisation par la conférence de Paris en 1858. Dans la séance
du 9 août 1858, M. le comte Walewski, plénipotentiaire de
France et président de la conférence, présenta un projet
de convention, qu'il avait été chargé de préparer. Aucune
disposition de ce projet ne pouvait permettre d'établir la
moindre distinction entre les différentes confessions; mais,
dans la séance du 14 août, un paragraphe additionnel fut
inséré à l'article 51 du projet français, qui est devenu l'article 46 de la convention du 19 août 1868. La première
partie porte « que les Moldaves et les Valaques seront tous
« égaux devant la loi et également admissibles aux emplois
« publics dans l'une et l'autre principauté ». La clause
additionnelle en atténue la portée par la disposition suivante : « Les Moldaves et les Valaques de tous les rites
« chrétiens jouiront également des droits politiques : la
« jouissance de ces droits politiques pourra être étendue à
« d'autres cultes par des dispositions législatives [1] ». —
C'est cet article 46 de la convention de 1858 qui a été le
point de départ des mesures prises dans les Principautés
pour exclure les Musulmans et les Juifs. Pour ces derniers,
la conséquence de l'exclusion a été de les attirer en grand
nombre : à n'être pas citoyens, ils gagnaient du moins de
n'être pas soldats.

Cet état de choses a attiré, en 1878, l'attention du Congrès de Berlin, qui a invité la Roumanie à abroger toutes
les lois plaçant les Israélites dans une condition d'infériorité. Cette abrogation a même été imposée comme une
condition de la reconnaissance de la Principauté comme
État indépendant, ainsi qu'il résulte du protocole n° 10.
L'article 44 du traité de Berlin du 13 juillet 1878 consacre
cette obligation dans ces termes : « En Roumanie, la dis-
« tinction des croyances religieuses et des confessions ne
« pourra être opposée à personne comme un motif d'exclu-

[1] Voir la *Conférence de Paris,* 1858. Paris, impr. Imp., novembre 1858.

« sion ou d'incapacité en ce qui concerne la jouissance des
« droits civils et politiques, l'admission aux emplois pu-
« blics, fonctions et honneurs, ou l'exercice des différentes
« professions et industries, dans quelque localité que ce
« soit[1] ».

L'exécution de cet article a donné lieu à de longues négociations entre les grandes puissances et le Cabinet de
Bucharest. Ce dernier avait pensé pouvoir se borner à supprimer l'article 7 de la constitution, et, par suite, à assimiler, sauf l'article 8 du Code civil, les Israélites aux autres
étrangers. Les Gouvernements signataires du traité de
Berlin demandaient, au contraire, que les Juifs de la Principauté fussent déclarés d'emblée citoyens. L'entente a
fini par se faire sur un compromis, adopté par la Chambre
de révision, nécessaire, suivant la constitution, pour opérer
une réforme constitutionnelle.

L'ancien article 7 supprimé est remplacé, en vertu de la
loi constitutionnelle du 25 octobre 1879, par la rédaction
suivante :

« Art. 7. — Les différences de croyances et de confessions religieuses ne forment pas obstacle, en Roumanie, à
l'obtention et à l'exercice des droits civils et politiques.

« 1° Les étrangers, sans distinction de religion, qu'ils
soient ou non sujets d'États étrangers, peuvent obtenir en
Roumanie les droits de citoyens aux conditions suivantes :

« Tout étranger, en formant demande à fin de naturalisation, doit exposer quel capital il possède, la profession ou
le métier qu'il exerce, ainsi que son intention de résider
en Roumanie.

« Le demandeur devra résider en Roumanie pendant dix
ans à dater de sa demande, et il devra prouver par sa conduite qu'il a été un citoyen utile dans son pays d'adoption.

« 2° Les catégories suivantes sont exemptées de la clause
des dix ans de résidence :

---

[1] Voir le *Livre Jaune* de 1878.

« Ceux qui, par des inventions utiles ou par un remarquable talent, ont fondé dans la principauté d'importantes maisons commerciales ou industrielles ;

« Ceux qui sont nés en Roumanie et y ont été élevés par leurs parents, et qui n'ont jamais bénéficié de la protection étrangère ;

« Ceux qui ont servi sous les drapeaux roumains dans la récente guerre de l'indépendance.

« Ces trois catégories pourront obtenir la naturalisation collectivement, sur proposition à cet effet par le Gouvernement, au moyen d'un simple vote des Chambres et sans autres formalités.

« 3° En règle générale, la naturalisation ne peut être accordée que par décision spéciale et sur demande individuelle.

« 4° Une loi spéciale spécifiera le mode légal de constatation du domicile dans le sens exigé par la présente loi.

« 5° Les Roumains, ou les naturalisés roumains, peuvent seuls acquérir des propriétés rurales dans la principauté. La législation en vigueur à cet effet est maintenue, et les traités internationaux existants restent en vigueur avec les restrictions qu'ils prescrivent ».

La naturalisation collective prévue dans le § 2 *in fine*, a été accordée à un millier d'Israélites environ. Les puissances se sont déclarées satisfaites, et la reconnaissance de l'indépendance de la Roumanie a été décidée. — La France, cependant, de même que l'Angleterre et l'Allemagne, a cru devoir faire des réserves, l'article 44 du traité de Berlin n'ayant pas paru avoir été rigoureusement exécuté. Le 20 février, les agents des trois puissances ont remis au gouvernement princier une note identique dans laquelle nous relevons le passage suivant :

« Le Gouvernement de la République ne saurait considérer comme répondant entièrement aux vues qui ont dirigé les puissances signataires du traité de Berlin, les dispositions constitutionnelles nouvelles dont il lui a été donné connaissance et en particulier celle d'où il résulte pour les personnes de rite non chrétien domiciliées en Roumanie, n'appartenant d'ailleurs à aucune nation étrangère, la nécessité de se soumettre aux formalités d'une naturalisation individuelle ».

Toutefois confiant dans la volonté du gouvernement princier de se rapprocher de plus en plus dans l'application de ces dispositions de la pensée libérale dont s'étaient inspirées les puissances et prenant acte des assurances formelles qui lui ont été transmises à cet effet, le Gouvernement français, afin de donner à la nation roumaine un gage de ses sentiments d'amitié, a décidé de reconnaître sans plus de retard la Roumanie comme État indépendant[1].

La Dobrudja n'est pas régie par les lois qu'on vient d'étudier.

Russie. — La naturalisation est réglée en Russie par l'ukase du 6 mars 1864[2] à peu près comme en France, en ce sens qu'il faut d'abord être admis à établir son domicile dans l'Empire. Pour cela on s'adresse au gouvernement provincial. Cinq ans plus tard seulement, une demande de naturalisation peut être faite au ministre de l'Intérieur, qui accorde ou refuse la naturalisation après enquête. Le délai peut être réduit dans certains cas, pour les personnes, par exemple, qui apportent des capitaux, une industrie, des talents distingués, etc., et pour celles admises à des fonctions publiques dans l'Empire, à titre étranger.

Les pièces à produire avec la demande en naturalisation sont rigoureusement définies dans l'article 4 de l'ukase. On y remarque aussi que les individus originaires de pays avec lesquels la Russie a conclu des conventions de cartel doivent produire un certificat de leur Gouvernement attes-

---

[1] Voir, pour toutes ces négociations, les deux *Livres Jaunes* publiés par le Gouvernement français, en mai 1880, sous le titre : *Question de la reconnaissance de la Roumanie.*

[2] Voir annexe DD.

tant qu'ils sont exempts du service militaire ou qu'ils y ont
satisfait. La Russie est liée par des cartels stipulant la
remise réciproque des déserteurs et des insoumis avec
l'Autriche et la Prusse. C'est sans doute à ces conventions
que fait allusion l'ukase de 1864. Les originaires d'autres
pays, qui sollicitent la qualité de Russe, les Français par
exemple, n'ont aucune pièce à fournir pour établir leur
droit de s'expatrier.

La naturalisation est parfaite par la prestation du serment d'allégeance à la personne du tsar.

— Dans le grand-duché de Finlande, uni, comme on
sait, à la Russie tout en conservant sa constitution particulière, les règles de la naturalisation sont à peu près les
mêmes qu'en Suède, ancienne métropole du pays. Le pétitionnaire doit avoir son domicile en Finlande depuis au
moins trois ans, être capable et en état de subvenir à ses
besoins. La naturalisation est conférée par l'Empereur
Grand-Duc (*Storfurste till Finland*) sur la proposition du
sénat de Helsingfors.

Les sujets russes nobles qui veulent se faire naturaliser
Finlandais suivent les mêmes règles, sauf qu'on leur demande de produire un certificat de leur noblesse, et un
permis d'émigration. Quant aux Russes bourgeois ou
paysans, ils doivent payer une taxe de 4,000 francs au
trésor de Finlande ou justifier de six ans de domicile sur
le territoire grand-ducal. Et c'est au gouverneur de Finlande et non au Sénat qu'il appartient de proposer leur
admission à la nationalité. Cette sévérité particulière provient de la tendance qu'avaient les bourgeois *russes* de se
naturaliser en Finlande pour éviter de payer certaines
taxes urbaines en Russie [1].

Les Russes perdent la qualité de Russe quand ils se font
naturaliser Finlandais ou Polonais, ce qui n'a pas lieu
pour la naturalisation en dehors des pays soumis au tsar.

[1] Je dois ces renseignements à une communication de mon savant ami
M. R. Castren, de Helsingfors.

Servie. — L'étranger qui désire devenir Serbe doit, une fois fixé dans le royaume, se placer sous la protection des lois serbes. Il devient ainsi *protégé* serbe.

La condition légale des protégés serbes, tant qu'ils n'ont pas prêté le serment comme sujets serbes, est ainsi définie par l'art. 9 du décret du 20 janvier 1860 : on ne leur accorde pas l'exercice des droits politiques; ils n'ont que la jouissance des droits civils, et, après deux ans de séjour dans le pays, ils devront être imposés comme les nationaux. Enfin, du jour de la déclaration, par laquelle ils se soumettent et acceptent la protection des lois serbes, ils sont justiciables devant toutes les autorités du pays.

Le même décret, dans son article 7, indique dans les termes suivants comment un protégé peut devenir sujet du roi de Servie : « Les étrangers qui, sous la protection des lois serbes, auraient séjourné dans le pays sans interruption pendant sept ans, d'une manière honorable et loyale, peuvent, sans même avoir obtenu d'autorisation spéciale de dénationalisation de leur Gouvernement, être reçus et prêter le serment comme citoyens serbes. La nationalité serbe peut être refusée, pour des motifs graves ».

Tout récemment, on a fait une exception à cette règle par le dernier alinéa de l'article 2 du traité de commerce conclu avec l'Autriche-Hongrie. Il y est dit : « Les sujets d'une des parties contractantes ne pourront acquérir sur le territoire de l'autre la qualité de citoyens, tant qu'ils n'auront pas été autorisés à quitter la nationalité de leur propre pays [1] ».

Le roi peut, d'accord avec le Conseil d'État, accorder la naturalisation à titre exceptionnel, sans attendre le délai de sept ans [2].

---

[1] Voir une notice fort intéressante sur les conditions des étrangers en Servie, dans le *Journal de dr. int. privé*, 1884, p. 16.

[2] Constitution serbe de 1860, art. 90. Voir Dareste, *Les constitutions modernes*.

Suède. — Après trois ans de résidence en Suède, on peut demander la naturalisation. Elle n'est accordée que sur enquête favorable, et après que le pétitionnaire a établi qu'il a abandonné sa nationalité d'origine. Si l'allé-geance est perpétuelle, il doit renoncer à s'en prévaloir. A l'égard d'un Français, aucune formalité de ce genre ne serait probablement demandée. En tout cas, elle serait tout à fait sans objet, puisque, par là même que le Gouvernement suédois accorde le droit de cité à un Français, celui-ci cesse d'être Français [1].

L'étranger naturalisé suédois ne peut pas, d'après la constitution, devenir membre du Conseil d'État, c'est-à-dire ministre.

Suisse. — Nul ne peut être citoyen suisse sans appartenir spécialement à l'un des cantons confédérés et à l'une des communes de ce canton. La bourgeoisie dans une commune, l'indigénat dans un canton, et enfin le droit de cité fédéral sont trois éléments indispensables de la nationalité suisse. L'ancien principe du pays était que les deux premiers de ces éléments emportaient de plein droit le troisième. En d'autres termes, l'individu qui avait acquis le droit de bourgeoisie dans une commune helvétique, et qui était en possession de l'indigénat dans un des vingt-deux cantons, était par cela même citoyen de la Confédération et apte à invoquer la protection du Gouvernement fédéral. La constitution de 1848, qui a substitué un gouvernement central, fixe et permanent, à l'ancien système des cantons directeurs, avait respecté ce régime ou plutôt n'y avait apporté qu'une restriction insignifiante. L'article 43 interdisait aux cantons de recevoir au nombre des citoyens un étranger qui ne fût pas préalablement affranchi de tout lien envers son pays d'origine. C'était une règle fort sage, mais trop générale et insuffisante en

---

[1] Voir annexe EE. Voir aussi le *Haandbok i hela svenska Lagfarenheten af,* D° Thurgreen.

pratique. L'acquisition de l'indigénat cantonal ayant pour effet d'entraîner la naturalisation suisse, il n'était pas juste d'écarter toute participation des autorités fédérales ; celles-ci n'avaient aucun moyen de résistance contre les abus que les cantons pourraient faire de leur droit. Elles ne pouvaient intervenir qu'au cas où, la naturalisation ayant été conférée à un étranger en violation de l'article 43 de la constitution, un conflit venait à surgir avec l'État dont le nouveau citoyen était originaire.

Ces inconvénients n'échappèrent pas aux rédacteurs de la nouvelle constitution fédérale de 1874, qui firent adopter la disposition suivante :

« La législation fédérale déterminera les conditions aux-« quelles les étrangers peuvent être naturalisés, ainsi que « celles auxquelles un Suisse peut renoncer à sa nationa-« lité pour obtenir la naturalisation dans un pays étran-« ger[1] ».

En exécution de cet article, le Conseil fédéral a fait préparer un projet de loi sur l'acquisition et la perte de la nationalité suisse, qui a été voté le 3 juillet 1876 par le Parlement fédéral[2].

« L'étranger, dit l'article 1er, qui désire obtenir la natio-« nalité suisse, doit demander au Conseil fédéral l'autorisa-« tion de se faire recevoir citoyen d'un canton et d'une « commune ».

On voit aussitôt la différence qui sépare la nouvelle législation de l'ancienne. L'étranger, qui désire obtenir le droit de cité en Suisse, au lieu de s'adresser aux autorités cantonales, doit se pourvoir d'abord auprès du gouvernement central de la Confédération. « Nous partons, disait le Conseil fédéral dans le message par lequel il proposait à l'Assemblée fédérale l'adoption du projet de loi, nous par-

---

[1] Article 44, 2e. Voir l'*Annuaire de lég. étrangère*, année 1875.

[2] Voir annexe FF. On trouvera dans le *Bulletin de la Société de lég. comp.*, numéro de mai 1878, un commentaire complet de cette loi. Voir aussi une *dissertation* sur le même sujet, par M. Estoppey (Lausanne, 1888).

tons du principe que la nationalité suisse doit être envisagée à trois points de vue différents, à celui de la commune, à celui du canton et à celui de la Confédération, et que l'acquisition de la nationalité suisse suppose la coopération de ces trois parties intéressées. Contrairement au système antérieurement en vigueur, nous considérons l'action du Conseil fédéral comme le facteur principal, par la raison que c'est le Conseil fédéral qui, eu égard aux rapports qu'il entretient avec les pays étrangers, est le plus, nous dirions même le seul intéressé à ce que l'étranger qui demande à être naturalisé se soit libéré de tous liens envers l'État dont il était précédemment ressortissant. C'est alors seulement que les cantons et les communes ont à lui conférer sa nationalité nouvelle. Nous trouvons donc logiquement correct de réclamer en première ligne la coopération de la Confédération, là où ses intérêts sont en jeu. Ce mode de procéder présente, de plus, de grands avantages; en effet, il prévient toutes les naturalisations qui pourraient entraîner la Confédération dans un conflit ou lui préparer des difficultés dont une autorité locale ne saurait apprécier la nature, il coupe court, en même temps, à toute espèce de peines, de frais, d'ennuis et de déceptions. En procédant ainsi, le Conseil fédéral est, en outre, à même de se renseigner exactement sur chaque cas spécial, par le moyen de ses agents diplomatiques ou consulaires et d'écarter les difficultés qui pourraient se présenter ».

Cette citation met en lumière la tendance générale de la loi, qui est d'éviter, autant que possible, les conflits avec les puissances étrangères à l'occasion des divergences dans l'appréciation de la nationalité des individus. C'est l'objet direct de l'article 2, aux termes duquel l'autorisation du Conseil fédéral prévue dans l'article 1er n'est donné qu'aux étrangers :

« 1° Qui ont leur domicile en Suisse depuis deux ans ;

« 2° Dont les rapports avec l'État auquel ils ressortissent « sont tels qu'il est à prévoir que leur admission à la na-

« tionalité suisse n'entraînera pour la Confédération aucun
« préjudice ».

L'Exposé des motifs du projet de loi explique comment
le Gouvernement de Berne a été amené à proposer une
disposition de ce genre.

Le nombre des conflits, disait le Conseil fédéral, résultant des naturalisations acquises dans un but de fraude,
« s'est accru d'une manière regrettable dans ces dernières
années. Souvent, c'est une législation étrangère qui, ex-
cluant le divorce..., engage les ressortissants de cet État à
chercher une nouvelle patrie, dont la législation leur per-
mette ce que celle de leur pays d'origine leur interdisait.
Plus souvent encore, c'est le service militaire qui est
cause de l'expatriation. Des familles d'origine française,
et, depuis les changements politiques survenus en Allemagne, surtout des familles allemandes, cherchent à acquérir la nationalité suisse pour leurs fils, lorsqu'ils
approchent de l'âge où le service militaire devient obligatoire pour eux. Il est clair que ces personnes ne demandent
la naturalisation que pour échapper à une obligation qui
leur est imposée par leur patrie et nullement dans le but
d'acquérir la nationalité suisse d'une manière stable; au
contraire, dès que leur intérêt le demande et qu'elles
peuvent le faire sans danger, elles tournent le dos à leur
nouvelle patrie. De pareils citoyens ne sont d'aucune utilité à la Suisse et ne servent qu'à amener des conflits entre
la Confédération et les États étrangers. En outre, il n'est
malheureusement que trop vrai que quelques cantons ont
apporté à ces naturalisations des facilités peu compatibles
avec la dignité de la nationalité suisse et se rapprochant un
peu trop de la spéculation. Ces faits regrettables ne sont pas
restés ignorés à l'étranger, et n'ont pas manqué de porter
atteinte à l'autorité du nom Suisse et d'entraver les démar-
ches du Conseil fédéral lorsqu'il voulait le faire respecter.
Ainsi, par exemple, les tribunaux français ont, dans plusieurs jugements rendus contre des Français ayant acquis

NATURALISATION D'UN FRANÇAIS A L'ÉTRANGER.

une nationalité étrangère, admis la présomption que la naturalisation avait eu lieu *in fraudem legis* et refusé pour
cela d'appliquer une autre loi que la loi française ».

Les affaires auxquelles le Conseil fédéral fait allusion
sont encore dans la mémoire de tous les jurisconsultes[1].
L'aveu que fait la Suisse est la preuve la plus sûre que les
reproches que l'on adressait à la législation de certains
cantons n'avaient rien d'exagéré.

L'article dont nous nous occupons avait dans le projet
une forme quelque peu différente de celle qu'il a reçue
définitivement. On demandait seulement que les étrangers
résidassent depuis un an en Suisse et qu'ils fussent « libérés
« vis-à-vis de l'État dont ils étaient précédemment ressor-
« tissants, de toute obligation qui, au cas de leur admis-
« sion à la nationalité suisse, pourrait donner naissance à
« un conflit ». En comparant cette rédaction du projet
avec celle de la loi, on voit que l'Assemblée, entrant sans
arrière pensée dans les idées si justes et si libérales du
Conseil fédéral, n'a fait que renforcer les propositions qui
lui étaient soumises. Elle a trouvé qu'un an de séjour ne
suffisait pas pour établir une présomption des intentions
sérieuses du candidat à l'indigénat suisse. Elle a fixé à
deux ans le temps que celui-ci devait avoir passé dans
la Confédération. Le projet ne prévoyait que le cas d'un
conflit possible : la loi prévoit tout genre de *préjudice*.
Mais, sauf quelques cas particuliers, le préjudice dont il
s'agit se réfère très certainement au cas de la double nationalité. La Confédération veut que ceux qui se donnent à
elle se donnent complètement : elle ne veut pas de partage.
C'est une règle logique et de bon sens.

En demandant au Conseil fédéral l'autorisation d'être
admis à l'indigénat, le pétitionnaire doit donc prouver
qu'il a rompu l'allégeance de l'État auquel il ressortissait.
Comment se fera cette preuve? Les règles varient naturel-

[1] Voir les exemples cités ci-dessus, pages 181 et suiv.

lement suivant les lois de la patrie d'origine du pétitionnaire. Il faut se reporter aux lois de ce pays, pour examiner si les formalités qu'elles prescrivent pour rompre
le lien d'allégeance ont été accomplies. Dans les instructions envoyées aux autorités compétentes pour assurer
l'exécution de la loi, le Gouvernement suisse a indiqué les
formalités auxquelles doivent être soumis les nationaux des
principaux États de l'Europe. Le passage de ces instructions
relatif aux Français était ainsi conçu :

« Les Français qui désirent acquérir le droit de cité
« suisse ont à produire, conformément à l'article 1er du
« décret impérial du 26 août 1811, l'autorisation du chef
« de l'État, qu'ils requièrent par l'intermédiaire du minis-
« tère de la justice ». — Cependant cette autorisation n'est
point jugée indispensable. « A défaut par eux de la pro-
« duire, ajoute le Gouvernement suisse, ils auraient seuls
« à supporter les conséquences de cette omission, s'ils
« étaient admis, néanmoins, au droit de cité suisse, et le
« Conseil fédéral déclinerait la charge de les protéger
« contre les effets du décret cité plus haut ». La disposition devra être modifiée, depuis que notre loi du 27 juin
1889 a abrogé le décret de 1811 et a institué pour les jeunes
gens qui font partie de l'armée active l'obligation d'une autorisation préalable; mais le mode de procéder est exactement celui que nous voudrions voir adopté en France par
la Chancellerie [1].

La loi fédérale de 1876 laissant subsister les lois cantonales, il importe de donner une idée sommaire de ce
qu'elles sont dans les principaux cantons [2]. Dans la grande
majorité des cantons, la bourgeoisie communale et le

---

[1] Voir ci-dessus, § 4, et ci-après annexe FF, 2°.

[2] Nous suivons en partie pour ce travail la collection publiée en 1862, à
Berne, sous le titre de : *Zusammenstellung der in den Cantonen geltenden
Bestimmungen über Erwerbung der Bürgerrechts*, par ordre du Conseil
fédéral. Plusieurs cantons ont des lois postérieures, ceux notamment de
Vaud, Fribourg, Neufchâtel, Bâle-Campagne, Genève.

droit de cité cantonal sont inséparables. Le mode le plus habituellement suivi pour les obtenir consiste à solliciter de l'autorité centrale du canton la permission de se faire admettre comme bourgeois dans une commune. Muni de cette permission, on s'adresse à la commune qui donne la promesse (*Zusicherung*) d'admettre l'étranger à la bourgeoisie dès que le canton l'aura accepté comme indigène. On peut alors revenir à l'autorité centrale du canton qui, si rien ne s'y oppose d'autre part, délivre des lettres de naturalisation, sur le vu desquelles la commune devra exécuter sa promesse.

Dans les communes, l'autorité compétente pour accorder la bourgeoisie est le plus souvent la municipalité. Dans quelques cantons pourtant, c'est l'assemblée des citoyens de la commune qui connaît de la question. Dans le Tessin, le corps patricial de la commune n'admet un étranger au *patriziato,* qui correspond à la bourgeoisie, que si les trois quarts de ses membres y consentent.

Dans les cantons, c'est d'ordinaire à l'autorité législative qu'appartient la connaissance des demandes en naturalisation, du moins en dernier ressort. Dans un grand nombre d'entre eux, Lucerne, Zug, Fribourg, Soleure, Bâle-Ville, Schaffouse, Argovie, Thurgovie, Neuchâtel, le grand Conseil est compétent; à Berne, l'affaire s'arrête au petit Conseil. A Genève, la question est réglée par une loi de 1885, que nous donnons ci-après, à titre d'exemple d'une loi cantonale, promulguée en vue de mettre la législation locale en harmonie avec la législation fédérale [1]. On sait que plusieurs des États de la Confédération suisse ont conservé l'antique forme du gouvernement direct par le peuple réuni en assemblée générale. C'est ce qui a eu lieu encore dans les deux Unterwald, dans les deux Appenzell, l'Uri, etc. L'étranger qui désire être naturalisé s'adresse à l'assemblée générale, à la *Landesgemeinde.* La procédure

[1] Voir annexe FF, 3º.

varie dans les détails. En Appenzell, la *Landesgemeinde* est
saisie par un rapport du Conseil cantonal, en présence du
candidat. Dans les Rhodes extérieures, ce dernier fait valoir
ses motifs devant l'assemblée populaire, par l'intermédiaire d'un *Geschaeftsführer;* dans les Rhodes intérieures,
il prend lui-même la parole.

Les conditions exigées de l'étranger par les lois et règlements cantonaux varient également suivant les lieux. Nous
ne parlerons pas des certificats de moralité, de bonne re-
nommée, de baptême, etc., qui sont souvent réclamés et
qui n'ont d'autre but que de faciliter l'enquête que presque
tous les pays civilisés ouvrent sur le demandeur en naturalisation. Les conditions qu'on rencontre le plus souvent
en parcourant la collection des lois des vingt-deux cantons
sont : 1° un séjour plus ou moins long sur le territoire
cantonal ; 2° l'attestation de moyens d'existence ; 3° l'acquittement de droits de sceau plus ou moins considérables.

Nous trouvons, par exemple, que pour obtenir l'indigénat à Zurich, en Appenzell, Valais, il faut prouver qu'on
a résidé cinq ans dans le pays. A Neufchâtel, le stage est
de quatre ans, à Lucerne, de trois ans, à Soleure, à Genève
et dans les Grisons et les cantons de Vaud et de Fribourg [1],
de deux ans. Dans l'Uri, il faut un certain nombre d'années, non déterminé, et laissé à l'appréciation de la *Landesgemeinde.* Dans le Tessin, le naturalisé ne peut exercer
les droits de citoyen qu'après dix et cinq ans passés dans
le pays après la naturalisation. Dans la plupart des autres
cantons, il n'est pas question de stage ; avant l'exigence des
deux années de domicile requises par la loi fédérale, on
pouvait être admis au droit de cité du jour au lendemain.
De là les inconvénients que nous avons signalés.

Dans certains cantons, on veut que l'étranger atteste
qu'il a des moyens d'existence qui le mettent à l'abri du

---

[1] Dans ces deux derniers cantons, ce délai a été fixé par des lois du 3
décembre et du 15 mai 1877, édictées l'une et l'autre en vue de mettre la
législation cantonale d'accord avec la loi fédérale.

besoin, et surtout permettent de supposer qu'il ne tombera pas à la charge de l'assistance publique? Nous remarquons cette exigence, entre autres cantons, à Zurich, Fribourg, Lucerne... A Fribourg, il faut justifier d'une fortune de 4,000 francs au moins.

La troisième exigence, l'acquittement d'un droit de sceau, est la seule universellement admise. Ce nom de droit de sceau ne lui convient même pas dans tous les cas, c'est souvent un véritable prix d'achat. La loi communale de Zurich de 1855 dit en propres termes que le droit de cité s'acquiert par l'achat (*durch Einkauf*). On paie dans la commune pour la bourgeoisie communale, et au canton pour la nationalité cantonale. Combien paie-t-on? C'est ce qu'il est assez difficile de dire. Dans certains cantons, la somme est exactement fixée. A Schaffouse, par exemple, le Gouvernement cantonal perçoit 800 francs, et les communes de 1,200 à 2,400 francs, suivant un classement fait d'office par le Gouvernement, et annexé à la loi. A Soleure, les communes sont également réparties en plusieurs classes ; la somme à payer va de 320 à 1,600 francs, l'autorité centrale perçoit en outre 400 francs. Le plus souvent, surtout pour l'achat de la bourgeoisie communale, le prix est débattu de gré à gré entre l'étranger et la municipalité ou la *Landesgemeinde*. Quelquefois la loi fixe un maximum auquel la commune doit limiter ses prétentions. Souvent elle ne fixe rien : on marchande alors jusqu'à ce que l'on soit d'accord. C'est le cas dans les communes du canton de Vaud et de Neufchâtel, où l'on a payé parfois la bourgeoisie jusqu'à 5,000 francs. Hâtons-nous d'ajouter que ces taxes, si élevées qu'elles soient, ont leur raison d'être, puisque le droit de bourgeoisie entraîne de nombreux avantages : jouissance des terrains communaux, pâturage d'été, bois, etc. Seulement elles étaient souvent acquittées par des étrangers qui n'entendaient nullement réclamer leur part dans les biens communaux, et cherchaient seulement à éluder leur loi na-

tionale. C'était alors un trafic scandaleux, comme l'a
reconnu le message du Conseil fédéral dans un passage
cité plus haut. Aujourd'hui, grâce à la nouvelle loi, les
taxes perçues par les communes ne pourront plus guère
couvrir les naturalisations frauduleuses, et resteront comme
une juste compensation de la jouissance des biens communaux.

Nous ne croyons pas nécessaire d'entrer dans de plus
grands détails. Cette revue rapide n'avait, dans notre
pensée, d'autre objet de montrer comment avaient pu
s'introduire les abus qui ont rendu nécessaire l'intervention du pouvoir fédéral dans les affaires de nationalité,
tout en indiquant sommairement les principes qui prédo-
minent dans les législations des cantons. Ces lois, il ne faut
pas l'oublier, n'ont pas été abrogées par la loi fédérale.
L'exécution en est seulement subordonnée à l'autorisation
du Conseil fédéral. Les inconvénients qu'elles pouvaient
présenter, par la trop grande facilité avec lesquels elles
conféraient l'indigénat, sont en partie écartés.

Turquie. — Les capitulations ont fait aux étrangers
dans les Échelles du Levant une situation tout à fait particulière, qui oblige à étudier avec soin la législation ottomane sur notre matière. Jusqu'en 1869, le mode ordinaire
d'acquérir la nationalité ottomane était d'embrasser la
religion de Mahomet; on sait qu'un assez grand nombre de
hauts fonctionnaires turcs ont été de tout temps recrutés
parmi les renégats. Une loi du 19 janvier 1869 est venue
régler les questions de nationalité dans l'Empire ottoman
d'une manière conforme aux usages de l'Europe moderne,
en se rapprochant sur beaucoup de points des règles françaises [1].

Lorsque cette loi fut rendue, une conférence européenne
était réunie à Paris pour rétablir l'entente entre la Grèce

_____
[1] Voir annexes GG.

et la Turquie. Des objections furent faites par diverses
puissances. La Sublime-Porte s'efforça d'y répondre dans
un mémorandum communiqué aux cabinets européens, et
ayant pour objet de montrer comment elle avait été
amenée à promulguer la loi nouvelle [1]. La situation privilégiée faite en Turquie aux étrangers par les capitulations
excitant la jalousie des sujets du Sultan, ceux-ci sollicitaient
et obtenaient en grand nombre, sous divers prétextes, la
protection des ambassades étrangères, de sorte « qu'il
« s'était formé en Turquie un corps de protégés étrangers
« dont le nombre dépassait celui des sujets étrangers eux-
« mêmes. C'étaient tous des sujets ottomans qui, tout en
« ayant leur domicile permanent dans l'Empire, se sous-
« trayaient à son autorité législative ». Pour remédier à ce
danger permanent, la Sublime-Porte avait élaboré en 1863
un règlement, qui diminua de beaucoup le nombre des
protégés et détermina dans quelles conditions les consulats
ou ambassades pourraient admettre des Ottomans à jouir
de leur protection. Il paraît qu'alors commença l'abus des
naturalisations de sujets ottomans qui, ne pouvant plus
obtenir la protection, se mirent à demander à être admis
au rang des citoyens des puissances chrétiennes représentées à Constantinople. La Grèce surtout qui compte
dans l'Empire un nombre considérable de partisans de
même sang et de même langue, la Grèce accorda un nombre considérable de patentes de naturalisation à des sujets
turcs de race hellénique qui n'avaient jamais quitté leur
pays. Pour obvier à ce nouvel abus, la Sublime-Porte promulgua la loi du 19 janvier 1869, qui dispose, dans son
article 5 : « qu'aucun sujet ottoman ne pourra se faire natu-
« raliser étranger qu'après avoir obtenu un acte d'autori-
« sation délivré en vertu d'un iradé impérial ». En même
temps, la question de la naturalisation était réglée dans
son ensemble.

---

[1] Annexe MM.

Le comité du contentieux près le ministère des Affaires étrangères français fut réuni pour examiner la loi et rechercher si elle ne contenait rien de contraire aux règles posées par les capitulations. Le résultat de cet examen fut consigné dans un avis de mai 1869 qui déclarait « que la « loi du 19 janvier 1869 n'a rien de contraire au droit inter- « national en général et qu'elle ne porte aucune atteinte « aux droits et aux privilèges reconnus par les capitu- « lations et consacrés par les usages[1] ».

Le conflit avec la Grèce, au sujet des Ottomans devenus Hellènes, ne se termina qu'en 1875[2]. Quant à la loi tur- que, elle resta en vigueur, et la France, qui l'avait fait examiner d'une manière presque désintéressée, se trouve maintenant en présence d'un acte dont certaines parties peuvent être invoquées contre elle.

En effet, la Turquie qui soumet la dénationalisation de ses sujets à une autorisation, n'exige de l'étranger qui ré- clame la naturalisation aucune pièce analogue pour cons- tater la rupture de l'allégeance étrangère. « Tout étranger, « dit la loi turque, qui a résidé durant cinq années consé- « cutives dans l'Empire ottoman, peut obtenir la nationa- « lité ottomane en adressant sa demande directement ou « par intermédiaire au ministère des Affaires étrangères ». Il en peut résulter de sérieux inconvénients pour la France.

Tant que les Français demeurant hors de leur patrie étaient exemptés de fait du service militaire, la nationa- lité française, en Turquie surtout, ne leur offrait que des avantages. Aussi, beaucoup de familles ont-elles vécu plu- sieurs siècles en Orient sous la protection des consuls français. Depuis 1873, l'appel sous les drapeaux des Fran- çais qui résident à l'étranger est devenu une réalité : une charge nouvelle pèse, depuis lors, sur nos compatriotes du Levant. Quelques-uns d'entre eux pourraient songer à se réclamer de la nouvelle loi pour devenir sujets otto-

[1] Annexe MM.
[2] Voir ci-dessus, page 203.

mans, et, par suite, échapper à leurs obligations militaires.

En pays de chrétienté, nous ne pourrions rien contre cette sorte de désertion, l'expatriation étant absolument libre en droit, et le Français qui est à l'étranger ne pouvant, en général, être contraint par la force à obéir à nos lois. Mais, par exception, ceux de nos compatriotes qui sont établis dans les Échelles du Levant sont en quelque sorte *exterritorialisés* par les capitulations. Ils sont soumis à la loi française, non pas seulement en théorie, mais encore en fait, puisque le consul peut les faire arrêter par ses *cawas* et les embarquer de force, s'il y a lieu de les faire juger en France. La conséquence de cela, c'est qu'il serait aussi choquant de voir un Français, inscrit au consulat et membre de la nation française dans une ville de Turquie, échapper au pouvoir du consul en produisant des lettres de naturalisation obtenues de l'autorité turque, que de voir un Français demeurant en France exhiber tout à coup des certificats d'une nationalité étrangère qui lui aurait été conférée sans qu'il cessât de résider sur notre territoire. Une pareille naturalisation serait probablement tenue pour non avenue devant nos tribunaux, comme étant entachée de fraude. — Du reste, l'ordonnance du mois de mars 1781, qui permet aux consuls de renvoyer en France tout national qui chercherait une autre protection que la sienne, ne semble-t-elle pas avoir expressément prévu notre cas? Nous pensons donc que la naturalisation en pays turc n'est pas libre pour un Français, du moins pour un Français inscrit au consulat et protégé par les représentants de son pays. Une autorisation spéciale du Gouvernement français semble, en pareil cas, être indispensable.

Un règlement du Gouvernement turc a institué une commission spéciale pour juger les questions de nationalité, qui échappent ainsi, dans une certaine mesure, à la connaissance des tribunaux consulaires. Le consul peut cependant assister aux délibérations de la commission[1].

Il est juste que la Porte apprécie elle-même les questions soulevées par la loi promulguée par elle et .acceptée par l'Europe. Il serait préférable, toutefois, d'obtenir la constitution d'une commission mixte, pour apprécier la nationalité des Levantins, sujets ou protégés de France, dont le statut est contesté par la Sublime-Porte. La Russie a obtenu la constitution d'une commission de cette nature, à la suite d'un accord établi entre le Gouvernement du Sultan et l'ambassadeur du Tsar en 1863.

— Avant le traité de Berlin de 1878, les principautés de Roumanie et de Servie, vassales de la Porte, et n'ayant pas de représentation diplomatique à l'étranger, avaient des lois particulières pour régler l'acquisition et la perte de la nationalité, mais la nationalité roumaine ou serbe plaçait ceux qui la possédaient, au point de vue international, sous la protection des agents diplomatiques ottomans. Aujourd'hui, la Roumanie et la Servie ont conquis leur complète indépendance; mais le congrès de Berlin a créé une nouvelle principauté vassale : la Bulgarie.

Au mois de mai 1880, le Gouvernement bulgare présenta au Sobranié un projet de loi sur la naturalisation contenant les dispositions suivantes : « Les individus d'origine bulgare nés en Roumélie orientale, en Turquie et dans les parties annexées de la Servie et de la Roumanie, qui ont été sujets ottomans et auront émigré sur le territoire de la Principauté avant la promulgation de la loi, seront considérés comme sujets bulgares sans autre condition que de présenter un certificat constatant qu'ils élisent domicile dans une commune bulgare, dans l'espace de trois mois à partir de la promulgation de la loi ». Le même article

---

[1] Annexe GG, 2º. En 1884, la Porte a émis la prétention d'obliger tous les étrangers à faire reconnaître leur extranéité par cette commission, et d'être muni d'un certificat délivré par elle. C'est une prétention difficile à soutenir, en tant que constituant une mesure générale. Nous ne croyons pas qu'elle ait été maintenue.

ajoute, dans un second paragraphe : « Les individus qui habitent encore les territoires annexés à la Servie et à la Roumanie, ne voudront pas y résider et émigreront en Bulgarie dans l'espace de deux ans, acquerront la nationalité bulgare, sans autre condition que la production d'un certificat attestant qu'ils ont établi leur domicile dans une commune de la Principauté bulgare ». Ce projet qui faisait une distinction entre les sujets des puissances voisines suivant leur origine ethnographique ou suivant leur résidence, excita une vive indignation à Bucarest et à Belgrade. Sur l'insistance des représentants de Roumanie et de Servie, la Bulgarie dut céder. La nouvelle Principauté dut se contenter d'édicter une loi anodine, respectant les justes susceptibilités de ses voisins. D'après cette loi, votée en 1880, les individus originaires de la Turquie et qui se sont établis sur le territoire de la Principauté depuis la guerre ont été reconnus comme sujets bulgares si, dans les trois mois après la promulgation de la loi, ils se sont fait inscrire comme membres d'une commune. D'un autre côté, ceux qui ont pris part à la guerre ou ont été employés dans le service civil ont pu être naturalisés par décret princier pendant trois années après la promulgation de la constitution. Tous les autres étrangers doivent justifier de cinq années de séjour.

Cependant les sentiments qui avaient poussé le Gouvernement princier à la proposition qui avait soulevé de si vives récriminations ne purent pas être complètement refoulés. Ils se manifestèrent dans une loi additionnelle qui stipule que « tous les individus d'origine bulgare qui ont rendu des services signalés à la Bulgarie seront admis comme sujets bulgares, si les trois quarts des députés présents se prononcent en faveur de cette admission ».

Il importe de ne pas perdre de vue que, hors de l'Empire turc, il n'y a point, en droit strict, de sujets bulgares, mais seulement des sujets turcs appartenant à la Principauté de Bulgarie. Les capitulations restent en vigueur dans la principauté, et avec elles les conséquences que nous en avons tirées pour l'application de la loi ottomane de 1869.

— A côté de cette Bulgarie mi-souveraine, le traité de Berlin a créé sous le nom de Roumélie orientale une province jouissant d'une sorte d'autonomie, et organisée par une commission européenne. Le « statut organique de la Roumélie orientale », arrêté le 26 avril 1879 par la commission de Philippopoli, établit une sorte d'indigénat rouméliote :

« Jouissent de l'indigénat dans la Roumélie orientale, « dit l'article 23, tous les sujets ottomans nés dans cette « province et tous ceux qui s'y trouvaient domiciliés avant « le 1er janvier 1877. — Tout sujet ottoman acquerra l'in- « digénat de la province, si, après y avoir fixé son domicile, « il y réside pendant un an. — L'étranger qui voudra « acquérir cet indigénat devra au préalable se faire natu- « raliser ottoman. — La perte de la qualité d'Ottoman en- « traîne celle de l'indigénat rouméliote. — Cet indigénat « se perd en outre par l'enrôlement dans une troupe étran- « gère, sans l'autorisation du gouverneur général [1] ».

Ces dispositions montrent que, dans la pensée de la commission, les Rouméliotes restent absolument sujets de la Porte. L'union existant en fait, depuis 1885, entre la Bulgarie et la Roumélie orientale, n'a pu modifier la question de droit.

— La même question se pose pour les parties de l'Empire ottoman occupées par l'Angleterre et par l'Autriche-Hongrie. Le traité anglo-turc du 4 juin 1878, ainsi que la convention austro-turque du 21 avril 1879, réserve absolument la souveraineté du Sultan, le premier sur Chypre, la seconde sur l'Herzégovine et la Bosnie. On peut en conclure que les habitants de ces provinces ottomanes, administrées par des puissances chrétiennes, restent sujets ottomans. La question a du reste été formelle-

---

[1] Voir le *Statut organique* de la Roumélie orientale publié à Constantinople au mois de mai 1879.

ment réservée en ce qui concerne la Bosnie et l'Herzégovine par l'article 6 de la convention austro-turque du 21
avril 1879, qui en renvoie le règlement à un arrangement
ultérieur. — Quant à Chypre, notre opinion est confirmée
par une ordonnance du Lord haut commissaire qui décide
que les indigènes de Chypre, sujets ottomans, à qui l'autorité britannique délivrera des passeports, ne pourront pas
s'en servir pour invoquer dans l'Empire turc l'appui des
agents de S. M. B. contre les autorités ottomanes [1].

II. — AMÉRIQUE.

Amérique du Nord. — Contrairement à ce que nous
avons vu pour l'Allemagne et la Suisse, il n'est pas nécessaire d'être citoyen d'un des États-Unis pour être citoyen
de l'Union Américaine. C'est le domicile qui paraît être le
critérium unique pour déterminer à quel État de l'Union
appartient un citoyen des États-Unis. Le lien d'allégeance
est rompu par l'établissement d'un domicile nouveau.
C'est aussi par les lois spéciales à chaque État qu'est réglé
le droit de vote des étrangers naturalisés [2].

Nous n'avons à nous occuper que de la qualité de citoyen
de l'Union. Les étrangers de race blanche qui veulent
l'acquérir doivent justifier d'un séjour de cinq ans sur le
territoire de l'un des États confédérés. Deux ans avant de
demander la naturalisation, l'étranger doit faire, devant
l'autorité judiciaire, la déclaration qu'il a l'intention de
devenir citoyen américain et qu'il renonce à sa nationalité
antérieure. Enfin, après la période des cinq ans, il doit
prouver qu'il « s'est comporté comme un homme *d'un bon*
« *caractère moral* (of a good character moral), attaché

[1] Voir la « *Cyprus Gazette* » de mars 1882.
[2] Voir Calvo, tome II, page 70. — Voir aussi le *Journ. du dr. int. priv.*,
1888, page 286.

« aux principes de la constitution des États-Unis et bien « disposé pour le maintien du bon ordre et bonheur de ce « pays ». Le serment d'allégeance est la dernière formalité qui complète l'assimilation de l'étranger au national. Ce n'est pourtant que sept ans après avoir obtenu la nationalité, que le naturalisé pourra être nommé représentant. Après ce dernier délai, il ne restera qu'un point distinguant le naturalisé du national originaire : l'impossibilité d'arriver à la dignité de Président de la République.

Les trois premières années de séjour peuvent être comptées même quand l'étranger a moins de vingt et un ans. De la sorte, un jeune homme qui a émigré dans sa jeunesse, et s'est fixé avant sa dix-huitième année sur le territoire des États-Unis, peut être naturalisé à l'âge de vingt-trois ans, c'est-à-dire deux ans seulement après sa majorité.

La condition d'un stage de cinq ans est réduite pour les personnes ayant servi dans l'armée des États-Unis à deux ans[1].

Les lois sur la naturalisation ne s'appliquaient d'abord qu'aux personnes libres et blanches. Après la guerre de sécession, les noirs ont été admis à l'égalité avec les blancs et la section 2169 des statuts révisés leur donne le droit de demander la naturalisation comme aux étrangers de race blanche. Cette disposition s'applique aux étrangers de naissance africaine et à toutes personnes de descendance africaine. Il est donc certain qu'un noir ou mulâtre français de nos colonies pourrait être naturalisé aux États-Unis.

Mais au moment où la question des hommes noirs était résolue dans le sens le plus large, s'élevait la question des hommes jaunes. Elle se pose surtout au point de vue de l'immigration, car les Chinois demandent assez rarement la naturalisation à l'étranger, n'ayant pas, comme on sait, l'habitude d'émigrer sans esprit de retour. Cependant, l'autorité judiciaire, avant que la question eût été réglementée

---

[1] Voir pour les détails, l'annexe Q.

par une loi, tendait déjà au moyen d'arguments subtils et bien peu concluants, à donner satisfaction à l'opinion publique hostile aux Chinois, en refusant à ceux-ci le droit de devenir citoyens des États-Unis. On déclarait que, n'étant ni blancs, ni noirs, ils ne rentraient pas dans les cas prévus par la section 2169 des statuts révisés. En 1880, l'animosité des Américains contre les hommes de race jaune s'est traduite par le traité conclu avec le Gouvernement de Pékin le 17 novembre, et à la suite duquel, après de longs retards provenant de l'opposition du pouvoir exécutif, est intervenu le bill du 6 mai 1882, qui interdit l'immigration chinoise pendant dix ans. En ce qui concerne la naturalisation, ce bill contient, dans son article 14, une disposition ainsi conçue, qui met fin aux discussions théoriques et fixe absolument la jurisprudence dans le sens de la prohibition absolue :

« That hereafter no state court or court of the United States shall admit Chinese to citizenship, and all law in conflict with this act are hereby repealed ».

A côté des blancs, des noirs et des jaunes, l'Amérique compte des habitants de race rouge. La section 1992 donne la qualité de citoyen à ceux de ces derniers qui ne sont pas de purs nomades, non soumis à l'impôt, et quand ils sont nés sur le territoire des États-Unis. Les Indiens, anciens maîtres dépossédés de l'Amérique, sont donc admis à l'*isopoliteia* par leurs vainqueurs, à la condition d'abandonner leur genre de vie traditionnelle pour se plier à la civilisation américaine. Auparavant, ils étaient tenus en masse pour sujets, mais non citoyens des États-Unis, et ils ne pouvaient acquérir cette dernière qualité que dans le cas où des traités leur en donnaient la faculté. Tels étaient les traités du 27 septembre 1830 avec les Choctaws, du 29 décembre 1835 avec les Cherokees, du 30 mars 1843 avec les indiens Stockbridge. — Faut-il conclure de la section 1992 qu'un homme de race rouge né aux États-Unis, mais non soumis à l'impôt, ou né dans un autre État, comme le Mexique ou le Canada, pourrait obtenir aujourd'hui la naturalisation? Il est probable qu'on l'écarterait, en arguant des termes restrictifs de la section 2169, comme on avait exclu les Chinois et à plus forte raison, car les Peaux-Rouges ne sauraient être considérés comme des blancs.

Cette législation des États-Unis, en matière de naturalisation, a donné lieu à de nombreuses critiques, non pas en ce qui concerne les Peaux-Rouges ou les Chinois, mais à cause de certaines facilités abusives qu'elle offre aux étrangers. Le Gouvernement de Washington l'a reconnu et le président Cleveland l'a déclaré dans son message du 4 décembre 1888.

« L'accroissement rapide de l'immigration dans notre pays, disait-il, et les facilités modernes des voyages ont engendré des abus dans l'usage des privilèges accordés généreusement par nos lois sur la naturalisation, abus qui nécessitent une sérieuse révision de ces lois. La manière facile et exempte de garantie avec laquelle on peut actuellement obtenir des certificats de nationalités américaines a conduit un trop grand nombre d'étrangers à se débarrasser de tout devoir envers leur pays d'origine et, d'un autre côté, à se soustraire par une résidence à l'étranger à toute contribution et au service dans leur patrie d'adoption.

« Néanmoins, tout en évitant d'accomplir leurs devoirs de citoyens aux États-Unis, ceux-ci font promptement appel à la protection du Gouvernement fédéral et réclament son intervention en leur faveur. Des complications internationales d'une sérieuse importance résultent de cet état de choses et la correspondance du département d'État révèle le grand nombre et la complexité des questions qui ont été ainsi soulevées.

« Nos lois réglementant la délivrance des passeports devraient donc être sérieusement révisées et la création d'un bureau central d'enregistrement dans la capitale est de nouveau vivement recommandée. De cette manière les détails de chaque cas particulier de naturalisation aux États-

Unis seraient soigneusement conservés, et l'on découvrirait ainsi de nombreux cas de citoyenneté frauduleuse, et d'injustes responsabilités seraient écartées ».

Cette manière de voir semble partagée par la nouvelle administration que l'élection de l'année 1888 a ramenée au pouvoir. Dans son message aux Chambres, en prenant possession de ses fonctions, le président Harrisson disait le 4 mars 1889 : « Nos lois sur la naturalisation doivent être amendées, de façon à ce qu'on puisse s'enquérir d'une façon plus attentive et plus approfondie du caractère et des bonnes dispositions des personnes qui sollicitent la qualité de citoyen. Nos lois existantes ont été souvent dans leur application inefficaces et inintelligibles. Nous acceptons un individu comme citoyen sans connaissance de ses dispositions, et il assume les obligations d'un citoyen sans savoir quelles elles sont.

« Les privilèges de la nationalité américaine sont si grands et ses devoirs si graves qu'il convient d'insister sur une parfaite connaissance de chaque individu qui sollicite cette nationalité, et en même temps sur la connaissance chez lui de nos institutions. Nous ne cesserons pas d'être hospitaliers à l'immigration, mais nous cesserons d'être indifférents au caractère de cette immigration. Il y a des hommes de toutes les races, même des meilleures, dont l'arrivée est nécessairement un fardeau pour notre revenu public et une menace pour l'ordre social : il conviendra d'établir leur identité et de les exclure. »

On peut penser qu'une réforme pour laquelle l'accord existe en principe entre les démocrates et les républicains sera prochainement accomplie.

— Les États-Unis étant de tous les pays du monde celui où les étrangers affluent en plus grand nombre, les questions de naturalisation ont pour eux une plus grande importance que pour aucun autre État. Des conflits innombrables ont surgi depuis le commencement de ce siècle entre le Gouvernement de l'Union, d'une part, et ceux de

l'Europe, d'autre part, au sujet de l'appréciation de la nationalité des émigrés. Les plus grandes difficultés avaient
lieu au sujet des Européens naturalisés citoyens de la République américaine, qui invoquaient la protection de leur
nouvelle patrie contre l'ancienne, à laquelle les rattachaient encore certains liens que leur naturalisation n'a-
vait pas brisés. L'Angleterre qui, jusqu'en 1870, n'admettait pas qu'un Anglais pût perdre sa nationalité d'origine,
avait toujours résisté aux prétentions américaines; elle
était même allée autrefois jusqu'à saisir et à enrôler les
marins anglais naturalisés américains. Cette grosse question de l'*impressment* donna lieu à des négociations plusieurs fois reprises pendant la première moitié de ce siècle.
Pendant la guerre de 1812, elle faillit faire naître un
incident tragique. L'Angleterre menaça de fusiller les
marins d'origine anglaise qu'elle saisirait à bord des bâti-
ments de guerre de son ancienne colonie rebelle; elle se
borna cependant aux menaces, épouvantée sans doute par
la crainte des représailles. La querelle s'arrêta momentanément en 1849 à la suite d'une dépêche fort sèche et fort
catégorique de Lord Palmerston, déclarant que les Anglais
qui reviennent en Angleterre sont soumis toute leur vie
aux lois anglaises[1]. En 1868, les Américains, rendus plus
audacieux par le succès, promulguèrent un bill qui portait
la disposition suivante : « Tous les citoyens naturalisés des
« États-Unis, devront recevoir, lorsqu'ils se trouveront en
« pays étranger, la même protection dans leur personne
« et leurs biens que celle qu'on accorde à des citoyens de
« naissance, placés dans les mêmes conditions. » L'article
suivant contient des règles énergiques sur les mesures à
prendre par les autorités.

Le préambule du bill de 1868, ainsi qu'on l'a vu plus
haut, contenait une condamnation explicite du régime de
l'allégeance perpétuelle. Toutefois, aucun moyen n'est

---

[1] Voir le *Report of roy. comm. on nat. and alleg.*

donné pour assurer pratiquement la *désallégeance* aux citoyens de l'Union, qui se font naturaliser à l'étranger [1]. Le principe seul de la liberté d'expatriation était posé; l'application est réglée par des traités de naturalisation conclus successivement avec un grand nombre de puissances de l'Europe, et qui ont une réelle importance au point de vue du droit des gens, tant à cause du nombre des États avec lesquels ils ont été conclus, qu'en égard à l'étendue et la fréquence de leur application.

Le premier de ces traités a été signé avec la Prusse le 22 février 1868, par M. Bankroft, ministre des États-Unis à Berlin. On peut en résumer les clauses dispositives dans les termes suivants :

1° Les sujets d'une des H. P. C., naturalisés dans les États de l'autre sont, après une absence de cinq ans, reconnus dans leur nouvelle situation par leur pays d'origine.

2° Un naturalisé peut toujours être puni pour faits antérieurs à la naturalisation dans son pays d'origine, quand il y revient, à moins qu'il n'y ait prescription.

3° Le naturalisé qui revient et habite pendant deux ans son pays d'origine, est censé avoir renoncé à sa nationalité d'adoption [2].

Cette analyse permet de se rendre compte de la portée de cette convention, et des autres analogues, signées en 1868 et 1869, avec la Bavière, la Hesse, le Wurtemberg et le grand-duché de Bade, la Belgique.

En présence du bill de 1868 sur la protection des citoyens américains à l'étranger, et voyant que l'Amérique lui donnait l'exemple d'abandonner la vieille doctrine de l'allégeance perpétuelle dans ses conventions avec les puissances allemandes, l'Angleterre ne pensa pas devoir résister plus longtemps à la demande des États-Unis de conclure une convention du même genre. Le Gouverne-

[1] Voir ci-dessus, page 153.
[2] Voir annexe PP le texte exact du traité prusso-américain.

ment britannique présenta aux Chambres le projet qui est
devenu le bill du 12 mai 1870.

Ce bill établit un droit d'option en faveur des individus
qui relèvent en même temps de l'Angleterre et d'une autre
puissance : il déclare, en outre, que l'acquisition d'une
nationalité étrangère entraîne la perte de la qualité de
sujet britannique[1]. — Dès lors, aucun motif ne s'opposait
à la conclusion d'un traité anglo-américain. Les signatures
furent apposées le lendemain même du jour où la loi avait
été votée, le 13 mai 1870. L'arrangement accorde un délai
de deux ans pour permettre aux sujets britanniques naturalisés américains de renoncer à leur nationalité américaine, et déclare qu'à l'avenir, les sujets d'une des deux
parties contractantes naturalisés chez l'autre, seront reconnus par la première comme nationaux de la seconde[2].

L'exemple donné par l'Allemagne et l'Angleterre a été
suivi par un grand nombre d'États en Europe. Aujour-
d'hui, l'empire d'Autriche, le Mexique, la Suède, la Norvège, le Danemark sont également liés par des conventions de naturalisation avec les États-Unis d'Amérique.

Ces conventions constituent un grand progrès sur l'état
antérieur, et marquent une étape dans l'histoire du droit
des gens. Elles ont pourtant été souvent attaquées, même
en Amérique, et surtout à cause du délai de cinq ans qui
figure dans la plupart d'entre elles à l'imitation du traité
prusso-américain de M. Bankroft. Ainsi, M. Lawrence
rappelle qu'un étranger qui a servi dans l'armée américaine
peut être naturalisé dans le délai de deux ans, tandis que,
dans les cas ordinaires, il faut cinq années de séjour. Mais
pourra-t-on le protéger, avant l'expiration des cinq ans,
contre son pays de naissance, que nous supposons signa-
taire d'un traité identique au traité Bankroft? Nous ne le
croyons pas; et cependant, n'est-il pas sujet américain, et

---

[1] Voir annexe H.
[2] Voir, annexe OO, le texte de la convention du 13 mai 1870, et de l'arrangement additionnel du 23 février 1871.

ne peut-il pas réclamer en sa faveur l'application du bill susmentionné de 1868? C'est là sans doute un inconvénient, mais peu grave, et qu'on peut écarter en supprimant, comme dans la convention anglo-américaine, toute espèce de délai, et en se référant seulement à ceux qu'ont établis les lois particulières des États contractants.

Plus sérieuses sont les objections faites en Allemagne contre le traité Bankroft. M. Martitz, professeur à l'université de Fribourg en Brisgau, qui a étudié avec soin la question, indique plusieurs points sur lesquels le traité donne lieu à des difficultés d'application[1]. Il se demande, par exemple, si le naturalisé qui revient en Allemagne jouit du *jus postliminii*, et si l'article qui permet de poursuivre l'expatrié pour méfaits commis avant l'expatriation doit être considéré comme portant interdiction de le punir pour le fait même de l'expatriation, quand de ce chef il tombe sous le coup de la loi pénale allemande. On peut se convaincre, en parcourant les dispositions de la législation allemande sur les *réimmigrants* et les articles du Code pénal de l'Empire qui punissent l'émigration, que les questions soulevées par M. Martitz ne sont pas de simples querelles d'école[2]. Ce jurisconsulte est arrivé à demander l'abrogation pure et simple du traité Bankroft, à la condition toutefois qu'on adopte dans son pays la règle *française,* comme il l'appelle, en vertu de laquelle la naturalisation à l'étranger entraîne la dénationalisation. Cette conclusion nous paraît dépasser les prémisses et nous persistons à croire que les Gouvernements de Washington et de Berlin ont été bien inspirés en signant le traité de 1868. — Nous pensons même qu'il serait avantageux pour la France d'être liée par un traité du même genre, mais non tout à fait semblable, avec les États-Unis. Nous y trouverions d'abord l'avantage d'être assurés qu'en cas de natu-

[1] Voir le travail déjà cité de M. Martitz (*Staatsangehoerigkeit im internationalen Verkehr*) publié dans les *Annalen des Deutschen Reichs*, 1875.
[2] Voir annexe M, 2º et 5º.

ralisation d'un Américain en France, cas assez rare, mais
qui est loin d'être sans exemple, notre nouveau national ne
restera pas sous l'allégeance américaine, qui, d'après ce
que nous avons vu, continue d'être perpétuelle en pratique, sauf pour les personnes qui ont acquis la naturalisation dans un État lié par un traité avec le Gouvernement
de Washington. En dehors de cette hypothèse, nous y verrions encore l'utilité de mettre fin à un nombre considérable de difficultés, qui seront examinées plus tard en détail et qui concernent les individus naturalisés américains,
alors qu'ils sont soumis au service militaire en France et
qui reviennent dans leur pays d'origine sous la protection
américaine. On verra ci-après que cette question a une
grande importance pratique. Il conviendrait toutefois que
ce traité stipulait que le délai après lequel l'ex-Français
pourrait revenir sans être inquiété courrait, non à partir
de l'émigration de ce dernier, mais à partir du jour de sa
naturalisation aux États-Unis. Au surplus, il faudrait attendre, pour ouvrir les négociations, que la question de la
nationalité ait fait l'objet aux États-Unis de la réforme
annoncée et promise par les présidents Cleveland et Harrisson. ·

Amérique latine. — Les républiques hispano-américaines
ont, dès l'origine, adopté, en matière de naturalisation des
étrangers, des règles qui rappelaient certaines dispositions
de nos constitutions révolutionnaires. On se rappelle qu'il
fut un temps où parce qu'un étranger avait élevé un
enfant ou nourri un vieillard sur le sol français, on le
déclarait *ipso facto* investi du droit de cité. Cette naturalisation involontaire, concédée sans avoir été sollicitée, est
abandonnée aujourd'hui dans l'Europe entière, comme
contraire aux principes fondamentaux du droit des gens.
En Amérique, elle trouve encore des partisans, et, en 1874,
le ministre des affaires étrangères de la République Argentine, dans un rapport au Congrès, a émis le vœu que les
étrangers, ayant résidé pendant cinq ans sur le territoire

de la Plata, ou ayant servi dans l'armée nationale, fussent tenus de plein droit pour sujets de la République. Le motif de cette opinion n'est pas difficile à saisir : et c'est le même qui a poussé les Républiques américaines à tenir pour sujets tous les individus nés sur leurs territoires, c'est le désir d'éviter les réclamations étrangères et de pouvoir appeler tous les habitants à prendre les armes.

Du reste, l'Amérique latine, le Brésil excepté, tenait ses lois de l'Espagne, et, au moment de la séparation d'avec la mère patrie, elle était sous le régime de la *Novisima Recopilacion* qui, ainsi qu'on l'a vu, reconnaissait le droit de cité à tous les individus ayant obtenu la *vecindad* dans une commune, et accordait la *vecindad* aux étrangers avec une extrême facilité et sans même qu'ils en fussent avisés. L'empreinte du droit espagnol est encore aujourd'hui marquée dans la plupart des lois qui régissent le statut personnel dans les républiques hispano-américaines. Souvent on trouve, comme en Espagne, à côté de la naturalisation accordée par les hauts pouvoirs de l'État, une attribution tacite du droit de cité aux *avecindados;* mais la tendance générale est depuis longtemps déjà de revenir aux règles fondamentales qui régissent la naturalisation dans les autres pays : c'est-à-dire d'exiger au moins une manifestation de volonté, sinon toujours une demande de la part de l'étranger.

L'Uruguay, par exemple, avait renchéri sur toutes les exagérations dans sa charte constitutionnelle du 10 septembre 1829 : il reconnaissait deux classes de citoyens : les citoyens *naturels,* c'est-à-dire tous les natifs, et les citoyens *légaux.* Ces derniers n'étaient autres que les étrangers qui avaient ou épousé une femme uruguayenne, ou servi dans l'armée de la République, ou exercé une industrie, ou acheté un immeuble, ou simplement résidé dans le pays soit trois ans comme hommes mariés, soit quatre comme célibataires, ou enfin obtenu des lettres de naturalisation par une loi votée par le Congrès. On plaçait

ainsi sur le même pied un simple fait, comme la résidence, et un acte volontaire, comme la demande d'un
diplôme de citoyen. En 1853, la réaction se fit et une loi
décida qu'à l'avenir une patente de naturalisation devrait
avoir été délivrée, sur leur demande, aux citoyens légaux,
avant qu'ils pussent faire usage de leurs droits. Aujour-
d'hui, les États de l'Amérique latine, où l'on tombe malgré
soi sous la sujétion du gouvernement local, sont de plus
en plus rares. On ne pourrait guère citer que le Vénézuéla,
sur lequel on reviendra plus loin, dont la législation attribue encore aujourd'hui le droit de cité de plein droit aux
étrangers.

Au Mexique, à côté de la naturalisation ordinaire qui
s'obtient, sauf exception, après deux ans de séjour, il existe
une naturalisation tacite qui est acquise, en vertu de la
loi sur la nationalité de 1886, à tout individu qui achète
une propriété au Mexique ou qui y déclare un enfant, à
moins qu'en achetant cette propriété ou en déclarant la
naissance de cet enfant, il ne fasse des réserves formelles.
Cette naturalisation résultant d'une omission peut, dans la
atique, être attribuée à tort, si l'administration ne prend
pas de précautions particulières pour prévenir les intéressés. Elle paraît avoir été reconnue par les représentants
officiels de l'Angleterre et des États-Unis à Mexico, lesquels
ont, en effet, avisé leurs nationaux des conséquences auxquelles les exposeraient l'omission de la formalité prévue
par la loi [1].

En Bolivie, la naturalisation s'obtient par une simple
déclaration, après une année de résidence, ou par faveur
spéciale du Congrès [2].

Au Chili, l'étranger célibataire, qui exerce un métier ou
une industrie ou qui possède un capital, peut obtenir la

---

[1] Voir annexe V, la loi de 1886. Pour la législation antérieure, consulter
le *Codigo de Estrangeria en los Estados Mexicanos*, par Aspiroz (Mexico,
1876).

[2] Annexe K.

naturalisation après dix ans de résidence dans le pays, en déclarant à la municipalité son intention de continuer à demeurer sur le territoire de la République. Le stage de dix ans est réduit à six ans pour l'Européen marié, et même à trois ans, s'il a épousé une Chilienne [1]. C'est, comme on le voit, la *vecindad* qui est la base de cette naturalisation. Il en est de même dans l'Équateur : seulement aucune exigence de séjour n'est imposée à l'étranger qui possède des capitaux ou des biens fonds, ou qui exerce un art ou une industrie. Le Congrès de la République accorde aussi des naturalisations exceptionnelles.

En Colombie, l'étranger domicilié depuis un an obtient la qualité de Colombien, s'il déclare à la municipalité du lieu où il réside l'intention de s'*avecindar,* dans la République. Il peut aussi demander des lettres de naturalisation sans condition de séjour [2].

Dans la République Argentine, l'étranger peut, après deux ans de séjour, obtenir la qualité de citoyen. Dans beaucoup de cas la durée de ce stage peut être réduite : mariage avec une femme argentine, possession d'immeubles, etc..... [3]. Au bout d'un an de séjour, d'ailleurs, l'étranger est déjà électeur municipal.

Au Vénézuéla [4], les étrangers sont traités différemment suivant leur origine. Les Hispano-Américains peuvent se faire naturaliser par une simple déclaration [5] : les autres étrangers doivent former, à cet effet, une requête que les

---

[1] Annexe N.

[2] Annexe O.

[3] Annexe I.

[4] Voir Calvo, *Droit des gens, loc. cit.,* et annexe BB.

[5] Il n'est pas sans intérêt de remarquer ici que des règles de faveur ont été établies également dans quelques autres pays de l'Amérique espagnole pour les ressortissants des autres États de même origine. Ainsi le Vénézuéla, la République dominicaine, la Bolivie et la Colombie accordent le droit de cité aux Hispano-Américains sur une simple déclaration. Une convention signée entre l'Équateur et la Colombie prévoit le cas où des citoyens de l'une des parties contractantes se fixent sur le territoire de l'autre, et leur accorde le droit de cité après un court séjour.

autorités locales s'empressent d'accueillir, à moins toutefois qu'ils n'arrivent dans le pays en qualité d'immigrant,
auquel cas on leur donne les lettres de naturalisation sans
même qu'ils les demandent. Ils sont en effet sous l'empire
d'une loi spéciale de 1855, au sujet de laquelle les difficultés se sont souvent élevées avec la France, qui envoie
un assez grand nombre de ses nationaux au Vénézuéla. Ces
émigrants sont le plus souvent des malheureux séduits
en Europe par les promesses des agents vénézuéliens qui
leur annoncent qu'ils trouveront des terres fertiles à cultiver. Ils signent un engagement et s'embarquent aux
frais de l'agence. La loi porte que les « immigrants dès
leur arrivée recevront des lettres de naturalisation[1] ».
On l'a interprétée en ce sens que les arrivants seront
pourvus de lettres de naturalisation sans qu'ils en aient
fait la demande, et cette interprétation a été ouvertement
sanctionnée par une résolution du 1er décembre 1865[2]. Les
Français établis sur le sol vénézuélien ne tardaient pas à
s'apercevoir de l'inanité des promesses qui leur avaient été
faites et quand ils invoquaient la protection de la France,
le Gouvernement de Caracas répondait que, étant Vénézuéliens, ils n'avaient pas le droit de se réclamer de leur
ancienne patrie. En vain la France protesta contre cet
abus. Un décret du Vénézuéla du 14 janvier 1874 donna
une nouvelle recrudescence à l'émigration en promettant
des terres à cultiver, des secours en cas de maladie,
l'exemption de tout service militaire pendant dix ans ; mais
sans accorder satisfaction aux légitimes griefs de la France
sur la question de la nationalité. Le Gouvernement français,
comprenant que la persistance du Gouvernement de Caracas
rendrait la protection des émigrants français fort difficile,
impossible peut-être, fit insérer dans le *Journal officiel* des

---

[1] *Los inmigrados obtendran desde su llegada cartas de naturalisacion*
(art. 7 de la loi de 1855).

[2] Voir annexe HH, 3º, le texte de cette résolution, qui contient des considérations fort curieuses.

18 et 20 mai 1875 et afficher dans les principaux ports d'embarquement un *avis* par lequel les émigrants étaient prévenus que, le Vénézuéla persistant à les regarder comme ses sujets dès leur arrivée, ils ne pourraient pas compter sur l'intervention diplomatique de la France. En même temps, était promulgué un nouveau décret vénézuélien, du 3 mai 1875, qui décide que les immigrants pourront toujours retourner dans leur pays, après un an de séjour, mais que, s'ils veulent partir plus tôt, ils devront rembourser le prix de leur voyage [1].

L'Empire du Brésil, quoique d'origine portugaise, possède sur la naturalisation des lois qui se rapprochent beaucoup de celles des Républiques hispano-américaines. Le Gouvernement est autorisé par la loi à délivrer des lettres de naturalisation à tout étranger âgé de plus de vingt et un ans qui, ayant résidé au Brésil ou à l'extérieur au service de l'Empire, pendant plus de deux ans, en fait la demande avec l'intention manifeste de continuer à résider dans l'Empire ou de le servir. La dispense du stage de deux ans peut être accordée : 1° à celui qui est marié avec une Brésilienne; 2° à celui qui a dans l'Empire une propriété foncière ou une part dans l'exploitation d'un établissement industriel; 3° à celui qui est inventeur ou introducteur de n'importe quel branche de commerce ou d'industrie ; 4° à celui qui se recommande par ses talents dans les lettres ou les sciences, son aptitude professionnelle dans une branche quelconque d'industrie; 5° à l'enfant étranger naturalisé, né hors de l'Empire avant la naturalisation de son père. La naturali-

---

[1] Dans un rapport présenté en 1881 au Congrès de Caracas, le Gouvernement vénézuélien s'applique à défendre sa législation en cette matière contre les objections qu'elle a soulevées de la part de M. Calvo et de notre part. On relève une prétendue contradiction entre ce que nous avons dit de la naturalisation de la femme par le mariage et ce que nous disons ici de la naturalisation des émigrants au Vénézuéla. Il n'y a aucune parité entre les deux cas, et nous ne nous expliquons pas comment il a pu venir à la pensée du rédacteur du rapport d'opposer deux choses si dissemblables (Voir *Memoria del ministerio de Relationes exteriores, 1881*, page 76 et suiv.).

sation est encore plus facile pour tous ceux qui achètent des
terrains, ou font partie d'une colonie fondée dans l'Empire,
ou viennent à leurs frais pour y exercer une industrie
quelconque. Il suffit pour être considérés comme citoyens
brésiliens, qu'après deux années révolues de résidence au
Brésil, ils en manifestent l'intention devant la chambre
municipale ou le juge de paix.

Ceux qui se font naturaliser dans ces circonstances sont
exemptés du service militaire et ne sont soumis qu'à celui
de la garde nationale dans le municipe qu'ils habitent[1].

Iles Hawaï. — Le Code civil hawaïen reconnaissait autrefois au ministre de l'intérieur le droit d'accorder, de sa
seule autorité, la naturalisation aux étrangers.

La loi reconnaît encore aujourd'hui les mêmes droits
au même ministre, mais ajoute : « Avec l'approbation du
roi et seulement lorsque l'individu justifiera de cinq ans
de résidence dans le royaume, possédera une propriété
foncière taxable et non hypothéquée, jouira de bons antécédents, ne se sera pas soustrait à la justice d'un pays
étranger et ne sera pas un déserteur ».

§ 9. — Condition de la famille du Français naturalisé à l'étranger.

Quand, d'une part, les conditions exigées par la loi
étrangère pour la naturalisation, et quand, d'autre part,
les conditions établies par la loi et la jurisprudence françaises, pour la dénationalisation ont été exactement remplies, le Français a évidemment perdu la qualité de Français. Mais il est peut-être père de famille. Quelle sera la
situation de sa femme et de ses enfants mineurs?

[1] Voir annexe L.

I.

Quant à la femme, la question ne paraît pas douteuse. La femme restera française, si elle n'a pas réclamé pour elle-même, avec l'autorisation de son mari, la naturalisation à l'étranger. C'est ce qui résulte du Code civil, dont l'article 19 déclare que la femme française qui épouse un étranger suit la condition de son mari. Cela ne peut s'étendre à la femme dont le mari, Français au moment du mariage, devient ultérieurement étranger.

II.

En ce qui concerne les mineurs, on a vu que d'après la loi de 1889, ils changent de nationalité quand leur père est étranger et obtient la naturalisation en France. Il n'en est pas de même du mineur français dont le père obtient la naturalisation à l'étranger. Celui-ci reste Français et n'a pas même un droit d'option, ce qui nous semble bien rigoureux. Que l'on suppose par exemple un Français émigrant avec des enfants en bas âge, ou ayant des enfants nés à l'étranger, quand il était encore Français. Il se fait naturaliser citoyen du pays qu'il habite, dans le désir bien légitime de jouir de la plénitude des droits accordés aux citoyens par les lois locales. Quand ses enfants arrivent à l'âge du service militaire, ils sont appelés à servir la France, qu'ils ne connaissent pas, et pour laquelle ils ne sauraient avoir de l'attachement. C'est là un inconvénient grave, qu'on pourrait atténuer en permettant par une disposition légale aux enfants des Français devenus étrangers d'opter pour la nationalité étrangère. Il faudrait, en outre, retarder en leur faveur l'appel sous les drapeaux jusqu'a-près l'expiration du délai d'option. La loi militaire prévoit un retard de ce genre pour les jeunes gens nés en France de parents étrangers. Nous avons demandé ci-dessus qu'on accordât ce même ajournement aux Français nés à l'é-tranger. Un grand nombre des jeunes gens dont nous nous occupons ici seraient dans ce cas, et on devrait leur assi-miler ceux qui sont nés en France avant la dénationalisa-tion de leurs parents.

Le Code italien décide que les enfants mineurs d'un père qui émigre suivent la nationalité de ce dernier, lors-qu'ils l'accompagnent dans l'émigration : seulement ils peuvent, à leur majorité, recouvrer la nationalité italienne par une simple déclaration. Les enfants abandonnés en Italie par leur père qui émigre restent Italiens. — En Suisse, la loi du 3 juillet 1876 a fait prévaloir un système analogue : les enfants peuvent cependant rester Suisses, s'il est expressément stipulé qu'ils le resteront, quand même leur père les emmène avec lui. — En Angleterre, les mineurs suivent la nationalité de leur père s'ils résident dans le pays où il a obtenu la nationalité. Le système fran-çais complété par le droit d'option aurait les mêmes avan-tages que les doctrines italienne, anglaise ou suisse; il aurait même sur ces dernières une supériorité, en évitant les changements successifs dans le statut personnel des enfants, changements toujours préjudiciables dans la pra-tique pour l'application des lois personnelles, les compé-tences, les successions, etc. [1].

---

[1] On peut procéder par voie de loi intérieure ou par voie de convention. C'est ainsi que l'Italie a signé à ce propos avec la Suisse un arrangement intéressant qui fait l'objet de l'article 4 de la convention italo-suisse du 22 juillet 1868. « Lorsqu'un fils de parents suisses établis dans le royaume d'I-« talie y a acquis la naturalisation, en vertu des lois italiennes, il y est aussi « astreint aux obligations militaires si, dans l'année qui suivra l'époque de « sa majorité, il n'aura (sic) pas opté devant l'autorité compétente pour la « naturalisation suisse, et, dans tous les cas, il ne sera pas appelé au service « avant que l'âge de la majorité soit légalement atteint ». Cette disposition

III.

Il importe d'examiner maintenant ce qui a lieu dans la pratique, quand un Français, ayant des enfants mineurs, se fait naturaliser à l'étranger. Dans certains pays, il y a parfaite concordance : en Russie [1], par exemple, en Turquie [2], en Grèce, en Belgique, en Espagne, dans quelques autres contrées, les enfants mineurs des naturalisés conservent leur nationalité d'origine. Inversement, en Allemagne [3], les fils mineurs du naturalisé sont compris, à moins de dérogation, dans la naturalisation du père; il en est de même en Angleterre [4], s'ils résident dans le pays pendant leur minorité; — en Portugal, sauf la faculté de réclamer après leur majorité contre la nationalité que leur père leur aura conférée; — aux États-Unis d'Amérique [5], avec cette réserve, toutefois, que les instructions du secrétaire d'État, fondées sur une jurisprudence libérale, leur accordent un droit d'option, manifestée par le domicile qu'ils choisissent à leur majorité; — en Italie, à condition qu'ils y résident, et sauf un droit de renonciation à vingt et un ans.

Suisse. — C'est surtout avec la Suisse que les conflits de ce genre ont été nombreux, assez nombreux même, pour qu'à certains moments, l'opinion publique s'en fût vive-

est le complément naturel de la règle que les enfants suivent la nationalité de leur père, sauf le droit d'option : elle sanctionne le principe dont nous avons parlé ci-dessus et qui devrait être appliqué dans toutes les circonstances analogues. On verra ci-après que la France a signé avec la Suisse une convention dont le but est le même.

[1] Ukase du 6 mars 1864, art. 6, annexe DD.

[2] Loi de 1869, art. 8, annexe GG.

[3] Loi du 1er juin 1870, art. 11, annexe G.

[4] Acte du 12 mai 1870, art. 10, annexe H.

[5] Voir aussi annexe Q. Voir *Journ. du dr. int. privé*, 1887, pages 32 et suiv., et 1889, pages 264 et suiv.

ment émue, à Genève surtout. Les lois suisses, en effet, avant la réforme de 1876, attribuaient, et souvent sans aucune restriction, la qualité de sujet aux enfants mineurs des naturalisés. C'était le cas nommément à Genève. Les fils d'un Français naturalisé dans ce canton pendant leur minorité se trouvaient Suisses, par le seul fait de la naturalisation de leur père. Ils étaient cependant appelés en France, dès vingt ans, à faire partie de l'armée, en même temps qu'ils étaient convoqués dans la milice suisse. Il leur était impossible, quoi qu'ils fissent, de régulariser leur situation. En 1873, cette question a donné lieu à des négociations intéressantes entre les deux Gouvernements. La Suisse paraissait croire que notre loi même accordait un droit d'option aux jeunes gens dont le père s'est fait natuliser Suisse pendant leur minorité, et elle fondait cette idée sur une interprétation inexacte de l'article 10 du Code civil dont elle semblait accuser le Gouvernement français de ne pas exécuter les dispositions. Le ministre de Suisse, à Paris, présenta un projet de convention dont les rédacteurs étaient imbus de cette manière de voir erronée, et en vertu duquel on proposait à la France de retarder l'appel des jeunes gens, qui faisaient partie du litige, jusqu'au moment où ils auraient opté pour la France. Le Gouvernement français n'eut pas de peine à mettre en lumière l'erreur où était le Gouvernement fédéral, et il ne crut pas devoir donner suite à une proposition qui entraînait abandon partiel d'une règle de notre droit civil [1].

La loi suisse du 3 juillet 1876 apporta un nouvel élément de discussion dans la question. D'après cet acte, la naturalisation accordée au chef de la famille ne s'étend à la femme et aux enfants mineurs, que « s'il n'est pas fait pour ceux-ci une exception formelle en vue de l'article 2, chiffre 2 ».

Une exception est donc possible aujourd'hui, et l'article

_____
[1] Voir le *Livre jaune* de 1873.

2, chiffre 2, visé ici, décide précisément qu'on refusera la naturalisation, quand elle pourrait occasionner à la confédération « un préjudice », c'est-à-dire faire naître des conflits avec les pays étrangers [1]. Nous pouvions donc considérer l'article 3 de la loi suisse comme de nature à détruire la cause même des difficultés dont nous nous occupons. Le Conseil fédéral, dans l'Exposé des motifs, visa, en effet, la naturalisation des Français mineurs comme une source de conflits·auxquels il importait de mettre fin.

« Les différences, disait-il, existant entre les législations suisse et étrangères, qui statuent entre autres comme le font les lois françaises, que les fils mineurs d'un Français qui s'est fait naturaliser Suisse ne sont pas libérés du service militaire en France, tandis que, au contraire, d'après la loi suisse, le fils mineur suit la nationalité de son père, ont amené assez de conflits pour que les autorités suisses ne cherchent pas à créer sans motifs de nouvelles difficultés, qui ne peuvent que leur faire du tort ».

Nous pouvions donc, d'après cela, croire que la difficulté était résolue, en principe, pour l'avenir : toutefois, une entente était nécessaire pour régler la situation des individus qui avaient obtenu la naturalisation suisse, étant mineurs, avant le 1er janvier 1877, date de la mise en vigueur de la nouvelle loi. D'autre part, il était équitable d'accorder aux mineurs, dont les parents auraient acquis la nationalité fédérale, un moyen facile de l'acquérir ultérieurement eux-mêmes, à leur majorité, et de renoncer en même temps à la nationalité française. Ce double but a été atteint par la convention du 29 juillet 1879. L'Exposé des motifs préparé pour présenter cet acte à l'approbation des Chambres françaises en fera comprendre exactement la portée.

« C'est une règle admise par la jurisprudence française,

_____
[1] Voir annexe FF.

est-il dit dans ce document, qu'il ne peut dépendre du père, en adoptant une nationalité étrangère, de changer celle que ses enfants tiennent de la loi de leur pays d'origine. Il suit de là que, si un Français majeur se fait naturaliser à l'étranger, les enfants mineurs qu'il peut avoir demeurent Français à nos yeux, tandis que lui-même cesse de l'être, par application de l'article 17 du Code civil. Les lois d'un assez grand nombre d'États concordent avec cette règle, c'est-à-dire qu'elles ne confèrent la naturalisation à un père de famille qu'à titre personnel, sans y comprendre les enfants. D'autres pays ont adopté le principe opposé, et n'admettent pas que les mineurs puissent avoir une autre nationalité que le chef de la famille. De ce nombre est la Confédération suisse. En conséquence, les enfants mineurs d'un Français naturalisé Suisse sont considérés comme Suisses par le Gouvernement fédéral, tandis qu'en France ils sont tenus pour Français.

« De cette situation irrégulière au point de vue international découlent des inconvénients qui ont appelé à plusieurs reprises l'attention des deux Gouvernements intéressés. Des conflits surgissent fréquemment, surtout à l'occasion de l'appel sous les drapeaux, le même individu se trouvant simultanément appelé, dès l'âge de vingt ans, à servir comme Français dans l'armée française, et comme Suisse dans la milice fédérale. On a reconnu, de part et d'autre, qu'il y avait lieu de mettre fin à ces difficultés par un arrangement international. Tel est l'objet de la Convention que nous avons l'honneur de soumettre à votre approbation.

« Jusqu'en 1876 les questions de nationalité étaient, dans la Confédération suisse, une affaire purement cantonale : l'étranger qui avait obtenu le droit de cité dans un canton (ce qui suppose l'acquisition préalable de la bourgeoisie dans une commune) était considéré comme citoyen de la Confédération, sans que le pouvoir fédéral eût à intervenir. Les lois sur la matière variaient dans les vingt-deux cantons ; mais toutes s'accordaient pour considérer la nationalité des enfants mineurs comme étant, dans tous les cas, la même que celle du père de famille. La nouvelle loi fédérale du 3 juillet 1876 sur la naturalisation, tout en laissant subsister les lois des cantons, décide que la naturalisation ne pourra être accordée aux étrangers qu'après qu'ils auront obtenu l'autorisation du Conseil fédéral. Quant aux mineurs, elle permet aux autorités compétentes de les excepter des effets de la naturalisation accordée au père, et cela précisément en vue d'éviter les conflits dont il vient d'être parlé.

« Nous avions pensé d'abord que la faculté donnée par la loi suisse de restreindre la naturalisation à la personne du père suffirait pour empêcher qu'à l'avenir les mineurs français ne fussent compris dans la naturalisation accordée à leur père, et que le Gouvernement fédéral ne ferait aucune difficulté de s'engager pour l'avenir à excepter les enfants de la naturalisation suisse, dans tous les cas où un père de famille français viendrait à la solliciter. Mais cette manière de procéder n'a pas paru admissible aux hommes d'État de Berne. On nous a d'ailleurs fait observer que les Français mineurs dont le père a été naturalisé Suisse se trouvaient placés, par cette mesure, dans une situation préjudiciable à leurs intérêts, faute d'une loi fédérale analogue à la loi française du 7 février 1851 (art. 2), qui leur permît de réclamer la qualité de Suisse, à leur majorité, par une simple déclaration. En France, en effet, les enfants mineurs de l'étranger naturalisé restent étrangers jusqu'à leur vingt et unième année ; mais, dès qu'ils ont atteint cet âge, ils peuvent devenir Français par une simple manifestation de leur volonté. En Suisse, au contraire, les fils mineurs du Français devenu Suisse seraient tenus de remplir, pour leur propre compte, toutes les formalités de la naturalisation ordinaire et d'acquitter des taxes souvent très élevées. Ces considérations ont amené les deux Gouvernements à adopter une autre combinaison.

« L'article 1er de la Convention, tout en reconnaissant aux enfants mineurs du Français naturalisé Suisse la qualité de Français pendant toute leur minorité, leur permet de devenir Suisses par une simple déclaration d'option faite dans le cours de leur vingt-deuxième année. Les effets de la naturalisation accordée à leur père sont donc, en ce qui concerne les mineurs, suspendus jusqu'au jour où, ayant acquis leur pleine capacité légale, ils en revendiqueront le bénéfice. En optant pour la Suisse, ils cesseront d'être considérés comme Français.

« L'article 2 détermine les formalités de la déclaration et spécifie les autorités chargées de la recevoir. Ceux qui auront laissé passer le délai d'un an, qui leur est imparti pour faire leur choix, seront considérés comme définitivement investis de la qualité de Français.

« L'appel sous les drapeaux est ajourné de part et d'autre pour les intéressés jusqu'au moment où ils auront dépassé le délai de l'option, c'est-à-dire jusqu'à ce qu'ils aient accompli leur vingt-deuxième année. Mais cette mesure étant prise en leur faveur ne devait leur être préjudiciable dans aucun cas. Or, il arrive fréquemment qu'un individu a intérêt à remplir, avant sa majorité, les obligations du recrutement, soit qu'il veuille embrasser la carrière militaire, soit qu'il désire être libéré plus tôt. L'article 3 de la Convention attribue en conséquence aux jeunes gens à qui est accordé cet ajournement le droit d'y renoncer, quand ils désirent entrer avant leur vingt-deuxième année dans l'armée française ou dans nos écoles militaires. Ces jeunes gens devront alors renoncer à leur droit d'option pour la nationalité suisse. C'est une clause analogue à celle de l'article 2 de la loi du 16 décembre 1874, qui permet à l'individu né en France de parents étrangers qui eux-mêmes y sont nés, de renoncer, quoique mineur, à son droit de réclamer la qualité d'étranger, quand il désire entrer dans l'armée française. On a pensé qu'il y avait lieu d'étendre cette disposition en faveur des jeunes Français

dont les parents se sont fait naturaliser Suisses. Ceux-ci,
en effet, sont mis par la Convention dans une situation
identique à celle où la loi du 16 décembre 1874 a placé
les enfants nés en France de parents étrangers, qui eux-
mêmes y sont nés. Les uns comme les autres sont Français
pendant leur minorité; seulement on leur reconnaît la
faculté de cesser de l'être quand ils auront vingt et un ans.

« L'article 3 dispose que la renonciation dont il s'agit
sera faite par les intéressés « avec le consentement de leurs
« représentants légaux, dans les mêmes formes et devant
« les mêmes autorités que la déclaration d'option ».

« Les déclarations d'option et de renonciation seront
communiquées à l'autre Gouvernement par celui sur le
territoire duquel ces actes auront été reçus (art. 4).

« L'administration de la guerre a exprimé la crainte
que, malgré ces communications faites d'office entre les
parties contractantes, l'arrangement ne présentât certaines
difficultés dans l'application. On s'est posé la question de
savoir s'il n'y aurait pas lieu d'obliger les individus visés
par la Convention à prévenir d'avance de leur situation le
préfet du département de leur domicile actuel ou de leur
ancien domicile en France. Les préfets eussent été ainsi
mieux en mesure d'ajourner l'appel de ceux à qui la Convention accorde un sursis de deux ans. On a songé un
instant à insérer dans le traité une clause dans ce sens.
Mais il a été reconnu ultérieurement qu'une pareille disposition ne devait pas figurer dans un acte international,
et qu'en l'insérant nous eussions paru vouloir subordonner
le bénéfice des articles précédents à l'exécution d'une formalité qui, en fait, eût constitué la véritable option. M. le
Ministre de la Guerre se réserve, d'ailleurs, de prendre,
par voie de circulaires, et d'accord avec les administrations
intéressées, telles mesures qui lui paraîtront convenables
pour assurer la mise en pratique de l'arrangement.

« Une disposition transitoire doit nécessairement régler
la position des individus qui, en vertu du régime en vigueur

jusqu'à présent, cumulent actuellement les deux nationalités (art. 5). Il est convenu qu'ils ne pourront être inscrits
d'office sur les listes du recrutement, ni en France, ni en
Suisse, avant qu'ils aient accompli leur vingt-deuxième
année, mais il n'a pas été possible de faire cesser immédiatement pour tous l'anomalie de la double nationalité. Ceux
d'entre les intéressés qui sont actuellement mineurs resteront, au point de vue de la nationalité, dans leur situation
actuelle jusqu'au jour de leur majorité; alors s'ouvrira pour
eux un délai d'un an, pendant lequel ils pourront opter
suivant les dispositions établies dans l'article 2, c'est-à-dire
que, s'ils manifestent la volonté de se rattacher définitivement à la Suisse, la France renoncera à toute prétention
sur eux; si, au contraire, ils laissent passer leur vingt-
deuxième année sans réclamer la qualité de Suisse, ils
seront tenus par les deux pays pour Français.

« Quant aux individus nés d'un père Français naturalisé
Suisse, qui ont, dès à présent, acquis leur pleine capacité
légale, ils pourront faire leur choix de la même manière.
Le délai d'option est pour ceux qui résident en France et
en Suisse, d'un an à partir du moment où la Convention
sera devenue exécutoire. Pour ceux qui ne demeureraient
ni dans l'un ni dans l'autre de ces deux pays, le délai est
porté à deux ans. »

« Telles sont, concluait l'espoir des motifs, les dispositions adoptées par les deux Gouvernements; nous espérons
qu'elles suffiront pour écarter les conflits qui se sont produits. Toutefois, on a dû prévoir le cas où la pratique viendrait à démontrer que l'arrangement ne donne pas les
résultats attendus. Dans cette vue, l'article 6 stipule que
la Convention n'est faite que pour cinq années, sauf tacite
reconduction d'année en année à l'expiration de cette
période. »

La Convention [1], approuvée par les assemblées délibé-

---

[1] Voir annexe LL.

rantes des deux pays, est entrée en vigueur le 11 juillet 1880, jour de sa promulgation en France. On remarquera que le Gouvernement français n'a abandonné aucune des règles en vigueur en France en matière de nationalité : la seule innovation a été faite par la Suisse qui a établi, en faveur des enfants des Français naturalisés, une option analogue à celle qui a été instituée en France par l'article 9 du Code civil.

Ce n'est qu'au point de vue militaire que l'arrangement du 29 juillet 1879 a réellement innové. La pratique a montré que ces innovations, irréprochables en théorie, sont facilement applicables en pratique. L'administration de la guerre s'est montrée très large pour les individus faisant l'objet des dispositions transitoires contenues dans l'article 5 de la Convention : mais elle exige que les jeunes gens nés après le 1er janvier 1860, annoncent dans le cours de leur vingtième année, au préfet du département où ils ont leur domicile militaire, leur intention de se réclamer plus tard de la Convention franco-suisse. Cette exigence, fondée sur des considérations d'ordre purement administratif, paraîtra peut-être un peu rigoureuse[1].

Belgique. — L'arrangement, non ratifié, qui a été signé entre la France et la Belgique, le 5 juillet 1879[2], contenait des dispositions analogues en ce qui concerne l'appel sous les drapeaux des fils de Français naturalisés Belges, à qui la loi confère le droit de réclamer à leur majorité la qualité de Belge.

---

[1] Voir annexe LL. Rappelons ici que les déclarations du genre de celle que prévoit la convention comme devant se faire en France devant l'autorité municipale devront, d'après le règlement d'administration publique, promulgué à la suite de la loi du 27 juin 1889, être effectuées dorénavant devant le juge de paix. Nous ne doutons pas, que le Gouvernement suisse n'accepte volontiers cette modification.

[2] Voir ci-après l'annexe JJ.

§ 10. — Relations d'un ci-devant Français avec la France.

I.

Depuis l'abrogation du décret de 1811 qui punissait de mort le Français naturalisé étranger, même avec l'autorisation du Gouvernement, s'il avait pris les armes contre la France, — on peut dire que l'ex-Français, qui est régulièrement dénationalisé, ne diffère pas d'un étranger pour les actes commis après la dénationalisation. Mais le changement d'allégeance laisse subsister, comme nous l'avons dit, toutes les obligations antérieures. L'ex-Français peut donc conserver avec la France certains liens résultant soit de ses délits, soit de ses contrats, de ses quasi-délits ou de ses quasi-contrats. Pour la plupart de ces obligations, il pourra être contraint de les exécuter, s'il revient sur le territoire français, ou si le droit des gens permet de le poursuivre jusque dans sa nouvelle patrie. Il n'y aura guère de difficultés possibles dans le plus grand nombre des hypothèses, qu'il s'agisse d'une dette envers l'État français, par exemple, ou d'un vol, etc... Pour ce qui concerne le service militaire, la question se complique d'une autre considération, savoir que le service militaire est en quelque sorte le *criterium* de la nationalité, et que, en France du moins, un étranger ne peut pas y être soumis. Que se passera-t-il donc si un Français, soumis à la loi du recrutement, se fait naturaliser à l'étranger et revient ensuite en France?

Le ministère de la Guerre avait autrefois une doctrine rigoureuse empruntée à une circulaire de M. de Serre, garde des Sceaux, en date du 7 juillet 1819[1]. D'après

---

[1] Annexe E.

cette circulaire, le jeune homme, qui n'ayant pas fait valoir ses motifs d'exemption devant le conseil de révision, a été déclaré bon pour le service, ne peut plus se soustraire, sous aucun prétexte, aux obligations militaires. Le motif de cette rigueur était que, sous la Restauration, l'armée française comptait un nombre déterminé de soldats choisis par le sort : on ne pouvait pas admettre un fait qui aurait eu pour conséquence possible de modifier le nombre désigné par les Chambres pour la levée annuelle. Depuis bien des années déjà, la circulaire de M. de Serre est tombée en désuétude, et, en pratique, les conseils de guerre ne se montrent pas bien rigoureux. En fait, quand un individu d'origine française naturalisé à l'étranger revient en France, sous le coup de poursuites pour infractions aux lois militaires, le conseil de guerre surseoit à statuer jusqu'au moment où la question de nationalité a été tranchée par le tribunal civil. Souvent même, on le laisse en liberté provisoire. Le tribunal est saisi de l'affaire par une citation envoyée au préfet du département dans lequel l'intéressé a été porté sur les contrôles militaires. Un certain nombre d'auteurs citent, à titre d'exemples, le cas d'un sieur Zeiter, originaire de Wissembourg, qui, revenant en France avec la nouvelle qualité de citoyen américain et poursuivi pour insoumission, traduisit devant le tribunal de cette ville le préfet du département du Bas-Rhin. Le tribunal, dans son audience du 25 avril 1860, ne se trouvant pas assez éclairé pour rendre un jugement, accorda un délai à Zeiter pour se procurer des documents justificatifs. Le 3 juin suivant, il se prononça sur le fonds et déclara Zeiter dégagé de tout lien de nationalité envers la France, comme ayant acquis la naturalisation aux États-Unis d'Amérique. — On pourrait multiplier les exemples de ce genre de jugement, bien que certains tribunaux n'aient pas cru devoir se déclarer compétents en pareille occurrence. Mais la jurisprudence incline de plus en plus à admettre cette procédure, dont les avantages pratiques sont incontestables.

Le tribunal appelé à statuer sur la nationalité d'un individu naturalisé à l'étranger n'avait, jusqu'à la loi de 1889, qu'à rechercher si la naturalisation avait été acquise valablement, conformément aux indications que nous avons données ci-dessus. La loi de 1889 ajoute un élément nouveau : à l'avenir la dénationalisation n'est plus acquise au Français qui, soumis au service dans l'armée active, obtient une naturalisation étrangère sans avoir obtenu l'autorisation du Gouvernement français. Le tribunal devra donc examiner ce point avant de rendre son jugement.

La question de statut personnel étant ainsi réglée, et nous supposons qu'elle l'est dans le sens de l'extranéité de l'intéressé, la juridiction militaire reprend ses droits pour examiner si la prescription est acquise à l'insoumis.

Le délit d'insoumission étant un délit successif, la prescription de trois ans ne court qu'à partir du moment où l'insoumis ne peut plus être incorporé dans l'armée, soit parce qu'il a atteint l'âge où cesse l'obligation militaire : quarante ans, d'après la loi de 1872 ; quarante-cinq ans, d'après la loi de 1889 ; — soit parce qu'ayant perdu la qualité de Français, il a perdu en même temps l'aptitude à faire partie de l'armée française. Les conseils de guerre devront donc examiner, à ce point de vue, la situation de l'insoumis. S'il a acquis la naturalisation à l'étranger depuis plus de trois ans, délai de la prescription pour l'insoumission, il devra être acquitté, sinon il pourra être condamné aux peines établies par le Code militaire. Ajoutons que souvent, dans la pratique, les conseils de guerre font preuve d'une grande bienveillance. Ils prononcent souvent un acquittement pur et simple quand la bonne foi du prévenu ressort des circonstances de la cause. — Si, au contraire, on s'apercevait que le prévenu n'a quitté la France qu'en vue de se soustraire au service, quand même le conseil de guerre aurait dû l'acquitter à cause de la prescription, l'administration militaire ne serait pas désarmée. Elle aurait encore une ressource, qu'elle emploie quand il y aurait scandale à laisser l'insoumis dans la vie civile, alors que les hommes de son âge sont soldats : c'est l'expulsion. Il est juste que tout individu qui cherche, dans l'acquisition d'une nationalité étrangère, un moyen de se soustraire aux lois militaires, soit expulsé du territoire français pendant le temps qu'il aurait dû appartenir à l'armée.

II.

C'est avec les États-Unis d'Amérique que des difficultés se sont le plus souvent présentées, à l'occasion de jeunes gens qui, après avoir acquis le titre de citoyen de l'Union, pensaient pouvoir revenir en France et y vivre sous la protection du pavillon américain, en échappant au service militaire. Le nombre de ces jeunes gens était, à certains moments, assez considérable : en 1859, ils ont fait l'objet d'une correspondance entre la France et le Gouvernement de Washington. M. Mason, ministre américain à Paris, reconnaissait, d'après les instructions de son Gouvernement, que, dans deux cas, la France est en droit de poursuivre les jeunes gens qui se sont fait naturaliser Américains et reviennent sur le territoire français : 1° si l'obligation du service militaire est née antérieurement à leur émigration; 2° si, avant l'émigration, ils n'ont pas accompli leurs devoirs militaires. En 1861, M. Faulkener, successeur de M. Mason, écrivait à M. Thouvenel, à la date du 7 avril : « Notre doctrine est que l'on ne peut exiger le service militaire de l'émigrant naturalisé à son retour dans son pays d'origine, alors que cette obligation ne lui a pas été demandée de fait antérieurement à son émigration. Il ne suffit pas d'être sujet, en perspective, au service de l'armée. L'obligation de devoirs contingents, dépendant du temps, du tirage au sort et d'événements à venir, n'est pas reconnue. Il faudrait, pour le soumettre à une pareille responsabilité, qu'il y eût désertion réelle ou refus d'entrer dans l'armée après avoir été désigné par le sort à servir le Gouvernement auquel il était soumis alors[1] ».

Ce passage indique clairement la divergence existant entre les deux États : l'Amérique se réfère au moment de l'émigration; nous ne pouvons la suivre sur ce terrain. Pour nous, ce n'est pas l'émigration, c'est la dénationalisation seulement qui fait tomber l'obligation du service militaire. Les conflits se sont multipliés dans les dernières années, et la question a fait assez souvent l'objet de négociations délicates entre les deux Gouvernements, sans qu'il ait été possible d'arriver encore à un accord sur le principe. Nous ne saurions mieux indiquer l'état de la question qu'en citant quelques passages des correspondances insérées dans les publications parlementaires de Washington.

« Les citoyens américains d'origine française, écrivait à M. le Secrétaire d'État Freylinghuisen le chargé d'affaires des États-Unis à Paris, M. Vignaud, le 13 novembre 1884, sont fort étonnés, quand ils viennent visiter leur ancienne patrie, de se voir recherchés, malgré leur passeport américain et les papiers constatant leur nationalité, pour s'être soustraits au service militaire. Ils recourent immédiatement à la protection de la légation, et quand on leur apprend que l'action de celle-ci n'est, en pareil cas, que très limitée et presque toujours subordonnée à la bonne volonté des autorités françaises, ils se plaignent amèrement de subir des vexations, alors qu'ils avaient lieu de supposer que la nationalité qu'ils avaient acquise les mettait à l'abri des recherches de cette nature; ils en viennent presque à accuser notre Gouvernement de coupable négligence, et de manquer à l'un de ses devoirs les plus sacrés : la protection de ses citoyens adoptifs voyageant ou résidant à l'é-

---

[1] Voir le *Report of royal commissionners on naturalisation*, etc.

tranger. Ces récriminations, quoique très naturelles en
pareil cas, naissent d'une méprise sur les droits que les
citoyens naturalisés peuvent légitimement réclamer de leur
Gouvernement adoptif, et sur les devoirs que ce Gouvernement assume à leur égard.....

« Le fils de tout Français est inscrit sur les registres de
la commune où il est né, s'il est né en France, sur ceux de
la commune où réside sa famille, s'il est né à l'étranger.
L'ensemble de ces inscriptions forme dans chaque commune une liste de recrutement rédigée annuellement par
le maire qui l'envoie à la préfecture du département où
elle forme avec les autres listes semblables une liste générale comprenant tous les hommes ressortissant du département nés vingt ans auparavant. Le moment venu, chaque
personne inscrite est convoquée à un lieu désigné. Les
jeunes gens résidant à l'étranger reçoivent la convocation
de leur consul ou de leurs parents résidant en France.
Ceux qui ne se présentent pas dans les délais fixés sont
déclarés coupables du délit connu en France sous le nom
d'insoumission; leur nom et leur signalement sont donnés
à la police avec ordre de les arrêter.

« Un Français naturalisé à l'étranger est certain d'être
arrêté quand il vient en France, si son nom est consigné
dans la liste de recrutement de sa commune ou de son
département, et il est certain que son nom sera consigné,
s'il n'a pas accompli son service militaire, ou s'il n'en a
pas été régulièrement exempté pour une cause particulière. S'il n'oppose aucune résistance, on le traite douce-
ment d'ordinaire; dans le cas contraire, on lui met les
menottes et on le traite rudement. La police le remet aux
autorités militaires du département où il est porté comme
insoumis; et on l'y traduit devant un conseil de guerre
pour répondre du délit d'insoumission. Il plaide généralement qu'il a renoncé à sa nationalité d'origine, qu'il est
maintenant un étranger — généralement un Suisse ou un
Américain — et qu'en cette qualité il n'est astreint à aucun

service militaire en France. Le conseil de guerre réplique d'ordinaire qu'il n'est pas compétent pour trancher les questions de nationalité, que ces questions sont de la compétence des tribunaux civils, à qui l'accusé doit présenter sa réclamation, et qu'il ajourne sa décision à l'époque où le résultat de cette réclamation lui sera connu. Tant que l'instance civile est pendante, le défendeur est, en règle générale, laissé provisoirement en liberté. S'il est emprisonné et que la légation en soit informée, il est d'ordinaire relâché sur parole, grâce à la requête adressée au ministre des affaires étrangères, ou au ministre de la guerre, ou au général commandant dans le département.

« On porte l'affaire devant le tribunal civil, en invitant le préfet du département, qui est responsable de la confection de la liste du recrutement, à rayer de cette liste le nom du demandeur. Les preuves nécessaires pour éclairer le tribunal sont un passeport américain, et un certificat de naturalisation accompagné d'un certificat d'une légation française analysant les papiers de naturalisation et garantissant leur authenticité. Si le demandeur est né aux États-Unis, il doit encore produire un extrait de naissance écrit en français ou traduit par un traducteur juré, et dûment légalisé par un consul français aux États-Unis ou par la légation américaine.

« Si son père a acquis la nationalité américaine, il est bon qu'il produise aussi un certificat de la naturalisation de son père.

« Au vu de ces preuves, les tribunaux civils français rendent un jugement déclarant que le demandeur ayant cessé d'être citoyen français ne peut être astreint à servir dans l'armée française qui doit être exclusivement composée de Français. Le demandeur retourne alors devant le conseil de guerre qui raye définitivement son nom des rôles militaires. Mais il n'en est pas moins jugé pour le délit d'insoumission commis avant qu'il ait pu perdre légalement sa nationalité d'origine. Si trois ans se sont écoulés

depuis le jour de la naturalisation complète, il bénéficie de
la prescription et est acquitté; si ce délai n'est pas écoulé,
il tombe sous le coup de la loi punissant l'insoumission et
est condamné à une amende ou à un emprisonnement de
quelques semaines ou quelques mois; quelquefois aux deux
peines à la fois, suivant les cas.

« Si le prévenu n'a résidé à l'étranger que quelques
années, s'il n'a reçu ses papiers de naturalisation que peu
de temps avant de retourner dans son pays natal, si, en
somme, il paraît n'avoir quitté la France et renoncé à sa
nationalité d'origine que pour échapper au service militaire, la condamnation est aussi sévère que possible. Si, au
contraire, le prévenu a résidé longtemps à l'étranger, s'il
y a de sérieuses raisons de croire qu'il s'est véritablement
expatrié et qu'il est devenu de bonne foi et sans réserve
citoyen d'un autre pays, la condamnation est aussi légère
que possible : quelquefois il n'y en a pas du tout et le
prévenu est renvoyé sans amende ni châtiment.

« Puni ou non, le prévenu, une fois relâché par les autorités militaires, n'en a pas fini avec les ennuis. Il a affaire
aux autorités civiles qui sont guidées par les mêmes mobiles
que les conseils de guerre. Si on le suppose citoyen étranger de bonne foi, on ne l'inquiète pas : si on le soupçonne
d'avoir acquis sa nationalité étrangère pour se soustraire
au service militaire, il est aussitôt expulsé de France.

« Je dois dire que neuf fois sur dix un arrêté d'expulsion
attend le Français naturalisé étranger qui se risque à revenir en France avant d'avoir accompli son service militaire.
L'intervention de la légation en pareil cas est inutile. Le
Gouvernement français est très sensible sur ce point.....

« En fait, la légation est impuissante pendant toute la
phase de la procédure dirigée contre un citoyen naturalisé
Américain, d'origine française, qui n'a pas satisfait à la loi
militaire française. Nous ne pouvons empêcher son arrestation à son arrivée en France; nous ne pouvons empêcher
qu'il soit jugé pour insoumission; nous ne pouvons empê-

cher qu'il soit puni d'amende et de prison; et enfin, nous ne pouvons empêcher son expulsion.

« Tout ce que nous pouvons faire, ou à peu près, est de veiller à ce que sous aucun prétexte un citoyen américain ne soit forcé de servir dans les armées françaises; mais cette irrégularité est bien rare, car elle est contraire à la loi française.

« Peut-on remédier de quelque manière à cet état de choses? Je crains que non, parce que je ne crois pas que le Gouvernement français consente à conclure un arrangement ou même à une entente formelle dont les dispositions contiendraient des indications précises sur ce que les Français désireux de se soustraire au service militaire en France ont à faire pour atteindre leur but. L'incertitude actuelle fait naître des craintes qui empêchent beaucoup de personnes de recourir à un changement de nationalité pour éviter le service militaire. On devrait toutefois essayer quelque chose pour protéger les citoyens américains d'origine française contre les vexations auxquelles ils sont exposés à leur retour en France. La position prise par le Gouvernement français, qu'en France il n'appartient qu'aux tribunaux de trancher les questions de statut personnel, et, par conséquent, de nationalité, est incontestablement juste en principe; mais elle ne semble pas pouvoir être maintenue, quand il s'agit de savoir si le service militaire est dû ou non.

« Les tribunaux sont institués pour trancher les questions contestées ou douteuses. Quand le Gouvernement des États-Unis déclare qu'un individu est citoyen américain, la question est tranchée; en le réclamant, nous fournissons au Gouvernement français la meilleure preuve possible de la nationalité étrangère de cet homme. En pareil cas, rien n'est douteux, rien ne peut être contesté; les tribunaux n'ont plus rien à décider. Si le Gouvernement français prétendait que les naturalisations de ce genre, valables à l'étranger, sont sans effet en France, le cas serait différent, car les tribunaux auraient à examiner ces naturalisations ; mais on n'élève pas cette prétention, et on ne peut pas l'élever parce que le Français qui établit qu'il est devenu citoyen d'un autre pays, et qu'il est reconnu tel par ce pays, est étranger aux yeux mêmes de la loi française. La formalité d'une instance judiciaire imposée aux individus qui réclament l'exemption du service militaire est donc absolument inutile.

« Le Gouvernement français n'a pas besoin d'un jugement pour exempter du service militaire le Français qui a répudié sa nationalité d'origine. La loi dit que le Français qui a commis cet acte n'est plus apte au service militaire. Le devoir du Gouvernement est, sans doute possible, de faire exécuter la loi, et il la fait exécuter quand il le veut. Les maires des communes où les listes électorales de recrutement sont préparées, le préfet du département où ces listes sont fondues en une seule, le général à qui cette liste définitive est envoyée, et le ministre de la guerre ont chacun le droit de rayer les noms des personnes impropres au service militaire. J'en trouve la preuve dans les archives mêmes de cette légation. En 1883, un Français d'origine, M. John B. Faichat, qui avait acquis la nationalité américaine, vint en France où il fut arrêté et emprisonné pendant quelques jours. Sur la production des preuves de sa nationalité américaine, le général commandant le département ordonna la libération de Faichat qui n'eut à comparaître devant aucun tribunal.

« En demandant au Gouvernement français de renoncer à la formalité ennuyeuse, coûteuse et inutile, d'une instance judiciaire pour établir la nationalité des Américains d'origine française, nationalité déjà établie aussi bien que possible par leurs papiers, nous ne demanderions rien de contraire aux lois existantes, ni rien que le Gouvernement français n'eût déjà accordé. Cela est si vrai qu'en 1866, M. Drouyn de Lhuys proposa lui-même à M. Bigelow qu'un Français, naturalisé aux États-Unis, et astreint au service militaire en France, en référât aussitôt au maire de la commune sur la liste de recrutement de laquelle il était inscrit et demandât après avoir fourni les preuves de sa nationalité, que son nom fût rayé de la liste.

« Comme le Gouvernement français ne peut appliquer la loi qui punit l'insoumission à ceux qui ont été naturalisés depuis plus de trois ans, puisque ces individus sont couverts par la prescription, et comme il ne renoncera certainement pas à appliquer la loi quand elle sera applicable, nous pourrions demander que les individus couverts par la prescription fussent seuls dispensés de recourir aux tribunaux pour éviter le service militaire... ».

Il pourrait y avoir là, croyons-nous, les éléments d'une entente. La correspondance diplomatique des dernières années, publiée à Washington, indique que des propositions ont été adressées au Gouvernement français en vue de conclure un arrangement. Le 11 janvier 1888, M. Mac-Lane, ministre des États-Unis d'Amérique, à Paris, terminait une longue dépêche adressée à M. Flourens, ministre des Affaires étrangères, par l'ouverture suivante :

« Le Gouvernement de la République mettrait fin aux réclamations de cette espèce, que j'ai souvent à lui présenter, s'il consentait à conclure avec moi un accord relatif à la procédure à suivre pour régulariser la situation des Français devenus Américains.

« Ne serait-il pas possible, par exemple, de fixer un délai, passé lequel les Français naturalisés aux États-Unis pourraient venir en France sans être inquiétés, et de s'entendre sur les papiers qu'ils auraient à produire pour établir leur qualité d'Américain ? Je suis disposé à examiner favorablement toutes les idées qui pourraient être suggérées à ce sujet, et Votre Excellence peut être assurée que je me prêterai volontiers à tout arrangement sauvegardant les droits et la dignité de nos deux Gouvernements, et que je n'essaierai jamais d'étendre la protection des États-Unis à des personnes qui n'en auront pas légitimement acquis le droit. Mon Gouvernement n'a pas plus de sympathie que moi-même pour les citoyens qui répudient leur nationalité uniquement dans le but de se soustraire aux justes obligations qu'elle leur impose, et qui ne seraient pas meilleurs Américains que Français ».

Le 28 avril de la même année, M. Goblet, qui avait remplacé M. Flourens au département des Affaires étrangères, semblait disposé à étudier les bases d'un arrangement.

« Quant à l'accord, disait-il, qu'il serait possible d'établir entre les deux Gouvernements pour le règlement général des situations de la nature de celles sur lesquelles vous avez appelé mon attention, le ministre de la Guerre et moi sommes tout à fait disposés à examiner toutes les propositions qui nous seront présentées à ce sujet ».

La France vient de réformer ses lois sur la nationalité. Nous avons vu ci-dessus que les États-Unis ont l'intention d'opérer aussi des réformes. Une fois ces réformes opérées, rien n'empêcherait, ce semble, la conclusion d'un arrangement, pour lequel on devrait s'inspirer des traités Bankoft, en tenant compte de l'interdiction faite au Français par la loi de 1889 de se dénationaliser sans autorisation, quand il est soumis par son âge au service dans l'armée active, et en faisant partir le délai après lequel l'ex-Français peut revenir sans être inquiété, non pas du jour où il a quitté la France, mais de celui où il a acquis la nationalité étrangère. Les deux États et leurs ressortissants y trouveraient également leur avantage.

CHAPITRE IV.

NATURALISATION SPÉCIALE DE LA FEMME
PAR LE MARIAGE.

§ 1. — De la femme étrangère qui épouse un Français.

Les questions de nationalité sont moins souvent soulevées dans la pratique à l'occasion des femmes, par le motif
que la cause la plus habituelle des conflits, le service militaire, n'existe pas pour elles. Pourtant, à propos des successions, des droits personnels, des enfants, il est nécessaire aussi de déterminer leur statut personnel.

Tout ce qui a été dit jusqu'ici s'applique aux deux sexes.
Mais la loi connaît un mode spécial de naturalisation particulière à la femme, et résultant de son mariage. « L'é-
« trangère qui épouse un Français, dit l'article 12 du
« Code civil, suit la condition de son mari. »

Cette règle est comme un corollaire des principes sur
lesquels est fondé le mariage. En se mariant, la femme se
soumet à son mari, chef de la communauté ou de l'association conjugale. Il est donc naturel que les deux époux
aient la même nationalité, tant au point de vue des questions d'intérêt à résoudre entre eux, qu'au point de vue de
l'éducation des enfants. D'ailleurs, ils ont le même domicile, c'est de l'essence même du mariage, et il serait tout à
fait contraire à cette règle que l'un d'eux fût considéré
comme demeurant à l'étranger, tandis que l'autre résiderait dans sa patrie. De même que la femme prend le nom
de son mari, s'engage à le suivre, de même elle doit logiquement embrasser sa nationalité.

Il résulte des termes mêmes de notre article 12, qu'il
n'est point question ici d'une naturalisation ordinaire.

On ne demandera donc pas à la femme une déclaration préalable, ni une soumission de fixer son domicile en France, ni un stage quelconque. Le changement de nationalité se fait par voie de conséquence et *ipso facto*.

Cependant la volonté est nécessaire, dans ce cas comme dans tous les autres, pour opérer la *status mutatio* : cette volonté, croyons-nous, est manifestée clairement par le fait même du mariage. La femme, libre de ne pas se marier, sait à quoi elle s'expose en se mariant. C'est pour cette raison que nous ne pouvons pas admettre que la femme suive après le mariage la nationalité de son mari, si ce dernier change de nationalité. Dans ce cas, en effet, la volonté de la femme ne se manifesterait plus, et elle n'aurait aucun moyen d'éviter de tomber sous la sujétion de l'État dont il plairait à son mari de devenir sujet. Nous avons eu déjà l'occasion de combattre plus haut cette doctrine, qui est celle d'un grand nombre de législations. Nous persistons à la repousser, comme étant en contradiction avec le principe que nous avons donné comme dominant toute la matière, savoir que nul ne peut être forcé d'embrasser une nationalité contre sa volonté. Autant il est juste que par le mariage la femme devienne la compatriote de son mari, en même temps que sa compagne, parce qu'elle peut s'y opposer en ne se mariant pas, autant il serait injuste et tyrannique de lui imposer de suivre la condition de son mari, qui, une fois marié, voudrait changer son statut personnel. La loi française ne le permet pas, dans l'intérêt de la femme et pour la protéger [1].

Cette volonté, tacitement manifestée par la femme le jour du mariage, sera pleinement valable, quand même elle serait mineure. En effet, dès l'instant qu'on admet que la femme même mineure est apte, avec l'autorisation des personnes dont le consentement est requis, à contracter

---

[1] La cour de Paris a admis ce système dans un arrêt du 7 août 1840 *a contrario*. Voir dans le même sens un avis du Conseil d'État du 24 juillet 1883, et ci-dessus pages 167 et 249.

toutes les obligations qu'entraîne le mariage, il faut bien
lui reconnaître la capacité de consentir à un changement
de nationalité qui n'est qu'une conséquence. Ce n'est, en
somme, qu'une application étendue de la règle : *habilis ad
nuptias, habilis ad pacta nuptialia.*

Il est nécessaire que le mariage soit valable pour sortir
ses effets. Si donc un jugement d'annulation vient postérieurement séparer les deux conjoints, la femme réste
étrangère, et cela avec effet rétroactif remontant au jour
du mariage annulé. Toutefois, s'il y avait bonne foi de la
part de la femme, elle serait Française, et ses enfants,
légitimes comme nés d'un mariage putatif, seraient également Français. Même dans le cas de mauvaise foi de la
part de la femme, celle-ci a pu être considérée comme
Française avant le jour où la nullité a été prononcée, et
par suite, elle a pu invoquer l'appui des lois françaises. Il
a été jugé, dans ce sens [1], que l'étrangère qui a épousé un
Français déjà marié peut, qu'elle soit ou non de bonne foi,
saisir la justice française d'une plainte à l'effet d'obtenir
des poursuites contre son mari du chef de bigamie : cette
femme est considérée provisoirement au moins comme
Française.

La jurisprudence admet que la nationalité française de
l'étrangère qui épouse régulièrement un Français survit à
la mort du mari. En effet la loi a pris soin de déterminer
les causes de perte de la qualité de Français, et il n'est
nullement question de la mort du mari français d'une
femme étrangère. Dans la pratique, le Gouvernement n'hésite pas à pourvoir aux frais d'entretien d'une veuve de
Français, quoiqu'elle soit d'origine étrangère. Son rapa-
triement en France, en cas d'indigence ou de maladie,
est accordé aux États étrangers, même à celui dont elle
est originaire. Souvent, par exemple, il est arrivé qu'une
femme Suisse qui avait épousé un Français et n'avait

[1] Cassation, 18 février 1819.

jamais quitté la Suisse, a été rapatriée en France, quoique veuve, parce qu'elle n'était pas en état de subvenir à ses besoins.

Il faut aller plus loin encore, et admettre, avec la plupart des auteurs, que la femme étrangère devenue Française par mariage, reste telle, même lorsque son mari perd plus tard cette qualité non seulement par naturalisation, mais par une autre cause de déchéance, comme le refus de résigner des fonctions publiques à l'étranger ou le service militaire dans une armée étrangère.

On s'est demandé quelquefois si la femme étrangère, tout en épousant un Français, ne pouvait pas expressément stipuler qu'elle entend garder la nationalité d'origine. Si par exemple elle a déclaré dans le contrat de mariage qu'elle entend rester étrangère, quelle importance faudrat-il attribuer à cette mention ? Aucune, croyons-nous ; la loi décide en termes généraux et précis : l'étrangère doit prendre le parti de devenir Française, ou ne pas se marier. On répond à cela qu'elle pourra, avec l'autorisation de son mari, se faire, immédiatement après le mariage, *renaturaliser,* dans sa première patrie. Il importe peu : en agissant ainsi, la femme usera d'un droit incontestable, mais ce n'est pas un motif pour l'autoriser à violer l'article 12 du Code civil, dont les termes ne laissent pas la moindre place à l'hésitation.

§ 2. — **De la femme Française qui épouse un étranger.**

L'ancien article 19 du Code civil portait seulement la règle suivante qui est la réciproque de l'article 12 : « la « femme française qui épouse un étranger suivra la condi- « tion de son mari. »

Il est à peine besoin de faire remarquer l'erreur de langage de ce texte : tout ce que la loi peut dire c'est qu'elle

déclare non française la femme qui épouse un étranger.
Mais c'est affaire à la loi étrangère, à la loi du mari, de
l'accepter au nombre des sujets de l'État étranger. L'article 19 contient une disposition qui outrepasse évidemment
les pouvoirs de chaque législation. On a souvent cité le
cas de la Française épousant un Anglais, avant 1844 : elle
n'était plus Française et on pouvait la considérer en France
comme Anglaise, mais en fait elle n'était pas Anglaise,
puisque la loi anglaise, seule compétente pour conférer
cette qualité, la lui refusait.

La loi de 1889 a fait cesser cette inexactitude, en spécifiant que la règle ne s'applique pas à la femme, si « son
mariage ne lui confère pas la nationalité de son mari, auquel cas elle reste Française ».

Nous pourrions répéter ici, en intervertissant les termes,
ce qui vient d'être dit au sujet de l'étrangère qui épouse
un Français. En cas de nullité du mariage, la femme reste
Française. Quoique mineure, elle a pu embrasser valablement une nationalité étrangère par le mariage, puisque ce
n'était qu'une conséquence. Sur le point de savoir si la
femme devient nécessairement étrangère en épousant un
étranger, il semble qu'outre les mêmes raisons que dans
l'hypothèse inverse pour décider l'affirmative, il s'ajoute
ici cette considération que la perte de la nationalité est,
dans l'espèce, une sorte de peine, et que, dès lors, il n'est
pas utile, pour qu'elle soit valablement prononcée, que la
personne intéressée y consente.

La seule différence sérieuse, entre le cas où la femme
perd la nationalité française par le mariage et celui où
elle l'acquiert, consiste en ce que la veuve d'un Français
ne redevient pas étrangère aux yeux de notre loi dans les
mêmes conditions que l'ex-Française veuve d'un étranger
peut redevenir Française. Nous reviendrons sur ce point
en étudiant les modes de réintégration dans la qualité de
Français [1].

---

[1] Ci-après, chap. vi.

§ 3. — Législations étrangères.

La plupart des législations de l'Europe ont adopté la même règle que la France et regardent le mariage comme entraînant pour la femme l'adoption de la nationalité du mari.

On remarquera d'abord qu'il en est ainsi chez tous les peuples où la famille suit la condition du père : en Suisse, par exemple, en Italie, en Autriche. En Allemagne, la loi du 1ᵉʳ juin 1870 dit formellement que la femme suit la nationalité de son mari, et regarde le mariage d'une étrangère avec un Allemand comme un mode de naturalisation. Il en est de même en Turquie [1], en Belgique et en Russie. Il y a cela de remarquable, dans ce dernier pays, que la dénationalisation de la femme par le mariage est le seul cas formel de dénationalisation reconnu par les anciennes lois.

En Angleterre, le mariage de la femme n'avait autrefois aucune influence sur sa nationalité. Il en résultait que la femme française épousant un Anglais était Française en Angleterre et Anglaise en France. Aujourd'hui, il n'existe plus que le souvenir de cette bizarrerie. Le bill de 1844, confirmé et complété sur ce point par celui du 12 mai 1870, a établi dans le Royaume-Uni la règle presque universellement suivie en Europe.

La même réforme n'a pas été faite complètement aux États-Unis d'Amérique. Une loi de 1855 reconnaît à la femme étrangère qui épouse un Américain tous les droits de la nationalité. Mais le système du *Common law* n'avait été qu'à moitié abandonné, puisque la nouvelle loi n'avait pas abrogé l'ancien droit relativement à la nationalité de

---

[1] Cela résulte d'un avis du Conseil d'État. Voir le *Journ. de dr. int. privé*, 1888, page 477.

la femme Indigène épousant un étranger, d'après lequel
elle restait toujours Américaine. On peut même dire que
cette loi de 1855 a apporté un certain trouble dans la
législation des États-Unis d'Amérique, car on s'est demandé si c'est par mégarde ou avec intention que s'est produite cette absence complète de toute disposition se référant aux effets du mariage sur la nationalité d'une femme
indigène. Le seul texte qui, dans la législation américaine,
se réfère d'une façon quelconque à cette importante question, est le *Bill of Protection,* dont il a déjà été fait mention[1]. Ce *Bill* a ajouté un nouvel argument à l'opinion qui
conclut à la perte de la nationalité de la femme indigène
qui a épousé un étranger, parce qu'il a porté un coup
décisif à la maxime : *Nemo potest exuere patriam,* sur laquelle reposait la théorie qu'une femme indigène ne pouvait perdre sa nationalité par le mariage avec un étranger.
Mais la question n'a pas pu être considérée comme tranchée, puisque le *Common law* n'a pas été expressément
modifié et que le système qu'on a dénommé « le système
français » ne résulte qu'implicitement de lois nouvelles qui
n'ont pas résolu entièrement la question. Aussi, bien que
certaines cours[2] aient statué dans le sens de l'expatriation
de la femme, le débat est toujours pendant, jusqu'au jour
où la Cour suprême aura eu l'occasion de se prononcer[3].

Actuellement, la plupart des législations se sont confor-
mées au même principe sur cette question. Il ne faut pas
oublier pourtant ce que nous avons dit plus haut des législations américaines dans lesquelles le mariage d'un étranger avec une femme du pays entraîne, au contraire, la
naturalisation de l'étranger, par la présomption qu'il porte
de l'intention qu'a ce dernier à se fixer dans le pays. Cette

---

[1] Ci-dessus, page 9.

[2] E. D. de Michigan, 16. Fed., reporter, 212.

[3] Voir aussi dans le *Journal de dr. intern. privé,* 1884, page 162, une
étude sur cette question par M. Kelly, à qui nous avons emprunté ces indications.

règle, inspirée des anciennes théories du droit espagnol sur la *vecindad,* tombe de plus en plus en désuétude, au moins dans toute son extension. Mais l'idée d'où elle procède n'est pas sans avoir quelque vérité et l'on comprend fort bien qu'on accorde à l'étranger qui a épousé une femme du pays des facilités spéciales pour se naturaliser dans ce pays. Ainsi l'a décidé la loi française de 1889 qui réduit à un an le délai de naturalisation en faveur de l'étranger qui est marié à une Française. Mais cela n'empêche pas que cette Française ne soit devenue étrangère par son mariage.

CHAPITRE V.

DES CAUSES DE DÉCHÉANCE DE LA NATIONALITÉ.

§ **1.** — De la dénationalisation à titre de peine.

I.

A Rome et en Grèce, certaines peines entraînaient la perte de la qualité de citoyen. L'exilé, le banni perdait sa nationalité : il était en quelque sorte excommunié. Un pareil usage ne pouvait se comprendre que dans des sociétés exclusives, comme l'étaient celles de l'antiquité, dans lesquelles la nationalité était affaire de religion autant et plus que de droit, et où les citoyens considéraient comme barbares toutes les personnes appartenant aux autres nations. Quelle était la peine qui pût frapper plus durement le Romain que l'interdiction de l'eau et du feu, qui l'assimilait à un étranger sans aucun droit dans la société romaine? — Dans les États modernes, les relations internationales ont pris un tout autre caractère : les États se regardent comme formant des souverainetés indépendantes, et investies de droits identiques; ils sont sur le même pied, et il n'est plus admissible qu'on chasse les criminels sur le territoire des États voisins pour se débarrasser d'eux. Cette pratique serait absolument contraire aux prescriptions de la *comitas gentium*, qui repose sur la réciprocité des bons offices, et tout à fait incompatible avec la bonne police de notre planète à laquelle tous les Gouvernements sont également intéressés. Pour obtenir une efficace répression des crimes, il faut non seulement que les États voisins ne soient pas un lieu de déportation pour les malfaiteurs, mais même que ceux-ci soient, s'ils s'échappent, livrés à l'État sur le sol duquel ils ont commis un crime, pour être jugés et punis. C'est avec raison que l'Angleterre et la Suisse ont réclamé contre l'envoi chez elles de personnes compromises dans la commune de Paris[1]; que les États-Unis ont protesté énergiquement contre l'usage qu'avaient pris certains États, le Danemark par exemple, d'exporter les condamnés pour dégarnir leurs prisons[2]. Seuls les criminels d'origine étrangère peuvent être expulsés. Mais chaque État est tenu de garder ses nationaux, malgré qu'il en ait. Il est donc inadmissible de les déclarer déchus de leur nationalité pour pouvoir les expulser ensuite : on ne peut pas plus éluder indirectement les règles du droit qu'on ne peut les violer directement.

Outre cette considération, il convient d'observer que de nos jours la dénationalisation n'est pas forcément une peine, comme l'était l'espèce d'excommunication qu'on appelait la *capitis minutio media* ou *maxima* chez les Romains. C'est une peine pour ceux à qui le titre de Français tient au cœur, pour ceux qui aiment leur patrie jusqu'à savoir à l'occasion souffrir pour elle; mais les autres, les cosmopolites, les gens qui poursuivent au loin des carrières d'aventure, peu leur importe d'être Français. Il en est même pour qui la dénationalisation est une décharge. Comment donc imposer comme une peine une déchéance qui sera quelquefois acceptée comme un avantage?

On objectera que la France a le droit de retrancher de la société française les membres indignes, les individus compromis par des actes de félonie, par des faits qui té-

---

[1] Voir Bluntschli, *Droit int. cod.*, trad. Lardy, art. 368, note 1.

[2] Le savant professeur Liéber demandait, dans une lettre écrite au secrétaire d'État Fish, le 24 septembre 1869, que les États-Unis procédassent par voie d'arrangement avec les puissances européennes pour arrêter ce genre de déportation.

moignent que l'amour de la patrie est mort dans leurs âmes. Mais ici nous nous heurtons de nouveau contre les principes du droit des gens, qui ne veut pas qu'il y ait dans le monde des individus sans patrie. Il faut donc, pour se conformer à cette règle, ne déclarer déchus d'une nationalité que les personnes ayant acquis la naturalisation dans un autre État : alors seulement la dénationalisation peut être prononcée sans que le droit des gens soit violé.

Si on veut bien se rappeler la distinction que nous avons faite entre le citoyen d'un État et le national, on verra promptement que l'idée de punir certains méfaits par la perte de la nationalité ne provient que d'une confusion entre ces deux termes trop souvent confondus. La nationalité n'est qu'une aptitude à jouir des droits de citoyen : on peut déclarer déchus de tous leurs droits les individus qui se sont rendus coupables de certains crimes, mais on ne peut enlever la qualité de national qu'à ceux qui se sont rattachés à une nationalité étrangère.

II.

Les constitutions successives qui ont régi la France pendant la période révolutionnaire portent presque toujours la preuve que cette distinction n'était pas faite d'une manière assez complète. Si, en ce qui concerne l'acquisition de la nationalité, on trouve parfois le national soigneusement distingué du citoyen, il en est rarement de même relativement à la perte de la qualité de Français. Ainsi nous lisons bien, parmi les causes de dénationalisation, l'acceptation de fonctions publiques offertes par un Gouvernement étranger, la naturalisation dans un autre État ; mais nous trouvons tout à côté, dans la Constitution de 1791, la condamnation par contumace tant que le juge-

ment n'est pas anéanti[1]. La Constitution de 1793 contenait le jugement par contumace, l'accusation, la condamnation à des peines afflictives et infamantes[2]; celle de l'an
III ajoutait aux mêmes motifs l'interdiction, l'état de
domestique à gage, ou de débiteur failli[3]. La Constitution
de l'an VIII porte à peu près les mêmes causes de perte
ou de suspension des droits de citoyen français, si bien
qu'il semble qu'on pût alors devenir étranger en subissant
une condamnation en France, au même titre qu'en se faisant naturaliser dans un État quelconque. Il y avait donc
comme une sorte de *capitis minutio* unique, tantôt perpétuelle, tantôt temporaire, qui faisait tomber tous les droits
de citoyen français. C'était un souvenir, conscient ou non,
des déchéances romaines.

Sur ce point, le Code civil est entré dans une meilleure
voie. Il institue, au lieu de cette déchéance unique, des
capitis minutiones de différentes catégories qui atteignent
soit le citoyen seulement, soit le Français, et, par conséquent, le citoyen, puisque pour être citoyen la première
condition est d'être Français. C'est ainsi que la privation
des droits civils et politiques, la perte de certains droits
civiques, civils ou de famille, la dégradation civique, l'interdiction légale, la mort civile elle-même, qui étaient
instituées pour punir des crimes de droit commun, n'ont
jamais eu pour effet d'assimiler, en quoi que ce fût, le
Français à un étranger. Les déchéances frappent plus ou
moins sévèrement le citoyen : la mort civile le tuait; mais
l'interdit légal et le mort civilement ne demeurent pas
moins Français, et leurs enfants auraient certainement la
même qualité.

Les faits qui, dans le système du Code, font perdre la
qualité de Français sont d'un ordre spécial. Ce ne sont pas
des crimes contre la loi intérieure; ce sont des actes de

[1] Article 6.
[2] Articles 5 et 6.
[3] Articles 12 et 13.

félonie, en quelque sorte, qui supposent, chez celui qui les a commis, la perte de l'attachement à la France, si bien que la loi prononce contre lui l'exclusion pour indignité. Ils supposent, en outre, un lien établi entre le Français et un pays étranger ; en effet, par la naturalisation, par l'acceptation de fonctions publiques ou militaires, ou par l'établissement sans esprit de retour, le Français témoigne qu'il entend se rattacher à une nouvelle patrie ; mais ce lien n'est pas toujours celui de la nationalité, et, si nous trouvons fort logique que le Code civil déclare non Français l'individu qui a obtenu la naturalisation à l'étranger, nous regardons comme une erreur législative de prononcer la même déchéance contre celui qui, tout en se rattachant, soit par des services publics, soit par un établissement définitif, à un État étranger, n'y a pas acquis la qualité de sujet. De pareilles dispositions qui risquent de rejeter en dehors de toute patrie les personnes qu'elles frappent, nous semblent contraires à l'esprit du droit des gens. Pour être juste, la loi française devrait ajouter que l'affiliation à un ordre militaire étranger, l'acceptation de fonctions publiques ou militaires, n'entraîneront la perte de la qualité de Français qu'autant que, d'après la loi étrangère, le Français aura acquis par là même la nationalité étrangère. Dans certains pays, il suffit de remplir certaines fonctions publiques pour être tenu pour national ; mais quand ces fonctions sont exercées à titre étranger, pourquoi dénationaliser le Français qui les exerce ? — Lorsque le Code a été rédigé, on se préoccupait moins qu'à présent des exigences du droit international. On légiférait pour soi, sans beaucoup s'inquiéter des autres. Nous devons bien reconnaître que les dispositions des articles 18 et 21 du Code sont excellentes, si on se place exclusivement au point de vue français. Au point de vue plus élevé, elles doivent être condamnées, et nous regrettons que la nouvelle loi sur la nationalité les ait maintenues en partie, au lieu de poser en principe qu'un Français ne peut jamais perdre sa

G. C.   19

nationalité quand il n'a pas été investi d'une nationalité étrangère.

La France, d'ailleurs, n'est pas seule à posséder dans ses lois des dispositions de ce genre. Ainsi, l'absence prolongée est une cause de dénationalisation dans plusieurs pays de l'Europe. L'Allemand, par exemple, perd sa nationalité après dix ans, s'il n'est pas inscrit dans un consulat de l'Empire. En Suède, en Autriche, l'émigration non autorisée, en Allemagne, l'émigration autorisée fait perdre la qualité de sujet. Dans quelques républiques de l'Amérique du Sud, dont les lois semblent s'être inspirées par nos lois révolutionnaires, on va plus loin encore. Dans l'Uruguay, par exemple, le banqueroutier tombe sous le coup d'une déchéance du droit de cité. Au Brésil, le bannissement entraîne la perte de la qualité de sujet.

III.

Ce n'est qu'en appliquant justement la distinction entre le national et le citoyen qu'on peut, croyons-nous, résoudre la difficulté qui se présente à l'occasion des causes de déchéance de la nationalité prévues dans notre Code civil. Il faudrait décider que la qualité de citoyen seule disparaît, mais que la nationalité reste. La loi russe fournit un exemple de cette manière de procéder. Le sujet Russe qui se fixe à l'étranger sans autorisation est, au bout de cinq ans, déclaré déchu non pas de sa nationalité, mais du droit d'invoquer les avantages qui s'y rattachent. Il n'aura aucun des avantages que la qualité d'étranger pourrait lui valoir vis-à-vis de la Russie.

C'est dans cet esprit qu'il y aurait lieu, d'après nous, de régler en France la situation des personnes qui se trouvent dans un des cas prévus par l'article 17, mais ne peuvent témoigner d'une nationalité étrangère.

Le Français se trouverait ainsi hors d'état de réclamer aucun des avantages de la qualité de Français, mais il resterait soumis à toutes les charges qui pèsent sur les sujets de la France. On éviterait, dès lors, le véritable scandale que donne aujourd'hui l'homme qui bénéficie de ce qu'il a abandonné ou même trahi son pays pour se faire exempter des charges qui incombent aux Français.

IV.

Le Code civil de 1804 reconnaissait comme causes de déchéance de la qualité de Français, en outre de l'acceptation de fonctions publiques ou du service militaire à l'étranger, l'établissement à l'étranger sans esprit de retour. Cette disposition n'est pas reproduite par la loi de 1889 et nous ne pouvons pas la regretter, car c'était une cause de difficultés assez fréquentes, rien n'étant plus difficile à apprécier que l'absence d'esprit de retour. Les tribunaux, on le comprend, sont ici souverains appréciateurs. Ils statuent après avoir examiné les circonstances de la cause ; mais on ne peut poser des règles générales. Disons seulement que la présomption est toujours en faveur de l'esprit de retour. C'est donc à celui qui prétend qu'il y a abandon de l'esprit de retour d'en apporter la preuve aux juges [1].

Les faits de s'être marié en pays étranger, d'y avoir émigré avec toute sa famille, d'y avoir acquis des biens-fonds, étaient considérés comme pouvant faire supposer la perte de l'esprit de retour. La déclaration de l'intéressé pouvait venir à l'appui des autres présomptions et les corroborer en cas de besoin ; mais évidemment elle était insuffisante, si elle n'était pas accompagnée d'indices sérieux

---

[1] Cass., 13 juin 1811. Cour de Poitiers, 26 juin 1829.

d'une volonté persistante. Autrement, en effet, on eût abouti à une abdication de la nationalité, ce que le Code civil ne permet pas. Inversement, la déclaration qu'on a conservé l'esprit de retour pouvait être insuffisante pour établir la nationalité française d'un individu d'origine française, mais absent depuis de longues années, et ayant cessé d'avoir des relations avec la mère-patrie.

Le Code civil, muet sur les points auxquels nous venons de toucher, posait une seule règle d'interprétation, savoir que les établissements de commerce ne pouvaient jamais être considérés comme faits sans esprit de retour. C'est l'application de cette idée, éminemment française, que l'homme qui va se livrer au commerce dans les pays étrangers, n'émigre d'ordinaire que dans l'intention de revenir un jour jouir dans sa patrie de la fortune acquise au dehors, et mourir sur le sol de France. Il ne faudrait pourtant pas interpréter le Code en ce sens que le commerçant français ne pouvait, dans aucun cas, créer un établissement sans esprit de retour. Si, à côté de son établissement de commerce, le Français achète des terres, fait bâtir une maison en vue de s'y retirer, s'il se marie avec une femme du pays, il y aura de fortes présomptions pour qu'il ait perdu l'esprit de retour, et les tribunaux pourront le déclarer étranger. Seulement, d'après le Code, on ne peut jamais invoquer comme preuve de l'abandon de l'esprit de retour le fait de posséder une maison de commerce.

§ 2. — Fonctions publiques à l'étranger.

Toutes fonctions politiques, administratives ou judiciaires entraînent la perte de la qualité de Français pour celui qui les accepte à l'étranger sans autorisation du Gouvernement français. Telle était la règle découlant de l'article 17 du Code civil, confirmé par les décrets impériaux des 6 avril 1809 et 26 août 1811[1]. Sous la Constitution de l'an VIII un service public auprès d'un gouvernement étranger enlevait toujours la qualité de Français à celui qui l'exerçait. Depuis 1804 il n'en était plus de même, à condition, d'abord, que le Gouvernement français eût donné son autorisation par lettres patentes, et qu'en outre les Français employés à l'étranger, comme militaires ou fonctionnaires publics quelconques, revinssent en France en cas de guerre avec le pays où ils étaient établis. Ils devaient même, d'après les termes des décrets impériaux, revenir sans avoir été nominalement rappelés et se présenter au parquet du tribunal de première instance de la ville de France qu'ils voulaient habiter, à l'effet de faire constater leur retour.

Aujourd'hui, les décrets de 1809 et de 1811 sont abrogés : l'article 17 du Code civil a été modifié et, en ce qui concerne les fonctions publiques exercées par un Français, elles n'entraînent plus la dénationalisation qu'autant que le Français les conserve nonobstant la mise en demeure qu'il a reçue du Gouvernement de les résigner dans un délai déterminé. C'est une sage atténuation des anciennes rigueurs, qui ne se comprenaient qu'à une époque de guerre constante comme sous le premier empire. A présent, il ne s'agit donc plus de savoir, comme auparavant, si l'autorisation a été donnée au Français qui occupe un emploi public à l'étranger, mais s'il a résigné ses fonctions dans un délai voulu. Toutefois, la question se pose toujours de déterminer quelles sont les fonctions susceptibles d'entraîner pour celui qui les remplit et refuse de les abandonner la déchéance éventuelle de la nationalité. Il faut qu'elles soient *publiques* ou *conférées par un gouvernement étranger*.

Le texte même de notre article exclut donc immédiatement les emploi privés auprès des souverains étrangers et les fonctions purement honorifiques. Il exclut également

---

[1] Voir annexe A, 2º.

les fonctions qui seraient remplies auprès d'un pouvoir in-
surrectionnel non reconnu et n'ayant qu'une existence
éphémère. Le Français ayant accepté une de ces situations
et qui n'obéirait pas à la sommation qui lui serait faite d'y
renoncer, ne saurait, suivant nous, encourir la déchéance
du droit de cité. Les tribunaux seuls sont juges, et l'intéressé pourrait les saisir pour faire déclarer que la sommation était sans valeur, l'article 17 ne pouvant être appliqué dans l'espèce.

Les charges politiques, judiciaires ou administratives,
ne sauraient donner lieu, en général, à des difficultés sérieuses : ce sont celles qui répondent directement aux intentions du législateur. Pour les emplois religieux et diplomatiques, il est nécessaire de donner quelques indications
spéciales.

Si les fonctions religieuses sont considérées, dans le
pays où le Français réside, comme fonctions publiques, on
ne peut nier qu'elles ne tombent sous le coup de l'article
17 du Code civil. Ainsi, dans un pays ayant des lois analogues aux nôtres, un Français nommé curé ou évêque
perdra sa nationalité. On appréciera si l'ecclésiastique est
appointé par l'État, s'il prête serment au pouvoir civil, etc., etc. Mais, dans le cas où il s'agirait de fonctions
purement religieuses, indépendantes des autorités politiques, il faudrait admettre, avec la Cour de cassation[1],
et en conformité avec la jurisprudence ancienne[2], que l'ecclésiastique en question est resté Français. A plus forte raison, la Cour de cassation a-t-elle décidé qu'une Française
qui avait passé toute sa vie à l'étranger comme chanoinesse
n'avait pas perdu la qualité de Française. Pour les évêques
in partibus, une autorisation est indispensable. Un décret
du 7 janvier 1808, non abrogé par la loi de 1889, le décide
formellement : « En exécution de l'article 17 du Code civil,
« nul ecclésiastique français ne pourra poursuivre, ni

---

[1] Arrêt du 17 nov. 1818.
[2] Arrêt du parlement de Rouen, du 10 août 1647.

« accepter la collation d'un évêché *in partibus* faite par le
« pape, s'il n'y a été préalablement autorisé par nous, sur
« le rapport de notre ministre des cultes ». Le motif de
cette rigueur est évidemment que le Gouvernement français considère les évêques *in partibus* comme des fonctionnaires pontificaux. Cette décision a été strictement
observée dans la pratique, et il n'y a pas de raison pour
qu'elle ne survive pas à la réforme de 1889.

Au sujet du Français employé au service d'une puissance étrangère comme diplomate, les termes du décret
du 26 août 1811, article 24, étaient très rigoureux : « Les
« Français, au service d'une puissance étrangère, ne pour-
« ront jamais être accrédités comme ambassadeurs, mi-
« nistres ou envoyés auprès de notre personne, ni reçus
« comme chargés de missions d'apparat, qui les mettraient
« dans le cas de paraître devant nous avec leur costume
« étranger. » L'article 20 du même décret, portait : « Ils
« ne pourront jamais servir comme ministres plénipoten-
« tiaires dans aucun traité, où nos intérêts pourraient
« être débattus. » Il n'est pas nécessaire de faire ressortir
la sagesse de ces dispositions : autant il est naturel de voir
les représentants étrangers d'une puissance étrangère
entourés d'honneurs et de privilèges, soustraits même à
toute juridiction locale, en vertu des principes de l'exterritorialité qui leur est reconnue, autant il est bizarre qu'un
Français puisse jouir de ces avantages, dans son propre
pays, et soutenir dans des négociations des intérêts contraires à ceux de la France. C'est d'autant moins admissible que la jurisprudence a reconnu au représentant, même
français, d'une puissance étrangère toutes les immunités
diplomatiques. Cependant, en pratique, cette interdiction
n'a pas été observée et, surtout depuis que le décret de 1811
est abrogé, les fonctions diplomatiques sont assimilées
exactement aux fonctions administratives ou judiciaires.

L'article 24 du décret de 1811 ne visait pas les consuls :
le consulat seul est inviolable, mais non la personne du

consul. Rien ne s'opposait donc à ce qu'un Français reçût, dans une de nos villes, le titre de consul d'une puissance étrangère, comme il arrive souvent aux négociants de nos ports de mer. Il en est de même aujourd'hui, à plus forte raison, mais ces consuls ne peuvent se soustraire à aucune des charges de la patrie française, en invoquant leur qualité. L'*exequatur* donné par le Gouvernement français équivaut, dans l'espèce, à une autorisation qui peut toujours être retirée.

Dans certaines affaires particulières, il a surgi des difficultés au sujet de personnes exerçant des professions libérales à l'étranger : médecins, avocats, professeurs, architectes, peintres, etc..., sont, en principe, absolument en dehors de l'administration. Mais, si un médecin devient médecin dans un hospice, si un avocat entre directement dans la hiérarchie administrative, si un professeur enseigne dans une université ou un collège, où il soit payé par le Gouvernement, si un architecte est accepté comme tel par un État ou une ville, il faudra examiner si, en fait, il y a entre lui et le Gouvernement étranger un lien assez fort pour qu'il doive être considéré comme incompatible avec les devoirs de Français. C'est une question toute de fait, que la jurisprudence tranche en général dans un sens favorable à la nationalité française, avec raison, du reste, puisque le plus souvent les Français qui exercent des professions libérales à l'étranger honorent par là leur pays, et le servent plus qu'ils ne lui peuvent nuire.

§ 3. — Service militaire à l'étranger.

I.

L'acceptation non autorisée du service militaire chez une puissance étrangère est un fait qui a, au point de vue

patriotique, un caractère de gravité particulière : c'est presque une trahison. Aussi, verrons-nous que, tandis que
l'ex-Français tombant sous le coup de l'article 17 peut recouvrer facilement sa nationalité d'origine, l'ex-Français
dénationalisé pour avoir pris du service dans une armée
étrangère ne peut être réintégré dans la qualité de Français
qu'en se conformant aux dispositions générales sur la naturalisation des étrangers et après avoir obtenu une permission spéciale de rentrer en France, dont le territoire lui est
ipso facto interdit.

La loi de 1889 n'a pas innové sur ce point. Aujourd'hui
en conséquence, le Français qui désire prendre du service
à l'étranger, tout en conservant sa nationalité, doit solliciter l'autorisation du Gouvernement français. Les conditions ordinaires de l'autorisation sont : de ne jamais porter
les armes contre la France, de revenir au premier appel,
et de quitter immédiatement le service en cas de guerre
entre la France et le pays où le Français portait les armes [1].
Cette autorisation qui, sous le premier Empire, s'obtenait
sous la forme de lettres patentes semblables à celles prescrites pour la naturalisation, est accordée depuis 1848, par
un décret rendu sur la proposition du ministre de la justice, et inséré dans le Bulletin des Lois. L'autorisation doit
être, d'après l'article 21 lui-même, obtenue avant l'entrée au service; pourtant il a été jugé que l'autorisation
postérieure conservait au Français sa qualité [2]. Le tribunal
de la Seine a même été plus loin : il a admis que la qualité de Français n'avait pas été perdue par un Français resté
quelque temps au service d'Autriche, qui affirmait avoir
obtenu l'autorisation, mais se trouvait dans l'impossibilité
d'en rapporter le titre. Il était constant qu'on n'acceptait
jamais un étranger au service autrichien, à l'époque dont
il s'agissait, si cet étranger n'était dûment autorisé par son

---

[1] Décret du 28 août 1866, autorisant les Français à s'engager au service
du Saint-Siège.
[2] Arrêt de la cour d'Amiens, 24 mars 1873.

Gouvernement. Ce motif, joint à l'entière confiance que méritait la parole de l'intéressé et au fait qu'il avait été notoirement tenu Français pendant vingt ans écoulés depuis son retour en France, avait paru déterminant[1]. C'est dire que la jurisprudence examine les cas *bona fide*, et n'applique les rigueurs légales qu'avec beaucoup de réserve dans le cas où l'intéressé est digne d'intérêt et où l'hypothèse de trahison ne peut pas être admise.

La doctrine et la jurisprudence sont d'accord pour n'appliquer l'article 21 du Code qu'au cas de service militaire par engagement ou incorporation volontaire pour un temps déterminé dans l'armée régulière d'un État étranger. Ainsi la garde nationale, les milices locales organisées pour la sûreté publique ne sont point comprises dans l'armée, au sens que nous donnons ici à ce mot. Autrefois, d'ailleurs, les étrangers étaient incorporés en France dans la garde nationale. Il en est encore ainsi dans un grand nombre de pays étrangers, et nous avons dû signer des conventions, avec plusieurs États de l'Amérique latine, précisément en vue de soustraire nos nationaux au service dans la milice, par réciprocité de l'exemption accordée aujourd'hui en France à tous les ressortissants des pays étrangers. Il n'est pas douteux que nous ne devions continuer de tenir pour Français un de nos nationaux faisant partie de la garde nationale à l'étranger, si d'autre part il n'a rien fait pour compromettre sa nationalité. La nationalité française d'un individu ne serait pas perdue non plus, s'il avait seulement prêté une aide momentanée à l'autorité locale, en s'enrôlant dans les troupes mêmes régulières pour combattre une insurrection. « Qui la loi a-t-elle entendu atteindre ? » écrivait M. Clunet, à propos de l'élection de M. Cluseret dans le Var, élection contestée par le motif que M. Cluseret avait servi en Amérique comme général pendant la guerre de séces-

---

[1] Voir le *Droit* du 23 et 24 mai 1878.

sion [1]. — « C'est le Français qui, rompant tous liens avec sa patrie, entre au service d'un pays étranger, pour y faire régulièrement sa carrière, qui fait profession des armes sous le drapeau d'une puissance militaire étrangère. Celui qui agit ainsi, témoigne d'un détachement irrémédiable envers la patrie. Le métier des armes lui convient, pourquoi ne l'exerce-t-il pas, comme il est naturel, dans la nation même dont il relève? S'il entend s'y livrer au profit d'un autre pays que le sien, il y a là un fait réfléchi, non nécessaire, d'une grande signification. A peu près sûrement, cet homme n'appartient plus, ni par le cœur, ni par l'esprit, à son ancienne patrie.

« Cependant, la différence est grande, quand il s'agit d'un homme que les hasards de la vie, l'enthousiasme pour une idée, l'entraînement général du milieu où il réside, mettent en présence d'une lutte momentanée de partis ou d'opinions. Pour nous, M. Cluseret, M. le comte de Paris, M. le duc de Chartres, témoins de la guerre civile américaine, ont pu prendre parti pour l'une des causes en conflit, sans que leur qualité de Français en reçoive atteinte. On n'a fait aucune difficulté au comte de Paris lorsqu'il est entré dans les rangs de l'armée territoriale; au duc de Chartres, quand il a été reconnu officier de cavalerie; et cela, le plus légitimement du monde.

« Il est impossible de dire que les trois personnes en question, en combattant dans les rangs du Nord ou du Sud des États-Unis aient, ou auraient, dans les termes de l'article 21, « pris du service militaire chez l'étranger ». Leur intention n'a jamais été d'entrer au service militaire d'une Puissance et d'y suivre la carrière des armes. Les uns et les autres, en face d'un conflit armé qui éclatait devant eux, se sont rangés, pour un moment, du côté de celui qui leur paraissait soutenir le bon droit. C'est là une assistance spontanée, d'ordre sentimental, temporaire, qui n'a rien

[1] Voir le *Journal du dr. int. privé*, année 1889, page 73.

de commun avec l'entrée définitive et professionnelle dans une armée étrangère. La déchéance de l'article 21 n'est pas écrite pour ces élans d'un moment, presque toujours chevaleresques et désintéressés.

« On sait à quelle époque cette déchéance a été édictée? En 1804. On se rappelle à quelles préoccupations elle répondait? La crainte de rencontrer un ex-Français dans les armées étrangères que l'on était exposé à combattre.

« Ajoutons qu'il convient de retenir que les Français qui se sont enrôlés à la suite de Garibaldi dans l'expédition sicilienne des Mille n'ont jamais vu leur nationalité attaquée. M. Lockroy est député et ministre de l'instruction publique; M. Maxime du Camp est membre de l'Académie française.

« La jurisprudence interprète d'ailleurs l'article 21 dans le sens que j'indique. La cour de Toulouse a décidé qu'un Français enrôlé dans les troupes de don Carlos, en Espagne, avait conservé sa nationalité, bien qu'aucune autorisation ne lui eût été accordée [1].

« Le 14 mars 1846, la cour de Paris a déclaré que le général Clouet n'avait pas perdu sa nationalité par le fait d'être entré sans autorisation en 1833 au service du prétendant portugais, Don Miguel. La Cour de cassation a rejeté le pourvoi formé contre cette décision [2].

« En 1875, la cour de Bastia a décidé que le fait, par un Français à l'étranger (République de Haïti) de prêter momentanément son concours à l'un des partis se disputant le pouvoir ne constituait pas une prise de service militaire à l'étranger, alors même qu'un grade (général de division) lui aurait été conféré. La Cour de cassation a confirmé cette doctrine en rejetant le pourvoi formé contre cet arrêt [3] ».

---

[1] Toulouse, 14 juin 1841.

[2] Cassation, 2 février 1847.

[3] Cour de cassation, 20 février 1877.

La Chambre des députés a ratifié cette opinion en validant l'élection de M. Cluseret.

Ajoutons enfin qu'il faut que le service provienne d'une intention arrêtée du Français, et non d'une incorporation par la contrainte. Les termes mêmes « prendre du service » ne laissent pas place au doute. — Comme corollaire à cette règle, il importe de remarquer qu'un mineur qui contrac_terait un engagement dans une armée étrangère ne serait pas déchu pour cela de la qualité de Français : il ne saurait en effet être considéré comme capable de faire un acte pouvant le dénationaliser. Cette conséquence a été reconnue par un arrêt de la cour de Metz [1], même pour le cas où le service s'est prolongé au delà de la vingt et unième année. En effet, l'intéressé n'est plus libre, après avoir contracté l'engagement, de le rompre avant l'expiration du délai.

Une circulaire, en date du 1er mai 1862, adressée par le ministre de l'Intérieur aux préfets, relativement à la formation des listes électorales, semble néanmoins ne pas admettre cette doctrine avec la même étendue. « Il ne vous échappera pas, Monsieur le Préfet, ainsi s'exprime M. de Persigny, et vous voudrez bien appeler l'attention de MM. les maires sur ce point, que la perte comme l'acquisition de la qualité de Français ne pouvant résulter que du fait d'une personne capable de tous les actes de la vie civile, l'article 21 du Code civil n'est pas applicable aux mineurs, qui, sans autorisation du Gouvernement, ont pris du service militaire à l'étranger, *à la condition* toutefois qu'ils aient cessé de servir à l'époque de leur majorité et qu'ils aient satisfait en France à la loi de recrutement. Dans ce cas la qualité de Français n'ayant point été perdue, il y aurait lieu d'inscrire sur la liste les individus qui réclameraient l'exercice de leur droit électoral [2] ». La

---

[1] Arrêt du 25 avril 1849.

[2] Nous avons trouvé ce texte dans l'intéressant ouvrage de M. Marcel Michel, docteur en droit, intitulé : *De la capacité requise pour l'acquisition et la perte de la qualité de Français*. Aix, 1878, page 173.

théorie de la cour de Metz nous semble devoir être préférée.

Le Code 1804 attachait à l'affiliation à une corporation militaire étrangère les mêmes conséquences qu'au service dans l'armée d'un souverain étranger. Cette disposition a été supprimée avec raison par la loi de 1889. Elle serait en effet à peu près sans application. Les ordres souverains qui existaient autrefois n'existent plus aujourd'hui, ou n'ont qu'une existence nominale. On comprend qu'on pouvait défendre jadis à un Français de faire partie de l'ordre des chevaliers de Malte, ou d'autres ordres analogues. Mais aujourd'hui on ne voit pas comment cette défense pourrait avoir une utilité dans la pratique. En aucun cas, d'ailleurs, il n'était question des grades purement honorifiques décernés par des souverains étrangers à des Français dans leurs ordres de chevalerie. Une pareille affiliation, avant comme après la loi de 1889, pourrait, tout au plus, donner lieu à des poursuites pour port illégal de décoration.

II.

Beaucoup d'autres législations admettent comme la nôtre que le service militaire à l'étranger sans autorisation entraîne la dénationalisation. Cet usage, outre la critique que nous avons faite au point de vue du *heimathlosat*, présente un autre inconvénient d'ordre politique; par cela même qu'un État accorde une autorisation à un de ses sujets, il devient, dans une certaine mesure, responsable de sa présence sous les drapeaux d'une puissance étrangère. Les États en guerre contre cette puissance pourront dans certains cas considérer l'autorisation accordée comme contraire à la stricte neutralité.

La question a été soulevée par l'Italie à propos de la présence de volontaires belges dans les rangs de l'armée pontificale. Il faut reconnaître que la situation de la Belgique, pays neutralisé, donnait un motif de plus aux réclamations du Gouvernement de Turin. Pour couper court aux difficultés, la Belgique supprima la nécessité de l'autorisation pour ses sujets voulant servir à l'étranger. Ce fut l'objet d'une loi rendue le 21 juin 1865. Depuis cette époque les Belges peuvent s'engager librement au service des puissances dont la cause les intéresse, sans avoir à demander l'autorisation du roi, ni à craindre de perdre leur nationalité. Il en est de même au Luxembourg.

§ 4. — Commerce d'esclaves.

Quand on se préoccupa en 1848 de supprimer absolument l'esclavage dans les colonies françaises, on ne songea pas seulement aux Français demeurant en France et dans les possessions françaises, mais à ceux résidant à l'étranger. Comme on ne pouvait déclarer que les noirs possédés par ces derniers reviendraient libres par l'effet de la loi, il fallait obliger indirectement les possesseurs à les affranchir : c'est ce qu'avait fait la loi anglaise du 24 août 1843 qui, sauf quelques exceptions, punit d'une amende de 100 livres sterling les individus qui possèdent des esclaves hors des possessions de Sa Majesté Britannique. Il eût fallu établir en France une loi analogue; mais, alors, le principe de punir les nationaux pour crimes commis à l'étranger n'était pas encore reçu dans notre législation, comme il l'est depuis 1866. On ne trouva rien de mieux que de déclarer les possesseurs d'esclaves déchus de leur qualité de Français, quand ils n'auraient pas vendu ou aliéné leurs esclaves dans un délai de trois ans à partir de la promulgation de la loi (27 avril 1848). Quant aux esclaves acquis par succession, donation ou contrat de mariage, le délai était de trois ans à partir du jour où on les avait acquis.

Cette disposition légale, outre le grave inconvénient signalé plus haut de faire de la perte de la nationalité la conséquence d'un délit ordinaire, avait encore l'inconvénient d'être inexécutable. Aussi comprit-on avant l'expiration des trois premières années la nécessité de la modifier. La loi du 11 février 1851 porta le délai à dix ans. Ce ne fut pas encore suffisant. Dans beaucoup d'États, la vente était trop onéreuse et l'affranchissement impossible. En 1858, on décréta une nouvelle atténuation à la rigueur légale en décidant, par une loi du 7 mai, que l'article 8 du décret de 1848 ne serait pas applicable aux esclaves possédés avant l'année 1848, ni à ceux acquis par donation, mariage ou succession.

La loi de 1889 qui abroge la plupart des lois antérieures touchant la nationalité, ne vise pas la loi qui prohibe la possession d'esclaves. Ce n'est pas une omission, car il en a été question au cours de la discussion ; mais on a pensé qu'il n'y avait pas lieu de modifier une règle bien rarement appliquée, — si elle l'est jamais, — qui à coup sûr le sera de moins en moins, et dont l'abrogation eût pu paraître un retour sur la réprobation que mérite le trafic des esclaves.

CHAPITRE VI.

REINTÉGRATION DANS LA NATIONALITÉ PERDUE.

§ 1. — Réintégration dans la nationalité française.

I.

L'individu que les circonstances de la vie ont amené à s'expatrier est souvent désireux plus tard de rentrer dans sa patrie, et il est naturel que le législateur tienne compte d'un sentiment si légitime pour lui faciliter sa réintégration dans la nationalité qu'il a perdue.

Les Romains, par la fiction du *jus postliminii* et dans certaines circonstances au moyen de l'*in integrum restitutio*, rétablissaient dans leurs droits leurs compatriotes devenus étrangers. Il y avait, au moins au cas de *postliminium*, une réintégration avec effet rétroactif, et le Romain était censé n'avoir jamais perdu la *civitas*. Dans l'ancien droit français, une disposition du même genre était en vigueur, en ce sens que le roi accordait aux Français qui demandaient à être réintégrés sous sa sujétion des lettres de déclaration de naturalité, dont la conséquence était de faire regarder les *media tempora* comme non avenus.

Notre législation moderne a compris la nécessité de concéder un moyen facile de recouvrer la nationalité française à nos compatriotes qui l'ont perdue. Disons seulement que jamais cette réintégration ne peut produire un effet rétroactif : c'est ce qui résulte expressément de l'article 20 du Code civil. — L'ex-Français qui veut recouvrer sa nationalité d'origine devait, d'après le Code de 1804 : 1° en

faire la demande au Gouvernement; 2° déclarer l'intention
de fixer son domicile en France ; 3° renoncer à toute distinction contraire à la loi française (art. 18 du Code civil).
Cette troisième condition visait les titres de noblesse interdits en France au moment de la promulgation du Code.
Elle a cessé d'avoir sa raison d'être. En pratique, la demande de l'ex-Français était accueillie par le Gouvernement français, après enquête, à la seule condition que le
requérant ait établi son domicile en France. Cette pratique
a été consacrée par la loi de 1889, qui déclare que l'ex-
Français peut recouvrer sa nationalité par décret, à la
condition qu'il réside en France (art. 18). Nous n'avons
qu'à rappeler ici ce que nous avons dit à propos de la
naturalisation, c'est-à-dire qu'il appartient à la chancellerie de n'accorder la réintégration qu'aux individus ayant
perdu leur nationalité étrangère, ou devant la perdre par
le fait même de leur réintégration.

L'article 18 n'est applicable qu'aux Français ayant perdu
leur nationalité par la naturalisation acquise en pays
étranger, le refus de résigner des fonctions publiques, et
l'abdication prévue par l'article 8, § 4 et par les articles
12 et 18, c'est-à-dire en faveur d'enfants mineurs qui sont
Français, mais qui peuvent décliner leur nationalité à
leur majorité.

La loi de 1889 prend soin de spécifier que le réintégré
jouit de la qualité de Français dans sa plénitude, y compris le droit d'éligibilité dans les assemblées politiques,
sans être soumis au stage ordinaire de dix ans, comme les
naturalisés. En outre, s'il est en âge de servir, il est appelé
à marcher avec la classe à laquelle il appartient par son
âge.

Lorsque le Français s'est dénationalisé pour avoir pris
du service militaire sans autorisation à l'étranger, eu
égard à la gravité des circonstances, il ne peut recouvrer sa nationalité originaire qu'en se soumettant aux
règles générales de la naturalisation, après avoir obtenu

par décret la permission de rentrer en France, le territoire national lui étant interdit aux termes du nouvel article 21 du Code civil.

II.

Le Code civil institue un mode particulier de réintégration dans la nationalité française en faveur de la femme qui a perdu sa nationalité d'origine par le mariage.

Le nouvel article 19, comme l'ancien, établit une distinction entre le cas où la femme réside en France ou celui où elle réside à l'étranger, au moment de la dissolution du mariage. — Dans le premier cas, la femme, jusqu'à la loi de 1889, recouvrait de plein droit la nationalité française. Les mots, « avec l'autorisation du Gouvernement », s'appliquaient seulement à la rentrée de la veuve qui se trouve hors de France. Aujourd'hui, ces mots dominent tout l'article, et s'appliquent aux deux hypothèses. La femme veuve qui demeure en France doit donc obtenir une autorisation, c'est-à-dire un décret de réintégration pour recouvrer sa nationalité d'origine.

Dans le second cas, c'est-à-dire si la femme demeure hors de France, l'ancien article 20 lui imposait de suivre les formalités ordinaires de la réintégration. Aujourd'hui, elle doit rentrer en France, déclarer qu'elle veut s'y fixer et obtenir un décret de réintégration.

Le Code de 1804 ne prévoyait que la dissolution du mariage par la mort. L'article 20 nouveau assimile la femme divorcée à la veuve, devancé en cela par la jurisprudence et la majorité des auteurs.

§ 2. — De la famille du Français réintégré.

A cet égard, le Code civil était muet. La femme et les enfants du réintégré rentraient dans la règle générale. Depuis lors, on a été amené à légiférer pour la famille de l'ex-Français réintégré et pour les enfants de la veuve réintégrée dans sa nationalité originaire.

1.

Une loi du 14 février 1882[1] a permis aux enfants mineurs des individus réintégrés en vertu de l'article 18, comme aux enfants mineurs des naturalisés, d'adopter par anticipation la nationalité française, pour entrer dans les armées ou dans les écoles du Gouvernement. Quant aux enfants majeurs, elle les autorise à devenir Français par simple déclaration dans l'année qui suit le jour de la réintégration de leur père.

Cette loi est aujourd'hui abrogée, et la loi de 1889 a fait un pas de plus. Elle accorde à la femme et aux enfants majeurs du réintégré la faculté d'être compris dans le décret de réintégration du chef de la famille. Quant aux enfants mineurs du père réintégré, ils sont compris de plein droit dans la naturalisation du père : ils ont seulement la faculté de décliner, à leur majorité, la nationalité française, conformément aux dispositions de l'article 8, paragraphe 4.

Les enfants mineurs d'une femme réintégrée sont également Français de plein droit, si la mère n'avait pas perdu sa nationalité par le mariage, mais par la naturalisation à l'étranger.

---

[1] Voir annexe A, 9°.

II.

Si la femme française d'origine, devenue étrangère par mariage, redevient française, après la mort du mari, quel est le sort de ses enfants mineurs? Une loi spéciale du 28 juin 1883[1] leur permettait de s'engager, avant leur majorité, dans l'armée française, et de concourir pour les écoles du Gouvernement, moyennant les formalités instituées par la loi du 16 décembre 1874 pour les enfants nés en France d'étrangers qui eux-mêmes y sont nés. La même faveur était accordée aux enfants nés en France d'une Française mariée à un étranger, s'ils sont orphelins de père et de mère.

Cette loi a été abrogée par la loi de 1889 qui a inséré, à l'article 20 du Code civil, une disposition en faveur des enfants mineurs de la veuve réintégrée. — On remarquera qu'il s'agit ici de la veuve et non de la femme divorcée, car les enfants de la femme divorcée doivent garder la nationalité du père.

Les enfants de la veuve réintégrée ne sont pas Français de plein droit, comme ceux de la femme d'origine étrangère devenue veuve qui se fait naturaliser en France, ou ceux de la femme qui a perdu la nationalité française par naturalisation et qui se fait réintégrer. On donne à la veuve d'origine française le droit de choisir la nationalité de ses enfants mineurs. Elle peut demander qu'ils figurent sur le décret de réintégration qui sera rendu pour elle-même. Pour le cas où les enfants qui portent le nom d'un étranger, qui ont peut-être des propriétés et des devoirs de famille à remplir au dehors, pourraient avoir intérêt à rester étranger, on permet à la femme de se faire réin-

---

[1] Voir annexe A, 10°.

tégrer seule, en les laissant dans l'allégeance de l'État dont dépendait leur père. Mais si la mère les a fait réinté-grer avec elle, ils devront rester Français, la loi ne leur accordant pas un droit d'abdication à vingt et un ans : il y a là, croyons-nous, un oubli, dans un article dont l'esprit général est fort judicieux.

Si la mère n'a pas demandé que ses enfants soient com-pris dans le décret qui la réintégrera, les enfants ne seront pas nécessairement forclos : la loi prévoit qu'ils pourront être naturalisés par un décret ultérieur. Mais dans ce cas, la demande de la mère ne suffira plus. Il faudra que la demande soit présentée par le tuteur avec autorisation du conseil de famille.

§ 3. — Aperçu sur les lois étrangères.

La plupart des lois étrangères ne font pas de différence entre l'ex-national et un autre étranger. Cette assimilation est même posée en règle dans la loi anglaise du 12 mai 1870. Il en est presque de même en Italie, dont le Code civil, article 13, décide qu'on peut recouvrer la qualité d'Italien moyennant une permission spéciale du Gouverne-ment, — l'abandon de la nationalité étrangère ou des fonc-tions acceptées hors du royaume, — et le transfert du do-micile en Italie dans l'année qui suit la déclaration effectuée *ad hoc* devant l'officier de l'état civil.

Dans quelques pays, au contraire, la *renaturalisation* est acquise de plein droit : nous citerons l'empire allemand. Mais il est ainsi qu'autant que l'ex-Allemand n'a pas acquis de nationalité étrangère. « Les hommes, lisons-nous à « l'article 11 de la loi militaire du 2 mai 1874, qui ont « quitté le territoire de l'empire, qui ont perdu la natio-« nalité allemande[1], mais qui n'ont pas acquis une autre

---

[1] Par l'obtention d'un *entlassungschein*. Voir annexe G.

« nationalité ou l'ont reperdue, sont tenus de se présenter
« quand ils viennent fixer leur domicile en Allemagne
« d'une manière permanente et peuvent être appelés ré-
« troactivement sous les drapeaux, mais ne peuvent être
« retenus au service après l'âge de trente et un ans accom-
« plis, en temps de paix. » C'est donc une sorte d'annulation rétroactive de la dénationalisation qui est prononcée
par cet article. Quant à ceux qui se sont fait naturaliser à
l'étranger, les lois ne spécifient pas un mode général de
recouvrer la nationalité allemande : seulement le traité de
1868 entre la Prusse et les États-Unis d'Amérique stipule
que le retour du naturalisé dans son ancienne patrie entraîne abandon de la nouvelle, et que cet abandon se pré-
sume après deux ans de séjour dans le pays d'origine [1].

Ce mode de réintégration de plein droit présente, au
point de vue international, le grave inconvénient qu'on ne
sait pas quel est au juste le moment où le changement de
nationalité a été opéré. Il semble que les États-Unis l'aient
eux-mêmes reconnu, puisque plusieurs autres traités signés
à l'imitation du traité prusso-américain de M. Bankroft stipulent que la réintégration se fera suivant les règles en
vigueur dans chaque pays contractant.

[1] Annexe PP.

CHAPITRE VII.

CHANGEMENT DE NATIONALITÉ RÉSULTANT DE CESSION DE TERRITOIRE.

§ 1. — Notions générales.

I.

Le changement de nationalité des habitants d'un territoire cédé paraît, dans nos idées modernes, la conséquence
naturelle et comme inévitable de toute cession de territoire. Les nombreux exemples présents à toutes les mémoires semblent concluants. Cependant il n'en a pas été
toujours ainsi. Si l'on remonte à l'antiquité, on voit que
les vaincus n'étaient point admis à partager les droits du
vainqueur. Il semble que, dans la marche de l'humanité,
la victoire ait commencé par le massacre des vaincus, puis
par leur asservissement, premier progrès. On en vint plus
tard à leur faire une situation meilleure en leur laissant
quelquefois leurs institutions, et en les maintenant seulement sous une rigoureuse vassalité. C'est ce qui avait
lieu en Grèce et à Rome. Dans la plupart des républiques
helléniques, à côté d'une caste supérieure, qui a le mono-
pole du gouvernement et la jouissance exclusive des droits
publics et privés, dans leur plénitude, on trouve des populations serves ou vassales qui représentent les anciens
maîtres des pays défaits et subjugués. Ils ont dû à la similitude de race et de langue avec leurs nouveaux maîtres
de ne point tomber en esclavage, ce sort humiliant étant
réservé, en général, aux hommes de race étrangère, d'o-
rigine barbare. Comme exemples de la condition des ha-

bitants d'un pays conquis, on peut citer en Grèce les Pé-
rièques de la Laconie : fils des antiques Achéens qui
régnaient jadis en Péloponèse, ils étaient tombés sous le
vasselage des Doriens vainqueurs qui, sous le nom d'*égaux,*
formaient à Sparte la classe dirigeante et portaient seuls
le nom de Spartiates [1].

Les plébéiens de Rome rappellent d'assez près les Pé-
rièques de Lacédémone; mais avec cette différence qu'ils
arrivèrent peu à peu à l'*isopoliteia* dans la République.
Aux âges classiques, Rome n'avait pas de règle fixe à
l'égard des vaincus : en général, elle accordait des droits
plus ou moins complets aux villes soumises à sa puissance.
C'était rarement la *civitas cum suffragio,* qui emportait l'assimilation au point de vue des droits privés et politiques,
quelquefois la *civitas sine suffragio,* qui ne conférait que
les droits civils. Mais seules les villes privilégiées obtenaient de pareils avantages. La plupart des peuples voisins
de Rome avaient obtenu un ensemble de droits qui était
désigné sous le nom de *jus latii.* Les Latins, peuple voisin
de Rome, qui parlaient la même langue et avaient des
institutions analogues, paraissent avoir été mis d'abord en
possession de l'ensemble des droits civils : le *connubium* et
le *commercium;* mais le premier, comprenant les droits
personnels de mariage et, par suite, de puissance paternelle, semble avoir été retiré au ve siècle de Rome, à la
suite de la guerre latine, à la plupart d'entre eux. De là,
la dénomination de *Latini veteres* pour désigner ceux qui
avaient conservé les droits accordés antérieurement aux
Latins, par opposition aux *socii latini nominis* qui avaient
seulement le *commercium.* Les autres peuples soumis
étaient traités moins favorablement : la plupart avaient dû
signer avec Rome des conventions léonines, par lesquelles
la puissante république leur faisait supporter les charges
de la *civitas,* sans leur en donner les avantages, ni les

---

[1] Voir Schoemann, *Griechische Alterthuemer,* passim.

honneurs. C'est pour sortir de cette situation d'infériorité
que les Italiens soutinrent la longue lutte, appelée Guerre
sociale, qui mit Rome à deux doigts de sa perte, et après
laquelle nombre de villes italiques reçurent le droit de
cité. Cependant l'immense majorité des habitants de l'Empire continua de rester en dehors de ces catégories privilégiées de sujets. Rattachés politiquement à la puissance
romaine, ils gardaient leurs lois et étaient exclus des avantages du *jus romanum* : c'étaient les pérégrins, classe in-
nombrable jusqu'au jour où l'empereur Caracalla conféra
le droit de cité à tous les habitants de l'Empire, dans
le vulgaire intérêt, dit-on, de les soumettre à un impôt
successoral.

II.

Cette manière d'envisager la conquête se concevait
mieux dans l'antiquité en raison des différences fondamentales existant entre les peuples : non seulement la race et
la langue, mais la religion, les mœurs, les institutions
politiques et privées étaient absolument différentes en
Gaule, en Maurétanie, en Cilicie, en Lusitanie, de ce qu'elles
étaient à Rome : de là la difficulté, presque l'impossibilité
d'une fusion. A la longue seulement et par suite d'une
pénétration constante des idées romaines pendant plusieurs siècles, l'Espagne et la Gaule arrivèrent à être
assimilées à Rome et comme fondues dans l'Empire, si
bien que nous pouvons aujourd'hui nous considérer comme
de race latine. Dans la société du Moyen-Age, il en fut
tout autrement. Grâce au Christianisme, qui avait introduit partout une même croyance, grâce au souvenir de
l'empire Romain qui était encore un lien entre les peuples
y ayant appartenu, un sorte d'uniformité s'était répan-
due sur l'Europe. Tocqueville remarque avec raison que
la féodalité, qu'on la prenne en Espagne, en France, en

Allemagne, en Pologne, est partout semblable et presque identique à elle-même. La conséquence en fut que changer de maître n'était point une chose aussi redoutée, puisque, si l'on avait de la haine pour ses ennemis, de l'acharnement même contre les vaincus, on n'avait pas envers eux le mépris qui faisait tenir à distance par l'orgueilleux Romain les peuplades soumises. Sans qu'il y eut un grand effort à faire, les habitants du pays conquis adoptaient les lois et les institutions du vainqueur. Il n'y avait guère que le langage qui ne pût être absorbé facilement. De plus le patriotisme de race était inconnu. La fidélité, sorte de lien féodal qui unissait le maître aux sujets, était transportée de l'ancien souverain au nouveau. Ajoutons que le peuple était sans droits dans l'État : il n'avait que quelques libertés communales auxquelles la conquête ne touchait pas. Pour le reste il devait être porté à dire avec le fabuliste : *Clitellas dum portem meas.*

De nos jours le sentiment de la race a reparu et la participation du peuple au gouvernement des États en a changé la forme. Les peuples ne supportent plus aussi facilement qu'on les partage comme des troupeaux. Mais l'usage d'accorder aux habitants des pays conquis le droit de cité dans l'État conquérant a survécu dans la jurisprudence internationale. On peut donc dire que c'est une des conséquences ordinaires de la conquête, que les habitants du sol conquis embrassent la nationalité du vainqueur.

Il y a cependant des cas assez nombreux dans l'histoire moderne où un pays conquis a conservé ses droits, ses institutions, son existence nationale indépendante, en un mot, sa nationalité distincte, pour passer seulement sous la domination personnelle d'un souverain étranger. C'est ainsi qu'en 1814 la Norvège qui, vaincue par Bernadotte, a dû reconnaître pour roi le souverain de la Suède, continua de former un royaume distinct [1] : les Norvégiens ne peuvent

---

[1] Voir les constitutions de ces deux royaumes, dans les *Constitutions de l'Europe et de l'Amérique*, par Laferrière et Batbie.

devenir Suédois que par la naturalisation, comme les
autres étrangers. De même, lorsque le Hanovre et l'Angleterre étaient sous la souveraineté du même prince, il
n'y eut jamais fusion entre les nationalités anglaise et hano-
vrienne [1]. Dans notre histoire on trouve aussi des exemples
d'union personnelle : la Pologne sous Henri III, la Na-
varre sous Henri IV, l'Italie sous Napoléon furent vis-à-vis
de la France dans la situation où la Norvège est aujour-
d'hui vis-à-vis de la Suède [2].

Ce sont là des faits d'une nature toute particulière qui
n'infirment en rien ce que nous avons dit plus haut. Le
résultat habituel d'une cession de territoire est de faire
passer les habitants du pays cédé sous la sujétion du vainqueur, et par conséquent d'entraîner pour eux un changement de nationalité. Mais nous avons vu que le lien de la
nationalité ne peut exister sans le consentement exprès ou
tacite des intéressés. Le changement n'existe donc juridi-
quement que s'il est accepté parmi les habitants. Il n'est
point question ici du vote des populations pour approuver
les cessions territoriales. Cet usage, généreusement inauguré par la France et propagé par elle, est une sage mesure politique, seule capable de sanctionner devant l'é-
quité les démembrements de territoire; mais, en ce qui
concerne la nationalité, il n'est point suffisant : il faut
que les intéressés soient mis dans le cas de pouvoir se refuser au changement, s'il ne leur paraît pas conforme à
leurs intérêts, ou s'il répugne à leurs sympathies. Un vote
ne serait que l'oppression de la minorité par la majorité, s'il avait pour objet d'imposer sans recours possible la
nationalité nouvelle à tous les habitants. La cession a pour

---

[1] Voir Lawrence, *Commentaire sur Wheaton*, chap. *Natur. et expatriation.*

[2] Il y a cependant, entre la Suède et la Norvège, quelque chose de plus
qu'une union personnelle, en ce sens que les constitutions des deux Royaumes-Unis déclarent qu'au cas d'extinction de la dynastie de Bernadotte, les
États de Norvège et ceux de Suède devraient choisir le même souverain.

effet de faire passer les habitants sous l'allégeance du vainqueur : l'État vaincu abandonne les droits qu'il avait sur
eux et rompt pour sa part le lien qui l'unissait à eux; mais
la rupture n'est complète qu'après que les habitants l'ont
acceptée. Il faut donc leur laisser le moyen de manifester
leur volonté, leur accorder, en un mot, un droit d'option.
C'est d'ailleurs une pratique universellement adoptée aujourd'hui.

Le plus souvent on permet aux habitants de conserver
leur ancienne nationalité, soit en faisant une déclaration
expresse, soit en émigrant dans un délai donné, soit en
remplissant l'une et l'autre de ces conditions. L'inaction
emporte adhésion au nouvel ordre de choses, acceptation
tacite de la nouvelle nationalité. Mais quelles sont les personnes qui ont à opter? On admet généralement que les
étrangers établis sur le sol cédé ne seront pas atteints dans
leur statut personnel. La cession affecte seulement la
nationalité des habitants soumis à l'allégeance de l'État
cédant. Mais il peut encore y avoir place au doute pour
déterminer exactement les personnes qui doivent être
comprises sous la dénomination d'habitants. Sur ce point
deux idées se présentent naturellement à l'esprit. On peut
se placer au point de vue de l'origine ou au point de vue du
domicile. L'un et l'autre système ont leurs avantages :
l'origine est d'une détermination facile. Si des registres
de l'état civil donnent un moyen de connaître les personnes dont le statut sera atteint par la cession, tandis
que le domicile est d'une appréciation souvent délicate,
puisqu'on ne peut le confondre avec la simple résidence
et qu'on ne peut logiquement faire porter les conséquences
de la cession d'un pays sur une personne qui n'y réside
que momentanément. D'autre part, on peut dire que le
domicile, une fois déterminé, répond à une idée plus
juste que l'origine, puisqu'il est plus naturel de réclamer
pour sujets du vainqueur ceux qui sont établis sur le sol
cédé que des individus qui, s'ils y sont nés, ont pu l'a-

bandonner depuis longtemps. Nous croyons qu'il faut s'en tenir à l'une ou l'autre théorie suivant les cas. Si l'on cède un lambeau de territoire faisant partie d'un grand État centralisé, il sera juste de prendre les domiciliés, puisque ceux-là seuls ont une réelle attache avec le pays cédé. En France, par exemple, un Strasbourgeois ou un Messin était avant tout un Français. Il paraissait donc bizarre, dans la cession de l'Alsace-Lorraine, de voir un Alsacien habitant Paris atteint par le traité. Au contraire, dans un État fédératif, composé lui-même de provinces bien distinctes ou d'États confédérés plus ou moins indépendants, ayant dans une mesure plus ou moins grande des institutions propres et une vie nationale particulière, il sera naturel de donner la solution inverse. Ainsi en Allemagne et aux États-Unis, si ces États devaient céder une province, il serait logique de se référer à l'origine. Si, par exemple, le Hanovre, le Slesvig, ou la Silésie devaient être détachés de la couronne de Prusse, il serait juste de rechercher les Hanovriens, les Slesvigeois, les Silésiens vivant dans toutes les parties de l'Empire ou à l'étranger.

L'usage d'accorder un droit d'option aux personnes ainsi déterminées n'est point nouveau dans le droit des gens. On pourra s'en convaincre par les exemples donnés ci-après. Aux xviie et xviiie siècles, on fixait d'ordinaire un délai pendant lequel toutes facilités étaient accordées aux habitants pour émigrer : l'émigration entraînait la conservation de l'ancienne nationalité. Un grand nombre de conventions contemporaines procèdent encore de la même manière : tels sont, par exemple, le traité de San-Stéphano conclu le 19 février 1878 entre la Russie et la Porte, et le traité de Constantinople, qui lui a été substitué le 8 février 1879[1]. L'un et l'autre portent un article ainsi conçu : « Les « habitants des localités cédées à la Russie qui voudraient

---

[1] Le traité de Berlin ne contient aucune clause relative à la nationalité des habitants des pays qui changent de maître.

« fixer leur résidence hors de ces territoires seront libres
« de se retirer, en vendant leurs propriétés immobilières.
« Un délai de trois ans leur sera accordé à cet effet à partir
« de la ratification du présent acte. Passé ce délai, les habi-
« tants qui n'auraient pas quitté le pays et vendu leurs
« immeubles resteront sujets russes ».

On remarquera l'obligation de vendre les immeubles.
C'est une clause surannée, qui s'explique par les conditions particulières des territoires dont les traités de San-
Stéphano et de Constantinople ont fixé le sort. Dans l'Europe occidentale, elle n'est plus en usage.

Le système d'option résultant seulement de l'émigration
est le seul qu'on puisse pratiquer quand l'État vaincu est
complètement absorbé dans l'État vainqueur. Il convient
alors d'accorder aux habitants un délai pour se rattacher
à telle autre nationalité qu'ils voudront choisir, si la qualité
de sujet de l'État vainqueur est incompatible avec leurs
sentiments ou leurs intérêts. C'est ainsi qu'avait procédé
la France, à l'époque de la Révolution, lors de l'annexion
de la république de Mulhouse et de celle de Genève. La
faculté de se retirer où ils voudraient était stipulée pour
les habitants. Ainsi se trouvera sauvegardée la règle que
nous avons posée. On avouera, d'ailleurs, que c'est là un
cas assez rare ; la plupart du temps, une province seulement est détachée d'un État : le droit d'option s'exerce alors
sans difficulté entre les deux nationalités.

La plupart des traités modernes ne se contentent pas
d'accorder un délai pour émigrer : ils veulent que l'option
résulte d'une déclaration de volonté, ordinairement accompagnée d'émigration. On désigne les autorités des deux
pays habiles à recevoir cette déclaration. Rien n'est plus
simple pour les personnes capables ; mais pour les personnes incapables, notamment pour les mineurs, la question d'option, compliquée de celle du domicile, a donné
lieu maintes fois à des difficultés. La manière de procéder
la plus simple est évidemment d'adopter la théorie admise

dans un grand nombre de pays, d'après laquelle les enfants mineurs suivent la nationalité du chef de la famille. La plus juste consiste à reporter, au moment de leur majorité, l'époque où leur statut sera fixé définitivement. Nous admettons que les habitants acquièrent virtuellement, du jour de l'entrée en vigueur du traité, la nationalité du vainqueur, mais que cette naturalisation n'est effective que si elle est accompagnée d'une manifestation de volonté, résultant en général du non accomplissement des formalités imposées pour conserver la nationalité antérieure. Cette manifestation de volonté doit donc rationnellement être ajournée pour les incapables, jusqu'au jour où ils ont acquis pleine et entière capacité, c'est-à-dire pour les mineurs jusqu'à leur majorité. Il faudrait donc admettre que les mineurs d'un territoire cédé n'ont pas le même délai que les majeurs pour faire leur option; il faudrait leur accorder un délai spécial commençant pour chacun au jour de sa majorité. Ce ne serait, du reste, que l'application de la règle d'équité : *Contra non valentem agere non currit prescriptio.* Le traité signé entre la France et la Suède, pour la rétrocession de l'île de Saint-Barthélemy, est le plus parfait exemple que nous puissions citer à l'appui de notre système [1].

On comprend cependant qu'il soit difficile, dans certains cas, d'adopter une jurisprudence aussi libérale. Le Gouvernement cessionnaire peut avoir de sérieux motifs de redouter l'agitation produite dans les esprits par la prolongation du droit d'opter. Il serait possible alors d'autoriser les mineurs à opter dans le même délai que les majeurs, avec l'assistance de leurs représentants légaux. On verra que le traité de Francfort, du 10 mai 1871, a consacré ce système.

Le plus souvent la déclaration d'option ne suffit pas : le

---

[1] Il se trouve déjà dans la loi belge du 4 juin 1839, relative à la nationalité originaire des territoires du Limbourg et du Luxembourg abandonnés par la Belgique. Voir annexe J.

plus grand nombre des traités exige le transfert, hors du territoire annexé, du domicile de celui qui veut garder sa nationalité d'origine. Cependant quelques conventions ont renoncé à exiger l'émigration : citons l'acte signé par la France, le 8 décembre 1862, avec la Suisse, pour rectifier la frontière dans la vallée des Dappes. Il en avait déjà été ainsi dans le traité du 2 février 1848, cédant la Californie aux États-Unis, et dans plusieurs des traités conclus par l'Espagne avec ses anciennes possessions d'Amérique devenues indépendantes[1]. Mais on conçoit que des stipulations si larges puissent paraître dangereuses dans beaucoup de cas; il est légitime, de la part de l'État cessionnaire, de refuser de garder sur le territoire annexé des individus relevant d'un autre État, et contribuant à entretenir dans les esprits le trouble et l'agitation qui sont les conséquences forcées des cessions de territoire, sauf dans les rares circonstances où la cession répond aux vœux presque unanimes des habitants.

III.

Quand un traité fixe un délai pour laisser le temps aux habitants d'un pays cédé de choisir entre les deux nationalités, quel est le moment précis où ils changent d'allégeance? Est-ce à la date du traité ou à celle où expire le délai d'option? Il faut évidemment partir de la date du traité pour ce qui concerne le changement de souveraineté du territoire. On est porté à croire qu'il faut aussi s'y reporter pour ce qui concerne les habitants. Il est pourtant préférable, comme le veut la jurisprudence française[2], de leur reconnaître en fait la nationalité de l'État cédant

---

[1] Voir Janer, *Tratados de España*, entre autres, le traité du 30 mars 1845 entre l'Espagne et le Vénézuéla.

[2] Jugements des tribunaux de Vesoul, 19 juillet et de Nancy, 31 août 1871.

jusqu'au jour où ils sont dans l'impossibilité de consolider cette qualité par l'option. De la sorte on évite les changements successifs d'allégeance auxquels aboutit le système adverse. Si, en effet, le traité a pour effet de rendre étrangers les habitants des pays annexés, tout en leur laissant le droit de revenir ensuite à leur nationalité d'origine par l'option, on impose aux optants deux changements de statut personnel qui peuvent avoir de fâcheuses conséquences juridiques.

On combat, il est vrai, quelquefois notre système, en invoquant une prétendue règle de droit des gens d'où il résulterait que les habitants du sol sont censés avoir toujours eu la nationalité du dernier souverain, lequel est également censé y avoir toujours régné; mais ce principe est absolument contestable, et, pour notre part, nous le repoussons.

IV.

Il peut enfin arriver qu'une annexion ait lieu sans traité, si par exemple le pays est occupé entièrement et que le souverain légitime se refuse à sanctionner sa dépossession, ou bien s'il s'agit d'un pays peu civilisé, habité par des peuplades sur lesquelles le conquérant s'étend sans avoir jamais avec elles de rapport que par les armes.

Dans le premier cas, par exemple, l'annexion à la Prusse de Francfort ou du Hanovre, le nouveau maître décrète qu'à partir de tel jour les habitants annexés seront soumis à ses lois. Il ne reste plus à ceux-ci qu'à renoncer cette nouvelle nationalité par les modes légaux. Il serait humain de leur faciliter les moyens d'émigrer dans un certain délai, ainsi qu'avait fait la France lors de l'annexion de Genève et de Mulhouse.

Quand il s'agit de pays conquis sur un peuple barbare,

les choses se passent à peu près de même. Dès que le pouvoir du conquérant est établi définitivement, les vaincus sont sujets du vainqueur. C'est ce qu'a fait la France lors de la conquête de l'Algérie[1]. L'annexion de Taïti en fournit un exemple plus récent[2].

§ 2. — Historique jusqu'en 1814.

Il est intéressant de rechercher dans l'histoire quelle application a été donnée aux théories qui viennent d'être esquissées. Sans remonter plus haut que le xvii° siècle, on verra que l'usage d'accorder un droit d'option aux habitants des pays conquis a été presque toujours suivi.

La doctrine générale de l'ancienne France, en ce qui concerne l'influence des cessions sur la nationalité des habitants, nous est donnée explicitement par Pothier : « Lorsqu'une province est réunie à la couronne, ses habitants doivent être regardés comme Français naturels, qu'ils soient nés avant ou après la réunion. Il y a même lieu de penser que les étrangers qui seraient établis dans ces provinces et y auraient obtenu, suivant les lois qui y sont établies, les droits de citoyen, devraient, après leur réunion, être considérés comme citoyens, ainsi que les habitants originaires de ces provinces, ou du moins comme des étrangers naturalisés en France[3] ». Le même principe était reçu au cas de cession d'un territoire : « Lorsqu'une province est démembrée de la couronne..., les habitants changent de domination ».

Cette règle de Pothier était admise également par Denisart, et, quoiqu'on ait voulu la combattre, nous ne pensons pas qu'elle puisse être sérieusement contestée. Dumou-

[1] Voir ci-après, § 4.
[2] Voir ci-après, § 10.
[3] *Traité des personnes*, Irᵉ partie, titre II, sect. Irᵉ.

lin prétendait qu'une ordonnance royale était nécessaire pour rendre Français les habitants d'un territoire cédé à la France[1]. Les partisans de sa doctrine citent à ce propos un arrêt du Parlement de Paris du 21 janvier 1683, d'après lequel les habitants de la Lorraine n'auraient été considérés comme Français que depuis la vérification du traité de Nimègue, en 1680, bien que depuis dix ans le roi exerçât sa domination en Lorraine. Cet arrêt prouve seulement qu'il fallait, aux yeux du Parlement, un acte solennel et devenu définitif pour opérer un changement d'allégeance, et qu'il ne suffisait pas qu'une armée fût campée dans le pays et que le roi de France y régnât de fait. C'est une confirmation de notre système d'après lequel il faut un traité pour que la nationalité des habitants en pays conquis soit modifiée.

D'ailleurs, le système de Pothier était si bien entré dans les mœurs de l'ancien régime qu'il faut remonter bien haut pour trouver des ordonnances conférant la naturalisation à des annexés, tandis qu'on n'a jamais douté que les habitants des pays réunis à la France sous Louis XIV ou Louis XV, les Francs-Comtois, les habitants du Roussillon, les Corses ne soient devenus français, quoiqu'ils n'aient pas été naturalisés par une ordonnance spéciale.

Dans les anciens traités, on ne s'occupe pas en termes formels de la nationalité des habitants annexés; on les autorise seulement à s'expatrier et on leur concède un délai pour quitter le pays. Telle est la disposition de l'article 17 du traité de Ryswick (1697). « Qu'il soit permis à tous ceux « des habitants de la ville (de Strasbourg) ou des dépen- « dances, de quelque condition qu'ils soient, qui voudront « émigrer, de transférer leur domicile au lieu où il leur « plaira et d'y transporter leurs meubles en franchise de « tout droit, dans le délái d'une année à partir de la rati- « fication du traité de paix ».

---

[1] Cout. de Paris, *Fiefs*, § 20.

Une clause de même nature se trouve à l'article 14 du traité d'Utrecht des 13 mars et 11 avril 1713, qui stipule pour les sujets de S. M. T. C. demeurant dans les pays cédés à S. M. B. un délai d'un an pendant lequel ils pourront se retirer avec leurs effets mobiliers. A la fin du même siècle, le traité de Campo-Formio du 17 octobre 1797 porte (article 9 *in fine*) que les habitants des pays cédés par l'Autriche « qui voudront à l'avenir cesser d'ha-« biter lesdits pays, seront tenus d'en faire la déclaration « trois mois après la publication du traité de paix définitif; « ils auront le terme de trois ans pour vendre leurs biens, « meubles et immeubles, et en disposer à leur volonté. » C'est au fond la même théorie que dans le traité d'Utrecht; seulement pour bénéficier du délai, il faut en avoir témoigné l'intention dans les trois mois. Enfin nous citerons encore le traité d'Amiens du 27 mars 1802, dont l'article 13 accorde aux habitants des pays cédés un délai de trois ans pendant lequel ils pourront disposer de leurs propriétés et pratiquer librement leur religion.

Ces différents articles présupposent le changement immédiat d'allégeance que produit le transfert de propriété du sol cédé. Ils permettent seulement aux habitants, à qui la domination nouvelle ne conviendrait point, de se retirer des pays conquis dans un délai donné, et moyennant des formalités. Il semble donc ressortir de l'esprit même de ces textes que les habitants acquièrent tous, de plein droit, par la conquête, la nationalité nouvelle, mais avec la faculter de conserver l'ancienne s'ils l'entendent ainsi. Du reste, Pothier ne laisse aucun doute sur ce point en déclarant clairement que les habitants peuvent conserver leur ancienne nationalité, en se retirant sur la partie non cédée des territoires de leur souverain. Pour le traité de Campo-Formio, il existe une autre preuve tout à fait décisive que telle était l'opinion des négociateurs. Par décret du 9 décembre 1811, l'Empereur a donné la formule des lettres patentes qui pourraient être délivrées aux personnes ayant

perdu « leurs droits et qualité de Français auxquels elles
« avaient renoncé dans les termes de l'article 9 du traité
« de Campo-Formio. » Il est donc bien évident que les Autrichiens des pays annexés devenaient Français *ipso facto*
par le traité, sauf la liberté d'émigrer pour rester Autrichiens.

Pour trouver dans notre histoire des traités stipulant en
termes exprès la situation de la population des pays conquis au point de vue de l'allégeance, il faut aller jusqu'aux
traités de Mulhouse et de Genève, conclus les 28 janvier
et 26 avril 1798, et ayant pour objet l'absorption des deux
Républiques dans la République française. Mulhousiens
et Genevois sont déclarés *Français nés*, c'est-à-dire entièrement assimilés, quelle que soit leur résidence, aux
citoyens de la République, nés Français. Le traité du 26
avril fait seulement exception pour trois Genevois qui,
ayant écrit contre la République française, ne furent pas
admis à l'honneur du droit de cité en France.

De ce que la clause assimilant les annexés aux Français
nés ne se trouve pas dans les nombreux traités qui attachè-
rent pour un temps au sort de la France une moitié de
l'Europe, il ne faudrait pas conclure qu'une situation particulière ait été faite aux citoyens des deux petites Républiques absorbées dans leur puissante voisine. Nous nous
rangeons volontiers à l'opinion de Fœlix qui pense que les
annexions se firent dans les mêmes conditions, bien qu'on
n'eût rien stipulé d'analogue [1]. Les plus anciens des nombreux arrangements intervenus sont absolument muets sur
les habitants. Il arrive plus tard un moment, où ce sont
ces derniers même que l'on cède. Autrefois, on cédait une
province, et subsidiairement les habitants. Vers 1810 apparaît le système nouveau de céder les *âmes* et subsidiairement le pays où elles vivent. C'était encore le langage reçu
dans les réunions du Congrès de Vienne, où l'on taillait

---

[1] *Rev. de dr. fr. et étr.*, II, p. 328.

à travers l'Europe, sans avoir plus d'égard que Napoléon
pour le passé, les traditions, les aspirations des peuples,
et n'ayant comme lui d'autre vue que le nombre des *âmes,*
c'est-à-dire des soldats qu'on se donnait réciproquement.
Cette expression même ne prouve-t-elle pas plus que tout
le reste que c'était bien les hommes qu'on cédait.

La Cour de cassation a reconnu, à plusieurs reprises, et
notamment dans un arrêt du 12 juin 1874, que l'individu
né dans un des pays annexés à l'empire Français devenait
sujet de l'Empereur par le fait de l'annexion, et cela quand
même il n'était pas domicilié dans le pays annexé.

§ 3. — Démembrement de l'Empire de Napoléon.

I.

Le traité du 30 avril 1814, qui ramena les limites de la
France à celles de 1792, contient une disposition importante pour les habitants des nombreuses provinces qu'on
arrachait au grand empire de Napoléon. Dans tous les
pays qui « doivent ou devront changer de maître, dit l'ar-
« ticle 17, tant en vertu du présent traité que des arran-
« gements qui doivent être faits en conséquence, il sera
« accordé aux habitants, naturels et étrangers, de quelque
« condition et nation qu'ils soient, un espace de six ans, à
« compter de l'échange des ratifications, pour disposer,
« s'ils le jugent convenable, de leurs propriétés et se reti-
« rer dans tel pays qu'il leur plaira de choisir. » Cette
clause, que le retour de Napoléon et les traités subséquents
n'ont point annulée, a donné lieu à de nombreuses difficultés dans la pratique. L'interprétation la plus naturelle était
de considérer le traité comme assurant un moyen de recouvrer la nationalité française aux habitants des provinces

séparées. De même que, dans les traités antérieurs, on avait toujours regardé les délais de six mois, ou un an, ou trois ans, donnés pour émigrer, comme un mode d'échapper à la nationalité du conquérant, de même il fallait envisager le délai de six ans du traité de Paris, comme établi en vue de donner aux habitants des pays cédés le moyen de rester Français. Il semble, d'après ce que nous avons dit du traité de Campo-Formio et de l'avis de Pothier sur le sens de toutes les clauses analogues, qu'il n'était guère possible de se méprendre sur le sens de l'article 17.

Telle ne fut pas pourtant l'opinion dominante en France. On était alors pénétré de l'idée de renouer la chaîne du passé interrompue depuis la Révolution et on voulait supprimer la période révolutionnaire et impériale dans toutes ses conséquences. Le roi donnait l'exemple en datant ses ordonnances de la vingtième année de son règne, et en revenant de tout son pouvoir aux errements de l'ancienne cour de France, malgré le régime constitutionnel. On se persuada que les habitants des pays annexés à l'Empire Napoléonien n'avaient pas été plus légitimement Français, que l'Empereur n'avait été légitimement souverain de la France, et on pensa que le traité leur permettait seulement d'émigrer librement, sans être assujettis aux droits de douane et aux vexations qui empêchaient alors la circulation d'État à État. Telle est l'opinion soutenue par Lawrence[1]. « En principe quand un territoire est détaché d'un « État pour être réuni à un autre, il est convenable de « laisser aux habitants de ce territoire le moyen de ne « pas perdre leur nationalité : on doit admettre que si, dans « un certain délai, ils viennent se fixer dans les provinces « conservées par l'État auquel ils appartenaient, ils seront « considérés comme n'ayant jamais cessé d'y appartenir. « En 1814, on n'a pas montré cette bienveillance pour les « habitants des provinces qui avaient été réunies à la

[1] *Comm. sur Wheaton*, t. III, p. 192.

« France depuis 1791 : on paraît avoir eu simplement pour
« idée de tenir pour non avenu le fait de cette réunion. »

Le Gouvernement de la Restauration était manifestement sous l'empire de ce genre de préoccupations, quand il
présenta aux Chambres un projet de loi pour l'interprétation et l'application en France de l'article 17 du traité du 30
avril 1814. L'exposé des motifs et le rapport de la commission témoignent combien les politiques d'alors faisaient bon
marché de ces hommes, attachés pendant quelques années
à la fortune de la France, et dont un grand nombre, sur le
Rhin et l'Escaut, l'avaient adoptée sans arrière-pensée pour
leur patrie. On les considérait comme des alliés, des confédérés; mais on se méfiait d'eux et on les repoussait par
tous les moyens. On regardait comme une simple mesure
de police internationale l'article 17 du traité de Paris, et
on déclarait complètement étrangers les habitants des qua-
rante-quatre départements cédés. Dès lors, il était nécessaire qu'ils se fissent naturaliser s'ils désiraient demeurer
Français : on s'imagina leur accorder une grande faveur
en présentant le projet de loi qui devint la loi du 14 octobre 1814[1].

Cet acte divise les originaires des provinces cédées en
trois catégories : ceux qui habitent depuis dix ans, à compter de leur majorité, la France, c'est-à-dire le territoire
laissé à Louis XVIII; ceux qui l'habitent depuis moins de
dix ans; ceux enfin qui ont continué de demeurer dans les
départements abandonnés. Les premiers pouvaient conserver la nationalité française en déclarant dans les trois
mois leur intention de demeurer Français. Ils recevaient
alors des *lettres de déclaration de naturalité*. Les seconds
obtenaient les mêmes lettres, après avoir complété le séjour
de dix ans. Les derniers enfin devaient s'établir en France,
et, suivant les lois générales de la naturalisation en vigueur depuis l'an VIII, ils pouvaient dix ans plus tard

[1] Voir annexe A, 3°.

solliciter des lettres de naturalité. Le roi se réservait d'a-
bréger le délai dans les cas qui lui paraîtraient mériter un
intérêt particulier.

Cette loi ne passa pas sans une ardente discussion, qui
jette une vive lumière sur la portée qu'on doit y attribuer.
Tout le monde à la Chambre des députés comprenait l'importance des intérêts engagés. Et, à côté des orateurs du
Gouvernement qui craignaient l'invasion d'une foule d'Allemands, Belges et Piémontais, anciens fonctionnaires et
agents de l'empire qui viendraient en France semer le
désordre et l'agitation, et en même temps disputer les
places aux Français d'origine, des voix se firent entendre
qui réclamaient, au nom du droit des gens, l'application du
principe général d'après lequel les intéressés pourraient
conserver la nationalité française en émigrant. On montra,
et nous croyons que là était la vérité, on montra qu'en
stipulant le délai de six ans, les puissances coalisées avaient
eu précisément en vue la nationalité des habitants des
territoires qui changeaient de maître, suivant en cela
l'exemple des anciens traités cités plus haut d'Utrecht, de
Lunéville, de Campo-Formio. Seulement, eu égard à l'é-
tendue des territoires conquis, on avait porté jusqu'à six
ans la durée du délai de l'option. C'est dans ce sens que
parlèrent, à la séance du 29 septembre 1814, MM. de Mor-
treux et Chabaud-Latour. Ils n'eurent pas de peine à établir qu'en entourant la réintégration dans la nationalité
française de délais et de formalités, on s'écartait de l'esprit
du traité de paix, et que la seule solution logique de la
question était d'exiger seulement une déclaration de transfert de domicile en France. Sans aller aussi loin, M. Ray-
nouard, frappé des inconvénients qui résultaient de la loi,
surtout pour les originaires des provinces cédées qui
avaient rempli des fonctions publiques, proposa de réputer
Français ceux qui avaient servi la France, dans l'armée,
la marine, et les fonctions publiques, à la seule condition
qu'ils déclarassent dans l'année leur intention de se fixer

en France. L'orateur rappela à ce propos des ordonnances des rois Louis XIV et Louis XV qui avaient accordé la naturalisation aux étrangers ayant été cinq ans marins ou dix ans soldats au service de France. Mais tous les amendements échouèrent également contre le parti pris d'une majorité inquiète et surtout préoccupée d'étouffer les souvenirs de l'épopée napoléonienne.

II.

La loi fut donc admise telle que le Gouvernement l'avait présentée et comme on l'a résumée ci-dessus. Il convient d'observer que les originaires seuls des départements cédés étaient soumis aux formalités de la loi de 1814. Cependant le traité de paix parlait des habitants. Que devenaient les Français d'origine établis dans les provinces cédées? Le traité, ce n'est pas douteux, les devait faire regarder comme étrangers si, au bout de six ans, ils n'avaient pas transporté leur domicile en France. Mais telle ne fut pas la jurisprudence française. Conséquent avec lui-même, le gouvernement du roi Louis XVIII trouvait tout naturel de regarder les habitants des départements cédés, nés dans l'ancienne France, comme des Français ayant demeuré et demeurant encore à l'étranger, puisqu'on voulait en quelque sorte détruire rétroactivement l'effet des annexions de l'Empire. La jurisprudence [1] et la plupart des auteurs [2] partagent cette manière de voir.

Quant aux originaires des territoires cédés, on a vu à quelles formalités ils étaient soumis pour ne pas retomber sous la domination des gouvernements restaurés par le congrès de Vienne. Ils étaient cependant dans une situation plus favorable que de simples étrangers qui eus-

---

[1] Arrêt de Grenoble, 16 février 1842.
[2] Aubry et Rau, page 259, note 11.

sent voulu se faire naturaliser, en ce sens que ceux-là
mêmes qui demeuraient hors de France au moment des
traités et à qui il fallait dix ans de séjour pour obtenir les
lettres patentes, obtenaient après ce temps des lettres qui
les déclaraient maintenus dans la qualité de Français. Ce
n'étaient point des lettres de *naturalisation*, mais de *déclaration de naturalité*, qui opéraient un effet rétroactif. La
jurisprudence a été unanime sur ce point. On pourrait en
citer de nombreux exemples de ses décisions [1].

C'est par application de la même idée que le Conseil
d'État, dans un arrêt du 17 mai 1823, déclarait que les
membres de l'ordre de la Légion d'honneur devenus étrangers en 1814 pouvaient demander le traitement accordé
aux membres français, à condition qu'ils produisissent des
lettres de naturalité et non de naturalisation : ces dernières, en effet, eussent fait supposer la perte de la qualité de Français et il eût fallu procéder à une nouvelle
nomination dans l'ordre.

Le délai lui-même a été entendu de la manière la plus
large. Les trois mois dans lesquels devait être faite la
déclaration furent considérés comme un délai purement
comminatoire. Le 10 janvier 1835, le ministre de la Justice déclarait devant les Chambres que le Gouvernement
délivrait encore à cette époque des lettres patentes sur le
modèle de la loi de 1814. Ce n'est qu'en 1849 qu'on re-
nonça à tout jamais à cette pratique, la loi sur la naturalisation votée par l'Assemblée nationale ayant abrogé formellement la loi du 14 octobre 1814.

Du reste, diverses ordonnances royales avaient expressément accordé un temps beaucoup plus long à certaines
classes de personnes, officiers, membres de l'ordre de la
Légion d'honneur, etc... — On remarquera que le traité
de paix n'entrait pas en considération quand il plaisait au
Gouvernement de prendre de pareilles mesures. Comment

---

[1] Voir l'arrêt de cassation du 14 mai 1836.

les Puissances signataires auraient-elles pu s'en plaindre, après la concession inconsciente, mais si considérable en pratique, que leur avait faite la France, en substituant au régime stipulé à Vienne le régime rigoureux de la loi de 1814?

Cette loi portait une disposition inexplicable, dont on regrette que la jurisprudence n'ait pu faire justice, comme pour l'étendue des délais. Les Français maintenus dans leur nationalité par la délivrance de lettres de naturalité subissaient cependant une déchéance : ils devaient réclamer l'application de l'ordonnance du 4 juin 1814 et obtenir des lettres patentes vérifiées par le pouvoir législatif, pour avoir le droit de siéger au Parlement.

Des hommes comme Masséna et Benjamin Constant furent soumis à cette formalité. C'était là une violation manifeste du principe de la non rétroactivité des lois.

Pour appliquer la loi de 1814 aux mineurs, on se borna à admettre une simple prolongation de délai jusqu'au moment de leur majorité. Ils pouvaient alors demander pour leur propre compte des lettres patentes[1]. Mais à quelle solution faut-il s'arrêter si, ayant le père obtenu des lettres patentes, ses fils mineurs n'en ont pas obtenu : les derniers auront-ils suivi la nationalité de leur père? La plupart des auteurs, même ceux qui admettent que, dans la naturalisation ordinaire, le fils ne suit pas la nouvelle condition du père, sont portés à penser qu'en pareil cas, cas de force majeure en quelque sorte, les mineurs doivent suivre exceptionnellement la nationalité de leur auteur. Quelques arrêts ont aussi été rendus dans ce sens, mais ils ne paraissent pas conformes à notre loi. Nous pensons que le fils, dont le père avait obtenu des lettres patentes, ne pouvait pas les invoquer à sa majorité : il lui appartenait seulement d'en réclamer d'autres pour lui-même, si d'autre part il n'avait pas de motif d'être considéré comme Français.

---

[1] Arrêt de cassation, 14 mai 1836.

Souvent, en effet, le mineur avait d'autres raisons de revendiquer la qualité de Français. S'agit-il, par exemple, d'un mineur né en France de parents originaires des pays cédés, certains arrêts le regardent comme devenu étranger en 1814, mais lui reconnaissent le droit de remplir les formalités de l'article 9. Cela résulte de la fausse idée signalée plus haut, d'après laquelle la qualité de Français des originaires des pays cédés était considérée comme rétroactivement effacée : dès lors on traitait leurs enfants nés en France comme nés de parents étrangers. Mais il ne nous paraît pas nécessaire de leur demander de se conformer à l'article 9. Sans parler bien entendu de ceux qui sont nés antérieurement à la promulgation du Code et qui sont Français comme nés en France, les autres le sont également, comme nés en France de parents français. Le retour du père à une nationalité étrangère, ne peut avoir pour effet d'entraîner pour le fils la perte de la nationalité qui lui a été conférée par sa naissance. Peu importe pour ce mineur qu'il ait ainsi que son père observé la loi de 1814. Il est Français et demeure tel. Cette décision conforme à notre théorie est appuyée sur plusieurs arrêts [1], quoique l'opinion contraire ait été plus souvent suivie par la magistrature [2].

III.

En 1815, après les Cents-Jours et la défaite de Waterloo, la situation territoriale de notre pays fut de nouveau modifiée : le traité du 20 novembre 1815 enleva à la France une partie de ses anciennes frontières : quelle fut, au point de vue de la nationalité, la situation des habitants des pays cédés? Faut-il leur appliquer la loi de 1814? Nous ne le

[1] Douai, 28 mars 1831; Cassation, 13 janvier 1845.
[2] Lyon, 2 août 1827.

pensons pas, et il y a à cela plusieurs motifs; en effet, outre qu'il serait bizarre d'appliquer à une catégorie d'individus déterminés par un acte de 1815 les conséquences d'une loi faite en 1814 pour d'autres classes de personnes, l'esprit même de la loi de 1814 et les motifs qui l'ont inspirée ne permettent pas qu'on l'applique aux habitants des provinces anciennement françaises. Cette loi a sa raison d'être dans l'idée professée alors que la période impériale était non avenue, et les annexions de l'Empire nulles de plein droit. Mais quand, en 1815, on obligeait le roi Louis XVIII à signer un traité par lequel il abandonnait des places comme Sarrelouis et Deux-Ponts, des colonies comme l'Ile-de-France, ayant appartenu à Louis XVI, la situation n'était plus la même, et il n'était pas admissible qu'on réglât le sort des anciens Français avec la même rigueur que celui des habitants violemment et momentanément annexés à la nation Française par suite de guerres heureuses.

Il n'est pas douteux que les habitants des pays laissés à la France en 1814 et enlevés en 1815, par le traité du 20 novembre, ne doivent être considérés comme ayant conservé la qualité de Français, si, dans les six ans après l'échéance de ratifications, ils sont venus se fixer en France.

Telle est l'opinion qui a été soutenue par le ministère de la Justice, par le Conseil d'État en 1826, et par la jurisprudence. La cour de Paris, en effet, a eu l'occasion de se prononcer dans ce sens, en reconnaissant, en termes formels, qu'un individu né dans l'île de France a conservé la qualité de Français, s'il est venu résider dans notre pays à la suite de l'annexion de l'île à l'Empire Britannique. Ce même individu serait devenu sujet anglais, s'il avait continué de résider dans notre ancienne possession [1].

---

[1] Arrêt du 4 février 1840.

IV.

Il serait intéressant de compléter ces considérations par un examen de la manière dont les pays étrangers ont interprété et appliqué chez eux les clauses conventionnelles précitées. Les renseignements sur un point de droit, qui n'a plus guère d'actualité aujourd'hui sont malheureusement bien difficiles à recueillir, et nous devons nous borner à quelques indications sommaires.

En Belgique[1], on a admis, à peu près comme en France, que la période impériale devait être tenue pour non existante. Devenus Français par la conquête, les habitants des provinces belges recouvraient la qualité de Belge par suite d'événements militaires contraires, y compris leurs enfants, et en quelque département qu'ils fussent nés[2]. Il y a là une influence manifeste de la jurisprudence et de la théorie qui prévalurent en France : en s'en tenant au texte du traité, il eût fallu abandonner le natif de Belgique demeurant en France et ne rentrant pas, dans le délai de six ans, dans les États du roi des Pays-Bas. Mais ce système n'a pas prévalu dans la jurisprudence belge : elle a admis comme la nôtre et à tort, croyons-nous, que les dispositions des articles 17 du traité du 30 mai 1814 et 7 de celui du 20 novembre 1815, ne devaient pas être entendues comme entraînant aucune conséquence relativement à la nationalité. Cependant cette doctrine n'était pas acceptée sans contestation de la part de la Cour de cassation, car, si on peut citer plusieurs de ces arrêts qui y sont favorables[3], on en peut mentionner également un autre[4] qui

---

[1] Voir le *Traité de la nat. des ind.*, par J. de Soignies, Mons, 1877.
[2] C. de cass. de Belg., 20 octobre 1862 et 4 juillet 1873.
[3] Cassation de Belg., 26 juin 1854.
[4] 7 août 1849.

se range à l'opinion adverse. Il s'agissait, dans ce dernier cas, de l'application de l'article 37 du traité conclu à Aix-la-Chapelle entre les royaumes de Prusse et des Pays-Bas, article qui reproduit, dans sa forme générale, les articles précités des traités intéressant la France.

D'ailleurs, la Belgique, conséquente avec elle-même, admettait que les Français domiciliés dans le pays en 1814 et y ayant conservé leur domicile ne sont pas devenus pour cela sujets du roi des Pays-Bas : ils restent Français, étant, en quelque sorte, de simples étrangers fixés dans le royaume. Ainsi l'a jugé la Cour de cassation de Bruxelles, le 3 janvier 1822, à l'occasion d'un Français marié avec une femme belge, et domicilié depuis plus de vingt ans en Belgique.

Dans la Prusse Rhénane, on paraît avoir adopté une règle plus conforme à l'esprit des traités. Un intéressant arrêt de la cour de Cologne du 11 mars 1841 refuse de reconnaître la qualité de Prussien à un originaire des pays Rhénans, qui s'était transporté en France dans la période comprise entre 1816 et 1822. Pour les magistrats prussiens, qui appliquaient purement et simplement le traité, cet homme était Français.

§ 4. — Conquête de l'Algérie.

La conquête d'un pays comme l'Algérie ne saurait comporter l'application des règles du droit des gens suivies en Europe. Dans la pratique, on a admis que les Algériens étaient sujets français (non citoyens, qu'on ne l'oublie pas), dès que leur pays a été définitivement annexé à la France. Ainsi, la cour de Paris n'avait pas hésité à déclarer, même avant le traité de la Tafna, qui est du 20 mars 1837, que les Algériens étaient dispensés, comme Français, de la caution *judicatum solvi*.

Dès 1834, le ministère de la guerre avait eu à résoudre certaines questions délicates touchant la protection des Algériens voyageant ou établis hors de leur pays. Une circulaire du 31 janvier de cette année divise, à cet effet, les Algériens en cinq catégories :

1° Les déportés ;

2° Ceux qui ont volontairement émigré ;

3° Ceux qui, voyageant au dehors, à l'époque de la conquête, n'ont pas manifesté l'intention de revenir ;

4° Ceux qui, se trouvant dans le même cas, ont témoigné l'intention contraire ;

5° Ceux qui, depuis la conquête, ont été appelés à voyager dans le Levant.

Les individus compris dans les deux dernières classes avaient seuls le droit de réclamer la protection de la France. On comprend, d'ailleurs, la difficulté qu'offre l'appréciation de l'intention de revenir. Sur ce point, on ne saurait donner des règles précises. Une circulaire du 7 septembre 1855 a pourtant fixé un délai après lequel la perte de l'esprit de retour est présumée ; ce délai est de trois ans, sauf dans certaines circonstances exceptionnelles. Les passeports délivrés aux Algériens pour se rendre à l'étranger doivent même mentionner qu'après trois ans d'absence, le porteur ne pourra plus réclamer la protection diplomatique du Gouvernement français. Mais il ne faudrait pas se méprendre sur le sens de cette mention et en conclure que l'Algérien porteur d'un passeport cesse d'être Français parce qu'ils ont omis de le renouveler, quand, d'autre part, les circonstances de la cause démontrent qu'il n'a jamais entendu rompre le lien d'allégeance. S'il est en relations suivies avec le consulat dans la circonscription duquel il est fixé, si, par une attache quelconque avec la France, il manifeste l'intention de lui rester fidèle, si d'autre part, il n'a pas fait acte de soumission à l'autorité locale, il a droit sans doute à la qualification de Français, quel que soit le temps écoulé depuis son départ. Les circulaires de 1834 et de 1855 n'ont d'autre but que de fournir aux autorités françaises des indications générales, et de leur permettre d'écarter les demandes émanant d'individus peu dignes d'intérêt. Mais elles ne peuvent pas modifier les lois, ni créer un droit. Aujourd'hui, du reste, la conclusion inverse serait d'autant moins acceptable que la perte de l'esprit de retour n'est plus une cause de dénationalisation, aux termes du nouvel article 17 du Code civil.

§ 5. — Annexion de la Savoie et du comté de Nice.

Après 1815, le territoire européen de la France demeura longtemps le même[1]. Il faut aller jusqu'en 1860 pour trouver une cession de territoire importante concernant notre pays; c'est l'annexion de la Savoie, qui avait déjà fait partie de la France pendant le premier Empire, et du comté de Nice, qui, en outre, avait appartenu à l'ancienne Provence.

I.

La cession ayant eu lieu en pleine paix entre États alliés, les stipulations ont un caractère un peu différent de celui de la plupart des clauses de même nature dans d'autres traités. Ainsi l'article 5 du traité signé à Turin à la date du 24 mars 1860 déclare que « le Gouvernement français « tiendra compte aux fonctionnaires de l'ordre civil et aux « militaires appartenant par leur naissance à la province « de Savoie et à l'arrondissement de Nice et qui devien-

---

[1] Nous ne citerons que pour mémoire la déclaration échangée le 11 juin 1827 entre la France et la Prusse pour la possession du district de la Leyen. Cette rectification de frontière donna lieu à une cession réciproque de quelques communes : rien n'a été stipulé pour la nationalité des habitants.

« dront sujets Français des droits qui leur sont acquis par
« les services rendus au Gouvernement sarde...». Bien que
la plupart des hauts fonctionnaires aient opté pour la Sardaigne, quelques-uns d'entre eux ont continué leur carrière en France. Un général sarde a même été aide de
camp de l'empereur Napoléon.

L'article suivant permet aux habitants de conserver leur
nationalité d'origine, s'ils ne veulent pas se rallier au nouveau souverain territorial : « Les sujets sardes originaires
« de la Savoie et de l'arrondissement de Nice, ou domici-
« liés actuellement dans ces provinces, qui entendront
« conserver la nationalité sarde, jouiront, pendant l'espace
« d'un an à partir de l'échange des ratifications et moyen-
« nant une déclaration préalable faite à l'autorité compé-
« tente, de la faculté de transporter leur domicile en Ita-
« lie, et de s'y fixer, auquel cas la qualité de citoyen sarde
« leur sera maintenue ».

Enfin l'article 12 de la convention additionnelle du 23
août 1860 contient des dispositions pour faciliter l'accomplissement des conditions exigées : « Seront admis en
« France en exemption de tous droits, les objets composant
« le mobilier des individus originaires de Savoie ou de
« l'arrondissement de Nice, aujourd'hui établis dans les
« États Sardes, qui, dans le délai d'un an déterminé par
« l'article 6 du traité d'annexion du 24 mars 1860 conclu
« entre la France et la Sardaigne, opteraient pour la natio-
« nalité française et voudraient se rendre en France. De
« même l'immunité complète du droit de sortie sera ac-
« cordée aux effets mobiliers et effets à usage appartenant
« aux individus originaires de Savoie et de l'arrondisse-
« ment de Nice actuellement en France, qui, dans le délai
« susmentionné, opteraient pour la nationalité sarde et
« transporteraient leur établissement de France en Sar-
« daigne ».

De ces textes il résulte nettement que deux catégories
d'individus sont compris dans le changement de nationa-

lité. On n'emploie pas le terme vague d'habitant. A s'en
tenir seulement aux dispositions conventionnelles, on se
fait de suite une idée très précise de la situation : les *ori-*
ginaires et les *domiciliés* deviennent de plein droit Français, à moins qu'ils ne remplissent les conditions indiquées. Cependant le texte ne contient pas d'explication
sur les Savoisiens et Niçois résidant hors de leur pays.
L'article 12 précité de la convention du 23 août s'occupe
de ceux qui demeurent en Italie et voudront devenir Français : il leur accorde des franchises de douane pour venir
en France. Mais il est certain que ceux qui restaient en
Italie ne devenaient pas moins Français. Le mot *opter* pour
la nationalité française, dans notre article, n'indique point
une formalité ; leur option résultera, au contraire, de l'absence de toute déclaration. Il en est de même des Sardes
d'origine résidant dans n'importe quelle autre partie du
monde. Nul doute qu'ils ne fussent atteints par le traité.
Sur ce point le traité de Zurich du 19 novembre 1859 qui
stipulait la cession de Lombardie au Piémont était plus
explicite. Il accordait aux Lombards résidant en Lombardie et en Autriche un délai d'un an pour opter pour la
nationalité autrichienne. Pour les Lombards résidant dans
le reste de l'Europe et dans les autres parties du monde,
le délai était porté à deux ans. L'option devait être faite
devant les agents diplomatiques et consulaires de l'Empereur ou en Autriche devant certains fonctionnaires. Le
traité de Turin et la convention additionnelle sont muets
sur la question : mais quoiqu'un seul délai ait été stipulé,
il n'est pas moins certain que les natifs de la Savoie et de
l'arrondissement de Nice étaient tenus d'opter à l'étranger
et en Italie devant les autorités sardes. — C'est ainsi, d'ailleurs, que la jurisprudence française l'a entendu : plusieurs cours françaises ont été saisies de demandes formées
pour s'exempter du service militaire par de jeunes Sardes
demeurant à l'étranger et originaires des pays annexés. La
nationalité française a toujours été reconnue à ceux d'entre

eux qui avaient négligé d'opter pour l'Italie[1]. Nous irons
même plus loin, et nous n'hésiterons pas à considérer
comme Français les descendants de Sardes ou Niçois fixés
à l'étranger, bien qu'ils soient nés à l'étranger, s'ils ont
encore conservé leur domicile en Savoie, ou dans l'arrondissement de Nice. Si au contraire, ils n'ont pas conservé
d'attache avec le pays d'où sont natifs leurs parents, ils ne
pourront pas être atteints par le traité de paix, n'étant ni
domiciliés, ni originaires (ce mot s'applique en effet seulement aux natifs). Il a été fait une très judicieuse application de cette manière de voir par le tribunal de Lyon[2],
dans une affaire qui a eu quelque retentissement à son heure
par suite de la situation de la personne qui était en cause.

Le traité de Zurich contenait une clause permettant au
Gouvernement Impérial et Royal de congédier immédiatement les soldats et fonctionnaires de l'Empire d'origine
lombarde, à moins qu'ils n'optassent de suite pour l'Autriche. Quoique non répétée dans le traité de Turin, cette
clause semble avoir été implicitement acceptée par les
parties contractantes.

II.

Malheureusement, il y avait dans le traité une autre
lacune autrement importante, relative aux mineurs. Si le
Gouvernement français s'en était tenu aux termes des
actes internationaux qu'on vient de mentionner, il se
serait formé probablement, sur la question des mineurs,
une jurisprudence libérale, de nature à donner satisfaction
à leurs intérêts. Dans une cession stipulée entre deux
États amis et par des considérations politiques, on pouvait,
sans inconvénient, retarder purement et simplement l'ou-

[1] Arrêt de Lyon, 11 mars 1872. — Chambéry, 29 mars 1873. — Cassation,
19 août 1874.

[2] Affaire Durand. Jugement du 24 mars 1877.

verture du délai d'option pour les mineurs, jusqu'au moment où ils auraient atteint leur majorité, et leur accorder une année à partir de cette époque. Le Gouvernement comprit lui-même qu'il y avait quelque chose à faire, et rendit le décret du 30 juin 1860, acte soi-disant explicatif, qui ne servit qu'à jeter le trouble dans la question[1].

Ce décret contient deux articles : le premier s'applique aux Sardes majeurs domiciliés en Savoie ou dans l'arrondissement de Nice au moment de la cession, mais originaires des provinces italiennes de la couronne de Sardaigne. Il leur accorde le droit de se faire naturaliser Français, sur une simple demande et sans frais, pendant une année. Mais le traité de Turin n'avait-il pas déjà visé les domiciliés? et ne leur accordait-il pas de plein droit la nationalité française, s'ils n'optaient pas dans les délais voulus? Cette contradiction entre le traité et le décret du 30 juin n'a jamais pu être expliquée. De là des difficultés pratiques fréquentes, les autorités françaises ne sachant pas s'il fallait s'en tenir à la convention ou au décret du 30 juin. Nous voyons cependant un cas où le décret pouvait être invoqué : c'est celui d'un Sarde domicilié à Nice ou à Chambéry désireux de consolider sa qualité de Français avant le moment où, le délai d'option étant expiré, il serait définitivement devenu sujet de l'Empire français. C'était une sorte de renonciation au droit de demeurer Italien en faisant la déclaration prescrite et en émigrant. On verra qu'une règle analogue a été admise lors de la cession de l'Alsace-Lorraine. Mais alors pourquoi n'avoir pas accordé le même droit aux originaires? Cette explication, qui a été corroborée par deux décisions du ministère de la Justice des 6 mars et 7 août 1870, nous paraît pourtant préférable à celle qui consiste à prétendre que l'article premier du décret s'appliquait aux Sardes subalpins résidant le 30 juin dans les pays annexés, mais s'y étant établis postérieure-

[1] Voir annexe C.

ment au traité de cession. Il est évident que, si le décret avait voulu s'occuper du petit nombre d'individus se trouvant dans ce cas, il l'aurait dit expressément. L'une et l'autre explications, données après coup, ne valent que comme témoignant des efforts des jurisconsultes pour concilier les deux termes d'une antinomie insoluble.

L'article 2 de notre décret nous ramène aux mineurs. Il permet aux mineurs nés dans la Savoie ou l'arrondissement de Nice de réclamer la nationalité française dans l'année qui suivra leur majorité, en observant les règles de l'article 9 du Code civil. S'il n'y a pas ici de contradiction avec les termes du traité, c'est uniquement parce que le mot mineur n'est pas écrit une seule fois dans les actes internationaux qui stipulent la cession. Mais avec l'esprit du traité, la contradiction est absolue. Est-il logique, quand on déclare, d'une part, que tous les habitants d'un pays deviennent Français, à moins de formalités pour rester Italiens, de décider, d'autre part, qu'une catégorie nombreuse de ces habitants devra demander la qualité de Français? L'idée de laisser le mineur dans une situation provisoire jusqu'à sa majorité est une idée fort juste, conforme à la tradition française et à l'esprit de nos lois : mais au moins fallait-il décider précisément l'inverse, savoir que les mineurs nés en Savoie et à Nice pourraient à leur vingt et unième année opter pour la nationalité italienne. Ce malencontreux décret du 30 juin allait à l'encontre du plus clair des intérêts français. Les engagements synallagmatiques, rédigés en présence des plénipotentiaires italiens qui avaient des intérêts contraires aux nôtres, nous étaient plus favorables que les dispositions de ce décret, rendu par le Gouvernement français agissant seul dans la plénitude de sa liberté! Nous trouverons pourtant un cas où l'article 2 a une utile application; mais certainement ce cas n'était pas dans la pensée de ceux qui l'ont rédigé [1].

---

[1] Voir annexe C, l'exposé des motifs du décret du 30 juin, document que nous avons été dans l'impossibilité absolue de comprendre.

III.

A quelles règles faut-il se conformer aujourd'hui pour trancher les questions qui s'élèvent encore à propos de l'annexion de 1860? Pour les majeurs, la seule difficulté qui puisse se présenter est de savoir s'il faut regarder comme Français les domiciliés qui n'ont pas opté pour l'Italie, et qui n'ont pas invoqué pour devenir Français le décret du 30 juin. On ne peut pas hésiter, croyons-nous, à se prononcer affirmativement. Le traité, acte solennel, est clair et précis : « Les sujets sardes... domiciliés... « qui entendront conserver la nationalité sarde, jouiront « de la faculté de transporter leur domicile en Italie et « de s'y fixer, auquel cas la nationalité sarde leur sera « maintenue ». En présence de ce texte, on doit écarter les objections du décret du 30 juin. Les Italiens eux-mêmes n'ont pas hésité à suivre cette règle qui pourtant ne leur était pas favorable. Ils ont seulement exigé qu'il y eût domicile légal, au sens juridique du mot, et non simple résidence ou établissement de commerce [1]. Un jugement du tribunal de Nice, du 25 juin 1873, vient à l'appui de cette manière de voir. Il déclare Français un natif du Piémont, qui résidait depuis nombre d'années à Ville-franche-sur-Mer et n'avait pas accompli en 1860 la forma-lité de l'option. L'intéressé n'avait pas même fait une véritable déclaration de domicile à Villefranche, mais il y avait son principal, même son unique établissement depuis plus de dix ans. — Un jugement du tribunal d'Albertville a reproduit cette théorie dans une affaire analogue qui est venue en appel devant la cour de Chambéry, le 4 mai 1875. La cour a réformé le premier jugement, tout en re-

---

[1] Voir sur la jurisprudence italienne la *Revue de droit international* de M. Rolin Jacquemyns, tom. VI, p. 264.

connaissant que le traité est aussi catégorique que possible
en faveur de notre opinion. Mais, dans l'espèce, l'intéressé
n'avait pas transféré en Savoie son domicile légal. En
outre, la cour s'est laissée influencer par l'article premier
du décret du 30 juin, qui lui a paru s'être en quelque sorte
substitué aux règles du traité de paix. — Nous pourrions
citer encore dans le même sens que cet arrêt un jugement
du tribunal d'Annecy, dont les motifs, longuement déve-
loppés, tendant à prouver que le traité d'annexion lui-
même, interprété avec sagacité, permet de regarder les
domiciliés comme restés Italiens. Selon le tribunal, ce serait
pour renforcer une opinion déjà contenue virtuellement
dans le traité qu'aurait été rendu le décret du 30 juin. Nous
renvoyons au texte de cette curieuse sentence, qu'on ne
saurait analyser[1], et qui nous paraît se réfuter d'elle-même.

La pratique s'est trouvée, dans une certaine mesure,
d'accord avec cette théorie : nous croyons savoir que des
lettres de naturalisation ont été données à des individus
majeurs et domiciliés au moment de l'annexion dans les
pays cédés à la France.

Cependant, nous persistons à penser qu'on ne doit pas
hésiter à tenir pour Français les simples domiciliés,
comme l'ont jugé les tribunaux de Nice et d'Albertville, et
comme, d'après la cour de Chambéry elle-même, le traité
de Turin l'exigeait expressément. L'opinion de cette cour,
d'après laquelle le traité aurait été, en quelque sorte, nové
par le décret du 30 juin, est d'autant moins admissible que
la jurisprudence a trouvé, pour l'article premier du décret, une interprétation tout à fait différente, à laquelle le
ministère de la Justice a fini par se rallier en 1870, ainsi
qu'on l'a dit plus haut. Cette explication détournée suffit
pour qu'on puisse laisser subsister intactes les dispositions
du traité, sans redouter d'être accusé de négliger complètement le décret. — C'est, du reste, dans ce sens que s'est

[1] Ce jugement est du 9 juillet 1874, Recueil de Dalloz.

prononcée la Cour de cassation, dans un arrêt du 23 novembre 1881, d'après lequel un Sarde domicilié dans le comté de Nice au moment de l'annexion est déclaré purement et simplement Français, par le fait du traité et sans égard pour un décret qui n'a pu avoir pour effet de modifier ledit traité.

La question est plus complexe pour les Savoisiens et les Niçois mineurs au moment où la cession a été consommée. Les cours d'Aix et de Chambéry ont adopté une jurisprudence d'après laquelle les mineurs devraient suivre la nationalité de leurs parents : elles ne regardaient comme restés Italiens que les mineurs dont les parents avaient opté eux-mêmes pour demeurer sous la sujétion du roi Victor-Emmanuel. Cette opinion avait probablement pour raison d'être principale le souvenir d'un assez grand nombre d'arrêts rendus dans le même sens relativement aux enfants mineurs des natifs des départements séparés en 1814 de l'Empire français.

C'est la cour de Chambéry qui a inauguré la jurisprudence que nous combattons, dans un arrêt du 22 décembre 1862, relatif à des jeunes gens ayant opté pour la nationalité italienne, avec l'autorisation de leurs parents, qui étaient restés Français. Le tribunal de Saint-Jean-de-Maurienne s'était prononcé pour la validité de l'option : la cour réforma son jugement. — La cour d'Aix se rangea, en 1865, au même avis.

Le principal argument qu'on puisse invoquer contre ce système, c'est que les mineurs, qui pourtant devaient avoir, comme tous les Savoisiens et Niçois, la faculté d'opter, se trouvaient mis dans l'impossibilité d'en user. Comment fallait-il donc procéder, pour leur permettre de choisir une nationalité, comme ils avaient indubitablement le droit de le faire? Dans une dissertation sur la matière insérée dans la *Revue critique*[1], on proposait le

---

[1] Article de M. Essautier, année 1863.

moyen que nous avons recommandé ci-dessus, et qui consiste à retarder pour les mineurs le moment de l'option. C'est une solution irréprochable, la meilleure en principe, mais qu'il ne paraît pas possible d'adopter, en présence d'un texte imposant le même délai à tous. Une mesure conventionnelle autorisant cette prorogation de délai eût été fort utile : y suppléer serait entrer dans l'arbitraire. La prorogation de délai prévue par l'article 2 du décret du 30 juin ne s'applique pas à notre cas, et ne saurait y être étendue, comme le voudrait l'auteur de l'article précité. — La solution la plus simple et la seule qui ne violentât point les dispositions du traité, était celle qu'avait adoptée le tribunal de Saint-Jean-de-Maurienne, savoir, l'autorisation donnée aux mineurs d'opter avec leurs représentants légaux.

Il est remarquable que l'administration elle-même ait suivi la théorie des cours de Chambéry et d'Aix, attaquée pourtant dès le principe, au lieu de se ranger à l'opinion du tribunal de Saint-Jean-de-Maurienne, qui lui eût permis de résoudre plus facilement nombre de conflits qui naquirent dans la pratique. C'est ainsi qu'un certain nombre de jeunes Savoisiens et Niçois, élevés au delà des Alpes dans les écoles militaires de Sardaigne, des officiers même de l'armée royale encore mineurs, furent considérés comme Français en France, parce que leurs parents, retenus dans des propriétés de famille et enchaînés par des intérêts locaux, n'avaient pas opté valablement pour eux-mêmes, en autorisant leurs enfants à opter pour la Sardaigne.

Notre système offre encore l'avantage de présenter une application très rationnelle de l'article 2 du décret du 30 juin 1860. Supposons, en effet, que le mineur ait opté, dûment autorisé, pour la nationalité sarde : cette option est valable, mais on ne peut nier que, surtout si le mineur est jeune, elle ne présente des dangers. Notre article vient précisément parer à ces dangers, en permettant au mineur qui serait lésé par l'option faite pour lui, et qui voudrait devenir Français, de se faire naturaliser sommairement et sans frais après avoir atteint sa vingt et unième année. D'ailleurs, dans le système de la jurisprudence, cette application pourra également avoir lieu, si le mineur demeuré sujet sarde, en même temps que ses parents, désire devenir Français à sa majorité. L'arrêt de la cour d'Aix du 17 mars 1865 est d'accord avec nous sur ce point.

La jurisprudence italienne paraît s'être rangée à cette interprétation du décret du 30 juin 1860, mais après des fluctuations. C'est ainsi qu'un arrêt de la Cour d'appel de Turin du 23 août 1872, dans une cause où il s'agissait d'une famille savoisienne devenue tout entière italienne par option, avait déclaré les enfants mineurs incapables de reprendre la nationalité française en optant à leur majorité. Ce qu'il y a de remarquable, c'est que le Code civil italien, tout en admettant que le père de famille, qui se fait naturaliser italien, confère par cela même la nationalité italienne à ses fils, permet à ces derniers de recouvrer la nationalité étrangère à leur majorité. La cour de Turin a prétendu que, si la naturalisation acquise par les lois civiles laissait place à cette option postérieure pour recouvrer le statut personnel perdu en état de minorité, il ne pouvait en être ainsi en cas de cession de territoire, cas de force majeure, et dans lequel les lois ordinaires cèdent le pas au droit conventionnel. Cette bizarre prétention ayant été condamnée par arrêt de la Cour de cassation de Turin du 11 juin 1874, il est permis d'en conclure que la solution que nous avons admise plus haut serait acceptée aujourd'hui par la jurisprudence italienne. Elle est, tout au moins, en harmonie avec ses plus récentes décisions[1].

Un autre argument en faveur de cette solution, c'est que, si on la rejetait, il faudrait forcément dire que le décret du 30 juin s'applique à tous les mineurs nés en

---

[1] Voir la *Revue de droit intern.* de Gand, t. VI, p. 264 et ss.

Savoie et à Nice, et par suite les regarder comme Italiens dans tous les cas jusqu'à leur majorité et les écarter des écoles du Gouvernement. Personne assurément ne soutiendrait sérieusement une pareille doctrine, en présence des termes du traité.

Nous arrivons aux mineurs nés en Savoie et dans le comté de Nice de parents subalpins; nous les supposons, bien entendu, fixés au delà des Alpes, car, s'ils résidaient en pays annexé, leur qualité de domicilié les ferait rentrer dans une des catégories prévues par le traité. Rigoureusement, la situation de ces mineurs devrait être déterminée par les premiers mots de l'article 6 du traité d'annexion qui détermine la nationalité des originaires. Il fallait donc régulièrement une option pour que les enfants, nés à Nice ou à Chambéry, même pendant un voyage de leurs parents ou un séjour qu'ils y faisaient comme fonctionnaires, échappassent à la nationalité française. Mais l'Italie réclama : ce résultat avait en effet quelque chose de choquant. Il était bizarre que des jeunes gens nés et élevés en Italie invoquassent la nationalité française pour s'exempter du service militaire, uniquement parce qu'ils étaient nés dans les pays cédés plus tard à la France. A la suite de pourparlers, une entente s'établit en 1874 entre les deux Gouvernements[1]. On considéra ces jeunes gens comme étant dans les conditions prévues par l'article 2 du décret du 30 juin 1860, et on les autorisa à opter pour la nationalité française. Aujourd'hui, s'ils n'ont pas fait une option explicite à leur majorité, ils sont considérés comme étant restés Italiens et soumis par conséquent au service militaire dans le royaume. C'est une concession, qui, en droit strict, est peut-être attaquable, mais qui en équité est parfaitement fondée.

Enfin, il pouvait y avoir des mineurs nés au delà des Alpes, demeurant en Savoie ou dans l'arrondissement de

---

[1] Voir annexe KK.

Nice au moment du traité d'annexion. Il faut rechercher d'abord s'ils y étaient domiciliés. Les mineurs ayant le domicile de leurs parents, on doit mettre de côté le cas où ceux-ci résidaient dans les provinces restées sardes; assurément, dans ce cas, la nationalité des enfants n'était pas atteinte. Si les parents avaient leur domicile en Savoie ou dans le comté de Nice, leurs enfants devenaient Français, à moins d'une option faite par eux avec autorisation, ou en leur nom par leurs représentants légaux. Dans aucun cas ils n'avaient la faculté de devenir Français à leur majorité, comme les mineurs originaires du pays et restés sujets sardes. C'était de toute justice, car on doit supposer chez une personne née dans le pays annexé plus d'attachement pour ce pays que chez un simple résidant. S'ils ont conservé la nationalité italienne, ils ne pourront devenir Français que par une naturalisation ordinaire.

§ 6. — Annexion de Menton et Roquebrune.

La réunion du comté de Nice à la France rendit notre pays limitrophe du petit État de Monaco. Un an s'était à peine écoulé qu'une grande partie de la principauté était annexée au département des Alpes-Maritimes. Par la convention signée à Paris le 2 février 1861, le prince de Monaco cédait à la France les communes de Menton et de Roquebrune. Les articles 7 et 8 règlent la condition des habitants. Les sujets monégasques originaires de Menton et Roquebrune et y domiciliés, qui voulaient conserver la nationalité monégasque, avaient un délai d'un an, à partir de l'échange des ratifications, pour se fixer dans la principauté. A cette condition leur nationalité leur était maintenue. Ainsi, de même que dans tous les traités que nous avons étudiés, le cessionnaire stipule que les habitants ne pourront conserver leur nationalité d'origine qu'à la condition d'émigrer. Seulement, dans la convention entre la France et Monaco du 2 février 1861, on fait exception pour les habitants de Roquebrune et Menton étant au service du Prince : ceux-ci pouvaient résider à Menton et Roquebrune, à la condition de déclarer cette intention au Consul de France à Monaco, dans les trois mois après l'échange des ratifications. Ils restaient alors Monégasques, bien que domiciliés en France.

La disposition du traité obligeant, sauf exceptions, les habitants des deux communes cédées à se transporter dans la partie restée indépendante de la principauté, s'ils voulaient rester sujets du Prince, n'obligeait pas, bien entendu, les originaires de ces communes demeurant dans d'autres parties de la France. Ceux-ci, moyennant une simple option, ainsi que l'a formellement reconnu un arrêt de la cour d'Aix du 19 février 1873, pouvaient demeurer fidèles à leur nationalité antérieure.

§ 7. — Rectification de frontière dans la vallée des Dappes.

Dans un traité signé à Berne entre la France et la Suisse, le 8 décembre 1862, pour la rectification de la frontière entre les deux pays dans la vallée des Dappes, un article a été consacré à fixer la nationalité des habitants des parties de la vallée qui changeaient de maître. Les originaires des lambeaux de territoire qui étaient cédés acquéraient la nationalité du pays dont leur sol natal faisait partie dorénavant, à moins que, dans l'année, ils ne déclarassent vouloir continuer de vivre sous leur ancienne allégeance, auquel cas, ajoute le texte, ils « pourront néanmoins conserver leur domicile actuel ». On conçoit que dans une cession si peu importante, et s'opérant en pleine paix, on n'ait pas redouté les agitations causées par la présence d'étrangers sur le territoire annexé. Nous avons relevé ci-dessus la même clause dans la convention qui a cédé la Californie aux États-Unis d'Amérique[1].

§ 8. — Cession de l'Alsace-Lorraine.

Aucune des clauses du traité de Francfort n'a donné lieu à plus de difficultés d'application que celle relative au droit d'option accordé aux Alsaciens-Lorrains. Dès l'époque de la conclusion de la paix, les Gouvernements de France et d'Allemagne se sont trouvés divisés pour l'interprétation de dispositions importantes, sur lesquelles l'accord n'a jamais pu se faire. Outre ces divergences fondamentales, bien des points sont restés obscurs, bien des controverses de détail sont demeurées sans solution. Parmi les nombreuses réclamations particulières réglées par la voie diplomatique, la plupart ne peuvent pas même être invoquées comme précédents pour résoudre les difficultés de même nature quand elles se présentent de nouveau. En effet, si, en France, une jurisprudence à peu près constante s'est établie sur presque tous les points, il s'en faut de beaucoup qu'il en soit de même en Allemagne. L'autorité administrative s'est, dans la pratique, arrogé le droit d'annuler les options irrégulières à son point de vue. Quant à l'autorité judiciaire dont les décisions pourraient créer une jurisprudence, elle a été rarement appelée à se prononcer.

On conçoit, dès lors, qu'il est difficile de constituer une théorie juridique des options de nationalité. Sur certains points seulement on peut donner des règles positives, dont quelques-unes, il est vrai, varient suivant qu'on se place à Paris ou à Berlin, mais auxquelles, du moins, les autori-

---

[1] Ci-dessus, page 326.

tés compétentes sont tenues de se conformer. Sur d'autres points, trop nombreux, on en·est réduit à indiquer, avec les preuves à l'appui, les solutions les plus fréquentes.

I.

Nous avons mentionné plus haut les deux systèmes qui s'offrent naturellement à l'esprit quand on veut déterminer quels seront les habitants d'un pays cédé qui deviendront sujets du vainqueur. On peut se référer, soit à la naissance, soit au domicile, et déclarer, en conséquence, ou bien que les originaires suivront le sort du pays sur le sol duquel ils sont nés, ou bien que les domiciliés passeront, avec la contrée qu'ils habitent, sous la domination de l'État cessionnaire. Dans les conférences où furent élaborés le traité de Francfort et la convention additionnelle du 11 décembre 1871, les plénipotentiaires français s'efforcèrent de faire prévaloir le second système. Ainsi que M. Thiers le disait à l'Assemblée nationale, dans la séance du 20 décembre 1871 [1], il leur avait paru plus rationnel et plus conforme aux précédents que les individus domiciliés en Alsace-Lorraine, au moment de la signature des préliminaires, fussent seuls appelés à devenir sujets allemands par le fait de la conquête. Ce *criterium* paraissait encore préférable à celui de la naissance, comme étant de nature à prévenir les réclamations ultérieures, car les domiciliés peuvent être informés de leur situation plus facilement que les natifs. Mais les Allemands n'adoptèrent pas cette solution. Dominés sans doute par cette idée chère à leurs publicistes que l'Alsace était une ancienne province du Saint-Empire et les Alsaciens-Lorrains des hommes de race germanique, ils se placèrent à un point de vue ethno-

---

[1] Voir l'exposé des motifs du projet de loi portant approbation de la convention du 11 décembre.

graphique, et revendiquèrent pour sujets du nouvel empire
tous les natifs des territoires cédés. Toutefois, à la lecture
de l'article 2 du traité du 10 mai, il semble qu'un système
mixte ait été adopté, d'après lequel il fallait être à la fois
originaire et *domicilié* en Alsace-Lorraine pour perdre de
plein droit la qualité de Français.

« Les sujets français, ainsi s'exprime cet article, origi-
« naires des territoires cédés, domiciliés actuellement sur
« ces territoires, qui entendront conserver la nationalité
« française, jouiront, jusqu'au 1ᵉʳ octobre 1872, et moyen-
« nant une déclaration préalable faite à l'autorité compé-
« tente, de la faculté de transporter leur domicile en
« France et de s'y fixer, sans que ce droit puisse être altéré
« par les lois sur le service militaire, auquel cas la qualité
« de citoyen français leur sera maintenue ».

Cet article est le texte fondamental en ce qui concerne
la nationalité des Alsaciens-Lorrains : c'est toujours à lui
qu'il faut remonter, et nous verrons que c'est de cette disposition, si simple en apparence et si claire, qu'on est parti
pour échaffauder les règles compliquées qui ont prévalu
dans la pratique.

En présence de l'article 2 du traité du 10 mai, nous
étions fondés à croire que les originaires d'Alsace-Lorraine
non domiciliés dans ce pays, et que les domiciliés en Alsace-Lorraine, originaires des autres départements français, seraient tenus pour Français, de plein droit, et sans
aucune formalité. Nous avions même un instant caressé
l'espoir que le mot *originaire* serait entendu dans un sens
restrictif, favorable à l'opinion française. Peu à peu ces
illusions tombèrent.

Une question fut posée aux Allemands sur la signification du mot *originaire*. Le plénipotentiaire français, M. de
Clercq, dans la séance de la conférence de Francfort du
19 octobre 1871 [1], demanda que ce mot fût considéré comme

---

[1] Voir, pour tous les documents officiels, le *Recueil des traités, conven-*

ne s'appliquant qu'à ceux qui étaient nés en Alsace-Lorraine de parents Alsaciens-Lorrains eux-mêmes. Les plénipotentiaires allemands refusèrent de se ranger à cet avis et de donner aucune explication, malgré les demandes réitérées qui leur furent faites. Plus tard (séance du 7 novembre), ils se bornèrent à répondre que l'ambassadeur d'Allemagne à Paris ferait connaître directement au Gouvernement français la manière de voir du cabinet de Berlin. M. le comte d'Arnim déclara, en effet, à M. de Rémusat, par lettre du 18 décembre 1871, que le Gouvernement allemand comprenait sous la dénomination d'*originaires* « tous ceux qui sont nés dans les territoires cédés ». Quelques jours auparavant, l'article premier de la Convention additionnelle de Francfort avait décidé, contrairement à l'article 2 du traité, que les originaires, même s'ils n'étaient pas domiciliés, ne pouvaient conserver sans option la nationalité française [1]. Il fut acquis, dès lors, que tous les Alsaciens-Lorrains nés sur le territoire cédé, en quelque lieu du monde qu'ils résidassent, étaient soumis à la nécessité d'opter, au risque de devenir sujets de l'Empire.

C'était une lourde aggravation des dispositions du traité de paix; mais du moins cette aggravation était insérée dans un arrangement conventionnel et dès lors nous ne pouvions que la regretter, mais nous devions nous y conformer : c'est ce qui a eu lieu dans la pratique. Et la France comme l'Allemagne n'a pas hésité à considérer comme Allemands tous les natifs d'Alsace-Lorraine, en quelque point du globe qu'ils habitassent, quand ils n'avaient pas régulièrement opté.

Un nouveau dissentiment plus sérieux s'éleva au sujet des habitants des provinces cédées, nés dans les autres dé-

tions, *lois et décrets concernant la paix avec l'Allemagne,* vaste et précieuse collection, publiée sous les auspices du Ministère des Affaires étrangères par feu M. Villefort, ministre plénipotentiaire. — 5 vol. gr. in-8º, Paris, Imp. nat., 1872-79.

[1] Voir le *Recueil des traités,* t. I, p. 89.

partements français. Le Gouvernement français a toujours
pensé que la nationalité des habitants de cette catégorie
n'avait pas été atteinte par la cession du territoire et qu'ils
restaient Français de plein droit. Le texte du traité de paix
du 10 mai 1871, article 2, l'y autorisait, puisqu'il s'occupe
seulement des domiciliés quand ils sont originaires. Cette
opinion était également confirmée par le protocole de Franfort du 6 juillet, et par la lettre précitée de M. d'Arnim, à
laquelle M. de Rémusat avait répondu en ces termes, le
24 décembre 1871 : « Je m'empresse de vous remercier
de cette communication, qui est destinée à résoudre de
nombreuses difficultés pratiques, et d'où il résulte que
les individus qui ne sont pas natifs des territoires cédés,
ne seront pas astreints à faire une déclaration d'option
pour conserver leur nationalité française, quoiqu'ils puissent être issus de parents nés en Alsace-Lorraine, ou
qu'ils résident eux-mêmes dans ce pays ». La Chancellerie fédérale ne protesta pas contre les termes de cette
dépêche; elle se réservait d'exiger des domiciliés non originaires voulant rester Français, non pas une déclaration
d'option qui eût été manifestement contraire au traité,
mais un transfert de domicile en France. Une circulaire
de M. de Moeller, président supérieur de l'Alsace-Lorraine,
du 7 mars 1872, émit cette nouvelle exigence[1]. Ce document divise en trois classes les personnes dont l'annexion
affecte la nationalité : 1° les natifs, domiciliés au 2 mars
1871 (date de la signature des préliminaires de la paix)
sur les territoires cédés; 2° les non originaires, domiciliés
au 2 mars 1871; 3° les originaires non domiciliés. Les per-

[1] Il est à remarquer que jusque-là les Allemands avaient paru considérer
la déclaration d'option comme la formalité importante imposée aux Alsaciens-
Lorrains désireux de conserver la qualité de Français. C'est un arrêt de la
cour de Metz, intervenu dans les premiers mois de 1872, qui paraît avoir ramené la Chancellerie de l'Empire à un autre sentiment. Alors parut l'ordonnance de M. de Moeller, du 7 mars, qui soumet non seulement les originaires,
mais encore les simples domiciliés à la nécessité d'émigrer en France. (Voir
un article du *Journal d'Alsace* du 25 mars 1877.)

sonnes de la première et de la troisième catégorie sont seules soumises à l'option : mais toutes indistinctement doivent avoir fixé leur domicile hors du territoire de l'Alsace-Lorraine, avant le 1ᵉʳ octobre 1872, pour conserver la qualité de Français. Ainsi, les domiciliés non originaires sont tenus d'émigrer comme les autres. Une dépêche de M. d'Arnim à M. de Rémusat du 1ᵉʳ septembre 1872 expliquait, dans les termes suivants, pourquoi le Cabinet de Berlin avait cru devoir approuver l'ordonnance de M. de Moeller, qui paraît en opposition avec les termes du traité de paix. « Le Gouvernement impérial, disait l'ambassadeur d'Allemagne, a estimé, dès le principe, que, par le fait même de la cession de l'Alsace et de la Lorraine à l'Allemagne, ses habitants de nationalité française devenaient Allemands, sans que cet effet dût même être constaté expressément par le traité de paix, et l'article 2 n'a eu, à ses yeux, d'autre sens ni d'autre but que de fixer les conditions, par l'observation desquelles une certaine catégorie d'habitants pourrait se soustraire à cette conséquence naturelle de la cession. En exigeant de ces derniers une déclaration formelle d'option en faveur de la France et la translation de leur domicile effectif, il n'a pas, cependant, entendu dispenser de toute formalité une autre catégorie de personnes, qui devenues, elles aussi, allemandes, par suite de la cession du pays, désireraient revendiquer leur ancienne nationalité ».

On eût compris, à la rigueur, que le Gouvernement allemand prît des mesures d'expulsion contre nos compatriotes, comme c'est le droit de tout souverain territorial; mais comment admettre que la continuation de la résidence pût, à elle seule, faire perdre la nationalité française à des personnes à qui le traité ne l'enlevait pas? Par une note insérée au *Journal officiel* du 14 septembre 1872[1], cette différence d'interprétation fut rendue pu-

---

[1] Voir annexe D.

blique, afin de permettre aux intéressés de prendre un parti en connaissance de cause, avant l'expiration des délais.

En résumé, deux conditions étaient imposées aux Alsaciens-Lorrains pour conserver la nationalité française : 1° *Opter* (en prenant ce mot dans le sens étroit de faire une déclaration d'option); 2° *émigrer* (c'est-à-dire transférer leur domicile en France ou au moins hors des pays cédés). Les individus frappés par l'annexion dans leur statut personnel étaient : 1° les *originaires domiciliés* (d'après le traité du 10 mai); 2° les *originaires non domiciliés* (d'après la convention de Francfort du 11 décembre 1871); 3° les *domiciliés non originaires* (d'après la Chancellerie allemande seulement). Pour rester Français, les individus de la première catégorie devaient opter et émigrer, — ceux de la seconde opter seulement, — et quant à ceux de la troisième, ils restaient Français de plein droit au point de vue français, mais ils devaient émigrer pour ne pas devenir Allemands, au point de vue du Gouvernement impérial.

II.

Comment devait s'accomplir l'option prévue par l'article 2 du traité de Francfort? Au moyen d'une déclaration, effectuée, devant les autorités désignées pour la recevoir, par les Alsaciens-Lorrains désirant conserver la nationalité française. L'omission de cette formalité valait acquiescement à la conquête, ou, pour parler plus exactement, acceptation de la nationalité allemande. L'option se faisant au moyen d'une déclaration en faveur de la France, il eût été logique que les autorités françaises seules eussent qualité pour la recevoir valablement. C'est ce qui eût lieu en France et dans tous les pays du monde où la France est représentée par des agents diplomatiques ou consulaires.

Ces agents, pour l'étranger[1], les maires, pour le territoire français[2], furent habilités à enregistrer les déclarations d'option. Mais la France n'étant pas représentée en Alsace-Lorraine, il fut convenu que l'option serait faite, à Strasbourg et à Metz, devant les directeurs de la police, et ailleurs devant les directeurs des cercles. Le Gouvernement allemand a désigné en outre un certain nombre de fonctionnaires pour recevoir les déclarations d'option en Allemagne[3], concurremment avec l'Ambassade de France à Berlin et les consulats français dans les divers pays allemands.

La déclaration devait être faite avant le 1er octobre 1872, d'après le traité de paix. La convention additionnelle a reculé cette limite d'une année pour les Alsaciens-Lorrains demeurant hors d'Europe.

Les options reçues par les autorités françaises tant en France qu'à l'étranger, ont été contrôlées au ministère de la Justice et inscrites au bulletin des lois; elles y figurent au nombre de 378,777. Le nombre de celles qu'ont reçues les autorités allemandes s'élève à 159,740[4]. Il y a donc eu 538,517 personnes qui, sur une population de 1,517,494 habitants, ont témoigné de leur attachement pour la patrie à laquelle elles avaient appartenu jusqu'alors.

Malheureusement, la simple déclaration d'option n'était point suffisante pour assurer aux Alsaciens-Lorrains le bénéfice de la nationalité française. Ceux qui résidaient dans leur pays d'origine devaient, en outre, avoir transféré leur domicile hors des pays cédés avant l'expiration du délai d'option, c'est-à-dire avant le 1er octobre 1872. C'était

[1] Circulaires du Ministère des Affaires étrangères des 4 avril et 8 juin 1872. Les intéressés pouvaient opter par déclaration spéciale, ou simplement en renouvelant leur immatriculation. — Voir le *Recueil des traités*, II, p. 289.

[2] Circulaire du Ministre de la Justice en date du 30 mars 1872. *Ibid.*, t. II, p. 284.

[3] *Ibid.*, t. II, p. 601.

[4] Discours de M. Grad, député de Colmar, dans la séance du *Reichstag* du 6 mars 1878.

là une condition nécessaire pour assurer la validité de l'acte d'option. Il fut également reconnu que les Alsaciens-Lorrains, demeurant hors d'Europe et pour qui le délai de l'adoption était prolongé d'une année, devaient avoir quitté leur pays avant le 1er octobre 1872, pour pouvoir bénéficier de cet avantage.

Le traité déclare, en termes formels, que les optants auront « la faculté de *tranférer leur domicile* en France ». Faut-il entendre ces mots dans un sens strict? Nous ne le pensons pas. Le Gouvernement allemand a lui-même reconnu, après quelques hésitations, qu'il serait trop rigoureux d'imposer aux optants de se rendre en France, mais qu'il suffirait de les obliger à quitter l'Alsace-Lorraine. Il a été admis, dès lors, qu'un optant assurait la validité de son option en se retirant en Suisse, en Belgique, ou même dans une autre partie de l'empire d'Allemagne, aussi bien qu'en se transportant sur le territoire français. Cette concession de l'Allemagne prouve bien que nous avons eu raison de remplacer les mots « transfert du domicile en France » par celui « d'émigration ». C'est, en effet, une émigration réelle et sincère qui, du moins pour les majeurs, a été exigée par les deux Gouvernements. Il n'était donc pas nécessaire que les optants venant en France remplissent les formalités prévues par la loi civile pour le transfert du domicile : inversement, une simple élection de domicile en France dans une commune française, n'eût pas été suffisante. Les modes de prouver la réalité de l'émigration varient suivant la situation des individus. S'agit-il de négociants, d'industriels, de propriétaires, la preuve sera le plus souvent facile à faire. Si ces personnes ont transféré hors d'Alsace-Lorraine leur principal établissement, leur résidence habituelle, si elles ont vendu leurs domaines, il n'y a aucun doute. Un certificat de maire français, une quittance de loyer, un récépissé des contributions directes seront des témoignages suffisamment probants. Dans d'autres cas, des pièces d'une autre nature, comme un certificat de présence sous les drapeaux, une carte d'électeur, même un livret d'ouvrier, pourront apporter de fortes présomptions en faveur de la sincérité et de la réalité de l'émigration. Nous admettons volontiers, par exemple, qu'un ouvrier a valablement rempli les conditions du traité, quand son livret constate qu'il a toujours ou presque toujours travaillé hors d'Alsace depuis le 1er octobre 1872. Il ne saurait, en effet, être question d'appliquer à la lettre la définition légale du domicile pour un homme qui non seulement n'a pas de principal établissement, mais qui n'en a peut-être même aucun.

Le bruit s'est répandu en 1872 parmi les Alsaciens-Lorrains qu'après un séjour de six mois en France le domicile y serait considéré comme acquis définitivement, et que les optants pourraient revenir dans leur pays natal, tout en gardant la qualité de Français. C'était une erreur. Nous aurons à examiner ci-après la situation faite aux Alsaciens-Lorrains revenant en Alsace-Lorraine. Il suffira de dire, dès à présent, que le retour ne saurait à nos yeux être considéré comme faisant preuve que l'émigration n'était pas réelle, si ce retour n'était qu'un voyage de courte durée. Il est évident, d'autre part, qu'un retour réel en Alsace, même si les formalités de transfert du domicile ont été remplies, mais peu de temps après l'expiration du délai d'option, pourrait entraîner légitimement l'annulation de l'option. C'est une question de mesure, que les tribunaux seuls tranchent valablement, en examinant chaque cas particulier. Nous ne saurions donner des règles générales[1].

---

[1] L'opinion du Gouvernement français est nettement exposée dans la lettre suivante, publiée dans les journaux de l'époque, et adressée à M. Déchange, député de Meurthe-et-Moselle, par M. le Ministre des Affaires étrangères :

Versailles, 18 octobre 1872.

Monsieur, par la lettre que vous m'avez fait l'honneur de m'écrire, le 15 de ce mois, vous exprimez le désir de savoir si les habitants des pays annexés qui, après avoir opté pour la nationalité française, ont effectivement transporté leur domicile en France, perdent leur qualité de Français par l'effet de leur retour momentané en Alsace-Lorraine. Je ne sache pas que les Alle-

On se rappelle que les Allemands ont obligé les Français domiciliés en Allemagne, mais originaires des autres parties de la France, à quitter le pays avant le 1er octobre 1872, s'ils ne voulaient pas tomber sous la sujétion de l'empereur d'Allemagne. Un grand nombre d'individus avaient, par suite de cette règle, deux nationalités. Allemands au delà de la frontière, Français en deçà, ils étaient dans une situation dont ils ne pouvaient sortir qu'en se faisant délivrer en Allemagne un permis d'expatriation [1], et en abdiquant ainsi la nationalité allemande. Il ne leur eût pas été possible inversement d'abandonner la France pour l'Allemagne, si ce n'est en acceptant des fonctions publiques dans l'Empire, ou en s'y établissant sans esprit de retour [2].

Les règles de l'option présentaient cet autre inconvénient que la nationalité des Alsaciens-Lorrains était indécise depuis le 2 mars 1871 jusqu'au 1er octobre 1872, et même jusqu'au 1er octobre 1873 pour quelques-uns. Étaient-ils Français ou Allemands pendant cette période? La question a plus d'importance qu'il ne semble, surtout au point de vue de la nationalité des enfants nés à cette époque. Les Allemands ont déclaré tout d'abord [3] que les Alsaciens

mands aient élevé une prétention de ce genre, ainsi que vous paraissez le supposer. Les Alsaciens-Lorrains qui étaient dans les conditions voulues par les traités de Francfort pour faire option, qui ont en effet rempli cette formalité d'une manière régulière, et qui, surtout, l'ont fait suivre de la translation réelle de leur domicile en France, ont conservé leur qualité de Français. Quant à leur retour momentané dans le pays annexé, ce fait, s'il a lieu sans l'autorisation de l'administration allemande, ou contrairement aux prescriptions qu'elle aurait édictées à ce sujet, peut sans doute exposer les intéressés à des inconvénients plus ou moins graves, mais ne saurait suffire à lui seul pour les priver du bénéfice de la nationalité, dont la conservation leur est garantie par nos traités avec l'Allemagne.

Recevez, Monsieur, les assurances de ma considération la plus distinguée.

RÉMUSAT.

[1] Voir ci-dessus, p. 156, la théorie de l'*entlassungschein*.
[2] Suivant la législation en vigueur jusqu'à la loi du 27 juin 1889.
[3] Protocole de Francfort, n° 1.

seraient considérés provisoirement comme Allemands. Cette opinion semble préférable au premier abord : il paraît plus logique *à priori* de faire dater du jour de la signature de la paix le changement de nationalité des habitants, de même que le changement de souveraineté du territoire [1]. Cependant le système contraire est plus conforme à notre théorie générale, d'après laquelle la nouvelle nationalité ne doit être acquise que lorsqu'il y a adhésion de la part des habitants du pays cédé : or l'adhésion se manifeste par l'omission des formalités requises et des conditions exigées pour conserver la nationalité antérieure. C'est l'opinion adoptée par les tribunaux français appelés à se prononcer sur la question [2]. L'Allemagne s'y est également rangée dans la suite et a considéré les optants revenant en Alsace-Lorraine, comme étant des étrangers et non comme des réimmigrants. D'ailleurs, dès 1871, elle a parfaitement admis que nous gardions dans les rangs de l'armée française des soldats alsaciens, jusqu'au moment de l'expiration du délai d'option. On a stipulé seulement pour eux la faculté d'obtenir une libération anticipée en déclarant l'intention de devenir Allemands. Cette faculté, fondée sur la convention additionnelle du 11 décembre 1871 [3], était plutôt une renonciation au droit d'opter pour la France, et n'empêchait nullement que les

---

[1] L'ancienne jurisprudence française allait plus loin encore dans ce sens et admettait que les habitants sont momentanément naturalisés par l'occupation de leur pays par les troupes françaises. La cour de Paris l'a reconnu à plusieurs reprises pour l'Algérie. Par arrêt antérieur au 20 mars 1837, date du traité de la Tafna, elle a déclaré des Algériens dispensés comme Français de la *caution judicatum solvi*. — L'Allemagne a condamné ce système peu conforme au droit des gens en autorisant les habitants des pays occupés, même les Alsaciens-Lorrains, à voter pour envoyer des représentants à l'Assemblée nationale de Bordeaux.

[2] Jugements des tribunaux de Nancy, 31 août 1871, et Vesoul, 19 juillet 1871.

[3] Voir le protocole de clôture, art. 1er. — Voir les circulaires envoyées par le ministère de la Guerre, le 18 avril 1872, et par celui de la Marine, le 14 mai suivant. *Recueil des traités*, t. II, p. 295 et suiv.

marins et soldats qui ne l'invoquaient pas et n'optaient pas non plus pour la nationalité française, ne devinssent Allemands à l'expiration du délai. Une circulaire du ministre de la Guerre, du 5 septembre 1872, ordonne, en effet, aux chefs de corps, de renvoyer au 1ᵉʳ octobre suivant tous les originaires d'Alsace-Lorraine qui n'auraient pas opté pour la France. Un droit analogue d'option anticipée pour l'Allemagne, a été concédé aux détenus Alsaciens-Lorrains dont la remise à l'Allemagne était prévue par l'article 4 de la convention du 11 décembre 1871 [1].

III.

Les règles qui précèdent sont d'une application facile, tant qu'il s'agit de personnes *suis juris,* mais pour les incapables à tous les degrés les questions se compliquent et les conflits surgissent fréquemment.

La femme mariée, d'après la législation allemande, n'a pas d'autre nationalité que celle de son mari ; mais en France, bien que le Code civil dise qu'elle suit la condition de son mari, la plupart des jurisconsultes enseignent qu'elle n'est pas atteinte par les naturalisations que ce dernier peut obtenir après le mariage. Il a paru utile d'inviter les femmes mariées des Alsaciens-Lorrains résidant en France à opter avec l'autorisation maritale [2]. Il était à craindre, en effet, soit que, le mari n'ayant pas opté, elles ne devinssent Allemandes aux yeux des Allemands, soit que, le mari ayant opté, la Chancellerie fédérale ne nous

---

[1] On remarquera que cette option particulière pour l'Allemagne remplit ici le même rôle que nous avons attribué au décret du 30 juin 1860, art. 1ᵉʳ, pour les domiciliés en Savoie et dans l'arrondissement de Nice, natifs des provinces italiennes de la monarchie sarde. Voir ci-dessus, page 348.

[2] Circulaire du ministre de la Justice du 30 mars 1872. Voir le *Recueil des traités,* t. II, page 284.

opposât notre loi pour les regarder comme sujettes de l'Empire.

Cependant, dans la pratique, il ne pouvait guère y avoir de difficultés sur ce point. C'est ici, comme lors de l'annexion de la Savoie et de Nice, la question des mineurs qui a provoqué le plus de conflits.

IV.

Les plénipotentiaires français s'efforcèrent d'obtenir que, pour eux, le délai de l'option fût reculé jusqu'à l'époque où ils auraient atteint leur majorité[1] : mais cette solution ne put prévaloir. Il fut alors un instant question de présenter un projet de loi à l'Assemblée nationale pour les habiliter à opter. « Nos plénipotentiaires, écrivait M. Dufaure, garde des sceaux[2], malgré les plus vives instances, n'ont pu réussir à faire insérer dans la convention une clause réservant aux mineurs le droit d'opter, à leur majorité, pour la nationalité de leur choix. Le Gouvernement allemand a toujours répondu qu'il n'y avait aucune distinction à établir entre les majeurs et les mineurs; que les conditions et les délais établis par les traités étaient applicables à ces derniers; mais ils ont ajouté que leurs déclarations seraient valablement faites avec l'assistance de leurs représentants légaux.

« Il sera peut-être utile de mettre notre loi en harmonie avec cette déclaration du Gouvernement allemand, et de conférer aux mineurs, par un texte spécial, le droit de faire acte de nationalité avec l'autorisation de leurs tuteurs; mais, dès à présent, leurs déclarations doivent

[1] Voir l'Exposé des motifs du projet de loi portant approbation de la convention additionnelle de Francfort. *Recueil des traités,* t. II, page 187.

[2] Circulaire du 30 mars 1872. *Recueil des traités,* t. II, p. 284.

être reçues dans cette forme par les autorités françaises ».

· Cette loi demeura toujours à l'état de projet et le provisoire devint définitif. Du reste, une loi était-elle bien nécessaire? Nous ne le pensons pas. Le *lex fœderis* se substitue aux règles ordinaires dans l'application des clauses conventionnelles. Les mineurs devaient, comme tous les autres, avoir le droit d'opter. On le leur conférait dans les conditions où l'on pouvait.

En un mot, dans l'opinion de M. Dufaure, les mineurs devaient opter avec l'autorisation de leurs représentants légaux, ou ceux-ci devaient opter pour eux. Quant au transfert du domicile en France, le Gouvernement français, sans oublier la disposition de l'article 108 du Code civil qui place chez le tuteur le domicile du mineur, n'avait aucune objection à reconnaître pour valable, au point de vue du traité, l'émigration du mineur qui se transporte de fait en France. On a vu en effet, ci-dessus, qu'il ne fallait pas prendre le transfert du domicile dans le sens étroit d'un transfert du domicile légal, effectué en se conformant exactement aux prescriptions du droit civil, mais dans le sens d'une véritable émigration : de même que nous n'aurions pas admis qu'il fût suffisant pour un Alsacien-Lorrain de faire une simple élection de domicile en France, tout en séjournant de fait dans les territoires cédés, de même nous pensions qu'il n'était pas dans l'esprit du traité de refuser au mineur le droit d'opter, parce que son domicile légal restait chez ses parents au delà de la frontière des Vosges, tandis que lui-même résidait en deçà. Le mineur avait donc, suivant nous, un droit personnel à l'option ; seulement il ne pouvait exercer ce droit qu'avec l'assistance de ses représentants légaux. Du reste, le mineur ne pouvant, d'après nos lois, changer de nationalité avant sa majorité, c'était rentrer dans l'esprit de nos lois que lui reconnaître le moyen de rester français.

Cette théorie avait été admise par les Allemands dans la première séance de la conférence de Francfort. Il avait été

inséré au protocole, d'après les déclarations des plénipotentiaires de l'Empire, que le « concours de leurs représentants légaux serait nécessaire pour la déclaration d'option
des mineurs ». Les plénipotentiaires français n'ignoraient
pas qu'il est dans les traditions du droit germanique d'attribuer dans tous les cas aux enfants mineurs la même
nationalité qu'à leurs parents ; mais ils savaient aussi que
cette règle a reçu une grave exception dans la loi allemande du 1er juin 1870, qui admet les étrangers mineurs à
solliciter la naturalisation avec l'autorisation de leurs
représentants légaux. Ils savaient de plus que, la loi française restant provisoirement en vigueur dans les territoires cédés, l'Allemagne ne devait pas imposer les règles
de son propre droit dans les questions relatives à l'Alsace-
Lorraine. Enfin, nos plénipotentiaires sentaient qu'attribuer aux Alsaciens-Lorrains mineurs la nationalité qu'il
plairait à leurs parents de choisir pour eux-mêmes, c'était
en réalité leur refuser le droit d'option : ils ne pouvaient
donc pas penser qu'après leur avoir reconnu ce droit, on le
rendrait en fait illusoire.

C'est pourtant ce qui arriva. Une ordonnance [1] rendue
le 16 mars 1872 par M. de Mœller, président supérieur
d'Alsace-Lorraine, a décidé que les Alsaciens-Lorrains mineurs « ne pourraient opter ni de leur propre chef, ni par
« l'intermédiaire de leurs représentants légaux, à moins
« que ceux-ci n'optent aussi pour eux-mêmes dans le même
« sens. Si leurs parents sont encore en vie, ils suivent le
« choix de la nationalité du père ». — Mieux aurait valu
dire qu'on leur retirait le droit d'option qui leur avait été
formellement reconnu par les plénipotentiaires de l'Empire
à la conférence de Francfort. En effet, si le père n'opte pas
pour lui-même, ses enfants seront toujours Allemands,
qu'il opte ou non pour eux, et inversement, s'il opte seulement pour son propre compte, l'Allemagne devra recon-

---

[1] Voir le *Recueil des traités,* t. II, p. 534.

naître, dans tous les cas, à ses enfants mineurs la nationalité française. Ce résultat a pourtant paru inadmissible au tribunal de Strasbourg qui a rendu en 1874 un jugement où il déclare Allemands les enfants mineurs d'un père qui avait négligé d'opter pour eux en optant pour lui[1]. Les juges ont appliqué le traité de préférence à l'ordonnance du 16 mars; mais l'administration allemande ne paraît pas avoir changé d'opinion pour cela. — Par représentants légaux, le Président supérieur d'Alsace-Lorraine entendait le père, la mère tutrice, le tuteur ou le curateur. Ces deux derniers ne pouvaient autoriser le mineur à opter que s'ils y étaient autorisés eux-mêmes par le conseil de famille. Ce qui n'empêchait pas que l'option n'était valable que si le tuteur restait lui-même français. De là une nouvelle source de difficultés et de complications. — Ces dispositions s'appliquent au mineur non émancipé; pour l'émancipé, on

---

[1] Voici le considérant le plus remarquable de ce jugement :

« Attendu qu'il résulte des déclarations concordantes des parties, que C..., par suite de son option en 1871, faite après la dissolution de son mariage et le transfert de son domicile en France, a conservé la nationalité française et est à considérer comme étranger; qu'il est constant aussi que ses enfants mineurs n'ont pas suivi la nationalité de leur père, mais ont conservé la nationalité allemande que le traité de Francfort leur confère et que leur représentant légal actuel revendique pour eux; qu'en effet, il y a lieu de prendre tout d'abord en considération que la loi fédérale du 1er juin 1870 sur l'acquisition et la perte de la nationalité, d'après laquelle des mineurs ne suivent la nationalité de leur père que si une exception est expressément stipulée pour eux, n'était pas en vigueur en Alsace-Lorraine à l'époque de l'option; et qu'ainsi le droit public et civil français est seul applicable, d'après lequel le choix d'une nationalité quelconque par le père n'entraine pas pour ses enfants mineurs la perte de leur qualité de régnicoles; qu'en outre l'option de C... pour lui et pour ses enfants a eu lieu sans l'assentiment du conseil de famille; qu'un droit aussi important que le choix d'une nationalité ne saurait être abandonné sans contrôle à la volonté d'un père, tuteur de ses enfants, d'autant plus qu'il ne peut disposer librement de droits beaucoup moins importants de son pupille, tels que les droits immobiliers; enfin, qu'il y a lieu de considérer que C..., malgré le transfert de son domicile en France, ne s'est pas fait suivre de ses enfants qui n'ont pas quitté l'Alsace, et a même assisté à la délibération du conseil de famille du 23 septembre 1874 et y a reconnu la nationalité allemande de ses enfants ».

(République française du 27 avril 1875).

a suivi en pratique des règles plus rigoureuses encore. Les plénipotentiaires allemands avaient formellement déclaré à Franfort qu'ils ne feraient aucune distinction entre les mineurs émancipés ou non. L'ordonnance du 16 mars, qui applique les règles que nous venons de voir à tous les mineurs non émancipés, qu'ils soient ou non originaires d'Alsace, distingue, parmi les émancipés, les originaires et les non originaires. A ces derniers, elle accorde les mêmes droits d'option qu'aux majeurs. Quant au mineur émancipé originaire, à qui elle déclare applicable les dispositions établies pour les autres mineurs, en fait, elle empire sa situation en lui rendant plus difficile qu'au mineur non émancipé la conservation de la qualité de Français. Il se posait, en effet, la question de savoir ce qui arriverait dans le cas où le père et le curateur n'auraient pas conservé l'un et l'autre la même nationalité. Il était choquant d'exiger que le mineur suivît la nationalité de son curateur, le curateur ayant un rôle relatif aux biens et non à la personne, *tutor ad personam, curator ad bona;* mais il n'était pas moins singulier de lui imposer la nationalité qu'il plairait à son père de choisir, puisque son père avait renoncé à ses droits de puissance paternelle par l'émancipation. L'administration allemande a tranché la difficulté en exigeant que l'un et l'autre, le père et le curateur, fussent restés Français, pour reconnaître la nationalité française au mineur. La conséquence de cette règle, fondée sur une interprétation judaïque de l'ordonnance du 16 mars, c'est que le mineur émancipé, qui par cela même est presque un majeur, était dans une situation moins favorable pour opter en faveur de la France que le mineur non émancipé. On arrive à ce résultat rigoureux que, si le père est resté en Alsace, tandis que le curateur a opté et s'est transporté en France, le mineur est tenu en Allemagne pour ne pas avoir opté valablement. Cette hypothèse s'est présentée très fréquemment dans la pratique, et, si l'Allemagne a quelquefois fait fléchir les rigueurs de sa jurisprudence, dans des cas particulièrement dignes d'intérêt, elle n'a jamais reconnu en principe le droit d'option personnel des mineurs émancipés.

La France a réclamé contre cette ordonnance du 16 mars 1872, dont on vient de voir les conséquences, de même qu'elle avait protesté contre celle du 7 du même mois; mais nos plaintes ne furent pas entendues. Le « Gouvernement impérial, écrivait le chargé d'affaires d'Allemagne dans une note à M. de Rémusat, du 15 juillet 1872, n'a pas cru pouvoir reconnaître aux mineurs le droit d'option, mais devoir leur laisser au contraire la position que leur assigne en France le Code civil (article 108), d'après lequel ils ont leur domicile chez leurs père et mère ou chez leur tuteur[1] ». Il est facile de voir que l'on s'efforçait ici de retourner contre nous notre législation et de chercher des armes dans l'arsenal de nos propres lois pour nous combattre. Nous répondrons simplement que, si la question de domicile avait été seule en jeu ici, on ne comprendrait pas pourquoi l'Allemagne refuserait de reconnaître au mineur émancipé natif des territoires cédés le droit d'opter valablement, puisqu'elle lui reconnaît le droit de transporter son domicile où il l'entend. « Les mineurs émancipés, poursuit le chargé d'affaires de l'Empire, auxquels sont conférés par le fait même de l'émancipation certains droits limités, parmi lesquels se trouve celui d'élire domicile, conserveront la nationalité française dans le cas où la seule translation du domicile suffit à cet effet, c'est-à-dire lorsqu'ils ne sont pas nés en Alsace-Lorraine; mais le Gouvernement impérial ne saurait admettre qu'aux droits limités que la loi accorde par suite de l'émancipation et qui tous concernent l'administration de la fortune, vienne se joindre dans le cas présent (c'est-à-dire quand l'émancipé est natif des territoires annexés) le droit de changer de nationalité ».

[1] *Journal officiel* du 14 sept. 1872, annexe D.

Il y a, entre les deux parties de la dépêche du chargé d'affaires d'Allemagne, une sorte d'antinomie. D'après la première, il semble que la question du domicile soit le seul empêchement à l'option du mineur dont le père est resté en Alsace ; mais, dans la seconde, qui traite de l'émancipé et lui reconnaît le droit d'élire domicile, on voit bien que la véritable raison d'être de la règle allemande est la théorie d'après laquelle le mineur suit la nationalité de son père, théorie que l'ordonnance du 16 mars avait déjà formulée dans les termes les plus nets. Toutefois il résulte des termes mêmes de cette communication, ainsi que de l'article 3 de l'ordonnance de M. de Moeller du 16 mars 1872, que la théorie allemande, applicable au mineur non émancipé, qu'il soit ou non originaire du pays cédé, et au mineur émancipé originaire, n'est pas appliquée au mineur émancipé non originaire. Cette distinction, parmi les émancipés, entre l'originaire et celui qui ne l'est pas, quand les non émancipés sont traités de même, nous paraît difficile à expliquer : il fallait, en bonne logique, déclarer que, pour les non originaires, le domicile étant le seul *criterium* de la nationalité, on appliquerait la règle du domicile à tous les mineurs nés hors d'Alsace-Lorraine. Quoi qu'il en soit, la distinction existe ; il importe de la constater pour en tirer les conséquences qu'elle comporte.

Tels nous paraissent être les principes, si principes il y a, qui ont dirigé l'Administration impériale. Le Gouvernement français, n'ayant pu faire disparaître les divergences qui en résultèrent dans l'interprétation du traité de paix, se résolut à appliquer purement et simplement la doctrine qui lui avait semblé la plus conforme aux textes conventionnels, la plus libérale, et à laquelle il s'était rangé tout d'abord. Résumant sa manière de voir dans la note insérée au *Journal officiel* du 14 septembre 1872, il déclarait que dans sa pensée « le droit d'option était formellement reconnu en principe aux mineurs, qu'une seule condition avait été apportée à l'exercice de ce droit, l'assistance du représentant légal, et que, cette condition accomplie, le mineur avait personnellement le droit d'*opter*, c'est-à-dire de choisir sa nationalité, quelle que pût être d'ailleurs celle de ses parents[1] ».

Après avoir montré comment sont nés les dissentiments qui séparent les deux Gouvernements, et quels ils sont, nous parcourrons rapidement les différentes hypothèses qui ont pu se présenter dans la pratique, en indiquant les solutions données dans les deux pays.

A. — *Mineurs nés en Alsace-Lorraine de parents Alsaciens-Lorrains.* C'est le cas qui se présente le plus souvent; mais c'est également celui qui offre le plus de difficultés. Au point de vue français, la règle est simple : il suffit que le mineur, après avoir opté avec l'autorisation de son père, sa mère tutrice, son tuteur, ou, s'il est émancipé, son curateur, ait personnellement émigré hors les pays cédés avant l'expiration du délai d'option, c'est-à-dire avant le 1er octobre.

Au point de vue allemand, il faut comme première condition générale que le représentant légal du mineur ait lui-même conservé la qualité de Français. Si le représentant légal est un curateur, il est nécessaire en outre que le père émancipateur ait opté et émigré. Enfin quand c'est un tuteur datif ou un curateur qui opte pour le mineur, il est nécessaire qu'il ait pris l'avis du conseil de famille et ait été dûment autorisé. Le père seul peut opter pour son enfant mineur sans avoir pris l'avis de personne; encore, faudrait-il, d'après un jugement du tribunal de Metz[2], qu'il ne fût pas remarié, auquel cas il retomberait dans la règle qui impose au tuteur d'avoir obtenu l'approbation du conseil de famille.

Si le père de famille opte pour lui-même, mais non pour

---

[1] Voir Annexe D.

[2] Jugement du 7 novembre 1874, qui ne paraît pas avoir fait jurisprudence.

ses enfants mineurs, ceux-ci seront évidemment Français pour l'Administration allemande.

Au point de vue français, au contraire, il faut nécessairement les considérer comme Allemands. La cour de Paris a pourtant soutenu, par arrêt du 13 août 1883, que l'option du père pouvait être invoquée par le fils mineur non désigné dans l'acte, mais l'arrêt est fondé sur des circonstances de fait toutes particulières[1]. Il s'agissait d'un jeune homme que le ministre de la Guerre ne voulait pas admettre à l'École militaire spéciale, comme fils d'un Alsacien, qui, ayant opté pour lui-même, avait omis ses enfants mineurs. Le tribunal de la Seine, appelé d'abord à se prononcer, avait donné raison au ministre. La cour, arguant de ce qu'« on ne saurait rendre le mineur responsable d'un vice de rédaction qu'on ne saurait lui imputer », lui a donné tort. — C'est presque sanctionner la règle opposée que de l'écarter pour un motif de cette nature à titre tout exceptionnel.

B. — *Mineurs nés hors d'Alsace-Lorraine de parents Alsaciens.* — Au point de vue français, ces mineurs seront toujours Français, puisqu'ils ne sont pas originaires du pays annexé. Mais, dans la doctrine allemande, leur situation est tout autre, et lorsque leurs parents n'ont pas rempli les conditions requises pour rester Français, ils sont considérés comme devenus Allemands. A quel titre les jeunes gens de cette catégorie sont-ils réclamés par l'Allemagne? comme domiciliés? comme fils d'Allemands? en vertu de la *lex domicilii*? ou de la *lex originis*? Cette question n'est pas purement théorique, car, si les mineurs dont nous nous occupons sont réclamés par l'Allemagne seulement en vertu du domicile, ceux dont les parents, natifs d'Alsace-Lorraine, n'y sont pas domiciliés, seront Français aux yeux des deux Gouvernements. Si, au contraire, c'est en vertu

[1] Sirey, 1888.2.89.

de la filiation que l'Empire Allemand réclame les jeunes gens nés hors d'Alsace de parents Alsaciens-Lorrains, ceux-mêmes dont les parents demeurent hors des pays cédés seront revendiqués comme ressortissants de l'Empire. Et l'on conçoit combien est considérable le nombre des jeunes gens nés de parents qui, originaires d'Alsace-Lorraine, demeurent en France ou dans n'importe quelle autre contrée du monde. — En se reportant à la lettre écrite le 15 juillet 1872 au ministre des Affaires étrangères de France par le chargé d'affaires d'Allemagne à Paris [1], on pourrait croire que les mineurs dont nous nous occupons seraient seulement réclamés par l'Allemagne en qualité de domiciliés. Les termes de cette communication ont en effet une généralité qui permet d'adopter cette opinion de prime-abord. Mais si l'on remonte à l'ordonnance allemande du 16 mars 1872, on aperçoit une distinction entre les mineurs émancipés et non émancipés, nés les uns et les autres hors du territoire annexé à l'Empire. Les émancipés seuls sont soumis à la loi du domicile, et par conséquent n'ont qu'à avoir ou à transférer leur domicile en France pour rester Français au regard de l'Allemagne; au contraire les mineurs non émancipés, originaires ou non, dit le texte de l'ordonnance, suivent la nationalité de leurs représentants légaux. C'est donc en vertu de la filiation qu'ils tombent dans l'allégeance allemande. Nous pouvons en conclure que ces derniers devaient faire une déclaration d'option, pour être, au point de vue allemand, considérés comme Français. Les émancipés, au contraire, devaient seulement se soumettre aux règles imposées aux individus que le lien du domicile unissait seul au pays cédé [2].

La justice française a été plusieurs fois saisie de récla-

---

[1] Voir ci-dessus, page 376.

[2] La Chancellerie impériale a reconnu, conformément à cette opinion, la nationalité française d'un jeune homme né en France de parents nés en Alsace, et qui avait été émancipé à l'époque de l'option.

mations provenant de la divergence de vue entre les Gouvernements intéressés sur cette classe de mineurs. Le tribunal de Nogent[1] a déclaré Français un jeune homme qui voulait se prévaloir de cette situation pour s'exempter du service militaire français. Le tribunal de Paris[2] a jugé qu'un mineur, né en France de parents Alsaciens devenus Allemands, doit être considéré comme Français non seulement en vertu de notre droit civil, mais aussi d'après les stipulations des traités. En effet, d'une part, le mineur français ne saurait, suivant nos lois, être « dépouillé de sa nationalité par un fait indépendant de sa pleine et entière volonté », et, d'autre part, le mineur dont il s'agit ne saurait être compris dans la catégorie des *originaires* d'Alsace-Lorraine, ni au sens propre du mot, ni au sens qui lui a été officiellement donné par les Allemands. Ce jugement a été confirmé d'abord par un arrêt de la cour de Paris rendu en audience solennelle le 4 février 1876, puis par un arrêt de la Cour de cassation du 5 mars 1877, dont nous extrayons le passage suivant :

« Attendu que Armand-Victor S. est né à Paris le 4 février 1857, que Jacques S. réputé à cette époque son père légitime, suivant les présomptions de la loi, était Français, qu'ainsi S. fils était Français ;

« Attendu que cette nationalité résultant pour ce dernier d'un titre à lui spécial et personnel n'a pas changé comme celle de son père par suite de l'annexion de l'Alsace-Lorraine à l'Allemagne, joint à cette circonstance particulière que le défendeur éventuel, né et domicilié à Metz, est devenu Allemand pour n'avoir pas fait dans les délais voulus l'option réservée par les traités de 1871 ;

« Attendu que ces traités ne sont point applicables à S. fils, qui n'est pas originaire des pays annexés à l'Allemagne et qui n'y a jamais habité; que d'ailleurs, au point de vue de la nationalité, ils n'ont pas entendu soumettre

---

[1] Jugement du 26 mai 1876.
[2] Jugement du 25 juin 1875.

la condition de l'enfant mineur à celle de son père, et que l'option ou la non-option de S. père n'a pu, quant à ce, ni profiter, ni nuire au mineur S. ».

Il n'est pas possible d'exprimer plus clairement les motifs qui ne nous permettent pas de nous ranger à l'opinion allemande.

C. — *Mineurs nés en Alsace-Lorraine de parents qui n'y sont pas nés.* — Ils devaient dans tous les cas faire une déclaration d'option et, s'ils résidaient sur le territoire cédé, émigrer avant le 1ᵉʳ octobre 1872. Ces conditions sont, au point de vue français, nécessaires et suffisantes pour sauvegarder leur nationalité.

Au point de vue allemand, quelques difficultés peuvent se présenter. Si par exemple les parents du mineur habitent l'Alsace, ils deviennent Allemands, comme domiciliés, quoique non originaires, et l'enfant suit leur nouveau statut personnel. C'est encore un cas où l'option faite au nom du mineur sera illusoire en Allemagne, puisque la nationalité de ce dernier dépendra, en fait, non pas de cette formalité, mais de la nationalité de ses parents. Si le mineur était orphelin, le tuteur devrait lui-même être Français.

D. — *Mineurs nés hors d'Alsace-Lorraine de parents qui ne sont pas Alsaciens-Lorrains.* — Inutile de dire qu'ils ne sauraient être atteints par le traité dans l'opinion française ; mais les Allemands les réclameraient comme sujets de l'Empire, s'ils étaient domiciliés en Alsace-Lorraine à l'époque de l'annexion. Cependant comme l'Allemagne s'est toujours placée au point de vue du domicile légal, elle admettrait sans doute qu'un mineur non émancipé originaire d'une commune restée française et dont les parents natifs de France n'ont pas cessé d'y demeurer, conserverait sa nationalité d'origine, quand même il aurait résidé en Alsace-Lorraine au moment de l'annexion. Mais

inversement elle réclamerait le mineur non émancipé né
en France et y demeurant, qui aurait eu son domicile légal
chez ses parents domiciliés en Alsace-Lorraine.

V.

Les divergences que nous venons d'étudier font comprendre combien grand est le nombre des individus dont
la nationalité n'a pu être exactement déterminée. Nous
voudrions examiner les mesures prises en France et en
Allemagne en ce qui concerne les options irrégulières, et
la situation faite dans les deux pays aux personnes de nationalité contestée.

La condition la plus difficile à remplir pour les Alsaciens-Lorrains qui entendaient conserver la nationalité
française était le transfert du domicile en France. La
déclaration était une simple formalité gratuite et facile;
mais quitter un pays où elles ont les attaches si puissantes de l'habitude et de l'intérêt, peu de personnes en
sont capables. Aussi un grand nombre d'habitants des
territoires cédés se sont-ils contentés d'effectuer la déclaration prévue, faisant ainsi une démonstration de leurs
sentiments et comme une sorte de plébiscite contre l'annexion à l'Allemagne, et ils ont laissé passer l'échéance du
1er octobre 1872 sans émigrer. Leur option ne saurait à
aucun point de vue être valable. L'autorité allemande les
a invités à la retirer; jusqu'à ce qu'ils s'y fussent résolus,
ils ont encouru, pendant quelque temps, quoique considérés comme sujets de l'Empereur d'Allemagne, la déchéance de certains droits civiques. La loi du 24 janvier
1873, concernant les conseils généraux et d'arrondissement en Alsace-Lorraine, prive des droits d'électorat et
d'éligibilité les Alsaciens qui, ayant opté et non émigré,
n'ont pas retiré leur déclaration d'option. Plus tard, cette

restriction a été abolie par décret impérial du 28 avril 1876.

Beaucoup d'autres Alsaciens-Lorrains après avoir transféré leur domicile hors de leur pays d'origine y sont revenus. Ce retour a été souvent interprété par les autorités impériales comme une présomption que l'option n'était pas sérieuse et a entraîné l'annulation.

Sur ce point, la Chancellerie fédérale s'est montrée souvent bien sévère. Nous admettons volontiers que si l'optant est seulement venu passer dans un hôtel d'une ville française la nuit du 30 septembre au 1er octobre et les quelques journées suivantes, son retour en Alsace, surtout s'il y a laissé des intérêts en souffrance qui le réclament, peut être considéré comme la preuve qu'il n'a pas sérieusement transféré son domicile hors des pays annexés à l'Allemagne. Mais quand un Alsacien a transféré en France son principal établissement, quand, par exemple, un industriel de Mulhouse est venu s'établir à Paris avec sa famille, quand un ouvrier est venu s'embaucher en France, nous ne pouvons admettre qu'un séjour en Alsace, même peu de temps après le moment où il fallait avoir quitté le pays, pût donner lieu à une annulation d'option[1].

Il y a une question de mesure, qui a été trop souvent tranchée contre l'intérêt de nos compatriotes. La seule règle logique eût été d'expulser comme étrangers les Alsaciens-Lorrains dont la présence eût paru de nature à répandre le trouble ou à entretenir l'agitation dans les esprits. Il semble, d'ailleurs, que les plénipotentiaires allemands à Francfort s'étaient exprimés clairement dans ce sens[2]. « Les optants qui ont émigré, avaient-ils dit, en réponse à une demande des représentants de la France, peuvent, comme tout autre étranger, franchir la limite allemande et s'y fixer de nouveau, en tant et aussi long-

---

[1] Voir ci-dessus, pages 366 et 367.

[2] Protocole n° 1. Voir *Recueil des traités*, t. I, p. 133.

temps que les autorités allemandes y donneront leur assentiment ». C'était la vraie doctrine ; malheureusement en pratique, elle n'a pas toujours été observée. Ce n'est qu'assez tard qu'on a commencé à traiter nos compatriotes comme des étrangers, et à les inviter à signer une demande de *renaturalisation* s'ils voulaient rentrer; mais le plus souvent et dans la première année surtout, on déclarait nulle l'option de l'optant qui revenait dans son pays, eût-il sa principale installation de l'autre côté des Vosges.

On avait espéré en Alsace-Lorraine, qu'après six mois les optants pourraient revenir sans que leur option fût annulée ; s'il en a été ainsi dans quelques parties du territoire cédé, la règle n'a pas reçu d'application générale. Jamais le gouvernement de Berlin n'a voulu fixer une époque après laquelle il prendrait le parti de traiter comme tous autres étrangers les Alsaciens-Lorrains revenant en Alsace-Lorraine.

Le nombre des options annulées par l'autorité allemande pour défaut de transfert de domicile s'est élevé à 110,240 [1]. Mais quelle est la valeur juridique de ces annulations opérées par mesure administrative ? Les questions de nationalité sont en France de la compétence des tribunaux, et, le Code civil étant en vigueur en Alsace, on ne comprend guère que l'administration ait pris sur elle de les trancher. Et comment les tranchait-elle ? Sur des rapports faits par des employés subalternes de la police, sur des délations inspirées par la jalousie, sur des excès de zèle commis par des fonctionnaires de village. Souvent la presse locale a fait entendre à ce sujet des plaintes fondées [2] et la justice, quand elle a été saisie, a souvent reconnu que les options annulées avaient été parfaitement légales et

---

[1] Discours de M. Grad, député de Colmar, au Reichstag. Séance du 6 mars 1878. Ce nombre est égal à plus des deux tiers des options reçues en Alsace-Lorraine, dont le nombre total a été de 159,740.

[2] Voir le *Journal d'Alsace* des 19 décembre 1874, 1er juillet 1875, 27 mars 1877.

G. C. 25

régulières [1]. Les annulations d'option opérées par les directeurs de cercle n'ont pas d'autre valeur que celle d'un avis administratif, qui n'engage pas les tribunaux et ne porte aucune atteinte au statut personnel. Si la justice allemande ne les reconnaît pas, à plus forte raison sont-elles non avenues au regard de la justice française, quel que soit d'ailleurs le lieu où la déclaration a été faite, que ce soit en deçà ou au delà de la nouvelle frontière.

De si peu de valeur qu'elles fussent au point de vue théorique, les annulations d'option ont eu dans la pratique une importance considérable. Elles ont atteint en effet un très-grand nombre de jeunes gens mineurs dont les parents étaient demeurés en Alsace-Lorraine et qui par suite se trouvaient appelés à la fois en France et en Allemagne à accomplir les obligations militaires.

Le Gouvernement français a cru devoir tenir compte à ces jeunes gens d'une situation dont ils ne sauraient être rendus responsables. Pour leur éviter autant que possible les inconvénients et les dangers pouvant résulter d'un conflit de ce genre, il n'a pas cru devoir les enrôler de plein droit dans l'armée. Une circulaire du général de Cissey, datée du 7 décembre 1875, portant des instructions sur l'appel de la classe, s'exprime ainsi sur les Alsaciens-Lorrains :

« Les jeunes gens originaires des pays cédés à l'Allemagne, qui, ainsi que leurs père, mère, ou tuteur, ont opté pour la nationalité française, seront portés sur les tableaux de recensement de la commune où leur famille a aujourd'hui son domicile légal.

« Quant à ceux de ces jeunes gens dont les père, mère, ou tuteur n'auraient pas eux-mêmes réclamé la nationalité française, ou auraient conservé leur domicile sur le territoire cédé, on ne devra les inscrire que s'ils en font formellement la demande. Ils seront prévenus que, le Gouver-

---

[1] Jugements du tribunal de Strasbourg, des 7 octobre et 10 décembre 1871 (ch. d'appel), 25 juin 1875 (ch. corr.), etc., etc.

nement allemand contestant la validité de leur option personnelle, lors même qu'elle a eu lieu avec l'assentiment de leurs représentants légaux, ils s'exposent, en entrant dans les rangs de notre armée, à être poursuivis comme réfractaires par l'autorité allemande, s'ils retournent dans leur pays d'origine. Mention de cet avis sera faite sur les tableaux de recensement, et ils devront la certifier par leur signature ».

Grâce à cette mesure, les Alsaciens-Lorrains mineurs dont les parents étaient restés en Alsace savaient à quoi ils étaient exposés. Ajoutons que ceux d'entre eux qui avaient été déclarés insoumis par les autorités allemandes ne pouvaient retourner dans les territoires cédés, sans crainte d'y être inquiétés, qu'après avoir accompli leur trente-sixième année, car la prescription de cinq ans ne commence à courir en leur faveur qu'au moment où ils ont dépassé l'âge du service militaire dans la landwehr, c'est-à-dire, atteint leur trente-deuxième année. Quant au service dans le landsturm, ils n'y seront pas soumis, s'ils ont perdu dans l'intervalle la nationalité allemande, car le landsturm ne comprend que les sujets allemands résidant dans l'Empire.

Après quelques années, il n'était plus possible à l'Allemagne de considérer le retour en Alsace comme entraînant l'annulation de l'option. Dès 1875, on commença à mettre les Alsaciens français, retournant en Alsace, en demeure de choisir entre l'expulsion ou la naturalisation allemande. Une question se posa à ce propos : celle de savoir si ces optants seraient traités comme *réimmigrants* ou comme de *simples étrangers*. Ceci est fort important, car ces derniers ne sont soumis au service militaire que suivant leur âge : après vingt-trois ans, ils ne doivent plus le service actif, après vingt-sept ans, ils ne font plus partie de la réserve de remplacement. Les réimmigrants, au contraire, dont il importe que l'absence n'ait pas amélioré la position au point de vue militaire, sont appelés au service actif, tant qu'ils n'ont pas atteint leur trente et unième année[1]. Bien que les plénipotentiaires allemands à Francfort aient déclaré que la conquête entraînait une naturalisation immédiate, l'administration allemande regarde les optants comme n'ayant pas été Allemands. Seulement comme les non-optants réclamèrent contre l'avantage fait à ces naturalisés qui se trouvaient exemptés en partie du moins du service militaire, la Chancellerie impériale a fait une distinction : elle a invité les autorités locales, compétentes pour la naturalisation, à l'accorder largement aux individus nés avant le 1er janvier 1851, ou ayant servi pendant la dernière guerre dans l'armée française[2]. Aux autres, au contraire, à ceux qui, par leur âge, eussent été soumis au service dans l'armée active, s'ils eussent été Allemands, elle la refusait en général, à moins que les pétitionnaires ne se déclarassent prêts à servir, ou qu'ils ne fussent dispensés du service par une infirmité, ou qu'ils eussent quelque raison particulière, comme la nécessité de soutenir une famille, l'intention de se marier dans le pays, etc.[3].

En 1878, le Parlement allemand, reconnaissant lui-même tout ce qu'il y avait de fâcheux dans la situation trop souvent indécise où se trouvaient les habitants du Reichsland ayant opté pour la France, a voté, le 6 mars, une motion invitant le Gouvernement à préparer un projet de loi pour régler la question. Mais cette motion n'a pas eu de suite, non plus qu'une proposition formulée par M. Grad, en 1880, au Landesausschuss de Strasbourg et adoptée à l'unanimité par cette assemblée. Cependant, le maréchal de Manteuffel, statthalter d'Alsace-Lorraine, comprenait que la situation ne pouvait se prolonger sans désavantage pour

---

[1] Voir la loi militaire allemande, art. 11, annexe M, 2°.

[2] Même après le 17 décembre 1870.

[3] Voir le discours de M. Herzog au Parlement allemand, 6 mars 1878.

On peut lire aussi à ce sujet une lettre écrite à M. Grad, député de Colmar, par le ministre de la Guerre de l'Empire allemand, à la date du 2 avril 1879. Ce document a été publié dans le *Journal d'Alsace* du 11 du même mois.

tous les intérêts en cause. Par un rescrit du 15 novembre
1880, il a nommé une commission chargée de réviser la
nationalité des personnes qui, étant dans une situation irrégulière au point de vue allemand, voudraient en sortir,
et savoir du moins exactement si elles étaient regardées
en Alsace-Lorraine comme appartenant à l'Allemagne ou
comme relevant de la France. L'avis suivant inséré dans
la *Gazette officielle* d'Alsace-Lorraine du 15 janvier 1881,
montre clairement quelle catégorie de personnes le maréchal avait en vue en instituant la commission de révision :

« La commission instituée par nous, en conformité du
rescrit impérial du 15 novembre 1880, est entrée en fonctions à Strasbourg.

« Les personnes qui, d'après l'article 2 du traité de paix
du 10 mai 1871 et la clause additionnelle du 11 décembre
de la même année, ont fait une déclaration d'option ou
qui, sans avoir fait acte d'option, ont quitté l'Alsace-Lorraine avant le 8 janvier 1873 et désirent actuellement qu'il
soit de nouveau statué sur leur nationalité, auront à adresser à M. de Putkammer, sous-secrétaire d'État, président
de ladite commission, leurs requêtes appuyées des pièces
nécessaires et notamment de leur certificat d'option ainsi
que de l'attestation de leur date d'émigration ».

Cette commission a examiné les pétitions de plusieurs
milliers de pétitionnaires et a apporté dans cette étude
l'esprit le plus large et le plus impartial. La question du
service militaire primait toutes les autres aux yeux des
commissaires. Quoi qu'il soit difficile de dégager des
nombreuses décisions, dont les listes ont paru dans la
Gazette officielle d'Alsace-Lorraine, la jurisprudence exacte
de la commission (si même elle en a une, car il semble
qu'elle ait statué en fait plus qu'en droit), on peut dire
que les optants ou émigrés, arrivés à l'âge où l'on est
libéré du service de l'armée active en Allemagne, étaient
ordinairement reconnus comme Français toutes les fois

qu'ils étaient en état de prouver qu'ils avaient satisfait à la loi militaire française.

Les pétitionnaires paraissent avoir été rangés par la commission de Strasbourg en deux catégories principales :

1° Ceux qui n'ont aucun document d'option, aucune pièce, quelle qu'elle soit, à produire et à faire valoir dans le but d'établir leur nationalité française;

2° Ceux qui peuvent produire un document établissant qu'ils sont considérés en France comme étant citoyens français.

Les premiers, comme il fallait s'y attendre, voyaient leurs requêtes rejetées. Quant aux seconds, la plupart d'entre eux obtenaient la reconnaissance de leur nationalité, surtout s'ils servaient ou avaient servi dans notre armée.

En 1882, le 23 avril, paraissait à la *Gazette officielle* un avis, annonçant que cinq mille Alsaciens-Lorrains avaient été reconnus comme Français par la commission. Le Gouvernement d'Alsace-Lorraine prévenait ces individus que le fait même de la reconnaissance de leur extranéité les. soumettait à tous les règlements édictés contre les étrangers : on leur imposait notamment l'obligation de se présenter tous les trois mois à la police. Cette situation précaire fut exposée clairement et en même temps aggravée par le rescrit suivant adressé par le statthalter à M. de Hoffmann, ministre d'État, le 28 août 1884 :

« J'ai vu, par les rapports que Votre Excellence m'a adressés à la date du 28 novembre 1882 et du 15 août 1884 et par les pièces y jointes, que le nombre des Français (*National Franzosen*) et des Alsaciens-Lorrains qui ont opté dans l'origine et dont l'option est valable, augmente continuellement et s'élève déjà à 14,924 personnes. Cet état de choses m'impose le devoir de prendre en considération l'avenir.

« Je fais pour le moment abstraction des 696 personnes qui, sur la proposition de la commission d'option, ont été reconnues comme étrangers et sont rentrées dans le pays, et je ne vise que les 14,924 individus qui ne sont pas nés en Alsace-Lorraine ou qui ont primitivement opté d'une manière valable et habitent aujourd'hui le Reichsland. Ces personnes forment 4,585 familles.

« Si dans ces familles il se trouve beaucoup de fils qui restent des étrangers, qui se marient et procréent encore beaucoup de fils, on verrait se former dans l'Alsace-Lorraine des colonies toutes françaises; avec le temps la population du pays se composerait en grande partie d'étrangers, et l'armée allemande perdrait un nombre considérable de recrues.

« Je consens à ce que les Français de naissance habitent le pays et les Alsaciens-Lorrains qui ont valablement opté après l'annexion continuent à demeurer dans le pays sans être troublés, si leur conduite est paisible, car c'est ainsi que je répondrai aux pensées bienveillantes qui ont dirigé Sa Majesté l'Empereur en instituant une commission immédiate d'option; mais je suis aussi d'avis qu'il est nécessaire de remédier à l'état de choses anormal signalé plus haut.

« L'époque où cela peut se faire le mieux, c'est lorsque l'un des fils de ces 4,585 familles aura atteint l'âge de la conscription.

« D'accord en principe avec les opinions émises dans les rapports de Votre Excellence, j'ordonne en conséquence:

« 1° Que lorsqu'un jeune homme des familles en question aura atteint sa dix-septième année, la situation de sa famille soit examinée avec un grand soin. S'il résulte de cet examen qu'il n'existe aucune objection à ce que cette famille ou simplement le jeune homme reçoive la nationalité allemande, on demandera au père s'il veut se faire naturaliser ou se borner à faire naturaliser le fils qui a atteint l'âge de conscription, si le père demande la naturalisation soit pour lui soit pour son fils, l'affaire est vidée; si, au contraire, le père ne fait pas cette demande, la famille pourra continuer à habiter le pays sans être inquiétée, mais le fils qui a atteint l'âge de conscription ne pourra plus y rester; il sera expulsé et ne pourra revenir en visite chez ses parents, dans le courant d'une année, que pendant quinze jours à trois semaines.

« Dans le cas où des objections s'élèveraient contre la naturalisation de la famille ou celle du jeune homme, la famille ne sera pas inquiétée, mais le jeune homme sera expulsé et ne pourra également revenir dans sa famille que pendant la durée de temps indiquée plus haut.

« 2° Il sera procédé de la même manière à l'égard des 696 pères de famille dont les fils reconnus, sur la proposition de la commission immédiate d'option, comme étrangers, sont revenus en Alsace-Lorraine, leur pays de naissance.

« 3° Les célibataires reconnus comme étrangers sur la proposition de la commission d'option, pourront, tant qu'ils se conduiront bien, séjourner dans le pays jusqu'au moment où ils voudront se marier et créer une famille. Dans ce cas aussi, on examinera s'il existe des objections à ce qu'ils reçoivent la nationalité allemande. Aucune objection ne s'élevant, ils seront invités à se faire naturaliser. S'ils en font la demande, l'affaire sera considérée comme vidée; dans le cas contraire, on décidera, selon le résultat de l'examen de leur situation s'ils seront expulsés avant leur mariage ou s'ils pourront rester dans le pays après leur mariage, en leur signifiant toutefois que les fils issus de leur mariage ne pourront continuer à habiter le pays, une fois qu'ils auront atteint l'âge de conscription, que s'ils se font naturaliser.

« Je crois que ces mesures répondent aux devoirs envers l'empire et aux égards bienveillants envers les habitants du pays que Sa Majesté m'a recommandés.

« Mais il existe encore dans le pays une autre catégorie d'étrangers qui nécessitent des mesures spéciales. Ce sont les jeunes gens qui sont partis avec un permis d'émigration et qui retournent en Alsace-Lorraine à un âge où ils sont encore soumis à l'obligation du service militaire et y séjournent d'une manière permanente. La présence de ces jeunes gens, qui, quoique nés en Alsace-Lorraine, n'ont pas rempli leur devoir de servir dans l'armée allemande, fait une mauvaise impression sur tous les Alsaciens-Lorrains qui ont fidèlement rempli ce devoir patriotique.

« Il y a là, en outre, quelque chose de favorable à l'aristocratie et de contraire au principe de l'égalité devant la loi. Ces jeunes gens appartiennent en grande partie aux classes aisées de la société, qui possèdent assez de fortune pour faire instruire leurs enfants à l'étranger, ce qui n'est pas possible aux gens plus pauvres, même s'ils le voulaient.

« En ce moment, on compte 359 jeunes gens qui, partis avec un permis d'émigration, sont de retour en Alsace. A l'égard de ceux-ci, j'ordonne :

« 4° Que la loi leur soit strictement appliquée. Par conséquent, ces 359 jeunes gens seront sans retard invités à fournir, dans le délai de quatre semaines, la preuve qu'ils ont acquis une autre nationalité que la nationalité allemande et qu'ils ne l'ont pas de nouveau perdue. A défaut de cette preuve, ces jeunes gens seront immédiatement, en vertu de l'article 19, alinéa 2, de la loi militaire allemande, incorporés dans l'armée. Dans le cas où ils prouveront qu'ils possèdent une autre nationalité, ils seront expulsés de l'Alsace-Lorraine, et il ne leur sera permis de revenir voir leurs parents que pendant quinze jours à trois semaines chaque année.

« Quant aux jeunes gens qui, partis avec un permis d'émigration, rentreront dans le pays, à dater de ce jour, ils devront prouver immédiatement qu'ils ont acquis une autre nationalité et on agira ensuite envers eux suivant les prescriptions énoncées plus haut.

« J'ajoute encore tout spécialement que les prescriptions relatives au séjour dans le Reichsland sont applicables même aux émigrés revenant en Alsace-Lorraine après avoir dépassé l'âge de trente et un an ».

Ce rescrit est le dernier document officiel important relatif à la question des options en Alsace-Lorraine[1].

Du côté de la France, nos compatriotes, placés dans une position irrégulière au point de vue de la nationalité, n'ont fait l'objet d'aucune disposition légale particulière. On s'est borné à admettre l'application des lois ordinaires à ceux qui, n'ayant pas opté d'une manière valable, ont voulu plus tard recouvrer la qualité de Français. L'article 18 du Code, qui autorise la réintégration de l'ex-Français dans la nationalité qu'il a perdue, était tout naturellement applicable aux Alsaciens-Lorrains. En effet, cet article a été édicté en vue des personnes ayant perdu la qualité de Français par certaines causes particulières, parmi lesquelles figure la naturalisation à l'étranger. On a dit parfois que la cession de territoire n'avait pas été prévue : mais elle n'intervient ici que comme cause d'une naturalisation qui n'est pas la naturalisation ordinaire, mais qui n'en est pas moins une naturalisation véritable. Tout au plus pourrait-on formuler un doute, si, le Code civil ayant déterminé lui-même les formalités de la naturalisation, on pouvait arguer de là qu'il a entendu viser la naturalisation régulière et ordinaire. Mais le Code n'entre dans aucun détail à ce sujet. Il n'y a donc pas de raison pour ne pas comprendre dans le mot naturalisation l'acquisition d'une nationalité nouvelle qui est la conséquence d'une cession de territoire[2].

Toutefois, le Gouvernement français a pensé qu'il serait fâcheux, à tous égards, d'autoriser à invoquer cet article les personnes qui pourraient se trouver, par leur réin-

---

[1] Nous n'avons pas à nous occuper ici des mesures prises en 1888 pour interdire l'accès et le séjour en Alsace-Lorraine aux Français : ces mesures ne rentrent pas dans le cadre du présent ouvrage.

[2] Voir, dans *Le Droit* du 16 juin 1880, un arrêt intéressant du conseil de révision de Paris.

tégration, dans une situation fausse, c'est-à-dire cumuler les deux nationalités allemande et française. Il s'est conformé en cela à la règle que nous avons exposée ci-dessus[1].

La loi allemande du 1er juin 1870 sur la nationalité, étendue aux provinces annexées par ordonnance impériale du 8 janvier 1873, fournit aux Alsaciens-Lorrains un moyen d'abdiquer la nationalité allemande. Comme on l'a vu ci-dessus[2], tout sujet allemand peut renoncer à sa nationalité en obtenant un permis d'émigration (*entlassungschein*), pièce qui ne peut pas être refusée à l'individu âgé de moins de dix-sept ans ou de plus de vingt-cinq, et qui sort ses effets à condition que celui à qui elle est délivrée ait émigré dans les six mois. Les Alsaciens-Lorrains munis de cette pièce peuvent donc, s'ils sont majeurs, être réintégrés dans la qualité de Français, conformément à l'article 18 du Code civil. Cet article 18, il est vrai, ne peut s'appliquer qu'aux personnes qui, étant nées avant la cession de l'Alsace-Lorraine, ont été investies de la qualité de Français. Il faut aussi prévoir le cas de ceux qui sont nés en Alsace-Lorraine après le démembrement. Ces derniers peuvent invoquer l'article 10 du Code civil, qui autorise tout individu né hors de France de parents dont l'un a perdu la qualité de Français, à réclamer cette qualité, conformément aux dispositions de l'article 9. La déclaration de l'article 9 pouvant, depuis la loi de 1889, être effectuée par les mineurs dûment autorisés, il s'ensuit que le mineur Alsacien-Lorrain, qui a obtenu l'*entlassungschein*, peut réclamer la qualité de Français.

On a admis en outre à la réintégration les Alsaciens-Lorrains qui étaient libres de tout service militaire en Alsace-Lorraine. Cette exemption avait été accordée à ceux qui avaient servi dans l'armée française ou la garde mobile avant le 17 décembre 1870[3], ou ceux qui étaient nés avant

[1] Voir pages 149 et ss.
[2] Page 156. Voir aussi annexe M.
[3] Ord. imp. du 26 mars 1872. *Recueil des traités*, t. II, p. 603.

le 1ᵉʳ janvier 1851 [1]. Les uns et les autres étaient dispensés du service en Allemagne sans aucune condition de nationalité.

§ 9. — Rétrocession de l'île de Saint-Barthélemy à la France.

L'île de Saint-Barthélemy, ancienne colonie française, cédée à la Suède en 1784, par Louis XVI, a été rétrocédée en 1877 à l'ancienne métropole, dont, malgré une longue séparation, elle avait conservé les mœurs et la langue. La convention, qui stipule cette rétrocession, peut être citée comme un modèle de traité de cession, et si, au point de vue des intérêts engagés, elle ne peut prétendre à avoir une importance bien considérable, elle constate un progrès dans le droit des gens. Presque toutes les clauses libérales que nous avons eu l'occasion de recommander ci-dessus, se trouvent réunies dans le traité du 10 août 1877, et le protocole annexe du 31 octobre suivant.

« S. M. le Roi de Suède et Norvège, lisons-nous dans
« l'article 1ᵉʳ du traité, rétrocède à la France l'île de Saint-
« Barthélemy et renonce, en conséquence, pour lui et tous
« ses descendants et successeurs, à ses droits et titres sur
« ladite colonie. Cette rétrocession est faite sous la réserve
« expresse du consentement de la population de Saint-Bar-
« thélemy et, en outre, aux conditions énumérées dans un
« protocole spécial qui sera annexé au présent traité et
« considéré comme en formant partie intégrante ».

Il a donc paru convenable de faire voter la population avant d'arrêter les termes de ce protocole. Le résultat du vote a été 350 voix en faveur de la France sur 351 votants. La cession étant ainsi régulière, au point de vue politique,

---

[1] Loi allemande du 23 janvier 1872.

les Gouvernements de France et de Suède sont convenus
des dispositions relatives à la nationalité des habitants de
l'île, au point de vue juridique. Nous nous bornerons à
transcrire, en les commentant, les deux premiers articles
du protocole, qui seuls sont relatifs à ce qui fait l'objet de
nos études :

« Art. 1er. — La population de l'île de Saint-Barthélemy
« ayant été consultée conformément à l'article 1er de la
« convention ci-dessus rappelée, et s'étant prononcée en
« faveur d'une réunion de cette île aux possessions fran-
« çaises, les sujets de la couronne de Suède domiciliés dans
« ladite île ou dans les îlots qui en dépendent sont déliés
« de tout lien de sujétion envers S. M. le Roi de Suède et
« de Norvège, ses descendants et successeurs, et la natio-
« nalité française leur sera acquise de plein droit à dater
« du jour de la prise de possession par l'autorité fran-
« çaise ».

On remarquera ici que, contrairement à ce qui a eu lieu
lors de la cession de l'Alsace-Lorraine, les habitants tombent immédiatement sous l'allégeance de l'État cessionnaire. C'est le seul point sur lequel on pourrait peut-être
faire une objection : cependant ce système est dans un sens
plus logique que celui qui consiste à attendre l'option ou
l'expiration du délai. Il est, en effet, plus naturel que les
habitants soient dès le jour de la prise de possession sujets
du souverain territorial. Mais l'autre système présente cet
avantage que la nationalité n'est jamais indécise et qu'il
n'est pas besoin de donner un effet rétroactif à la déclaration d'option.

« Art. 2. — Toutefois il demeure loisible aux personnes
« domiciliées dans l'île de Saint-Barthélemy et étant en
« possession de la qualité de sujet de la couronne de Suède
« de s'assurer, si elles le préfèrent, la conservation de cette
« qualité moyennant une déclaration individuelle faite à
« cet effet devant l'autorité de l'île ; mais, dans ce cas, le
« Gouvernement français se réserve la faculté d'exiger

« qu'elles transportent leur résidence hors du territoire de
« Saint-Barthélemy.

« Le délai dans lequel pourra se faire la déclaration d'op-
« tion prévue au paragraphe précédent sera d'un an à dater
« du jour de l'installation de l'autorité française dans l'île
« de Saint-Barthélemy.

« Pour les personnes qui, à cette date, n'auront pas l'âge
« fixé pour la majorité par la loi française, le délai d'un an
« courra à partir du jour où elles atteindront cet âge ».

Les domiciliés seulement, et non les originaires, sont
frappés par l'annexion; mais, le point important de cet
article est celui qui permet aux mineurs d'attendre leur
majorité pour opter. C'est le système dont nous avions recommandé l'adoption et montré les avantages. Nous croyons
qu'il n'avait encore été admis jusqu'ici que dans la loi belge
du 4 juin 1839, relative aux personnes dont la nationalité
était atteinte par la séparation du Limbourg et du Luxembourg[1]. C'est le protocole du 31 octobre 1877 qui l'a pour
la première fois introduit dans la pratique internationale,
et il est à souhaiter qu'il y soit dorénavant toujours appliqué.

§ 10. — Annexion des dépendances de la couronne de Taïti.

A la suite de la cession faite par Pomaré V de la souveraineté pleine et entière des îles dépendant de la couronne de
Taïti, une loi du 31 décembre 1880 déclara, article 3, que
« la nationalité française est acquise de plein droit à tous
« les anciens sujets du roi de Taïti ».

Une disposition de cette nature n'a pas besoin de com-
mentaires. La seule ressource qui resterait à un Taïtien
pour échapper à la souveraineté de la France serait l'émigration ou la naturalisation chez une autre puissance indépendante.

[1] Voir ci-dessus page 325 et ci-après annexe J, 3º.

CHAPITRE VIII.

CONSTATATION DE LA NATIONALITÉ.

§ 1. — Autorités compétentes pour constater la nationalité en France.

I.

La nationalité confinant à la fois au droit civil et au droit public, on peut se demander quelle doit être l'autorité compétente pour statuer sur les controverses qui s'y rapportent, en un mot, pour la constater légalement. Sera-ce la justice? Sera-ce l'administration? En France, la réponse est facile à faire. Par cela même que les lois régissant la perte et l'acquisition de la qualité de Français font partie intégrante du Code civil, c'est au pouvoir judiciaire qu'il appartient de les interpréter et d'en surveiller la stricte application. Le pouvoir administratif qui, dans certains pays étrangers, apprécie lui-même les questions du statut personnel, n'a chez nous, à ce point de vue, que les attributions définies qui lui sont conférées par des lois spéciales : il est compétent, par exemple, pour accorder la naturalisation aux étrangers, pour délivrer le permis d'expatriation prévu par l'article 17 du Code; mais il ne lui appartient de ne se prononcer sur le statut personnel d'un individu. Dans beaucoup de cas, cependant, l'administration a lieu de distinguer entre les Français et les étrangers, et souvent elle délivre des pièces qui semblent porter la preuve de la nationalité française de celui qui les obtient, — le passeport, par exemple, ou le certificat d'immatriculation dans un consulat. Mais les décisions de l'administration, les pièces qu'elle délivre n'ont que la valeur d'un avis, constituant non une preuve, mais une simple présomption de la qualité de Français. Elles pourront être combattues devant les tribunaux dont l'appréciation est seule souveraine et qu'elles n'engagent pas.

Rien n'est plus juste, d'ailleurs, que d'avoir confié aux magistrats seulement la connaissance des questions si délicates et si importantes que soulèvent les lois sur l'allégeance. Les formalités dont sont entourées les décisions judiciaires, l'instruction préalable, la publicité des audiences, les modes de recours, sont des garanties que l'on chercherait en vain, si l'affaire pouvait être tranchée sommairement dans les bureaux d'une administration publique. Enfin, il est naturel qu'une des parties de notre législation qui offre le plus de difficultés soit interprétée par les hommes à qui l'étude du droit est particulièrement familière.

La conséquence forcée de la compétence judiciaire, c'est que les questions de statut personnel ne peuvent être résolues qu'à l'occasion d'un litige. On ne peut pas s'adresser aux tribunaux pour leur demander une opinion : il faut nécessairement, pour les saisir, qu'un demandeur actionne un défendeur. Il faut donc, pour que la nationalité d'un individu puisse être légalement établie en France, qu'une personne ait un intérêt né et actuel à l'opposer à une autre personne ayant également un intérêt né et actuel à la contester. Ce régime présente, du moins en apparence, un assez grave inconvénient. Il peut arriver qu'un individu désire faire reconnaître d'avance qu'il est Français ou qu'il est étranger, pour invoquer ensuite l'une de ces deux qualités quand l'occasion se présentera. La loi française ne permet pas de lui donner une entière satisfaction. Il devra se contenter d'un passeport ou de toute autre pièce d'origine administrative portant simplement une présomption, et ne valant que jusqu'à preuve contraire. Peut-être aura-t-on lieu de regretter, dans quelques cas, qu'aucune autorité en France ne puisse délivrer une attestation d'extranéité, comme le font certains gouvernements de l'Amérique latine, ou un certificat de nationalité, comme beaucoup d'États d'Europe et d'Amérique, y compris l'Angleterre, depuis la loi du 12 mai 1870. Sur ce dernier point, même, il peut sembler étonnant que la France qui, d'après l'article 8, n° 4, du Code civil, requiert un certificat d'allégeance du Gouvernement dont un individu né en France et y domicilié à sa majorité prétend être le ressortissant, soit dans l'impossibilité de fournir, le cas échéant, une attestation analogue. Cependant, nous croyons que le système français, si on veut bien l'approfondir, répond à une idée plus juste. La nationalité, dans nos lois, est chose variable et changeante : un certificat délivré à un moment donné ne saurait valoir pour un autre moment que celui même auquel il a été délivré. Mis en réserve pour être exhibé à l'occasion, il pourrait donner lieu à des abus, et il resterait, dans tous les cas, à établir que la nationalité n'a pas changé dans l'intervalle. Il est donc conforme à la logique de ne constater la nationalité qu'à l'occasion d'un intérêt né, puisqu'on ne peut rationnellement la constater que pour un instant donné, pour une époque précise, — c'est-à-dire pour le passé ou le présent, mais jamais pour l'avenir.

Malheureusement, il arrive parfois que, dans l'état actuel de nos lois, il est assez difficile de saisir la justice d'une demande en constatation de statut personnel, alors même qu'on est intéressé directement à le prouver. Ce sont ces imperfections, ces lacunes dans le détail et dans la pratique qui trompent, si l'on ne regarde qu'à la superficie, sur la valeur même du système. On verra par les pages qui suivent, qu'il y aurait, en somme, peu de changements à apporter à la jurisprudence, et moins encore à nos lois pour satisfaire à toutes les exigences.

II.

Toutes les fois que l'intérêt de faire constater la nationalité provient du droit civil, il n'y a pas de difficulté possible pour saisir les tribunaux. La question peut se présenter dans nombre de litiges, à l'occasion d'une succession, d'un mariage, d'un contrat, etc., et sous les modes divers que nos lois de procédure offrent aux parties. Il peut même arriver que la nationalité d'un tiers soit agitée entre les plaideurs pour savoir, par exemple, si un témoin testamentaire était Français. — Il n'y a pas lieu de donner ici des explications; mais la question devient plus compliquée et mérite d'être étudiée avec quelques détails, quand il s'agit des charges ou des avantages attachés à la qualité de Français, non plus par des lois civiles, mais par des lois d'ordre politique, administratif ou militaire. Il peut arriver qu'un individu ait intérêt à faire reconnaître sa nationalité française pour être inscrit sur les listes électorales, pour être admis à prendre part au partage de biens ou de revenus communaux, pour se faire inscrire sur les registres matricules d'un consulat français à l'étranger, pour ne pas être livré à une puissance étrangère qui demande son extradition, pour éviter d'être frappé d'expulsion par application de la loi de 1849..... Il peut arriver inversement qu'une personne ait intérêt à établir son extranéité pour se soustraire au service militaire, aux emprunts forcés, aux contributions de guerre, aux réquisitions, en un mot, aux charges qui pèsent sur les Français, mais n'atteignent pas les étrangers. Dans l'une ou l'autre hypothèse, nous nous trouvons en présence d'une personne intéressée à provoquer où à faire annuler une décision administrative fondée sur sa nationalité, et, par conséquent, à faire reconnaître cette nationalité. Comment s'y prendra-t-elle ? Les

lois et la jurisprudence peuvent-elles lui fournir un recours? Et quel genre de recours lui peuvent-elles fournir?
— Le nombre des circonstances dans lesquelles un individu peut avoir intérêt, en dehors du droit civil, à réclamer ou à repousser la qualité de Français est trop considérable pour que l'on puisse prétendre les énumérer toutes.
On citera seulement les hypothèses les plus fréquentes.

Droit électoral. — Le droit de prendre part aux élections
pour les conseils communaux et départementaux, ainsi que
pour les assemblées souveraines, est un des plus importants avantages de la qualité de Français. Aussi est-ce souvent à cette occasion que naissent des contestations sur le
statut personnel.

Depuis l'introduction du suffrage universel dans notre
pays, tout Français, qui remplit certaines conditions de
capacité et de domicile et qui n'encourt aucune déchéance
légale, est en possession des droits politiques, et par suite
doit être inscrit sur les listes électorales. Un individu qui
se prétend Français et qui a été omis comme étranger doit
donc pouvoir requérir son inscription. Inversement, il est
nécessaire qu'on puisse combattre l'inscription d'un individu qu'on croit étranger et obtenir sa radiation.

Pour se rendre un compte exact de ce qui se passe dans
la pratique, il est nécessaire d'examiner la manière dont
les listes électorales sont dressées. Le soin de les dresser
était autrefois confié au Préfet : depuis que le suffrage universel est devenu la loi de la France, il a fallu chercher
un autre système. Le rôle exercé par le Préfet a été dévolu
à des commissions spéciales prises dans chaque commune
et qui varient suivant qu'il s'agit des listes pour les élections communales, ou de celles préparées en vue des élections politiques. Dans le premier cas, la commission,
d'après la loi du 17 juillet 1874, se compose du maire de
la commune, d'un membre du conseil municipal, et d'un
délégué nommé par l'administration. Dans le second cas,

elle comprend, aux termes du décret-loi du 2 février 1852, le maire et deux membres du conseil municipal.

Les réclamations doivent être formées contre la commission même qui a préparé la liste, et qui se trouve ainsi dans une certaine mesure juge et partie. Supposons donc une personne omise comme étrangère : elle adresse une réclamation au maire, président de la commission. Si celle-ci, augmentée de deux membres du conseil municipal, pour des listes communales, n'admet pas la demande, le demandeur porte l'affaire en appel devant le juge de paix, le maire comparaissant comme défendeur. Le juge de paix est investi par nos lois électorales du droit de statuer en dernier ressort, sauf pourvoi en cassation, à moins qu'il ne s'agisse d'une question d'État, c'est-à-dire précisément d'une question dans le genre de celle qui nous occupe. Dans ce cas, le juge de paix doit surseoir au prononcé de son jugement pour renvoyer le litige comme question préjudicielle, devant les tribunaux ordinaires. Cependant la jurisprudence de la Cour de cassation lui permet une certaine appréciation. Si la cause est évidente, soit qu'il apparaisse nettement que le réclamant est étranger, soit qu'il ne soit pas moins manifeste qu'il est Français, le juge de paix peut rendre son jugement. Il le peut toutes les fois que l'affaire ne se présente pas comme sérieuse. Si, dans un cas de ce genre, un pourvoi en cassation est formé contre la sentence du juge de paix, notre Cour suprême ne manque pas de donner raison à ce magistrat[1]. La Cour de cassation a même admis certaines présomptions comme suffisantes pour établir la nationalité en matière électorale, lorsque rien ne vient y contredire. Quand, par exemple, un individu prouve qu'il est né en France, quand il produit un contrat de mariage français, un certificat de service militaire, un livret, ou l'attestation qu'il a toujours figuré sur la liste électorale, la Cour a

---

[1] Arrêts des 16, 23, 30 mars 1863, 4 avril 1865, 14, 19 mars et 25 avril 1877.

décidé à plusieurs reprises qu'il devait être inscrit, toutes les fois qu'aucune preuve n'était présentée pour combattre la présomption de nationalité française résultant de ces différentes circonstances[1].

Dans le cas, au contraire, où la contestation sur la nationalité se présente avec un caractère sérieux, le juge de paix se déclare incompétent et sursoit à rendre son jugement sur la question de l'inscription jusqu'au moment où la juridiction civile s'est prononcée. C'est alors sous forme de question préjudicielle que le tribunal est saisi du litige par l'omis actionnant le maire. Une fois la nationalité jugée par le tribunal, avec droit d'appel et de pourvoi en cassation, l'affaire revient devant le juge de paix, et ce dernier décide s'il y a lieu ou non de procéder à l'inscription de l'intéressé.

Il importe d'ajouter, dès à présent, que l'intéressé n'est pas seul compétent pour réclamer contre la liste électorale. Le préfet, le sous-préfet, le délégué de l'administration dans la commission municipale et tout électeur inscrit peut réclamer une inscription ou une radiation. La pratique présente un assez grand nombre de cas où un électeur intervient pour demander la radiation d'une personne qui en raison de son extranéité lui paraît incapable de figurer sur les contrôles électoraux. L'affaire suit les phases que nous venons d'énumérer. Toutefois il faut remarquer que le défendeur sera le plus souvent l'électeur inscrit dont la radiation est demandée et qui se trouvera tout naturellement appelé à figurer au procès, où il est le principal intéressé. Nous citerons comme exemple l'affaire du député Durand, dont un électeur du département du Rhône avait cru devoir contester la nationalité française en 1877. De la commission municipale, la demande a été portée devant le juge de paix, et ce dernier s'étant justement déclaré incompétent, le tribunal a été saisi du litige, dans lequel

---

[1] Voir ces mêmes arrêts.

l'intéressé lui-même figurait comme défendeur, et a obtenu gain de cause, par le jugement du 24 mars 1877[1]. C'est également la même filière qui a été suivie par M. Bartholoni contestant la nationalité du prince de Lucinge, qui a été déclaré français par un jugement du tribunal de la Seine du 23 mai 1878.

Des questions de même genre pourraient s'élever à l'occasion de la nomination des électeurs sénatoriaux. La loi du 2 août 1875 a réglé le mode de recours contre les pouvoirs des délégués. Tout électeur du département, ainsi que le préfet, peut élever une protestation dans les trois jours. Le conseil de préfecture est compétent, sauf appel au Conseil d'État; mais ici la loi est muette sur la compétence dans les questions d'état. Le Conseil d'État[2] a eu l'occasion de se prononcer sur ce point. Par analogie avec ce qui a lieu en matière électorale dans tous les autres cas, il a émis l'opinion que le conseil de préfecture devait se déclarer incompétent sur les contestations de nationalité et renvoyer l'affaire sous forme de *prejudicium* à la connaissance des tribunaux civils.

On vient de se placer avant l'élection : supposons maintenant qu'elle est faite, pour chercher ce qui adviendra si l'on vient à découvrir que l'élu est étranger. Il importe de distinguer tout d'abord entre les assemblées qui vérifient elles-mêmes les pouvoirs de leurs membres et celles pour lesquelles ce soin appartient à l'administration. Parmi ces dernières figurent les conseils généraux. La loi de 1871 leur avait donné le droit de vérifier eux-mêmes les pouvoirs de leurs membres; mais des abus s'étant produits, une loi spéciale du 31 juillet 1875 le leur a enlevé pour le confier au Conseil d'État. Si la protestation contre une élection est fondée sur l'extranéité de l'élu, le Conseil d'État sursoit à son jugement pour laisser au tribunal civil le soin de statuer sur la question préjudicielle, dont il ne

---

[1] Voir ci-dessus page 347.
[2] Arrêt du 17 mars 1876.

peut pas connaître. Cette question étant réglée, l'affaire
lui revient et il prend une décision définitive [1].

S'agit-il d'un membre d'un conseil d'arrondissement,
les protestations doivent être adressées au conseil de préfecture : s'il y a une question de nationalité, le conseil
doit se déclarer incompétent et remettre l'affaire au tribunal civil. Un exemple de cette procédure a été fourni
par la nomination, en 1867, au conseil d'arrondissement
de Roubaix, d'une personne dont la nationalité française
a paru douteuse à quelques électeurs. Ceux-ci se sont
adressés au préfet, et, le conseil de préfecture s'étant déclaré incompétent, ils l'ont traduit devant le tribunal civil
de Lille, puis devant la Cour de Douai. La Cour de cassation, saisie en dernier lieu, a trouvé que l'affaire avait
suivi une marche tout à fait régulière [2].

Quant aux assemblées qui sont investies du droit de
vérifier elles-mêmes les pouvoirs de leurs membres, c'est-
à-dire le Sénat et la Chambre des députés, on admet
qu'elles sont souveraines sur ce point, et dès lors elles
jugeront les questions d'État comme les autres. C'est ainsi
qu'en 1888, la Chambre des députés a eu à se prononcer
sur l'admission de M. Cluseret, élu par le département
du Var, et qui avait servi, en qualité de général, pendant la guerre de sécession. L'élection de M. Cluseret a
été validée, apparemment par les motifs que nous avons
mentionnés ci-dessus [3]. On pourrait donner de nombreux
exemples de cette façon de procéder. Logiquement, il faudrait soumettre la question à un tribunal, car c'est une
étrange violation du principe de la séparation des pouvoirs
que de voir une assemblée délibérante statuer sur une
question de cette nature. — Il n'est pas besoin de faire
observer que la décision prise par le Parlement en pareille

[1] Voir Marie, *Admin. départ.*, t. I, page 62 et s.
[2] Voir ci-dessus, page 96, où cette affaire est citée pour le fond.
[3] Voir pages 298 et s.

matière ne saurait engager les tribunaux. Dans le cas, par exemple, où un député serait invalidé comme étranger, il pourrait toujours recourir aux modes de procédure indiqués plus haut pour se faire replacer sur les listes électorales, s'il pensait être Français.

Service militaire. — Le service militaire pèse en France sur tous les Français, mais épargne les étrangers. Ceux-ci ont donc un grand intérêt à faire reconnaître leur extranéité, quand ils sont appelés sous les drapeaux, ce qui arrive assez souvent par erreur, surtout pour ceux qui sont nés sur le territoire français. On sait, en effet, que les listes du recrutement comprennent tous les jeunes gens nés vingt ans auparavant et dont les noms sont relevés sur les registres de l'état civil. De là une cause de méprises assez fréquentes, quand rien n'indique que les parents de l'intéressé sont étrangers. Les listes sont dressées par le maire. C'est à lui que l'étranger doit s'adresser pour empêcher qu'on ne l'inscrive. Le maire examine la question, et, si l'extranéité lui paraît hors de doute, l'inscription n'a pas lieu. Il est guidé pour cela par la loi et par les circulaires ministérielles. On a vu plus haut, par exemple, l'arrangement conclu avec l'Angleterre pour les fils d'Anglais nés en France. Si le maire juge que l'exception n'est pas sérieuse, il passe outre et le nom du réclamant arrive au sous-préfet sur la liste cantonale. L'article 66 de la loi militaire du 15 juillet 1889 prévoit un examen des tableaux fait en séance publique sous la présidence du sous-préfet, en même temps que le tirage au sort. L'individu qui se prétend étranger doit formuler de nouveau sa requête. Si de nouveau sa demande est écartée, il la reproduit devant le conseil de révision, que l'article 18 de la loi militaire habilite à entendre les réclamations auxquelles la formation des tableaux peut donner lieu. Si, ici encore, le réclamant ne peut obtenir gain de cause, c'est alors que commence l'intervention du pouvoir judiciaire. Le conseil de révision ajourne sa décision ou ne prend qu'une décision conditionnelle, aux termes de l'article 31 de la loi militaire de 1889, afin de permettre à la justice de statuer sur le litige, de la solution duquel dépend la décision définitive. La question est jugée contradictoirement avec le préfet, à la requête de la partie la plus diligente, et le tribunal civil du lieu du domicile statue sans délai. Dès que le jugement est passé en force de chose jugée, le préfet doit s'y conformer. Si le réclamant est reconnu comme étranger, il est rayé, et, dans le cas contraire, il reste dûment inscrit.

La procédure à suivre dans cette circonstance a été fixée pour la première fois dans une importante circulaire de 1819, que nous avons déjà citée. C'est dans le même esprit qu'est conçue la loi de 1889. La circulaire décide aussi, et l'article 31 de la loi de 1889 implique le même système, que ce n'est pas aux tribunaux qu'il appartient de prononcer la libération. C'est le conseil de révision seul qui la prononce, après avoir reçu communication du jugement du tribunal civil, lequel statue seulement sur la question de nationalité.

D'après la circulaire de 1819, quand un individu avait été déclaré par le conseil de révision *bon pour le service,* aucun recours n'existait contre cette décision. C'est tout à fait inadmissible. Comment admettre, en effet, qu'un individu qui ne reconnaît son extranéité que plus tard, après son incorporation, ne peut pas être rendu à la vie civile et rayé des contrôles militaires? Une pareille décision serait en contradiction formelle avec le principe d'après lequel nul ne peut faire partie des troupes françaises, s'il n'est Français. — Comment faut-il donc procéder quand un individu incorporé dans l'armée française ou déclaré *bon absent* par le conseil de révision, vient demander sa radiation des listes du recrutement? — Nous avons déjà abordé cette question à l'occasion des Français qui se font naturaliser étrangers et qui reviennent ensuite en France, étant

sous le coup de poursuites pour insoumission ou pour désertion. Mais ici la question est plus générale : il s'agit
d'un individu objectant au ministre de la Guerre qu'il a été
inscrit, alors qu'il ignorait son extranéité, ou qu'étant absent de bonne foi, il était incapable de faire valoir ses motifs devant le préfet ou le Conseil. Il nous semble que le
département de la guerre doit examiner la demande. S'il y
a doute, il renvoie l'intéressé à se pourvoir devant les tribunaux pour obtenir un jugement. Si au contraire le bien
fondé de la demande apparaît clairement, il devra prononcer d'office la radiation par application des principes
généraux, qui interdisent d'enrégimenter malgré eux les
étrangers. En pratique, le renvoi devant le tribunal est
presque toujours ordonné, l'administration préférant couvrir par un jugement sa responsabilité.

Cette combinaison, qui entre de plus en plus dans les
usages du département de la guerre, n'a qu'un inconvénient : c'est qu'il n'est pas absolument sûr que les tribunaux acceptent de statuer sur l'affaire. En effet, la loi
militaire donne aux préfets une compétence spéciale, bor-
née au cas de la formation des listes. Certains tribunaux
ont cru pouvoir invoquer cette disposition pour se déclarer
incompétents. Le 18 février 1875, le tribunal de la Seine
était saisi d'une demande de ce genre, formée par un
sieur V..., né à Paris de parents belges, qui se plaignait
d'avoir été inscrit indûment sur les listes du recrutement.
« Le préfet, a dit le tribunal, n'est pas le contradicteur
« ordinaire des parties, quand il s'agit de faire juger une
« question de nationalité; la loi ne lui permet d'être, par
« exception, défendeur à la demande que dans le cas spé-
« cial prévu par l'article 26 de la loi du 21 mars 1832 ».
« Et attendu que V... ne se trouve pas dans le cas dudit
« article, qu'il n'a élevé aucune réclamation devant le
« conseil de révision, etc.; que le préfet n'a donc pas qua-
« lité pour défendre à l'instance »; le tribunal a débouté le
sieur V...

Ce jugement n'est pas seul dans son genre : mais pourtant la jurisprudence préfère l'opinion contraire. Nous citerons, par exemple, les jugements du tribunal de Paris, du 28 juin 1860, du tribunal de Toulouse, du 16 août de la même année, du tribunal de Wissembourg, du 2 juin 1860, et l'on pourrait en mentionner beaucoup d'autres dans ces dernières années [1]. Ces sentences nous semblent absolument justifiées, car il nous semble qu'il n'y a pas lieu, dans le cas où nous nous plaçons, de s'occuper de la loi militaire. Nous avons supposé une demande adressée au ministre de la guerre et rejetée : c'est contre cette décision ministérielle, refusant de reconnaître l'extranéité, que l'intéressé proteste en actionnant devant le tribunal le ministre lui-même, c'est-à-dire le Gouvernement, qui se trouve précisément représenté par le préfet. Ce n'est donc pas comme chargé de la confection des listes que le préfet est actionné, c'est comme représentant de l'État.

Cette manière de voir et de procéder, qui, je le répète, entre de plus en plus, par la force des choses, dans nos mœurs administratives et judiciaires, est la seule qui satisfasse aux principes de notre droit en même temps qu'aux légitimes exigences des intéressés. Il est en effet nécessaire, indispensable, qu'un homme qui croit avoir droit à être exempté des obligations de la loi militaire par le motif de son extranéité, soit en mesure de faire valoir ses droits. En admettant la doctrine du jugement du tribunal de la Seine, dont il a été question ci-dessus, on place l'intéressé dans une impasse d'où il lui est absolument impossible de sortir. A ce titre seul, cette doctrine devrait être condamnée.

L'hypothèse inverse peut aussi se présenter, celle d'un jeune homme qui, se regardant comme Français, entre dans l'armée, et que l'administration militaire refuse d'y garder en prétendant qu'il est étranger. S'il n'accepte pas

---

[1] La loi militaire de 1889 n'apporte à cet égard aucun élément nouveau.

cette exclusion, le soi-disant Français doit être traduit devant le tribunal pour s'entendre déclarer étranger, à la demande du ministre de la Guerre. Le tribunal de la Seine a eu à juger, le 30 novembre 1883 une affaire de cette nature. Il s'agissait[1] d'un jeune homme, né en France d'un père autrichien, M. G. qui entendait profiter des avantages conférés par l'article 9 du Code civil, pour réclamer la qualité de Français et servir sous nos drapeaux. Il s'était présenté devant l'officier de l'état civil du 7ᵉ arrondissement de Paris et avait déclaré réclamer la qualité et les droits de citoyen français. Le ministre de la Guerre avait contesté la valeur de cette déclaration et assigné devant le tribunal civil de la Seine M. G. pour faire décider que l'option faite par ce dernier était nulle et de nul effet. Il prétendait que les conditions auxquelles doit être soumise cette option, notamment les prescriptions de l'article 9 du Code civil, n'avaient pas été remplies par M. G., qu'en effet celui-ci avait plus de vingt et un ans, lorsqu'il avait fait sa déclaration, puisque, né en 1856, il l'avait seulement effectuée en 1880. Le droit que réclamait M. G. d'être immédiatement versé dans la réserve de l'armée active, conformément à l'article 36 de la loi du 27 juillet 1872, dépendait de la validité de cette déclaration ; il appartenait donc à l'administration militaire de saisir le tribunal civil de la question. M. G. a demandé que le ministre de la Guerre fût déclaré non-recevable et, en tous cas, mal fondé dans sa prétention. Le tribunal a reconnu que « le ministre de la Guerre a qualité, comme chef de l'armée pour contester la nationalité de tous ceux qui y sont incorporés à quelque titre que ce soit et pour assurer ainsi l'exécution de l'article 7 de la loi du 29 juillet 1872, qui dispose que nul n'est admis dans les troupes françaises s'il n'est Français. » Et donnant raison à M. G., il a, par un jugement fortement motivé, déclaré que le ministre

[1] Voir la *Gaz. des trib.* des 3 et 4 décembre 1883.

de la Guerre était à la fois « recevable et mal fondé dans sa demande ». Il l'a débouté et condamné aux dépens.

Expulsion. — La loi de 1849 sur la police des étrangers permet au ministre de l'Intérieur de prendre contre eux des arrêtés d'expulsion. Rien n'est plus juste que cette manière de procéder. Autant nous avons blâmé le bannissement, au point de vue du droit des gens, c'est-à-dire l'expulsion des nationaux, autant il est naturel d'expulser les étrangers, dont la présence sur le territoire devient un danger.

Si un individu menacé d'être expulsé se prétend Français, qui pourra le juger? Dans la pratique, la demande est simplement l'objet d'une enquête dans les bureaux de l'Intérieur, et si le bien fondé n'en apparaît pas, l'expulsion est maintenue. Nous voudrions que l'intéressé pût toujours, en pareil cas, actionner le Gouvernement français devant le tribunal pour faire reconnaître sa nationalité française. C'est seulement après que la justice se serait prononcée qu'on pourrait procéder définitivement à l'expulsion.

Un arrêt de la Cour de cassation du 7 décembre 1883[1] donne lieu de penser que notre système serait peut-être admis aujourd'hui. Il s'agissait d'un individu poursuivi pour infraction à un arrêté d'expulsion prononcé contre lui parce que l'administration le considérait comme Belge. Le prévenu a demandé à établir son extranéité; le tribunal de première instance et la Cour s'y étant refusés, il a obtenu gain de cause devant la Cour de cassation. L'affaire étant revenue ensuite devant la Cour de Rouen, celle-ci a rendu un arrêt conforme à la doctrine de la Cour suprême, et qui contient les considérants suivants : — « Attendu qu'en accordant au ministre de l'Intérieur le droit d'enjoindre à tout étranger voyageant ou résidant en France de sortir immédiatement du territoire français, l'article 7 de la loi

---

[1] *Journal du dr. int. pr.,* année 1884, pages 628 et s.

du 3 décembre 1849 suppose nécessairement que la personne objet de cette mesure est un étranger; — Que c'est ce qui ressort de son texte même, et que l'article 8 confirme encore cette interprétation en soumettant à un emprisonnement d'un mois à six mois tout étranger qui se serait soustrait à l'exécution des dispositions prises par le Gouvernement; — Que la qualité d'étranger est donc l'un des éléments constitutifs du délit, et que si elle est contestée, il appartient au ministère public de l'établir; — Que tant que cette preuve n'est pas parfaite, l'accusation manque de base, et que le juge de l'action étant juge de l'exception, le tribunal correctionnel est compétent pour rechercher si le prévenu, qui lui est déféré comme étranger, n'est pas, au contraire, en droit de se prévaloir des avantages attachés à la qualité de Français; — Qu'au premier point de vue, le tribunal, en refusant d'examiner la nationalité de G. a méconnu l'un des principes du droit pénal, et que sa décision doit être réformée ».

Il est impossible de mieux exposer la doctrine que nous souhaitons de voir admise partout sur cette matière. Au surplus, l'expulsé qui se prétend Français et qui ne peut directement obtenir gain de cause pourra toujours saisir les tribunaux, en rentrant en France au mépris de la mesure décrétée contre lui. Les cas d'acquittement prononcés dans ces circonstances sont déjà nombreux [1].

Il peut arriver que la personne expulsée acquierre la qualité de Français après son expulsion. Nous estimons que l'arrêté d'expulsion deviendra par cela même sans valeur. On ne pourrait pas dire que l'arrêté, ayant été légalement rendu, doit être exécuté jusqu'à ce qu'il ait été rapporté. « En cette matière, lisons-nous dans le *Journal du droit international privé* [2], il faut se placer au temps de l'exécution et non du commandement. Or, l'arrêté d'expulsion n'ayant

---

[1] Exemples : Cour de Paris, 6 février 1884 ; Cour de cassation, 7 décembre 1883; Sirey, 1885.1.82.

[2] Ann. 1889, p. 247.

pas été exécuté au moment où l'expulsé était étranger, il s'ensuivrait qu'en le mettant à fin après sa naturalisation par l'effet de la loi, c'est réellement contre un national qu'il produirait effet. Peu importe la date de l'entrée du national dans la communauté française; au moment où l'on tenterait de l'en exclure, il en est devenu membre par le vœu de la loi.

« Une pareille expulsion atteindrait un national; or ce n'est que par une loi expresse qu'un national peut être rejeté du territoire français (sauf au cas de bannissement à la suite d'une sentence de justice).

« Assurer l'impunité du passé à l'aide d'une nationalité acquise dans une vue intéressée ne semble pas un idéal juridique, cependant le sentiment général ou mieux l'ordre public en souffre moins que de voir un national traité en étranger ».

Cette doctrine est, selon nous, incontestable. Il en a été fait application par la Cour de Paris dans un arrêt du 6 février 1884 [1]. Il s'agissait d'un mineur, né en France, expulsé, et qui avait fait à sa majorité la déclaration prévue par l'article 9 du Code civil. Toutefois, le cas se compliquait du fait que l'expulsé avait été condamné quelques jours avant qu'il eût fait cette déclaration pour infraction à l'arrêté d'expulsion. La déclaration qui avait pour effet de lever l'expulsion ne pouvait annuler la condamnation. — La même solution doit être donnée, croyons-nous, dans l'hypothèse d'une femme étrangère expatriée qui acquiert la nationalité française en se mariant à un Français. L'arrêté d'expulsion est caduc au jour du mariage.

Extradition. — En matière d'extradition, le Gouvernement tranche la question d'autorité : c'est le département de la justice au lieu d'être celui de l'intérieur; mais il im-

---

[1] Sirey, 1885.2.215. — C'est aussi la règle suivie par le ministère de l'Intérieur.

porte peu, c'est toujours le Gouvernement, l'administration qui décide qu'un individu est étranger et peut être livré à une puissance étrangère. Depuis quelques années, l'intéressé est interrogé, s'il y a lieu, par le procureur de la République; c'est une garantie qu'il n'avait pas auparavant. Il en aurait eu une autre, si une loi soumise au Parlement en 1878 avait été adoptée. Il serait traduit devant la Chambre des mises en accusation de la Cour dans le ressort de laquelle il aurait été arrêté, et serait entendu en séance publique, assisté d'un conseil, s'il le désirait. La Cour devant donner seulement un *avis,* c'était donc encore le pouvoir administratif qui eût statué en dernier ressort. Cependant c'eût été un grand pas fait dans la voie que nous indiquons [1]. — La loi néerlandaise sur l'extradition du 6 avril 1875 décide, dans son article 16, que si l'individu dont l'extradition est demandée aux Pays-Bas prétend être néerlandais, c'est la Haute-Cour qui statue sur sa nationalité. C'est cette disposition qui devrait, dans son esprit du moins, être imitée en France.

Immatriculation dans un consulat français. — Il est recommandé aux Français qui résident à l'étranger de se faire immatriculer dans la chancellerie du consulat dans la circonscription duquel ils ont établi leur résidence. Cette formalité n'est pas indispensable, en ce sens qu'aucune pénalité ne saurait être infligée à celui qui a négligé de l'accomplir, et qu'un consul ne saurait refuser de protéger un Français par le seul motif qu'il s'en serait dispensé. Cependant, un Français demeurant à l'étranger n'a le droit de figurer comme témoin instrumentaire et de devenir propriétaire unique d'un bâtiment portant notre pavillon, qu'autant qu'il a été immatriculé au consulat français.

Le consul ne peut pas se refuser à immatriculer un

---

[1] Voir l'*Annuaire de lég. étrang.* de 1876, p. 655.

Français. Nos nationaux pourront donc avoir intérêt à établir leur nationalité devant le consul pour obtenir l'immatriculation. Enfin, ils auront le même intérêt s'ils veulent passer un acte au consulat, se marier, faire un testament, etc. Quel recours auront-ils si le consul, ne se croyant pas suffisamment éclairé, refuse de les considérer comme Français et de les traiter en conséquence? Ils pourront en appeler au ministère des affaires étrangères à Paris; mais, si leur demande est rejetée, quelle ressource leur restera-t-il?

Nous voudrions qu'ici encore ils pussent traduire le Gouvernement devant les tribunaux pour faire constater judiciairement leur statut personnel. Cette manière de procéder semble avoir été admise par le tribunal de la Seine dans un jugement du 28 août 1878[1].

Autres exemples. — Nous venons d'énumérer les principales hypothèses où, à l'occasion d'une mesure d'ordre administratif, une question de nationalité peut être soulevée. Nous citerons encore quelques cas fournis par la jurisprudence.

La Cour d'appel de Grenoble a été, par exemple, appelée à se prononcer sur la nationalité d'un individu que le préfet avait refusé d'inscrire sur les listes du jury en alléguant qu'il n'était pas Français[2].

En 1836, la Cour de cassation est saisie de la réclamation d'un émigré à qui la commission de répartition de l'indemnité d'un milliard avait refusé de prendre sa demande en considération, en alléguant son extranéité. L'émigré a revendiqué la qualité de Français devant le tribunal civil et l'affaire est allée jusqu'à la Cour suprême[3].

---

[1] Le tribunal s'est déclaré incompétent, mais pour un autre motif sur lequel nous reviendrons ci-dessous. Voir sur l'immatriculation le *Guide des Consulats* par MM. de Clercq et de Vallat. Nous avons eu l'occasion ci-dessus, page 46, d'indiquer les différences entre l'immatriculation et la protection.

[2] Arrêt de la Cour de Grenoble du 16 décembre 1828.

[3] Arrêt du 15 novembre 1836, affaire d'Asbeck.

La même manière de procéder a été suivie deux ans plus tard par un habitant de la commune d'Avioth, à qui le maire avait refusé sa part dans les biens communaux, en prétendant qu'il était étranger[1].

Mentionnons en terminant une affaire qui a fait quelque bruit en son temps et qui s'est terminée par un jugement qui présente une haute importance au point de vue qui nous occupe ici[2]. Il s'agissait d'un caissier d'une grande banque de Paris poursuivi pour détournements et réfugié en Turquie. Arrêté à Constantinople, en vertu des privilèges que les capitulations confèrent aux puissances chrétiennes dans l'empire Ottoman, embarqué et ramené en France, conformément à l'édit de 1778 et à la loi du 28 mai 1836, l'inculpé a réclamé contre cette arrestation, en prétendant qu'il était de nationalité belge et qu'il ne pensait pas relever de la juridiction consulaire française dans les pays d'Orient. Cette exception fut formulée par lui devant la chambre des mises en accusation de la Cour d'appel de Paris, qui passa outre. Sur le pourvoi formé contre cet arrêt, la chambre criminelle de la Cour de cassation décida que la Cour aurait dû surseoir sur la question préjudicielle de nationalité et renvoya l'affaire, après cassation, devant la chambre des mises en accusation de Rouen. Devant cette juridiction, l'inculpé souleva de nouveau la question de nationalité, en demandant à la Cour de la trancher; mais, par arrêt du 8 janvier 1888, la Cour de Rouen, se conformant à la jurisprudence de la Cour suprême, se borna à surseoir, pour permettre à la juridiction compétente de statuer sur la question préjudicielle. L'inculpé a assigné alors le ministère public devant le tribunal civil de la Seine pour faire déclarer qu'il n'était pas Français. Le 22 du même mois, les juges lui reconnaissaient la qualité d'étranger, bien qu'il fût né en France

---

[1] Cassation, 26 février 1838.
[2] Affaire Mouvet. Voir *Le Droit* des 17 décembre 1887 et 25 février 188°.

d'un père belge qui lui-même y était né, par le motif qu'étant âgé de plus de vingt-deux ans au moment où a été mise en vigueur la loi du 12 février 1851, il n'était pas atteint par cette loi. Cette déclaration frappant de nullité toute la procédure suivie en Turquie, l'inculpé dut être remis en liberté. On ne saurait admettre, en effet, que l'autorité française, qui a juridiction sur les Français dans l'empire Turc, pût se saisir de la personne d'un ressortissant d'une puissance tierce.

III.

On se rend compte par les pages qui précèdent des lacunes de notre législation. Dans nombre de cas, il est admis législativement que la justice est compétente pour juger les questions d'État qui se présentent à l'occasion des décisions du pouvoir administratif. Dans d'autres, la loi est muette et alors la jurisprudence n'est pas toujours fixée. Une mesure législative serait ici nécessaire, elle serait le complément naturel de l'abolition de l'article 75 de la constitution de l'an VIII qui ne permettait pas de traduire les fonctionnaires devant les tribunaux, et devrait poser en règle générale qu'il est toujours loisible à un individu ayant un intérêt né à faire constater sa nationalité au regard d'une autorité administrative, de saisir les tribunaux civils.

Actuellement, même dans les cas où l'on peut supposer que le tribunal se déclarera compétent, il se présente une autre difficulté pratique. Quel tribunal devra être saisi de l'affaire ? — On admet bien que le préfet est le représentant de l'État, que c'est contre lui que devra être introduite l'instance, mais quel préfet devra être actionné ?

Nous supposons, bien entendu, qu'il s'agit d'une décision du Gouvernement central, et non d'une autorité lo-

cale. Tous les préfets représentent le Gouvernement, aussi
bien les uns que les autres. Nous croyons donc qu'il ne
faut pas se prononcer, comme on l'a fait quelquefois, pour
la compétence exclusive du préfet de la Seine, par le motif
qu'il est le préfet du département où siège le Gouvernement. Si l'intéressé a un domicile en France, il devra actionner le préfet de son département devant le tribunal de
son arrondissement. Il semble juste qu'en pareille matière,
comme lorsqu'il s'agit d'une rectification des actes de l'état
civil, l'affaire soit produite devant le tribunal qui, siégeant
au lieu où demeure l'intéressé, aura par cela même toutes
les facilités pour s'entourer de lumières.

Dans le cas où le réclamant n'a pas de domicile en
France, il est évident que le choix du préfet de la Seine
s'impose. Cependant le tribunal de Paris a jugé, dans un
jugement très curieux du 28 août 1878, que, s'il s'agissait
de la nationalité française acquise en Algérie, la justice
algérienne était en tous cas compétente. C'est une opinion
soutenable, eu égard aux règles spéciales qui régissent la
nationalité des Français d'Afrique.

Il convient de remarquer que, dans ces instances contre
un préfet représentant l'État, le rôle du préfet est souvent
nominal. Ainsi le tribunal de la Seine [1] a refusé d'admettre
l'opposition formée par le préfet de la Seine contre un
jugement précédemment rendu contre lui, sans qu'il eût
été représenté à l'audience. Un jugement contre un préfet
représentant l'État est regardé comme contradictoire par
cela même que le ministère public est intervenu, et dès
lors la voie de l'appel est la seule qui reste ouverte.

---

[1] Jugement du 10 février 1878.

§ 2. — Constatation internationale de la nationalité des individus.

Nous avons montré dans le cours du présent ouvrage à combien de conflits donnait lieu la diversité des dispositions légales qui fixent la nationalité des individus. Ici la naissance sur le territoire national confère la qualité de sujet, là c'est la filiation. Ici la naturalisation est une mesure administrative et législative prise après enquête, là, c'est la conséquence d'un séjour prolongé ou de l'exercice d'une fonction publique. Ici le national après quelques années d'absence est considéré comme expatrié et comme dépouillé de sa nationalité d'origine : là, il a beau s'éloigner pendant une longue période, s'établir à l'étranger sans esprit de retour, il ne peut rompre le lien d'allégeance. Ici la dénationalisation est une déchéance, encourue à la suite de faits délictueux, là c'est une libération. Nous avons recherché les moyens de diminuer la conséquence des conflits résultant de la diversité des lois ou quelquefois de lois identiques appliquées par deux pays différents à l'encontre l'un de l'autre. Ces moyens sont de deux sortes : on peut procéder par voie de réformes législatives et par voie de conventions internationales.

On a vu ci-dessus d'assez nombreux exemples de conventions relatives à ces questions : la France est peut-être le pays qui est entré le moins largement dans cet ordre d'idées, mais il est probable qu'elle sera amenée de plus en plus à suivre l'exemple des pays étrangers, des États-Unis notamment qui ont cherché dans cette voie le remède à des difficultés plus nombreuses pour eux que pour les autres États, à cause de l'immigration européenne. Aux conventions, ajoutons certains usages tendant à s'établir à cet égard dans les rapports entre les États. Telle est la

règle consistant à ne pas protéger à l'encontre d'un État
étranger un national qui est en même temps sujet de cet
État d'après les lois dudit État. Cette règle, inaugurée par
l'Angleterre et suivie par plusieurs Gouvernements, a une
grande utilité pratique, mais elle n'est qu'un palliatif :
elle dissimule le conflit et ne le fait pas cesser.

C'est surtout au moyen de réformes législatives que la
situation pourrait être améliorée. Nous avons vu ci-dessus
que certains pays ont adopté de sages règles dont nous avons
recommandé l'application et que nous souhaitons de voir se
répandre dans la plupart des États civilisés, par exemple :
— le refus de naturaliser quiconque n'est pas en mesure de
prouver qu'il a perdu sa nationalité antérieure ou la perdra par la naturalisation qu'il sollicite, — la suppression
des causes de dénationalisation autres que la naturalisation
à l'étranger, — le droit d'option ou d'abdication attribué à
tout individu qui est investi de plusieurs nationalités à la
fois, à condition qu'il n'en abuse pas pour échapper aux
charges de la patrie à laquelle il prétend se rattacher,
comme à celles du pays qu'il abandonne. Il est certain que,
si ces trois règles étaient observées partout, le nombre des
étrangers sans patrie et de ceux qui en ont plusieurs serait
de plus en plus réduit et les conflits de plus en plus rares.
Cependant, les traités et les lois si parfaits qu'on les suppose ne suffiront pas : il y aura toujours des cas douteux et
par suite litigieux.

Nous avons vu combien il était difficile de tracer les
règles qui permettent à un individu qui se dit Français,
tandis qu'on le considère comme étranger ou qui se dit
étranger, tandis qu'on lui oppose la qualité de Français,
de faire reconnaître par les tribunaux sa qualité de Français ou son extranéité. Le même genre de difficulté se
présente au point de vue international et se présentera
toujours, même en supposant une parfaite coïncidence
entre les lois. Quelle sera l'autorité compétente pour statuer en pareil cas? On ouvrira des négociations diploma-

tiques et des échanges d'explications aboutiront souvent
à une entente ; mais dans d'autres circonstances cet accord
sera difficile ou impossible à réaliser, en supposant même
que la meilleure foi règne de part et d'autre. Il conviendrait de poser une règle qui assurât la solution des conflits.
Certains théoriciens ont exprimé le vœu que des juridictions permanentes, sortes de cours arbitrales, fussent
constituées entre les États pour prononcer en dernier ressort sur les questions litigieuses concernant les particuliers
et dans lesquelles deux ou plusieurs États sont intéressés ;
mais il n'est pas probable que le temps soit proche où de
pareilles institutions seront en vigueur, si jamais elles
doivent exister. Et ce n'est pas dans ce sens qu'en l'état
actuel du droit des gens il pourrait être opportun de
chercher le remède aux inconvénients de la situation présente. La voie qui nous paraîtrait la meilleure à suivre est
celle qu'a tracée un traité hispano-argentin du 21 septembre
1863 que nous avons déjà signalé [1]. Il est dit dans cet acte
que « pour déterminer la nationalité des Espagnols et des
Argentins, on observera respectivement dans chaque pays les
dispositions prescrites par la constitution et les lois de l'un
et de l'autre, de sorte que, quand un individu réclame la
nationalité argentine ou espagnole, on statue sur la réclamation d'après la loi espagnole, s'il se trouve en Espagne,
et d'après la loi argentine, s'il se trouve dans la République argentine ». « Ce mode de procéder, dit M. Calvo [2],
nous semble équitable et rationnel ; il a pour base une juste
réciprocité. Aussi a-t-il été accueilli avec faveur par plusieurs jurisconsultes Européens qui font autorité. Ce n'est,
à proprement parler, que la mise en pratique de la théorie
de la territorialité de la loi et il est juste de reconnaître
que cette théorie constitue un progrès incontestable, car
elle a pour fondement principal le respect de l'indépen-

[1] Voir pages 47 et 48.
[2] *Droit intern.*, éd. 1888, t. II, p. 49.

dance des États en matière législative». — Nous ne pouvons
que nous associer entièrement au jugement de l'éminent
publiciste sur une disposition dont les avantages pratiques
sont considérables et qui n'est nullement incompatible
avec les principes généraux.

Les jurisconsultes se partagent en deux groupes sur la
question de savoir si le statut personnel suit l'individu
à l'étranger. Les Anglais et les Américains, déterminés
sans doute par la difficulté de faire dépendre le statut
personnel de la loi nationale dans les pays où les lois sont
diverses et variées, donnent la préférence à la *lex domicilii*. Les publicistes du continent européen et surtout la
nouvelle école italienne sont, au contraire, les défenseurs
de la nationalité, c'est-à-dire qu'ils admettent conformément à l'article 3 du Code Napoléon, que « les lois con-
« cernant l'état et la capacité des personnes régissent les
« Français, même résidant en pays étranger ». Nous n'hésitons pas, en ce qui nous concerne, à nous rattacher à
cette doctrine française et italienne, estimant qu'il est
étrange de voir un homme capable dans un pays, incapable
dans l'autre en même temps, de le voir légitimement
marié ici, illégalement là. Mais il faut reconnaître qu'en
pratique la détermination du domicile d'un individu est en
général plus facile et moins sujette à contestation que celle
de sa nationalité. Chacun, en effet, a un domicile en prenant ce mot dans un sens large, car, s'il n'a pas de vrai domicile, il a du moins une résidence qui le rattache, en un
moment donné, à un pays donné, tandis que beaucoup
d'hommes, dans l'état actuel des choses, ne se rattachent
à aucune patrie par le lien de la nationalité. En 1880, la
question a été soumise au congrès tenu à Oxford par l'Ins-
titut de droit international. La majorité s'est prononcée
pour le principe de la nationalité sous la forme suivante :

« L'état et la capacité d'une personne sont régis par les
lois de l'État auquel il appartient par sa nationalité. Lorsqu'une personne n'a pas de nationalité connue, son état

et sa capacité sont régis par les lois de son domicile ». Rien n'est plus juste, suivant nous, que cette résolution, due peut-être à l'absence des délégués américains, mais à laquelle un illustre jurisconsulte anglais M. Westlakes s'est rallié, au moins doctrinalement. En d'autres termes, d'après le congrès d'Oxford, le statut personnel d'un individu est suppléé par la loi de son domicile quand on ne peut pas le reconnaître ou que l'individu n'en a pas.

Au point de vue du droit des gens pur, c'est-à-dire envisagé en dehors de toute convention internationale, le principe général suffit. Mais le droit conventionnel peut faire un pas de plus dans la même voie et, pour accentuer la préférence donnée à la doctrine de la nationalité sur celle du domicile, réduire le nombre des circonstances dans lesquelles la loi du domicile sera appliquée à l'ensemble de ce qui constitue le statut personnel. « Est statut personnel, d'après Fœlix [1], la loi qui détermine si l'individu est citoyen ou étranger, qui établit la légitimité, qui fixe l'époque de la majorité, qui fixe les conditions de la validité du mariage, de la puissance maritale et paternelle, de la tutelle, de la capacité de tester ». En appliquant notre principe à la nationalité, qui figure en première ligne dans cette énumération, nous arrivons à cette conclusion que, si la nationalité d'un individu est inconnue, elle doit être déterminée par les lois du pays de son domicile. Nous revenons par là à la doctrine de la nationalité, en subordonnant seulement celle-ci à la considération du domicile dans les circonstances où il n'est pas possible de l'apprécier directement.

C'est précisément ce qu'a fait la convention hispano-argentine dont nous venons de parler, en posant une règle qui est comme un corollaire du principe adopté par le congrès d'Oxford. Elle stipule en effet que les individus dont la nationalité est constatée entre les deux pays contractants seront reconnus de part et d'autre comme inves-

---

[1] *Droit int. privé*, tom. I, page 77.

tis de la nationalité qui leur aura été reconnue conformément aux lois en vigueur dans celui des deux pays où ils résident. Nous pensons que dans beaucoup de circonstances, surtout entre pays ayant des législations voisines, l'application de cette règle rendrait des services sérieux. Il suffirait de stipuler que lorsque la nationalité d'un individu est douteuse, en ce sens qu'il n'est pas possible de reconnaître immédiatement auquel des deux États contractants il se rattache par la nationalité, les deux États lui reconnaîtront la nationalité qui lui aura été reconnue par l'autorité compétente du pays où il est fixé. En cas où des abus viendraient à se produire, le droit d'expulsion resterait toujours une arme efficace entre les mains de l'État qui ne croirait pas devoir tolérer sur son territoire un individu déclaré étranger par l'autorité étrangère et revenant dans le pays qui le revendiquerait comme un ressortissant. Quoi qu'il en soit, cette règle serait pensons-nous le complément naturel des réformes que nous avons indiquées dans le cours de cet ouvrage et des mesures qui nous paraissent propres à aplanir les difficultés qui résultent entre les États des divergences sur l'appréciation de la nationalité des individus.

ANNEXES.

———◆———

DOCUMENTS RELATIFS AUX QUESTIONS
DE NATIONALITÉ.

PREMIÈRE PARTIE.

DOCUMENTS FRANÇAIS.

A

PRINCIPAUX TEXTES LÉGISLATIFS CONCERNANT L'ACQUISITION
ET LA PERTE DE LA QUALITÉ DE FRANÇAIS.

1°. — *Code civil de 1804* (articles abrogés par la loi du 27 juin 1889).

ART. 9. — Tout individu né en France d'un étranger pourra, dans
l'année qui suivra l'époque de sa majorité, réclamer la qualité de Français, pourvu que, dans le cas où il résiderait en France, il déclare que
son intention est d'y fixer son domicile, et que, dans le cas où il résiderait en pays étranger, il fasse sa soumission de fixer en France son
domicile, et qu'il l'y établisse dans l'année à compter de l'acte de soumission.

ART. 10. — Tout enfant né d'un Français en pays étranger est Français. — Tout enfant, né en pays étranger d'un Français qui aurait perdu
la qualité de Français, pourra toujours recouvrer cette qualité, en remplissant les formalités prescrites par l'article 9.

ART. 12. — L'étrangère qui aura épousé un Français suivra la condition de son mari.

ART. 17. — La qualité de Français se perdra : 1° par la naturalisation acquise en pays étranger ; 2° par l'acceptation non autorisée par
l'Empereur, de fonctions publiques conférées par un Gouvernement
étranger ; 3° enfin par tout établissement fait en pays étranger sans esprit
de retour. — Les établissements de commerce ne pourront jamais être
considérés comme ayant été faits sans esprit de retour.

ART. 18. — Le Français qui aura perdu sa qualité de Français, pourra
toujours la recouvrer en rentrant en France avec l'autorisation de l'Empereur, et en déclarant qu'il veut s'y fixer, et qu'il renonce à toute
distinction contraire à la loi française.

ART. 19. — Une femme française qui épousera un étranger, suivra la
condition de son mari. — Si elle devient veuve, elle recouvrera la qualité de Française, pourvu qu'elle réside en France, ou qu'elle y rentre
avec l'autorisation de l'Empereur, et en déclarant qu'elle veut s'y fixer.

ART. 20. — Les individus qui recouvreront la qualité de Français dans
le cas prévu par les articles 10, 18 et 19, ne pourront s'en prévaloir

qu'après avoir rempli les conditions qui leur sont imposées par ces articles, et seulement pour l'exercice des droits ouverts à leur profit depuis cette époque.

ART. 21. — Le Français qui, sans autorisation de l'Empereur, prendrait du service militaire chez l'étranger, ou s'affilierait à une corporation militaire étrangère, perdra sa qualité de Français. — Il ne pourra rentrer en France qu'avec la permission de l'Empereur, et recouvrer la qualité de Français qu'en remplissant les conditions imposées à l'étranger pour devenir citoyen; le tout sans préjudice des peines prononcées par la loi criminelle contre les Français qui ont porté ou porteront les armes contre leur patrie.

2°. — *Décret impérial du 26 août 1811, concernant les Français naturalisés étrangers avec ou sans autorisation de l'Empereur* (abrogé par la loi de 1889).

ART. 1er. — Aucun Français ne peut être naturalisé en pays étranger sans notre autorisation.

ART. 2. — Notre autorisation sera accordée par des lettres patentes dressées par notre grand-juge, signées de notre main, contresignées par notre ministre secrétaire d'État, visées par notre cousin le prince-archichancelier, insérées au *Bulletin des lois*, et enregistrées en la cour impériale du dernier domicile de celui qu'elles concernent.

ART. 5. — Les Français naturalisés en pays étranger, même avec notre autorisation, ne pourront jamais porter les armes contre la France, sous peine d'être traduits devant nos cours, et condamnés aux peines portées au Code pénal, liv. 3, art. 75 et suiv.

ART. 6. — Tout Français naturalisé en pays étranger sans notre autorisation encourra la perte de ses biens, qui seront confisqués; il n'aura plus le droit de succéder; et toutes les successions qui viendront à lui échoir passeront à celui qui est appelé après lui à les recueillir, pourvu qu'il soit regnicole.

ART. 7. — Il sera constaté par-devant la cour du dernier domicile du prévenu, à la diligence de notre procureur général ou sur la requête de la partie civile intéressée, que l'individu s'étant fait naturaliser en pays étranger, sans notre autorisation, a perdu ses droits civils en France; et, en conséquence, la succession ouverte à son profit sera adjugée à qui de droit.

ART. 8. — Les individus dont la naturalisation en pays étranger sans notre autorisation aurait été constatée, ainsi qu'il est dit en l'article précédent, et qui auraient reçu distinctement, ou par transmission, des titres institués par le sénatus-consulte du 14 août 1806, en seront déchus.

ART. 9. — Ces titres et les biens y attachés seront dévolus à la personne restée française, appelée selon les lois, sauf les droits de la femme, qui seront réglés comme en cas de viduité.

ART. 10. — Si les individus mentionnés en l'article 8 avaient reçu l'un de nos ordres, ils seront biffés des registres et états, et défenses leur seront faites d'en porter la décoration.

ART. 11. — Ceux qui étaient naturalisés en pays étranger, et contre lesquels il aura été procédé comme il est dit aux articles 6 et 7 ci-dessus, s'ils sont trouvés sur le territoire de l'Empire, seront, pour la première fois, arrêtés et reconduits au delà des frontières : en cas de récidive, ils seront poursuivis devant nos cours, et condamnés à être détenus pendant un temps qui ne pourra être moindre d'une année ni excéder dix ans.

ART. 12. — Ils ne pourront être relevés des déchéances et affranchis des peines ci-dessus que par des lettres de relief accordées par nous en conseil privé, comme les lettres de grâce.

ART. 13. — Tout individu naturalisé en pays étranger sans notre autorisation, qui porterait les armes contre la France, sera puni conformément à l'article 75 du Code pénal.

3°. — *Loi des 14-17 octobre 1814, relative à la naturalisation des habitants des départements réunis à la France depuis 1791* (abrogée).

ART. 1er. — Tous les habitants des départements qui avaient été réunis au territoire de la France depuis 1791, et qui, en vertu de cette réunion, se sont établis sur le territoire actuel de France, et y ont résidé sans interruption depuis dix années et depuis l'âge de vingt et un ans, sont censés avoir fait la déclaration exigée par l'article 3 de la loi du 22 frimaire an VIII, à charge par eux de déclarer dans le délai de trois mois, à dater de la publication des présentes, qu'ils persistent dans la volonté de se fixer en France. — Ils obtiendront à cet effet, de nous, des lettres de déclaration de naturalité, et pourront jouir, dès ce moment, des droits de citoyen français, à l'exception de ceux réservés dans l'article 1er de l'ordonnance du 4 juin, qui ne pourront être accordés qu'en vertu de lettres de naturalisation vérifiées dans les deux Chambres.

ART. 2. — Ceux qui n'ont pas encore dix années de résidence réelle dans l'intérieur de la France acquerront les mêmes droits de citoyen français le jour où leurs dix ans de résidence seront révolus, à charge de faire, dans le même délai, la déclaration susdite. — Nous nous réservons néanmoins d'accorder, lorsque nous le jugerons convenable, même avant les dix ans de résidence révolus, des lettres de déclaration de naturalité.

ART. 3. — A l'égard des individus nés et encore domiciliés dans les départements qui, après avoir fait partie de la France, en ont été séparés par les derniers traités, nous pourrons leur accorder la permission de s'établir dans notre royaume, et d'y jouir des droits civils ; mais ils ne pourront exercer ceux de citoyen français qu'après avoir fait la déclaration prescrite, après avoir rempli les conditions imposées par la loi du 22 frimaire an VIII, et avoir obtenu de nous des lettres de déclaration de naturalité. — Nous nous réservons, néanmoins, d'accorder lesdites lettres quand nous le jugerons convenable, avant les dix ans de résidence révolus.

4°. — *Loi des 22-25 mars 1849, qui modifie l'article 9 du Code civil* (abrogée).

ART. UNIQUE. — L'individu né en France d'un étranger sera admis même après l'année qui suivra l'époque de sa majorité, à faire la déclaration prescrite par l'article 9 du Code civil, s'il se trouve dans l'une des deux conditions suivantes : 1° s'il sert ou s'il a servi dans les armées françaises de terre ou de mer ; 2° s'il a satisfait à la loi du recrutement sans exciper de son extranéité.

5°. — *Loi du 3 décembre 1849 sur la naturalisation et le séjour des étrangers en France* (abrogée).

ART. 1er. — Le Président de la République statuera sur les demandes en naturalisation. La naturalisation ne pourra être accordée qu'après enquête faite par le Gouvernement relativement à la moralité de l'étranger et sur l'avis favorable du Conseil d'État. L'étranger devra en outre réunir les deux conditions suivantes : 1° d'avoir, après l'âge de vingt et un ans accomplis, obtenu l'autorisation d'établir son domicile en France, conformément à l'article 13 du Code civil ; 2° d'avoir résidé pendant dix ans en France depuis cette autorisation. L'étranger naturalisé ne jouira du droit d'éligibilité à l'Assemblée nationale qu'en vertu d'une loi.

ART. 2. — Néanmoins, le délai de dix ans pourra être réduit à une année en faveur des étrangers qui auront rendu à la France des services importants ou qui auront apporté en France, soit une industrie, soit des inventions utiles, soit des talents distingués ou qui auront fourni de grands établissements.

ART. 3. — Tant que la naturalisation n'aura pas été prononcée, l'autorisation accordée à l'étranger d'établir son domicile en France, pourra toujours être révoquée ou modifiée, par décision du Gouvernement, qui devra prendre l'avis du Conseil d'État.

ART. 4. — Les dispositions de la loi du 14 octobre 1814, concernant les habitants des départements réunis à la France, ne pourront plus être appliquées à l'avenir.

Art. 5. — Les dispositions qui précèdent ne portent aucune atteinte aux droits d'éligibilité à l'Assemblée nationale acquis aux étrangers naturalisés avant la promulgation de la présente loi.

6°. — *Loi du 7 février 1851, concernant les individus nés en France d'étrangers qui eux-mêmes y sont nés, et les enfants des étrangers naturalisés* (abrogée).

Art. 1er. — Est Français tout individu né en France d'un étranger qui lui-même y est né, à moins que dans l'année qui suivra l'époque de sa majorité, telle qu'elle est fixée par la loi française, il ne réclame la qualité d'étranger par une déclaration faite, soit devant l'autorité municipale du lieu de sa résidence, soit devant les agents diplomatiques ou consulaires accrédités en France par le Gouvernement étranger.

Art. 2. — L'article 9 du Code civil est applicable aux enfants de l'étranger naturalisé, quoique nés en pays étranger, s'ils étaient mineurs lors de la naturalisation. — A l'égard des enfants nés en France ou à l'étranger, qui étaient majeurs à cette même époque, l'article du 9 du Code civil leur est applicable dans l'année qui suivra celle de ladite naturalisation.

7°. — *Loi du 29 juin 1867 sur la naturalisation* (abrogée).

Art. 1er. — Les articles 1 et 2 de la loi du 3 décembre 1849 sont remplacés par les dispositions suivantes :

1° L'étranger qui, après l'âge de vingt et un ans accomplis, a, conformément à l'article 13 du Code Napoléon, obtenu l'autorisation d'établir son domicile en France, et y a résidé pendant trois années, peut être admis à jouir de tous les droits de citoyen français.

Les trois années courront à partir du jour où la demande d'autorisation aura été enregistrée au ministère de la Justice.

Est assimilé à la résidence en France le séjour en pays étranger pour l'exercice d'une fonction conférée par le Gouvernement français.

Il est statué sur la demande en naturalisation, après enquête sur la moralité de l'étranger, par un décret de l'Empereur, rendu sur le rapport du ministre de la Justice, le Conseil d'État entendu.

2° Le délai de trois ans, fixé par l'article précédent, pourra être réduit à une seule année en faveur des étrangers qui auront rendu à la France des services importants, qui auront introduit en France soit une industrie, soit des inventions utiles, qui y auront apporté des talents distingués, qui y auront formé de grands établissements ou créé de grandes exploitations agricoles.

Art. 2. — L'article 5 de la loi du 3 décembre 1849 est abrogé.

8°. — *Loi du 16 décembre 1874 sur les individus nés en France de parents étrangers qui eux-mêmes y sont nés* (abrogée).

ART. 1ᵉʳ. — L'article 1ᵉʳ de la loi du 12 février 1851 est ainsi modifié :

Est Français tout individu né en France d'un étranger qui lui-même y est né, à moins que, dans l'année qui suivra l'époque de sa majorité, telle qu'elle est fixée par la loi française, il ne réclame la qualité d'étranger par une déclaration faite, soit devant l'autorité municipale du lieu de sa résidence, soit devant les agents diplomatiques et consulaires de France à l'étranger, et qu'il ne justifie avoir conservé sa nationalité d'origine par une attestation en due forme de son gouvernement, laquelle demeurera annexée à la déclaration.

Cette déclaration pourra être faite par procuration spéciale et authentique.

ART. 2. — Les jeunes gens auxquels s'applique l'article précédent peuvent, soit s'engager volontairement dans les armées de terre et de mer, soit contracter l'engagement conditionnel d'un an, conformément à la loi du 27 juillet 1872, titre IV, 3ᵉ section, soit entrer dans les écoles du gouvernement à l'âge fixé par les lois et règlements, en déclarant qu'ils renoncent à réclamer la qualité d'étranger dans l'année qui suivra leur majorité.

Cette déclaration ne peut être faite qu'avec le consentement exprès et spécial du père, ou, à défaut de père, de la mère, ou, à défaut de père et de mère, qu'avec l'autorisation du conseil de famille. Elle ne doit être reçue qu'après les examens d'admission et s'ils sont favorables.

9°. — *Loi du 14 février 1882 relative aux droits des enfants nés à l'étranger d'un père étranger naturalisé français après leur naissance* (abrogée).

ART. UNIQUE. — L'article 2 de la loi du 7 février 1851, relative aux enfants d'étranger naturalisé, est modifié ainsi qu'il suit :

L'article 9 du Code civil est applicable aux enfants de l'étranger naturalisé, quoique nés en pays étrangers, s'ils étaient mineurs lors de la naturalisation. — A l'égard des enfants nés en France ou à l'étranger, qui étaient majeurs à cette même époque, l'article 9 du Code civil leur est applicable dans l'année qui suivra la naturalisation.

Les enfants mineurs, même ceux nés à l'étranger avant la naturalisation des parents, peuvent soit s'engager volontairement dans les armées de terre et de mer, soit contracter l'engagement conditionnel d'un an, conformément à la loi du 27 juillet 1872, titre IV, 3ᵉ section, soit entrer dans les écoles du gouvernement, à l'âge fixé par les lois et règlements, en déclarant qu'ils renoncent à la qualité d'étranger et adoptent la nationalité française. — Cette déclaration ne peut être faite qu'avec le consentement exprès et spécial du père; à défaut du père, de la mère, et, à défaut du père et de la mère, avec l'autorisation de la famille conformément au statut personnel. Elle ne doit être reçue qu'après les examens d'admission et s'ils sont favorables. — La même faculté est accordée, et aux mêmes conditions, aux enfants mineurs d'un Français qui aurait perdu la qualité de Français par l'une des trois causes exprimées dans l'article 17 du Code civil, si le père recouvre sa nationalité d'origine, conformément à l'article 18. Les enfants majeurs pourront réclamer la qualité de Français par une déclaration faite dans l'année qui suivra le jour où le père a recouvré sa nationalité.

10°. — *Loi du 28 juin 1883 relative aux enfants mineurs nés en France d'une femme française mariée avec un étranger* (abrogée).

Art. unique. — Pourront, à l'âge fixé par les lois et règlements, s'engager dans l'armée de terre et de mer, contracter l'engagement volontaire d'un an, se présenter aux écoles du gouvernement, les enfants mineurs, nés en France d'une femme française mariée avec un étranger, lorsqu'elle recouvre la qualité de Française conformément à l'article 19 du Code civil.

Auront les mêmes droits les mineurs, orphelins de père et de mère, nés en France d'une femme française mariée avec un étranger.

Lesdits mineurs pourront, dans les cas prévus par les deux paragraphes précédents, s'engager, concourir pour les écoles et opter pour la nationalité française aux conditions et suivant les formes déterminées par la loi du 14 février 1882.

11°. — *Loi du 27 juin 1889 sur la nationalité.*

Art. 1er. — Les articles 7, 8, 9, 10, 12, 13, 17, 18, 19, 20 et 21 du Code civil sont modifiés ainsi qu'il suit :

Art. 7. — L'exercice des droits civils est indépendant de l'exercice des droits politiques, lesquels s'acquièrent et se conservent conformément aux lois constitutionnelles et électorales.

Art. 8. — Tout Français jouira des droits civils.

Sont Français :

1° Tout individu né d'un Français en France ou à l'étranger.

L'enfant naturel dont la filiation est établie pendant la minorité, par reconnaissance ou par jugement, suit la nationalité de celui des parents à l'égard duquel la preuve a d'abord été faite. Si elle résulte, pour le père ou la mère, du même acte ou du même jugement, l'enfant suivra la nationalité du père;

2° Tout individu né en France de parents inconnus ou dont la nationalité est inconnue;

3° Tout individu né en France d'un étranger qui lui-même y est né;

4° Tout individu né en France d'un étranger et qui, à l'époque de sa majorité, est domicilié en France, à moins que, dans l'année qui suit sa majorité telle qu'elle est réglée par la loi française, il n'ait décliné la qualité de Français et prouvé qu'il a conservé la nationalité de ses parents par une attestation en due forme de son gouvernement, laquelle demeurera annexée à la déclaration, et qu'il n'ait en outre produit, s'il y a lieu, un certificat constatant qu'il a répondu à l'appel sous les drapeaux conformément à la loi militaire de son pays, sauf les exceptions prévues aux traités;

5° Les étrangers naturalisés.

Peuvent être naturalisés :

1° Les étrangers qui ont obtenu l'autorisation de fixer leur domicile en France, conformément à l'article 13 ci-dessous, après trois ans de domicile en France, à dater de l'enregistrement de leur demande au ministère de la Justice;

2° Les étrangers qui peuvent justifier d'une résidence non interrompue pendant dix années.

Est assimilé à la résidence en France le séjour en pays étranger pour l'exercice d'une fonction conférée par le Gouvernement français;

3° Les étrangers admis à fixer leur domicile en France, après un an, s'ils ont rendu des services importants à la France, s'ils y ont apporté des talents distingués ou s'ils y ont introduit soit une industrie, soit des inventions utiles, ou s'ils ont créé soit des établissements industriels ou autres, soit des exploitations agricoles, ou s'ils ont été attachés, à un titre quelconque, au service militaire dans les colonies et les protectorats français;

4° L'étranger qui a épousé une Française, aussi après une année de domicile autorisé.

Il est statué par décret sur la demande de naturalisation, après une enquête sur la moralité de l'étranger.

Art. 9. — Tout individu né en France d'un étranger et qui n'y est pas domicilié à l'époque de sa majorité, pourra, jusqu'à l'âge de vingt-deux ans accomplis, faire sa soumission de fixer en France son domicile, et, s'il l'y établit dans l'année à compter de l'acte de soumission, réclamer la qualité de Français par une déclaration qui sera enregistrée au ministère de la Justice.

S'il est âgé de moins de vingt et un ans accomplis, la déclaration sera faite en son nom par son père; en cas de décès par sa mère; en cas de décès du père et de la mère ou de leur exclusion de la tutelle ou dans les cas prévus par les articles 141, 142 et 143 du Code civil, par le tuteur autorisé par délibération du conseil de famille.

Il devient également Français si, ayant été porté sur le tableau de recensement, il prend part aux opérations de recrutement sans opposer son extranéité.

Art. 10. — Tout individu né en France ou à l'étranger, de parents dont l'un a perdu la qualité de Français, pourra réclamer cette qualité à tout âge, aux conditions fixées par l'article 9, à moins que, domicilié en France et appelé sous les drapeaux, lors de sa majorité, il n'ait revendiqué la qualité d'étranger.

Art. 12. — L'étrangère qui aura épousé un Français suivra la condition de son mari.

La femme mariée à un étranger qui se fait naturaliser Français et les enfants majeurs de l'étranger naturalisé pourront, s'ils le demandent, obtenir la qualité de Français, sans condition de stage, soit par le décret qui confère cette qualité au mari ou au père ou à la mère, soit comme conséquence de la déclaration qu'ils feront dans les termes et sous les conditions de l'article 9.

Deviennent Français les enfants mineurs d'un père ou d'une mère survivant qui se fait naturaliser Français, à moins que, dans l'année qui suivra leur majorité, ils ne déclinent cette qualité en se conformant aux dispositions de l'article 8, paragraphe 4.

Art. 13. — L'étranger qui aura été autorisé par décret à fixer son domicile en France y jouira de tous les droits civils.

L'effet de l'autorisation cessera à l'expiration de cinq années, si l'étranger ne demande pas la naturalisation, ou si la demande est rejetée.

En cas de décès avant la naturalisation, l'autorisation et le temps de stage qui a suivi profiteront à la femme et aux enfants qui étaient mineurs au moment du décret d'autorisation.

Art. 17. Perdent la qualité de Français :

1º Le Français naturalisé à l'étranger ou celui qui acquiert sur sa demande la nationalité étrangère par l'effet de la loi.

S'il est encore soumis aux obligations du service militaire pour l'armée active, la naturalisation à l'étranger ne fera perdre la qualité de Français que si elle a été autorisée par le Gouvernement français;

2º Le Français qui a décliné la nationalité française dans les cas prévus au paragraphe 4 de l'article 8 et aux articles 12 et 18;

3º Le Français qui, ayant accepté des fonctions publiques conférées par un gouvernement étranger, les conserve nonobstant l'injonction du Gouvernement français de les résigner dans un délai déterminé;

4º Le Français qui, sans autorisation du Gouvernement, prend du service militaire à l'étranger, sans préjudice des lois pénales contre le Français qui se soustrait aux obligations de la loi militaire.

Art. 18. — Le Français qui a perdu sa qualité de Français peut la recouvrer, pourvu qu'il réside en France, en obtenant sa réintégration par décret. La qualité de Français pourra être accordée par le même décret à la femme et aux enfauts majeurs s'ils en font la demande. Les enfants mineurs du père ou de la mère réintégrés deviennent Français, à moins que dans l'année qui suivra leur majorité, ils ne déclinent cette qualité, en se conformant aux dispositions de l'article 8, paragraphe 4.

Art. 19. — La femme française qui épouse un étranger suit la condition de son mari, à moins que son mariage ne lui confère pas la nationalité de son mari, auquel cas elle reste Française. Si son mariage est dissous par la mort du mari ou le divorce, elle recouvre la qualité de Française avec l'autorisation du Gouvernement, pourvu qu'elle réside en France ou qu'elle y rentre, en déclarant qu'elle veut s'y fixer.

Dans le cas où le mariage est dissous par la mort du mari, la qualité de Français peut être accordée, par le même décret de réintégration aux enfants mineurs, sur la demande de la mère ou par un décret ultérieur, si la demande en est faite par le tuteur avec l'approbation du conseil de famille.

Art. 20. — Les individus qui acquerront la qualité de Français dans les cas prévus par les articles 9, 10, 18 et 19, ne pourront s'en prévaloir que pour les droits ouverts à leur profit depuis cette époque.

Art. 21. — Le Français qui, sans autorisation du Gouvernement, prendrait du service militaire à l'étranger, ne pourra rentrer en France qu'en vertu d'une permission accordée par décret, et recouvrer la qualité de Français qu'en remplissant les conditions imposées en France à l'étranger pour obtenir la naturalisation ordinaire.

Art. 2. — La présente loi est applicable à l'Algérie et aux colonies de la Guadeloupe, de la Martinique et de la Réunion.

Continueront toutefois de recevoir leur application le sénatus-consulte du 14 juillet 1865 et les autres dispositions spéciales à la naturalisation en Algérie.

Art. 3. — L'étranger naturalisé jouit de tous les droits civils et politiques attachés à la qualité de citoyen français. Néanmoins, il n'est éligible aux Assemblées législatives que dix ans après le décret de naturalisation, à moins qu'une loi spéciale n'abrège ce délai. Le délai pourra être réduit à une année.

Les Français qui recouvrent cette qualité, après l'avoir perdue, acquièrent immédiatement tous les droits civils et politiques, même l'éligibilité aux Assemblées législatives.

Art. 4. — Les descendants des familles proscrites lors de la révocation de l'édit de Nantes continueront à bénéficier des dispositions de la loi du 15 décembre 1790, mais à la condition d'un décret spécial pour chaque demandeur. Ce décret ne produira d'effet que pour l'avenir.

Art. 5. — Pour l'exécution de la présente loi, un règlement d'administration publique déterminera : 1° les conditions auxquelles ses dispositions seront applicables aux colonies autres que celles dont il est parlé à l'article 2 ci-dessus, ainsi que les formes à suivre pour la naturalisation dans les colonies; 2° les formalités à remplir et les justifications à faire relativement à la naturalisation ordinaire et à la naturalisation de faveur, dans les cas prévus par les articles 9 et 10 du Code civil, ainsi qu'à la renonciation à la qualité de Français, dans les cas prévus par les articles 8 (paragraphe 4), 12 et 18.

Art. 6. — Sont abrogés les décrets des 6 avril 1809 et 10 août 1811 ; les lois des 22 mars 1849, 7 février 1851, 29 juin 1857, 16 décembre 1874, 14 février 1882, 28 juin 1883, et toutes les dispositions contraires à la présente loi.

Dispositions transitoires. — Toute admission à domicile obtenue antérieurement à la présente loi sera périmée si, dans un délai de cinq années à compter de la promulgation, elle n'a pas été suivie d'une demande en naturalisation, ou si la demande en naturalisation a été rejetée.

12°. — Décret portant règlement d'administration publique pour l'exécution de la loi du 26 juin 1889.

Art. 1er. — L'étranger qui veut obtenir l'autorisation de fixer son domicile en France, conformément à l'article 13 du Code civil, doit adresser au ministre de la Justice une demande rédigée sur papier timbré, accompagnée de son acte de naissance et de celui de son père, de la traduction de ces actes, s'ils sont en langue étrangère, ainsi que d'un extrait du casier judiciaire français.

Art. 2. — L'étranger qui veut obtenir sa naturalisation doit, dans tous les cas, adresser au ministre de la Justice une demande sur papier timbré, en y joignant son acte de naissance, un extrait du casier judiciaire, et, le cas échéant, son acte de mariage et les actes de naissance de ses enfants mineurs, avec la traduction de ces actes, s'ils sont en langue étrangère.

Dans le cas où les intéressés seraient dans l'impossibilité de se procurer les actes de l'état civil dont la production est exigée par le présent décret, ces actes seront suppléés par un acte de notoriété délivré par le juge de paix dans la forme prescrite par l'article 71 du Code civil.

Art. 3. — L'étranger qui a épousé une Française doit, s'il veut obtenir la naturalisation après une année de domicile autorisé, produire l'acte de naissance de sa femme et l'acte de naissance du père de celle-ci, si cet acte est nécessaire pour établir son origine française.

Art. 4. — L'étranger qui sollicite la naturalisation immédiate, après une résidence non interrompue pendant dix ans, doit joindre à sa demande les documents établissant qu'il réside actuellement en France et depuis dix années au moins.

Art. 5. — La femme et les enfants majeurs de l'étranger qui demande à devenir Français, soit par la naturalisation ordinaire, soit par la réintégration, doivent, s'ils désirent obtenir eux-mêmes la qualité de Français, sans condition de stage, par application des articles 12 et 18 du Code civil, joindre leur demande de naturalisation à la demande faite par le mari, par le père ou par la mère.

Dans les cas de naturalisation de faveur prévus par les articles 9 et 10 du Code civil, la demande est jointe à la déclaration faite par le mari, le père ou la mère.

Art. 6. — Les déclarations souscrites soit pour acquérir, soit pour répudier la qualité de Français, sont reçues par le juge de paix du canton dans lequel réside le déclarant.

Elles peuvent être faites par procuration spéciale et authentique.

Elles sont dressées en double exemplaire sur papier timbré.

Le déclarant est assisté de deux témoins qui certifient son identité; il doit produire à l'appui de sa déclaration toutes les justifications nécessaires, en y joignant son acte de naissance et, le cas échéant, son acte de mariage et les actes de naissance de ses enfants mineurs, avec la traduction de ces actes, s'ils sont en langue étrangère.

En cas de résidence à l'étranger, les déclarations sont reçues par les agents diplomatiques ou par les consuls.

Art. 7. — Les deux exemplaires de la déclaration et les pièces justificatives sont immédiatement adressées par le juge de paix au procureur de la République, qui les transmet, sans délai, au ministre de la Justice.

Art. 8. — La déclaration est inscrite à la chancellerie sur un registre spécial; l'un des exemplaires est déposé dans les archives, l'autre renvoyé à l'intéressé avec la mention de l'enregistrement.

La déclaration enregistrée prend date du jour de sa réception par le juge de paix.

Art. 9. — Lorsqu'un individu né en France d'un étranger, et domicilié hors de France à l'époque de sa majorité, veut faire sa soumission de fixer en France son domicile dans les conditions prévues par l'article 9 du Code civil, cet acte de soumission est reçu par un des agents diplomatiques ou consulaires de France à l'étranger. Il est dressé en double exemplaire; l'un est remis à l'intéressé, l'autre transmis immédiatement au ministre de la Justice par la voie hiérarchique.

Art. 10. — L'individu né en France de parents dont l'un a perdu la qualité de Français, et qui réclame cette qualité en vertu de l'article 10 du Code civil, doit établir quel était son domicile et celui de ses parents à l'époque de sa majorité, telle qu'elle est fixée par la loi française.

Art. 11. — La renonciation du mineur à la faculté qui lui appartient par application des articles 8 (§ 4), 12 et 18 du Code civil, de décliner, à sa majorité, la qualité de Français, est faite en son nom par les personnes désignées dans l'article 9, § 2, du Code civil.

B

TEXTES CONCERNANT LA NATURALISATION FRANÇAISE DANS LES COLONIES ET LES PAYS DE PROTECTORAT.

1°. — *Loi du 30 décembre 1880, portant ratification de la cession faite à la France, par Sa Majesté Pomaré V, de la souveraineté pleine et entière des archipels de la Société, dépendant de la couronne de Taïti.*

ART. 1ᵉʳ. — Le Président de la République a été autorisé à ratifier et à faire exécuter les déclarations signées, le 29 juin 1880, par le roi Pomaré V et le commissaire de la République aux îles de la Société, portant cession à la France de la souveraineté pleine et entière de tous les territoires dépendant de la couronne de Taïti.

ART. 2. — L'île de Taïti et les archipels qui en dépendent sont déclarés colonie française.

ART. 3. — La nationalité française est acquise de plein droit à tou les anciens sujets du roi de Taïti.

ART. 4. — Les étrangers, nés dans les anciens États du protectorat, ainsi que les étrangers qui y seront domiciliés depuis une année au moins, pourront demander leur naturalisation. Ils seront dispensés des délais et des formalités prescrites par la loi des 29 juin-5 juillet 1868, ainsi que des droits de sceaux.

Les demandes seront adressées aux autorités coloniales dans le délai d'une année, à partir du jour où la loi sera exécutoire dans la colonie, et, après enquête faite sur la moralité des postulants, au ministre de la Marine et des Colonies qui les transmettra, avec son avis, au garde des sceaux.

La naturalisation sera accordée par le Président de la République.

2°. — *Décret du 25 mai 1881 sur le statut personnel des indigènes de la Cochinchine française, et la naturalisation des étrangers dans cette colonie.*

ART. 1ᵉʳ. — L'indigène annamite, né et domicilié en Cochinchine, est Français; néanmoins il continue à être régi par les lois annamites, conformément à la législation en vigueur. Il peut, sur sa demande, à partir de l'âge de vingt et un ans, être appelé à jouir des droits de citoyen français.

Dans ce cas, il est régi ainsi que sa femme et ses enfants mineurs par les lois civiles et politiques applicables aux Français dans la colonie.

Art. 2. — Il doit, à cet effet, se présenter, soit devant le maire de la commune de son domicile, soit devant l'administration de l'arrondissement dans lequel il réside pour former sa demande et déclarer qu'il entend être régi par les lois civiles et politiques de la France; il doit justifier de la connaissance de la langue française. Procès-verbal est dressé desdites demande et déclaration.

Sont dispensés de l'obligation de justifier de la connaissance de la langue française, les indigènes décorés de la Légion d'honneur, de la médaille militaire, de médailles d'honneur.

Art. 3. — Le maire ou l'administrateur de l'arrondissement procédera d'office à une enquête sur les antécédents et la moralité du demandeur.

Le résultat de cette enquête sera envoyé, avec le procès-verbal et les pièces à l'appui, au directeur de l'intérieur qui transmettra le dossier, avec son avis motivé, au gouverneur de la colonie.

Art. 4. — Le gouverneur en conseil privé émet son avis sur la demande et la transmet ensuite, avec pièces à l'appui, au ministère de la Marine. Il est statué par le Président de la République, le Conseil d'État entendu, sur la proposition collective du ministre de la Marine et des Colonies et du garde des sceaux, ministre de la Justice.

Art. 5. — Si le demandeur est sous les drapeaux, le procès-verbal prescrit par l'article 2 est dressé par le chef de corps et la procédure est suivie par le général commandant supérieur aux lieu et place du directeur de l'intérieur.

Art. 6. — Les indigènes des pays placés sous le protectorat de la France dans l'extrême Orient pourront réclamer le bénéfice des dispositions qui précèdent, lorsqu'ils auront établi depuis un an leur domicile en Cochinchine ou auront rendu des services aux intérêts français.

Art. 7. — Les étrangers établis dans la colonie, depuis trois ans au moins, pourront obtenir la naturalisation, en se conformant à l'article 2 qui précède. Leur demande sera instruite conformément aux articles 3 et 4.

Art. 8. — Aucun droit de sceau ne sera perçu pour l'admission des indigènes annamites aux droits de citoyens français.

La naturalisation des étrangers donnera lieu à la perception d'un droit de 100 fr., au profit de la colonie de Cochinchine.

Art. 9. — Le ministre de la Marine et des Colonies et le garde des sceaux, ministre de la Justice, sont chargés, chacun en ce qui le concerne, de l'exécution du présent décret, qui sera inséré au *Journal officiel*, au *Bulletin des lois* et au *Bulletin officiel de la marine*.

3°. — *Décret du 10 novembre 1882 sur la naturalisation
des étrangers dans la Nouvelle-Calédonie.*

Art. 1ᵉʳ. — Les étrangers établis en Nouvelle-Calédonie depuis trois
ans au moins pourront obtenir la naturalisation, sur leur demande, à
partir de l'âge de vingt et un ans.

Ils doivent à cet effet se présenter devant le maire de la commune de
leur domicile ou devant l'administrateur en tenant lieu, pour former leur
demande.

Art. 2. — Le maire ou l'administrateur en tenant lieu procédera d'office à une enquête sur les antécédents et la moralité du demandeur.

Le résultat de cette enquête sera envoyé, avec les pièces à l'appui, au
directeur de l'intérieur, qui transmettra le dossier, avec son avis motivé,
au gouverneur de la colonie.

Art. 3. — Le gouverneur, en conseil privé, émet son avis sur la
demande et la transmet ensuite, avec pièces à l'appui, au ministre de la
Marine et des Colonies. Il est statué par le Président de la République,
le Conseil d'État entendu, sur la proposition du garde des sceaux,
ministre de la Justice.

Art. 4. — La naturalisation des étrangers donnera lieu à la perception d'un droit de 100 fr. au profit de la colonie de la Nouvelle-Calédonie.

Art. 5. — Le ministre de la Marine et des Colonies et le garde des
sceaux, ministre de la Justice, sont chargés, chacun en ce qui le concerne, de l'exécution du présent décret, qui sera inséré au *Bulletin des
lois* et au *Bulletin officiel de la marine.*

4°. — *Décret du 29 juillet 1887 relatif à la naturalisation en Tunisie.*

Art. 1ᵉʳ. — Peuvent, après l'âge de vingt et un ans accomplis, être
admis à jouir des droits de citoyen français :

1° L'étranger qui justifie de trois années de résidence, soit en Tunisie,
soit en France ou en Algérie et, en dernier lieu, en Tunisie ;

2° Le sujet tunisien qui, pendant le même temps, aura servi dans les
armées françaises de terre ou de mer ou qui aura rempli des fonctions
ou emplois civils rétribués par le Trésor français.

Art. 2. — Le délai de trois ans est réduit à une seule année en faveur des individus mentionnés en l'article précédent qui auraient rendu
à la France des services exceptionnels.

Art. 3. — Pourront également être admis à jouir des droits de citoyen
français les sujets tunisiens qui, sans avoir servi dans les armées françaises de terre ou de mer ou rempli des fonctions ou emplois civils rétribués par le Trésor français, auront rendu à la France des services
exceptionnels.

Art. 4. — La demande en naturalisation est présentée au contrôleur civil dans l'arrondissement duquel l'impétrant a fixé sa résidence.

Le contrôleur civil procède d'office à une enquête sur les antécédents et la moralité du demandeur.

Si le demandeur est sous les drapeaux, la demande est adressée au chef de corps, qui la transmet au général commandant supérieur, chargé de diriger l'enquête et d'émettre son avis.

Dans chaque affaire, le résultat de l'enquête, avec la demande et les pièces à l'appui, sont envoyés au résident général, qui transmet le dossier, avec son avis motivé, au ministre des Affaires étrangères.

Art. 5. — Il est statué par un décret du Président de la République française, le Conseil d'État entendu, sur la proposition collective du ministre des Affaires étrangères et du garde des sceaux, ministre de la Justice.

Art. 6. — Aucun droit de sceau ne sera perçu pour la naturalisation des individus attachés au service de la France.

Pour les autres, le droit est fixé à 50 fr. La perception de ce droit sera faite au profit du protectorat.

Art. 7. — Le ministre des Affaires étrangères et le garde des sceaux, ministre de la Justice, sont chargés, chacun en ce qui le concerne, de l'exécution du présent décret.

5°. — *Décret du 29 juillet 1887 relatif à la naturalisation en Annam et au Tonkin.*

Art. 1er. — Peuvent être, après l'âge de vingt et un ans accomplis, admis à jouir des droits de citoyen français :

1° L'étranger qui justifie de trois ans de résidence, soit en Annam ou au Tonkin, soit en Cochinchine et, en dernier lieu, en Annam ou au Tonkin ;

2° L'indigène annamite ou tonkinois qui, pendant trois ans, aura servi la France soit dans les armées de terre ou de mer, soit dans les fonctions ou emplois civils rétribués par le Trésor français.

Art. 2 et 3 (identiques aux mêmes articles du décret concernant la Tunisie).

Art. 4. — La demande en naturalisation est présentée au résident ou vice-résident, chef de poste dans le ressort duquel est domicilié l'impétrant.

Le résident ou vice-résident procède d'office à une enquête sur les antécédents et la moralité du demandeur.

Si le demandeur est sous les drapeaux, la demande est adressée au chef de corps, qui la transmet au général commandant supérieur, chargé de diriger l'enquête et d'émettre son avis.

Pour chaque affaire, le résultat de l'enquête, avec la demande, et les pièces à l'appui, sont envoyés au résident général, qui transmet le dossier, avec son avis motivé, au ministre des Affaires étrangères.

Art. 5. — Il est statué par un décret du Président de la République, le Conseil d'État entendu, sur la proposition collective du ministre des Affaires étrangères et du garde des sceaux, ministre de la Justice.

Art. 6. — Aucun droit de sceau ne sera perçu pour la naturalisation des individus attachés au service de la France.

Pour les autres, le droit est fixé à 50 fr. La perception de ce droit sera faite au profit du protectorat.

Art. 7. — Le ministre des Affaires étrangères et le garde des sceaux, ministre de la Justice, sont chargés, chacun en ce qui le concerne, de l'exécution du présent décret.

C

DÉCRET DU 30 JUIN 1860 RELATIF AUX HABITANTS DE LA SAVOIE ET DU COMTÉ DE NICE.

Rapport à l'Empereur.

Sire,

L'article 6 du traité du 24 mars 1860 accorde aux sujets sardes, originaires de la Savoie et de l'arrondissement de Nice, ou domiciliés dans ces provinces, la faculté de conserver la nationalité sarde, moyennant une déclaration préalable.

Il semble juste de compléter cette disposition en permettant aux sujets sardes qui habitent depuis longtemps ces mêmes provinces, de solliciter immédiatement la naturalisation en France.

Autrement les sujets sardes qui, avant l'annexion, jouissaient de la nationalité au même titre que les autres habitants de la Savoie et de Nice et que leurs liaisons d'intérêt ou de famille y retiennent, ne seraient plus que des étrangers au milieu de ceux dont récemment ils étaient les compatriotes.

Je crois donc entrer dans les vues de Votre Majesté en Lui proposant d'autoriser les sujets sardes qui ne croient pas devoir profiter de la faculté que leur laisse l'article 6 précité du traité du 24 mars 1860, à demander la qualité de Français sans être astreints aux formalités et aux longs détails déterminés par la loi du 3 décembre 1849, pour l'obtention de la naturalisation, sauf à ne faire droit à ces demandes qu'après s'être assuré qu'elles ne présentent aucun inconvénient.

L'ordonnance du 14 octobre 1814 avait prescrit des mesures analogues en faveur des individus nés dans les pays qui venaient d'être séparés de la France.

Si Votre Majesté daigne approuver ma proposition, je La prie de vouloir bien signer le projet de décret ci-joint.

Décret.

ART. 1er. — Les sujets sardes majeurs, et dont le domicile est établi dans les territoires réunis à la France par le traité du 24 mars 1860, pourront pendant le cours d'une année, à dater des présentes, réclamer la qualité de Français.

Les demandes adressées à cet effet aux préfets des départements où se trouve leur résidence seront, après information, transmises à notre garde des sceaux, ministre de la Justice, sur le rapport duquel la naturalisation sera, s'il y échet, accordée sans formalités et sans paiement de droits.

ART. 2. — Les sujets sardes encore mineurs, nés en Savoie et dans l'arrondissement de Nice, pourront, dans l'année qui suivra l'époque de leur majorité, réclamer la qualité de Français, en se conformant à l'article 9 du Code Napoléon.

D

NOTE SUR L'OPTION DES ALSACIENS-LORRAINS.

(Journal officiel du 14 septembre 1872.)

Le traité du 10 mai 1871 et la convention additionnelle de Francfort du 11 décembre de la même année, ont reçu, sur deux points importants, une interprétation différente, en France et en Allemagne.

1° L'article 2 du traité de paix s'applique aux « sujets français *originaires* des territoires cédés, *domiciliés* actuellement sur ces territoires ».

L'article 1er de la convention de Francfort règle les conditions de l'option, en ce qui concerne les individus *originaires* des territoires cédés, résidant, soit hors d'Europe, soit hors d'Allemagne.

Le Gouvernement allemand a déclaré que le mot « originaire » ne s'applique qu'à ceux qui sont nés dans les territoires cédés.

Le Gouvernement français a conclu de ces textes et de cette déclaration, que la nationalité de ceux qui étaient seulement domiciliés dans les territoires cédés n'a pas été atteinte par l'annexion et qu'ils sont restés Français de plein droit.

Le Gouvernement allemand soutient, au contraire, que tous les domiciliés, qu'ils soient ou non nés dans les territoires cédés, sont obligés, pour conserver la nationalité française, de transférer leur domicile en France avant le 1er octobre prochain.

M. le chargé d'affaires d'Allemagne à Paris a exprimé, ainsi qu'il suit, dans une dépêche du 1er de ce mois, l'opinion définitive de son gouvernement :

« Le Gouvernement impérial a exprimé dès le principe que par le fait même de la cession de l'Alsace et de la Lorraine à l'Allemagne, ses *habitants* de nationalité française devenaient Allemands sans que cet effet dût même être expressément constaté dans le traité de paix, et l'article 2 n'a eu à ses yeux d'autre sens ni d'autre but que de fixer les conditions par l'observation desquelles une certaine catégorie d'habitants pourrait se soustraire à cette conséquence naturelle de la cession. En exigeant de ces derniers une déclaration formelle d'option en faveur de la France et la translation de leur domicile effectif, il n'a cependant pas entendu dispenser de toute formalité une autre catégorie de personnes qui, devenues, elles aussi, allemandes par suite de la cession du pays, désireraient revendiquer leur ancienne nationalité ».

2º Les procès-verbaux des conférences qui ont précédé et préparé la convention de Francfort contiennent sur la nationalité des mineurs les déclarations suivantes :

A la séance du 6 juillet, les plénipotentiaires français ont posé cette question : « Les mineurs émancipés ou non émancipés ont-ils la faculté d'option »? Les plénipotentiaires allemands ont répondu :

« Il n'y a pas lieu de faire distinction entre les mineurs émancipés et et les mineurs non émancipés, et le concours de leurs représentants légaux sera nécessaire pour la déclaration d'option des mineurs ».

Cette réponse a été confirmée en ces termes à la séance du 13 juillet : « En ce qui touche les mineurs, émancipés ou non, les plénipotentiaires allemands confirment leurs précédentes explications : qu'il n'y a pas lieu de faire entre eux la moindre distinction quant au droit d'option ».

Le Gouvernement français a pensé que le droit d'option avait été ainsi formellement reconnu en principe aux mineurs; qu'une seule condition avait été apportée à l'exercice de ce droit, l'assistance du représentant légal; et que, cette condition accomplie, le mineur avait personnellement le droit d'*opter*, c'est-à-dire de *choisir* sa nationalité, quelle que dût être d'ailleurs celle de ses parents.

Telle n'est pas l'opinion des autorités allemandes : « Le Gouvernement impérial », dit M. le chargé d'affaires d'Allemagne dans une dépêche du 16 juillet dernier « n'a pas cru pouvoir reconnaître aux mineurs le droit d'option, mais devoir leur laisser, au contraire, la position que leur assigne en France le Code civil (article 108), d'après lequel ils ont leur domicile chez leurs père et mère ou chez leur tuteur.

« Les mineurs émancipés, auxquels sont conférés, par le fait même de l'émancipation, certains droits limités, parmi lesquels se trouve celui d'élire domicile, conserveront la nationalité française, dans le cas où la seule translation du domicile suffit à cet effet, c'est-à-dire lorsqu'ils ne sont pas nés en Alsace-Lorraine; mais le Gouvernement impérial ne saurait admettre qu'aux droits limités que la loi accorde par suite de l'émancipation, et qui tous concernent l'administration de la fortune, vienne se joindre, dans le cas présent, le droit de changer de nationalité ».

Dans une dernière communication, du 1er de ce mois, le Gouvernement allemand a maintenu cette opinion; il a ajouté que, dans sa pensée, « il n'avait été question, dans les conférences de Francfort, que des mineurs émancipés; et que les plénipotentiaires allemands, en déclarant qu'il n'y avait point lieu de faire une distinction entre eux et les mineurs non émancipés, ont émis seulement l'opinion qu'ils ne devaient pas jouir d'avantages qui seraient refusés à ces derniers ».

Le Gouvernement de la République croit de son devoir de faire connaître aux intéressés ces divergences d'interprétation qu'il a combattues autant qu'il était en son pouvoir, mais qu'il n'a pu encore faire disparaître.

E

CIRCULAIRE DU MINISTRE DE LA JUSTICE DU 7 JUILLET 1819.

Monsieur, vous avez reçu par la circulaire de mon prédécesseur du 7 octobre 1818, des instructions relatives à l'exécution de la loi sur le recrutement, en ce qui concerne les tribunaux : il en reste encore quelques-unes à vous donner qui seront contenues dans la présente.

1° Les tribunaux ne sont compétents en matière de recrutement que pour les demandes en nullité des engagements volontaires et les questions concernant l'état ou les droits civils des jeunes gens appelés au recrutement. Toutes les réclamations d'une nature différente, celles relatives aux exemptions, aux dispenses, à la formation des listes et à la libération, leur est étranger (sic). Si des demandes de cette nature étaient portées devant eux, ils devraient se déclarer incompétents sur la réquisition de vos substituts, ou ceux-ci devraient élever le conflit, qui pourrait l'être aussi par le préfet.

2° Le préfet est la partie qui doit défendre aux réclamations, soit des engagés volontaires, soit des appelés qui élèvent des questions sur leur état ou leurs droits civils; l'article 16 de la loi le dit expressément, quant à ces dernières questions. Il y a la même raison de décider pour les actions en nullité des engagements volontaires; c'est l'administration qui a intérêt à les repousser, et son défenseur naturel est le préfet.

3° Le préfet doit être reçu à instruire et à défendre sur toutes les demandes concernant le recrutement par simple mémoire et sans ministère d'avoué.

4° Le tribunal compétent est le tribunal de première instance au domicile, soit de l'engagé volontaire, soit de l'appelé.

5° L'article 16 de la loi veut qu'il soit statué par les tribunaux, sans délai, à la requête de la partie la plus diligente, qui sera presque toujours le préfet. Vous veillerez à ce que ces causes soient promptement vidées comme sommaires et urgentes, tant en première instance qu'en cause d'appel.

6° Pour abréger le temps et diminuer les frais, à l'exemple de ce qui est établi pour les causes qui intéressent le Gouvernement, les jugements devront contenir seulement les conclusions, les motifs et le dispositif, sans que les mémoires puissent y être insérés. Les motifs doivent généralement être exprimés avec concision.

7° Les parties pourront même se faire délivrer, par simple extrait, le dispositif des jugements interlocutoires, et, s'il y a lieu à enquêtes, elles seront mises sous les yeux des juges.

8° Les appels seront portés à l'audience sur simple acte et sans autre procédure.

9° La partie qui succombera sera condamnée aux dépens, qui ne devront guère consister qu'en simples déboursés.

10° Vous remarquerez que la loi veut qu'on inscrive sur les listes du contingent des jeunes gens destinés à remplacer ceux qui ont fait des réclamations pour le cas où elles viendraient à être reconnues justes. La dernière disposition de l'article 17 dit qu'aussitôt qu'il aura été statué par les tribunaux sur les questions mentionnées dans l'article 16, le conseil, d'après leur décision, prononcera la libération ou des réclamants ou des jeunes gens conditionnellement désignés pour les suppléer. Il suit de là deux choses :

La première, que les tribunaux n'ont jamais à prononcer la libération. Elle peut être une conséquence de leurs jugements, mais le conseil de révision seul peut l'ordonner.

La seconde, c'est que les jeunes gens qui négligent de présenter leurs réclamations avant que la liste départementale soit définitivement close et arrêtée, se rendent non recevables à les produire. En privant le conseil de révision des moyens de les remplacer, ils renoncent à leurs droits : leurs réclamations tardives ne peuvent soit diminuer le contingent, soit préjudicier aux jeunes gens du canton dont la libération aurait été prononcée.

Recevez, etc. *Signé :* DE SERRE.

F

LOI SUR LE RECRUTEMENT DE L'ARMÉE DU 15 JUILLET 1889.

(Articles concernant les questions de nationalité.)

ART. 3. — Nul n'est admis dans les troupes françaises s'il n'est Français ou naturalisé Français, sauf les exceptions déterminées par la présente loi.

ART. 10. — Chaque année, pour la formation de la classe, les tableaux de recensement des jeunes gens ayant atteint l'âge de vingt ans révolus dans l'année précédente et domiciliés dans l'une des communes du canton sont dressés par les maires :

1° Sur la déclaration à laquelle sont tenus les jeunes gens, leurs parents ou leurs tuteurs ;

2° D'office, d'après les registres de l'état civil et tous autres documents et renseignements.

Ces tableaux mentionnent la profession de chacun des jeunes gens inscrits.

Ils sont publiés et affichés dans chaque commune suivant les formes prescrites par les articles 63 et 64 du Code civil. La dernière publication doit avoir lieu au plus tard le 15 janvier.

Un avis publié dans les mêmes formes indique le lieu et le jour où il sera procédé à l'examen desdits tableaux et à la désignation par le sort des numéros assignés à chaque jeune homme inscrit.

ART. 11. — Les individus déclarés Français en vertu de l'article 1er de la loi du 16 décembre 1874 sont portés, dans les communes où ils sont domiciliés, sur les tableaux de recensement de la classe dont la formation suit l'époque de leur majorité. Ils sont soumis au service militaire s'ils n'établissent pas leur qualité d'étranger.

Les individus nés en France d'étrangers et résidant en France sont également portés, dans les communes où ils sont domiciliés, sur les tableaux de recensement de la classe dont la formation suit l'époque de leur majorité telle qu'elle est fixée par la loi française. Ils peuvent réclamer contre leur inscription lors de l'examen du tableau de recensement et lors de leur convocation au conseil de révision, conformément à l'article 16 ci-après. S'ils ne réclament pas, le tirage au sort équivaudra pour eux à la déclaration prévue par l'article 9 du Code civil. S'ils se font rayer, ils seront immédiatement déchus du bénéfice dudit article.

Les mêmes dispositions sont applicables aux individus résidant en France et nés en pays étranger, soit d'un étranger qui depuis lors a été naturalisé Français, soit d'un Français ayant perdu la qualité de Français, mais qui l'a recouvrée ultérieurement, si ces individus étaient mi-

neurs lorsque leurs parents ont acquis ou recouvré la nationalité française [1].

ART. 12. — Les individus devenus Français par voie de naturalisation, réintégration, ou déclaration faite conformément aux lois, sont
portés sur les tableaux de recensement de la première classe formée
après leur changement de nationalité.

Les individus inscrits sur les tableaux de recensement en vertu du
présent article et de l'article précédent ne sont assujettis qu'aux obligations de service de la classe à laquelle ils appartiennent par leur âge.

ART. 15. — Si, dans le tableau de recensement des années précédentes, des jeunes gens ont été omis, ils sont inscrits sur les tableaux
de recensement de la classe qui est appelée après la découverte de
l'omission, sauf le cas prévu à l'article 69 ci-après, à moins qu'ils
n'aient quarante-cinq ans accomplis à l'époque de la clôture des tableaux, et sont soumis à toutes les obligations de cette classe.

Toutefois, ils sont libérés à titre définitif à l'âge de quarante-huit ans
au plus tard.

ART. 16. — L'examen des tableaux de recensement et le tirage au
sort sont faits au chef-lieu de canton, en séance publique, devant le
sous-préfet assisté des maires du canton.

Dans les communes qui forment un ou plusieurs cantons, le sous-
préfet est assisté du maire et de ses adjoints.

Dans les villes divisées en plusieurs arrondissements, chaque arrondissement est représenté par un officier municipal.

Les tableaux de recensement de chaque commune sont lus à haute
voix. Les jeunes gens, leurs parents ou représentants sont entendus
dans leurs observations.

Les tableaux sont ensuite arrêtés et visés par le sous-préfet et par
les maires.

Dans les cantons composés de plusieurs communes, l'ordre dans lequel elles sont appelées pour le tirage est chaque fois indiqué par le
sort.

ART. 18. — Les opérations du recrutement sont revues, les réclamations auxquelles ces opérations peuvent donner lieu sont entendues,
les causes d'exemption et de dispenses prévues par les articles 20, 21,
22, 23 et 60 de la présente loi sont jugées en séance publique par un
conseil de révision composé, etc., etc......

[1] Cet article avait été rédigé avant la promulgation de la loi sur la nationalité
du 27 juin 1889. On a négligé de le modifier pour le mettre d'accord avec cette
loi et la Chambre l'a voté en dernière lecture sans que personne s'aperçut de
cette antinomie, qui rend l'article 11 tout à fait inapplicable. Nous le tenons
pour non-avenu dans le présent ouvrage, ne doutant pas qu'il ne soit jamais mis
en vigueur.

ART. 31. — Lorsque les jeunes gens portés sur les tableaux de recensement ont fait des déclarations dont l'admission ou le rejet dépend de la décision à intervenir sur des questions judiciaires relatives à leur état ou à leurs droits civils, le conseil de révision ajourne sa décision ou ne prend qu'une décision conditionnelle.

Les questions sont jugées contradictoirement avec le préfet, à la requête de la partie la plus diligente. Le tribunal civil du lieu du domicile statue sans délai, le ministère public entendu.

Le délai de l'appel et du recours en cassation est de quinze jours francs à partir de la signification de la décision attaquée.

Le recours est, ainsi que l'appel, dispensé de la consignation d'amende.

L'affaire est portée directement devant la chambre civile.

Les actes faits en exécution du présent article sont visés pour le timbre et enregistrés gratis.

Les paragraphes 2, 3, 4, 5 et 6 du présent article sont applicables au cas prévu par l'article 6.

ART. 32. — Hors les cas prévus par les articles 6 et 31, les décisions du conseil de révision sont définitives. Elles peuvent, néanmoins, être attaquées devant le Conseil d'État pour incompétence, excès de pouvoir ou violation de la loi.

Le recours au Conseil d'État n'aura pas d'effet suspensif, et il ne pourra en être autrement ordonné.

L'annulation prononcée sur le recours du ministre de la Guerre profite aux parties lésées.

ART. 50. — En temps de paix, les jeunes gens qui, avant l'âge de dix-neuf ans révolus, ont établi leur résidence à l'étranger, hors d'Europe, et qui y occuperont une situation régulière, pourront, sur l'avis du consul de France, être dispensés du service militaire pendant la durée de leur séjour à l'étranger. Ils devront justifier de leur situation chaque année.

S'ils rentrent en France avant l'âge de trente ans, ils devront accomplir le service actif prescrit par la présente loi, sans toutefois pouvoir être retenus sous les drapeaux au delà de l'âge de trente ans. Ils sont ensuite soumis à toutes les obligations de la classe à laquelle ils appartiennent.

S'ils rentrent après l'âge de trente ans, ils ne seront soumis qu'aux obligations de leur classe.

Pendant la durée de leur établissement à l'étranger, ils ne pourront séjourner accidentellement en France plus de trois mois, et sous la réserve d'aviser le consul de leur absence.

DEUXIÈME PARTIE.

DOCUMENTS ÉTRANGERS.

G

ALLEMAGNE.

I. — CONSTITUTION DE L'EMPIRE ALLEMAND DU 16 AVRIL 1871.

Art. 2. — L'Empire exerce le pouvoir législatif dans toute l'étendue du territoire fédéral, suivant la mesure indiquée dans la présente Constitution; les lois de l'Empire l'emportent sur les lois de chaque État.....

Art. 3. — Il existe pour toute l'étendue de l'Empire un indigénat commun. L'effet de cet indigénat est de donner à quiconque appartient (comme sujet ou citoyen) à l'un des États de la Confédération la faculté de se comporter dans tout autre État fédéral comme les habitants mêmes de cet État; en conséquence, d'y fixer son domicile, d'y exercer une profession ou un emploi public, d'y acquérir des immeubles, d'y obtenir le droit de bourgeoisie, et d'y être investi de tous autres droits analogues, dans les mêmes conditions que les membres de cet État; enfin d'être traité comme ces derniers, pour la revendication et la protection de ses droits. L'exercice de ces différentes facultés, accordées à tous les Allemands, ne peut être restreint, ni par les pouvoirs publics de l'État auquel il appartient, ni par ceux d'un autre État fédéral.....

Art. 4. — La surveillance exercée par l'Empire et la législation de l'Empire s'appliquent aux objets suivants :

1). — Les prescriptions relatives à la libre circulation, à l'indigénat et à l'établissement des membres d'un État de la Confédération dans un autre, au droit de bourgeoisie, aux passeports, à la police des étrangers, à l'exercice d'une profession, à la réglementation des assurances, en tant que ces divers points n'ont pas été déjà résolus par l'article 3 de la présente Constitution, et à l'exception pour la Bavière de l'indigénat et de l'établissement dans un autre État, et aussi à la colonisation, ainsi qu'à l'émigration vers des terres non allemandes.....

13). (Modifié par la loi du 20 décembre 1873.) — La législation commune sur l'ensemble du droit civil.....

II. — DISPOSITIONS LÉGALES CONCERNANT LA NATIONALITÉ.

1º. — *Loi du 1er juin 1870 sur l'acquisition et la perte de la nationalité*[1].

ART. 1er. — La nationalité fédérale (*Bundesangehoerigkeit*) est acquise à toute personne qui a la nationalité d'État (*Staatsangehoerigkeit*) dans un pays de la Confédération et se perd avec elle[2].

ART. 2. — La nationalité d'État dans un pays de la Confédération ne sera dorénavant acquise que : 1º par la filiation (art. 3); 2º par la légitimation (art. 4); 3º par le mariage (art. 5); 4º pour un Allemand du Nord[3] par l'admission (*Aufnahme*) (art. 6), et 5º pour un étranger par la naturalisation. L'adoption n'a pas par elle seule d'influence sur la nationalité.

ART. 3. — Les enfants légitimes d'un Allemand du Nord suivent la nationalité d'État de leur père, et les enfants nés hors mariage celle de leur mère, encore qu'ils soient nés en pays étranger.

ART. 4. — Lorsque le père d'un enfant né hors mariage est Allemand du Nord et que la mère n'a pas la même nationalité d'État que le père, par une légitimation accomplie conformément à la loi.

ART. 5. — Le mariage avec un Allemand du Nord entraîne pour sa femme l'acquisition de la nationalité de son mari.

ART. 6. — L'admission comme la naturalisation s'opère par un acte émanant de l'autorité administrative supérieure.

ART. 7. — Un acte d'admission est accordé à tout sujet d'un État de la Confédération qui le requiert et qui prouve qu'il s'est établi dans le pays où il demande à être naturalisé, s'il n'existe aucun des motifs qui, d'après les articles 2 à 5 de la loi sur la liberté d'émigration d'un État dans un autre (*Freizügigkeit*), du 1er novembre 1867, justifient le refus d'admettre un nouvel arrivant ou d'autoriser la continuation du séjour d'une personne déjà établie.

[1] Applicable aujourd'hui à tout l'Empire allemand, y compris l'Alsace-Lorraine (ord. du 8 janvier 1873). Nous donnons la traduction publiée par M. Lyon-Caen, dans l'*Annuaire de lég. étr.* de 1872.

[2] Nous croyons devoir supprimer la fin de l'article qui n'a plus de valeur depuis que l'Allemagne du Sud, et nommément la Hesse fait partie de l'Empire. Nous laisserons de côté les autres dispositions de la loi, devenues caduques pour ce motif. — On remarquera que le mot nationalité *fédérale* est devenu impropre. C'est *nationalité d'Empire* (*Reichsangehoerigkeit*), qui est le mot propre aujourd'hui.

[3] La loi allemande désigne par le mot *naturalisation* la naturalisation d'un étranger dans un État de l'Empire; elle qualifie de *Aufnahme* la naturalisation dans un État de l'Empire, d'un Allemand appartenant à un autre État de l'Empire.

Art. 8. — La naturalisation ne doit être accordée aux étrangers que : 1° lorsqu'ils sont capables de disposer de leur personne d'après les lois du pays auquel ils ont appartenu jusqu'alors ou s'ils ne jouissent pas de cette capacité, quand ils ont l'assentiment de leur père, de leur tuteur ou curateur; 2° lorsqu'ils ont mené une vie honorable ; 3° lorsqu'ils ont un domicile propre ou qu'ils sont reçus chez des personnes domiciliées dans le lieu où ils veulent s'établir; 4° lorsqu'ils sont en état de pourvoir à leurs besoins et à ceux de leur famille. Avant la naturalisation, l'autorité administrative supérieure recevra les déclarations de la municipalité et celles de l'union hospitalière[1] du lieu où la personne à naturaliser veut s'établir, sur les conditions déterminées dans les nos 2, 3 et 4.

Art. 9. — L'acte de naturalisation ou, s'il y a lieu, l'acte d'admission est remplacé pour les étrangers ou les sujets d'un autre État de la Confédération par une nomination faite ou confirmée par le Gouvernement ou par une autorité administrative centrale ou supérieure d'un État fédéral, soit à un service public immédiat ou médiat, soit à une fonction ecclésiastique, scolaire ou municipale, en tant qu'aucune réserve n'est exprimée dans l'acte de nomination. Lorsqu'un étranger est nommé fonctionnaire fédéral, il acquiert la nationalité d'État dans l'État de la Confédération où il s'établit pour l'exercice de ses fonctions.

Art. 10. — L'acte de naturalisation, comme aussi l'acte d'admission confère, à partir du jour de sa délivrance, tous les droits et impose toutes les obligations attachées à la nationalité d'État.

Art. 11. — La concession de la nationalité d'État s'étend, s'il n'est pas fait de dérogation, à la femme et aux enfants mineurs encore soumis à la puissance paternelle.

Art. 12. — L'établissement du domicile dans un État de la Confédération ne fait point par lui seul acquérir la nationalité d'État.

Art. 13. — La nationalité d'État sera perdue dorénavant : 1° par le congé sur demande, *entlassung auf antrag*[2]; 2° par une décision de l'autorité; 3° par un séjour prolongé pendant dix ans en pays étranger; 4° pour les enfants nés hors mariage, par une légitimation accomplie conformément à la loi, quand le père appartient à un autre État que la mère; 5° pour une Allemande du Nord, par son mariage avec un sujet d'un autre État allemand ou avec un étranger.

Art. 14. — L'expatriation est concédée dans un acte délivré par une des autorités administratives supérieures du pays.

Art. 15. — L'expatriation est accordée à tout sujet d'un État qui prouve

---

[1] Voir, sur la signification de cette expression, la loi du 6 juin 1870 sur le domicile de secours.

[2] Nous avons traduit ce mot par *expatriation*, qui nous paraît plus clair que celui de *congé*, adopté dans la traduction de M. Lyon-Caen.

qu'il est naturalisé dans un État de la Confédération. A défaut de cette preuve elle ne doit pas être accordée : 1° aux personnes tenues au service militaire, qui sont âgées de dix-sept ans accomplis à vingt-cinq ans accomplis, avant qu'elles produisent un certificat de la commission militaire du cercle attestant qu'elles ne requièrent pas le congé dans le but unique d'échapper à l'obligation de servir soit dans l'armée active, soit dans la flotte; 2° aux militaires qui font partie de l'armée active ou de la flotte, aux officiers en congé et aux employés de l'armée, avant qu'ils aient été libérés du service; 3° aux personnes faisant partie de la réserve de l'armée active et de la Landwehr, comme de la réserve de la flotte ou de la Seewehr, et n'ayant pas la qualité d'officier, à partir du jour où elles sont appelées au service actif.

Art. 16. — (Devenu inutile depuis la formation de l'Empire allemand.)

Art. 17. — En temps de paix, l'expatriation ne peut être refusée pour d'autres causes que pour celles indiquées dans les articles 15 et 16. Pendant la guerre ou en cas de guerre imminente, le droit de prendre des mesures spéciales est réservé au Président de la Confédération.

Art. 18. — L'acte d'expatriation entraîne du jour de sa délivrance la perte de la nationalité d'État. L'expatriation demeure toutefois sans effet lorsque celui qui l'a obtenue n'a, dans le délai de six mois après la délivrance de l'acte qui l'accorde, ni transporté son domicile hors du territoire fédéral, ni acquis la nationalité d'État dans un autre pays de la Confédération.

Art. 19. — L'expatriation s'étend, s'il n'y est pas fait de dérogation, à la femme et aux enfants mineurs encore soumis à la puissance paternelle.

Art. 20. — Les Allemands du Nord, qui résident à l'étranger, peuvent être déclarés déchus de leur nationalité d'État par une décision de l'autorité centrale de leur pays, lorsqu'en cas de guerre ou de danger de guerre, ils n'obéissent pas, dans le délai voulu, à la sommation formelle de revenir dans leur pays, faite pour tout le territoire fédéral par le Président de la Confédération.

Art. 21. — Les Allemands du Nord, qui quittent le territoire de la Confédération et résident sans interruption pendant dix ans à l'étranger, perdent par suite leur nationalité d'État. Le délai sus-indiqué court du jour de la sortie du territoire fédéral, ou lorsque la personne qui le quitte est en possession d'un passeport ou de certificats de domicile, du jour où ces papiers cessent d'être valables[1]. Il est interrompu par l'inscription sur le registre matricule d'un consulat fédéral, il recommence à courir le jour qui suit la radiation sur le registre matricule.

---

[1] Les passeports ne sont pas obligatoires pour sortir du territoire de l'Empire. Toutefois le Président de la Confédération peut les rendre temporairement obligatoires en raison d'une guerre et toutes les fois que la sécurité publique l'exige.

La perte de la nationalité d'État s'étend à la femme ou aux enfants mineurs soumis à la puissance paternelle, s'ils se trouvent à l'étranger avec leur mari ou leur père.

Le délai de dix ans peut être réduit à cinq ans par des traités, pour les Allemands du Nord qui résident sans interruption durant cinq ans dans un pays étranger et acquièrent en même temps la nationalité d'État dans ce pays[1].

Les Allemands du Nord qui ont perdu leur nationalité d'État à raison de leur séjour à l'étranger prolongé pendant dix ans, et qui n'ont pas acquis d'autre nationalité peuvent recouvrer leur nationalité d'État dans leur ancien pays d'origine, même sans qu'ils viennent s'y établir.

Les Allemands du Nord qui ont perdu leur nationalité d'État par un séjour de dix ans à l'étranger, et qui reviennent ensuite sur le territoire fédéral, acquièrent la nationalité d'État dans le pays où ils s'établissent, en vertu d'un acte d'admission émanant de l'autorité administrative qui doit le leur accorder sur leur requête.

ART. 22. — Quand un Allemand du Nord est entré au service d'un État étranger sans autorisation de son gouvernement, l'autorité centrale de son pays peut le déclarer déchu de sa nationalité d'État, s'il n'obéit pas à l'injonction de se démettre de ses fonctions dans le délai qui lui est imparti.

ART. 23. — Quand un Allemand du Nord sert dans un pays étranger avec l'autorisation de son gouvernement, il conserve sa nationalité d'État.

ART. 24. — La délivrance des actes d'admission et des actes de congé dans le cas prévu à l'article 15 a lieu sans frais. Pour les actes de congé dans les autres cas que dans ceux prévus à l'article 15 (première phrase), il ne sera pas perçu plus d'un thaler au maximum pour droits de timbre et frais d'expédition.

ART. 25. — Pour les personnes se trouvant à l'étranger au moment où la présente loi est rendue, qui appartiennent à des États allemands dont les lois attachaient la perte de la nationalité à un séjour de dix ans ou plus en pays étranger, le cours de ce délai ne sera pas interrompu par la présente loi. Pour les sujets des autres États de la Confédération, le délai fixé dans l'article 21 commencera à courir du jour de la mise en vigueur de la présente loi.

ART. 26. — Cette loi sera en vigueur à partir du 1er janvier 1871.

2°. — *Loi militaire du 2 mai 1874* (extraits).

ART. 11. — Les hommes qni ont quitté le territoire de l'Empire et ont perdu leur nationalité allemande, mais qui n'ont point acquis une autre

---

[1] Un traité de ce genre avait déjà été conclu le 22 février 1868 avec les États-Unis d'Amérique. Voyez ci-après.

nationalité ou l'ont reperdue, sont tenus de se présenter, lorsqu'ils viennent fixer leur domicile en Allemagne d'une manière permanente et
peuvent être appelés rétroactivement sous les drapeaux, mais ne peuvent
plus être retenus au service en temps de paix après l'âge de trente et un
ans accomplis.

Il en est de même des fils de ceux qui, après avoir émigré, sont revenus
sur le territoire de l'Empire d'Allemagne, à moins que ces fils n'aient
acquis une autre nationalité.

Les dispositions qui précèdent sont aussi applicables aux émigrés
qui ont acquis une autre nationalité, mais redeviennent citoyens avant
l'âge de trente et un ans accomplis.

ART. 68. — Les hommes en état de congé qui, après avoir émigré,
se font naturaliser de nouveau avant leur trente et unième année
accomplie, rentrent dans la classe à laquelle ils auraient appartenu
s'ils n'avaient point émigré.

ART. 69. — 7° Les hommes de la première classe de l'*Ersatzreserve*,
qui, après avoir émigré, se font de nouveau naturaliser avant l'accomplissement de leur trente et unième année, rentrent dans la classe
à laquelle ils auraient appartenu s'ils n'avaient point émigré.

8° Hors le cas d'une ordonnance spéciale pour la durée d'une guerre
ou d'un danger de guerre, ils n'ont besoin d'aucune autorisation pour
émigrer. Ils sont tenus toutefois de donner avis de leur intention
d'émigrer à l'autorité militaire. L'omission de cet avis est puni par
l'article 360 du Code pénal de l'Empire.

3°. — *Loi du 4 mai 1874, tendant à empêcher l'exercice illégal des
fonctions ecclésiastiques.*

(Cette loi punit l'exercice illégal des fonctions ecclésiastiques de la
perte de la nationalité, et de l'expulsion. La nationalité ne peut être
recouvrée qu'avec l'autorisation du Conseil fédéral[1].)

4°. — *Loi du 20 décembre 1875, sur la naturalisation des étrangers qui
remplissent des fonctions au nom de l'Empire.*

ART. UNIQUE. — La naturalisation ne peut être refusée dans les pays
de la Confédération dans lesquels ils réclament la concession de la
nationalité aux étrangers qui, étant au service de l'Empire, reçoivent
un traitement du Trésor impérial et ont leur résidence professionnelle
en pays étranger.

[1] Voir l'*Annuaire de législation étrangère*, 1875.

5°. — *Articles du Code pénal allemand de 1871, modifiés par la loi du 26 février 1876.*

ART. 140. — Sont punis pour infraction aux obligations de service militaire, savoir :

1° D'une amende de 150 à 3,000 marcs ou d'un emprisonnement d'un mois à un an, tout homme assujetti au service militaire qui, en vue de se soustraire à l'incorporation dans l'armée de terre ou de mer, quittera sans autorisation le territoire de la Confédération ou séjournera à l'étranger après avoir atteint l'âge de recrutement.

2° D'une amende de 3,000 marcs au plus, ou des arrêts, ou de l'emprisonnement pendant six mois au plus, tout officier, tout individu en état de congé avec rang d'officier qui émigrera sans autorisation.

3° D'un emprisonnement de deux ans, au plus, et, en outre, d'une amende qui pourra s'élever jusqu'à 3,000 marcs, quiconque, étant assujetti au service militaire, émigrera en mépris d'une ordonnance spéciale de l'Empereur dûment publiée et rendue à l'occasion d'hostilités ouvertes ou imminentes ;

La tentative est punissable.

Les biens du proscrit pourront être séquestrés jusqu'à concurrence de la somme reconnue nécessaire par le juge pour couvrir le montant de l'amende la plus élevée qui pourrait être prononcée ainsi que les frais de la procédure.

ART. 360. — Sont punis d'une amende de 150 marcs au plus :

3° Les soldats en congé, soit de la réserve, soit de la *Landwehr*, soit de la *Seewehr*, qui auront émigré sans autorisation, ou les hommes appartenant à la première classe de l'*Ersatzreserve* qui auraient émigré sans avertir préalablement l'autorité militaire.

H

ANGLETERRE.

ACTE DU 12 MAI 1870 CONCERNANT LA CONDITION LÉGALE DES ÉTRANGERS ET DES SUJETS BRITANNIQUES (extraits).

ART. 3. — Toute personne devenue par naturalisation sujet britannique, peut recouvrer sa nationalité primitive en faisant une déclaration d'extranéité :

1° Si elle réside dans le Royaume-Uni, devant un juge de paix ;

2° Si elle réside dans les possessions britanniques, devant un juge des Cours criminelles ou civiles ou tout autre fonctionnaire autorisé par la loi à recevoir un serment en matière judiciaire ou autre ;

3° Si elle réside hors des possessions britanniques, devant un fonctionnaire diplomatique ou consulaire britannique.

Cette déclaration ne produira d'effet qu'autant que, par suite des traités ou aux termes d'une loi, elle aura la même valeur dans le pays auquel appartenait originairement le déclarant.

ART. 4. — Toute personne qui, par le fait de sa naissance sur le territoire britannique, est sujet britannique, mais qui se trouvait également à l'époque de sa naissance, sujet d'un pays étranger aux termes de la loi de ce pays, peut, lorsqu'elle atteint sa majorité, si elle a la plénitude de sa capacité légale [1], se dépouiller par une déclaration semblable de sa nationalité britannique.

Toute personne née hors du territoire britannique d'un père sujet britannique peut, si elle justifie des mêmes conditions de capacité, renoncer de la même façon à sa nationalité britannique.

ART. 6. — La naturalisation obtenue en pays étranger, par un sujet britannique ayant toute sa capacité, lui fait perdre sa nationalité britannique. Cet effet résulte même de la naturalisation obtenue avant l'adoption du présent acte.

Le sujet britannique d'origine, naturalisé à ce jour en pays étranger, aura pendant deux ans, à dater de l'adoption du présent acte, la faculté de faire une déclaration constatant qu'il entend demeurer sujet britannique. Il sera alors considéré comme n'ayant jamais cessé de l'être. Il doit cependant prêter le serment d'allégeance.

S'il continue à résider dans sa patrie d'adoption sa déclaration n'aura d'effet que si, aux termes des traités ou de la loi de ce pays, il n'y est plus considéré comme un national.

ART. 7. — Tout étranger peut demander au secrétaire d'État un certificat de naturalisation si dans le délai qui sera ultérieurement fixé [2] par décision générale ou spéciale dudit secrétaire, il a résidé dans le Royaume-Uni pendant cinq ans au moins ou s'il a servi la couronne pendant un égal laps de temps et s'il manifeste l'intention soit de résider dans le Royaume-Uni, soit de servir la couronne.

Il devra produire à l'appui de sa demande telles justifications que le secrétaire d'État pourra requérir.

Le secrétaire d'État pourra alors prendre la demande en considération et, sans donner de motifs, accorder ou refuser le certificat. Sa décision est sans appel. Elle n'aura d'effet que lorsque le pétitionnaire aura prêté le serment d'allégeance.

L'étranger qui aura obtenu ce certificat jouira des mêmes droits, poli-

---

[1] C'est-à-dire si elle n'est ni aliénée, ni imbécile, ni femme mariée (art. 17).

[2] Un arrêté ministériel a fixé cette période aux huit années qui précèdent la demande.

tiques ou autres, que le citoyen d'origine, pourvu toutefois qu'il soit considéré comme sujet britannique, dans sa patrie d'origine, s'il vient à y séjourner. Les sujets de la Grande-Bretagne dont la nationalité pourrait être l'objet d'un doute peuvent demander et obtenir le certificat de naturalisation. Mention de cette circonstance est faite sur le certificat duquel il ne peut être conclu que l'impétrant n'était pas antérieurement citoyen britannique.

La même faculté est accordée aux étrangers naturalisés avant l'adoption du présent acte.

ART. 8. — Le citoyen britannique d'origine devenu étranger en vertu du présent acte ou qui y est considéré comme tel, peut, s'il remplit les conditions et fournit les justifications exigées de l'étranger, demander et obtenir, s'il y a lieu, un certificat de réadmission dans la nationalité britannique, il devra prêter le serment d'allégeance.

Dans les possessions britanniques, ce certificat de réadmission est délivré par le gouverneur.

ART. 10. — 1° La femme mariée est considérée comme appartenant à la nationalité de son mari;

2° La femme veuve, britannique d'origine et devenue étrangère par le fait de son mariage, est considérée comme étrangère et peut obtenir à toute époque de son veuvage un certificat de réadmission dans la nationalité britannique;

3° Lorsqu'un père ou une mère veuve, de nationalité britannique, devient étranger en vertu du présent acte, ses enfants, s'ils ont résidé pendant leur minorité dans le pays où leurs parents sont naturalisés et s'ils y ont été naturalisés conformément aux lois de ce pays, sont considérés comme nationaux de ce pays et comme ayant cessé d'appartenir à la nationalité britannique;

4° Dans le cas de réadmission de son père ou de sa mère veuve dans la nationalité britannique, l'enfant, s'il a résidé pendant sa minorité sur le territoire britannique avec ses parents, est considéré comme réinvesti de la nationalité britannique;

5° Dans le cas de naturalisation obtenue dans le Royaume-Uni par son père ou sa mère veuve, l'enfant, s'il a résidé pendant sa minorité avec ses parents sur le territoire britannique, est considéré comme naturalisé citoyen britannique.

ART. 13. — Le présent acte n'enlève pas à la Reine la faculté d'accorder des lettres de denization.

ART. 15. — Le citoyen britannique devenu étranger en vertu de la présente loi, demeure responsable des actes par lui commis antérieurement à l'époque de son changement de nationalité.

ART. 16. — Les lois et ordonnances édictées par les législatures des possessions britanniques, et accordant à un individu la jouissance de tout ou partie des privilèges de la naturalisation dans les limites du territoire de cette possession, auront force de loi après la ratification de Sa Majesté, laquelle sera donnée dans les formes ordinaires.

I

CONFÉDÉRATION ARGENTINE.

1°. — *Constitution du 25 septembre 1860.*

Art. 20. — Les étrangers jouissent sur le territoire de la nation de tous les droits civils du citoyen; ils peuvent exercer leur industrie, commerce et profession, posséder des biens immeubles, les acquérir et les aliéner, naviguer sur les cours d'eau et le long des côtes, exercer librement leur culte, tester et se marier conformément aux lois. Ils ne sont pas obligés d'acquérir les droits de citoyen, ni de payer des contributions forcées extraordinaires. Ils obtiennent la naturalisation à charge de résider deux ans continus sur le territoire de la nation; mais l'autorité peut abréger ce stage en faveur de ceux qui le sollicitent, s'ils allèguent des services rendus à la République et en justifient.

Art. 21. — ..... Les citoyens naturalisés sont libres d'accepter ou de refuser le service militaire, pendant le délai de dix ans à compter du jour où ils ont obtenu leur charte de naturalisation.

Art. 67. — Les attributions du Congrès sont les suivantes :

§ 11. — Faire....., spécialement les lois générales pour toute la nation sur la naturalisation et les droits de citoyen, en tenant compte du droit naturel de citoyenneté...

2°. — *Loi du 1er octobre 1869 sur l'acquisition et la perte de la nationalité.*

Art. 1er. — Sont Argentins :

1° Tous ceux qui sont nés dans la République, quelle qu'ait été la nationalité de leurs parents, à l'exception des enfants des ministres étrangers et des membres de leurs légations résidants dans la République;

2° Les enfants d'Argentins qui, bien que nés à l'étranger, opteraient pour la nationalité du pays de leurs parents;

3° Ceux nés dans les Légations ou à bord des navires de guerre de la République;

4° Ceux nés dans les Républiques composant les Provinces-Unies du Rio Plata, avant l'émancipation de ces Républiques, et qui résident sur le territoire national, en déclarant leur résolution de devenir citoyens Argentins;

5º Ceux nés dans les eaux neutres, sous pavillon argentin.

ART. 2. — Sont Argentins par naturalisation :

1º Les étrangers qui, ayant demeuré deux années consécutives dans la République, font devant les juges fédéraux la déclaration de leur désir de devenir citoyens ;

2º Les étrangers qui ont rendu à l'État les services suivants, quelle qu'ait été la durée de leur résidence dans la République :

1º Avoir honorablement rempli, soit à l'intérieur, soit à l'étranger, un poste sous le gouvernement national, ou le gouvernement provincial ; — 2º Avoir servi dans l'armée de terre ou de mer, ou avoir aidé à la défense de la République ; — 3º Avoir établi, dans le pays, une nouvelle industrie, ou y avoir introduit une invention utile ; — 4º Avoir été le fondateur ou le constructeur de chemins de fer dans les provinces ; — 5º Les membres des colonies établies ou qui pourront s'établir sur le territoire national ou provincial, et qui y possèdent des propriétés foncières ; — 6º Les personnes qui s'établissent sur les frontières ou au delà ; — 7º Les individus qui, dans les provinces, épousent des femmes argentines ; — 8º Les professeurs de toutes les branches de l'industrie et de l'éducation.

ART. 3. — L'enfant d'un citoyen naturalisé qui, lors de la naturalisation de son père, était encore mineur, et qui serait né en pays étranger, peut obtenir des lettres de naturalisation en s'enrôlant dans la garde nationale de la manière prescrite par la loi.

ART. 4. — L'enfant d'un citoyen naturalisé en pays étranger pourra, après la naturalisation de son père, obtenir des lettres de naturalisation en s'enrôlant dans la garde nationale à l'âge prescrit par la loi.

ART. 5. — Les enfants nés à l'étranger d'Argentins de naissance devront déclarer devant le juge fédéral leur qualité d'enfant d'Argentin.

ART. 6. — Les étrangers remplissant les conditions sus-mentionnées pourront obtenir du juge fédéral de section devant lequel ils comparaîtraient des lettres de naturalisation.

ART. 7. — Les Argentins âgés de dix-huit ans jouissent de droits politiques définis par la constitution et les lois de la République.

ART. 8. — Les personnes suivantes ne jouissent pas de droits politiques dans la République : les individus naturalisés en pays étranger, — ceux qui acceptent des emplois sous un gouvernement étranger, sans l'autorisation du Congrès, — les banqueroutiers frauduleux, — les condamnés à mort, ou à peine infamante.

ART. 9. — Le Congrès seul a le pouvoir de restituer leurs droits à ceux qui ont perdu leur qualité de citoyen argentin.

ART. 10. — Les lettres de naturalisation sont délivrées gratis.

ART. 11. — Les juges sectionaux seront munis d'un certain nombre de lettres de naturalisation imprimées, de sorte que toutes soient délivrées dans la même forme.

ART. 12. — Les enfants de citoyens argentins de naissance, et les étrangers jouissant des droits de citoyen argentin sont considérés comme des citoyens, sans avoir à se conformer à aucune des dispositions de la présente loi. Ils sont uniquement tenus de s'inscrire sur le registre civil national.

J

BELGIQUE.

LOIS DIVERSES CONCERNANT LA NATIONALITÉ.

1°. — *Articles de la Constitution de 1831.*

ART. 4. — La qualité de Belge s'acquiert, se conserve et se perd d'après les règles déterminées par la loi civile...

ART. 5. — La naturalisation est accordée par le pouvoir législatif.

La grande naturalisation seule assimile l'étranger au Belge pour l'exercice des droits politiques.

ART. 133. — Les étrangers établis en Belgique avant le 1er janvier 1814 et qui ont continué d'y être domiciliés, sont considérés comme Belges de naissance, à la condition de déclarer que leur intention est de jouir du bénéfice de la présente disposition.

La déclaration devra être faite dans les six mois à compter du jour où la présente constitution sera obligatoire, s'ils sont majeurs, et dans l'année qui suivra leur majorité, s'ils sont mineurs.

Cette déclaration aura lieu devant l'autorité provinciale à laquelle ressortit le lieu où ils ont leur domicile. Elle sera faite en personne ou par un mandataire porteur d'une procuration spéciale et authentique.

2°. — *Loi sur la nationalité du 22 septembre 1835.*

ART. 1er. — Seront considérés comme Belges de naissance, et jouiront de tous les droits civils et politiques attachés à cette qualité :

1° Les individus nés Belges qui, ayant été sans autorisation au service militaire chez l'étranger et étant rentrés en Belgique avant le 1er janvier 1833, ont combattu pour la cause de la révolution, ou ont pris du service dans l'armée nationale, ou bien ont été admis à un emploi civil et ont depuis lors continué de résider en Belgique ;

2° Les habitants des provinces septentrionales de l'ancien royaume des Pays-Bas, qui étaient domiciliés ou qui sont venus demeurer en Belgique avant le 7 février 1831, et qui ont depuis lors continué d'y résider.

Art. 2. — Les personnes auxquelles s'applique l'article qui précède devront déclarer que leur intention est de jouir du bénéfice de la présente loi.

Cette déclaration devra être faite dans les six mois, à compter du jour de la publication de la présente loi, dans la forme et devant l'autorité déterminée par l'article 133 de la constitution.

Art. 3. — Sont dispensés de cette déclaration les individus nés Belges, désignés dans l'article 1er, qui seraient rentrés en Belgique avec l'autorisation du roi et auraient déjà fait la déclaration voulue par l'article 18 du Code civil.

Art. 4. — Sont exceptés de la disposition de l'article 1er, les individus nés Belges restés après le 1er août 1831 au service d'une puissance en guerre avec la Belgique.

3º — *Loi du 4 juin 1839, sur la nationalité des individus originaires de parties du Limbourg et du Luxembourg, abandonnées par la Belgique (extrait).*

Toute personne jouissant de la qualité de Belge, qui perdrait cette qualité par suite du traité du 19 avril 1839, peut la conserver à la condition de déclarer que son intention est de jouir du bénéfice de la présente disposition et de produire en même temps un certificat de l'administration d'une commune située dans le territoire qui constitue définitivement le royaume de Belgique, que le déclarant a transféré son domicile dans cette commune.

Cette déclaration devra être faite dans les quatre ans à compter du jour de l'échange des ratifications des traités prémentionnés, si le déclarant est majeur ou s'il le devient avant le commencement de la quatrième année.

S'il ne devient majeur qu'après cette époque, il aura la faculté de faire la déclaration dans l'année qui suivra sa majorité.

4º. — *Loi du 1er avril 1879 ayant pour objet de faciliter l'acquisition de la qualité de Belge aux personnes qui ont omis de remplir ou ont imparfaitement rempli les formalités requises pour l'acquérir.*

Art. 1er. — L'individu, né en Belgique d'un étranger, qui aura négligé de faire devant l'autorité compétente, dans l'année qui a suivi l'époque de sa majorité, la déclaration prescrite par l'article 9 du Code civil, ou qui aura fait une déclaration nulle ou insuffisante, sera admis à faire encore sa déclaration dans le délai d'une année, à compter du jour de la publication de la présente loi.

Art. 2. — Sera, dans le même délai d'une année, admis à recouvrer la qualité de Belge, en remplissant les formalités prescrites par l'article 1er de la loi du 4 juin 1839, tout individu qui, ayant pu conserver cette qualité aux termes de cette loi, l'aura perdue en négligeant de faire la déclaration requise.

ART. 3. — Sera aussi admis, dans le même délai d'une année, à réclamer la qualité de Belge en remplissant les formalités prescrites par la loi du 22 septembre 1835, tout habitant des provinces septentrionales de l'ancien royaume des Pays-Bas, qui, résidant en Belgique avant le 7 février 1831 et ayant depuis lors continué d'y résider, aura négligé de faire la déclaration prescrite par cette loi.

ART. 4. — Ceux qui deviendront Belges dans les cas prévus par les articles précédents ne pourront se prévaloir de cette qualité qu'après avoir rempli les conditions qui leur sont imposées par ces articles et seulement pour l'exercice des droits ouverts à leur profit depuis cette époque.

Leurs enfants et leurs descendants majeurs seront admis à réclamer la qualité de Belge, dans le délai d'une année à compter de la publication de la présente loi, en remplissant les formalités prescrites par les lois citées.

Leurs enfants et leurs descendants mineurs seront admis à faire cette réclamation, moyennant l'accomplissement des mêmes formalités, dans l'année qui suivra l'époque de leur majorité.

5°. — *Loi du 6 août 1881 sur les naturalisations.*

ART. 1er. — La naturalisation ordinaire confère à l'étranger tous les droits civils et politiques attachés à la qualité de Belge, à l'exception des droits politiques pour l'exercice desquels la constitution ou la loi exigent la grande naturalisation.

ART. 2. — Pour pouvoir obtenir la grande naturalisation, il faut :

1° Être âgé de vingt-cinq ans accomplis;

2° Être marié, ou avoir obtenu un ou plusieurs enfants de son mariage ;

3° Avoir résidé en Belgique pendant dix ans au moins.

Le délai sera de cinq ans au lieu de dix ans pour l'étranger qui a épousé une Belge, ou qui a retenu de son mariage avec une Belge un ou plusieurs enfants.

La grande naturalisation ne pourra être accordée aux étrangers non mariés ou veufs sans enfants que lorsqu'ils auront atteint l'âge de cinquante ans et qu'ils auront quinze ans de résidence dans le pays.

Elle pourra être conférée également, sans autre condition, pour services éminents rendus à l'État.

Les étrangers habitant le royaume, nés en Belgique, qui auraient négligé de faire les déclarations prescrites par l'article 9 du Code civil, sont recevables à demander la grande naturalisation sans remplir les conditions prescrites aux paragraphes 1, 2 et 3 du présent article.

Art. 3. — La naturalisation ordinaire, hors le cas prévu par l'article 4, ne sera accordée qu'à ceux qui auront accompli leur vingt et unième année, et qui auront résidé pendant cinq ans en Belgique.

Art. 4. — La naturalisation du père assure à ses enfants mineurs la faculté de jouir du même avantage, pourvu qu'ils déclarent, dans l'année de leur majorité, devant l'autorité communale du lieu où ils ont leur domicile ou leur résidence, conformément à l'article 8, que leur intention est de jouir du bénéfice de la loi.

Les enfants et descendants majeurs de celui qui a obtenu la naturalisation peuvent obtenir la même faveur sans être astreints aux conditions requises par les articles 2 et 3 de la présente loi. Si le père est décédé, la naturalisation de la mère assure à ses enfants et descendants les avantages énoncés au présent article.

Art. 5. — Nul n'est admis à la naturalisation qu'autant qu'il en ait formé la demande par écrit.

La demande devra être signée par la personne qui la forme ou par son fondé de procuration spéciale et authentique. Dans ce dernier cas, la procuration sera jointe à la demande.

Art. 6. — Toute demande en naturalisation, ainsi que toute proposition du gouvernement ayant le même objet, sera envoyée, par chaque Chambre, à une commission qui présentera l'analyse de la demande et des pièces y annexées.

Sur le rapport de la commission, chaque Chambre décidera, sans discussion et au scrutin secret, s'il y a lieu de prendre en considération les demandes ou les propositions. Si la demande est prise en considération, il sera immédiatement procédé à la discussion et au vote publics.

Art. 7. — Dans les huit jours qui suivront la sanction royale du vote des Chambres admettant la demande, le ministre délivrera à l'impétrant une expédition certifiée conforme de l'acte de naturalisation.

Art. 8. — L'impétrant, muni de cette expédition, se présentera devant le bourgmestre du lieu de son domicile ou de sa résidence et déclarera qu'il accepte la naturalisation qui lui est conférée.

Il sera immédiatement dressé procès-verbal de cette déclaration dans un registre à ce destiné.

Art. 9. — La déclaration prescrite par l'article précédent sera faite, sous peine de déchéance, dans les deux mois à compter de la date de la sanction royale.

Art. 10. — L'autorité communale enverra dans les huit jours au ministre de la Justice une expédition dûment certifiée de l'acte d'acceptation.

ART. 11. — L'acte de naturalisation ne sera inséré au *Moniteur* que sur le vu de cette expédition, dont la date sera également insérée au *Moniteur*.

ART. 12. — La loi du 27 septembre 1835 est abrogée, à l'exception des articles 14, 15 et 16.

DISPOSITION SPÉCIALE. — L'individu né en Belgique d'un étranger qui aura négligé de faire devant l'autorité compétente, dans l'année qui a suivi l'époque de sa majorité, la déclaration prescrite par l'article 9 du Code civil ou qui aura fait une déclaration nulle ou insuffisante sera, s'il a satisfait en Belgique aux obligations de la loi de milice, admis à faire encore sa déclaration dans le délai de deux ans, à compter du jour de la publication de la présente loi.

L'article 4 de la loi du 1er avril 1879 lui sera applicable ainsi qu'à ses enfants et descendants.

7°. — *Loi du 15 août 1881 accordant la qualité de Belge aux enfants nés en Belgique de parents légalement inconnus.*

ART. UNIQUE. — Il est décidé, en vertu du droit d'interprétation que l'article 28 de la Constitution accorde au pouvoir législatif, que les enfants nés en Belgique de parents légalement inconnus sont réputés Belges.

K

BOLIVIE.

ARTICLES DE LA CONSTITUTION.

ART. 31. — Sont Boliviens de naissance : 1° ceux qui sont nés sur le territoire de la République ; 2° ceux qui sont nés à l'étranger de père ou mère boliviens au service de la République, ou émigrés pour causes politiques, même pour les cas dans lesquels la loi exige la condition d'être né sur le territoire bolivien.

ART. 32. — Sont aussi boliviens : 1° les fils de père ou mère boliviens, nés en territoire étranger, par le seul fait de s'être établis en Bolivie ; 2° les étrangers qui, ayant résidé pendant un an dans la République, déclarent devant la municipalité du lieu où ils résident, leur volonté de s'établir dans le pays ; 3° les étrangers qui, par privilège, ont obtenu de la Chambre des députés des lettres de naturalisation.

L

BRÉSIL.

I. — CONSTITUTION DU 25 MARS 1824.

TITRE II. — *Des citoyens brésiliens.*

ART. 6. — Sont citoyens brésiliens : 1º ceux qui sont nés au Brésil, ingénus ou affranchis, même s'ils sont nés d'un père étranger, sauf le cas où celui-ci ne réside au Brésil que pour le service de sa nation ; 2º les fils de père brésilien et les enfants naturels de mère brésilienne, nés en pays étranger, qui établiront leur domicile dans l'Empire ; 3º les fils d'un père brésilien qui se trouve en pays étranger au service de l'Empire, bien qu'ils ne viennent point établir leur domicile au Brésil ; 4º de toute personne née en Portugal ou sur ses possessions qui, ayant déjà sa résidence au Brésil à l'époque où l'indépendance a été proclamée dans la province qu'elle habitait, a adhéré à cette proclamation soit expressément, soit tacitement par la continuation de sa résidence ; 5º les étrangers naturalisés, quelle que soit leur religion. La loi déterminera les conditions requises pour l'obtention des lettres de naturalisation [1].

ART. 7. — Perdent les droits de citoyen brésilien : 1º celui qui se fait naturaliser en pays étranger ; 2º celui qui, sans autorisation de l'Empereur, accepte une pension, fonction ou décoration de quelque gouvernement étranger ; 3º celui qui est banni par sentence.

ART. 91. — Ont le droit de suffrage dans les élections primaires : 1º les citoyens brésiliens jouissant de leurs droits politiques ; 2º les étrangers naturalisés.

II. — NOTE SUR LA NATURALISATION DES ÉTRANGERS, *publiée en 1873 par le Journal officiel de l'empire du Brésil* (extraits).

La naturalisation des étrangers a été réglée par la loi du 12 juillet 1871.

Par cette loi, le Gouvernement est autorisé à accorder des lettres de naturalisation à tout étranger âgé de plus de 21 ans qui, ayant résidé au Brésil, ou au dehors pour le service de l'État, pendant plus de deux ans, demande à être naturalisé, en déclarant son intention de résider au Brésil ou de servir l'État après sa naturalisation. (Art. 1.)

Le Gouvernement pourra dispenser du temps de résidence ;

[1] Lois des 3 septembre 1846, 23 septembre 1869, 12 juillet 1871 et 26 septembre 1874.

1º Celui qui est marié avec une Brésilienne ;

2º Celui qui possède des biens-fonds au Brésil ou une part dans un établissement industriel ;

3º L'inventeur ou l'introducteur d'une industrie nouvelle ;

4º Celui qui se recommande par ses talents littéraires ou autres, ou par son aptitude professionnelle à une industrie ;

5º Le fils de l'étranger naturalisé, né hors du Brésil avant la naturalisation de son père. (Art. 2.)

Les lettres de naturalisation sont exemptes de tout impôt sauf le droit de timbre de 25,000 reis (environ 65 francs). (Art. 4.)

Ces lettres ne pourront avoir aucun effet sans que les porteurs, soit directement, soit par mandataires spéciaux, jurent ou promettent obéissance et fidélité à la constitution et aux lois du pays, jurant et promettant en même temps de reconnaître dorénavant le Brésil pour leur patrie. (Art. 5.)

La naturalisation des colons est réglée par le décret du 23 juin 1855.

Ce décret dispose :

Que les étrangers établis comme colons en divers lieux de l'Empire et non encore reconnus Brésiliens, seront tenus pour tels, en signant devant la Chambre municipale ou le juge de paix une déclaration qu'ils sont dans l'intention de fixer leur domicile au Brésil, en déclarant en même temps leur pays d'origine, leur religion, la position et le nombre de leurs enfants. (Art. 1.)

Que l'autorité chargée de recevoir lesdites déclarations, après en avoir dressé procès-verbal, en délivrera copie authentique à la partie, et que les présidents de province, sur le vu de cette pièce, lui remettront gratuitement les lettres de naturalisation, après avoir reçu le serment de fidélité à la constitution et aux lois de l'Empire. (Art. 2.)

L'article 3 du décret du 23 juin 1855 a aussi autorisé le Gouvernement à donner des lettres de naturalisation, avant le délai fixé par la loi du 18 septembre 1850, aux colons jugés dignes de cette faveur.

Les pères, tuteurs ou curateurs des colons mineurs, nés hors de l'Empire avant la naturalisation de leurs parents, pourront faire pour eux la déclaration marquée dans l'article 1er du décret du 23 juin 1855 et obtenir des lettres de naturalisation pour eux. Toutefois, les mineurs auront le droit de changer de nationalité à leur majorité.

M

CANADA.

ACTE CONCERNANT LA NATURALISATION ET LES ÉTRANGERS.

Session législative de 1881. 44, Victoria, chap. XIII.

SECTION 4, § 5. — Lorsque Sa Majesté Britannique aura conclu avec un pays étranger une convention portant que les sujets dudit pays devenus sujets britanniques par naturalisation pourront renoncer à leur nationalité britannique, et lorsque, par ordre rendu en Conseil sous l'autorité de la section 3 de l'acte impérial de 1870 relatif à la naturalisation, Sa Majesté aura déclaré avoir conclu cette convention, en ce cas, à partir de la date de l'ordre en Conseil ainsi rendu, quiconque, ayant appartenu originairement au pays mentionné en cet ordre, aura été naturalisé sujet britannique au Canada, pourra faire une déclaration d'extranéité dans le délai fixé par la convention, et, à dater de sa déclaration, il sera considéré, dans toute l'étendue du Canada, comme étranger et comme sujet du pays auquel il appartenait originairement, ainsi qu'il est dit ci-dessus.

§ 6. — (Indique devant quelles autorités la déclaration d'extranéité devra être faite.)

§ 7. — Toute personne qui, par le fait de sa naissance dans les Etats de Sa Majesté, sera sujette britannique d'origine, mais qui, à l'époque de sa naissance, en vertu de lois d'un pays étranger, sera devenue aussi sujette de ce dernier pays et l'est encore, pourra, si elle a atteint sa majorité et n'est frappée d'aucune incapacité, faire déclaration d'extranéité de la manière indiquée ci-dessus ; et, à dater de cette déclaration, elle cessera de jouir au Canada de la qualité de sujet britannique.

Toute personne née hors des États de Sa Majesté d'un père sujet britannique pourra, si elle est majeure et n'est soumise à aucune incapacité, faire déclaration d'extranéité de la même manière, et, à dater de sa déclaration, elle sera pareillement privée au Canada de sa nationalité britannique.

ART. 9. — Le sujet britannique qui, à quelque époque que ce soit, avant ou après l'entrée en vigueur du présent acte, étant dans un pays étranger, et ayant la capacité voulue, se sera volontairement fait naturaliser dans ce pays, sera réputé au Canada, à partir du moment où il aura obtenu ainsi sa naturalisation en pays étranger, avoir cessé d'être sujet britannique, et dès lors y sera regardé comme étranger.

Toutefois,

1º Si un sujet britannique naturalisé dans ces conditions en pays
étranger, avant l'entrée en vigueur du présent acte, veut conserver sa
nationalité britannique au Canada, il pourra, dans les deux ans de
l'entrée en vigueur de cet acte, faire la déclaration qu'il entend demeurer
sujet britannique, et, dès qu'il aura fait une telle déclaration et prêté le
serment d'allégeance, il sera réputé n'avoir jamais cessé d'être sujet britannique au Canada ;

Avec cette restriction que, pendant sa résidence dans le pays étranger où il aura été naturalisé, il ne sera considéré au Canada comme
sujet britannique que s'il a renoncé à la qualité de sujet de ce pays
étranger dans la forme établie par ses lois ou par un traité à cet effet.

2º (Indique devant quelles autorités pourront être faite la déclaration
de nationalité britannique et prêté le serment d'allégeance.)

ART. 10. — Si un étranger, pendant telle période fixe de temps — avant
les prestation de serment ou affirmation de résidence à l'étranger et le
dépôt prescrit ci-après — que le gouverneur en conseil aura pu accorder
par un ordre ou un règlement, a résidé au Canada au moins trois ans
au service soit du Gouvernement canadien, soit de l'un des gouvernements provinciaux du Canada, soit de deux ou plusieurs de ces gouvernements après sa naturalisation, il pourra prêter et souscrire les serments de résidence et d'allégeance, ou de service et d'allégeance dans
les termes de la formule A ci-annexée, ou dans une forme analogue, et
demander un certificat suivant la formule B ci-annexée.

ART. 11. — (Énumère les autorités qui ont qualité pour recevoir les
serments.)

ART. 12. — A l'appui de la demande de certificat ci-dessus, l'étranger
devra produire telle preuve de sa résidence ou de son service, ou de
son intention de résidence ou de service que pourra requérir la personne
devant laquelle il sera venu prêter lesdits serments, et, si cette personne
est satisfaite des preuves et convaincue de la moralité de l'impétrant,
elle lui accordera un certificat dans les termes de la formule B ci-annexée
ou dans toute autre forme analogue.

ART. 13. — (Énumère les cours de justice auxquelles le certificat sera
présenté dans les différentes provinces.)

La présentation du certificat aura lieu à l'audience, le premier jour
d'une session générale; et la Cour alors en fera faire lecture publique à
l'audience : et si, pendant ladite session, les faits énoncés dans le certificat ne sont pas contestés, s'il n'est formé aucune objection valable
contre la naturalisation de l'étranger, la Cour ordonnera, le dernier
jour de la session, que le certificat soit déposé au greffe.

ART. 14. — (Indique à quelles autorités le certificat devra être présenté dans le territoire du Nord-Ouest et dans le district de Kewatin.)

ART. 15. — Après le dépôt du certificat susmentionné, l'étranger pourra réclamer un certificat de naturalisation selon la formule C ci-annexée ou dans toute autre forme analogue.

ART. 16. — Le certificat, mentionné en la section 10 ci-dessus, qui aura été accordé à un étranger faisant la demande en naturalisation pour raison de service sous le Gouvernement, sera déposé au bureau du secrétaire d'État de Sa Majesté pour le Canada; après quoi le Gouverneur général en conseil pourra ordonner la délivrance à cet étranger d'un certificat de naturalisation suivant la formule D ci-annexée ou dans toute autre forme analogue.

ART. 17. — L'étranger qui aura obtenu un certificat de naturalisation jouira au Canada des mêmes droits, pouvoirs et privilèges politiques ou autres et y sera soumis aux mêmes obligations que les sujets britanniques d'origine.

Mais avec cette restriction toutefois que, dans le cas où il séjournerait dans le pays étranger auquel il appartenait avant d'obtenir son certificat de naturalisation, il ne sera considéré comme sujet britannique que s'il a cessé d'être sujet de son pays d'origine aux termes de ses lois ou des traités et conventions.

ART. 18. — Un certificat spécial de naturalisation pourra être accordé, de la manière énoncée ci-dessus, à toute personne dont la nationalité comme sujet britannique pourrait faire l'objet d'un doute ; mention y sera faite de cette circonstance que le certificat lui est accordé pour dissiper les doutes sur son droit à la qualité de sujet britannique, et il ne pourra être conclu d'un pareil certificat que la personne à laquelle il aura été accordé n'était pas antérieurement sujet britannique...

ART. 19. — Tout étranger naturalisé avant l'entrée en vigueur du présent acte aura la faculté de demander un certificat de naturalisation selon le présent acte, et ce certificat pourra lui être accordé moyennant les mêmes formalités et sous les mêmes conditions que celles qui lui seraient imposées s'il n'avait pas été naturalisé avant cette époque.

ART. 20. — Le sujet britannique d'origine, devenu étranger par l'effet du présent acte, ou de quelque autre acte ou loi sur la matière, et désigné en ce présent acte par le nom d'étranger par la détermination du statut, pourra, suivant les formalités et sous les conditions exigées de l'étranger présentant une demande en naturalisation, demander à la Cour, à l'autorité ou à la personne compétente un certificat de réadmission à la nationalité britannique pour recouvrer la qualité de sujet britannique au Canada.

ART. 21-22. — (Dispositions réglementaires.)

ART. 23. — L'étranger par détermination du statut à qui il sera accordé un certificat de réadmission à la nationalité britannique au Canada, y recouvrera, compter de la date dudit certificat, sa qualité de sujet britannique, sauf à l'égard des transactions antérieures, mais avec cette res-

triction que, dans le cas où il séjournerait dans le pays dont il était
devenu sujet, il ne sera considéré comme sujet britannique au Canada
que s'il a cessé d'appartenir à ce pays étranger aux termes de ses lois ou
des traités ou conventions.

ART. 24. — Lorsqu'un pays étranger, avant ou après l'entrée en vigueur
du présent acte, aura conclu avec Sa Majesté une convention portant que
ses nationaux naturalisés sujets britanniques pourront renoncer à leur
nationalité primitive, et lorsque la convention ou la loi dudit pays exige-
ront d'eux, comme condition préalable de cette renonciation, un séjour
au Canada de plus de trois années ou un service de plus de trois années,
soit sous le Gouvernement canadien, soit sous l'un des gouvernements
provinciaux du Canada, soit sous deux ou plusieurs de ces gouvernements, il sera permis à l'étranger, sujet dudit pays, qui voudra renoncer
à cette qualité, si, à l'époque de la prestation du serment de résidence ou
de service pour sa naturalisation, il a accompli les années de séjour ou
de service exigées par la convention ou par les lois de son pays d'origine, de faire serment que son séjour ou son service a eu la durée ainsi
prescrite, au lieu de prêter le serment déclaratif d'une résidence ou d'un
service de trois années; et le certificat qu'on lui accordera en vertu de
la section 12 ci-dessus devra énoncer la durée exprimée dans son serment.

Le certificat de naturalisation contiendra une mention pareille, et cette
mention dans le certificat de naturalisation fera foi de la durée de la résidence ou du service en toute Cour et lieu quelconque.

ART. 25. — Toute personne étrangère d'origine qui, avant ou après
l'entrée en vigueur du présent acte, aura acquis la jouissance au Canada
des privilèges de la nationalité britannique, soit en vertu de cet acte ou
autrement, et qui sera sujette d'un pays étranger ayant conclu avec Sa
Majesté une convention comme celle susmentionnée, pourra, si elle veut
renoncer à sa nationalité primitive, et si elle compte le nombre d'années
de service ou de résidence prescrit par la convention ou par la loi de son
pays d'origine, faire serment que son séjour ou son service a eu la durée
ainsi prescrite, et obtenir un certificat de naturalisation ou, s'il y a lieu,
un second certificat de naturalisation selon le présent acte.

ART. 26. — La femme mariée sera réputée, au Canada, sujette du pays
auquel appartiendra son mari.

ART. 27. — La femme veuve, née sujette britannique, et devenue étrangère par le fait de son mariage, sera réputée étrangère par la détermination du statut, et, comme telle, pourra obtenir, à toute époque de son
veuvage, un certificat de réadmission à la nationalité britannique au
Canada de la manière établie par le présent acte.

ART. 28. — Lorsqu'un père ou une mère veuve aura perdu, sous
'empire du présent acte, la qualité de sujet britannique, ses enfants,

s'ils vont résider pendant leur minorité dans le pays étranger où est naturalisé leur père ou leur mère, et s'ils y sont naturalisés conformément aux lois de ce pays, seront considérés en Canada comme nationaux du pays auquel appartiendra leur père ou leur mère, et non pas comme sujets britanniques.

ART. 29. — Dans le cas où son père et sa mère veuve aura obtenu un certificat de réadmission à la nationalité britannique au Canada, l'enfant qui, pendant sa minorité, y sera venu résider avec son père ou sa mère, sera considéré comme ayant recouvré à tous égards la qualité de sujet britannique en Canada.

ART. 30. — Dans le cas où son père ou sa mère veuve aura obtenu un certificat de naturalisation en Canada, l'enfant qui, pendant sa minorité, y sera venu résider avec son père ou sa mère, sera réputé sujet britannique par naturalisation en Canada.

ART. 31. — Aucune disposition contenue dans le présent acte ne privera une femme mariée des droits sur une propriété mobilière ou immobilière qu'elle pourrait avoir acquise avant l'entrée en vigueur de cet acte, ni ne portera atteinte ou préjudice à ces droits ou intérêts.

ART. 37. — Lorsqu'un sujet britannique deviendra étranger sous l'empire du présent acte, il demeurera responsable des actes faits par lui antérieurement à l'époque de son changement de nationalité.

N

CHILI.

ACTES LÉGISLATIFS CONCERNANT LA NATIONALITÉ.

1°. — Code civil.

ART. 57. — La loi ne reconnaît pas de différence entre le Chilien et l'étranger pour l'obtention et la jouissance des droits civils réglés par ce Code.

2°. — Constitution de 1833.

ART. 6. — Sont Chiliens :

1° Les individus nés sur le territoire chilien ;

2° Les enfants de père ou mère chilien nés en territoire étranger par le seul fait d'habiter au Chili. Les enfants de Chiliens nés en territoire étranger dont le père se trouve en service actif pour la République sont Chiliens même nonobstant le cas où les lois fondamentales ou toutes autres lois requièrent la naissance sur le territoire chilien ;

3° Les étrangers qui, s'occupant de science, d'arts ou d'industrie, ou possédant une propriété immeuble ou un capital en activité, auront déclaré devant la municipalité du territoire où ils résident leur intention de demeurer au Chili et auront accompli dix ans de résidence sur le territoire de la République.

Il leur suffira de six ans de résidence s'ils sont mariés et ont une famille au Chili, et de trois ans s'ils sont mariés avec une Chilienne;

4º Ceux qui obtiendront du Congrès la naturalisation par faveur spéciale.

ART. 7. — C'est au Sénat qu'il appartient de déclarer, à l'égard de ceux qui ne sont pas nés sur le territoire chilien, s'ils sont ou non dans le cas d'obtenir la naturalisation conformément à l'article antérieur et le Président de la République expédiera en conséquence les lettres de naturalisation respectives.

O

COLOMBIE.

1º. — *Articles de la Constitution de 1886.*

ARTÍCULO 8º. — Son nacionales colombianos :

1º Por nacimiento :

Los naturales de Colombia, con una de dos condiciones : que el padre ó la madre también lo hayan sido, ó que siendo hijos de extranjeros, se hallen domiciliados en la República.

Los hijos legítimos de padre y madre colombianos que hubieren nacido en tierra extranjera y luégo se domiciliaren en la República, se considerarán colombianos de nacimiento para los efectos de las leyes que exijan esta calidad.

2º Por origen y vecindad :

Los que siendo hijos de madre ó padre naturales de Colombia y habiendo nacido en el extranjero, se domiciliaren en la República; y cualesquiera hispano-americanos que ante la Municipalidad del lugar donde se esiablecieren, pidan ser inscritos como colombianos.

3º Por adopción :

Los extranjeros que soliciten y obtengan carta de ciudadanía.

ARTICULO 9º. — La calidad de nacional colombiano se pierde por adquirir carta de naturaleza en país extranjero, fijando en él domicilio, y podrá recobrarse con arreglo á las leyes.

2º. — *Loi du 11 avril 1843, sur la naturalisation des étrangers.*

ART. 1er. — Le pouvoir exécutif peut accorder des lettres de naturalisation à tout étranger qui en fait la demande.

ART. 2. — La naturalisation du mari entraînera celle de sa femme et de ses enfants au-dessous de vingt et un ans.

ART. 3. — La demande de naturalisation se fera au pouvoir exécutif au moyen d'un mémoire dans lequel le pétitionnaire indiquera le pays où il est né, et le gouvernement dont il est le sujet, ainsi que le nombre, les noms, l'âge et le sexe des personnes auxquelles devra s'étendre la naturalisation, suivant les dispositions de l'article 2 de cette loi. Ce mémoire sera adressé au secrétariat de l'Intérieur et des relations extérieures par la préfecture de la province où résidera l'intéressé.

ART. 4. — Le gouvernement, aussitôt qu'il aura reçu les lettres de naturalisation signées par le chargé du pouvoir exécutif, exigera du pétitionnaire, avant de les lui remettre, le serment (ou bien une protestation solennelle, dans le cas où sa religion ne lui permettrait point la prestation du serment), de renoncer à jamais à tous les liens qui l'unissent à un autre gouvernement, de soutenir et prêter obéissance à la constitution et aux lois de la République.

P

RÉPUBLIQUE DOMINICAINE.

Constitution révisée en 1879.

ART. 7. — Son Dominicanos :

1º Todas las personas que hayan nacido ó nacieren en el territorio de la República cualquiera que sea la nacionalidad de sus padres;

2º Los hijos de padres ó madres dominicanos que hayan nacido en otro territorio si vinieren y se domiciliaren en el pais.

3º Todos los hijos de las Repúblicas Hispano-americanas, y los de las vecinas antillas españolas que vengan á residir en la República y quieran gozar de esta cualidad.

4º Todos los naturalizados segun las leyes.

5º Todos los estranjeros de cualquiera nacion amiga, siempre que fijen su domicilio en el territorio de la República; declaren querer gozar esta cualidad; tengan dos años de residencia á lo ménos, y renuncien espresamente su nacionalidad ante quien sea de derecho.

§ Para los efectos de este artículo, no se considerarán como nacidos en el territorio de la República los hijos lejítimos de los estranjeros que residan en ella en representacion ó servicio de su patria.

ART. 8. — A ningun dominicano se le reconocerá otra nacionalidad sino la dominicana, mientras resida en la República.

Q

ÉTATS-UNIS.

I. — QUATORZIÈME AMENDEMENT A LA CONSTITUTION
DES ÉTATS-UNIS D'AMÉRIQUE.

(Proposé le 16 juin 1866 par le 39e Congrès, ratifié le 28 juillet 1868.)

Toute personne, née ou naturalisée dans les États-Unis et soumise à
leur juridiction, a la qualité de citoyen des États-Unis, et de l'État où
elle réside.....

II. — REVISED STATUTES OF THE UNITED STATES.

TITRE XXV. — *Du droit de cité* (Acte de 1868).

SECTION 1992. — Toutes personnes nées dans les États-Unis, et qui
ne sont sujettes d'aucune puissance étrangère, à l'exclusion des Indiens
non soumis à l'impôt, sont déclarées être citoyens des États-Unis.

SECTION 1993. — Tous enfants, nés jusqu'à présent, ou qui naîtront
dorénavant hors des limites et de la juridiction des États-Unis, dont
les pères étaient ou pourront être, à l'époque de leur naissance, citoyens de ce pays, sont déclarés être citoyens des États-Unis; mais le
droit de cité ne descendra pas aux enfants dont les pères n'auront jamais résidé dans les États-Unis.

SECTION 1994. — Toute femme qui est maintenant ou qui sera dorénavant mariée à un citoyen des États-Unis et qui pourrait elle-même
être légalement naturalisée, sera tenue pour citoyenne.

SECTION 1995. — Toutes personnes nées dans le district du pays précédemment connu sous le nom de Territoire de l'Orégon, et sujettes à
la juridiction des États-Unis, à la date du 18 mai 1872, sont citoyens
de la même manière que si elles étaient nées ailleurs dans les États-
Unis.

SECTION 1996. — Toutes personnes qui ont déserté le service militaire ou naval des États-Unis et qui ne sont pas revenues dans le pays,
ou qui ne se sont pas représentées au grand-prévôt de l'armée (*provost-
marshall*) dans les soixante jours après la publication de la proclamation du Président en date du 11 mai 1865, sont estimées avoir volontairement abandonné leurs droits de citoyen et en avoir encouru la
déchéance, aussi bien que de leur droit à devenir citoyens, et ces
déserteurs seront à jamais incapables d'occuper aucun emploi de con-

fiance ou salarié pour les États-Unis, ou d'exercer aucun des droits des citoyens des États-Unis.

Section 1997. — Cependant, aucun soldat ni marin qui a fidèlement servi, conformément à son engagement, jusqu'au 19 avril 1865, et qui, sans autorisation régulière ou congé préalablement obtenu, a quitté le service ou refusé de servir après cette date, ne sera tenu pour déserteur de l'armée ou de la flotte; mais cette section sera interprétée uniquement en ce sens, qu'elle fait disparaître toute incapacité légale que ce soldat ou marin peut avoir encourue, en vertu de la précédente section, par la perte des droits de citoyen et du droit d'occuper un emploi, en conséquence de sa désertion.

Section 1998. — Toute personne qui, à l'avenir, désertera le service militaire ou naval des États-Unis, ou qui, étant dûment enrôlée, sortira des limites de la juridiction du district dans lequel elle est enrôlée, ou franchira les frontières des États-Unis avec l'intention de se soustraire à une levée légalement ordonnée pour le service militaire ou naval, encourra toutes les pénalités et déchéances de la section 1996.

Section 1999. — Attendu que le droit d'expatriation est un droit qui appartient à tous les peuples, inséparable de la nature humaine, et indispensable pour la jouissance des droits de l'existence, de la liberté et de la poursuite du bonheur; considérant en outre que, en reconnaissance de ce principe, ce gouvernement a libéralement reçu des émigrants de toutes nations, et les a investis des droits de cité; considérant qu'il est prétendu que certains de ces citoyens américains, ainsi que leurs descendants, sont sujets d'États étrangers, devant allégeance aux gouvernements de ces États, et considérant qu'il est nécessaire au maintien de la paix publique que cette prétention d'allégeance étrangère soit promptement et définitivement désavouée; par ces motifs, toute déclaration, instruction, opinion, ordre ou décision de quelque autorité des États-Unis que ce soit qui dénie, restreint, affaiblit ou met en question le droit d'expatriation est déclarée incompatible avec les principes fondamentaux de la République.

Section 2000. — Tous citoyens naturalisés des États-Unis, lorsqu'ils sont en pays étranger, ont droit, de la part du gouvernement des États-Unis, à la même protection, pour leurs personnes et leurs biens, qui est accordée aux citoyens natifs, et doivent recevoir cette protection.

Section 2001. — Toutes les fois que le Président sera informé qu'un citoyen quelconque des États-Unis a été injustement privé de sa liberté par les ordres ou en vertu des ordres d'un gouvernement étranger, le devoir du Président sera de demander immédiatement à ce gouvernement les motifs de cet emprisonnement; et s'il appert que l'emprisonnement a eu lieu à tort et en violation des droits de la nationalité américaine, le Président réclamera sur-le-champ la mise en liberté de ce citoyen; et si la mise en liberté ainsi réclamée est retardée ou refusée sans motifs valables, le Président usera de tels moyens — autres que des actes de guerre — qu'il pourra juger nécessaires ou convenables pour obtenir ou effectuer la mise en liberté; et de tous les faits et mesures relatifs à cet objet il sera, aussitôt que faire se pourra, donné communication au Congrès par le Président.

III. — REVISED STATUTES OF THE UNITED STATES.

Acte sur la naturalisation.

SECTION 2165. — Un étranger peut être admis à devenir citoyen des États-Unis de la manière suivante, et non autrement :

1º Il doit déclarer sous serment, devant une Cour de circuit ou de district des États-Unis, ou devant une Cour de district ou suprême des territoires, ou une Cour *of record* de l'un des États ayant juridiction de droit commun (*common-law*), sceau et greffe, deux ans au moins avant son admission, qu'il a *bonâ fide* l'intention de devenir citoyen des États-Unis, et de renoncer désormais à toute allégeance ou fidélité envers tous, prince, potentat, État ou souveraineté étrangers, et particulièrement et nommément envers les prince, potentat, État ou souveraineté dont l'étranger peut être, à ce moment, citoyen ou sujet.

2º Il doit, au moment où il sollicite son admission, déclarer sous serment, devant l'une des Cours ci-dessus spécifiées, qu'il soutiendra (*support*) la Constitution des États-Unis et qu'il renonce et abjure absolument et entièrement toute allégeance et fidélité envers quelques prince, potentat, État ou souveraineté étrangers que ce soit; et particulièrement et nommément envers les prince, potentat, État ou souveraineté dont il était auparavant citoyen ou sujet; desquelles déclarations procès-verbal sera dressé par le greffier de la Cour.

3º Il devra être démontré, de façon à satisfaire pleinement la Cour qui aura à prononcer l'admission de cet étranger, qu'il a résidé dans les limites des États-Unis cinq ans au moins, et, dans les limites de l'État ou territoire où siège à ce moment une des Cours ci-dessus désignées, un an au moins; et que, durant ce temps, il s'est conduit comme un homme de bonnes vie et mœurs (*a man of good moral character*), attaché aux principes de la Constitution des États-Unis, et bien intentionné pour le bon ordre et la prospérité desdits États; mais le requérant ne doit, dans aucun cas, être admis à prêter serment pour prouver sa résidence.

4º Dans le cas où l'étranger qui sollicite son admission aux droits de citoyen a porté un titre héréditaire, ou appartenu à une classe nobiliaire quelconque dans le Royaume ou l'État d'où il est venu, il doit, en outre des formalités ci-dessus requises, faire une renonciation expresse à son titre ou ordre de noblesse devant la Cour à qui sa requête est présentée, et sa renonciation doit être consignée dans les procès-verbaux de la Cour.

5° Tout étranger qui résidait dans les limites et sous la juridiction des États-Unis avant le 29 janvier 1795, peut être admis à devenir citoyen, s'il fait dûment la preuve, devant l'une des Cours ci-dessus spécifiées, qu'il a résidé deux ans au moins dans les limites de la juridiction des États Unis, et un an au moins, immédiatement avant sa requête, dans les limites de l'État ou du territoire où siège à ce moment une telle Cour ; s'il a déclaré sous serment qu'il soutiendra la Constitution des États-Unis et qu'il renonce et abjure absolument et entièrement toute allégeance et fidélité envers tous prince, potentat, État ou souveraineté, et, particulièrement et nommément, envers le prince, potentat, État ou la souveraineté dont il était auparavant citoyen ou sujet ; et, aussi, s'il appert, à la satisfaction de la Cour, que durant pareil délai de deux années il s'est conduit comme un homme de bonnes vie et mœurs, attaché à la Constitution des États-Unis, et bien intentionné pour le bon ordre et la prospérité desdits États ; et si l'étranger requérant son admission aux droits de citoyen fait en outre devant la Cour, dans le cas où il aurait porté un titre héréditaire ou appartenu à une classe de noblesse quelconque dans le Royaume ou l'État d'où il est venu, une renonciation expresse à son titre ou ordre de noblesse.

De tous les actes et formalités (*proceedings*) dont l'accomplissement devant la Cour est requis en pareille circonstance, il devra être dressé procès-verbal par le greffier de ladite Cour.

6° Tout étranger qui résidait dans les limites et sous la juridiction des Etats-Unis entre le 18 juin 1798 et le 18 juin 1812, et qui a continué à y résider, peut être admis à devenir citoyen des États-Unis sans avoir fait aucune déclaration préalable de son intention de le devenir ; mais toutes les fois qu'une personne quelconque, n'étant point munie d'un certificat constatant cette déclaration d'intention, présente requête pour être admise comme citoyen, il doit être prouvé à la satisfaction de la Cour que le requérant résidait dans les limites et sous la juridiction des États-Unis avant le 18 juin 1812 et a continué d'y résider ; et la résidence du requérant dans les limites et sous la juridiction des États-Unis, pendant cinq années au moins, précédant immédiatement la date de sa requête, doit être prouvée par le serment de citoyens des États-Unis, lesquels citoyens doivent être nommés dans le procès-verbal comme témoins ; et cette résidence continue dans les limites et sous la juridiction des États-Unis, si elle est suffisamment prouvée, ainsi que la localité où le requérant a résidé pendant au moins cinq ans, doivent être constatées et consignées, en même temps que les noms des citoyens sus-désignés, dans le procès-verbal de la Cour prononçant l'admission du requérant; autrement ce procès-verbal ne lui conférerait pas le droit d'être considéré et tenu pour citoyen des États-Unis.

Section 2166. — Tout étranger, de l'âge de vingt et un ans et au-dessus, qui s'est enrôlé ou pourra s'enrôler dans l'armée des États-Unis (troupes régulières ou volontaires), et qui a été ou pourra être par la suite honorablement congédié, devra être admis à devenir citoyen des États-Unis, sur sa demande, sans aucune déclaration préalable de son intention de le devenir; et il ne sera pas requis de prouver plus d'une année de résidence dans les États-Unis avant sa requête à l'effet de devenir citoyen; et la Cour qui aura à admettre un tel étranger devra, en outre des preuves de résidence et de bonnes vie et mœurs telles qu'elles sont prescrites par la présente loi, avoir preuve satisfaisante que la personne en question a été honorablement déliée (*discharged*) du service des États-Unis.

Section 2167. — Tout étranger, au-dessous de l'âge de vingt et un ans, qui a résidé aux États-Unis pendant les trois ans qui ont immédiatement précédé son arrivée à cet âge, et qui a continué à y résider jusqu'au temps où il pourra solliciter son admission comme citoyen desdits États, pourra, après être arrivé à l'âge de vingt et un ans, et après avoir résidé pendant cinq ans dans les États-Unis, y compris les trois années de sa minorité, être admis comme citoyen des États-Unis sans avoir fait la déclaration requise dans le premier paragraphe de la section 2165; mais cet étranger devra faire la déclaration y requise au moment de son admission; il devra déclarer en outre, sous serment, et prouver à la satisfaction de la Cour que, pendant les deux années immédiatement précédentes il a eu *bonâ fide* l'intention de devenir citoyen des États-Unis; et il devra, à tous autres égards, se conformer aux lois qui concernent la naturalisation.

Section 2168. — Quand un étranger, qui s'est conformé à la première condition spécifiée dans la section 2165, meurt avant d'être effectivement naturalisé, la veuve et les enfants de cet étranger doivent être considérés comme citoyens des États-Unis et doivent être mis en possession de tous les droits et privilèges attachés à cette qualité, sur la prestation des serments prescrits par la loi.

Section 2169. — Les dispositions du présent titre s'appliqueront aux étrangers (étant libres personnes blanches et aux étrangers[1] de naissance africaine, et aux personnes de descendance africaine.

Section 2170. — Aucun étranger qui est citoyen, sujet ou *denizen* d'un pays, État ou souveraineté quelconque, avec lequel les États-Unis sont en guerre à l'époque de sa requête, ne doit être admis à devenir

[1] Amendement. — Supplément aux *Revised Statutes*, p. 139, t. I, 1874-1881.

citoyen des États-Unis; mais les personnes résidant dans les Etats-Unis ou dans leurs territoires depuis le 18 juin 1812, qui ont avant ce jour fait une déclaration, conforme à la loi, de leur intention de devenir citoyens des États-Unis, ou qui étaient, à ce jour, en droit de devenir citoyens sans faire de déclaration de cette nature, peuvent être admis à devenir citoyens de ce pays, nonobstant qu'ils fussent étrangers appartenant à une nation ennemie, au temps et de la manière prescrits par les lois précédemment adoptées sur cette matière; et aucune des dispositions contenues dans la présente loi ne doit être comprise ou interprétée de façon à entraver ou à empêcher l'arrestation et l'expulsion, conformément à la loi, d'un étranger appartenant à une nation ennemie, à toute époque antérieure à la naturalisation effective de cet étranger.

SECTION 2172. — Les enfants nés des personnes qui ont été dûment naturalisées en vertu d'une loi quelconque des États-Unis ou qui, antérieurement à l'adoption de toute loi sur cette matière par le gouvernement des États-Unis, peuvent être devenues citoyens de l'un quelconque des États, en vertu des lois dudit État, seront (ces enfants), lorsqu'ils n'avaient pas atteint l'âge de vingt et un ans à l'époque de la naturalisation de leurs parents, et s'ils résident aux États-Unis, considérés comme citoyens de ce pays; et les enfants de personnes qui sont à présent ou ont été citoyens des États-Unis seront, bien qu'ils soient nés hors des limites et de la juridiction des États-Unis, considérés comme citoyens de ce pays; mais aucune personne qui aura été jusqu'à présent proscrite par un État quelconque, ou qui aura été légalement convaincue de s'être jointe à l'armée de la Grande-Bretagne pendant la guerre de la Révolution, ne sera admise à devenir citoyen sans le consentement de la législature de l'État dans lequel cette personne aura été proscrite.

SECTION 2173. — La Cour de police de district de Colombie n'aura pas le pouvoir de naturaliser les étrangers.

SECTION 2174. — Tout marin, de nationalité étrangère, qui déclare son intention de devenir citoyen des États-Unis devant toute Cour à ce compétente, et qui a servi trois ans à bord d'un navire de commerce des États-Unis postérieurement à la date de cette déclaration peut, sur sa requête à toute Cour à ce compétente, et sur la production d'un certificat de libération et de bonne conduite pendant ce temps, ainsi que du certificat de sa déclaration d'intention à l'effet de devenir citoyen, être admis comme citoyen des États-Unis; et tout marin, de nationalité étrangère, doit, après sa déclaration d'intention de devenir citoyen des États-Unis, et après qu'il aura servi pendant les trois années ci-dessus mentionnées, être tenu pour citoyen des États-Unis, en tant qu'il s'agira pour lui de servir à bord d'un navire de commerce des États-Unis et de faire partie de l'équipage, nonobstant toute disposition contraire contenue dans un acte quelconque du Congrès; mais un marin placé dans ces conditions doit, pour tous les cas où protection est due à un citoyen américain, être considéré comme tel, après l'accomplissement de sa déclaration d'intention à l'effet de devenir citoyen américain.

R

GRÈCE.

CODE CIVIL.

Art. 9. — La jouissance des droits civils est indépendante de celle des droits politiques, laquelle ne s'acquiert et ne se conserve que conformément au droit public.

Art. 10. — Tout Hellène jouira de tous les droits civils.

Art. 13. — L'étranger jouira aussi en Grèce des droits civils, à moins que les lois de l'État, auxquelles il ne serait point dérogé par des traités, ne réservent certains droits civils aux Hellènes seuls.

Art. 14. — Seront réputés sujets hellènes :

1º Celui qui est né de père hellène;

2º Celui qui est né d'une mère hellène et d'un père naturel;

3º Celui qui est né en Grèce de père et mère inconnus;

4º Celui qui est né d'une mère étrangère et d'un père naturel hellène, s'il est légalement reconnu par lui.

Art. 15. — L'étranger qui voudra se faire naturaliser doit déclarer sa volonté à la municipalité du lieu où il veut établir son domicile, et habiter en Grèce pendant deux ans s'il est Grec d'origine, et pendant trois ans s'il appartient à toute autre nationalité. Passé ce délai, et après que le procureur général près la Cour d'appel compétente aura certifié que l'étranger ne s'est point rendu coupable de crime ou de l'un des délits prévus par l'article 22 du Code pénal, il prêtera par-devant le nomarque le serment de sujet hellène.

Art. 16. — L'étranger, qui aura fixé son domicile en Grèce dans l'intention de se faire naturaliser, pourra être admis par le Roi à la jouissance des droits civils pendant tout le temps qu'il lui sera nécessaire d'y résider pour sa naturalisation; dans ce cas, il sera régi pour tous ses rapports légaux par les lois helléniques.

Art. 17. — Les enfants nés avant la déclaration exigée pour la naturalisation, ainsi que la femme de l'étranger naturalisé, restent étrangers; mais si, à l'époque de sa naturalisation, sa femme et ses enfants étaient mineurs, ils pourront acquérir la nationalité hellénique en manifestant leur volonté à cet égard, dans l'année qui suivra l'époque de leur majorité, devant l'autorité communale du lieu où ils veulent fixer leur domicile, en s'établissant en Grèce et en prêtant le serment de sujet hellène devant le nomarque compétent.

ART. 18. — Les enfants qui naîtraient pendant les deux ou les trois ans exigés pour la naturalisation de l'étranger deviennent Hellènes par la naturalisation de leur père.

ART. 19. — Celui qui est né d'une mère hellène et d'un père naturel étranger, mais qui en aura été reconnu, ainsi que celui qui est né en Grèce de père étranger, peuvent acquérir la qualité d'Hellènes aux termes de l'article 17.

ART. 20. — L'individu né de parents qui avaient perdu la qualité d'Hellènes, pourra toujours recouvrer cette qualité, en remplissant les formalités prescrites par l'article 17.

ART. 21. — L'étrangère qui aura épousé un Hellène deviendra Hellène.

ART. 22. — L'étranger qui aura rendu des services importants à l'Etat, qui aura introduit dans le pays des inventions ou une industrie utile, formé des établissements d'utilité publique, ou qui se distinguerait par des talents extraordinaires, peut, dès qu'il aura fixé son domicile en Grèce, être naturalisé par acte du pouvoir législatif.

ART. 23. — La qualité d'Hellène se perdra :

1° Par la naturalisation acquise en pays étranger;

2° Par l'acceptation non autorisée par le Roi de fonctions publiques, conférées par un Gouvernement étranger.

ART. 24. — La femme et les enfants de celui qui a perdu la qualité d'Hellène, restent Hellènes.

ART. 25. — Une femme Hellène qui épousera un étranger, perdra sa qualité d'Hellène. Mais si son mari est naturalisé Hellène, si elle devient veuve ou qu'elle ait divorcé, elle pourra recouvrer la qualité d'Hellène pourvu qu'elle réside en Grèce ou qu'elle y retourne de l'étranger, et en déclarant, à la municipalité du lieu où elle veut établir son domicile, qu'elle désire recouvrer cette qualité.

ART. 26. — L'individu, qui se sera fait naturaliser à l'étranger avec l'autorisation du Roi, recouvrera la qualité d'Hellène dès que, rentré en Grèce, il y aura fixé son domicile et qu'il aura déclaré à la municipalité compétente la volonté de recouvrer cette qualité.

ART. 27. — L'individu, qui aura perdu sa qualité d'Hellène, pourra toujours la recouvrer en rentrant en Grèce et en déclarant à la municipalité compétente sa volonté à cet égard, après y avoir habité l'espace de six mois et avoir prêté entre les mains du nomarque le serment de sujet hellène.

ART. 28. — L'Hellène qui, sans autorisation du Roi, prendrait du service militaire à l'étranger, pourra recouvrer la qualité d'Hellène en rentrant en Grèce et en accomplissant, avec l'autorisation du Roi, les obligations imposées à l'étranger qui désire se faire naturaliser.

ART. 29. — La privation de droits civils comme suite d'une condamnation criminelle est réglée par la loi pénale.

S

HONGRIE.

LOI DES 20-24 DÉCEMBRE 1875, SUR L'ACQUISITION ET LA PERTE DE LA NATIONALITÉ HONGROISE.

ART. 1er. — Il n'y a qu'une seule et même nationalité pour les pays de la couronne de Hongrie.

ART. 2. — La nationalité hongroise s'acquiert par les modes suivants :

1º Par la filiation,

2º Par la légitimation,

3º Par le mariage,

4º Par la naturalisation.

ART. 3. — Les enfants légitimes d'un Hongrois et les enfants naturels d'une Hongroise acquièrent par la filiation la nationalité hongroise, bien que, dans l'un et l'autre cas, le lieu de la naissance soit à l'étranger.

ART. 4. — Les enfants naturels d'un Hongrois et d'une Hongroise acquièrent la nationalité hongroise par la légitimation.

ART. 5. — Une étrangère qui épouse un Hongrois acquiert la nationalité hongroise.

ART. 6. — La nationalité hongroise est acquise par naturalisation à tout étranger qui obtient soit un titre de naturalisation délivré par un des fonctionnaires mentionnés à l'article 11, soit des lettres de naturalisation émanant de S. M., conformément à l'article 17, et qui a prêté le serment d'allégeance.

ART. 7. — La nationalité hongroise acquise par un homme qui a obtenu la naturalisation s'étend à sa femme et à ses enfants mineurs soumis à la puissance paternelle.

ART. 8. — En ce qui concerne l'acquisition de la nationalité hongroise par la naturalisation, l'étranger ne peut obtenir des lettres de naturalisation qu'autant :

1º Qu'il possède la capacité juridique, ou que cette capacité soit suppléée par le consentement de son représentant légal ;

2º Qu'il est admis au nombre des ressortissants d'une commune hongroise, ou qu'il a obtenu l'assurance de cette admission ;

3º Qu'il est fixé dans le pays depuis cinq ans sans interruption ;

4º Qu'il a des antécédents irréprochables ;

5º Qu'il possède une fortune ou du moins une profession lui permettant de subvenir à l'entretien de sa famille ou de lui-même dans le pays qu'il habite;

6° Qu'il figure depuis cinq ans sur la liste des contribuables.

Pour la naturalisation d'un étranger adopté suivant la loi par un Hongrois, les conditions déterminées par les nos 3, 5 et 6 du présent article peuvent être négligées, quand l'adoptant remplit les conditions inscrites sous les nos 5 et 6.

Art. 9. — La demande tendant à l'obtention de la nationalité hongroise doit être adressée, avec les annexes requises, au premier magistrat (*Vice gespann*, bourgmestre) du municipe et, dans les confins militaires, au bailli du district ou à la municipalité de la ville où le pétitionnaire est établi.

Art. 10. — Les fonctionnaires désignés dans l'article 9 vérifient la requête et les annexes, — invitent, s'il y a lieu, le pétitionnaire à envoyer les documents qui feraient défaut, — demandent les explications aux autorités compétentes, s'il s'élève quelque difficulté, quant au fond ou à la forme, — et adressent l'acte accompagné d'un avis motivé soit au ministre de l'Intérieur, soit au Ban de Croatie, ou aux autorités des confins militaires.

Art. 11. — En ce qui concerne la collation de la nationalité, la décision appartient : — pour ceux qui demeurent dans les territoires de la Hongrie et de Fiume, au ministre de l'Intérieur, — pour les individus fixés dans le royaume de Croatie et Esclavonie, au Ban de Croatie, Esclavonie et Dalmatie, ou aux autorités des confins militaires. Si l'on donne suite à la demande, un titre est délivré à l'intéressé. Chaque cas est porté à la connaissance du président du conseil des ministres pour faciliter la preuve.

Art. 12. — Le titre de naturalisation doit énoncer clairement que le requérant est admis au nombre des citoyens hongrois, et, si l'article 7 est applicable, mentionner le nom de la femme et des enfants à qui s'étend la naturalisation.

Art. 13. — Lorsque les autorités désignées dans l'article 9 ont reçu le titre de naturalisation, elles informent le pétitionnaire du jour fixé pour la prestation du serment. Le serment est prêté devant le premier fonctionnaire du municipe, et, dans les confins militaires, devant le chef du district, ou devant le bourgmestre ou son représentant.

Art. 14. — La formule du serment (ou engagement) est ainsi conçue :

« Je..... jure (ou promets) devant Dieu que je serai fidèle à S. M. I. et R. le Roi apostolique de Hongrie et à la Constitution des pays de la Couronne hongroise, et je m'engage à remplir fidèlement mes devoirs de citoyen hongrois. »

Art. 15. — Il est dressé un procès-verbal de la prestation du serment, que l'intéressé signe. Le jour de la prestation du serment doit être, avec la signature de celui devant lequel elle a eu lieu, mentionnée dans le titre de naturalisation, et ce titre est remis au nouveau citoyen.

Celui-ci est à partir de ce jour citoyen hongrois; mais, — sauf le cas de l'article 17, — il ne peut être membre de l'Assemblée législative que dix ans après qu'il a été admis au nombre des citoyens.

Art. 16. — Lorsque l'individu au nom de qui a été dressé l'acte de naturalisation et qui a été invité à prêter serment n'a pas paru dans l'année, à compter du jour de cette invitation, et n'a pas prêté serment, l'acte de naturalisation perd sa valeur; il doit être remis à l'autorité qui l'a délivré, avec une attestation de l'envoi de l'invitation.

Art. 17. — Le ministère peut, au nom de S. M., prendre l'initiative d'accorder la naturalisation aux étrangers qui ont rendu des services extraordinaires et distingués à la Couronne de Hongrie, soit qu'ils promettent de s'y établir, quand même ils ne rempliraient pas les conditions exigées par l'article 8 sous les nos 2, 3 et 6.

Lorsque l'étranger naturalisé de cette manière n'a pas une commune d'attache dans le pays, Pesth est considérée provisoirement comme lieu de sa résidence.

Les dispositions des articles 12, 13, 14 et 16 sont également applicables aux personnes qui reçoivent la naturalisation par lettres du Roi.

Art. 18. — L'étranger, par la naturalisation, n'acquiert pas la noblesse hongroise.

Art. 19. — On considère comme Hongrois, tant que leur extranéité n'est pas établie :

1o Ceux qui sont nés dans le pays de la Couronne de Hongrie;

2o Les enfants trouvés qui y ont été élevés,

Art. 20. — La nationalité hongroise se perd :

1o Par la dénationalisation ,

2o Par décision des autorités ,

3o Par l'absence,

4o Par la légitimation ,

5o Par le mariage.

Art. 21. — La dénationalisation s'obtient en temps de paix : — pour ceux qui appartiennent à une commune de Hongrie ou du territoire de Fiume, du ministre de l'Intérieur; — pour les personnes domiciliées dans une commune du royaume de Croatie et Esclavonie, du Ban de Croatie , Esclavonie et Dalmatie, ou de l'administration des confins militaires, à qui il appartient de prendre la décision.

Cette décision, si elle est favorable à la demande, portera que l'intéressé est dégagé de la nationalité hongroise. Elle devra être notifiée au président du conseil des ministres pour en faciliter la preuve.

Art. 22. — Les individus qui sont soumis au service dans la ligne (les marins), la réserve, ou la réserve de remplacement, ne peuvent être déliés de la nationalité hongroise que s'ils ont obtenu du ministre commun de la Guerre un certificat constatant qu'ils sont dégagés des obligations militaires, et les honveds, que s'ils produisent une attestation analogue du ministre de la Défense nationale.

Les individus qui ne sont pas soumis au service militaire, mais n'en sont pas encore dégagés, ne peuvent, s'ils ont achevé leur dix-septième année, être dénationalisés qu'autant qu'ils prouvent, avec un témoignage de la juridiction compétente, qu'ils ne sollicitent pas leur dénationalisation en vue d'échapper au service militaire.

Art. 23. — Des exceptions aux dispositions de l'article 22 peuvent être faites, sur les bases de la réciprocité, en faveur de ceux qui ont l'intention d'obtenir la nationalité autrichienne. Ceux-ci seront dégagés de la nationalité hongroise, s'ils prouvent qu'ils remplissent les conditions prévues par l'article 24 sous les nos 1, 2 et 3.

Art. 24. — La dénationalisation ne peut pas être refusée en temps de paix pour d'autres motifs que celui prévu à l'article 12, à tout individu qui prouve :

1° Qu'il est en possession de la capacité juridique, ou que sa demande a été approuvée par son père, tuteur ou curateur dans les formes exigées par les autorités tutélaires;

2° Qu'il ne doit aucun arriéré d'impôt à l'État ou à une commune;

3° Qu'il n'est sous le coup d'aucune poursuite judiciaire dans les pays de la Couronne de Hongrie, et qu'il n'y a été condamné à aucune peine, qu'il n'ait pas intégralement subie.

Art. 25. — En temps de guerre, Sa Majesté, sur la proposition du ministère, statue sur chaque demande de dénationalisation.

Art. 26. — La dénationalisation s'étend à la femme du dénationalisé et, sauf exception motivée par l'article 22, aux enfants soumis à la puissance paternelle, — lorsque la femme et les enfants émigrent avec le chef de la famille.

Art. 27. — La demande de dénationalisation, avec les annexes requises, est adressée, soit au premier magistrat de la commune, soit dans les confins militaires, au chef du district ou à la municipalité de la ville où demeure le pétitionnaire.

Les autorités dont il s'agit suivent la procédure indiquée dans l'article 10.

Art. 28. — L'acte de dénationalisation doit indiquer clairement que l'intéressé est dégagé des liens de la nationalité hongroise, et porter, dans le cas de l'article 26, le nom de la femme et des enfants à qui s'étend la dénationalisation.

Art. 29. — L'acte de dénationalisation comporte la perte de la nationalité hongroise du jour de la délivrance.

Cependant la dénationalisation n'est pas valable, quand l'intéressé, avant la remise de l'acte et jusqu'à l'émigration, s'est mis dans un des cas d'empêchement prévus par l'article 24, sous les n°s 2 et 3, et aussi quand il n'a pas émigré dans le délai d'un an après la délivrance de l'acte.

ART. 30. — Les autorités mentionnées dans l'article 11 pourront prononcer la dénationalisation des individus dont la commune d'attache est située dans leur ressort, et qui sont entrés, sans leur permission, au service d'une puissance étrangère, quand après en avoir reçu sommation, ils n'auront pas abandonné ce service dans le délai qui leur aura été imparti.

Les décisions prises conformément à cette disposition seront portées à la connaissance du président du conseil des ministres.

ART. 31. — Tout citoyen hongrois qui, sans ordre du Gouvernement hongrois ou du ministère commun de la monarchie austro-hongroise, est resté dix ans consécutifs hors des frontières des territoires de la Couronne de Hongrie, perd, par cela même, la nationalité hongroise.

Le temps de l'absence se compte du jour où l'absent a passé la frontière sans avoir notifié aux autorités mentionnées à l'article 9 qu'il entendait conserver la nationalité hongroise, ou, s'il est parti avec un passeport, du jour où ce passeport a été périmé.

La continuité de l'absence est interrompue si l'absent a notifié aux autorités susmentionnées son intention de rester Hongrois, — s'il a obtenu un nouveau passeport, s'il s'est fait remettre une carte de séjour par un consulat austro-hongrois, — ou s'il a été inscrit sur le registre matricule d'une circonscription consulaire austro-hongroise.

ART. 32. — La dénationalisation encourue de cette manière s'étend à la femme absente avec son mari, et aux enfants mineurs se trouvant avec leur père et sous sa puissance.

ART. 33. — Les enfants qui sont légitimés par leur père naturel, suivant les lois de la patrie de ce dernier, perdent la nationalité hongroise, excepté s'ils n'acquièrent pas, par cette légitimation, la nationalité de leur père, et s'ils demeurent après la légitimation dans les pays de la Couronne de Hongrie.

ART. 34. — La femme qui épouse un étranger perd la nationalité hongroise.

ART. 35. — La femme étrangère qui, ayant épousé un Hongrois, devient veuve, se sépare de son mari ou divorce, ne perd pas la nationalité hongroise.

ART. 36. — Les Hongrois qui sont en même temps citoyens d'un autre État sont considérés comme Hongrois, tant qu'ils n'ont pas perdu la nationalité hongroise.

ART. 37. — La femme qui a épousé un étranger recouvre sa nationalité quand son mariage a été déclaré nul par les juges compétents.

ART. 38. — Les dispositions qui précèdent relatives à la naturalisation sont applicables également à ceux qui, ayant perdu la nationalité hongroise, demandent à la recouvrer, en tant du moins qu'il n'y est fait aucune exception dans les articles suivants.

ART. 39. — Celui qui a perdu la nationalité hongroise par dénationalisation ou absence peut la recouvrer, lors même qu'il ne reviendrait pas demeurer en Hongrie.

Dans ce dernier cas, l'individu qui a été réintégré dans la nationalité hongroise recouvre le droit de bourgeoisie dans la commune à laquelle il appartenait antérieurement.

ART. 40. — Celui qui ayant perdu sa nationalité par dénationalisation ou absence, est revenu en Hongrie, et a été reçu parmi les ressortissants d'une commune du pays ou a obtenu la promesse de l'être, peut sur sa demande être réadmis au nombre des citoyens hongrois.

ART. 41. — La femme qui, par dénationalisation, absence de son mari ou mariage contracté avec un étranger, a perdu la nationalité hongroise peut, si elle a été séparée judiciairement de son mari, a divorcé ou est devenue veuve, si en outre elle a été investie du droit de bourgeoisie dans une commune de Hongrie ou a obtenu la promesse de l'être, obtenir, sur sa demande, sa réintégration dans la nationalité hongroise.

ART. 42. — Celui qui, étant mineur, a perdu la nationalité hongroise par dénationalisation ou absence de son père légitime, peut, après la mort de son père ou après qu'il a atteint la majorité aux termes de la loi de sa nouvelle patrie et après que, dans les deux cas, il a acquis la bourgeoisie dans une commune de la monarchie hongroise, ou obtenu la certitude de l'acquérir, être réintégré dans la nationalité hongroise sur sa demande, — à condition que, s'il est encore mineur, il soit autorisé par son tuteur à former cette demande.

ART. 43. — La demande en réintégration dans la nationalité dans les cas des articles 38, 39, 40, 41 et 42, doit être adressée aux autorités désignées à l'article 9, et dans le ressort duquel se trouve la commune où l'impétrant a obtenu le droit de bourgeoisie ou la promesse qu'il lui sera accordé.

ART. 44. — Au cas de réintégration dans la nationalité hongroise, il n'y a pas lieu d'appliquer la disposition de l'article 15 d'après laquelle le naturalisé ne peut être admis à l'Assemblée législative qu'après un laps de dix ans, — sauf si, la nationalité hongroise ayant été acquise à l'intéressé par dénationalisation (art. 6), le délai de dix ans n'avait pas expiré.

ART. 45. — [Les municipalités sont tenues de dresser en double exemplaire des états annuels des naturalisés et des dénationalisés : un exemplaire est envoyé au ministre de l'Intérieur ou aux autorités qui le remplacent dans la Croatie civile et militaire.]

Art. 46. — A l'exception des droits normaux acquittés pour l'acquisition de la nationalité, ou pour l'émigration, la naturalisation et la dénationalisation ne donnent lieu au versement d'aucun droit ou taxe.

Art. 47. — Des exceptions à la présente loi sont accordées en faveur des États avec lesquels des traités ont été conclus dans cette vue, — en tant que ces traités contiennent des dispositions plus larges que celles de la présente loi[1].

Art. 48, 49, 50. — [*Dispositions transitoires, ou de style.* — Sont considérés comme Hongrois tous individus demeurant en Hongrie depuis au moins cinq ans sans interruption au jour de la mise en vigueur de la présente loi, à moins que dans l'année, à partir de ce jour, ils ne déclarent qu'ils entendent conserver leur nationalité étrangère].

T

ITALIE.

CODE CIVIL ITALIEN.

Art. 3. — L'étranger est admis à jouir des droits civils attribués aux citoyens.

Art. 4. — Est citoyen le fils d'un père citoyen.

Art. 5. — Si le père a perdu le droit de cité avant la naissance de son fils, celui-ci est réputé citoyen, pourvu qu'il soit né dans le royaume et qu'il y ait sa résidence.

Il peut néanmoins, dans l'année qui suivra sa majorité telle qu'elle est fixée par les lois du royaume, opter pour la qualité d'étranger, en en faisant la déclaration devant l'officier de l'état civil de sa résidence, ou, s'il se trouve en pays étranger, devant les agents diplomatiques ou consulaires.

Art. 6. — L'enfant né en pays étranger d'un père qui a perdu le droit de cité avant sa naissance est réputé étranger.

Il peut toutefois devenir citoyen en faisant la déclaration prescrite par l'article précédent et en fixant dans le royaume son domicile dans l'année de la déclaration.

Toutefois, s'il a accepté un emploi public dans le royaume, s'il a servi ou sert dans l'armée nationale de terre ou de mer, si enfin il a satisfait autrement à la levée militaire sans exciper de la qualité d'étranger, il sera, sans autre formalité, réputé citoyen.

Art. 7. — Si le père est inconnu, est citoyen l'enfant né d'une mère citoyenne.

[1] Tel est le traité conclu entre l'Empire austro-hongrois et les États-Unis le 20 septembre 1870, au sujet de la naturalisation des nationaux des deux pays.

Si la mère a perdu le droit de cité avant la naissance de l'enfant, on appliquera à celui-ci les dispositions des deux articles précédents.

Quand la mère n'est pas connue, l'enfant né dans le royaume est citoyen.

ART. 8. — Est réputé citoyen l'enfant né dans le royaume d'un étranger qui a fixé son domicile depuis dix ans sans interruption : la résidence pour fait de commerce ne suffit pas pour déterminer le domicile.

Il peut néanmoins choisir la qualité d'étranger, en faisant sa déclaration dans le temps et suivant le mode établi par l'article 5.

Si l'étranger n'a pas fixé depuis dix ans son domicile dans le royaume, l'enfant est réputé étranger; mais les dispositions des deux derniers alinéas de l'article 6 lui sont applicables.

ART. 9. — La femme étrangère qui se marie à un citoyen acquiert par là même cette qualité, et la conserve même dans son veuvage.

ART. 10. — Le droit de cité est aussi acquis à un étranger au moyen de la naturalisation conférée soit par une loi, soit par un décret royal.

Le décret royal ne produira pas d'effet, s'il n'est pas enregistré par l'officier de l'état civil du lieu où l'étranger entend fixer ou a fixé son domicile, et si, entre les mains du même officier, un serment de fidélité au Roi et d'observance des statuts et lois du royaume n'a pas été prêté par l'étranger.

L'enregistrement devra se faire sous peine de déchéance dans les six mois de la date du décret.

La femme et les enfants mineurs de l'étranger qui a obtenu le droit de cité deviennent citoyens, pourvu qu'ils aient eux-mêmes fixé leur résidence dans le royaume. Mais les enfants peuvent préférer la qualité d'étrangers en remplissant la formalité prescrite par l'article 5.

ART. 11. — L'état de citoyen se perd :

1° Pour celui qui y renonce par une déclaration devant l'officier de l'état civil de son domicile propre et transfère sa résidence dans un pays étranger;

2° Pour celui qui est devenu citoyen dans un pays étranger;

3° Pour celui qui, sans autorisation du Gouvernement, a accepté un emploi d'un gouvernement étranger, ou est entré au service militaire d'une puissance étrangère.

La femme et les enfants mineurs de celui qui a perdu la qualité de citoyen deviennent étrangers, à moins qu'ils n'aient maintenu leur résidence dans le royaume.

Ils peuvent cependant recouvrer la qualité de citoyen dans les cas et selon les modes indiqués à l'article 14 quant à la femme et à l'article 6 quant aux enfants.

ART. 12. — La perte du droit de cité, dans les cas spécifiés par l'article précédent, n'exempte pas des obligations du service militaire ni des peines infligées à qui porte les armes contre la patrie.

Art. 13. — Le citoyen qui a perdu ce droit pour l'un des motifs exprimés en l'article 11 le recouvre, pourvu :

1° Qu'il rentre dans le royaume avec une autorisation spéciale du Gouvernement;

2° Qu'il renonce au titre de citoyen étranger, à l'emploi ou au service militaire pris dans un pays étranger;

3° Qu'il déclare, devant l'officier de l'état civil, fixer, et qu'il fixe réellement dans l'année son domicile dans le royaume.

Art. 14. — La femme citoyenne qui se marie avec un étranger devient étrangère, lorsque par le fait du mariage elle acquiert la nationalité de son mari.

En cas de viduité, elle recouvre son droit de cité, si elle réside dans le royaume ou qu'elle y rentre, et qu'elle déclare dans les deux cas, devant l'officier de l'état civil, vouloir y fixer son domicile.

Art. 15. — L'obtention ou le recouvrement du droit de cité, dans les cas précédemment exprimés, n'a d'effet que du jour qui suit celui où ont été remplies les conditions et formalités établies par la loi.

U

LUXEMBOURG.

ACTES LÉGISLATIFS CONCERNANT LA NATIONALITÉ.

1°. — *Dispositions constitutionnelles.*

Art. 9. — La qualité de Luxembourgeois s'acquiert, se conserve et se perd d'après les règles déterminées par la loi civile. — La présente constitution et les autres lois relatives aux droits politiques déterminent quelles sont, outre cette qualité, les conditions nécessaires pour l'exercice de ces droits.

Art. 10. — La naturalisation est accordée par le pouvoir législatif. Elle assimile l'étranger au Luxembourgeois pour l'exercice des droits politiques. — La naturalisation accordée au père profite à son enfant mineur, si celui-ci déclare, dans les deux années de sa majorité, vouloir revendiquer ce bénéfice.

2°. — *Loi sur la naturalisation du 12 novembre 1848, rectifiée et complétée par la loi du 27 janvier 1878.*

Art. 1er. — La naturalisation confère à l'étranger tous les droits civils et politiques attachés à la qualité de Luxembourgeois.

Art. 2. — La naturalisation ne pourra être accordée à des étrangers, lorsqu'elle ne se concilie pas avec les obligations qu'ils ont à remplir envers l'État auquel ils appartiennent, et qu'il pourrait en naître des conflits.

Elle ne pourra non plus être accordée à ceux qui n'auront pas atteint l'âge de vingt-cinq ans, ni résidé au moins pendant cinq ans dans le Grand-Duché.

La résidence pendant cinq ans n'est pas obligatoire lorsque celui qui sollicite la naturalisation :

1° Est né sur le sol luxembourgeois ;

2° Qu'il a eu la qualité de Luxembourgeois et l'a perdue ;

3° Qu'il a rendu des services signalés à l'État ;

4° Qu'il est enfant majeur d'un étranger naturalisé pour services rendus.

ART. 3. — Pour être admis à la naturalisation, il faudra :

1° En former la demande par écrit, signée de son auteur ou du fondé de sa procuration spéciale et authentique ;

2° Joindre à cette demande l'acte de sa naissance ;

3° Le certificat constatant le chiffre des impositions payables à l'État ;

4° Celui constatant la durée de la résidence ;

5° Un certificat de moralité délivré par les bourgmestre et échevins des communes dans lesquelles l'étranger a séjourné pendant le temps de sa résidence dans le pays.

Le directeur général de la justice devra entendre le conseil communal de la dernière résidence de l'étranger, dans son avis motivé.

ART. 4. — La naturalisation pourra encore, en absence d'une demande, être proposée par le Gouvernement.

ART. 5. — Toute demande en naturalisation, ainsi que toute proposition du Gouvernement ayant le même objet, sera produite à la Chambre et, si elle est prise en considération, renvoyée aux sections ; sur le rapport de la section centrale, la Chambre décide, après discussion s'il y a lieu, et à huis-clos, si elle adopte ou si elle n'adopte pas la demande ou la proposition en naturalisation.

ART. 6. — La naturalisation pourra être gratuite toutes les fois qu'elle est accordée pour des services signalés rendus à l'État.

Dans les autres cas, elle est assujettie à un droit d'enregistrement de 300 à 1,000 francs, à fixer par arrêté royal grand-ducal. Ce droit pourra être abaissé au chiffre de 50 francs, s'il s'agit de personnes nées sur le territoire grand-ducal, ou qui auraient été citoyens luxembourgeois et auraient perdu cette qualité.

ART. 7. — Dans les huit jours qui suivront la sanction royale grand-ducale, l'administrateur général de la justice délivrera, soit à celui qui a fait la demande, soit à l'intéressé lui-même, une expédition certifiée de l'acte de naturalisation.

ART. 8. — Muni de cette expédition, revêtue de la formalité de l'enregistrement, celui qui a fait la demande ou l'intéressé lui-même se présentera devant le bourgmestre de son domicile ou de sa résidence, et déclarera qu'il accepte la naturalisation qui lui est conférée.

Il sera dressé immédiatement procès-verbal de cette déclaration dans un registre à ce destiné.

ART. 9. — La déclaration prescrite par l'article précédent sera faite, sous peine de déchéance, dans les trois mois à compter de la sanction royale grand-ducale.

ART. 10. — L'autorité municipale enverra, dans les huit jours, à l'administrateur général de la justice une expédition dûment certifiée de l'acte d'acceptation.

ART. 11. — La loi qui confère la naturalisation sera insérée au *Mémorial législatif et administratif* du Grand-Duché, mais seulement au vu de cette expédition de l'acte d'acceptation, dont la date y sera rapportée.

ARTICLE TRANSITOIRE. — Sont réputés Luxembourgeois, ceux qui sont nés dans l'ancien duché de Luxembourg et qui ont continué de résider dans le Grand-Duché actuel depuis 1814 jusqu'à ce jour.

Il en est de même de leurs enfants qui sont restés jusqu'ici habitants du Grand-Duché.

Sont pareillement réputés Luxembourgeois les individus nés avant 1839 sur le territoire cédé à la Belgique et qui, depuis 1839, ont habité le Grand-Duché jusqu'aujourd'hui.

Sont encore réputés Luxembourgeois ceux qui sont nés dans le Grand-Duché actuel de parents étrangers, mais qui ont omis de remplir les formalités voulues par la loi et sont restés au pays jusqu'à ce jour.

Ceux qui voudront profiter de la faveur accordée par les dispositions du présent article se conformeront aux articles 8 et 9 qui reçoivent leur application avec les articles 10 et 11 de la présente loi.

3°. — *Dispositions additionnelles.*

ART. 2. — Est Luxembourgeois tout individu ayant son domicile dans le Grand-Duché et né dans le pays d'un étranger qui y est né lui-même, et y a eu sa résidence jusqu'à la naissance de cet enfant, à moins que dans l'année qui suivra l'époque de sa majorité, telle qu'elle est fixée par la loi luxembourgeoise, cet enfant ne réclame la qualité d'étranger. A cet effet il devra en faire la déclaration devant l'autorité communale du lieu de sa résidence, et justifier avoir conservé sa nationalité d'origine par une attestation en due forme de son Gouvernement, laquelle restera annexée à la déclaration.

Est également Luxembourgeois celui qui, lors de la promulgation de la présente loi, jouit des conditions énumérées à l'alinéa précédent, mais a déjà atteint l'âge de la majorité d'après la loi luxembourgeoise, à moins que, dans l'année qui suivra la publication de la loi, il ne remplisse les devoirs imposés par ledit alinéa à ceux qui veulent conserver la qualité d'étranger.

ART. 3. Sont abrogés le n° 2 de l'article 17 et l'article 21 du Code civil.

Les individus qui auront perdu la qualité de luxembourgeois en vertu des dispositions précitées, la recouvreront de plein droit à partir de la mise en vigueur de la présente loi, mais ils ne pourront s'en prévaloir que pour l'exercice des droits ouverts à leur profit depuis cette époque [1].

V

MEXIQUE.

LOI SUR LES ÉTRANGERS ET LA NATURALISATION DU 28 MAI 1886.

CHAPITRE I. — *Des Mexicains et des étrangers.*

ART. 1. — Sont Mexicains :

I. Tout individu né sur le territoire national de père mexicain de naissance, ou par naturalisation.

II. Ceux nés sur le même territoire national, de mère mexicaine et de père qui ne soit pas légalement reconnu suivant les lois de la République. Seront considérés dans le même cas ceux qui naissent de parents inconnus ou de nationalité ignorée.

III. Ceux nés en dehors de la République de père mexicain n'ayant pas perdu sa nationalité. Si le père l'avait perdue, les enfants seront réputés étrangers ; ils peuvent cependant opter pour la qualité de Mexicains, dans le courant de l'année qui suivra le jour de l'accomplissement de leurs vingt et un ans, à la condition qu'ils fassent la déclaration respective aux agents diplomatiques ou consulaires de la République s'ils résident à l'étranger ou au secrétariat des Relations étrangères s'ils résident sur le territoire national. Si les enfants dont parle le présent article, résidaient sur le territoire national, et avaient à leur majorité accepté quelqu'emploi public, ou servi dans l'armée, la marine ou la garde nationale, ils seront par ce fait considérés comme Mexicains sans qu'il soit besoin de remplir d'autres formalités.

IV. Ceux nés en dehors de la République, de mère mexicaine et de père inconnu, si la mère n'a pas perdu sa nationalité suivant les dipositions de cette loi. Si la mère s'était fait naturaliser en pays étranger, ses enfants seront étrangers ; ils auront cependant le droit d'opter pour la qualité de Mexicains en agissant dans les mêmes termes et conditions déterminées dans l'article précédent.

[1] Les articles 2, 3, 5, 6, et les dispositions additionnelles appartiennent à la loi de 1878.

V. Tout Mexicain qui ayant perdu le caractère national conformément aux préventions de cette loi, le recouvre en se conformant aux prescriptions qu'elle établit, suivant les divers cas dont il peut être question.

VI. La femme étrangère qui contracte mariage avec un Mexicain conservera la nationalité mexicaine, même durant son veuvage.

VII. Ceux nés hors de la République, mais qui s'y trouvant établis en 1821, ont juré l'acte d'Indépendance et ont continué à résider sur le territoire national sans changer de nationalité.

VIII. Les Mexicains qui, établis sur les territoires cédés aux États-Unis par les traités du 2 février et 30 novembre 1853, ont rempli les conditions exigées par les traités pour conserver leur nationalité mexicaine. Le même caractère sera conservé aux Mexicains qui continuent à résider sur le territoire appartenant au Guatemala et aux citoyens de cette République qui demeurent sur ceux qui correspondent au Mexique, d'après le traité du 27 septembre 1882, à la condition que ces citoyens remplissent les causes stipulées dans l'article 5 du même traité.

IX. Les étrangers naturalisés conformément à la présente loi.

X. Les étrangers qui deviennent acquéreurs de biens-fonds dans la République lorsqu'ils ne manifestent pas leur intervention de conserver leur nationalité.

Au moment d'accomplir son achat, l'étranger devra manifester au notaire ou au juge respectif s'il désire ou non obtenir la nationalité mexicaine, faculté que lui accorde le paragraphe III de l'article 30 de la Constitution. La détermination de l'étranger sur ce point devra être constatée dans l'acte.

S'il choisit la nationalité mexicaine, ou omet de faire quelque déclaration sur ce point, il pourra s'adresser au secrétariat des Relations étrangères dans l'intervalle d'un an, pour remplir les conditions que renferme l'article 19 et être considéré comme Mexicain.

XI. Les étrangers qui ont des enfants nés au Mexique, s'ils ne préfèrent conserver leur nationalité.

Au moment de l'inscription de la naissance, le père devra manifester devant le juge du Registre civil, sa volonté à cet égard, ce qui sera constaté sur le même acte; s'il opte pour la nationalité mexicaine, on omet de faire quelque déclaration sur ce point, il pourra s'adresser au secrétariat des Relations étrangères dans l'intervalle d'un an, pour remplir les conditions que renferme l'article 19 et être considéré comme Mexicain.

XII. Les étrangers qui servent officiellement le Gouvernement mexicain ou en acceptent des titres ou fonctions publiques, peuvent, dans l'intervalle d'un an après avoir accepté les titres ou fonctions publiques, qui leur auraient été confiés ou avoir commencé à servir officiellement le Gouvernement mexicain, s'adresser au secrétariat des Relations étrangères pour remplir les conditions que renferme l'article 19 et être considérés comme Mexicains.

Art. 2. — Sont étrangers :

I. Ceux nés hors du territoire national, sujets de gouvernements étrangers et qui ne sont pas naturalisés au Mexique.

II. Les enfants de père étranger, ou de mère étrangère et de père inconnu, nés sur le territoire national, jusqu'à ce qu'arrivés à l'âge auquel conformément à la nationalité du père ou de la mère respectivement ils soient reconnus majeurs. Passé la première année de leur majorité sans avoir manifesté par devant l'autorité politique du lieu de leur résidence qu'ils conservent la nationalité de leurs parents, ils seront considérés comme Mexicains.

III. Ceux qui s'absentent de la République sans autorisation, ni commission du Gouvernement, pour cause d'études, d'intérêt public, d'établissement commercial ou industriel, ou exercice d'une profession, ou qui laisseraient passer dix ans sans demander la permission de prolonger leur absence. Cette permission ne pourra être accordée pour plus de cinq ans chaque fois qu'il en sera fait la demande; et il sera nécessaire, après en avoir obtenu une première, de justifier de raisons sérieuses pour en obtenir une nouvelle.

IV. Les Mexicaines qui contractent mariage avec un étranger, conservent leur caractère d'étrangères pendant leur veuvage. Le mariage étant dissous, la Mexicaine de naissance peut recouvrer sa nationalité à la condition qu'en outre d'établir sa résidence dans la République, elle déclare par devant le juge de l'état civil son domicile et sa résolution de recouvrer sa nationalité.

La Mexicaine qui, par le mariage, n'acquiert pas la nationalité de son mari suivant les lois du pays de ce dernier, conservera la sienne.

Le changement de nationalité du mari, postérieur au mariage, entraîne aussi le changement de nationalité de la femme et des enfants mineurs sujets de la première patrie, pourvu qu'ils résident dans le pays du mari ou père respectif, sauf toutefois l'exception établie dans la partie antérieure de cette fraction.

V. Les Mexicains qui se font naturaliser en d'autres pays.

VI. Ceux qui suivraient officiellement les gouvernements étrangers en quelque emploi politique, administratif, judiciaire, militaire ou diplomatique sans la permission du Congrès.

VII. Ceux qui acceptent des décorations, titres ou emplois étrangers sans en avoir au préalable obtenu l'autorisation du Congrès fédéral, à l'exception des titres littéraires, scientifiques et humanitaires qui peuvent être librement acceptés.

Art. 3. — Afin de pouvoir déterminer les lieux de naissance dans les cas des articles précédents, tous les navires nationaux, sans aucune distinction, sont déclarés comme faisant partie du territoire national, et ceux qui naissent à leur bord seront considérés comme nés dans la République.

ART. 4. — En vertu du droit dont jouissent les agents diplomatiques hors du territoire, les fils de ministres et employés de légations de la République ne pourront non plus, comme conséquence de cette loi, jamais être considérés comme nés hors du pays.

ART. 5. — La nationalité des personnes morales se règle par la loi qui en autorise la forme, en conséquence, toutes celles qui se constituent conformément aux lois de la République mexicaine seront Mexicaines, pourvu qu'elles y aient en outre leur domicile légal.

Les personnes, de bonne moralité, étrangères, jouissent au Mexique des droits que leur accordent les lois du pays de leur nationalité lorsqu'elles ne sont pas contraires aux lois de la nation.

CHAPITRE II. — *De l'expatriation.*

ART. 6. — La République mexicaine reconnaît le droit d'expatriation comme naturel et inhérent à tout homme, et comme nécessaire à la jouissance de la liberté individuelle; en conséquence, comme elle permet à ses habitants d'user de ce droit en leur accordant de sortir de son territoire et de s'établir en pays étranger, elle protège aussi celui qu'ont les étrangers de toutes nations de venir s'établir sous sa juridiction. La République reçoit aux mêmes conditions les sujets ou citoyens des autres États et les naturalise suivant les prescriptions de la loi.

ART. 7. — L'expatriation et la naturalisation qui s'ensuit, obtenue en pays étranger, n'exempte pas le criminel de l'extradition, — jugement ou condamnation auxquels il est sujet suivant les traités, les usages internationaux et les lois du pays.

ART. 8. — Les citoyens naturalisés au Mexique, quoiqu'à l'étranger, ont droit égal aussi bien que les Mexicains de naissance à la protection du Gouvernement de la République, qu'il soit question de leurs biens ou de leur personne; ce qui ne les empêche pas, s'ils retournent dans leur pays d'origine, de rester responsables des actes accomplis avant leur naturalisation, conformément aux lois de ce pays.

ART. 9. — Le Gouvernement mexicain protégera par tous les moyens qu'autorise le droit international, tout citoyen Mexicain à l'étranger. Le Président, s'il le trouve convenable, usera de ces moyens toutefois qu'ils ne constitueront pas un acte d'hostilités; si l'intervention diplomatique n'était pas suffisante, que ces moyens demeurassent sans effets, ou si les offenses à la nationalité mexicaine, étaient graves au point d'exiger des mesures plus sévères, le Président en rendra aussitôt compte au Congrès avec les documents à l'appui pour qu'il y soit avisé constitutionnellement.

ART. 10. — La naturalisation d'un étranger demeure sans effet, par une résidence de deux ans dans son pays d'origine, à moins qu'elle ne soit motivée par l'accomplissement d'une commission officielle du Gouvernement mexicain ou avec son autorisation.

CHAPITRE III. — *De la naturalisation.*

ART. 11. — Tout étranger qui remplit les conditions exigées par cette loi peut se faire naturaliser dans la République.

ART. 12. — Six mois au moins avant de demander la naturalisation, le demandeur devra présenter par écrit à l'Ayuntamiento le lieu de sa résidence, manifestant sa résolution de devenir citoyen mexicain et de renoncer à sa nationalité étrangère. L'Ayuntamiento lui donnera copie timbrée de cette déclaration, et gardera l'original dans ses archives.

ART. 13. — Les six mois étant écoulés, et lorsque l'étranger aura résidé deux ans dans la République, il pourra demander au Gouvernement fédéral que son certificat de naturalisation lui soit accordé. Il devra auparavant, pour l'obtenir, se présenter devant le juge du district, sous la juridiction duquel il se trouve et s'offrir à prouver ce qui suit :

I. Que, suivant la loi de son pays, il jouit de la plénitude de ses droits civils, en qualité de majeur.

II. Qu'il a résidé au moins deux ans dans la République et que sa conduite a été bonne.

III. Qu'il a un emploi, une industrie, une profession ou des moyens d'existence.

ART. 14. — Sur la demande que présente le juge du district demandant qu'il soit pratiqué une enquête, il joindra la copie timbrée, délivrée par l'Ayuntamiento, dont parle l'article 12 ; il l'accompagnera en outre d'une renonciation expresse de toute soumission, obéissance et fidélité à tout Gouvernement étranger et spécialement à celui dont le demandeur a été le sujet ; à toute protection étrangère, aux lois et autorités du Mexique, et à tous droits que les traités ou la loi internationale accordent aux étrangers.

ART. 15. — Le juge du district, avant que l'intéressé fasse la ratification de sa demande, enverra faire, en audience du promoteur fiscal, une information de témoins sur les points auxquels se rapporte l'article 13, pouvant obtenir, s'il le croit nécessaire, le rapport que l'Ayuntamiento devra en donner et dont parle l'article 12. Le juge admettra également les autres preuves que pourra fournir l'intéressé sur les points indiqués dans l'article 13, et demandera son opinion au promoteur fiscal.

ART. 16. — Le même juge, dans le cas où sa déclaration sera favorable au demandeur, remettra l'acte original au ministère des Relations étrangères pour que le certificat de naturalisation soit expédié, si toutefois il n'y voit pas d'empêchement légal.

Par voie dudit juge, l'intéressé fera la demande au Secrétariat de son certificat de naturalisation, ratifiant sa renonciation d'étranger et protestant de son adhésion, obéissance et soumission aux lois et autorités de la République.

ART. 17. — Les étrangers, qui servent dans la marine nationale marchande, peuvent aussi se faire naturaliser après un an de séjour à bord, au lieu de deux exigés par l'article 12. Pour les formalités de naturalisation, sera déclaré compétent le juge du district de l'un des ports où touche le navire, et de même l'un des Ayuntamientos de ces ports pourra recevoir la déclaration auquel se rapporte l'article 12.

ART. 18. — Ne sont pas compris dans les dispositions des articles 12, 13, 14, 15 et 16, les étrangers qui se naturalisent en vertu de la loi, et ceux qui ont le droit d'opter pour la nationalité mexicaine : en conséquence, les enfants de Mexicain ou de Mexicaine qui ont perdu leurs droits de nationalité, auxquels se rapportent les fractions III et IV de l'article 1er; l'étrangère, qui se marie avec un Mexicain dont parle la fraction VI du même article; les fils de père étranger, ou mère étrangère et père inconnu, nés sur le territoire national dont parle la fraction II de l'article 1er; et la Mexicaine, veuve de l'étranger, dont parle la fraction IV de ce même article, se considèrent comme naturalisés par tous les effets légaux, par le seul fait de remplir les conditions établies par ces dispositions, et sans nécessités de plus de formalités.

ART. 19. — Les étrangers, qui se trouvent dans les cas des fractions X, XI et XII de l'article 1er, pourront s'adresser au secrétariat des Relations extérieures, pour faire leur demande de certificat de naturalisation, dans les délais déterminés par les dites fractions. A leur demande ils ajouteront le document qui prouve qu'ils ont acquis des biens-fonds, ou qu'ils ont eu des enfants au Mexique, ou accepté quelqu'emploi public, suivant le cas. Ils présenteront en outre la renonciation et la protestation exigées par les articles 14 et 16 pour la naturalisation ordinaire.

ART. 20. — L'absence en pays étranger, avec autorisation du Gouvernement, n'interrompt pas la résidence exigée par l'article 13, pourvu qu'elle ne dépasse pas de six mois, pendant la période de deux ans.

ART. 21. — Il ne sera pas accordé de certificat de naturalisation aux sujets ou citoyens d'un pays avec lequel la République se trouve en état de guerre.

ART. 22. — Il n'en sera pas non plus accordé à ceux qui seront réputés et reconnus judiciairement en autres pays comme pirates, trafiquants d'esclaves, incendiaires, faux monnayeurs, contrefacteurs de billets de Banque, ou d'autres papiers ayant valeur de monnaie, ni aux assassins, plagiaires ou voleurs. Est nulle de plein droit la naturalisation obtenu e frauduleusement par un étranger, en violation de la loi.

ART. 23. — Les certificats de naturalisation seront gratuitement remis, sans pouvoir recouvrer pour eux aucun droit à titre de dépenses, enregistrement, timbre, ou autres frais.

ART. 24. — L'acte de naturalisation étant absolument personnel, seulement avec un pouvoir spécial suffisant pour cet acte contenant la renonciation et la protestation que doit faire personnellement le même intéressé suivant les articles 14 et 16, il pourra se faire représenter; mais en aucun cas le pouvoir ne pourra suppléer à la faute de résidence actuelle de l'étranger dans la République.

ART. 25. — La qualité de national ou d'étranger n'est pas transmissible à des tiers : en conséquence, ni le national ne peut jouir des droits d'étranger, ni celui-ci, des prérogatives de celui-là en raison de l'une ou de l'autre qualité.

ART. 26. — Le changement de nationalité ne produit pas d'effet rétroactif. L'acquisition et réhabilitation des droits de Mexicain n'a d'effet qu'à partir du jour suivant celui pendant lequel se seront accomplies toutes les conditions et formalités établies par cette loi pour obtenir la naturalisation.

ART. 27. — Les colons qui viennent dans ce pays en vertu de contrats conclus par le Gouvernement et dont les frais de voyage et d'installation sont à sa charge, seront considérés comme Mexicains. Dans le contrat d'engagement il sera fait mention de leur résolution de renoncer à leur première nationalité, et de la protestation exigée par les articles 15 et 16; cette pièce sera remise au ministre des Relations pour que le certificat de naturalisation soit expédié en faveur de l'intéressé.

ART. 28. — Les colons qui viennent au Mexique à leur propre compte, à celui de compagnies ou d'entreprises particulières non subventionnées par le Gouvernement, ainsi que les immigrants de toutes classes, peuvent se faire naturaliser, comme tels, suivant les prescriptions de cette loi. Les colons établis jusqu'à ce jour sont aussi soumis aux mêmes prescriptions, en tant qu'elles ne contrarient pas les droits qu'ils ont acquis, suivant leurs contrats.

ART. 29. — L'étranger naturalisé sera reconnu citoyen mexicain aussitôt qu'il réunira les conditions exigées par l'article 34 de la Constitution, demeurant dans tous ses droits et obligations comme les autres Mexicains; il ne pourra cependant remplir les charges ou emplois qui, conformément aux lois, exigent la nationalité de naissance, à moins qu'étant né sur le territoire national, sa naturalisation se soit effectuée conformément à la fraction II de l'article 2.

CHAPITRE IV. — *Des droits et obligations des étrangers.*

ART. 30. — Les étrangers jouissent dans la République des droits civils égaux à ceux des Mexicains, et des garanties accordées à la section I du titre I de la Constitution, sauf la faculté que possède le Gouvernement pour expulser l'étranger pernicieux.

ART. 31. — Dans l'acquisition des terrains vagues et nationaux, de biens-fonds et de navires, les étrangers ne seront pas astreints à demeurer dans la République, mais ils seront soumis aux lois en vigueur; dans l'intelligence que sera réputée aliénation, toute location d'immeuble faite à un étranger lorsque le terme du contrat excédera dix années.

ART. 32. — Seule la loi fédérale peut modifier ou restreindre les droits civils dont jouissent les étrangers, par principe de réciprocité internationale, et afin qu'ainsi ils demeurent sujets aux mêmes incapacités que les lois de leur pays imposent aux Mexicains qui y résident; en conséquence, les dispositions des Codes civil et de procédure du district sur la matière ont le caractère de fédéraux et seront obligatoires pour toute l'Union.

ART. 33. — Les étrangers, sans perdre leur nationalité, pourront élire domicile dans la République pour tous effets légaux. L'acquisition, changement ou perte de domicile, se règle par les lois du Mexique.

ART. 34. — La suspension des garanties individuelles déclarée dans les termes que le permet l'article 29 de la Constitution, les étrangers comme les Mexicains sont soumis aux préventions de la loi qui décrète la suspension, les stipulations des traités exceptées.

ART. 35. — Les étrangers ont l'obligation de contribuer aux dépenses publiques conformément aux lois, d'obéir aux lois, de respecter les institutions et les autorités du pays, de se soumettre aux jugements et sentences des tribunaux sans pouvoir user d'autres recours que ceux que les lois accordent aux Mexicains. Ils peuvent seulement en appeler par voie diplomatique dans le cas de déni de justice ou retard volontaire dans son administration, après avoir épuisé inutilement les recours communs créés par les lois, et de la manière que le détermine le droit international.

ART. 36. — Les étrangers ne jouissent pas des droits politiques qui appartiennent aux citoyens mexicains; en conséquence, ils ne peuvent voter ni être élus pour remplir aucune charge d'élection populaire, ni nommés à tout autre emploi ou commission propres aux carrières de l'État; ni appartenir à l'armée, marine ou garde nationale; ni s'associer à la discussion des affaires du pays; ni exercer le droit de pétition dans ce genre d'affaires; cela sans préjudice des dispositions des articles 1er, fraction XII, et 19 de cette loi.

ART. 37. — Les étrangers sont exempts du service militaire. Ceux qui ont un domicile fixe sont cependant obligés à celui de la police, lorsqu'il s'agit de la sécurité des propriétés et de la conservation du bon ordre dans le centre où ils sont établis.

ART. 38. — Les étrangers qui prennent part aux discussions civiles du pays pourront être expulsés du territoire comme étrangers pernicieux, étant soumis aux lois de la République, pour les délits qui se commettent contre elle, sans préjudice pour ses droits et obligations en temps de guerre, dont le règlement a lieu selon la loi internationale et les traités.

ART. 39. — Sont abolies les lois qui établissaient l'inscription des étrangers. Le ministère des Relations peut seul délivrer des actes de nationalité déterminés en faveur des étrangers qui en font la demande. Ces actes certifient la présomption légale de l'état civil étranger, mais n'excluent pas la preuve du contraire. La preuve définitive de la nationalité déterminée se fait devant les tribunaux compétents et par les moyens qu'établissent les lois et les traités.

ART. 40. — Cette loi n'accorde pas aux étrangers les droits qui leur sont refusés par la loi internationale, les traités ou la législation en vigueur dans la République.

CHAPITRE V. — *Dispositions transitoires.*

ART. 1er. — Les étrangers qui ont acquis des biens-fonds, ont eu des enfants au Mexique, ou ont exercé quelque emploi public, et dont parlent les fractions X, XI et XII de l'article 1er de cette loi, sont obligés de déclarer dans les six mois de sa publication, s'ils ne l'ont déjà fait, à l'autorité politique du lieu de leur résidence, s'ils désirent obtenir la nationalité mexicaine ou conserver l'étrangère.

Dans le premier cas, ils doivent aussitôt demander leur certificat de naturalisation dans la forme établie à l'article 19 de cette loi. S'ils omettaient de faire ladite déclaration, ils seraient considérés comme Mexicains, à l'exception des cas dont on a fourni sur ce point une explication officielle.

ART. 2. — Les colons, résidant dans le pays, auxquels se rapporte le paragraphe final de l'article 28 de la présente loi, déclareront dans les mêmes termes qui sont déterminés à l'article antérieur, la nationalité à laquelle ils désireront être considérés appartenir, faisant la demande de leur certificat de naturalisation comme il est dit dans l'article, au cas où ils préféreraient la mexicaine.

X

PRINCIPAUTÉ DE MONACO.

CODE CIVIL.

ART. 8. — Tout individu né dans la Principauté d'un étranger pourra, dans l'année qui suivra l'époque de sa majorité, acquérir la qualité de sujet monégasque, pourvu que, dans le cas où il résiderait dans la Principauté, il déclare que son intention est d'y fixer son domicile et que dans le cas où il résiderait en pays étranger il fasse sa soumission de fixer son domicile dans la Principauté, et qu'il l'y établisse dans l'année, à compter de l'acte de soumission.

Est sujet monégasque tout individu né dans la Principauté d'un étranger qui lui-même y est né, à moins que, dans l'année qui suivra l'époque de sa majorité telle qu'elle est fixée par le présent Code, il ne réclame la qualité d'étranger, par une déclaration faite devant l'autorité municipale. Ses enfants seront nécessairement sujets monégasques.

ART. 9. — Tous individus qui, après leur majorité, ont leur domicile dans la Principauté depuis dix années, sont admis à solliciter la qualité de sujets monégasques, et pourront l'obtenir par ordonnance souveraine.

Toutefois, la naturalisation sera accordée sans conditions à toute personne que le Prince jugera digne de cette faveur.

ART. 10. — Tout enfant né, soit dans la Principauté, soit à l'étranger, d'un sujet monégasque, est sujet monégasque.

Tout enfant né, en pays étranger, d'un sujet monégasque qui aurait perdu cette qualité, pourra toujours la recouvrer, en remplissant les formalités prescrites par l'article 8.

ART. 12. — L'étrangère qui aura épousé un sujet monégasque suivra la condition de son mari.

ART. 17. — La qualité de sujet monégasque se perdra :

1° Par la naturalisation acquise en pays étranger ;

2° Par l'acceptation non autorisée par le Gouvernement de fonctions conférées par un Gouvernement étranger ;

3° Enfin par tout établissement fait en pays étranger, sans esprit de retour.

Les établissements de commerce ne pourront jamais être considérés comme ayant été faits sans esprit de retour.

ART. 18. — Le sujet monégasque qui aura perdu cette qualité pourra toujours la recouvrer en rentrant dans la Principauté avec l'autorisation du Prince et en déclarant qu'il veut s'y fixer.

ART. 19. — La femme monégasque qui épousera un étranger suivra la condition de son mari.

Si elle devient veuve, elle recouvrera la qualité perdue, pourvu qu'elle réside dans la Principauté, ou qu'elle y rentre avec l'autorisation du Prince, et en déclarant qu'elle veut s'y fixer.

ART. 20. — Les individus qui recouvreront la qualité de sujets monégasques, dans les cas prévus par les articles 10, 18 et 19, ne pourront s'en prévaloir qu'après avoir rempli les conditions qui leur sont imposées par ces articles, et seulement pour l'exercice des droits ouverts à leur profit depuis cette époque.

ART. 21. — Le sujet monégasque qui, sans autorisation du Prince, prendrait du service militaire chez l'étranger, ou s'affilierait à une corporation militaire étrangère, perdra sa qualité de sujet monégasque.

Il ne pourra rentrer dans la Principauté qu'avec la permission du Gouvernement, et recouvrer la qualité de sujet monégasque qu'en remplissant les conditions imposées à l'étranger pour devenir sujet du Prince; le tout sans préjudice des peines prononcées par la loi criminelle contre les sujets de la Principauté qui auraient porté les armes contre la patrie.

Y

NORVÈGE.

LOI DU 21 AVRIL 1888.

ART. 1er. — Le droit de cité, en Norvège, est acquis, par naissance, à tout enfant légitime dont le père et la mère ont eux-mêmes ce droit, et à tout enfant naturel, lorsque la mère est dans les mêmes conditions. Tout enfant trouvé dans le royaume, sans qu'on puisse découvrir ses parents ou tirer au clair leur situation civile dans les dix-huit années qui suivront la naissance, sera considéré comme né d'un citoyen norvégien.

ART. 2. — Le droit de cité norvégien peut s'acquérir (ultérieurement) par les actes suivants :

a) Par mariage, quand une femme étrangère épouse un citoyen norvégien ;

b) Par élection de domicile fixé en Norvège à la condition que l'immigrant ait les conditions requises pour l'indigénat norvégien, conformément au § 92, *a*, *b*, ou *d* de la Constitution. Toutefois, ceci ne s'applique pas au Norvégien de naissance, qui élira domicile fixe dans le royaume en qualité de fonctionnaire d'un État étranger; pas plus qu'à la femme qui, née Norvégienne, est mariée au citoyen d'un autre État.

c) Par l'acceptation de fonctions publiques ou d'une position fixe à la nomination soit du roi, soit d'un ministre, au service de l'état norvégien.....

ART. 3. — Le droit de cité norvégien pourra aussi être accordé à d'autres habitants du pays par autorisation du roi ou des personnes par lui déléguées à cet effet. Cette autorisation ne pourra s'accorder qu'à ceux qui :

a) Auront eu leur domicile fixe dans le pays pendant trois années consécutives ;

b) Auront acquis le droit aux secours, dans un district d'assistance publique de la Norvège, ou pourront prouver ou garantir d'une façon reconnue suffisante, dans les circonstances voulues, qu'eux et leur famille ne tomberont pas à la charge de ladite assistance avant l'époque où, le droit de cité leur étant refusé, ils acquerraient ce droit à l'assistance ;

c) A ceux qui seront majeurs ;

d) Ne seront dans aucun des cas pour lesquels les §§ 52 *a* et 53 *a* de la Constitution suspendent ou entravent le droit du suffrage ; quiconque désirera devenir citoyen Norvégien, conformément à ces dispositions, devra en faire la demande par la voie des autorités de son lieu de domicile, en y joignant des éclaircissements sur les endroits qu'il a habités pendant son séjour dans le pays, — dans quel État il a le droit de cité, — plus une déclaration par laquelle il reconnaît renoncer à sa situation comme sujet dudit État.

Si la jurisprudence de cet État exige pour cette renonciation l'acquiescement de son Gouvernement ou d'une autre autorité, il lui faudra fournir la preuve de cet acquiescement.

La demande étant agréée, le droit de cité sera notifié à l'impétrant par lettre conçue suivant une formule arrêtée par le Roi.

Toute lettre conférant le droit de cité n'entrera en vigueur que lorsque l'impétrant aura prononcé le serment mentionné au § 50 de la Constitution. Le juge qui recevra ce serment en fera mention sur la lettre même.

Une veuve, une femme non mariée, pourront acquérir le droit de cité suivant les même règles, mais n'auront pas à prêter serment.

Art. 4. — Le droit de cité acquis conformément aux articles 2 et 3 de la présente loi sera également valable pour sa femme et leurs enfants mineurs à lui ou à elle, présents chez les parents ou élevés par leurs soins.

Art. 5. — Tout étranger émancipé qui, sans être porté sur le rôle spécifié au § 51 de la Constitution, prétendra avoir acquis le droit de cité à l'époque où la présente loi sera mise en vigueur, devra, pour faire valoir ce droit à l'autorité supérieure, dans l'année qui suivra cette époque, la demande d'une lettre de cité.

Pour les personnes qui n'auraient pas atteint leur majorité à la date de l'entrée en vigueur de la loi, le délai — pour le dépôt de la demande — comptera du fait de la majorité.

Si l'autorité supérieure trouve la demande bien fondée et que l'impétrant remplit les conditions prescrites par le paragraphe 3 *a* et *b* de la
présente loi, la lettre de cité lui sera délivrée et lui servira de titre suffisant pour son droit de cité. Le rejet de la demande n'enlève, en revanche, à l'impétrant, aucun des droits qui peuvent lui être acquis par la
législation actuelle.

Art. 6. — Le droit de citoyen norvégien se perd :

a) Par qui devient citoyen d'un Etat étranger ;

b) Par qui quitte le pays pour n'y plus revenir.

Toutefois, le citoyen norvégien, qui possède l'indigénat en conformité
du paragraphe 92 *a*, *b* et *d* de la Constitution, conserve son droit de cité,
si, dans l'année qui suivra son déplacement ou le jour de l'entrée en
vigueur de la présente loi, il déclare devant le consul norvégien dans la
localité qu'il entend rester citoyen norvégien.

Cette déclaration est valable pour un délai de dix ans et peut, avant
l'expiration dudit délai, être renouvelé pour une période égale.

Quiconque acquiert domicile en pays étranger, comme fonctionnaire
au service de la Norvège ou au service public commun de la Norvège et
de la Suède, conserve son droit comme citoyen norvégien.

Dans tous les cas où l'émigré conserve son droit de cité, ce droit est
également conservé à sa femme et à leurs enfants, à lui ou à elle, demeurant avec eux ou élevés par leurs soins.

Art. 7. — Quiconque, en vertu de l'article 92 *a*, *b* et *d* de la Constitution, possède l'indigénat norvégien, a le droit constant d'élire domicile fixe dans le pays. Il conserve le droit à l'assistance.....

Tout citoyen norvégien a le droit de séjourner dans le pays, sauf le
cas où il pourrait être livré à la Suède, en vertu de la loi du 11 septembre 1818.

Le citoyen norvégien est sujet norvégien. L'exemption du service militaire accordée conditionnellement aux étrangers immigrés, en vertu de
la loi du 17 mai 1886 sur le service militaire, leur reste acquise alors
même qu'ils sont devenus citoyens norvégiens.

(Les articles suivants se rapportent au droit d'acquérir des biens-fonds
en Norvège).

Art. 17. — Par « domicile fixe en ce pays », la présente loi entend
un séjour témoignant de l'intention de séjourner indéfiniment dans le
pays.

Art. 18. — La présente loi entrera immédiatement en vigueur, mais
ne sera pas appliquée dans les cas où sa teneur serait en désaccord avec
les conventions internationales existantes.

Z

ÉTAT LIBRE D'ORANGE.

CONSTITUTION DU 8 MAI 1879.

SECTION 1re. — *Comment s'acquiert l'indigénat.*

ART. 1er. — Sont citoyens de l'Etat libre d'Orange : *a)* Les personnes blanches, nées avant comme après le 23 février 1854[1], sur le territoire de l'État, de parents habitant ce territoire; — *b)* les personnes blanches qui ont acquis les droits de citoyen d'après les prescriptions de la Constitution de 1854 ou de la Constitution révisée de 1866; — *c)* les personnes blanches qui ont habité l'État pendant un an, et y possèdent une propriété foncière enregistrée en leur nom d'une valeur d'au moins 1150; — *d)* les personnes blanches qui ont habité l'État pendant trois années consécutives, et qui ont fait par écrit une promesse de fidélité à l'État et d'obéissance aux lois, sur quoi il leur sera délivré un certificat d'indigénat par le *Landdrost* (gouverneur) du district de leur domicile; — *e)* les fonctionnaires civils et judiciaires qui ont prêté, avant leur entrée en fonctions, serment de fidélité à l'État et à ses lois.

SECTION 2. — *Comment se perd l'indigénat.*

L'indigénat de l'État libre d'Orange se perd par : — *a)* la naturalisation en pays étranger; — *b)* le service militaire à l'étranger, ou l'acceptation de fonctions publiques conférées par un Gouvernement étranger, sans l'autorisation du président de l'État; — *c)* l'établissement à l'étranger dans des circonstances manifestement exclusives de l'esprit de retour. — L'esprit de retour sera considéré comme abandonné lorsqu'on se sera fixé à l'étranger pendant plus de deux ans.

AA

PAYS-BAS.

LOI SUR LA NATIONALITÉ DU 29 JUILLET 1850.

ART. 1er. — Sont Néerlandais en ce qui concerne l'exercice des droits civiques :

1o Ceux qui sont nés de parents établis sur le territoire de l'État en Europe ;

[1] Date de la reconnaissance d'indépendance.

2º Ceux qui, étant nés sur le territoire de l'État en Europe, de parents qui n'y sont pas établis, auront déclaré à la municipalité du lieu de leur domicile, dans l'année qui suivra l'époque à laquelle ils auront atteint vingt-trois ans révolus, leur intention de continuer à demeurer sur ce territoire ;

. . . .

3º Ceux qui sont naturalisés ;

4º Ceux qui descendent de personnes dénommées dans les alinéas qui précèdent, à moins que leur naissance n'ait eu lieu à une époque à laquelle leurs parents se seraient trouvés sous l'application de l'un des termes de l'article 9.

Art. 2. — Les enfants naturels d'une femme néerlandaise ;

Les enfants naturels d'une femme néerlandaise non reconnus par le père.

Les enfants trouvés recueillis sur le territoire de l'État en Europe, qui ont résidé sur ce territoire jusqu'à vingt-trois ans révolus, avec leurs descendants, en conformité aux dispositions du § 4 ci-dessus, sont également Néerlandais.

Art. 3. — Régnicoles établis sont ceux qui ont demeuré sur le territoire de l'État en Europe :

1º Durant les trois dernières années ;

2º Durant dix-huit mois après avoir déclaré à la municipalité du lieu de leur domicile l'intention de s'y établir.

. . . .

Art. 4. — Ceux dont la nationalité néerlandaise a pu être atteinte par la séparation des anciennes provinces des Pays-Bas, constituant aujourd'hui le royaume de Belgique, mais qui à l'époque de la ratification des traités du 19 avril 1839 avaient leur domicile sur le territoire de l'État en Europe ou dans les colonies ou possessions de l'État dans les autres parties du monde, qui s'y sont établis dans les deux années à partir de l'époque précitée et y ont depuis conservé leur domicile ou qui, tandis qu'ils avaient ce domicile, y sont décédés, sont Néerlandais où sont censés avoir possédé la qualité de Néerlandais jusqu'à leur mort.

Art. 5. — Les conditions exigées pour la naturalisation sont :

1º L'âge de vingt-trois ans révolus ;

2º Le domicile établi sur le territoire de l'État en Europe ou dans les colonies ou les possessions de l'État dans les autres parties du monde durant six années consécutives avec intention déclarée d'y rester établis.

Art. 6. — Doivent être annexés à la requête pour obtenir la naturalisation :

a) L'acte de naissance du requérant ou tel autre acte qui en tient lieu d'après la législation de l'État auquel appartient le requérant.

b) Un certificat constatant le séjour exigé de six années sur le territoire du royaume ou de ses colonies.

c) Un certificat délivré par l'Administration municipale du lieu où le requérant est domicilié constatant la déclaration faite durant cette administration de l'intention où il est de rester établi sur le territoire de l'État en Europe, ou dans les colonies ou possessions de l'État dans les autres parties du monde.

Art. 7. — La naturalisation peut encore être accordée en récompense de services extraordinaires rendus à l'État en Europe ou à ses colonies ou possessions dans les autres parties du monde, ou pour d'autres motifs importants dans l'intérêt de l'État.

Les articles 5 et 6 ne sont pas applicables en pareil cas.

Art. 8. — Des lettres de naturalisation sont octroyées par Nous à toute personne naturalisée par la loi.

Art. 9. — La jouissance des droits obtenus par la naturalisation commence aussitôt que la loi par laquelle la naturalisation est accordée est devenue exécutoire, et que le naturalisé a produit à la municipalité du lieu de son domicile les lettres de naturalisation dûment enregistrées et fait la déclaration qu'il accepte la naturalisation.

Si, dans le cas prévu par l'article 7, le naturalisé est domicilié à l'étranger, l'acceptation a lieu par déclaration faite au ministère des Affaires étrangères. Lors de cette déclaration, il doit être produit des lettres de naturalisation dûment enregistrées.

Sauf dans le cas prévu par l'article 7, la naturalisation perd sa validité si l'acceptation n'a pas eu lieu dans les six mois à partir de l'époque à laquelle la loi qui l'accorde est devenue exécutoire.

Art. 10. — La qualité de Néerlandais se perd :

1° Par l'acceptation de la naturalisation à l'étranger;

2° Par l'entrée sans notre autorisation au service militaire à l'étranger, ou l'acceptation des fonctions publiques conférées par un Gouvernement étranger;

3° Par un séjour de cinq années à l'étranger avec l'intention évidente de ne point faire retour.

L'esprit de retour est présumé lors de tout séjour à l'étranger en connexion avec les établissements commerciaux du royaume.

BB

PORTUGAL.

I. — CHARTE CONSTITUTIONNELLE DU 29 AVRIL 1826.

TITRE II. — *Des citoyens portugais.*

7. — Sont citoyens portugais :

1º Ceux qui sont nés en Portugal ou dans les possessions portugaises, et qui actuellement ne sont pas citoyens brésiliens, bien que leur père soit étranger, à moins toutefois que celui-ci ne réside en Portugal pour le service de sa nation ;

2º Les enfants d'un père portugais et les enfants naturels d'une mère portugaise, nés en pays étranger, lorsqu'ils viennent établir leur domicile dans le royaume ;

3º Les enfants d'un père portugais qui réside en pays étranger pour le service du royaume, bien qu'ils n'aient pas établi leur domicile dans le royaume ;

4º Les étrangers naturalisés, quelle que soit leur religion.

Une loi déterminera à quelles conditions les lettres de naturalisation pourront être obtenues.

8. — Perdent leurs droits de citoyens portugais :

1º Ceux qui se font naturaliser en pays étranger ;

2º Ceux qui, sans permission du Roi, acceptent des emplois, pensions ou dignités d'un Gouvernement étranger ;

3º Ceux qui sont bannis par sentence judiciaire.

ART. 75. — Le Roi est le chef du pouvoir exécutif et l'exerce par l'intermédiaire de ses ministres d'État.

Ses principales attributions sont :

§ 1er. . . . .

§ 10. Accorder des lettres de naturalisation dans les formes prescrites par la loi.

II. — ACTE ADDITIONNEL DU 5 JUILLET 1852.

Des élections.

Art. 7. — Tous ceux qui ont le droit de vote sont habiles à être élus députés, sans conditions de domicile, résidence ou lieu de naissance.

Paragraphe unique. — Sont exceptés : 1º Les étrangers naturalisés[1].

---

[1] Le Code civil portugais, dans son article 18, considère comme Portugais

III. — CODE CIVIL PORTUGAIS.

TITRE II. — *Comment s'acquiert la qualité de citoyen portugais.*

ART. 18. — Sont citoyens portugais :

1° Ceux qui naissent dans le royaume de père et mère portugais; ou seulement de mère portugaise, s'ils sont enfants illégitimes;

2° Ceux qui naissent dans le royaume de père étranger, pourvu qu'il n'y réside point pour le service de sa nation, sauf le cas où ils déclareraient par eux-mêmes, s'ils sont déjà majeurs ou émancipés, ou par leurs père ou tuteurs s'ils sont mineurs, qu'ils ne veulent pas être citoyens portugais;

3° Les enfants de père portugais, même quand il a été banni du Royaume, et les enfants illégitimes de mère portugaise, bien que nés en pays étranger, qui viendraient établir leur domicile dans le royaume, ou qui déclareraient par eux-mêmes s'ils sont majeurs et émancipés, ou par leurs père ou tuteurs s'ils sont mineurs, qu'ils veulent être Portugais;

4° Ceux qui naissent dans le royaume de parents inconnus, ou dont la nationalité est ignorée;

5° Les étrangers naturalisés, quelle que soit leur religion;

6° La femme étrangère qui épouse un citoyen portugais.

§ 1er. La déclaration prescrite dans le numéro 2 sera faite par-devant la municipalité du lieu dans lequel a résidé jusque-là le déclarant; et celle prescrite dans le numéro 3 par-devant les agents consulaires portugais respectifs, ou par-devant l'autorité étrangère compétente.

§ 2. Le mineur, lorsqu'il parviendra à sa majorité ou qu'il sera émancipé, pourra, au moyen d'une nouvelle déclaration, faite par-devant la municipalité du lieu qu'il choisit pour son domicile, réclamer contre la déclaration qui, durant sa minorité, aura été faite par son père ou tuteur, dans les termes du n° 2.

ART. 19. — Peuvent être naturalisés les étrangers qui seraient majeurs ou tenus pour majeurs, conformément à la loi de leur pays et à la loi portugaise :

tous les individus nés dans le pays, à moins que, émancipés ou devenus majeurs, ils n'optent pour la nationalité de leur famille.

Le père peut opter pour eux quand ils sont mineurs; mais, à leur majorité, ils peuvent réclamer contre cette option.

Exception formelle est faite pour les fils d'étrangers demeurant en Portugal pour le service de leur pays d'origine.

En vertu du traité du 21 avril 1866, les enfants nés en Portugal de parents espagnols restent Espagnols jusqu'à leur émancipation ou majorité, et ne deviennent Portugais que s'ils restent en Portugal après cette époque, à moins de faire une déclaration contraire expresse.

1º S'ils sont capables de gagner un salaire par leur travail, ou s'ils possèdent d'autres ressources pour subsister;

2º S'ils ont résidé au moins une année sur le territoire portugais.

Paragraphe unique. — Peuvent néanmoins être naturalisés, sans être astreints à la condition du nº 2, les étrangers descendants de sang portugais en ligne masculine ou féminine qui viendraient prendre domicile dans le royaume.

Art. 20. — Le Gouvernement peut dispenser de tout ou partie du temps de résidence exigé par le nº 2 de l'article précédent, l'étranger marié avec une femme portugaise, ou celui qui a rendu, ou qui est appelé à rendre à la nation quelque service important.

Art. 21. — Les lettres de naturalisation ne produiront leur effet qu'à partir du moment où elles auront été enregistrées dans les archives de la chambre municipale de la commune où l'étranger établit son domicile [1].

Titre III. — *Comment se perd la qualité de citoyen portugais.*

Art. 22. — Perdent la qualité de citoyen portugais :

1º Celui qui se fait naturaliser en pays étranger; il peut toutefois recouvrer cette qualité en revenant dans le royaume avec l'intention d'y prendre son domicile, et en faisant la déclaration de cette intention pardevant la municipalité du lieu qu'il choisit pour son domicile;

2º Celui qui, sans permission du Gouvernement, accepte des fonctions publiques, une faveur, une pension ou une décoration d'un Gouvernement étranger quelconque; il peut néanmoins être réhabilité par faveur spéciale du Gouvernement;

3º Celui qui est banni par sentence, tant que durent les effets d'icelle;

4º La femme portugaise qui se marie avec un étranger, sauf le cas où elle ne serait point, par ce fait, naturalisée en vertu de la loi du pays de son mari. Cependant, le mariage étant dissous; elle peut recouvrer son ancienne qualité de Portugaise, en se conformant aux dispositions de la deuxième partie du nº 1 du présent article.

§ 1er. La naturalisation en pays étranger d'un Portugais marié avec une Portugaise n'implique pas la perte de la qualité de citoyen portugais en ce qui concerne la femme, sauf le cas où elle déclare qu'elle entend suivre la nationalité de son mari.

[1] Par le décret du 22 octobre 1836, l'étranger qui obtenait des lettres de naturalisation devait, devant sa municipalité, prêter serment au Roi et à la loi fondamentale de l'État. Cette disposition a été éliminée du projet de Code civil, comme ayant un caractère réglementaire. — Le décret n'en continue pas moins à être en vigueur en toutes celles de ses parties qui ne sont point en opposition avec les dispositions du Code.

§ 2. De même, la naturalisation en pays étranger d'un Portugais, même marié avec une femme d'origine étrangère, n'implique pas la perte de la qualité de citoyen portugais en ce qui concerne les enfants mineurs nés avant la naturalisation, sauf le cas où ceux-ci, après leur majorité ou leur émancipation, déclareraient qu'ils entendent suivre la nationalité de leur père.

ART. 23. — Les personnes qui recouvreraient la qualité de citoyen portugais, conformément aux dispositions de l'article précédent, ne pourront se prévaloir de ce droit qu'à partir du jour de leur réhabilitation.

CC

ROUMANIE.

I. — CONSTITUTION DU 30 JUIN (12 JUILLET) 1866.

ART. 5. (Modifié par la loi du 13 octobre 1879). — La distinction des croyances religieuses et des confessions ne constituera pas en Roumanie un obstacle à l'acquisition des droits civils et politiques et à leur exercice.

§ 1er. L'étranger, quelle que soit sa religion [1], et qu'il soit soumis ou non à une protection étrangère, pourra obtenir la naturalisation sous les conditions suivantes :

a) Il adressera au Gouvernement sa pétition de naturalisation pour laquelle il fera connaître le capital qu'il possède, la profession ou l'industrie qu'il exerce, et la volonté d'établir en Roumanie son domicile.

b) A la suite de cette demande, il devra habiter le pays pendant dix années et prouver par ses actions qu'il est utile au pays.

§ 2. Pourront être dispensés du stage :

a) Ceux qui auront introduit dans le pays des industries, des inventions utiles ou qui posséderont des talents distingués ; ceux qui auront fondé de grands établissements de commerce ou d'industrie ;

b) Ceux qui, nés et élevés dans le pays, n'auront jamais joui d'une protection étrangère ;

c) Ceux qui auront servi sous les drapeaux pendant la guerre de l'indépendance, lesquels pourront être naturalisés d'une manière collective sur la proposition du Gouvernement, par une seule loi et sans autre formalité.

§ 3. La naturalisation ne peut être accordée que par une loi et individuellement.

§ 4. Une loi spéciale déterminera le mode par lequel les étrangers

---

[1] L'ancien article 7 ne permettait la naturalisation qu'aux étrangers « de rites chrétiens ».

pourront établir leur domicile en Roumanie. — Les droits acquis seront respectés. — Les conventions internationales déjà existantes restent en vigueur avec toutes leurs clauses et jusqu'à l'expiration de leur durée.

ART. 8. — La naturalisation est accordée par le pouvoir législatif; la naturalisation seule assimile l'étranger au Roumain pour l'exercice des droits politiques.

ART. 9. — Tout Roumain d'un État quelconque, sans distinction de lieu de naissance, dès qu'il a prouvé sa renonciation à la protection étrangère, peut immédiatement obtenir l'exercice des droits politiques par un vote du Corps législatif.

ART. 30. — Aucun Roumain ne peut, sans l'autorisation du Gouvernment, entrer au service d'un État étranger, sans perdre, par le fait même, sa nationalité. — L'extradition, etc.

II. — CODE CIVIL.

ART. 16. — ..... L'étranger qui voudra obtenir la naturalisation devra la demander par requête adressée au Prince, en indiquant la fortune qu'il possède, ou la profession ou le métier qu'il exerce, et en manifestant l'intention d'établir sa résidence sur le territoire roumain. Si, à la suite de cette demande, l'étranger réside pendant dix ans en Roumanie et si sa conduite et ses actes prouvent qu'il est utile au pays, l'Assemblée législative, sur l'initiative du Prince, et le Conseil d'État entendu, pourra lui accorder des lettres de naturalisation, qui seront sanctionnées et promulguées par le Prince.

Pourra être dispensé du stage de dix ans l'étranger qui aura rendu au pays des services importants, qui y aura introduit soit une industrie soit des inventions utiles, qui y aura apporté des talents distingués, qui aura formé en Roumanie de grands établissements de commerce ou d'industrie.

DD

RUSSIE.

UKASE DU 6 MARS 1864 SUR LA NATURALISATION.

I. Les articles 1538 à 1558 des lois sur les conditions des personnes (*Code des lois*, t. IX, éd. 1857), relatifs à la naturalisation des étrangers en Russie et à l'abandon par eux de la sujétion russe, sont et demeurent remplacés par les dispositions ci-après:

ART. 1er. — Pour obtenir la naturalisation russe, un étranger doit avoir été préalablement établi en Russie.

ART. 2. — L'étranger qui désire s'établir sur le territoire de l'em-

pire de Russie en fait la déclaration au chef de la province dans laquelle
il a l'intention de se faire inscrire ou de fixer son domicile, et lui fait en
même temps connaître la nature des occupations auxquelles il se livrait
dans son pays et de celles auxquelles il se propose de se vouer en Russie. Le chef provincial lui délivre un certificat constatant la déclaration
faite, et du jour de la signature de ce certificat, l'étranger est réputé
établi en Russie, sans toutefois cesser, jusqu'à sa naturalisation, d'être
considéré comme étranger et d'être soumis à toutes les lois en vigueur
concernant les étrangers.

ART. 3. — Les étrangers établis en Russie antérieurement à la promulgation du présent règlement, et qui se seront fait une réputation
d'utilité en exerçant des arts, des métiers, le commerce, ou toute autre
profession, pourront faire preuve de l'ancienneté de leur établissement
en Russie au moyen de documents légaux autres que celui indiqué en
l'article 2. La date du plus ancien de ces documents est considérée comme
étant celle de leur établissement dans le pays.

ART. 4. — Après cinq ans d'établissement en Russie, un étranger peut
solliciter la naturalisation russe. Les cas dans lesquels ce délai pourra
être abrégé sont déterminés ci-dessous, dans les articles 11 et 14.

Observation. — Pour les étrangers, sujets de puissances avec lesquelles
il a été conclu à cet effet des conventions spéciales, ces dernières continueront à rester en vigueur.

ART. 5. — Les étrangères mariées ne peuvent être admises à la naturalisation russe séparément de leurs maris.

ART. 6. — La naturalisation russe est toujours personnelle, limitée à
celui qui l'a obtenue, sauf l'exception statuée par l'article 17 ci-dessous,
et ne s'étend pas aux enfants, qu'ils soient majeurs ou mineurs, nés
antérieurement. Les enfants nés postérieurement à la naturalisation sont
considérés comme sujets russes.

ART. 7. — La demande en naturalisation doit être présentée au ministre de l'Intérieur et contenir les indications suivantes : a) les lieux où
le postulant a été domicilié pendant toute la durée de son établissement
en Russie, les occupations auxquelles il s'est livré et les certificats qu'il
peut fournir constatant son mode d'existence; b) la classe et la corporation dans lesquelles il désire et il a le droit de se faire inscrire; c) la
ville où il désire être admis à prêter serment; d) enfin, si une abréviation
de la durée de l'établissement préalable est sollicitée, les titres à l'appui
de cette prétention. A la pétition doivent être joints : a) les actes de l'état
civil du postulant, dressés conformément aux usages de son pays et lé-
galisés par nos agents diplomatiques et le ministère des Affaires étrangères, ou bien par le ministère lui-même s'il n'existe pas d'agents russes
dans son pays; b) un certificat constatant l'établissement préalable en
Russie. Les étrangers soumis par la loi de leur pays à la conscription,

s'ils sont sujets d'une des puissances avec lesquelles il a été conclu des cartels d'extradition des individus qui sont réclamés par la conscription, sont en outre tenus de fournir des certificats de leurs gouvernements constatant que l'individu qui désire abandonner sa nationalité s'est acquitté du service militaire ou qu'il en est exempt.

Art. 8. — A la suite d'une demande en naturalisation présentée, le ministre de l'Intérieur en autorise l'exécution, ou bien refuse au postulant la nationalité russe, quand même celui-ci aurait rempli toutes les formalités exigées à cet effet.

Art. 9. — La naturalisation s'accomplit par la prestation du serment de sujétion.

Art. 10. — Le serment de sujétion est prêté dans la forme prescrite à cet effet, par chacun en sa langue maternelle ou en toute autre langue qu'il connaisse, en séance de la régence du Gouvernement, entre les mains d'un ministre de la religion professée par celui qui le prête, ou bien dans les lieux où la présence d'un ministre serait impossible, entre celles du fonctionnaire supérieur présent à la séance. Il est dressé procès-verbal de la prestation du serment, lequel procès-verbal, ainsi que la formule du serment, est signé par celui qui a prêté le serment, par celui qui l'a reçu et par tous les fonctionnaires qui y ont assisté. Après quoi, le fonctionnaire supérieur transmet les deux actes, en original, au chef de la province, qui délivre à l'assermenté un certificat de naturalisation.

1re *Observation*. — Il est loisible aux chefs des provinces d'autoriser, pour des motifs qu'ils jugeront mériter d'être pris en considération, la prestation du serment par-devant l'administration de la police locale au lieu de la régence.

2e *Observation*. — Dans des cas particuliers qui mériteront d'être pris en considération, et sur la demande de nos agents à l'étranger (ambassadeurs, ministres, etc.), la prestation du serment de naturalisation pourra aussi avoir lieu par-devant nos légations.

Art. 11. — La durée de l'établissement préalable qui doit précéder la naturalisation peut, avec l'autorisation du ministre de l'Intérieur, être abrégée en faveur d'étrangers qui auront rendu des services importants à la Russie, ou se seront signalés par des talents remarquables, par leur érudition, etc., ou bien enfin auront placé des capitaux considérables dans des entreprises d'utilité publique russes. Sous tous les autres rapports, les règles générales établies ci-dessus seront également applicables à ces étrangers.

Art. 12. — Les enfants d'étrangers non naturalisés Russes, qui sont nés et ont été élevés en Russie, ou qui, quoique nés à l'étranger, ont fait leurs cours d'études dans les établissements d'instruction supérieurs ou secondaires russes, acquièrent par ce fait le droit d'obtenir la naturalisation russe dans l'année qui suit leur majorité. L'autorisation de prêter le serment de sujétion est accordée, à ceux qui n'ont pas laissé passer ce délai, par la régence locale de gouvernement, qui prend en même temps un arrêté au sujet de leur inscription dans la classe dans laquelle ils ont droit de se faire inscrire. Ceux de ces enfants d'étranger à qui l'établissement dans lequel ils ont reçu leur éducation confère le droit d'entrer au service civil, peuvent, s'ils le désirent, y être admis, en vertu du règlement sur le service civil, sans se faire naturaliser. Toutefois, dans tous les cas de prestation de serment, soit de sujétion, soit de service fidèle, les sujets de puissances avec lesquelles il existe des conventions de cartel seront tenus de produire les certificats indiqués en l'article 7. Enfin, les enfants d'étrangers qui n'auront pas prêté le serment de sujétion ou ne seront pas entrés au service dans le délai ci-dessus fixé, ne pourront se faire naturaliser par la suite qu'en se conformant à toutes les règles générales prescrites dans le présent règlement pour les autres étrangers.

ART. 13. — Pourront se faire naturaliser de la même manière les enfants majeurs d'étrangers naturalisés conformément aux articles 1er à 11, soit simultanément avec leurs parents, soit dans le courant de l'année après la naturalisation de ces derniers, en présentant les documents énumérés en l'article 7, à l'exception seulement du certificat d'établissement.

ART. 14. — Les étrangers au service militaire ou civil de la Russie, de même que les ministres des cultes étrangers invités, par disposition du ministère de l'Intérieur, à venir servir en Russie, peuvent, s'ils le désirent, être admis à prêter le serment de sujétion en tout temps et sans être assujettis à l'observation d'un délai quelconque, par une simple décision de leurs chefs immédiats : les militaires dans leurs régiments et corps, et les fonctionnaires publics dans leurs administrations. La formule du serment que l'étranger devra prêter en pareille circonstance sera dressée en double expédition et signée par tous les fonctionnaires qui auront assisté à la prestation de serment; l'une de ces expéditions sera transmise au gouverneur local, et l'autre sera déposée dans les archives du corps ou de l'administration où la cérémonie du serment aura été accomplie.

ART. 15. — La femme sujette russe qui, ayant épousé un étranger, est en conséquence considérée comme une étrangère, peut, à la mort de son mari ou après la cassation de son mariage avec lui, recouvrer sa qualité de Russe et n'est tenue de présenter à cet effet, au chef de la province qu'elle aura choisie pour y établir son domicile, que la preuve légale de la cessation de son état de mariage. Un certificat délivré par le chef de la province, constatant que ce document lui a été produit, fait preuve du retour de la femme qui en est munie à la nationalité russe.

ART. 16. — Les enfants d'une sujette russe qui, après avoir été mariée à un étranger, est devenue veuve ou a été divorcée d'avec son mari, doivent, en ce qui concerne leur naturalisation en Russie, se conformer aux dispositions de l'article 12.

ART. 17. — Les étrangères qui épousent des sujets russes, ainsi que les femmes des étrangers qui se font naturaliser en Russie, deviennent par ce fait sujettes russes, sans prêter elles-mêmes de serment particulier. Les veuves et les femmes divorcées conservent la nationalité de leurs maris.

ART. 18. — Sont et demeurent à l'avenir en pleine vigueur les dispositions spéciales existantes qui règlent le mode d'admission à la sujétion russe des colons étrangers, ainsi que des ouvriers étrangers qui s'établissent en Russie pour y cultiver des terres par location de la part des propriétaires fonciers. Également ne sont pas abrogés les privilèges particuliers accordés à quelques catégories d'étrangers à leur immigration en Russie, comme, par exemple, aux Bulgares immigrants en Géorgie, et à d'autres immigrants nos coreligionnaires qui s'établissent dans la Nouvelle Russie (Code des impôts, art. 833), aux étrangers qui se font inscrire dans la bourgeoisie en immigrant du royaume de Pologne en Russie (Id., art. 490, etc.).

ART. 19. — Des étrangers naturalisés sujets russes obtiennent par là même tous les droits et se trouvent soumis à toutes les obligations inhérentes à la condition à laquelle ils se trouvent agrégés, sans qu'il y ait une différence quelconque entre eux et les sujets indigènes.

ART. 20. — Les détails relatifs à la procédure à suivre pour la naturalisation des étrangers en Russie et pour leur dénaturalisation de la sujétion russe, ainsi que les délais, aussi abrégés que possible, assignés pour l'achèvement des affaires de ce genre dans les tribunaux provinciaux, sont fixés par le ministre de l'Intérieur, de concert avec les différentes administrations compétentes, et sont promulgués dans les feuilles publiques.

II. — Simultanément avec la publication des règlements ci-dessus, les dispositions suivantes sont ordonnées à titre de mesures transitoires :

1º Les étrangers naturalisés sujets russes antérieurement à la promulgation des présents règlements, ont le droit de retourner en tout temps à leur ancienne nationalité, après avoir acquitté les dettes et arrérages que le fisc, les corporations et les particuliers pourraient avoir à réclamer d'eux.

2º Il est loisible à ceux qui, sur les bases sus-mentionnées, auront renoncé à notre sujétion, de quitter la Russie, ou bien d'y résider ultérieurement en jouissant des droits équivalents à ceux des étrangers en général, — l'un et l'autre selon leur désir. Dans le dernier cas, ils sont tenus de se munir d'un passeport ou d'un acte de légitimation de leur gouvernement, jusqu'à ce qu'ils l'aient obtenu, ils peuvent être munis de billets de séjour par l'autorité supérieure de la province qu'ils habitent. Les délais suivants sont fixés auxdits étrangers pour se pourvoir de billets ou passeports nationaux : d'un an pour les étrangers séjournant dans la Russie d'Europe, et s'ils doivent recevoir le document d'un des gouvernements de l'Europe, de deux ans pour les étrangers séjournant en Sibérie, ou s'ils doivent recevoir leurs papiers de légitimation d'une partie du monde autre que l'Europe. Le délai court depuis le jour où l'individu présente la requête par laquelle il demande à être relevé de la sujétion russe; ceux qui auront laissé écouler le délai sans s'être pourvus des papiers nationaux requis sont tenus, ou bien de quitter la Russie, ou bien d'embrasser de nouveau notre nationalité; dans ce dernier cas, ceux qui auront déjà fait partie d'une classe de la population payant impôt personnel sont inscrits dans cette même condition, et on prélève sur eux les impôts et redevances prescrits par les lois, pour tout le temps écoulé depuis leurs derniers versements au fisc.

3º Ces dispositions s'appliquent également aux prisonniers de guerre et aux Asiatiques qui se seront naturalisés sujets russes, et qui, dans le cas où ils voudraient retourner dans leur patrie primitive, doivent être relevés de notre sujétion d'après le mode suivi à l'égard de tout autre étranger qui aurait prêté serment de sujétion à la Russie; en conséquence, doivent être considérées comme abrogées les dispositions spéciales relatives à ce sujet et contenues dans les articles 1357 et 1358 du Code sur les conditions des personnes.

4º Doivent également être considérées comme abrogées les dispositions qui prescrivent aux sujettes russes qui auront épousé des étrangers, de vendre les biens-fonds qu'elles possèdent en Russie, à l'exception de ceux toutefois que, en leur qualité d'étrangère, elles ont perdu le droit de posséder à l'avenir. Pour ce qui concerne les dispositions qui imposent aux étrangers, quittant la sujétion russe, le paiement de l'impôt pour trois ans et du droit de détraction, ces dispositions doivent être considérées comme abrogées à l'égard des sujets des puissances qui, par réciprocité, adopteront des mesures analogues en faveur des sujets russes.

III. — Sont et demeurent supprimées, au 1ᵉʳ § de l'article 67 du Code civil (*Code des lois*, t. X, partie 1ʳᵉ), les dispositions qui imposent à un fiancé d'un culte étranger et sujet étranger de prêter serment de sujétion avant son mariage avec une fiancée orthodoxe, et les dispositions qui portent que l'autorisation souveraine doit être sollicitée chaque fois qu'il s'agit de la consécration de mariage entre fiancées orthodoxes et fiancés d'un culte étranger.

EE

SUÈDE.

ORDONNANCE ROYALE SUR LA NATURALISATION, EN DATE DU 27 FÉVRIER 1858.

§ 1er. — Celui qui veut devenir citoyen suédois doit en adresser la demande au Roi.

§ 2. — Le droit d'être citoyen suédois peut être obtenu par l'étranger :

1º Qui a atteint l'âge de vingt et un ans ;

2º Qui jouit d'une bonne réputation ;

3º Qui a demeuré trois ans dans le royaume ;

4º Qui peut subvenir à ses besoins.

Si, d'après ce qui est dit au § 18 de la forme du Gouvernement[1], un étranger a été admis au service de l'État et s'il s'est rendu célèbre par une remarquable habileté dans les sciences, dans les arts, dans l'agriculture, dans l'industrie des mines ou dans une autre industrie, ou si autrement sa naturalisation peut être utile au pays, le délai prescrit ci-dessus peut être abrégé.

§ 3. — Toute demande en naturalisation devra être accompagnée de certificats constatant l'âge du requérant, sa nationalité, le temps où il est venu dans le royaume, son dernier ou ses derniers domiciles, sa bonne réputation et sa confession religieuse.

L'autorité, dont le Roi devra recevoir un rapport sur la requête, aura à prendre des informations ultérieures sur ces divers points quand cela sera jugé nécessaire.

§ 4. — La demande en naturalisation accordée, le requérant, pour être admis à en jouir, devra, dans le délai fixé par le Roi : — d'une part établir, s'il ne l'a déjà fait, qu'il a cessé d'être le sujet d'une puissance étrangère ; — d'autre part, prêter serment de foi et de fidélité comme citoyen suédois.

Si le requérant appartient à un pays dont la législation ne l'autorise pas à s'affranchir de ses obligations comme sujet, il devra, en prêtant

---

[1] § 28. — 1º... Le Roi pourra cependant, après avoir entendu les autorités compétentes, ou sur leur proposition, appeler et nommer des étrangers d'un mérite distingué et professant la pure doctrine évangélique, aux emplois de professeur des Universités, — les emplois de professeurs de théologie exceptés, — aux chaires de professeurs et autres emplois de toutes les autres institutions pour les sciences, les métiers et les beaux-arts, ainsi qu'aux emplois de médecins. Le Roi pourra de même employer des étrangers de rares talents dans les charges militaires, celle de commandant de forteresse exceptée.

le serment de foi et de fidélité, remettre une déclaration écrite attestant qu'il renonce à ses avantages et droits politiques dans ledit pays étranger.

FF

SUISSE.

I. — LOI FÉDÉRALE DU 3 JUILLET 1876 SUR LA NATIONALITÉ.

ART. 1er. — L'étranger qui désire obtenir la nationalité suisse doit demander au Conseil fédéral l'autorisation de se faire recevoir citoyen d'un canton et d'une commune.

L'autorisation du Conseil fédéral doit également être demandée par l'entremise du gouvernement cantonal, s'il s'agit de la naturalisation à accorder à un étranger à titre de don.

ART. 2. — Le Conseil fédéral n'accordera cette autorisation qu'à des étrangers :

1º Qui ont leur domicile ordinaire en Suisse depuis deux ans;

2º Dont les rapports avec l'État auquel ils ressortissent sont tels qu'il est à prévoir que leur admission à la nationalité suisse n'entraînera pour la Confédération aucun préjudice.

ART. 3. — La naturalisation s'étend à la femme de l'étranger naturalisé et à ses enfants mineurs, s'il n'est pas fait pour ceux-ci une exception formelle en vue de l'article 2. chiffre 2.

ART. 4. — Toute décision accordant à un étranger la naturalisation cantonale et communale est nulle si elle n'a pas été précédée de l'autorisation du Conseil fédéral.

D'un autre côté, la nationalité suisse n'est acquise que lorsque l'autorisation du Conseil fédéral est suivie de la naturalisation cantonale et communale, conformément aux dispositions des lois d'un canton.

L'autorisation du Conseil fédéral est périmée s'il n'en est pas fait usage dans le délai de deux ans à partir du jour où elle a été accordée.

ART. 5. — Nul ne peut réclamer vis-à-vis d'un État étranger dans lequel il réside, les droits et la protection dus à la qualité de citoyen suisse, s'il a conservé la nationalité de cet État, indépendamment de la nationalité suisse.

ART. 6. — Un citoyen suisse peut renoncer à sa nationalité; il doit à cet effet :

a) Ne plus avoir de domicile en Suisse ;

b) Jouir de sa capacité civile d'après les lois du pays dans lequel il réside ;

c) Avoir, dans le sens de l'article 8, dernier alinéa, une nationalité étrangère, acquise ou assurée pour lui, pour sa femme et pour ses enfants mineurs.

Art. 7. — La déclaration de renonciation à la nationalité suisse doit être présentée par écrit, avec les pièces justificatives, au gouvernement cantonal. Celui-ci en donne connaissance aux autorités de la commune d'origine et fixe un délai d'opposition de quatre semaines au plus, pour la commune comme pour tous autres intéressés.

Si le droit de renoncer à la nationalité suisse est contesté, le tribunal fédéral statue, conformément aux articles 61 à 63 de la loi sur l'organisation judiciaire fédérale du 27 juin 1874.

Art. 8. — Si les conditions mentionnées à l'article 6 sont remplies et qu'il n'y ait pas eu d'opposition, ou si l'opposition a été écartée par le juge, l'autorité compétente, aux termes de la loi cantonale, déclare le requérant libéré des liens de la nationalité cantonale et communale.

Cette libération, qui entraîne la perte du droit de cité suisse, date de la remise au requérant de l'acte de libération.

La libération s'étend à la femme et aux enfants mineurs, lorsqu'ils vivent en un ménage et qu'il n'est pas fait d'exception formelle à leur égard.

Art. 9. — La veuve ou la femme divorcée du citoyen suisse qui a renoncé à sa nationalité, et les enfants qui étaient encore mineurs au moment de cette renonciation, peuvent demander au Conseil fédéral d'être admis de nouveau à la nationalité suisse. Ce droit s'éteint après l'expiration de dix années, à partir, pour les enfants, de leur majorité, et pour la femme, de la dissolution du mariage.

Le Conseil fédéral accordera l'admission si les requérants remplissent les conditions prévues pour la naturalisation à l'article 2, chiffre 2, et s'ils résident en Suisse.

L'admission à la nationalité suisse datera de la remise de l'acte qui en sera dressé et rendra de plein droit la nationalité cantonale et communale.

Les cantons peuvent faciliter encore le retour à la nationalité suisse sous réserve toutefois des dispositions de l'article 2 de la présente loi.

II. — NOTE OFFICIELLE SUR LES CONDITIONS A REMPLIR POUR BÉNÉFICIER DE LA LOI DU 3 JUILLET 1876.

L'étranger qui désire obtenir la nationalité suisse doit demander au Conseil fédéral l'autorisation de se faire recevoir citoyen d'un canton ou d'une commune. Il doit, à cet effet, observer les conditions et formalités suivantes :

§ 1. — *Identité de la personne.*

Le requérant doit joindre à sa demande, écrite sur une feuille double de papier non timbré, un acte de naissance, un acte d'origine ou toute autre pièce indiquant :

Ses nom et prénoms,

La date et le lieu de sa naissance,

Son lieu d'origine.

La demande doit indiquer en outre, la profession du requérant, et faire connaître s'il est célibataire, s'il est marié et s'il a des enfants.

S'il est marié, il doit produire son acte de mariage et l'acte de naissance de sa femme ou toute autre pièce analogue indiquant les nom et prénoms de celle-ci; s'il a des enfants, il doit produire soit l'acte de naissance de chacun d'eux, soit un acte unique, délivré par l'autorité compétente et indiquant leurs nom et prénoms et la date de leur naissance (Familienschein).

§ 2. — *Mineurs.*

Les mineurs ont à produire à l'appui de leur demande l'autorisation de leur tuteur ou de la personne qui exerce sur eux la puissance paternelle, cette pièce devant être dûment légalisée.

§ 3. — *Domicile.*

L'étranger qui requiert l'autorisation du Conseil fédéral pour acquérir le droit de cité suisse doit prouver qu'il a son domicile ordinaire en Suisse depuis deux ans (article 2 de la loi). Il doit produire à cet effet un acte ou des actes constatant que, durant la période de deux ans qui a précédé immédiatement sa demande, il a résidé en Suisse d'une manière continue.

Ces actes doivent être délivrés par l'autorité compétente de la commune ou des communes suisses où le requérant a eu son domicile.

§ 4. — *Rapport du requérant avec son pays d'origine.*

Le Conseil fédéral n'accorde l'autorisation d'acquérir le droit de cité suisse qu'aux étrangers dont les rapports avec l'État auquel ils ressortissent sont tels, qu'il est à prévoir que leur admission à la nationalité suisse n'entraînera pour la Confédération aucun préjudice (art. 2 de la loi). En conséquence, les étrangers qui, d'après la législation de l'État auquel ils ressortissent, ne sont admis à se faire naturaliser à l'étranger que moyennant l'autorisation préalable de leur Gouvernement ou l'accomplissement de toute autre formalité, ont à prouver qu'ils ont satisfait aux exigences de la loi dans leur patrie.

Ainsi les ressortissants des États voisins de la Suisse auront à observer les règles suivantes :

ALLEMANDS. — Les ressortissants de l'Empire d'Allemagne qui requièrent du Conseil fédéral l'autorisation nécessaire pour acquérir le droit de cité suisse, ont à produire une « Entlassungsurkunde » (permis d'expatriation), délivrée en due forme par l'autorité compétente dans l'Etat de l'Empire dont le requérant est originaire.

AUTRICHIENS. — Les ressortissants des *Etats autrichiens*, c'est-à-dire des royaumes et pays représentés au Conseil de l'Empire, ont, s'ils ne sont pas astreints au service militaire, à produire une déclaration délivrée par l'autorité administrative compétente et constatant qu'aucun empêchement légal ne met obstacle à leur expatriation; s'ils font partie de l'armée régulière, y compris la réserve, un permis formel d'expatriation, qu'ils ont à requérir auprès du Ministère Impérial de la Guerre; si, étant à l'âge prescrit pour le service militaire, ils n'ont pas encore été incorporés dans l'armée, ou s'ils font partie de la landwehr, ils doivent également produire un permis formel d'expatriation, qu'ils ont à requérir auprès du Ministère Impérial de la défense du pays (Landesvertheidigungsministerium).

HONGROIS. — Les ressortissants des pays de la Couronne de *Hongrie*, alors même qu'ils ne sont pas astreints au service militaire, doivent produire un permis formel d'expatriation, qu'il appartient au Ministère hongrois de l'Intérieur de délivrer. S'ils sont dans l'armée de ligne ou dans la réserve, ils ont à requérir ce permis auprès du Ministère Impérial de la Guerre, et auprès du Ministère hongrois de la Défense du pays (Landesvertheidigungsministerium), s'ils sont dans la landwehr.

FRANÇAIS. — Les *Français* qui désirent acquérir le droit de cité suisse ont à produire, conformément à l'article 1er du titre 1er du décret impérial du 26 août 1811, l'autorisation du chef de l'Etat, qu'ils requièrent par l'intermédiaire du ministère français de la Justice.

A défaut par eux de produire cette autorisation, ils auraient seuls à supporter les conséquences de cette omission, s'ils étaient admis néanmoins au droit de cité suisse, et le Conseil fédéral déclinerait la charge de les protéger contre les effets du décret cité plus haut.

ITALIENS. — Les sujets italiens qui demandent l'autorisation d'acquérir le droit de cité suisse ont à produire une déclaration de la préfecture royale compétente, constatant qu'ils ont satisfait à l'obligation du service militaire dans le royaume, ou qu'ils sont à cet égard exempts de tout engagement.

NÉERLANDAIS BELGES. — En revanche, les sujets néerlandais et les citoyens belges n'ont à produire aucune autorisation ni à remplir aucune formalité vis-à-vis de leur Gouvernement pour se faire naturaliser à l'étranger.

III. — LOI DU CANTON DE GENÈVE DU 21 OCTOBRE 1885
SUR LA NATIONALITÉ.

TITRE I. — *Naturalisation.*

CHAPITRE I. — *Conditions pour demander la naturalisation genevoise.*

ART. 1er. — Un étranger à la Suisse doit, pour pouvoir demander la naturalisation genevoise :

1º Être âgé de vingt ans accomplis ;

2º Être porteur d'un permis de séjour ou d'établissement ;

3º Avoir eu un domicile effectif et continu dans le canton de Genève, pendant les deux années qui ont précédé sa demande ;

4º Avoir obtenu du Conseil fédéral l'autorisation de se faire recevoir citoyen d'un canton et d'une commune suisses, conformément aux articles 1er et 4 de la loi fédérale du 3 juillet 1876.

ART. 2. — Un citoyen d'un canton suisse doit, pour pouvoir demander la naturalisation genevoise :

1º Être âgé de vingt ans accomplis et justifier de sa capacité civile dans son canton d'origine ;

2º Être porteur d'un permis de séjour ou d'établissement ;

3º Avoir eu un domicile effectif et continu dans le canton de Genève, pendant l'année qui a précédé sa demande.

ART. 3. — Une femme suisse ou étrangère, célibataire, veuve ou divorcée, peut également demander la naturalisation en se conformant aux dispositions de la présente loi.

ART. 4. — Tout citoyen suisse né dans le canton de Genève peut, dans l'année qui suit l'époque où il a eu vingt et un ans accomplis, réclamer la qualité de citoyen genevois, s'il réunit les conditions suivantes :

1º Avoir résidé sur le territoire du canton, pendant cinq ans, ou pendant les trois ans qui ont précédé sa demande ;

2º N'avoir encouru aucune des condamnations qui, d'après l'article 22 de la Constitution genevoise de 1847, emportent la privation ou la suspension des droits politiques.

Les Suisses qui réunissent les conditions énoncées ci-dessus et qui, depuis l'âge de vingt et un ans, ont continué à résider sans interruption sur le canton, peuvent toujours réclamer la qualité de Genevois.

Les citoyens genevois admis en vertu de la présente disposition ressortissent à la commune où ils sont nés.

Tout natif étranger de la seconde génération peut, dans l'année qui suit l'époque où il a eu vingt et un ans accomplis, réclamer la qualité de citoyen genevois s'il n'est dans aucun des cas d'exclusion indiqués ci-dessus et s'il est préalablement admis par une commune du canton (Voir article 19 de la Constitution genevoise du 24 mai 1847).

Art. 5. — Tout enfant nouveau-né, trouvé sur le territoire du canton, est de droit citoyen genevois, ressortissant à la commune dans laquelle il a été exposé (Loi fédérale sur l'heimathlosat du 3 décembre 1850, art. 23).

Le Conseil d'Etat, sur l'avis du maire, constate par un arrêté la nationalité de l'enfant. Si ultérieurement la filiation de celui-ci vient à être établie, et que le droit de cité lui soit reconnu dans un autre canton ou dans un autre pays, la nationalité genevoise lui sera retirée par un nouvel arrêté du Conseil d'Etat.

Art. 6. — Toute femme, Genevoise d'origine, qui a perdu sa nationalité par le fait de son mariage avec un étranger, peut, après la dissolution de ce mariage, demander au Conseil d'Etat à reprendre la qualité de citoyenne genevoise, si elle réside dans le canton ou si, après y être rentrée, elle déclare qu'elle veut s'y fixer (Voir article 20 de la Constitution genevoise du 24 mai 1847).

Art. 7. — La femme genevoise qui a repris sa qualité de citoyenne genevoise peut demander la naturalisation de ses enfants mineurs, à la condition :

1° Qu'elle soit leur tutrice légale ;

2° Qu'elle ait obtenu du Conseil fédéral l'autorisation de faire recevoir ses enfants mineurs, désignés nominativement, citoyens d'un canton et d'une commune suisses.

Art. 8. — Sont réservées, en ce qui concerne la naturalisation des heimathloses, les dispositions de la loi fédérale sur l'heimathlosat, du 3 décembre 1850.

Chapitre II. — *Effets de la naturalisation.*

Art. 9. — La naturalisation d'un étranger s'étend à sa femme et à ceux de ses enfants qui sont mineurs, d'après le droit de son pays d'origine, s'il n'est pas fait pour ceux-ci une exception formelle (Article 3 de la loi fédérale sur la naturalisation suisse, du 3 juillet 1876).

Art. 10. — Ceux des enfants d'un candidat à la naturalisation, qui atteignent leur majorité, d'après la loi de leur pays d'origine, pendant la durée des formalités de la naturalisation, et qui sont mentionnés dans l'autorisation fédérale accordée à leur père, sont reçus citoyens genevois comme le requérant lui-même, à charge par eux de payer les droits de chancellerie et de prêter le serment exigé des nouveaux citoyens.

Chapitre III. — *Formalités.*

(Indication détaillée des formalités à remplir pour l'instruction de la demande.)

Titre II. — *De la renonciation à la nationalité.*

Art. 35. — Un citoyen genevois ne peut perdre sa nationalité qu'en procédant conformément aux articles 6, 7 et 8 de la loi fédérale sur la naturalisation, du 3 juillet 1845.

Il est payé à l'État, pour cette renonciation, un droit fixe de 50 à 200 francs.

Art. 36. — La déclaration de renonciation doit être adressée au Conseil d'État, qui la porte à la connaissance du conseil municipal de la commune d'origine du requérant, la fait publier à deux reprises dans la *Feuille d'avis officielle*, et délivre l'acte de délibération, lorsque les conditions exigées par la loi sont remplies.

GG

TURQUIE.

I. — Documents relatifs a la naturalisation en Turquie.

Loi sur la nationalité ottomane du 19 janvier 1869.

Art. 1er. — Tout individu né d'un père ottoman et d'une mère ottomane, ou seulement d'un père ottoman, est sujet ottoman.

Art. 2. — Tout individu né sur le territoire ottoman de parents étrangers peut, dans les trois années qui suivront sa majorité, revendiquer la qualité de sujet ottoman.

Art. 3. — Tout étranger majeur qui a résidé durant cinq années consécutives dans l'empire ottoman peut obtenir la nationalité ottomane en adressant directement ou par intermédiaire sa demande au ministre des Affaires étrangères.

Art. 4. — Le Gouvernement impérial pourra accorder extraordinairement la nationalité ottomane à l'étranger qui, sans remplir les conditions de l'article précédent, serait jugé digne de cette faveur exceptionnelle.

Art. 5. — Le sujet ottoman qui a acquis une nationalité étrangère avec l'autorisation du Gouvernement impérial est considéré et traité comme sujet étranger; si, au contraire, il s'est naturalisé étranger sans l'autorisation préalable du Gouvernement impérial, sa naturalisation sera considérée comme nulle et non avenue, et il continuera à être considéré et traité en tout point comme sujet ottoman.

Aucun sujet ottoman ne pourra, dans tous les cas, se naturaliser étranger qu'après avoir obtenu un acte d'autorisation délivré en vertu d'un iradé impérial.

Art. 6. — Néanmoins le Gouvernement impérial pourra prononcer la perte de la qualité de sujet ottoman contre tout sujet ottoman qui se sera naturalisé à l'étranger ou qui aura accepté des fonctions militaires près d'un Gouvernement étranger sans l'autorisation de son Souverain.

Dans ce cas, la perte de la qualité de sujet ottoman entraînera de plein droit l'interdiction, pour celui qui l'aura encourue, de rentrer dans l'Empire ottoman.

ART. 7. — La femme ottomane qui a épousé un étranger peut, si elle devient veuve, recouvrer sa qualité de sujette ottomane, en en faisant sa déclaration dans les trois années qui suivront le décès de son mari. Cette disposition n'est toutefois applicable qu'à sa personne : ses propriétés sont soumises aux lois et règlements généraux qui les régissent.

ART. 8. — L'enfant même mineur d'un sujet ottoman qui s'est naturalisé étranger ou qui a perdu sa nationalité ne suit pas la condition de son père et reste sujet ottoman. L'enfant même mineur d'un étranger qui s'est naturalisé ottoman ne suit pas la condition de son père et reste étranger.

ART. 9. — Tout individu habitant le territoire ottoman est réputé sujet ottoman et traité comme tel, jusqu'à ce que sa qualité d'étranger ait été régulièrement constatée.

Sublime Porte, le 6 chewal (19 janvier 1869).

II. — CONSTITUTION D'UNE COMMISSION CHARGÉE DES AFFAIRES DE NATIONALITÉ.

Règlement du 17 juillet 1869.

ART. 1er. — Il est institué au ministère des Affaires étrangères une Commission spéciale ayant pour mandat de constater par une enquête basée sur les traités, conventions lois et règlements existants, la nationalité véritable des individus, qui, présumés sujets ottomans, prétendraient à une nationalité ou à une protection étrangère.

ART. 2. — Cette Commission est composée d'un Président et de quatre membres. Elle est permanente, et se réunira au moins une fois par semaine.

ART. 3. — La Commission devra prendre pour base de ses décisions en matière de nationalité les dispositions de la loi sur la nationalité ottomane du 14 zilhidjé 1285, ainsi que les instructions générales adressées aux autorités impériales en date du 4 sefer 1286 pour en préciser le sens et la portée.

ART. 4. — Les affaires du ressort de cette Commission lui seront déférées par un décret du ministère des Affaires étrangères. Elle soumettra à ce ministère un rapport motivé et circonstancié sur chaque affaire portée devant elle.

Art. 5. — Les rapports de la Commission sanctionnés par le ministère des Affaires étrangères seront exécutoires pour toutes les administrations de l'Empire.

Art. 6. — La Commission recueillera dans l'accomplissement de sa tâche tous les éléments d'information qu'elle jugera nécessaires.

Art. 7. — Toutes les fois que la Commission aura à ouvrir une enquête, la mission ou le consulat dont la protection est revendiquée, aura, s'il le désire, la faculté d'envoyer un délégué qui assistera à l'enquête.

Art. 8. — Les personnes qui, à la suite de l'enquête de cette Commission, auraient été reconnues comme appartenant effectivement à une nationalité étrangère seront munies d'un certificat imprimé, destiné à faire foi de résultat de cette enquête en indiquant leur nationalité reconnue. Ces certificats seront valables pour tous les tribunaux et conseils de l'Empire.

Art. 9. — Une Commission munie de pouvoirs et d'attributions identiques sera instituée dans chaque chef-lieu de vilayet. Elle relèvera directement du Vali, auquel elle adressera ses rapports, lequel, à son tour, les transmettra au ministère des Affaires étrangères, qui décidera la question.

HH

VÉNÉZUÉLA.

DOCUMENTS DIVERS RELATIFS A LA NATIONALITÉ.

1°. — *Articles de la Constitution.*

Art. 6. — Sont Vénézuéliens :

1° Toutes les personnes qui sont nées ou qui naîtront sur le territoire du Vénézuéla, quelle que soit la nationalité de leurs pères;

2° Les enfants de père ou de mère vénézuélien, qui sont nés sur un autre territoire, s'ils viennent à fixer leur domicile dans le pays et expriment la volonté de l'être;

3° Les étrangers qui auront obtenu des lettres de nationalité et

4° Ceux qui sont nés ou qui naîtront dans n'importe laquelle des Républiques Hispano-Américaines ou dans les Antilles espagnoles, pourvu qu'ils aient fixé leur domicile dans le territoire de l'Union et qu'ils veuillent l'être.

Art. 7. — Les personnes qui fixent leur domicile en pays étranger et qui y acquièrent la nationalité ne perdent pas leur caractère de Vénézuélien.

Art. 8. — Les Vénézuéliens mâles et âgés de vingt et un ans sont éligibles, sauf les exceptions contenues dans cette constitution.

Art. 9. — Tous les Vénézuéliens sont tenus de servir la nation conformément aux lois, et de faire le sacrifice de leurs biens et de leur vie, s'il est nécessaire, pour la défendre.

Art. 10. — Les Vénézuéliens, fixés sur le territoire de n'importe quel État, y seront assujettis aux mêmes devoirs et y jouiront des mêmes droits que les habitants de l'État.

Art. 11. — Les lois détermineront les droits qui correspondent à la condition d'étranger.

2°. — *Décret du 13 juin 1865 sur la naturalisation.*

Le Congrès des États-Unis de Vénézuéla décrète :

Art. 1er. — Pourront obtenir des lettres de naturalisation les étrangers qui les sollicitent, pourvu qu'ils résident dans le pays.

Art. 2. — L'étranger qui voudra des lettres de naturalisation s'adressera à l'exécutif national directement, ou par l'entremise du président de l'État où il réside, au moyen d'un mémoire énonçant son désir de se faire naturaliser, son pays d'origine, sa profession, la promesse de fidélité à la Constitution et aux lois de l'Union et les autres raisons dont il voudra se prévaloir.

Art. 3. — L'exécutif national, sur le vu de la demande, expédiera les lettres de naturalisation.

Art. 4. — Une fois les lettres de naturalisation expédiées et enregistrées au ministère des Relations extérieures, elles seront publiées par la presse.

Art. 5. — Les individus naturalisés jusqu'à ce jour en vertu des lois de la Colombie et du Vénézuéla continueront, conformément à ces lois, à jouir de leurs droits, sans avoir besoin de nouvelles lettres de naturalisation.

3°. — *Résolution du gouvernement Vénézuélien relative à la nationalité des immigrants* (extraits.)

Les étrangers se divisent en deux classes : les *passants*, qui traversent le territoire ou qui y séjournent comme voyageurs ou pour faire un commerce qui ne fait pas supposer l'intention d'y rester longtemps; et les *domiciliés*, qui sont ceux à qui on permet de s'établir d'une manière permanente dans le pays sans acquérir la qualité de citoyen. — Comme on le voit aucune de ces deux dénominations ne convient aux émigrants. Vattel établit qu'on nomme émigrants ceux qui laissent leur patrie pour une raison légitime, dans le but d'aller se fixer dans une autre contrée et qui emmènent avec eux tous leurs biens et leur famille. Le droit d'émigration par lequel un individu abandonne la société à laquelle il appartient pour s'incorporer dans une autre, est reconnu à un degré quelconque et pratiqué avec plus ou moins d'entraves chez les nations civilisées. De là il faut déduire que les émigrants ayant volontairement brisé les liens qui les attachaient à leur patrie, ne peuvent conserver dans celle qu'ils adoptent en échange la nationalité primitive. C'est d'autant plus indubitable au Vénézuéla, que sa loi sur l'émigration du 18 mai 1855, déclare qu'il la favorise afin d'augmenter la population de la République. Pour obtenir ce but, elle ordonne qu'on l'encourage, consacrant annuellement jusqu'à la somme de 60,000 piastres à fonder dans les principaux ports des établissements ou l'on prête toute sorte d'assistance gratuite aux émigrants, etc., etc.

Elle prescrit à l'exécutif d'engager dans leur propre intérêt les députations provinciales à protéger l'émigration, destinant à cette fin des sommes annuelles. Et ce qui est le plus important, elle impose aux émigrants l'obligation d'obtenir la naturalisation dès leur arrivée, sans nécessité de remplir les conditions requises que la loi sur la matière a établies et les exempte, pendant dix ans, à partir du jour de leur arrivée au Vénézuéla, de tout service militaire forcé, dans l'armée permanente dans la marine et dans les milices. Les autres articles de la loi ont pour but unique de développer de plus en plus l'idée dominante de la loi qui est de favoriser les émigrants, en créant à cet effet des comités et en déterminant leurs fonctions. Dans le décret de l'exécutif qui réglemente l'émigration, il faut remarquer l'article en vertu duquel les émigrants reçoivent leur lettre de naturalisation par l'entremise des gouvernements des provinces où ils ont fixé leur résidence et les mineurs sont compris dans la lettre de naturalisation accordée à leurs pères, laquelle exprimera les noms de tous.

Considérant la protection très spéciale qu'une telle loi, de même que les précédentes sur la matière, accorde aux émigrants, protection bien différente de celle qu'on doit aux étrangers conformément aux principes du droit des gens, eu égard à l'immunité du service militaire qu'elle leur accorde pour dix ans et qui présuppose l'obligation dudit service, ou en d'autres termes la qualité de citoyen, puisque les étrangers sont exemptés dudit devoir soit par convention internationale soit par la coutume du pays, qui, par générosité, a accordé cette exemption, et vu surtout l'article 7 qui dit : « Les immigrants obtiendront, dès leur arrivée, des lettres de nationalité », il n'est pas permis de douter de la vérité de la proposition ci-dessus énoncée. Qu'on ne dise pas que la lo offre une faveur qui peut être acceptée ou non au gré de la partie : le langage impératif, dont elle se sert, ne le permet pas.....

La République n'oblige pas à adopter sa nationalité, mais si, en vertu des concessions par lesquelles la loi les attire, les étrangers se décident à émigrer spontanément, elle les reçoit avec le plus grand plaisir et estimant, comme elle le doit, l'usage qu'ils font de ses faveurs, elle les déclarent en échange Vénézuéliens. S'il n'en était pas ainsi, les émigrants ne contribueraient pas à augmenter la population de la République ainsi que le législateur se l'est proposé.....

Les arguments qui précèdent ont engagé le chargé de la présidence de la République à déclarer que tous ceux qui sont venus ou qui viendront dans le pays en qualité d'émigrants et leurs enfants mineurs au moment de leur arrivée sont Vénézuéliens s'ils ont reçu les bénéfices des lois sur l'émigration.

Caracas, le 1er décembre 1865.

———————

TROISIÈME PARTIE.

DOCUMENTS INTERNATIONAUX.

II

FRANCE - ANGLETERRE.

CIRCULAIRE DU MINISTÈRE FRANÇAIS DE LA GUERRE CONCERNANT LES JEUNES GENS D'ORIGINE ANGLAISE QUI SONT APPELÉS A SERVIR DANS L'ARMÉE FRANÇAISE.

Versailles, 26 décembre 1877.

Monsieur le Préfet, la circulaire du 13 décembre 1876 recommande aux maires de ne pas inscrire sur les tableaux de recensement des classes les jeunes gens nés en France d'un père anglais, *quel que soit le lieu de la naissance de ce dernier,* lorsqu'ils produisent un certificat émanant du Gouvernement anglais, dont le modèle a été donné par une circulaire de M. le ministre de la Justice, en date du 7 janvier 1876.

Un certain nombre de sujets anglais ont, néanmoins, malgré leurs réclamations et malgré la production dudit certificat, été appelés à concourir au tirage, lors de la formation de la classe dernière, et n'ont pu obtenir leur radiation qu'en vertu d'ordres ministériels provoqués par l'ambassadeur d'Angleterre à Paris.

Afin de prévenir le retour de semblables difficultés, je vous prie de rappeler aux maires de toutes les communes de votre département que les déclarations des jeunes gens nés en France, qui excipent de leur qualité de sujet anglais, pour ne pas satisfaire à la loi sur le recrutement, doivent être accueillies, du moment qu'elles sont appuyées de certificats conformes à l'un des deux modèles ci-joints.

La signature du Secrétaire d'État au département de l'intérieur, apposée sur ces certificats, sera légalisée par le Secrétaire d'État ou le Sous-Secrétaire d'État de S. M. Britannique au département des Affaires étrangères.

La signature du Secrétaire ou du Sous-Secrétaire d'État des Affaires étrangères sera elle-même légalisée par le consul, le vice-consul ou tout autre agent du Gouvernement britannique chargé de délivrer le certificat à la partie intéressée.

Ce même agent certifiera la conformité de la traduction française dont seront accompagnés les certificats.

Aucune autre légalisation ou certification ne pourra être exigée.

Recevez, Monsieur le Préfet, l'assurance de ma considération très distinguée.

Le Ministre de la Guerre,

Gal BOREL.

MODÈLE DES DEUX CERTIFICATS.

1°. — *Certificat pour un sujet britannique dont le père est né en France, ou dans un autre pays non soumis à la domination anglaise.*

I hereby certify that L. has satisfied me :

1° That his nationality by origin is that of a natural-born British subject, by virtue of M., his paternal grandfather, having been a naturalborn British subject;

2° That the said L. still preserves such nationality.

Signé : A. B.

One of Her Majesty's Principal Secretaries of State,

Home Office.

White Hall, the. . . . . day of. . . . . 18 .

I certify the above to be the signature of A. B., Her Majesty's Principal Secretary of State for the home Department.

Signé : C. D.

Her Majesty's Principal Secretary of State for Foreign Affairs.

Ou signé : E. F.

Under-Secretary of State for Foreign Affairs.

Foreign Office.

The. . . . . day of. . . . . 18 .

Vu pour la légalisation de la signature ci-dessus de C. D., principal Secrétaire d'État de Sa Majesté Britannique au département des Affaires étrangères (ou de E. F., Sous-Secrétaire d'État au département des Affaires étrangères).

Fait à. . . . . . . , le. . . . . . . 18 .

Le Consul (ou Vice-Consul ou Agent consulaire)
de la Grande-Bretagne,

Signé : G. H.

Traduction.

Je certifie par les présentes que L. m'a prouvé :

1º Que sa nationalité d'origine est celle de sujet britannique, son grand-père paternel M. étant né sujet britannique;

2º Que ledit L. conserve encore cette nationalité.

Signé : A. B.

L'un des principaux Secrétaires d'Etat de S. M. Britannique.
Ministère de l'Intérieur.

White Hall, le. . . . . .

Pour traduction conforme à l'original :

Le Consul (ou Vice-Consul ou Agent consulaire)
de la Grande-Bretagne,

Signé : G. H.

Fait à . . . . . , le . . . . . . 18 .

2º. — *Certificat pour un sujet anglais dont le père est né dans un pays soumis à la domination britannique*

I hereby certify that L. has satisfied me :

1º That his nationality by origin is that of à natural-born British subject, by virtue of M., his father, having been a natural-born British subject;

2º That the said L. still preserves such nationality.

Signé : A. B.

One of Her Majesty's Principal Secretaries of State.

Home Office.
White Hall, the. . . . . day of. . . . . 18 .

I certify the above to be the signature of A. B., Her Majesty's Principal Secretary of State for the Home Department.

Signé : C. D.

Her Majesty's Principal Secretary of State for Foreign Affairs.

Ou signé : E. F.

Under-Secretary of State for Foreign Affairs.

Foreign Office.
The. . . . . day of . . . . . 18 .

Vu pour la légalisation de la signature ci-dessus de C. D., principal Secrétaire d'État de Sa Majesté Britannique au département des Affaires étrangères (ou de E. F., Sous-Secrétaire d'État au département des Affaires étrangères).

Fait à . . . . . , le . . . . . 18 .

Le Consul (ou Vice-Consul ou Agent consulaire)
de la Grande-Bretagne,

Signé : G. H.

Traduction.

Je certifie par les présentes que L. m'a prouvé :

1º Que sa nationalité d'origine est celle de sujet britannique, M. son père étant né sujet britannique;

2º Que ledit L. conserve encore cette nationalité.

Signé : A. B.

L'un des principaux Secrétaires d'État de S. M. Britannique. Ministère de l'Intérieur.

White Hall, le . . . . . 18 .

Pour traduction conforme à l'original :

Le Consul (ou Vice-Consul ou Agent consulaire)
de la Grande-Bretagne,

Signé : G. H.

Fait à . . . . . , le . . . . . . 18 .

JJ

FRANCE-BELGIQUE.

CONVENTION FRANCO-BELGE DU 5 JUILLET 1879
(non ratifiée).

ART. 1er. — Ne seront pas inscrits d'office, avant l'âge de vingt-deux ans accomplis, sur les listes du recrutement militaire dressées en Belgique et en France :

1º Les individus nés en Belgique de parents français ou en France de parents belges, qui ont, d'après l'article 9 du Code civil en vigueur dans les deux pays, le droit de réclamer, dans l'année qui suivra l'époque de leur majorité, la nationalité du pays où ils sont nés;

2º Les individus à qui l'article 10 du même Code accorde la faculté de recouvrer la nationalité belge ou française, perdue par leurs parents;

3º Les individus à qui la loi belge du 27 septembre 1835 et la loi française du 7 février 1851 permettent de réclamer, dans l'année qui suivra l'époque de leur majorité, la nationalité qui, pendant qu'ils étaient mineurs, a été accordée à leurs parents en Belgique ou en France.

Ceux qui auront changé de nationalité dans l'année qui aura suivi l'époque de leur majorité, conformément aux dispositions légales visées ci-dessus, seront dégagés de tout service militaire dans le pays auquel ils appartenaient antérieurement.

ART. 2. — Les jeunes gens à qui s'applique l'article précédent pourront cependant, avant l'époque de leur majorité, remplir leurs obligations de recrutement ou s'engager volontairement dans l'armée du pays auquel ils appartiennent, à la condition qu'ils renoncent à leur droit d'option avec le consentement de leur représentant légal, et, en cas de tutelle exercée par toute autre personne que par les ascendants, avec l'autorisation du conseil de famille.

ART. 3. — Les individus nés en France de parents belges, qui eux-mêmes y sont nés, ne seront inscrits d'office sur les listes du recrutement militaire ni en France, ni en Belgique, avant d'avoir accompli leur vingt-deuxième année.

Les jeunes gens de cette catégorie pourront toutefois être admis, avant leur majorité, à remplir leurs obligations de recrutement ou à s'engager volontairement :

— En France, en se conformant aux dispositions de l'article 2 de la loi du 16 décembre 1874;

— En Belgique, en prenant, avec les consentement et autorisation prévus à l'article précédent, l'engagement de faire, dans l'année qui suivra l'époque de leur majorité, la déclaration prescrite par l'article 1er de ladite loi.

Ceux qui ont effectué, dans l'année qui a suivi l'époque de leur majorité, la déclaration prévue par l'article 1er de la loi du 16 décembre 1874, sont dégagés de toute obligation militaire en France.

Si, au contraire, ils n'ont pas fait cette déclaration, ils sont libres de tout devoir de milice envers la Belgique.

ART. 4. — Ne pourront être considérés comme étant de nationalité indéterminée, pour l'application de l'article 7 de la loi belge du 3 juin 1870, ceux qui produiront un certificat émané d'un agent diplomatique ou consulaire français, et duquel il résultera qu'ils sont reconnus comme Français.

ART. 5. — Les deux gouvernements se communiqueront réciproquement les actes relatifs au droit d'option, reçus dans les cas visés par la présente convention.

Ils se signaleront, en outre, les individus qui se seront soustraits au service militaire dans l'un des deux pays, en excipant de la qualité de nationaux de l'autre.

ART. 6. — La présente convention est conclue pour cinq ans, à partir du jour de l'échange des ratifications. Dans le cas où aucune des Hautes Parties contractantes n'aurait notifié, une année avant l'expiration de ce terme, son intention d'en faire cesser les effets, la convention continuera d'être obligatoire encore une année, à compter du jour où l'une des parties l'aura dénoncée.

KK

FRANCE-ITALIE.

CORRESPONDANCE ÉCHANGÉE ENTRE LES GOUVERNEMENTS FRANÇAIS ET ITALIEN, RELATIVEMENT A L'APPEL SOUS LES DRAPEAUX DES SAVOISIENS ET NIÇOIS MINEURS AU MOMENT DE L'ANNEXION [1].

Le Chargé d'affaires d'Italie au Ministre des Affaires étrangères.

Paris, 22 juillet 1874.

Monsieur le Ministre,

Je me suis empressé de porter à la connaissance de mon Gouvernement le contenu de la lettre que V. E. m'a fait l'honneur de m'adresser, en date du 16 de ce mois, à l'effet de proposer au Gouvernement royal un accord relativement à la nationalité des mineurs nés en Savoie et à Nice de parents originaires des provinces italiennes et appelés au service militaire.

J'ai l'honneur d'annoncer à V. E. que le Gouvernement de S. M. adhère à cette proposition.

Il demeure, par suite, convenu que les fils nés en Savoie et à Nice de pères originaires des provinces italiennes, et qui, à l'époque de l'annexion de la Savoie et de Nice à la France, étaient encore mineurs; seront considérés, à défaut d'une option explicite, comme étant restés Italiens et par conséquent ils ne seront pas soumis au service militaire en France, mais inscrits sur les rôles de la levée en Italie.

---

[1] Extrait du *Journal du droit international privé*, année 1877, p. 105.

Toutefois il est entendu que cette solution n'a qu'un caractère administratif et qu'elle n'empêchera pas les intéressés, dans le cas où ils ne voudraient pas s'y soumettre, de faire valoir leurs droits devant les tribunaux compétents.

Le Gouvernement du Roi m'ayant, au surplus, autorisé à déclarer que, de même que V. E., il considère un échange de correspondance comme suffisant pour constater cet accord, j'ai l'honneur de vous prier, Monsieur le Ministre, de vouloir bien me faire parvenir une réponse pouvant servir à établir définitivement que la solution sus-indiquée a été acceptée de part et d'autre.

Veuillez...   *(Signé)* RESSMANN.

Le Ministre des Affaires étrangères au Ministre d'Italie à Paris.

Paris, 1er novembre 1874.

Monsieur le Chevalier,

Vous m'avez fait l'honneur de m'écrire, le 30 octobre dernier, au sujet de l'arrangement administratif projeté entre les deux Gouvernements en vertu duquel les fils nés en Savoie et à Nice de pères originaires des provinces italiennes et qui, à l'époque de l'annexion étaient encore mineurs, seront considérés, à défaut d'option formelle, comme Italiens et dès lors ne devront pas le service militaire en France.

Je n'avais pas répondu à la lettre de M. le Chargé d'affaires d'Italie en date du 22 juillet dernier, pensant qu'au moyen de cette communication qui avait pour objet d'adhérer à la proposition antérieurement faite, l'accord dans les termes rappelés par votre dépêche du 30 octobre était complet entre les deux Gouvernements.

Veuillez...   *(Signé)* DECAZES.

LL

FRANCE-SUISSE.

CONVENTION DU 23 JUILLET 1879 SUR LES ENFANTS DES FRANÇAIS
QUI SE FONT NATURALISER SUISSES.

ART. 1er. — Les individus, dont les parents, Français d'origine, se font naturaliser Suisses et qui sont mineurs au moment de cette naturalisation, auront le droit de choisir, dans le cours de leur vingt-deuxième année, entre les deux nationalités française et suisse. Ils seront considérés comme Français, jusqu'au moment où ils auront opté pour la nationalité suisse.

ART. 2. — L'option pour la nationalité suisse résultera d'une déclaration faite par l'intéressé devant l'autorité municipale française ou suisse du lieu de sa résidence. Si l'intéressé ne réside ni sur le territoire français ni sur le territoire suisse, il pourra faire cette déclaration devant les agents diplomatiques ou consulaires de l'un ou de l'autre État. Il pourra se faire représenter par un mandataire pourvu d'une procuration spéciale et légalisée.

Ceux qui n'auront pas effectué cette déclaration, dans le cours de leur vingt-deuxième année, seront considérés comme ayant définitivement conservé la nationalité française.

ART. 3. — Les jeunes gens à qui est conféré ce droit d'option ne seront pas astreints au service militaire en France avant d'avoir accompli leur vingt-deuxième année. Toutefois, ils pourront, sur leur demande, remplir avant leur majorité leurs obligations militaires, ou s'engager dans l'armée française, à la condition de renoncer à leur droit d'option pour la nationalité suisse. Cette renonciation devra être faite par les intéressés, avec le consentement de leurs représentants légaux, dans les mêmes formes et devant les mêmes autorités que les déclarations d'option.

ART. 4. — Toute déclaration d'option ou de renonciation au droit d'opter sera communiquée à l'autre gouvernement par celui qui l'aura reçue.

ART. 5. — *Disposition transitoire.* — Les enfants mineurs des Français naturalisés Suisses avant la mise en vigueur de la présente convention qui, par suite de la non-concordance des législations des deux pays, sont considérés de part et d'autre comme Français et Suisses, bénéficieront de la règle établie dans l'article 3.

En déclarant, dans le cours de leur vingt-deuxième année et conformément aux dispositions de l'article 2, leur intention d'être Suisses, ils cesseront d'être considérés en France comme Français.

Ceux d'entre eux qui auront atteint leur vingt et unième année, avant la mise en vigueur de la présente convention, pourront faire la même déclaration dans le déiai d'un an, après que ladite convention sera devenue exécutoire. — Ce délai sera de deux ans en faveur de ceux qui, au moment de la mise à exécution de la présente convention, ne résideraient ni en France ni en Suisse.

ART. 6. — La présente convention est conclue pour cinq années à partir du jour de l'échange des ratifications.

Dans le cas où aucune des Hautes-Parties contractantes n'aurait notifié une année avant l'expiration de ce terme, son intention d'en faire cesser les effets, la convention continuera d'être obligatoire encore une année et ainsi de suite d'année en année, à compter du jour où l'une des parties l'aura dénoncée.

ART. 7. — La présente convention sera soumise à l'approbation des pouvoirs législatifs.

Les ratifications en seront échangées à Paris et la convention entrera en vigueur aussitôt que faire se pourra.

Circulaire du ministère de la Guerre en date du 18 novembre 1881, pour l'application de la convention du 23 juillet 1879, relative aux fils des Français naturalisés Suisses.

Messieurs,

En vue de faciliter l'application de la convention consulaire conclue entre la France et la Confédération helvétique le 23 juillet 1879, relativement à la position militaire des fils de Français naturalisés Suisses, j'ai, de concert avec les différents départements ministériels intéressés, arrêté les dispositions suivantes, qui complètent les instructions contenues dans la circulaire du 16 décembre 1880 :

1° Dans le cas où l'option est faite devant les agents diplomatiques ou consulaires de France en Suisse, et où l'optant figure sur les listes du recrutement préparée par ces agents, ceux-ci avisent directement le préfet du département dont l'optant est originaire. Ce fonctionnaire, après avoir rayé l'optant des listes dont il est détenteur, communique l'avis à l'autorité militaire locale qui opère la même radiation sur les listes du recrutement et sur les contrôles de l'insoumission s'il y a lieu ;

2° Avis des options reçues dans les autres conditions sera donné soit par le ministère de l'Intérieur pour les options reçues dans les municipalités françaises, soit par le ministère de la Justice pour celles qui auront été faites devant nos agents diplomatiques dans les pays autres que la Suisse, au département de la Guerre qui prendra les mesures nécessaires pour la radiation des optants ;

3° Enfin, les optants résidant en Suisse recevront de notre ambassadeur un certificat conforme au modèle ci-joint, destiné à leur servir en quelque sorte de sauf-conduit, dans le cas où, étant l'objet de poursuites comme insoumis, leur radiation n'aurait pu être effectuée dans les conditions spécifiées aux paragraphes précédents, faute d'indications précises sur le lieu du tirage au sort.

Les autorités militaires locales auxquelles ces certificats seraient présentés, m'en rendront compte immédiatement et je prendrai (*Bureau de la Justice militaire*) telles dispositions qu'il y aura lieu pour la régularisation de la position des intéressés.

Les dispositions qui précèdent ne sont, d'ailleurs, applicables qu'aux seuls jeunes gens dont l'option a été ou sera reçue en vertu des dispositions transitoires de l'article 5 de la convention du 23 juillet 1879, c'est-à-dire à ceux qui sont nés avant le 1er janvier 1860.

Les fils de Français naturalisés Suisses qui sont nés postérieurement à cette date, sont tenus, comme l'indique la circulaire précitée du 16 décembre 1880, de faire connaître, par la voie diplomatique, dans l'année où ils doivent atteindre l'âge de vingt ans, leur position spéciale au préfet de leur département d'origine, afin qu'il soit sursis à leur inscription. Ils doivent ultérieurement avoir soin de notifier leur option à ce fonctionnaire dès qu'ils l'ont signée; car, faute de cette notification, leur inscription est effectuée d'office dès qu'ils atteignent l'âge de vingt-deux ans.

M. le ministre des Affaires étrangères a donné à nos agents diplomatiques les instructions nécessaires pour qu'ils aient à faciliter aux optants l'accomplissement de cette formalité.   CAMPENON.

Modèle du certificat qui sera délivré par l'ambassadeur de France en Suisse aux Français qui ont opté ou opteront pour la nationalité suisse.

M. (nom et prénoms). . . . . . . né le. . . . . à . . . . domicilié à. . . . . .canton d. . . . .(Suisse), fils d. . . . . , natif de la commune d. . . . ., département d. . . . .(France), citoyen de la commune d. . . . ., canton d. . . . .(Suisse), depuis le . . . ., a, aux termes de la convention conclue le 23 juillet 1879 entre la Suisse et la France, déclaré *opter pour la nationalité suisse et renoncer à la nationalité française.*

Cette déclaration d'option a été communiquée officiellement à l'ambassade de France en Suisse le. . . . . .

En conséquence et conformément aux dispositions de l'article 1ᵉʳ de la convention sus-mentionnée (voir *Journal officiel de la République française* du 11 juillet 1880), M. . . . . a cessé d'être Français et est devenu exclusivement citoyen suisse.

MM

FRANCE-TURQUIE.

CORRESPONDANCE ENTRE LES GOUVERNEMENTS FRANÇAIS ET OTTOMAN, AU SUJET DE LA LOI TURQUE RELATIVE A LA NATURALISATION[1].

1°. — *Aali Pacha, grand Vizir, à Djemel Pacha, ambassadeur du Sultan à Paris.*

Sublime Porte, 21 avril 1869.

Monsieur l'Ambassadeur, j'ai l'honneur de vous transmettre ci-joint un mémoire répondant aux objections soulevées de la part de quelques

---

[1] *Livre jaune* de novembre 1869.

puissances contre la loi promulguée récemment sur la nationalité ottomane.

Je vous entretiendrai prochainement de nouveau sur cette question
pour répondre plus particulièrement à un mémorandum adressé à ce
sujet par le Gouvernement impérial de Russie aux cabinets européens.

En attendant, je vous autorise à communiquer le mémoire ci-annexé
à S. E. le Ministre des Affaires étrangères de S. M. l'Empereur des
Français.   *Signé :* AALI.

MÉMOIRE DU GOUVERNEMENT OTTOMAN.

En présence des attaques dirigées contre la loi sur la nationalité
ottomane, la Sublime Porte croit utile de rappeler les causes qui ont
amené la promulgation de cette loi, et de démontrer le peu de fondement des arguments par lesquels on s'efforce de contester au Gouvernement impérial le libre exercice du pouvoir législatif en cette matière.

Le Gouvernement impérial a de tout temps reconnu que le droit de
l'individu de quitter son pays d'origine, d'adopter une nouvelle patrie
et de s'établir là où l'appellent ses intérêts ou sa convenance, est un
droit découlant de la liberté individuelle. Mais depuis longtemps il a eu
à lutter contre les abus qui devaient, par la force des choses, découler
des capitulations et qui augmentaient de jour en jour. Les sujets de
Sa Majesté commençaient à ne sentir que trop la position exceptionnelle et privilégiée, créée par ces actes, aux étrangers résidant dans
l'Empire. Le désir naturel d'en profiter leur faisait rechercher la protection d'une mission ou d'un consulat étrangers, et ces missions ou consulats trouvaient leur convenance à la leur accorder.

C'est ainsi qu'il s'était formé en Turquie tout un corps de protégés
étrangers dont le nombre dépassait celui des sujets étrangers eux-
mêmes. C'étaient tous des sujets ottomans qui, tout en ayant leur domicile permanent dans l'Empire, se soustrayaient à leur autorité législative. En dehors des protégés étrangers, la Sublime Porte s'est trouvée
en présence d'un certain nombre de sujets ottomans qui revendiquaient
les privilèges et les immunités octroyés par les capitulations en vertu
d'une naturalisation étrangère.

Le Gouvernement impérial a cru avoir remédié en partie à cet état
de choses par le règlement élaboré en 1863, qui limita le nombre des
indigènes que chaque consulat pouvait employer à son service, et dé-
finit la nature, l'étendue et la durée de la protection acquise par les
employés privilégiés.

Ce règlement a été élaboré par la Sublime Porte d'accord avec les
représentants des Puissances étrangères accrédités auprès d'elle. Il
n'en pouvait être autrement, car il touchait à des dispositions de traités

qu'on invoquait constamment. Notre espoir ne s'est cependant pas réalisé. Aussitôt que ce règlement fut promulgué, le nombre des sujets ottomans adoptant des nationalités étrangères augmentait sensiblement à mesure que celui des protégés diminuait.

Cependant la Sublime Porte patienta pendant quelques années. Elle pensait que, eu égard aux formalités requises partout pour la naturalisation, cette première ardeur s'arrêterait bientôt. Elle était portée à croire qu'aucune Puissance ne se souciait de protéger les indigènes en vue de se créer une influence dans l'Empire. Elle espérait enfin qu'une révision prochaine des capitulations, révision promise dès 1856 par un protocole du Congrès de Paris, viendrait mettre fin à la tentation, pour ses sujets, d'obtenir la protection étrangère.

Mais ces espérances ont été cruellement déçues. Plusieurs États ont changé leur loi de naturalisation; la condition du séjour obligatoire pendant un certain nombre d'années, a été sensiblement modifiée; elle a été même abolie dans quelques pays. Certains États limitrophes enrôlent par centaines des sujets dans l'Empire; des patentes de naturalisation étaient délivrées à des sujets ottomans qui n'avaient jamais mis le pied hors du territoire; la révision des capitulations se faisait toujours attendre.

Il fallait à tout prix opposer une digue à cette inondation, le Gouvernement promulgua la loi du 19 janvier 1869.

En vue et dans le but unique d'empêcher le sujet ottoman ayant son domicile dans l'Empire, de se soustraire à son autorité légitime, la loi exige l'autorisation préalable du Souverain pour le changement de nationalité. Le Gouvernement impérial est en devoir de poser et de maintenir cette condition qui paraît, il est vrai, restreindre les droits découlant de la liberté individuelle; mais tant que les étrangers continuent à ne plus être soumis au droit commun en Turquie, il n'a malheureusement pas d'autre alternative. D'ailleurs, la plupart des États de l'Europe, qui n'ont pas accordé de droits exceptionnels aux étrangers, maintiennent cette clause dans leurs lois sur le changement de nationalité.

La loi du 19 janvier a été l'objet des critiques les plus sévères; mais elles sont toutes tombées devant la communication officielle de la Sublime Porte expliquant l'esprit qui avait dicté et dans lequel devait être appliquée chacune de ses dispositions.

Une seule objection ne pouvait, par sa nature, trouver sa réponse dans la susdite communication. C'est celle qui a trait à l'exercice du pouvoir législatif par la Sublime Porte en matière de nationalité.

La question de nationalité en Turquie, nous dit-on, est une question européenne; toutes les Puissances qui ont des traités avec la Sublime Porte y sont intéressées; toute loi ou règlement sur cette matière doit être l'œuvre commune de la Sublime Porte et des représentants de ces Puissances.

Si la loi du 19 janvier avait un effet rétroactif et pouvait, par cette raison, frapper des sujets ottomans qui auraient été, antérieurement à cette loi, reconnus par le Gouvernement impérial comme naturalisés étrangers, ou si elle eût porté la moindre atteinte aux droits acquis par les étrangers en vertu des traités, ou qu'elle eût en vue de toucher à une disposition quelconque de ces traités, l'objection aurait eu quelque valeur. Mais la loi en question ne doit pas avoir d'effet rétroactif et ne touche à aucune des dispositions des traités existants. Il y a des personnes qui paraissent croire que la loi aurait un effet rétroactif, parce que la Sublime Porte ne veut pas admettre la validité des changements de nationalité opérés abusivement et en dehors des prescriptions des lois mêmes des pays d'adoption de ces nouveaux sujets. Mais les dispositions de la loi ne concernent que les sujets ottomans dont le changement de nationalité se fait légalement. Les autres n'ont été acceptés à aucune époque.

Admettre le concours des représentants des Puissances étrangères dans l'élaboration de la loi, c'eût été reconnaître à ces Puissances le droit de s'immiscer dans les rapports de S. M. I. le Sultan avec ses sujets et d'intervenir dans l'administration de l'Empire. A l'appui de cette objection, on invoque une convention qui aurait été passée entre la Turquie et la Russie au mois d'avril 1863.

La Sublime Porte s'empresse de déclarer que l'acte auquel on fait allusion et qui se trouve ci-joint en copie [1] n'est qu'un arrangement fait à cette époque pour arrêter les bases de la procédure à suivre par la commission mixte qui, d'un commun accord avec la Sublime Porte et l'Ambassade de Russie à Constantinople, était instituée dans la capitale et dans les provinces pour la vérification de la nationalité d'un certain nombre de sujets ottomans se prétendant naturalisés Russes.

Cet arrangement n'a jamais eu le caractère d'une convention formelle ratifiée par les deux gouvernements.

L'article 8 de cet arrangement porte, il est vrai, que les sujets ottomans qui se feraient par la suite sujets russes seraient soumis aux dispositions d'un règlement que la Sublime Porte conclurait, à cet effet, avec les Puissances européennes. Cette disposition ne saurait être interprétée dans le sens qu'on lui attribue aujourd'hui, interprétation qui aurait pour effet de restreindre les droits souverains de S. M. I. le Sultan et de l'empêcher de régler les conditions de la nationalité de ses propres sujets.

---

[1] Cette convention ne figure pas au *Livre jaune* à la suite du présent mémorandum.

Kiamil-Bey et le général Bogouslawski, qui ont signé l'arrangement en question, ne pouvaient avoir et n'ont jamais eu un pareil mandat. En parlant d'arrangement à intervenir entre la Turquie et les Puissances européennes, la Sublime Porte ou plutôt son délégué ne pouvait avoir en vue que des arrangements ayant pour but la révision des capitulations et la réglementation de la situation des étrangers en Turquie, ce qu'elle poursuivait alors comme elle le poursuit encore aujourd'hui.

Une telle disposition serait d'ailleurs en opposition avec le second alinéa de l'article 8 du traité de paix de 1856, qui interdit aux puissances signataires de s'immiscer, soit collectivement, soit séparément, dans les rapports de S. M. I. le Sultan avec ses sujets et dans l'administration intérieure de son empire, et ne pourrait avoir la valeur qu'on lui attribue qu'autant qu'elle aurait été stipulée dans un acte ayant le caractère d'un traité ou d'une convention internationale solennellement ratifiée par les deux gouvernements.

2°. — *Le ministre des Affaires étrangères à l'ambassadeur de France à Constantinople.*

Paris, le 27 mai 1869.

Monsieur, j'avais soumis à l'examen du Comité du contentieux du département des Affaires étrangères le texte de la loi que le Gouvernement turc a publiée, le 19 janvier 1869, en matière de naturalisation. Le résultat de cette étude vient d'être consigné dans le rapport dont vous trouverez une copie ci-annexée. Le comité était consulté sur les questions de savoir si la nouvelle loi est contraire, en tout ou partie de ses dispositions, au droit international en général et particulièrement si elle porte atteinte aux droits et privilèges reconnus par nos capitulations avec la Turquie. Après avoir pris connaissance des documents qui se rattachent à cette affaire et en avoir fait l'objet d'un examen approfondi, le comité a conclu que la loi du 19 janvier est en harmonie avec les règles consacrées par la législation des États civilisés, et qu'aucune des dispositions de cet acte n'est contraire aux principes généraux du droit international, ni aux garanties spéciales qui résultent pour les Puissances des capitulations qu'elles ont obtenues de la Porte. Le gouvernement de l'Empereur ne peut que s'approprier l'opinion exprimée par des jurisconsultes éminents, dans les lumières desquels il a une pleine confiance, et nous n'avons dès lors aucune objection à élever contre la nouvelle législation ottomane en matière de naturalisation.

Agréez, etc.   *Signé :* La Valette.

AVIS DU COMITÉ DE CONTENTIEUX INSTITUÉ AUPRÈS DU MINISTÈRE DES AFFAIRES ÉTRANGÈRES.

Le Comité,

Consulté sur les questions de savoir si la loi ottomane sur la nationalité, publiée le 19 janvier 1869, est contraire dans tout ou partie de ses dispositions au droit international en général, et particulièrement si elle porte atteinte aux droits et privilèges reconnus par nos capitulations avec la Porte :

Vu la loi ottomane du 19 janvier 1869 ;

La circulaire du 26 mars suivant ;

Le traité du 28 mai 1740 ;

Considérant, sur la première question, que, pour apprécier le caractère et les effets généraux de la loi du 19 janvier 1869, il est nécessaire de bien déterminer le sens de chacune des dispositions qu'elle renferme ;

Que l'article 1er déclare sujet ottoman tout individu né d'un père ottoman ;

Que l'article 2 permet à tout individu né sur le territoire ottoman de revendiquer la qualité de sujet ottoman dans les trois années qui suivent sa majorité ;

Que les articles 3 et 4 déterminent les cas, les formes et les délais dans lesquels le gouvernement impérial accorde la nationalité ottomane aux étrangers qui la demandent ;

Que l'article 7 autorise la femme ottomane qui, en épousant un étranger, a perdu sa nationalité d'origine, à la recouvrer, si elle devient veuve, en faisant la déclaration de son intention dans un délai déterminé ;

Que l'article 8 est fondé sur la doctrine que le changement de nationalité du père est sans influence sur la nationalité de ses enfants même mineurs ;

Que ces dispositions sont conformes à celles qui, depuis longtemps, ont trouvé place dans la législation de presque toutes les nations civilisées, notamment dans le Code Napoléon (articles 10, 9, 19) et dans les lois françaises des 22 mars et 3 décembre 1849, 7 février 1851 et 29 juin 1867 ;

Considérant que les articles 5 et 6 subordonnent la validité de la naturalisation des sujets ottomans en pays étranger à l'autorisation de leur gouvernement, auquel ils réservent d'ailleurs la faculté de prononcer la perte de la qualité de sujet ottoman contre celui qui, sans autorisation, s'est fait naturaliser étranger ou a accepté des fonctions militaires près d'un gouvernement étranger.

Que, si l'on peut reprocher à cette disposition de porter atteinte à la liberté individuelle, il est certain que les jurisconsultes et les publicistes, en posant le principe que chacun est libre d'adopter une nationalité autre que celle que lui a conférée sa naissance, admettent que des exceptions peuvent, en raison des circonstances, être apportées à cette règle;

Que notre ancienne législation offre des exemples de semblables restrictions; que le décret du 26 août 1811 contient la déclaration formelle qu'aucun Français ne peut être naturalisé en pays étranger sans autorisation et prononce des pénalités sévères contre les infractions; qu'enfin, on trouve dans la législation de plusieurs autres pays des dispositions analogues;

Que la sanction donnée par la loi ottomane à la règle qu'elle établit consiste uniquement dans l'interdiction de rentrer dans le territoire ottoman; que ce n'est là que la conséquence du droit d'expulsion qui appartient à presque tous les gouvernements;

Qu'au surplus, les articles 5 et 6 de la loi du 19 janvier 1869 s'appliquent seulement aux sujets ottomans; qu'ils se bornent à régler leurs rapports avec le Gouvernement à la souveraineté duquel ils sont soumis; qu'ainsi ils ne portent et ne sauraient porter atteinte aux principes du droit international;

Considérant qu'aux termes de l'article 9, tout individu habitant le territoire ottoman est réputé sujet ottoman jusqu'à ce que sa qualité d'étranger ait été régulièrement constatée; que, si cette présomption légale peut, dans quelques circonstances, placer des étrangers dans une position difficile, en leur imposant l'obligation de prouver leur extranéité, on ne peut raisonnablement admettre la présomption contraire; que, d'ailleurs, l'article ne suppose point que le fait de la résidence, même lorsqu'il est joint au fait de la naissance sur le territoire ottoman, constitue la preuve absolue de la nationalité ottomane, puisqu'il résulte de la disposition de l'article 2 que l'enfant né sur le territoire ottoman de parents étrangers est étranger comme eux; que la présomption établie par l'article 9 entendu en ce sens est donc conforme aux principes généralement admis;

Que, de ce qui précède, il faut conclure que la nouvelle législation ottomane sur la nationalité est, dans son ensemble et dans toutes ses parties, en harmonie avec les règles et les dispositions consacrées par la législation des nations civilisées; que, par conséquent, il est impossible d'y voir une atteinte quelconque aux principes du droit international;

Considérant, sur la seconde question, que les capitulations et les usages qui en sont le complément, en réglant les rapports entre la Porte ottomane, la France et plusieurs nations européennes ont eu pour but d'assurer aux étrangers résidant sur le territoire ottoman ou qui s'y trouvent temporairement une protection efficace contre la perception de certains impôts et contre des mesures qui pourraient porter atteinte à leur liberté personnelle ou à leurs intérêts pécuniaires; que notamment ils imposent des restrictions et des limites à la juridiction et à l'autorité des officiers publics et des tribunaux sur des faits accomplis dans l'étendue du territoire ottoman, soit en matière civile, soit en matière criminelle;

Que, pour qu'il résultât de la loi nouvelle une atteinte aux droits et privilèges conférés par les capitulations et les usages, il faudrait, ou que cette loi, en reconnaissant la qualité d'étranger à certains individus, leur enlevât, en tout ou en partie, les privilèges qui leur sont actuellement attribués, ou bien que, par une disposition rétroactive, elle retirât la qualité d'étrangers à ceux qui l'auraient régulièrement obtenue en vertu de la législation antérieure;

Qu'on devrait également considérer comme une atteinte indirecte aux capitulations toute disposition qui aurait pour effet d'imposer à certaines catégories d'étrangers la nationalité ottomane contrairement à leur volonté;

Considérant qu'aucune disposition de ce genre ne se trouve dans la loi du 19 janvier 1869;

Que d'abord elle ne modifie sur aucun point les droits et les privilèges que les capitulations confèrent aux étrangers;

Qu'en second lieu, aucune expression employée dans la rédaction ne peut avoir pour effet de donner à ses dispositions un effet rétroactif; que, d'ailleurs, le Gouvernement ottoman a solennellement déclaré dans plusieurs actes, notamment dans la circulaire du 26 mars 1867, explicative de la loi du 19 janvier, que cette loi ne devait s'appliquer qu'à l'avenir et ne pourrait modifier en aucune manière les qualités et les droits antérieurement acquis;

Qu'enfin la nationalité ottomane n'est imposée par la loi nouvelle à aucun étranger contrairement à sa volonté; que les articles 2, 3, 4 et 7 ne la font résulter que de déclarations expresses faites spontanément par les parties intéressées; que l'article 8 n'admet même pas que la volonté du père puisse imposer à ses enfants la nationalité qu'il a lui-même obtenue;

Qu'ainsi les capitulations et les usages conserveront, après la publication de la loi du 19 janvier 1869, toute l'autorité qu'ils avaient précédemment;

Est d'avis :

Que la loi du 19 janvier 1869 n'a rien de contraire au droit international en général, et qu'elle ne porte aucune atteinte aux droits et privilèges reconnus par les capitulations et consacrés par les usages.

NN

PROTOCOLE DE LA CONFÉRENCE DE MADRID.

Séance du 24 juin 1880.

L'ordre du jour appelle la suite de la discussion des questions relatives à la naturalisation de sujets marocains à l'étranger.

Le plénipotentiaire du Maroc dit que le Gouvernement marocain ne s'oppose aucunement à ce que ses sujets changent leur nationalité. Sa demande se réduit, ainsi que l'a constaté dans la dernière séance M. le plénipotentiaire d'Espagne, à ce que, une fois naturalisés à l'étranger, ils ne reviennent plus se fixer au Maroc; à moins qu'ils ne veulent s'y soumettre à l'autorité de Sa Majesté le Sultan.

Sid Mohammed Vargas a signalé, par la lettre en date du 18 février 1879, qui a été jointe à sa demande numéro 19, ainsi que dans la séance tenue à Tanger le 19 juillet 1879, les abus de tout genre qui ont rendu nécessaire cette demande.

Il s'agit, d'ailleurs, d'une loi marocaine, édictée par le Sultan comme souverain indépendant dans une question d'ordre intérieur et qui ne touche en rien à la législation particulière de chaque État.

S'il est vrai qu'en Amérique comme en Europe les Gouvernements admettent le retour et la résidence dans leurs États des sujets naturalisés à l'étranger, il ne faut pas oublier que ces individus ne sont pas, comme au Maroc, soustraits par leur nouvelle qualité aux juridictions nationales.

Du reste, ces mêmes Gouvernements expulseraient immédiatement du territoire, par raisons d'ordre public, les sujets naturalisés à l'étranger dont la résidence deviendrait un danger ou un scandale; et cela sans rencontrer d'opposition de la part des puissances qui pourraient protéger ces gens. Ce droit, le Gouvernement marocain ne peut l'exercer; et pourtant il aurait, plus que tout autre, besoin que son exercice lui fût reconnu, car son autorité, ébranlée par l'état des choses dont il se plaint, ne saurait en aucun cas être comparée à celle des Gouvernements européens.

Il ne faut point oublier combien diffèrent des citoyens européens ou américains les sujets marocains. Le caractère et l'éducation de ces derniers font qu'à l'abri des privilèges accordés par le Maroc aux étrangers, ils abusent de ces droits pour susciter des difficultés et donner occasion à des troubles, sérieux souvent et toujours nuisibles au prestige des autorités nationales. Que si l'on ne portait remède à cette situation par l'adoption de mesures qui rendraient à la naturalisation son véritable caractère, — car il est évident qu'aucune nation ne l'accorde dans l'esprit de créer une difficulté au gouvernement d'une puissance amie, — le Maroc, délivré des protégés irréguliers, grâce aux dispositions arrêtées par la conférence, se verrait bientôt envahi de Marocains naturalisés, et le mal n'aurait disparu que pour prendre une forme plus menaçante et plus dangereuse encore pour la paix de l'Empire.

Par ces motifs, le plénipotentiaire du Maroc prie la conférence de prendre en considération le projet d'article qu'il lui soumet en ces termes :

« Le Gouvernement du Maroc ne s'oppose pas à ce que les sujets marocains changent leur nationalité ; mais, de retour dans leur pays natal, ils ne pourraient se soustraire à l'autorité de Sa Majesté le Sultan, ni à la juridiction locale. »

Le président observe que la conférence ne saurait accepter une rédaction qui, d'une part, fait dépendre la perte de la nationalité acquise à l'étranger du seul fait d'un retour au Maroc, et qui, d'un autre côté, n'exclut point expressément tout effet rétroactif.

Il croit préférable de soumettre à la discussion des plénipotentiaires le projet de l'article suivant : « Tout sujet Marocain naturalisé à l'étranger qui reviendra au Maroc devra, après un temps de séjour égal à celui qui lui aura été régulièrement nécessaire pour obtenir la naturalisation, opter entre sa soumission entière aux lois de l'Empire et l'obligation de quitter le Maroc. »

La conférence paraissant disposée à accepter cette rédaction, le plénipotentiaire de France dit qu'il aurait préféré réserver pour une entente directe entre le Maroc et la France la question des naturalisations ; mais que, par esprit de conciliation et comme marque de déférence envers l'opinion de ses collègues, il accepte la rédaction proposée par le président, se bornant à demander qu'elle soit complétée par le membre de phrase suivant, qui lui paraît indispensable : « à moins qu'il ne soit prouvé que la naturalisation étrangère a été obtenue avec l'assentiment du Gouvernement marocain. »

Le plénipotentiaire de Portugal demandera aussi une addition à l'article, qui déclarera que la naturalisation étrangère acquise jusqu'à ce jour par des sujets marocains suivant les règles établies par les lois de chaque pays, leur est maintenue par tous ses effets, sans restriction aucune.

Le plénipotentiaire du Maroc retire la rédaction qu'il a proposée en premier lieu, et demande à lui substituer le projet suivant, qu'il croit entièrement conforme au sentiment des plénipotentiaires, et qui préviendra toute difficulté et toute discussion lors de l'application de l'article.

« Tout sujet marocain naturalisé à l'étranger qui reviendra au Maroc devra, après un temps de séjour égal à celui qui lui aura été régulièrement nécessaire pour obtenir la naturalisation, opter entre la renonciation à cette naturalisation et l'obligation pour lui et sa famille de quitter le Maroc. Dans ce dernier cas, le retour au Maroc ne lui sera plus permis, pas plus qu'à sa famille, à moins de soumission entière à l'autorité du Sultan et aux lois du pays.

« La durée du séjour sera comptée jour pour jour égale à celle que la loi du pays étranger aura exigé pour la naturalisation, soit que le nombre voulu d'années ait été fourni par une résidence continue au Maroc, soit que cette résidence ait été interrompue par des absences à l'étranger.

« Par famille on comprendra la femme et les enfants qui suivent la nationalité du mari et du père.

« La résidence dans les États du Sultan de la famille, ou d'un individu de la famille, du Marocain naturalisé sera considérée, pour les fins de cet article, comme équivalent à la résidence du naturalisé lui-même. Il en serait de même s'il conservait au Maroc une maison de commerce opérant en son nom. »

Sid Mohammed Vargas demande enfin à la conférence de sanctionner la disposition suivante, qu'il croit essentielle au prestige de l'autorité chériffienne et au maintien de l'ordre public dans son pays :

« Il est entendu que si, pendant ce temps, le Marocain naturalisé ou un membre de sa famille intervenait directement ou indirectement dans les affaires du pays, à provoquer des troubles, à commettre une action contraire aux lois, ou à manquer au respect dû aux autorités locales, celles-ci s'en plaindront au consul qui, dès lors et sans attendre l'expiration du délai stipulé, expulsera immédiatement les délinquants du territoire marocain. »

Le président constate que les autres plénipotentiaires paraissent unanimes à préférer la rédaction qui a déjà été l'objet d'une entente générale. La conférence ne peut entrer dans certains détails ni prévoir toutes les formes d'abus qui pourront se présenter; elle ne peut que déclarer un principe dont l'application devra être requise, dans des cas particuliers, par la voie diplomatique.

Le plénipotentiaire du Maroc insistant pour qu'il soit fait mention de la famille du naturalisé, le président observe que la rédaction proposée répond, par le fait, à toute difficulté de ce chef, car ses dispositions s'appliquent également aux membres de la famille si l'on considère qu'ils deviennent eux-mêmes naturalisés par le fait de la naturalisation du père ou mari.

Le plénipotentiaire du Maroc déclare accepter l'article, du moment où l'on doit admettre cette interprétation.

Quant à l'addition qui a été proposée par M. le plénipotentiaire de France, Sid Mohammed Vargas se borne à déclarer que le consentement que Sa Majesté le Sultan pourrait donner à la naturalisation d'un de ses sujets ne le serait que sous forme de firman chériffien.

La conférence adopte l'article 19, qui est rédigé en ces termes :

« Tout sujet marocain naturalisé à l'étranger, qui reviendra au Maroc devra, après un temps de séjour égal à celui qui lui aura été régulièrement nécessaire pour obtenir la naturalisation, opter entre la soumission entière aux lois de l'Empire et l'obligation de quitter le Maroc, à moins qu'il ne soit constaté que la naturalisation étrangère a été obtenue avec l'assentiment du Gouvernement marocain.

« La naturalisation étrangère acquise jusqu'à ce jour par des sujets marocains suivant les règles établies par les lois de chaque pays, leur est maintenue pour tous ses effets, sans restriction aucune. »

OO

ANGLETERRE-ÉTATS-UNIS.

CONVENTIONS RELATIVES A LA NATURALISATION.

1°. — Convention du 13 mai 1870.

Art. I. — British subjects who have become, or shall become, and are naturalized according to law within the United States of America as citizens thereof, shall, subject to the provisions of Article II, be held by Great Britain to be in all respects and for all purposes citizens of the United States, and shall be treated as such by Great Britain.

Reciprocally, citizens of the United States sf América who have become, or shall become, and are naturalized according to law within the British dominions as British subjects, shall, subject to the provisions of Article II, be held by the United States to be in all respects and for all purposes British subjects, and shall be treated as such by the United States.

Art. II. — Such British subjects as aforesaid who have become and are naturalized as citizens within the United States, shall be at liberty to renounce their naturalization and to resume their British nationality, provided that such renunciation be publicly declared within two years after the twelfth day of May, 1870.

Such citizens of the United States as aforesaid who have become and are naturalized within the dominions of Her Britannic Majesty as British subjects, shall be at liberty to renounce their naturalization and to resume their nationality as citizens of the United States, provided that such renunciation be publicly declared within two years after the exchange of the ratifications of the present Convention.

The manner in which this renunciation may be made and publicly declared shall be agreed upon by the Governments of the respective countries.

ART. III. — If any such British subject as aforesaid, naturalized in the United States, should renew his residence within the dominions of Her Britannic Majesty, Her Majesty's Government may, on his own application and on such conditions as that Government may think fit to impose, readmit him to the character and privileges of a British subject, and the United States shall not, in that case, claim him as a citizen of the United States on account of his former naturalization.

In the same manner, if any such citizen of the United States as aforesaid, naturalized within the dominions of Her Britannic Majesty, should renew his residence in the United States, the United States Government may, on his own application and on such conditions as that Government may think fit to impose, readmit him to the character and privileges of a citizen of the United States, and Great Britain shall not, in that case, claim him as a British subject on account of his former naturalization.

ART. IV. — The present Convention shall be ratified by Her Britannic Majesty and by the Président of the United States, by and with the advice and consent of the Senate thereof, and the ratifications shall be exchanged at London as soon as may be within twelve months from the date hereof.

2°. — Convention additionnelle du 23 février 1871.

ART. I. — Any person being originally a citizen of the United States who had, previously to May 13, 1870, been naturalized as a British subject, may at any time before August 10, 1872, and any British subject who, at the date first aforesaid, had been naturalized as a citizen within the United States, may at any time before May 12, 1872, publicly declare his renunciation of such naturalization by subscribing an instrument in writing, substantially in the form hereunto appended, and designated as Annex A.

Such renunciation by an original citizen of the United States of British nationality, shall, within the territories and jurisdiction of the United States, be made in duplicate, in the presence of any court authorized by law for the time being to admit aliens to naturalization, or before the clerk or protonotary of any such court : if the declarant be beyond the territories of the United States, it shall he made in duplicate, before any diplomatic or consular officer of the United States. One of such duplicates shall remain of record in the custody of the court or officer in whose presence it was made; the other shall be, without delay, transmitted to the department of State.

Such renunciation, if declared by an original British subject of his acquired nationality as a citizen of the United States, shall, it the declarant be in the United Kingdom of Great Britain and Ireland, be made in duplicate, in the presence of a justice of the peace; if elsewhere in Her Britannic Majesty's dominions, in triplicate, in the presence of any judge of civil or criminal jurisdiction, of any justice of the peace, or of any other officer for the time being authorized by law, in the place in which the declarant is, to administer an oath for any judicial or other legal purpose; if out of Her Majesty's dominions, in triplicate, in the presence of any officer in the diplomatic or consular service of Her Majesty.

ART. II. — The contracting parties hereby engage to communicate each to the other, from time to time, lists of the persons who, within their respective dominions and territories, or before their diplomatic and consular officers, have declared their renunciation of naturalization, with the dates and places of making such déclarations, and such information as to the abode of the declarants, and the times and places of their naturalisation, as they may have furnished.

ART. III. — The present Convention shall be ratified by Her Britannic Majesty, and by the President of the United States by and with the advice and consent of the Senate thereof, and the ratifications shall be exchanged at Washington as soon as may be convenient.

PP

ÉTAT-UNIS-PRUSSE.

TRAITÉ DE NATURALISATION CONCLU A BERLIN LE 22 FÉVRIER 1868.

ART. 1er. — Les nationaux de la confédération de l'Allemagne du Nord, qui sont devenus par naturalisation citoyens des Etats-Unis d'Amérique et qui ont habité les États-Unis pendant cinq années consécutives, seront considérés et traités par la confédération de l'Allemagne du Nord comme citoyens américains.

De même, les citoyens des États-Unis d'Amérique, qui ont obtenu la naturalisation dans la confédération de l'Allemagne du Nord et qui y ont passé cinq années consécutives, seront reconnus et traités pas les États-Unis comme sujets de ladite confédération.

La simple déclaration de vouloir devenir sujet de l'une ou de l'autre partie contractante ne produira pour aucune desdites parties les effets de la naturalisation.

ART. 2. — Un citoyen naturalisé de l'une ou de l'autre partie contractante, en cas de retour sur le territoire de l'autre (N. B. c'est-à-dire sur son territoire d'origine), pourra être poursuivi et puni à raison de faits qualifiés délits ou crimes par les lois de ce pays, qu'il aurait commis avant son émigration, à moins que, d'après les lois de sa patrie d'origine, il ne jouisse du bénéfice de la prescription.

ART. 3. — Le traité du 16 juin 1852, conclu entre les Etats-Unis, d'une part, et la Prusse et d'autres Etats allemands, d'autre part, relativement à l'extradition des criminels fugitifs, est étendu, par la présente convention, à tous les États de la confédération de l'Allemagne du Nord.

ART. 4. — Lorsqu'un Allemand naturalisé Américain revient en Allemagne et y fixe son domicile sans esprit de retour en Amérique, il sera considéré comme ayant renoncé à sa naturalisation aux États-Unis.

De même, un Américain naturalisé dans la confédération de l'Allemagne du Nord, qui fixera son domicile aux États-Unis sans esprit de retour, sera réputé avoir renoncé à la naturalisation allemande.

On pourra considérer comme impliquant renonciation au retour le fait que le naturalisé aura habité pendant plus de *deux ans,* le pays où il sera revenu.

ART 5. — Le présent traité entrera en vigueur immédiatement après l'échange des ratifications et est valable pour dix ans, si aucune des Parties contractantes ne communique à l'autre six mois avant l'expiration de ces dix ans, l'intention de le dénoncer au bout de ce terme, il restera encore en vigueur jusqu'à l'expiration de douze mois, après que l'une des Parties contractantes aura instruit l'autre de cette intention.

ART. 6. — Le présent traité sera ratifié : par Sa Majesté le Roi de Prusse, au nom de la confédération de l'Allemagne du Nord; et par le Président, sous et avec l'approbation du Sénat des États-Unis. Les ratifications seront échangées à Berlin dans un délai de six mois à partir du présent jour.

TABLE DES MATIÈRES.

CHAPITRE PREMIER.

Considérations préliminaires.

Pages.

§ 1. *Définition de la nationalité*.............................. 3

La nationalité en politique, 3. — Le principe des nationalités, 4. — La nationalité en droit, 5.

§ 2. *Théorie de la nationalité des individus au point de vue international*................................. 7

I. — La nationalité considérée comme un contrat, 7. — Les
nationaux et les citoyens, 8.

II. — La volonté est le fondement de la nationalité, 8. —
De la liberté d'expatriation, 9.

III. — Nul ne doit rester sans nationalité, 11. — Des individus sans patrie, 12.

IV. — Nul ne doit avoir en même temps deux nationalités, 14.

§ 3. *Objet du présent ouvrage*.............................. 16

CHAPITRE II.

Acquisition de la nationalité par la naissance.

§ 1. *Aperçu historique*.............................. 21

I. — L'antiquité classique, 21. — L'invasion des barbares, 22.

II. — L'ancienne France, 23. — La nationalité résultant du
lieu de naissance, 24, — de la filiation, 25.

III. — Le problème des étrangers, 25. — Solution donnée par
la loi du 27 juin 1889, 28.

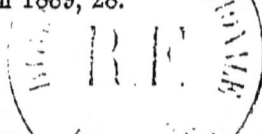

l'ages.

§ 2. *Détermination de la nationalité par la filiation*............ 29

  I. — Nationalité de l'enfant légitime, 29, — de l'enfant naturel, 30.
  II. — La maxime *infans conceptus* est-elle applicable? 35.
  III. — Enfants adoptifs, 37.

§ 3. *Enfants nés hors de France de parents français*........... 37

  I. — Pays où la naissance ne confère aucun droit quant à la nationalité : *Allemagne, Autriche, Hongrie, Suède, Suisse*, 38.
  II. — Pays où la naissance donne le droit de cité, 39. — *Angleterre* : système suivi pour éviter les conflits, 39. — *Portugal* : convention hispano-portugaise, 40. — *États-Unis d'Amérique* : jurisprudence des tribunaux et du Gouvernement, 41. — *Amérique latine* : principales législations, 42. — Enfants nés de parents anglais en Amérique, 45, — de parents espagnols, 46, — de parents français, 49.
  III. — Pays où des systèmes mixtes sont en vigueur, 53. — *Belgique, ibid. :* difficultés avec la France, 54. — Convention conclue, mais non ratifiée, 58. — *Espagne :* la constitution, la déclaration de 1837 et les lois postérieures, 59. — Convention franco-espagnole de 1862, 61. — *Grèce*, 63. — *Italie, ibid.* — *Luxembourg*, 64. — *Monaco*, 68. — *Russie*, 69. — *Turquie, ibid.*

§ 4. *Enfants nés de parents ayant perdu la qualité de Français*.. 71

  I. — L'article 10 du Code civil, 70.
  II. — La loi du 15 décembre 1790 sur les religionnaires fugitifs et leurs descendants, 73.

§ 5. *Enfants nés en France de parents étrangers nés hors de France.* 75

PREMIÈRE SECTION. — Législation antérieure à 1889, 75.

  L'ancien article 9 du Code civil, 76. — Ce qu'il faut entendre par sol français, 77. — De la majorité requise par l'article 9, 78. — La déclaration de l'article 9 n'a pas d'effet rétroactif, 80.

DEUXIÈME SECTION. — Législation de 1889. Nouvel article 9 du Code civil, 81.

Pages.

Troisième section. — Nouvel article 8-4° du Code civil, 83.

    I. — Rapport de M. Dubosc, 84, — de M. Delsol, 86.

    II. — L'article 8-4° du Code, 90.

Quatrième section. — Service militaire, 94.

    I. — Généralités, 94.

    II. — Fils d'étrangers enrôlés dans l'armée française, 95.

    III. — Option anticipée en vue d'entrer dans l'armée, 98.

    IV. — Arrangement avec l'Angleterre pour les enfants nés en France de parents anglais, 101.

§ 6. *Enfants nés en France de parents étrangers qui eux-mêmes y sont nés* 104

Première section. — Lois de 1851 et 1874, 104.

Deuxième section. — Législation de 1889, 109. — Conflits avec les pays étrangers, *ibid.* — Solutions possibles de ces conflits, 110.

§ 7. *Enfants nés en France de parents inconnus* 112

CHAPITRE III.

De la naturalisation.

—

PREMIÈRE PARTIE.

Naturalisation d'un étranger en France.

§ 1. *Notions générales sur la naturalisation* 117

§ 2. *De la naturalisation en France.* 119

    I. — *Historique.* — L'antiquité, 119. — Le moyen âge et l'ancienne France, 120. — Epoque révolutionnaire : la naturalisation accordée de plein droit, 121. — Retour à l'ancien système, 125. — Loi de 1849, 128.

    II. — *Législation actuelle*, 129. — Condition et formalités, *ibid.* — Capacité, 132.

Pages.

III. — *Naturalisation dans les colonies françaises*, 134. — *Martinique, Guadeloupe, Réunion*, 135. — *Algérie, ibid.* — Musulmans, *ibid.* — Etrangers, 136. — *Juifs, ibid.* — *Cochinchine*, 139. — Nouvelle Calédonie, Taïti, Inde, 140.

IV. — *Naturalisation dans les pays protégés.* — Tunisie et Annam, 141.

§ 3. *Effets de la naturalisation* 142

I. — La grande naturalisation, 142. — Appel sous les drapeaux du naturalisé, 144.

II. — La naturalisation n'a pas d'effet rétroactif, 145. — Ses effets au point de vue du droit civil : contrats, mariage, divorce, capacité, etc., *ibid.*

III. — Effets de la naturalisation en matière pénale, 147. — Extradition, 148.

§ 4. *Reconnaissance de la naturalisation dans le pays d'origine du naturalisé.* 149

I. — L'étranger appartient à un pays où la naturalisation à l'étranger entraîne la dénationalisation, 150.

II. — L'étranger appartient à un pays où le lien de nationalité est indélébile, 151. — *République argentine.* — *Vénézuéla, Russie,* 151. — *États-Unis*, 153.

III. — L'étranger appartient à un pays ayant des règles particulières en matière de dénationalisation, 155. — *Allemagne*, 156. — *Autriche et Hongrie*, 157. — *Danemark*, 159. — *Suisse*, 160. — *Turquie*, 162. — *Maroc, ibid.* — *Chine*, 163.

IV. — Utilité de la reconnaissance de la naturalisation par le pays d'origine du naturalisé, 164.

§ 5. *Conditions de la famille de l'étranger naturalisé français* 165

I. — En France, 166.
II. — A l'étranger, 169.

DEUXIÈME PARTIE.

Naturalisation d'un Français à l'étranger.

§ 6. *L'expatriation* 171

I. — Considérations générales, 171.
II. — L'expatriation en France, 172.

Pages.

§ 7. *Reconnaissance par la France de la naturalisation obtenue par les Français à l'étranger* 174

I. — La naturalisation à l'étranger doit être complète, 174. — Denization, bourgeoisie honoraire, 175.

II. — Le Français ne peut être dénationalisé que par une naturalisation volontaire à l'étranger, 176. — Capacité requise : le mineur, l'interdit, la femme mariée, 179.

III. — De la naturalisation acquise à l'étranger frauduleusement, 181.

IV. — Moyens d'empêcher les expatriations frauduleuses, 185.

§ 8. *Revue des principales législations étrangères en matière de naturalisation* 186

I. — *Pays d'Europe.* — *Allemagne*, 187. — *Angleterre :* métropole et colonies, 189. — *Autriche*, 191. — *Hongrie*, 193. — *Belgique*, 194. — *Danemark*, 197. — *Espagne :* la naturalisation proprement dite et la *vecindad*, 199. — *Grèce*, 202. — *Italie*, 203. — *Luxembourg*, 204. — *Monaco*, 207. — *Norvège, ibid.* — *Pays-Bas*, 208. — *Portugal, ibid.* — *Roumanie :* la législation roumaine et le traité de Berlin, 209. — *Russie :* Empire russe et Finlande, 214. — *Servie*, 216. — *Suède*, 217. — *Suisse :* loi fédérale, *ibid.*, législations cantonales, 222. — *Turquie :* loi ottomane, 226, Bulgarie, 230, Roumélie orientale, 232, Bosnie et Chypre, *ibid.*

II. — *Pays d'Amérique.* — *Amérique du Nord :* loi fédérale, 233. — Naturalisation des Noirs, 234, des Chinois, *ibid.*, des Peaux-Rouges, 235. — Projets de réforme, 236. — Conflits anglo-américains, 237, traités de naturalisation avec la Prusse, l'Angleterre, etc....., 239. *Amérique latine*, 242. — *Uruguay*, 243. — *Bolivie, Mexique, Chili*, 244. — *Équateur, Colombie, République Argentine, Vénézuéla*, 245. — *Brésil*, 247. — *Hawaï*, 248.

§ 9. *Condition de la famille du Français naturalisé étranger* 248

I. — La femme, 249.

II. — Les enfants mineurs, 249.

III. — Concordance de la règle française et des lois étrangères, 251. — Convention avec la Suisse, *ibid.*, avec la Belgique, 259.

Pages.

10. *Relation d'un ci-devant Français avec la France*.......... 260

    I. Appel sous les drapeaux français des individus qui ont obtenu la naturalisation à l'étranger, 260.

    II. Difficultés avec les États-Unis d'Amérique, règles suivies en France, projet d'arrangement, 263.

CHAPITRE IV.

Naturalisation de la femme par le mariage.

§ 1. *De la femme étrangère qui épouse un Français*............ 275

    Interprétation de l'article 12 du Code civil, 275. — La femme reste étrangère après la mort de son mari, 277.

§ 2. *De la femme française qui épouse un étranger*............. 278

§ 3. *Législations étrangères*................................. 280

CHAPITRE V.

Des causes de déchéance de la nationalité.

§ 1. *De la dénationalisation à titre de peine*.................. 285

    I. La dénationalisation à titre de peine est inadmissible dans le droit des gens moderne, 285.

    II. — Règles suivies en France : les constitutions révolutionnaires, le Code civil, 287.

    III. — Réformes à opérer, 290.

    IV. — L'émigration sans esprit de retour dans le Code de 1804, 291.

§ 2. *Fonctions publiques à l'étranger*........................ 292

    Législation de 1809, de 1811 et de 1889, 292. — Caractère des fonctions qui peuvent entraîner la dénationalisation, 293. — Fonctions religieuses, 294. — Fonctions diplomatiques et consulaires, 295.

Pages.

§ 3. *Service militaire à l'étranger* 296

 I. — Le service doit être volontaire et dans l'armée d'une puissance reconnue, 296. — Mineurs, 301. — Corporation militaire étrangère, 302.

 II. — Suppression de cette règle en Belgique, 302.

§ 4. *Commerce d'esclaves* 303

CHAPITRE VI.

Réintégration dans la nationalité perdue.

§ 1. *Réintégration dans la nationalité française* 307

 I. — Article 18 du Code civil, 307. — Article 21, *ibid.*

 II. — De la femme française veuve d'un époux étranger, 309.

§ 2. *De la famille de l'ex-Français réintégré* 310

 I. — La femme et les enfants d'un père réintégré dans la qualité de Français, 310.

 II. — Enfants mineurs d'une femme d'origine française, réintégrée après son veuvage, 311.

§ 3. *Aperçu sur les législations étrangères* 312

CHAPITRE VII.

Changement de nationalité résultant de cession de territoire.

§ 1. *Notions générales* 317

 I. — L'antiquité, 317. — Rome, 318.

 II. — Le moyen âge, 319. — L'usage actuel, 321. — Quelles personnes sont atteintes dans leur nationalité par une cession de territoire, 322. — Option et émigration, 323.

 III. — Du moment précis où les annexés changent de statut personnel, 326.

 IV. — Cas où l'État vaincu est absorbé en entier, 327.

Pages.

§ 2. *Historique jusqu'en 1814*.............................. 328

      Opinion de Pothier, 328. — Exemples divers : Traité
      de Ryswick et d'Utrecht, 329. — Annexion de Mul-
      house et de Genève, 331. — Empire de Napoléon, *ibid.*

§ 3. *Démembrement de l'Empire de Napoléon* 332

    I. — Le traité du 30 avril 1814, 332. — La loi française du
        14 octobre 1814, 334.
    II. — Jurisprudence suivie en France, 336. — Application de
        la loi du 14 octobre aux mineurs, 338.
    III. — Habitants des pays séparés de la France en 1815 seu-
        lement, 339.
    IV. — Application des traités de 1814 et 1815 en Belgique et
        en Allemagne, 341.

§ 4. *Conquête de l'Algérie*............................... 342

§ 5. *Annexion de la Savoie et du comté de Nice*................ 344

    I. — Traité de Turin du 24 mars 1860, 344. — Option et
        émigration, 345.
    II. — Décret du 30 juin 1860, 347.
    III. — Jurisprudence française quant aux domiciliés non ori-
        ginaires des territoires annexés, 350. — Des mineurs
        atteints par le traité, 352. — Jurisprudences fran-
        çaise et italienne, *ibid.*

§ 6. *Annexion de Menton et de Roquebrune*................... 356

§ 7. *Rectification de frontière dans la vallée des Dappes*......... 357

§ 8. *Cession de l'Alsace-Lorraine* 358

    I. — Des personnes atteintes par la cession de l'Alsace-
        Lorraine, 359. — Les *originaires domiciliés*, 360. —
        Les *originaires non domiciliés*, 361. — Les *domici-
        liés non originaires* : divergence entre les Gouverne-
        ments de France et d'Allemagne, *ibid.*
    II. — De la déclaration d'option, 364. — Du transfert de do-
        micile, 366. — Nationalité des Alsaciens pendant le
        délai de l'option, 368.
    III. — Option des femmes mariées, 370.
    IV. — Option des mineurs, 371. — Divergence entre les deux
        Gouvernements : théorie française; théorie alle-
        mande, 373.
           A. — Mineurs nés en Alsace-Lorraine de parents
             Alsaciens-Lorrains, 378.

Pages.

B. — Mineurs nés hors d'Alsace-Lorraine de parents Alsaciens, 379.

C. — Mineurs nés en Alsace de parents qui n'y sont pas nés, 382.

D. — Mineurs nés hors d'Alsace-Lorraine de parents qui ne sont pas Alsaciens-Lorrains, 382.

V. — Des options irrégulières, 383. — Options annulées en Allemagne, 385. — Situation en France des jeunes gens dont l'option est annulée en Allemagne, 386. — Naturalisation des optants en Allemagne, 387. — Vœu du Parlement allemand relatif à la nationalité des Alsaciens-Lorrains, 388. — Commission réunie à Strasbourg pour l'examen de la situation des optants, 389. — Rescrit du maréchal de Manteuffel en 1884, 390. — Réintégration dans la qualité de Français des Alsaciens qui n'ont pas opté, 394. — Application de l'article 18 et de l'article 10 du Code civil français, *ibid*.

§ 9. *Rétrocession à la France de l'île de Saint-Barthélemy* 396

§ 10. *Annexion des dépendances de la couronne de Taïti* 398

CHAPITRE VIII.

Constatation de la nationalité.

§ 1. *Autorités compétentes pour constater la nationalité en France.* 401

I. — De la compétence judiciaire, 401. — Ses avantages et ses inconvénients, 402.

II. — Hypothèses les plus fréquentes où il y a un intérêt à constater la nationalité, 404. — Droit électoral : inscription ou radiation sur les listes électorales, vérifications des pouvoirs, 405. — Service militaire : Radiation d'un étranger sur les listes du recrutement ou sur les contrôles de l'armée, 410. — Expulsion du territoire français, 415. — Extradition, 417. — Immatriculation dans un consulat français, 418. — Autres exemples, 419.

Pages.

III. De l'action en reconnaissance de nationalité intentée contre
    l'État français, 421.

§ 2. *Constatation internationale de la nationalité des individus*....   423

ANNEXES

—

PREMIÈRE PARTIE.

Documents français.

A — *Principaux textes législatifs concernant la perte et l'acqui-*
    sition de la qualité de Français...................   431

    1° Articles du Code civil de 1804, 431. — 2° Décret impérial
    du 26 août 1811 (extrait), 432. — 3° Loi des 14-17
    octobre 1814, 433. — 4° Loi des 22-25 mars 1849, 434. —
    5° Loi du 3 décembre 1849, *ibid.* — 6° Loi du 7 fé-
    vrier 1851, 435. — 7° Loi du 29 juin 1867, *ibid.* — 8° Loi
    du 16 décembre 1874, 436. — 9° Loi du 14 février 1882,
    ibid. — 10° Loi du 28 juin 1883, 437. — 11° Loi du 27
    juin 1889, *ibid.* — 12° Décret portant règlement d'admi-
    nistration publique pour l'exécution de la loi du 27 juin
    1889, 441.

B — *Textes concernant la nationalité française dans les colo-*
    nies et les pays de protectorat......................   443

    1° Loi du 30 décembre 1880 (Taïti), 443. — 2° Décret du
    25 mai 1881 (Cochinchine), *ibid.* — 3° Décret du 10 no-
    vembre 1882 (Nouvelle-Calédonie), 445. — 4° Décret du
    29 juillet 1887 (Tunisie), *ibid.* — 5° Décret du 29 juillet
    1887 (Annam et Tonkin), 446.

C — *Décret du 30 juin 1860 relatif aux habitants de la Savoie*
    et du Comté de Nice.............................   447

D — *Note sur l'option des Alsaciens-Lorrains après la paix de*
    Francfort......................................   448

Pages.

E — *Circulaire du ministère de la justice du 7 juillet 1819* 450

F — *Loi militaire de 1889. Articles concernant les questions de nationalité* 452

DEUXIÈME PARTIE.

Documents étrangers.

G — *Allemagne. —* I. *Constitution de l'Empire* 455

     II. *Dispositions légales relatives à la nationalité :* 1º Loi du 1er juin 1870, 456. — 2º Loi militaire du 2 mars 1874 (extraits), 459. — 3º Loi du 4 mai 1874, sur les fonctions ecclésiastiques illégales, 460. — 4º Loi complémentaire sur la naturalisation du 20 décembre 1875, *ibid.* — 5º Articles du Code pénal allemand, relatifs à l'expatriation, 461.

H — *Angleterre. — Bill du 12 mai 1870 sur la condition légale des étrangers et des sujets britanniques* 461

I — *Argentine (République). — Documents sur la nationalité.* 464
     1º Constitution de 1860, 464. — 2º Loi du 1er octobre 1869 sur l'acquisition et la perte de la nationalité, *ibid.*

J — *Belgique. — Lois diverses concernant la nationalité belge.* 466
     1º Articles de la constitution de 1831, 466. — 2º Loi du 22 septembre 1835, *ibid.* — 3º Loi du 4 juin 1839, 467. — 4º Loi du 1er avril 1879, *ibid.* — 5º Loi du 6 août 1881, 468. — 6º Loi du 15 août 1881, 470.

K — *Bolivie. — Articles de la constitution* 470

L — *Brésil. — Documents concernant la nationalité.*
     1º Constitution de 1824, 471. — 2º Note publiée en 1873 au *Journal officiel* de l'Empire, *ibid.*

M — *Canada. — Acte de 1881 sur la naturalisation* 473

N — *Chili. — Actes législatifs concernant la nationalité* 477
     1º Code civil chilien, 477. — 2º Dispositions de la constitution de 1833, *ibid.*

Pages.

O — *Colombie.* — *Actes législatifs concernant la nationalité*... 478

  1° Articles de la constitution, 478. — 2° Loi du 11 avril 1843, *ibid.*

P — *Dominicaine (République).* — *Articles de la constitution*... 479

Q — *États-Unis.* — *Actes législatifs sur la nationalité*........ 480

  1° XIVᵉ amendement à la constitution, 480. — 2° Statuts révisés. Acte de 1868, *ibid.* — 3° Statuts révisés. Acte sur la naturalisation, 482.

R — *Grèce.* — *Articles du Code civil*................... 486

S — *Hongrie.* — *Loi des 20-24 décembre 1875 sur la nationalité*.................................... 488

T — *Italie.* — *Articles du Code civil*.................. 494

U — *Luxembourg.* — *Actes législatifs concernant la nationalité.* 496

  1° Dispositions constitutionnelles, 496. — 2° Loi sur les naturalisations, *ibid.*

V — *Mexique.* — *Loi du 28 mai 1886*................... 499

X — *Monaco.* — *Articles du Code civil*................ 508

Y — *Norvége.* — *Loi du 21 avril 1888*................ 509

Z — *Orange (État libre d').* — *Constitution*............ 512

AA — *Pays-Bas.* — *Loi du 29 juillet 1850*............. 512

BB — *Portugal.* — *Actes législatifs concernant la nationalité*... 515

  1° Constitution de 1826, 515. — 2° Acte additionnel du 5 juillet 1852, *ibid.* — 3° Code civil, 516.

CC — *Roumanie.* — *Actes sur la nationalité*........... 518

  1° Constitution de 1866, 518. — 2° Code civil, 519.

DD — *Russie.* — *Ukase du 6 mars 1864*.............. 519

EE — *Suède.* — *Ordonnance royale du 27 février 1858*... 525

FF — *Suisse.* — *Textes sur la nationalité*............. 526

  1° Loi fédérale du 3 juillet 1876, 526. — 2° Note officielle sur l'application de la loi de 1876, 527. — 3° Loi genevoise du 21 octobre 1885, 530.

GG — *Turquie.* — *Loi du 19 janvier 1869*............ 532

HH — *Vénézuéla.* — *Actes sur la nationalité*.......... 534

  1° Articles de la constitution, 534. — 2° Décret du 13 juin 1865, 535. — 3° Note officielle sur la nationalité des immigrants, *ibid.*

TROISIÈME PARTIE.

Documents internationaux.

Pages.

II — *France-Angleterre. — Circulaire du ministère français de la guerre du 26 décembre 1877* 538

JJ — *France-Belgique. — Convention (non ratifiée) du 5 juillet 1879* 541

KK — *France-Italie. — Correspondance officielle relative aux mineurs Savoisiens et Niçois* 543

LL — *France-Suisse. — Convention du 23 juillet 1879* 444

1° Texte de la convention, 544. — 2° Circulaire ministérielle française pour son application, 546.

MM — *France-Turquie. — Correspondance officielle relative à la loi turque sur la nationalité* 547

NN — *Protocole de la conférence de Madrid du 24 juin 1880, sur la naturalisation des Marocains à l'étranger* 555

OO — *Angleterre-États-Unis. — Conventions de naturalisation* .. 558

1° Convention du 13 mai 1870, 558. — 2° Convention additionnelle du 23 février 1871, 559.

PP — *États-Unis-Prusse. —Convention de naturalisation de 1868, dite convention Bankroft* 560